黄土、黄河、黄沙
还原与重构
——地域性设计的适应性和生态性

赵得成　著

重庆大学出版社

图书在版编目(CIP)数据

黄土、黄河、黄沙还原与重构：地域性设计的适应性和生态性 / 赵得成著. -- 重庆：重庆大学出版社，2021.12

ISBN 978-7-5689-1973-9

Ⅰ.①黄… Ⅱ.①赵… Ⅲ.①黄河流域—地域研究 Ⅳ.①C912.8

中国版本图书馆 CIP 数据核字(2019)第285571号

黄土、黄河、黄沙还原与重构

——地域性设计的适应性和生态性

HUANGTU、HUANGHE、HUANGSHA HUANYUAN YU CHONGGOU

—DIYUXING SHEJI DE SHIYINGXING HE SHENGTAIXING

赵得成 著

策划编辑：鲁 黎

责任编辑：夏 宇 版式设计：鲁 黎

责任校对：谢 芳 责任印制：张 策

*

重庆大学出版社出版发行

出版人：饶帮华

社址：重庆市沙坪坝区大学城西路21号

邮编：401331

电话：(023) 88617190 88617185(中小学)

传真：(023) 88617186 88617166

网址：http://www.cqup.com.cn

邮箱：fxk@cqup.com.cn(营销中心)

全国新华书店经销

重庆升光电力印务有限公司印刷

*

开本：787mm×1092mm 1/16 印张：31.5 字数：603千

2021年12月第1版 2021年12月第1次印刷

ISBN 978-7-5689-1973-9 定价：98.00元

前　言

人工科学创始人、诺贝尔经济学奖获得者赫伯特·A. 西蒙在《人类理性与设计学科》里提出，“对人和自然关系的恰当研究，在很大程度上是一门关于设计的科学”。[①]人类是环境的产物，人自身既是自然的一部分，又依赖自然而生存，人类通过不同的造物适应不同的环境。英国人类学家爱德华·B. 泰勒说：“人的最好定义是：不是使用工具的生物，而是制作工具的生物。”[②]“使用”是生物的一种本能，如大猩猩会使用木棒敲打树枝采集野果，但“制造”却只是人类特有的意识。不同的地域形成不同的生存和生活条件，反映在器物的文化审美和功能结构中要与特定地域相适应。西蒙说：“自然现象由于服从自然法则而具有一种必然性的外观，人工现象则由于易被环境改变而具有一种权变性的外观。”[③]所谓权变性就是地域环境的适应性。

本书的论点是设计环境决定论。首先环境是事物存在的条件，事物是环境的组成部分，事物的改变会影响环境，既可影响环境向良性方向发展，也可影响环境向恶化方向发展，这取决于添加于环境中的事物的环境适应性，或环境中原有物改变后的环境适应性。我国的科技古籍《考工记》《天工开物》及其他诸多农耕古书曾深入论述过人工活动、造物与特定自然环境的关系。人工物要依据环境差异而呈现多样性，只有各地域的人工物与其所处地域相适应，才能出现全球生态良性发展的局面。

从事物发展规律讲，任何事物的前后都是密切联系在一起的，环境物的改变或添减会影响环境发展的方向。人类对环境物的变化必须有利于环境向良性方向发展，改变或添减环境物的规律来自对过去和现在环境状态的推演分析。奥古斯丁说：“过去事物的现在便是记忆，现在事物的现在便是直接感觉，将来事物的现在便是期望。”任何事物的过去、现在和将来是有直接内在联系的，

---

① 余强 . 设计艺术学概论 [M] . 重庆：重庆大学出版社，2006:3.

② 爱德华·B. 泰勒 . 人类学：人及其文化研究 [M]. 连树声，译 . 桂林：广西师范大学出版社，2004：158.

③ 赫伯特·A. 西蒙 . 人工科学 [M] . 武夷山，译 . 北京：商务印书馆，1987：1.

不能说过去的事就过去了、消失了，这是事物发展的时间流，同时事物的时间流总是与特定的空间场联系在一起，设计者应在特定的地域范围内通过发现过去的设计而预料未来设计。

设计的“地域性”与“超地域性”是相对的。任何人工物从规划、设计构思到生产制造，都已有意无意地打上了地域的印记，如产品的产地、制造商等是产品地域性的体现，这还不包括专门针对某使用地区的适应性设计，这使地域性成为人工物应有的绝对属性。设计的超地域性是相对的，许多产品的研发制造并不是从地域性入手，或者核心技术不是地域环境的差异性问题，如汽车、手机、工业制造设备等。

设计中的地域性表现在设计物适应某地域环境的差异性，包括地域人文历史、自然环境和经济条件三个方面。首先，基于地域传统文化的设计是地域性设计的主要内容，属于文化创意设计领域，当前的旅游文创设计、景观设计、乡村和城市设计中的创意设计都属于此类。在设计理论上，有的学者反对在传统文化的创新设计中只顾元素的提取，而忽视传统文化中的活态元素和内在机制的应用和再创新设计。其实从广义符号学角度看，作为关系存在的符号是借用此物说明他物的特定信息，是物与物、物与人、人与人之间的关系载体，这种载体是约定俗成的。[①]基于地域文化的设计还是属于创意设计和符号设计领域，传统文化被用来说明现在物品该以何种方式存在及其存在的意义和理由。要借鉴和发展中国传统意象思维、尚象类比的认知意识和美学观念。

其次，地域性设计的核心是基于自然环境的适应性设计，即生态性设计。设计不但要适应环境，还要对现有已恶化的生态起到修复和促进良性成长的作用。地域性生态设计融合了生态科学、环境科学及地理科学的知识进行创新设计，提出了新的环境尚象设计思想和方法。我国传统文化中的天地人观念对当下环境适应性设计方法学的构建有很大的启发意义。中国传统造物强调“天人合一”“道法自然”“阴阳哲理”等系统思想。当今设计学要拓展这些思想，将地域性设计与生物学、物候学、仿生学等相结合，进行基于特定地域生物物种特性的仿生设计，基于地域生物群落和生态系统的生态设计，以及现有地域性生态科技成果的应用重组设计等。

最后，着眼于区域经济特点的设计。区域经济学研究认为产业类型呈地域性分布，一个地方的区域经济特征是由当地的人文历史和地理环境条件综合决定的。作为服务于当地产业的设计行业必然要适应当地经济类型，把握企业内

① 胡飞，杨瑞 . 设计符号与产品语意：理论、方法及应用 [M].2 版 . 北京：中国建筑工业出版社，2012：4.

部情况和外部环境，特别是地域特征鲜明的土特产品和工业产品的加工，其制造工艺会影响产品设计方案。

地域性设计无论在当下还是未来都符合人类文明的共同价值趋向。工业革命之前，人类的造物文化基本上与自然生态和谐一致，其中既有人类主动适应自然的成分，也有被动顺从的成分。这主要是由于古人生产能力低，不可能对自然造成全球性危害。工业革命之后，人改造自然的能力加速上升。正如马克思所说，人类近一百年创造的价值比过去全部历史创造的还要多还要大。但事实上，工业革命以来人类创造活动所产生的副作用也是空前的。

现代工业制造应面向地域特征，从研究地域环境（包括人文环境）开始。这种造物方式的前提是需要社会整体物质文化水平的提高，概括起来其可行性主要表现在以下几个方面：

（1）人类社会的整体文明程度在提升，人们需要与自然和谐、需要与人类社会自身和谐。科学研究要体现时代价值，聚焦现今社会，世界各地都在关注人类的共同主题 —— 生态问题。社会科学与自然科学在这里融为一体，不同地域的生物由于要与相应的自然环境相适应，必然呈现出不同的形态特征，彼此作用又形成特定的生态系统。而作为生产生活方式载体的生活用品也应与当地的自然环境、人文环境相适应，呈现出多样化、和谐化的器物文化生态系统。

（2）随着人们文化水平的提高和社会物质产品的日益丰富，需求多样化是必然趋势。机器可以按同一种标准制造，而人的生活方式却不能用同一种标准要求，作为生活方式的物质载体 —— 日用工业品当然也不能按同一标准制造。过去物质产品匮乏，制造商不可能考虑，也没有能力顾及地域多样性和生活方式多样性所决定的产品模式。另外，当社会处在温饱线以下时，人们对工业产品所体现的文明水平要求也较低。

（3）地域性设计制造的条件是制造技术的空前提高。高效率、高质量的柔性加工生产和根据大数据分析的用户需求模块化、智能化设计制造生产已日趋普及，全国甚至全球通用化、标准化生产模式只是人类制造技术不发达时期的历史现象。工业产品实行大批量、通用化和标准化生产的原因是便于配套服务、互换维修等技术性问题，对生活自身研究考虑较少，而现在企业需要在标准化生产和个性化设计之间找到一种平衡。和横跨几百万年的旧石器时代相比，新石器前后经历了约六千年的时间，而工业革命到现在也只有区区两百多年，信息革命也只是二三十年前的事。但技术进步带来的社会变化几近竖直增长，其他负面问题也可能直线增加，值得思考，尤其是人与自然的关系日益紧张。

（4）我国是地理跨度非常大的国家，自然地理环境复杂多样，民族众多，各地区文化特色鲜明，地理差异对人们生活的影响非常明显。西部是地域特色极为明显的地区，那里几乎具有所有的自然地理类型。从海洋到沙漠、从平原到高原、从湿润到干旱、从亚热带到寒温带无所不有，中国的少数民族大部分都集聚在西部。所有这一切都为发展地域性设计提供了特色条件。

地域性设计研究是一个很庞大的课题，单从地理学、人类文化学、生态哲学和一般设计方法论等角度论述都易落入泛泛化。地域性设计研究离不开对特定地域人工造物现象的案例研究，特别是某地域中传统生活方式、生产方式的地域适应性分析和比较研究。本书以作者多年生活、工作和长期体验过的地域范围作为研究对象，这就是黄河中上游的黄土高原、沙漠绿洲及周边地区。以六盘山、祁连山、贺兰山为三角，以农耕文化、草原文化的交汇过渡带为样本，将其称为“三黄地区”，即黄河、黄土、黄沙。在这一地域范围中地理因素相对独立完整，形成了以干旱为基本条件的自然属性和人文特征。

近年来，随着生态建设、传统文化振兴、乡村振兴等政策的推进，许多高校的设计学科及相关专业都在探索和实践基于地域生态和地方文化特征的创新创意设计研究，期望本书也能为地域性设计教学研究提供参考价值。

赵得成

于兰州

目 录

第一章

绪　论

在正确处理人与环境的关系方面，传统文化和传统器物给了我们很好的启示，人与自然的和谐首先体现在对不同地域环境及其影响下的生活方式的适应。我国是一个地理跨度大、自然环境复杂、民族众多、各地文化特色鲜明的国度，这一国情特点恰恰为地域性创新设计提供了丰富资源和特色条件。随着设计学科的发展，今后各地设计学科的建设和设计教育的归宿将逐渐趋向于为当地产业服务、生态建设、文化建设、旅游服务、设计扶贫和乡村振兴中去，这一切正是地域性创新设计的目标和内容所在。

- 莹净的空气和干旱的土地
- 地域、地域主义和地域性设计的渊源
- 全球化、本土化、地域化同步发展
- 地域性设计的哲学基础
- 地域性设计的归宿

第一节　莹净的空气和干旱的土地

一、莹净的空气营造莹净的风格

在遥远的北欧，雪花漫天飞舞……在地理位置上，斯堪的纳维亚半岛远离欧洲大陆，地处高纬度地区，漫天的雪花将它与欧洲其他地方的自然风貌隔离开来；葡萄只属于西班牙和法国的阳光海岸，啤酒只属于德国南部城市慕尼黑……一切都是在环境中形成的，自发的和自然的东西都是由环境的自律性决定的。但人为的、意识的东西有时候在经过长时间的进化后会适应环境，此时人的审美意识也就适应了环境，但短时间内的造物往往会脱离环境，从而为环境所不容。

严酷的自然条件造就了北欧人务实的民族性格，也形成了鲜明的地域经济特征，这种务实体现在北欧人的设计坚持功能主义，注重设计简单有效的产品。芬兰设计师阿尔瓦·阿尔托的设计就很好地体现了北欧风格。他认为自然界是有智慧与灵感的，设计要与自然融为一体，设计必须是实用的，且与生活密切结合。丹麦是北欧另一个重视设计的国家，如丹麦的家具设计以人为本，不仅追求造型美，更重视从人体结构出发。在椅子设计中，讲求触感形态研究，使椅子的座面、靠背曲面与人体接触体表完美契合，重视对人体工学的研究。另外，北欧阿尔瓦的芬兰湖泊花瓶、保罗·汉宁森设计的洋蓟灯、雅各布森的蛋壳椅等都很具有代表性。那么，为什么北欧会形成有机现代主义的风格呢？这一切都是由于北欧的自然环境、历史文化和北欧人民的生活形态使然。

雪花，从形式上看是自然主义的。从理性的角度分析，雪花是由很多微小的三维晶胞粒构成的规则几何体（图 1-1）。雪花色彩是单纯的，这恰好与现代主义的某些精神相符。雪花是具有现代感的，但是它不会因为现代感而显得简单、单薄，它的造型是美的，它的单纯色彩是承载着晶莹梦想的。丹麦设计师保罗·汉宁森的洋蓟灯就像一朵从天而降的团簇雪花，整体上规整，细节丰富且带有很强的节奏和韵律（图 1-2）。设计无法与地域环境脱离，有什么样的空气就有什么样的设计。

图 1–1 北欧设计不厌求精的设计风格与雪花的严谨之美相一致

图 1–2 保罗·汉宁森的洋蓟灯

二、干旱的地域造就干旱的文化

同样在遥远的亚欧大陆东部——从新疆到河西走廊，风沙和干旱造就了另一类传统文化——土夯庄墙的院子里坐落的是三十年不漏的麦草和泥巴盖起的房屋，红柳和芨芨草编织的日用品遍及各个生活领域，粗陋的沙井陶器讲述着过去沙漠戈壁地区人们的生产和生活方式。再往东走是荒芜的黄土坡，千沟万壑，一条河流穿流而过，窑洞、梯田、水车、羊皮筏子诉说着这里曾经发生的故事，本地的老人们觉得这一切原本如此。怀古思今，使人感叹西北这片土地其实是和谐自然的，中华文明的星火就诞生在这里，诸如大地湾文化、半坡文化、马家窑文化、齐家文化、半山文化、马厂文化、辛店文化、四坝文化、沙井文化都出现在中国西北，它们都是古人适应特定自然的产物。

汉唐以来的东西文化大动脉——丝绸之路，长贯东西，在漫长的人类文化历史中，中国西北地区曾喧嚣于世，因为这里是连接中西文化的要道，是多种民族、多种语言文字、多种审美观念融会贯通的中枢。河西自汉置五郡以来，汉文化、少数民族文化、西方文化在这里交织繁荣。从河西到新疆，一路石窟和城堡星罗棋布，被斯坦因称为“亚洲的十字路口”的敦煌曾在历史上盛极而辉煌。这里已有一千多年的中西文化交汇、融合、发展的历史，在时间和空间上是连续的，这里的文化与干旱的自然条件是适应和协调的，不适应的成分早已荡然无存，或被环境洗礼得和谐与顺从。

悠久的丝路交流文化和黄土高原农耕文化，留下了许多传统的地域性生活方式，但现代设计在这里并没有留下什么痕迹，航海运输取代了陆地流通。在传统文化振兴的当下和未来，我们能否重振昔日辉煌，构建出一种丝路文化设计理念，探索出一条干旱性生态设计之路呢?

干旱的自然条件和人类的历史活动积淀了悠久的黄土高原文化和沙漠戈壁文化，其本质是适应，但工业革命以来这种适应被遗忘和割断了。在人类发展的新时期，如何继承和发扬这种适应也许就是一种基于地域特色的文化和生态的再设计，是一次有关地域性设计的探讨和实践活动。

第二节　地域、地域主义和地域性设计的渊源

一、地域和地域性

“地域”在《现代汉语词典》[①]里的解释是：①面积相当大的一块地方；②地方（指本乡本土）。《不列颠百科全书》中的“地域”概念是指与某一特定问题相关的，并通过选择诸特征而排除不相关特征划定的具有内聚力的地区。地域不同于地区，地区是地理学的概念，指地球表面的某一部分，是人为划分的行政区域，一个区域中可以某一主要因素作为划分依据。而地域的界限却是由地球表面各区域的内聚性和同质性决定的，内聚性和同质性是地域特征的外在反映，比如某地域的气候特征和传统文化特征等，地域划分主要依据综合特征划定。

学术界与地域性相关的词汇很多，如“地域主义”“区域主义”“区域化（性）”“本土化（性）”“地方化（性）”等。美国历史学家弗雷德里克·杰克逊·特纳最早建立了政治、历史范畴的地域主义，它属于政治经济学的范畴，而肯尼斯·弗兰普顿构建的地域主义是建筑学领域的一种设计观念。在这里，我们探讨后一种范畴，是基于自然生态和社会文化的设计学概念。

二、地域性设计和设计领域的各种地域主义

各地首先要以特定的自然环境来定义，各地发展不可避免地受到该自然环境的制约与恩赐，由此产生的人工事物都带有地域性。地域性设计是基于地域

① 中国社会科学院语言研究所词典编辑室．现代汉语词典[M]．7版．北京：商务印书馆，2016.

特色和适应地域环境的人工事物的设计，主要指造物性人工设计。从古至今，我们所看到的一切人工活动，包括各种与生产、生活相关的构筑物、器具、器物、艺术物品，甚至文学作品等在形式和内容上都或多或少蕴含着地域特征。譬如当我们看到古典藤蔓式铁艺时，会想到它源自欧洲；当我们看到榻榻米或女性的梨花头发型时，会想到它源自日本；当我们看到设计中采用的祥云图案，会想到这是源于中国的元素。

地域性设计的概念最早是在建筑学领域提出的，也是最重要的建筑设计理念之一。因此在建筑学派中，地域主义（或称地区主义、地方主义）占有重要的地位。我们知道，原始建筑本能地带有地域性，早期的人们居住方式是依地而居、因势搭建。在技术条件有所局限的情况下，人们只能适应环境，无论是原始日用陶器还是先民们的建筑，都是对生活环境的适应。

《孟子·滕文公》曰，“下者为巢，上者为营窟”，我们由此推测，巢居是早期人们适应气候潮湿、地形低洼、多野兽虫蛇出没的地区而创造的一种原始居住方式；《礼记》载，“昔者先王未有宫室，冬则居营窟，夏则居巢”，可见“巢者与穴居”是对地域环境的一种季节性适应。在后来社会技术的缓慢进程中，这种适应得到了极致的发展，形成了各地宝贵的传统文化资源。所以，设计的地域性是造物活动发展的自然结果，它不是方法指导下的结果，而是结果分析出来的方法。

美国著名建筑理论及历史学家肯尼斯·弗兰普顿对地域主义思想的发展在建筑领域具有里程碑意义。他在早期研究报告《建构文化研究》中提出“批判性地域主义”，这是对传统地域主义的巨大推动。“批判性地域主义”强调建筑物要承载所在的地理文脉信息，让现代建筑呈现地域归属性和位置感。批判性地域主义最早由学者亚历山大·佐尼斯在设计方法研究中首次使用，后来弗兰普顿继承并发展了这一思想，与设计学的后现代主义相一致。其主要观点是尊重传统材料和技术，对某一地域成长发展起来的传统建筑系统应进行再评价，并将其表达为现代建筑的语言要素，使这些建筑具有特定的场所特征。与批判性地域主义建筑思想相对的是普遍现代主义，该思想认为“只有普遍的东西才是合理的、有价值的”，忽视了建筑文化的传承性。法国设计师保罗·安德鲁为我国设计的国家大剧院曾引发许多学者批评，被民众称为“水中巨蛋”怪胎。因为它所处的位置是在皇城根下紫禁城边上，古朴的紫禁城旁边放置着一个现代感超强的大剧院，蛋形建筑与周围古建筑的风格很不和谐，其外表强反光材料又把这种对比拉大。由于批判地域性主义既提倡地域主义的文化归属意义，又将地域性和世界性完美地结合在一起，因此在中国建筑界对弗兰普顿的推崇是自然而然的事。在中国建筑学领域长期存在两种设计观念并交替主导：一是文化象征主义，它以国家意识形态和民族主义为主；二是经济理性主义，其实是以经济准则为主导的平均主义。文化象征主义的特征是在建筑造型上通过隐喻、象征等图像学的构图手法，表现中国传统建筑符号或革命精神等的文化表现。建国后的许多乡村规划、城市规划、工业建筑、公共住宅设计中都注重基本功能的需要，规划与设计少有繁复的装饰，恰恰是在那个物资匮乏的年代，设计相对清晰地显示出它自身的结构和构造特征，有的还很好地利用了当地的物质资源就地取材，如生土建筑利用很充分。所以，经济理性主义设计观念其实体现了社会基础需求，建筑与尽可能少的生产成本相结合，无疑在我国建国初期的大规模工业生产和民用生活建筑中起了主导作用。[①] 同时，这种观念也有地域性生态建筑的意义，在由传统向现代化起步的阶段，传统生土建筑仍然占了很大的比例。

20 世纪 80 年代后期，随着经济水平的进一步提高，开启了一个建筑的文化特色、风格学、意识形态和市场经济大折中的时代，逐步稳固的经济基础必然导致精神文化需求的快速增长。八九十年代，我国在建筑领域中对地域主义的认识和发展，基本上是基于普遍意义上的建筑学艺术水准的呼唤，许多建筑展示了各自不同的地域文化特点。主要体现在一些含普遍性的建筑艺术质量水准，以及在工艺、细部、材料的设计和建造质量方面的追求。至于其他设计学类，如艺术设计、产品设计等还没有在真正意义上诞生，设计教育才刚刚萌芽。我国在 80 年代之前开设的设计院校只有三所：无锡轻工业学院（现江南大学）、中央工艺美术学院（现清华大学美术学院）和湖南大学，且都是基于产品造型设计的视觉艺术、工艺、材料方面的尝试性教学，绝大部分院校是在 90 年代以后开设的。与设计学领域与地域性设计研究相关的本土化设计，也是在 21 世纪以来才开始有了一些描述性论述，当然设计学真正作为国家层面的一级学科是在 2011 年才正式确立的。

随着设计学科的确立及地域性设计思想的发展，两者在 21 世纪基本上走到了一起。由于经济、技术和文化的全球化高度发展以及全球资本主义的长足发展，新兴电子技术、材料科学和生物工程技术正在将人类文化迅速整合并推入另一个全新的发展范式中。与此同时，一些人认为全球化的发展模式使人的归属感丧失，找不到自然的本来面目，缺少文化自尊和怀旧需求，而且环境破

① 朱涛．“建构”的许诺与虚设——论当代中国建筑学发展中的“建构”观念［J］．时代建筑，2002（5）：30-33.

坏的许多案例明显与不尊重传统有关系。许多当代中国建筑师、设计师开始探寻一种古典主义的文化理想——力图在文化普遍性和特定性之间建构调停，试图在当代的文化语境中，使现代主义设计文化与中国本土传统文化达到高度整合，从而在当代大设计学科发展中表达一种诉求，这是地域主义在设计学中的发展。王澍在中国美术学院象山校区建筑群中的作品保持了江南民居文化的特色（图 1-3）。它不仅体现在形式的建构上，而且整合了原地农民的生产和生活方式（甚至在建校初期一些民房和农村原生态的生活方式都保留在校园内）。这在客观上又成为美术教学的“原态模特”，让建筑物成为其所在地的自然的一部分，同时使用了现代建筑的设计方法，将地域性和世界性完美地结合在一起。

图 1–3　中国美术学院象山校区基于江南地域元素的校舍设计

改革开放以来我国快速融入国际社会，在经济、文化、科技领域与全世界加强了沟通交流。开放交流的本质是差异化流通，互通有无，互惠互利，共同发展，越是深度融入国际社会就越要凸显自己的本土文化特色，对内增强民族内聚力和自豪感，对外展现民族优秀文化和精神风貌。2008 年北京夏季奥运会和 2022 年北京冬季奥运会在标志（图 1-4）、吉祥物、场馆设施设计上，都体现了中华民族的特质，如中国传统吉祥图案、中华武术、中国书画、水墨、篆刻等。2010 年的上海世博会展示了中国建筑特色和传统木结构工艺（图 1-5）。这些世界性赛事和博览会不但给全世界，也给全体中国人带来了中华文化的地域性设计理念，这些设计使我们顿悟：新时代的地域性设计理念远不止是一种地域文化符号的再现，在全球共同的生态主题下，地域性设计至少要着眼于自然和文化这两种生态范式。

1998 年世博会上，新地域主义代表人物阿尔瓦罗·西扎采用人文主义切分法将葡萄牙馆在空间上进行分割，体现了其极简主义风格，而为典礼设计的混凝土幕则采用了葡萄牙传统建材（图 1-6）。从此角度讲，国家大剧院、鸟

图 1-4　北京申奥标志、2008 年北京奥运会和 2022 年北京冬奥会标志

图 1-5　2010 年上海世博会中国展馆

图 1-6　1998 年世博会葡萄牙馆

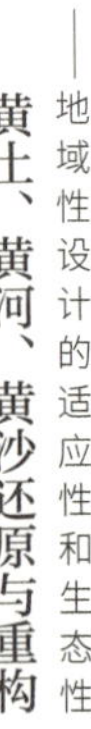

巢等单体设计在当代京城的出现，至少在生态元素上有部分地域主义的表达。至此，需要推出的新概念就是新地域主义思想。

新地域主义是在全球化趋势和冲突中产生的地域性思想，这是人类进入生态文明时期的设计方法论的新发展。它着眼于特定地域的自然生态和文化生态，关注日常生活与真实亲近的生活轨迹，提取文化中更本质的东西，致力于把当地文化用先进的理念、技术表达出来，使设计物品与其所处的当地自然和社会维持一种紧密与可持续性的关系。这主要体现在不盲目抄袭异域风格，在流传下来的古老风格上做升华而不是抛弃，并反对任何形式的权威设计原则。新地域主义试图从场地、气候、自然条件、传统习俗、地域文脉等方面生成设计条件和设计原则。设计学领域所讲的地域性设计主要是本土化设计的概念：设计上吸收本地的、民族的、民俗的风格以及本区域历史所遗留的种种文化痕迹。[①]国内设计中所讲的本土文化主要是指中国风格和中国元素等。但从现有的关于本土化设计的文献资料来看，本土化在我国设计艺术界主要是指全民族的地域概念，而且强调的是文化符号的再设计，这显然与中国的政治文化因素有关。

在生态文明视野下，地域性设计对设计艺术学意义重大。真正的地域性设计在设计对象上不仅指建筑设计和环境设计，它适应于工业产品、旅游产品、包装等其他创意设计领域。在产品设计领域，近年来许多国内外的制造商都特别重视对不同地域用户的审美心理、生活习惯及生存环境的研究，因此对传统器物的使用方式及与之相关的生活方式的调查投入较大。1977 年西门子用户研究中心针对向印度出口的洗衣机做过地域性设计分析研究。在正确分析研究了当地的传统木质洗衣器械后，西门子设计出了专为出口印度农村的洗衣机。此后，西门子提出了产品跨文化设计的概念。当下跨国制造公司大都实行区域性的营销策略，如苹果公司、丰田制造商等。国内海尔集团等大型家电企业也逐步重视跨地域、跨文化的设计制造，特别是在家电下乡中，对不同农村的生活方式、地域特征等都做了调查研究。

新地域性设计实际上是指广义的地域性设计，其切入点不只在本土文化方面，还包括自然环境、经济特点、地域物产、交通以及审美思维等多维因素，是一个包括整体地域因素的综合系统。提炼以往地域性设计的切入点和元素，结合设计艺术学科的内容特点，设计的地域性主要从以下几方面关注：①本地的自然环境条件（包括季节、气候、地貌、地形地质）；②在特定自然环境下形成的生产方式、生活方式（包括历史遗风、风土人情、民俗礼仪、其他本土文化）；③区域交通方式、经济特点、当地物产、能源等。其中，地域自然环

① 王泽猛 . 扩展传统，强调文脉——王琼眼中的地域性设计 [J]. 装饰，2008（11）：32-37.

境因素占有决定性作用，地域性在某种程度上比民族性更具狭隘性和专属性，在很多情况下越是相对小的地域，其识别性越强。[①]每个地区都有每个地区的自然、文化和经济特色，同一个国家不同的省市也会有不同的特色，56 个民族有 56 种不同的民族特色，共性是文化根基，特色是文化资源，这正是我国发展地域性设计的文化和经济意义。

第三节　全球化、本土化、地域化同步发展

对于人类而言，我们的世界充满各类矛盾。最主要的矛盾是人与自然以及人与人之间的冲突，其次还有人在生活过程中以人自身作为目的和手段的矛盾、物质生活和精神生活的矛盾，等等。这些矛盾最终都涉及人类以何种方式生存的问题。因而解决这些问题需要从哲学上重新审视我们的生存方式中所体现的关系理论，重新审视人类自身作为环境存在的价值原则。[②]人与人之间的矛盾冲突主要表现为文化的冲突，当然作为群体化、社会化的人们，这种冲突也影响着自然环境。许多人认为文化的全球化使世界可能会出现一种面孔，有着一种精神信仰，充满了西方味道。这就势必出现"美国人不可避免地利用平坦的世界推销美国文化，世界上的很多人声称，除非我们认真采取措施加强保护本土文化和自然环境，否则美国式的全球化将在未来数十年内消灭全世界花费数百亿年才进化形成的文化、生态和动物的多样性"。[③]事实上这是一种错误的思想，文化的全球化是在尊重文化地域性基础上的全球化，文化的地域性正是文化的价值所在，文化全球化的一个主要形式就是将具有内涵价值和优秀品质的文化特质在全球寻找受众，以文化市场的机制运作传播。所以我们可以将"本土文化参与的全球化"称为"倒转的全球化"，文化全球化并不意味着世界来保卫某一个地域角落，而是本土要走向世界。所以，本土化本身也是全球化的重要组成部分。

国际化与地域性、高科技与原生态这两对矛盾是同步发展、互为依存的，当一方表现强烈则另一方也表现强烈，一方衬托另一方的价值（图

① 王泽猛．扩展传统，强调文脉——王琼眼中的地域性设计 [J]. 装饰，2008（11）：32-37.

② 周海春，田智．价值选择与人类生存——第二届国际价值哲学学术研讨会综述 [J]. 哲学研究，2004（10）：94-95.

③ 托马斯·弗里德曼．世界是平的 [M]. 何帆，肖莹莹，郝正非，译．长沙：湖南科学技术出版社，2006：374.

1-7）。国际化、现代化越是高速发展，地域性和传统性就越值得保护和提倡。我们的社会已进入互为交错时期，两大趋势互为促升发展且互为依存，并将长期持续下去。这不仅表现在自然科学领域，也同样表现在社会科学领域。一方面，人们需要分享和应用先进的技术成果，创造人类从未尝试过的新事物，加强技术创新，发展高科技；另一方面，要保护大自然的本来面目，继承传统文化，让人们体验和重温真实的自然和历史，回归本原。在国际化越来越普遍的情况下，地域性和文化性就显得越来越珍贵，人们更容易追求原生态的东西。

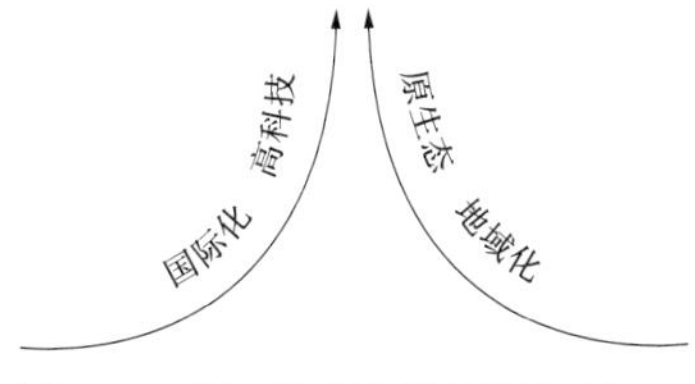

图 1-7　两大趋势互为促升发展

有关经济全球化的研究已遍及人文与社会科学的各个领域，它不仅成为不同领域学者共同的研究对象，而且成为学者对自身研究对象进行反思的一个新的参考点。有人甚至认为在社会科学中，全球化作为一种思维方式，已经替代了现代化，成为一种新的范式。唐士其在《全球化与地域性——经济全球化进程中国家与社会的关系》一书中提到了地域性与超地域性的概念，虽然这是一本关于政治经济学的著作，但许多概念为设计学中地域性设计研究提供了思路。他认为，地域性与超地域性是人类生活与交往活动的两个基本方面，地域性是指人类在一定地域范围内群聚而居，并在此范围内形成各种相应的社会联系与社会组织的特性；超地域性是指人类突破联系与交往的地域性限制，并在更广大的空间内形成新的社会联系与社会组织的特性。他认为地域性与超地域性是两个相对的概念，它们之间有可能相互转化，各种人类行为与组织的地域性倾向与非地域性倾向是不平衡的。政治活动表现出较强的地域性倾向，而经济因素在某些条件下则可能表现出较强的超地域性倾向。①

另一个被世人花了近三十年时间所共识和确定的概念，就是生态理念和生态文明。生态观念的树立是人类自我与其之外的自然关系的突破性认识，在经历各种文明之后，人类社会必将进入新的生态文明。生态文明建设不仅是人类对以自身作为目的和手段遭受危机的一种反省选择，而且是扭转自然界与人类矛盾危机的必由之路。人们已经意识到目前人类生存危机的深层次原因

① 唐士其．全球化与地域性——经济全球化进程中国家与社会的关系 [M]. 北京：北京大学出版社，2008：5.

不能简单地归结为人类中心主义，应该从自我中心主义的世界观、物质至上的现代自我观和工具主义价值观上寻找原因。[①]生态学家认为，人的自我概念是一个与生物圈（人类自然是这个生物圈的组成部分）有着物质的、生态的、文化的和精神的联系的概念，[②]要提倡在各类事物之间有联系性、依赖性及差异性、独立性兼顾的主张。从文化生态学的角度讲，文化系统是一个相对稳定的系统，地域文化是一个相对独立的生态系统，民族文化和本土文化的融合是文化一体化的表现，两者的融合对文化与旅游深度发展具有重要意义。[③]文化多样性和生物多样性是生态文明时期的一对孪生兄妹，它们既是生态文明的客观存在现象，也是生态文明的存在规律。它们密切联系，共同发展，信息的全球化将为其发展提供社会条件。

设计学发展为生态文明建设研究开辟了新领域，我们需要将现有的自然科学信息和社会科学信息进行重组，技术为文化的保护和发展提供手段，文化和自然为技术提供现实的主题和内容。我国地域广阔，地理类型差异较大，各地的文化特色鲜明，地域性设计研究和应用空间很大，这将为各地打造文化及旅游品牌发挥巨大作用。就本书研究课题而言，西北地区的文化内涵深厚，独特的干旱性地域条件造就了适应干旱特征的黄河、黄土和黄沙传统文化，这也为本地的现代设计提出了新的思考课题。

第四节　地域性设计的哲学基础

一、地域性设计是“自我”与“他者”的统一

设计的历史反映了人对自然和社会的认识历史。由前至后主要有：①艺术设计论；②面向技术和产品制造的设计；③以商业和刺激心理为主的设计；④以人为中心的设计（“需要”是设计之母）；⑤自然中心论，可持续设计。[④]它们之间的排序关系显而易见，工业革命之前人们的造物方式以手工艺为主，人对自然表现为适应和顺从，是天人一体化的时代，所谓的艺术是一种心理活

① 于文秀．论生态文明的自我范式 [N]. 光明日报，2008-04-22（011）.
② 布赖恩・巴克斯特．生态主义导论 [M]. 曾建平，译．重庆：重庆出版社，2007.
③ 孙兆刚．论文化生态系统 [J]. 系统辩证学学报，2003（3）：100-103.
④ 李乐山．工业设计思想基础 [M].2 版．北京：中国建筑工业出版社，2007：2.

动，它本身不对自然造成危害。工业革命之后人类第一次领略机器的魅力，快节奏的机械运转与高效的财富积累，使人们热衷于机器大生产，执着于商业利益的攫取，一味响应人定胜天的口号。在工业社会的不断发展中，技术已经历几次大的换代，特别是信息技术的出现，将人的本能推向高峰，这个时候环境问题已日益明显，现在我们才开始重新思考人与自然的关系，提倡可持续发展的观点。由此看来，人对待自然界的态度经历了“原始崇拜”“自我主义”和“生态文明”三个阶段。“工具主义”阶段人类还没有建立合理的自我范式。自我范式是哲学上的最主要和根本的问题之一，它界定了自我和他者在一定范围内的规律性，本质上是自我与自我之外的其他存在物的关系，不仅表明如何看待自我的问题，更关涉到自我与他者，如自我与自然、自我与他人的关系等。[①]工业社会以来，人类的自我观是物质至上的自我中心主义和工具主义价值观、世界观，其最主要的特征是将自然界和地球上的其他事物当作人类自我实现的手段和目的，而忽视了除人类之外的其他事物的自主性，或另外的其他自我的存在。自古以来，哲学都是在讨论成对的问题，如“阴”和“阳”、“有”和“无”等问题，但哲学的本体，只能是“存在”。一切真正的哲学不是侧重于从无到有，就是着重于从有到无。如果说从无到有是创造、开显，那么从有到无则是摆脱、解放。但是，不管是创造还是解放，都是自由的体现，都以自由为前提。能从无出发或者能回到无，“自我”才能面对真正的他者。在这个意义上，他者问题就是一个存在论问题。[②]

地域主义是基于他者的存在论。挪威著名哲学家阿伦·奈斯在他的“深生态学”理论中提出了“自我实现”的概念。他主张的“大我”的生存智慧是一种生态自我的概念，这与狭义自我中心中的自我概念完全不同。所谓“自我实现”就是将他者包容其中。一个人怎样才能从物的认同的过程，最终将自我无限扩大，实现人与自然认同的归宿。[③]将自我与他者合二为一，将自己看成是他者的一部分，或将自然看成是自我的另一个维度，只有从系统角度关注他我的相互联系、互为共生关系才是生态文明构建的关键。

作为设计哲学研究离不开哲学的基本问题，这就是本体论关于“存在”的学问。任何单体和系统都不可能凌驾于整体系统之外，人的思维要致力于造物的存在理论研究。处在生态文明阶段的设计学使命就是处理好人类生产和生活过程与自然的关系。如何通过物质文化设计来实现和表达在特定地域中人与自然和谐相处的方式应是设计方法学研究的重要任务，在设计学科中称之为全球道德

---

① 于文秀 . 论生态文明的自我范式 [N]. 光明日报，2008-04-22（011）.

② 任函 . 地域设计理念的哲学解读 [J]. 中外建筑，2009（1）:70-72.

③ 雷毅 . 阿伦・奈斯的深层生态学思想 [J]. 世界哲学，2010（4）: 20-29.

规范。作为使命，设计科学可能要从属性和概念的探讨中转向设计对人类未来问题的解决中来，正如柳冠中教授所说，当代文化的内核是设计的文化，其价值在于当代设计受托于人类，必须肩负把握自然资源有控开发的历史重任。[①]

二、道法自然

老子的哲学思想一直是贯穿我国古代人与自然关系的主要思想，它以形而上的道为根本依据，以“道法自然”为宗旨，概括了人类适应自然的根本方法论。这对今天人们的造物设计规律的把握，特别是对地域性设计方法论的建立具有哲学指导意义，值得深刻领会。

老子思想主要有两对哲学范畴：一是“道”与“德”，二是“自然”和“无为”。

（一）尊重“道”的和谐

老子的核心思想是“道”。“道生一，一生二，二生三，三生万物”，认为“道”是化生宇宙万物的本源，是一切运动、活动的法则。总体上，道可以被认为是一切事物存在的根源，是自然界中最初的发动者，它具有无限的潜在力和创造力，天地间万物的蓬勃生机都是由道发动和创造的，遵循着固有的规律。我们从《周易·系辞上》的“易有太极，是生两仪”可以看出，一为太极，二为阴阳，三为众物。这个哲学概念乃是指“道”创生万物的过程。老子道生篇提出了宇宙系统形成和演化的模式。

“人法地，地法天，天法道，道法自然”，精练的论述中阐明了人与道之间的关系，人的主体地位，道的客体地位。道依次所“生”的一、二、三，皆是“道”在形而上范围内的展开，“道”是规律的代名词，这个规律就是“自然”，做到了“道法自然”也就“得道”是“德”，“万物莫不尊道，而贵德”。老子要求“辅万物之自然，而不敢为”，尊重万物的生存权利，遵循万物自身的本性和规律，予以辅助、促进，而不敢任意妄作。老子认为人为宇宙之中“四大”之一：“故道大，天大，地大，人亦大。域中有四大，而人居其一焉。”突出了人的地位，人之于规律是重要的，虽然规律不以人的目的为转移，人也许会掌握规律，人或许不按规律办事，但两种情况对于社会发展都是重大的。老子说：“知和曰常，知常曰明。”“和谐自然”是自然界和社会的固有规律，人能认识固有的自然和谐规律就是明知事理，按和谐的规律生产和生活，这应是

① 胡飞，杨瑞．设计符号与产品语意：理论、方法及应用 [M].2 版．北京：中国建筑工业出版社，2012：序．

人类文明发展的最终目标。这说明“和”是天地万物的常态，社会生产生活的不和以及人与自然的“不和”主要是人的不当行为造成的。老子认为“和”是道的本质性体现，与此相反的阴阳完全对立的状态不是道的，亦不是事物的常态。阴阳和谐使得事物能够存在，阴阳这个属性附合于事物本体，就具有了“生”的功能，“一生二,二生三”。三指众多之意，三人为众。这个“三”就是指附有阴阳属性的“众”多事物，事物维持阴阳和谐才能够生存，所以说“二”生“三”。推而广之，事物维持阴阳和谐才能够生存是普遍规律，所以说“三生万物”。[①]关于“和”是天地万物常态的论断，已为人类社会的发展史所证明，从原始社会到工业社会之前，自然生态和文化生态都是按自律规律形成的，是“和谐”的。那时人类的活动基本是以地域为单位的，不同地域的人们都顺应自己生存地区的文化和自然，人类对环境的干预技术和能力有限，人类—自然—社会处于原始和谐状态；到工业社会以后，人类发展的动力迅速提升，人类活动区域也迅速扩张，对自然处于主动改造状态，但对“和”的规律认识明显滞后而出现生态问题。道家后期的庄子也认为“天地与我并生，而万物与我为一”，人与天本来就是和谐统一的，只是人的主观区分才破坏了统一。他主张消除一切差别，天人合一，用现代语言来说，人应当与自然合为一体。

由此可见，人类虽为宇宙演化中的精华，但仍然是自然的产物，是自然界中平等的一员，决不能凌驾于天地之上。人类自身的手段不能成为宇宙万物改变的尺度，人类的需求目的不能使人类成为自然的主宰者和征服者，相反，人类应当成为自然万物的和谐发展的维护者。[②]人的自然属性也表现在人造物的自然属性方面，这其实是人的自然属性的延伸。人与自然的和谐营造了人类社会和谐存在的外部环境和物质条件。“人法地，地法天，天法道，道法自然”，老子从道的高度深刻揭示了人与天地万物的关系，说明人与自然万物同源同体，本质相同，遵循共同法则，是一个共生共荣、俱损俱伤的有机整体。老子把道德标准由人类社会推广到万物之中，强调“常善救物，故无弃物”，提倡人们要过寡欲尚俭的生活方式，要求人们“见素抱朴，少私寡欲”。老子的这些思想与当今社会提倡的维护生态平衡，保护自然环境，建设现代生态文明的理念相一致。

按照人的本质论，恰恰是人工物的出现才使人与动物有了区别。从人工物的属性中可以看出，人工物的目的性使其具有了人的属性，由于特定的目的

① 李奋强 . 创新之道——老子道生一篇解读 [J]. 中国包装，2011，31（10）：19-21.

② 顾群业，王拓 . 对设计“以人为本”和“绿色设计”两个观点的反思 [J]. 设计艺术（山东工艺美术学院学报）, 2008（4）:48-49.

使造物隶属于人的愿望，具备为人服务的功能，其适应环境的权变性也是为目的性服务的。恩格斯说，“没有一只猿手曾经制造过一把哪怕是最粗笨的石刀”。人工物为了实现目的，又必须遵循自然规律，具有模仿自然的一面。关于人工物的模仿制造原理，西蒙在其学说中也提到这一点，他在给人工科学的四个界定特征中就有一个是人工物的模仿性，他说：“人工物可以模仿自然的外表而不具备被模仿自然物的某一方面或许多方面的本质特征。”模仿自然是一种对自然秩序的尊重，西方信仰中提到的秩序观念和中国的“道”和谐思想大体一致。奥古斯丁说：“万物的和平在于秩序的平衡，秩序就是把平等和不平等的事物安排在各自适当的位置上。”上天创造了万事万物，所有事物之间的层级形成秩序，比如生命物高于非生命物，永恒物高于易消失之物，灵魂在肉体之上。这说明宇宙存在于一种阶层秩序的本体，这种秩序是自然的秩序。每一个事物在这个世界中都有固有的适当的位置。“没有什么事物能以任何方式脱离至高的创造者和安排者的法则，这位创造者是宇宙和平的引导者。”“上帝的‘永恒法则’是万物的内在秩序，万物之中都体现了上帝的永恒法则。”奥古斯丁称这种蕴含在万物之中的秩序与法则为自然法，自然法就是自然秩序。

（二）“无为”为“为”

在老子哲学中，“自然”和“无为”是仅次于“道”和“德”的重要哲学范畴。老子所推崇追求的最高价值是“自然”，而“无为”是这种价值能够实现的基本行为原则和方式。“自然”这一概念是老子首创的，从古文字学看，先秦并没有自然界或大自然的概念，老子的“自然”是自己如此、从来如此、通常如此、势当如此和自己成就自己，以及与“人为”相对立的自然而然、自然天成、事物的天然本性等意思，是陈述性的词组，但作为“地法天，天法道，道法自然”的递推公式，所谓的“天地”就类似现代汉语的“自然界”的概念。天地间的规律就是“自然”就是“道”。

“无为”是一种方法，也是一种做事的态度，是处事的观点，老子主张用“无为”这种方法去实现“自然”这个规律。“无为”的方法引导在设计学上至少有这样几层意思：

一是不要违反规律。人类活动应该遵循“自然”的基本规律，所谓道法自然是人的一切活动都要师从自然，适应自然，尽量按照自然和天时来进行生活及生产活动。从“道”和“德”的逻辑关系看，前者是事物产生的法则，是自然现象；后者是在此基础上人应遵守的规律，属于人的意识现象。尊重规律是

“无为”，妄想改造自然规律或恣意人定胜天的活动则是“有为”。

设计活动贯穿了人类社会的文明史，传统造物中映射出许多设计学的自然和社会基本规律，这就是设计物品或事物离不开它所处的整体环境，不同环境对应不同的事物，设计要与自然和社会环境相适应。所以，固有规律在没有弄清之前，不要主观臆造，否则就导致“不和”。

二是自成自长。老子认为“道”是人类活动最高的标准，而“自然”则是这种最高标准所体现的价值或原则。道具有独立性，完全是自成，不依赖任何外力，也没有任何外在因素可以左右它，这是道重要的特性。“道法自然”是说“道”以自己固有的内因成就自身的存在样态，以致成为法则。所以，“道法自然”中的“道”是针对万物之外的人类意识而言，是指万物的运行规律依其本性而发生、自长、演化、自灭、自成的规律。[①]

事物发展都有其自身的进化规律，这不仅表现在自然界生物的适者生存的进化，文化进化也同理。生物的变异是必须在相处的环境能消化的基础上进行的，因而自然界的进化是缓慢的，环境影响生物变异，而变异又是环境新的组成部分，和谐相处，互为转化。作为文化的发展也是同样的道理，作为文化推进的设计活动受两方面因素的制约：一方面是环境，另一方面是人的意识。意识是环境的反应，短时间内人的意识不一定能全方位、准确地吃透环境系统所制约的规律，所以两百多年来人类激进的、全球化的快速变革导致出现生态问题。现在反过来，我们需要思考的是文化按规律自成自长的过程，这一过程的研究和认识对可持续设计的发展具有方法论指导意义。

（三）事物存在的时空连续性

“世界”一词，在不同学科有不同解释，在地理学中为全部时间与空间的总称，通常状况下指我们人类所生活居住的地球范围。其实中文中所讲的“世界”一词，最早是佛教用词，“世”是时间的意思，“界”为空间之意。按照时间和空间的四维坐标系统，世界上任何一事物都能在这个坐标系中找到它所在位置（或区域），这个位置就决定了它的一切属性。当然这里所谈的世界是指人类居住的地球范围内的宏观世界，具有部分人文科学的含义。任何事物只有被定位在特定的时间和空间中才能存在、才能被定义，设计也是如此。从古到今，天南地北，任何一个人为事物都是时空的产物，任何事物的过去、现在和将来是有直接内在联系的，不能说过去的事就过去了，消失了。事物发展的“时间流”不可能断，同时事物的“时间流”总是与特定的“空间场”联系在

① 董京泉 . 老子的和谐与自然无为思想 [N]. 光明日报，2011-12-26（005）.

一起的。在这个过程中起作用的因素有三点：人对环境适应要求、地域环境制约、人的记忆。乔治·巴萨拉在《科技的演进》中讲到“新事物的出现都是以现有事物为基础的”。[①]

利普斯在《事物的起源》中讲到现在女人们使用的各类化妆品小瓶、小盒、小盘等都能够上溯到石器时代用骨节做的装口红小瓶、调色石板、骨瓶等造型，这些器具可以在冰川时期洞穴之中被发现。[②]事物传承的主要原因是受文 化约定，人们都有模仿继承的本性。日本人缀以珠宝的精美的香囊，仅是对这些小瓶小盒的模仿。镜子最早的形式是磨光的贝壳或金属圆片，后者在中国、拜占庭和希腊发展成珍贵的金属镜，陈列在世界各地的博物馆中。事物本身都是连贯的、有联系的，今天的事是过去之事的延续，是未来之事的源头，而过去也将通过未来影响现在。设计事物未尝不是按照这种规律。从广义视角看，生活器物是生活方式的物质载体，生活器物的设计可以看成是生活方式的设计。生活方式其实是人适应环境（包括自然和社会环境）的一种方式，适应社会主要表现在文化审美上（形态）的差异性，适应自然主要表现在技术革新上（机能）的创新性。历史上任何一种器物方式，哪怕是一种彩陶图案，都是在工匠数代的完善演绎中定格的，绝不是拍脑袋胡思乱想的。所以在特定的地域范围内，通过发现过去的设计而塑造未来的设计，应该是文化传承的基本方法。

产品随着时间的推移和地域的变化不断改变着自己的存在形式。动植物是大自然的杰作，是千万年来大自然选择下来的优秀物种，它们在地球上的存在年龄甚至超过人类生存的历史，它们之所以生存下来肯定是与它们生存期间的地域环境相协调的。自然造物尚且如此，人类造物也应如此，模仿和探求自然是自然科学的全部内容，造物科学应全方位地理解其中的含义。

1. 时间延续性设计

在哲学和科学的初级阶段，亚里士多德和牛顿都相信绝对时间，时间是客观的。现代科学在爱因斯坦和霍金之后，绝对的时间观念被终结，时间不能完全脱离和独立于空间，这是物理方面的时间概念。现代哲学方面的时间概念则沿着奥古斯丁一布伦塔诺一胡塞尔的思路发展为“主观性时间”，时间与主体意识相联结。过去通过记忆、未来通过想象总可以进入现在。过去并不是一去不复返的，它并未消失，总是在场；而未来只不过是过去与现在的延续，它规定着过去与现在。这些观念在许多思想家、哲人乃至宗教学说中都存在。虽然

① 亨利·佩卓斯基．器具的进化 [M]. 丁佩芝，陈月霞，译．北京：中国社会科学出版社，1999：3.
② Julius E. 利普斯．事物的起源 [M]. 汪宁生，译．兰州：敦煌文艺出版社，2000：36.

哲学宗教都带有主观心理性，我们撇开以上思想的主观心理特点，从事物发展的客观规律分析，也何尝不是如此。自然事物的发展服从于自然法则，它是在一定量变的积累中呈现出的“必然性”，而人工事物的情况与自然现象基本相同，人类历史的演化就是一个循序渐进、承上启下的过程。这本来是个客观规律，但在人类社会超速发展的今天，许多规则可能很难任其自控，复杂的社会系统的高速运行并非能与昔日相提并论，快速与复杂的发展模式难免不和谐，顾此失彼。时间的延续性表现在文化延续性上几乎喘不过气来，其实从技术发展、生态要求、人们的经济条件、精神审美这四个方面都已经具备地域性设计的社会条件了，时空延续性设计应是地域性设计的首要方法。从远古的石器时代到陶器时代再到青铜器、铁器、木制器具以至今天的高科技时代，整个过程的每一个节点的动力启迪于人的要求，改进依赖于环境的制约，这是地域性；造物的基础是建立在已有物品的基础上的，这就是人的记忆，同时产生新的设计理念，这是时间链。过去的基础与新的适应性要求交融在一起产生新的变革。

奥古斯丁说时间有三种：“就是过去事物的现在，即回忆；现在事物的现在，即视觉；未来事物的现在，即期望。因为实在存在的既非过去也非未来，现在的一瞬间就是时间。”也就是说记忆指过去事物的现在状态，直接感觉指现在事物的现在，将来事物的现在就是期望。不同的地域形成不同的生存和生活条件，这是以特定地域为条件在时间的流程中必然形成的，时间既外在于主体又内在于主体，不能说过去的事就过去了、消失了，而今天的事物是刚刚发生的新事物，明天的事还不知道是什么事，这是完全错误的处理事物的方式。[①]

随着人类的科学技术在不断地发展与进步，人们的物质追求和审美标准也在不断发生变化，这就必然使每个时期、每个时代的产品呈现不同时间特征。产品的时间性主要体现在产品设计必须要了解和熟悉一定时期的科学技术成果及其发展动向，密切关注新思想、新方式、新材料、新工艺、新技术的出现，尽可能多地加以运用。设计的本质在于组合，即如何更有效、充分地将先进的基础科技成果整合为具有实用功能和时代审美价值的商品媒介，产品设计与科学技术结合的效果是由产品的实用和审美的双重功能决定的。人们设计制造物品，是物质生活的需要，而器物的发展是和物质生活的发展同步的。古时的人们要吃饭，今天的人们也要吃饭，作为餐具的碗，尽管数千年来材料在不断变迁，从陶器、青铜、漆木、金银、瓷器，到现代的搪瓷、铝合金、不锈钢等，工艺也在不断变革。如陶瓷器，从手制、陶轮制作、辘轳旋坯，到现代的旋

① 唐林涛 . 工业设计方法 [M]. 北京：中国建筑工业出版社，2006.

压、滚压、注浆、干压、静压、热压成型等，碗的基本功能与造型并没有发生根本变化，但碗的款式和整体品质则有异常的多样化，这是因为碗的设计要适应现代人的生活方式。同时，由于人的心理、个性、需求的多样化、复杂化，人的审美总是在变，最终导致市场在变。

2. 空间延续性设计

时间与空间本是互为依存的，设计的地域性将是实现其时代性的着眼点和手段。国际工业设计协会联合会（ICSID）为设计学修订的定义，即设计应致力于发现和评估与增强全球可持续性发展和环境保护（全球道德规范），给全人类社会、个人和集体带来利益和自由，在世界全球化的背景下支持文化的多样性（文化道德规范）。全球道德规范是永恒的主题，而文化道德规范则是地域性的，必须在实现文化道德规范中实现永恒的主题。

我们的祖先早就提出器物的地域差异性，《周礼·冬官考工记》中有“郑之刀，宋之斤，鲁之削，吴粤之剑，迁乎其地而弗能为良，地气然也”，[①]这说明人造物体与自然物体一样有其特定的地域特性。设计的地域特性主要表现在：受不同自然地理环境制约，人们适应自然的生活方式不同，其凭借物的存在方式（功能、造型等）也相应不同；同时，由于各个国家、地区、民族所处的政治经济条件、文化传统和宗教信仰不同，形成了自己特有的性格、爱好、情趣、习惯和追求，这就要求跨地区的产品设计（包括建筑、艺术设计等）应具有不同的艺术表现形式和格调，形成相应的民族风格或地域功能。

影响设计的维度主要有三个，就是设计要随时代条件、地域环境和社会心理（市场消费心理）的反映作相应的变化，设计方法的主要内容是研究与预测这种变化潮流，把握设计趋势和消费需求。一般来讲，设计的时代性是与科学技术及市场心理需求联系在一起的，现代企业的产品设计基本能做到这一点。而产品的地域性设计才开始研究，其与自然地理特征和地域文化相结合是核心内容，我国是一个地域广阔，自然环境复杂多样，民族众多，地域文化丰富多彩的国家，也许研究地域性设计再没几个国家比我们更有意义。从社会发展来讲，我们的社会已经进入工业智能时代，虽然社会客观上已要求多样化、和谐化、环保化的设计出现，然而整个制造技术、经济水平、消费意识还没有完全与之同步，但是我们在观念和意识上首先要占领高地，这是最为重要的问题。更何况现在柔性制造、智能化、信息化已经在技术上具备条件，应大力提倡结合地方特色发展区域经济与区域文化，地域性设计的前景

① 《十三经注疏》整理委员会，李学勤．十三经注疏·礼记正义：上、中、下 [M]. 北京：北京大学出版社，1999.

应该非常广阔。

设计方法论重在研究设计的时空原则，在现阶段的时间定位下，设计何去何从？无容置疑应该基于社会乃至全球的发展主流，尊重自然，尊重文化，实现生物多样性、文化多样性的可持续设计策略。

第五节　地域性设计的归宿

设计学有两个使命：一是服务，即为制造业提供技术服务，使科学技术转变为现代产业，创造产品市场；二是创意，即振兴创意产业，将文化转变为现代产业，其本质是创新和创意。现在整个人类社会正步入生态文明时代，在网络信息技术的支撑下，工业、信息、文化正在进行以创新和创意为品质和特征的高度融合，设计学科既肩负重要历史的生态使命，更面临绝好的发展机遇。从生态、文化和经济学的角度看，未来设计学的基本问题可主要归纳为两个方面：一是通过造物设计处理人与自然的关系以及人的生活心理与生存需求的关系问题；二是设计如何服务经济发展的问题。在深层系统中两者是有机统一在一起的。

（一）地域性设计要致力于人工物与自然、社会文化伦理的关系处理

设计是一个庞大的系统，具有交叉性、广博性、复杂性的特点。设计是一个巨大的多面体，是由许多相互联结的面组成的一个整体。作为学科研究，设计最基本的是要界定各层属性及因素，理清各因素、各层面相互之间的关系，弄清设计与自然环境、设计与社会文化、伦理道德的关系，必须要从我国的设计教育及设计学科发展问题谈起。

在多年的设计教育实践中，我国的设计教育已发展成一个“T”形结构，存在两个层次，即纵向的设计教育实践和横向的学科理论研究。纵向“I”形层面为本科教育，偏向技能学习，强调设计的可行性、实用性。研究型教育则相对宽泛，形成“—”字形横向层面，其学科归属在艺术学门类之下。2011年国家颁布的学科目录中，设计学正式定名并成为艺术学门类下的一级学科。多年的学科探索实践已经证明，设计学科既不是纯粹的艺术及其工艺问题，也不纯粹地属于机械和工程学科范畴。设计学科研究已经上升到以物为依托的人与物关系问题的研究，广泛涉及社会学、心理学、文化艺术、生态文明等各领域，这些领域的知识构成了设计学方法论的基石，其主干学科集中在社会学及心理学领域。[①]若要将这两个层面统一到一起，那就是“一”为“I”提供基础方法论的指导作用；“I”是在“一”理念下的具体实践活动。

地域性设计研究，理当属于“一”字形层面的研究内容。我们将其横向延伸，致力于设计与地域环境、设计与地域文化、设计与区域经济的关系问题，并由此提出地域性设计的基本思想和方法。但我国真正的基于地域分析的设计理论的构建还没有出现，不只是在设计艺术领域，发展一百多年的建筑学也尚未做到。设计评论家朱涛认为：当代中国实验性建筑实践，与其说是结合当代中国特定的技术、文化语境，发挥设计个人的建筑理念，“自下而上”地展开设计探索，还不如说是更多地通过横向移植西方建筑历史中的某些观念，表达一种对中国当代商业建筑文化的反抗。具体而言，当代中国实验性建筑横向引进并坚持的有限的几个设计原则，“基本”上是现代主义的形式语言、空间意识和建构观念的沿袭。[②]以文化为承载的建筑尚且如此，其他工艺技术更难免失控。人类发展过程中有时由于技术革新或某种思潮的影响会朝着某一个方向剧烈地运动，而失去对未来发展的前瞻性、系统性的认识，结果出现了问题，再回过头来思考。工业革命之前，人们热衷于古典艺术运动，在技术器物、建筑等方面，风格上发展到了高峰，过于雕琢，过于装饰，已背离了事物的本来规律；工业革命之后人们又过于执着工业产品的大规模、高消耗，只顾商业利益的制造与使用活动，最终出现了生态问题，然后再倒折回来思考和改正。如此反复，正是因为缺少正确方法论的指导。中庸之道是中国传统的文化精髓，今人称为平衡，提倡做事要恰到好处，要有分寸。事物发展是由矛盾推动的，设计最终要解决矛盾冲突，关键是找到矛盾的平衡点，这才是稳健设计的思想。

大自然完全依赖自律创造有差异的物品，人类倾向于用自己所谓的理性消除这种差异。随着基因技术的发展，曾经出现过“克隆人”甚至“设计婴儿”的事件。随着控制人性状的某些特定基因的成功破译，人们在孕育后代的过程中可以通过一系列基因的组合以达到基因优化的目的，而不考虑法律和伦理的因素。以设计婴儿为例，虽然就目前的基因生物技术而言，在长相设计、健康设计等方面都不存在大问题，但在性别选择、智商设计方面可能对人类本身的生存方式和伦理道德等方面形成悖论。

汉字“伪”乃是人为之意耳。人造的东西比起自然界原本存在的东西，往

① 李乐山．工业设计思想基础 [M].2 版．北京：中国建筑工业出版社，2007.

② 朱涛．“建构”的许诺与虚设——论当代中国建筑学发展中的“建构”观念 [J]. 时代建筑，2002（5）：30-33.

往是生硬的、失真的。随着分子生物学及基因科学的发展，曾有人提出设计婴儿的怪异设想。该设想涉及四个方面的生物技术，都是成熟的，但除了设计健康有可取之处以外，其他三项有很多负面因素。人类不能按照同一标准去设计事物，这不仅牵涉环境适应，还牵涉伦理问题。现代主义的“国际式”风，使之与传统决裂，提倡几何构图，实际上消除了设计的地域性，忽视了各国、各民族的历史文脉，这是现代主义受到批判的一个重要原因。差异性是自然的造化，多样化是世界存在的本源，地域性是差异性产生的主要原因，差异性的本质是适应性。

现在人类生存的环境变数很大，各种极端天气、各类知名或不知名的瘟疫频繁发生。人类自身的能量在大自然面前显得如此脆弱渺小，这使人们越来越认识到要敬畏自然，人类是自然的产物，但自然并不为人类所有或由人类主宰。以此来讲，“以人为本”的设计观念是要改写的，以人为本的前提是要从人与他物的关系入手。要本着不干涉他者甚至使他者和谐才能使自身和谐，这其实就是老子的“道法自然”的设计原理。

人类社会初期，人的自身能力有限，被动地按照自然规律办事。随着社会的发展，人的技术能力不断提高，但这并不代表认识能力同步提高：这好比一个人到十五六岁时生理上基本成熟，但心理未必成熟的道理一样。设计学科作为技术、社会学、心理学、伦理学等学科相交叉的历史重大使命，理应承担人类造物未来规划的神圣职责。

（二）设计要为地方经济服务

各地文化产业发展结果表明，文化创意和设计产业发展必须以本地为大本营，进行总体规划。这是因为作为文化创意的文化资源来源主要是历史遗迹、文物古玩、风俗风土及其他传统文化，它们无一不带有地域特征。而设计服务的对象也主要是基于各地域经济类型和经济发展特点进行的，我们就目前各地文化创意和设计服务实体业务的展开情况来看，也是如此。

近年来，我国政府开始着手调整经济发展模式，调整产业结构，文化和服务业被放在举足轻重的位置。设计产业作为文化和服务业的主力军，受到了高度重视。2007 年 2 月，温家宝总理做出要高度重视工业设计的批示，各行业开始相继呼应，从此政府开始逐步推进工业设计相关的政策，并将其界定为技术服务性行业，这主要是从制造业与设计关系的角度出发的。2014 年以来，国家更加重视文化创意产业的发展，国务院总理李克强分别在 2014 年 1 月 22 日和 2 月 26 日两次主持召开国务院常务会议，部署推进文化创意和设计服务与相关产业融合发展的政策和措施。其总体要求和基本原则是：根据不同地区的实际、不同产业特点，着力推进文化软件服务、建筑设计服务、专业设计服务、广告服务等文化创意和设计服务与装备制造业、消费品工业、建筑业、信息业、旅游业、农业和体育产业等重点领域的融合发展。

近水楼台先得月，各地发展文化创意应根植于本地的地域文化和传统文化资源，本地设计人才是当地的文化共同体，他们对本地文化的感受度和理解力是最高的，具有得天独厚的创意设计优势。设计服务业归属于第三产业，也具有地域性，更多依赖于为企业进行技术服务而生存。这就要求各个地区应按照地区的经济发展特点，研究本地区的产业分布特征，特别是制造业的类型，研究各个地方的地理环境、工业基础、生态环境等。区域经济学研究表明：经济类型呈现区域化分布；地区特征不同，其文化产业、工业类型、农业类型也都不相同。比如我国的东北地区原为老工业基地，制造业以重型机械、大型机床及其他特种装备产品为主，在该地区的工业设计服务行业就要基于本地的制造业特点而发展，比较有影响的设计公司如大连后青春工业设计公司，主要以大型设备和类机电产品的造型设计为特色；而在珠三角和长三角等许多设计公司则是以电子产品和家电产品为专长。所以产品的地域性经济特点是固有的，无论是产品类型，制造方式，还是相关的产品配套工业类型，政府宏观导向，交通运输等都呈现出地域性。随着经济的快速发展，各个地区经济总量的快速增长，每个地区都有大量的设计业务，各科研院所、各大专院校都应立足本地，全面研究本地区的文化习俗、生活方式、文化产业、自然资源、工业类型、制造业的地域特点以及由此形成的“产品群落的生态特点”，更多地进行本地人才资源和设计资源的有效整合。本地区人才更熟悉本地情况，他们有固定的居所、适应的生活方式，保证交流沟通没有什么障碍。在地域性设计中本地人应该是主力军，关键在于要开阔思维、转变观念，从其他地区的地域性设计中获取启发，真正解决本地区的具体设计问题。

地域性是客观存在的，任何被特定地域环境和时间所洗礼遗存下来的东西，都不可避免地染上了地域的色彩。人类造物要顺应这个规律，违背规律就会多走弯路，可能破坏生态。人类活动依赖于自然，也受特定人文因素的制约和影响，分析人类文化的形成过程，它们基本遵循多方面的规律，我们可以从中得到启发，以此作为设计学中地域性设计中的理论基础。

上篇

地域性设计的基本规律
——自然和社会依据

从生活方式视角看，生活器物是生活方式的物质载体，因而对生活器物的设计可以看成是对生活方式的设计；从环境决定论视角看，生活方式其实是人适应环境（包括自然环境和社会环境）的一种方式，适应社会环境主要表现在文化审美（形态）的差异性方面，适应自然环境主要表现在技术革新（机能）的创新性方面。人们常说“靠山吃山，靠水吃水”，这反映了一种生活方式的适应性，怎么个“吃”法，是一个较为漫长的形成过程，并不是一两代人的生活经验就能得到。所以，某个地域的文化发展史可以看成是人们对某个地域环境的适应历史。

第二章

环境决定论

——自然和社会的基本规律

- 非生命物质随环境变化而改变物态和状态
- 生物形态及其机能是对不同环境的适应性反映
- 自然环境对人类社会的影响
- 自然选择和文化选择对造物的共同作用——适者生存

第一节 自然环境决定自然形态

一、非生命物质随环境变化而改变物态和状态

影响环境的因素很多，温度、湿度、光照等。以温度因素为例，通常状况下，同一物质由于温度的不同会在固、液、气三态之间转换，如果物质的温度不断升高，分子会分解为原子，温度超高，原子会分解为由电子和原子核组成的电浆，此时物质的状态为等离子状态。由于温度是由物质的粒子运动形成的，当物质的粒子以接近光速运行，温度可高达到 4 万亿摄氏度，物质便形成“夸克胶子等离子”状态，足以融化质子和中子。由此可知，物质随温度不同而呈现出不同的存在物态。温度是物质存在的最主要环境因素，但影响物质存在状态的环境因素往往复杂多样。以水为例，水在地球环境条件下随温度在液态、气态、固态三态之间转化司空见惯。但水的形态之丰富，远非三态所能表述，就是在同一温度条件下，由于其他环境因素不同，水也会呈现出千奇百怪的形态。比如雪花、霜花、玻璃上的冰花和大冰块就差异很大。同样是黄河结冰，在壶口瀑布处和上游凌汛段的冰体形状也大相径庭，南极洲的冰山和青藏高原的雪山景象完全不同；同样是天空中的云朵，形态却变化万千，这是环境使然。这些现象可称为非生命物质适应不同环境的结果，或称为环境造化万物。

二、生物形态及其机能是对不同环境的适应性反映

环境决定论是生物形态形成的基本规律，从生命的起源和地球的生命条件来看，是环境决定了一切。至今人类还未发现外星生命，究其原因是没有找到与地球相类同的星球环境。美国国家航空航天局（NASA）一直致力于类太阳系、类地球环境的寻找。近年来科学家们通过开普勒太空望远镜发现了诸如开普勒 -22b、开普勒 -186、开普勒 -452b 等许多处在恒星“宜居带”中的“宜居”行星。所谓“宜居带”中的“宜居”行星，就是与其恒星距离适中、温度适宜、其上有液态水存在的行星。开普勒 -452b 是新发现的太阳系外首个与地球相似度达到 0.98 的“宜居”行星，“宜居带”的核心参数是类似太阳辐射的

恒星和类地距离（图 2-1）。

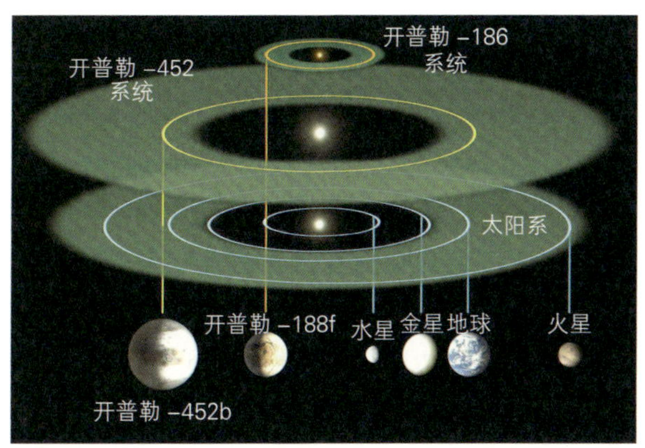

图 2–1　开普勒 –452b 系统和太阳系宜居带的近似比较（图片源自凤凰网）

我们可以推断：宇宙中除了地球之外肯定还有其他有生命存在的星球，只要能找到如地球一样的宇宙生命环境，这个环境中就一定能找到生命，甚至是有地球上相似的生命形态存在，所以环境带给人们希望。

1859 年，达尔文经过 5 年的环球旅行，对植物进行了大量的考察和采集后出版了震惊学术界的《物种起源》，他以自然变异和自然适应性选择作为野生生物发展机制，系统地提出了生物进化理论。达尔文认为，各特定地域的生物都以十分平等的力量相互斗争，只要一个物种的构造和习性发生变化，哪怕是极细微的变异，如果这种变异使其在同一地域的生活条件下获得更多的生存利益和防御技巧，那么促使这种变异的机会就会大大增加，从而形成新的物种。另外，外界条件的改变，促使物种变异的机会越来越多，在一个特定地域总有诸如四季变化、气候活动、生物比例数等一定范围内和幅度的周期性活动，这就促使同一地区的各物种有相对好的本地适应性。“自然选择”导致了生物根据有机的和无机的生活条件而得到自身性状的改进，这是自然法则。这说明自然界的各种机能性造物（生命体）起源于其所生存的环境，同时又受制于环境变化的制约而处在活态进化中。

对于生物性状的人工变异与人工选择是为了适应人的目的和要求，是适应人的文化环境的进化，带有人对生物物种再次设计的属性。

生物形态的机能随地球环境的各处不同而呈现出地域差异性。常言道，大自然是最伟大、最神奇的设计师。自然的神奇和伟大我们还没有全部看到，但我们从中认识到一些基本规律，这就是自然创造万物必须要有的多种适合的条件，没有合适的物理条件和生态条件是不能形成其对应的物质形态的。不同的自然地质条件也会形成不同的自然形态，所谓的山川河流、花草树木、鸟鱼虫兽等，这一切与形成它们的自然环境是和谐相处的，形成了特定的生态系统。藻类、鱼类、贝螺、珊瑚只能生活在水中，它们的形态和功能与水中环境融为一体。陆生动植物是空气、阳光、土壤的产物，陆生植物在空气中吸收二氧化碳与体内的水分进行光合作用，这个自然界中最伟大的化学作用养育和维持了整个地球的生态系统。但这个生态系统又呈现出地域的差异性，同样是陆生动物，大象生活在热带雨林地区，而骆驼却生活在沙漠戈壁，它们身体的功能和形态与其生活的环境特征一一对应。环境与生物群落不能分离，就像胎儿不能离开母亲的脐带一样需要依赖。其实我国古人很早就认识到植物生长与自然环境的关系。《晏子春秋》中记载了齐相晏婴使楚的一段故事：

晏子至，楚王赐晏子酒，酒酣，吏二缚一人诣王。王曰："缚者曷为者也？"对曰："齐人也，坐盗。"王视晏子曰："齐人固善盗乎？"对曰："婴闻之，橘生淮南则为橘，生于淮北则为枳，叶徒相似，其实味不同。所以然者何？水土异也。今民生长于齐不盗，入楚则盗，得无楚之水土使民善盗耶？"王笑曰："圣人非所与熙也，寡人反取病焉。"

从现代生物学的观点看，枳和橘同为芸香科植物，但不同属，由于遗传保守性的作用，植物适应地理环境而由一个属自发演化为另一个属的现象是罕见的。宋代车清臣认为"江南人有接树之法，以橘枝接枳，枳遂为橘，其核不变，再种则复为枳矣"。

生物学中有一个普遍的原则，即生物的形态结构与其生理功能一致，而生理功能又与生物所处的环境相适应。这样，生物形态与其生活环境之间必然存在着千丝万缕的联系，我们很容易在自然界中找到这种联系的证据。

从外形来看，阔叶林树叶叶面呈片状，表面积大，这与温带气候温暖潮湿，植物表面蒸腾作用旺盛有关；针叶林树叶的叶片表面积则小得多，针叶表面覆盖着一层角质膜，这样能降低蒸腾作用的水平，减少水分的流失，这是因为针叶林的生长环境 —— 亚寒带是寒冷且干燥的，植物吸收水分和有机物很困难（图 2-2）。

图 2–2　不同的自然环境对应不同植物的叶面形态

贺兰山位于宁夏回族自治区西北边缘，是内蒙古和宁夏的区划分界线，虽然面积不大，但在我国具有非常重要的地理意义。贺兰山脉地区属于国家级自然保护区，为南北走向的山脉，保护区南北长 170 多公里，东西宽 20 ～ 40 公里。山的西边是腾格里沙漠，属于内蒙古阿拉善地区，漫漫黄沙将山脉埋到了半山腰，东边是一派繁荣的绿地农耕景象，充足的黄河水将这里滋润成塞上江南。贺兰山是我国季风区与非季风区的分界线，也是干旱区与半干旱区的分界线。过渡性的地理气候造就了许多过渡性的动植物形态，一些多肉植物，耐寒、耐碱植物在这里生息繁衍。当地岩石上生长的佛甲草［图 2-3（a）］、白莲蒿［图 2-3（b）］、节节草［图 2-3（c）］、灰榆等植物均喜光、耐旱、耐寒、耐瘠薄、耐盐碱，还有抗污染性，叶面滞尘能力强，且根系发达，抗风力、保土力强，能够很好地适应当地的自然环境。该地区生长的另一种植被 —— 金露梅［图 2-3（d）］，生性强健，耐寒，但怕积水，耐干旱，喜光，在遮阴处多生长不良，对土壤要求不高，在砂壤土、素沙土中都能正常生长，喜肥而较耐瘠薄，周边的腾格里沙漠、乌兰布和沙漠等边缘均有大量生长。这些植被茎、叶都比较小，根系发达，能够抗风沙，它们很好地适应着贺兰山的自然环境，依赖当地自然环境生长生存，体现了植被生长的地域适应性特征。这正是长期自然选择的结果，体现了“物竞天择，适者生存”的丛林法则。此外，贺

（a）佛甲草　（b）白莲蒿

（c）节节草　（d）金露梅

图 2–3　贺兰山地区的部分植被

兰山的动物品种也很丰富，在仅 20 万公顷的地域中就有 43 种之多，贺兰山岩画中刻画的很多动物现在都有，主要有贺兰岩羊、北山羊、斑羚、马鹿、雪豹、贺兰狐、蓝马鸡等。岩羊现存约有 2 万只，当地人称其为“贺兰山的精灵”。贺兰岩羊数量庞大，种群纯正，由于高寒干旱环境及雪豹、豺狼天敌制约，群量稳定。干旱的裸露岩石成了它们飞奔攀岩的训练场，金露梅、绣线菊、针茅等高山荒漠植物是它们喜食的草料。贺兰岩羊体形中等，有部分山羊特征，但角不盘曲，头部狭长、耳朵短小，悬蹄尖锐，通体为青灰色，腹部腿部为白色，这种体形特征是特定生存环境下形成的。生活环境也造就了它们的生活习性，尤其擅长攀登悬崖峭壁，只要有棱角崖石，便能纵身攀岩跃上。

动物适应特定自然环境不仅表现在生物体态上，还表现在它们的一些本能的生存性营造活动中。动物都有维持生命的觅食本能和繁衍生息的生理本能，这样它们也会像人类一样进行筑巢、挖穴、织网的生产活动。这些本能的造物活动中强烈地反映出它们对地域的适应性。例如，蚂蚁在世界各地都有生存，但非洲的白蚁和温带地区的黑蚂蚁、红蚂蚁其巢穴形态功能就相差很大。生活在腾格里沙漠边缘地区的一种小型黑蚂蚁筑造的洞穴，其建造的“风水”原理是：如图 2-4 所示，右上方为西北方向，该方向夏秋季节沙尘天气频繁，有时有暴风雨，该沙漠地区的沙丘流动方向均为由西北向东南流动，由于该沙丘被一棵白沙棘植物固定，所以洞穴被建在该固定沙丘的东南坡面上，并且呈西南一东北地势缓坡下降，洞穴西北上方为沙棘的枝蔓掩护，无论是刮风或下雨，这个方位建筑洞穴都是最佳风水选择。

图 2-4　沙漠地区的一种黑蚂蚁穴口向置

影响生物生存和发展的环境因素称为环境因子，这些因子包括：光因子（不同的植物对光强的反应是不一样的，适应强光照地区的植物成为阳地植物，这种植物喜光而不能忍受荫蔽，在弱光条件下会生长发育不良，如水杉、侧柏、蒲公英等），温度因子（有的植物茎叶上生有密绒毛，这些绒毛起到挡住气孔，减少水分蒸发的作用，同时又可以减少阳光的直射，降低叶面的温度，如枇杷、杜鹃等；有的植物体呈白色或银白色，叶片革质发亮，能够反射部分阳光，免受热伤害；有的植物在高温下将叶片进行折叠，以此减少光的吸收面积，起到保护作用），这些都是生物本身对环境所做出的适应性改变。

现代生物学研究表明，生物形态反映了其生长的规律，生长规律是由环境控制的。比如，各种海螺、蜗牛等螺旋形外骨骼是由其生长过程中吸取外部环境中的钙质成分而累积作用产生的，也就是新吸收的钙质成分总是积聚在上层生长圈上，这样就形成了螺旋形喇叭状外部形态，它们的形态记录了其生长过程中外部环境的变化史。无独有偶，树木横截面上的年轮也反映了其生长过程中外部环境的变化情况，特别是雨水多少与光热配合的情况。

世界万物都被环境打下了深刻的烙印，从一片不起眼的树叶到万物之灵长的人类，都得益于地球这样一个具备各种条件的生命环境。世界人种可以大致分为黑种人、白种人和黄种人。黑色人种起源于赤道周边的热带地区，这里常年受到太阳光直射，紫外线强，气温高。居住在这里的人们，其体质在长期适应性选择中逐渐形成了地域特征。研究表明：皮肤内的黑色素可以大量吸收太阳光线中的紫外线，以此保护皮肤内部组织细胞免遭紫外线的损害。黑色人种的体表汗腺分布密度也很大，在炎热的天气能大量分泌汗液，维持正常体温；一般黑人体毛少，嘴唇厚、鼻子低而宽，鼻孔短，利于散热；黑人头发卷曲，不但有防止太阳光对大脑的损伤，卷发还有隔热作用。白种人多生活在高纬度较寒冷的地区，这些地方阳光斜射，穿过大气距离长，光线暗淡，紫外线不强，因而居民体表的黑色素含量也较低，皮肤色浅，体毛稠密，能减少体热散失，且鼻子高，鼻孔长，增加吸进冷空气的预热时间。黄种人居住在中纬度温带地区，其肤色和体貌特征介于黑、白两色人种之间。

和各类动植物不同，人的生存和生活不但受到自然环境的制约，还要适应特定地域的社会文化环境影响。1871 年，达尔文出版了《人类的由来》，他认为物种起源的一般原理也适用于人类。人体结构、心理、智商是由低级向高级发展的，人的不同体格和肤色是与自然环境有关系的，而文化作为一种人类另一层面的生活环境又影响着人的定格。比如人欣赏山水风景之美、音乐舞蹈之美，达尔文称“这种高度的鉴赏能力是通过文化才取得，而和种种复杂的联想作用有着依存关系，甚至是建立在种种意识联系之上的”。[1]所以人类适应环境不仅表现在自然环境上，还表现在文化环境上，人对环境的适应是一个综合复杂的过程。从人类社会发展的技术层面来讲，技术进步和造物设计的历史就是人类如何凭借器物更好地适应环境的过程。

第二节　自然环境对人类社会的影响

人类自身就是自然环境的产物，自然环境给人们提供了安身立命之所，也为我们提供了赖以生存的全部资源。对于原始人来说，他们观念中的“大地”并非整个地球，实际上只是他们所居住的那一片大小不等的地区，即具有不同的自然地理区域与自然禀赋的、同时具有相对明晰的山川河流等自然边界的地域。他们在这些大小不等，风景、气候与资源条件各异的土地上生活与繁衍，代代相传，形成了一个个早期的人类文化共同体，[2]这种人类共同体与其形成的特定地域浑然一体，就好比一个特定地域的生物群落所在的生态系统。

不同的自然环境对应不同的生物形态类型，这个规律似乎已经司空见惯，但关于自然与社会的关系在整个人类历史上却是一个长期的、重要的研究课题。从古到今，有很多学者论述过地理环境与社会发展的关系，自然环境与人类社会心理和生理的关系研究算是很早的论题。最早论述有关自然对人类社会心理影响的是古希腊学者亚里士多德，其后在古代欧洲和阿拉伯一些学者也都陆续论及过环境对人生理和心理上的影响。[3]18 世纪的法国思想家孟德斯鸠是第一个明确提出地理环境的社会影响论的学者，1748 年，他出版了《论法的精神》一书，其中的重要论题之一就是把气候作为影响国民性格从而影响政治最高权威力量的因素。

康德也从地理学家角度论述过自然环境对社会的影响。关于康德，许多人只知道他是哲学家，实际上他也是一位在哥尼斯堡大学任自然地理课长达四十年之久的地理教师。康德认为社会与自然之间存在着因果关系。他提出，各民族被自然边界（山脉、大河等）分隔开，破坏这种边界就意味着破坏了有一

① 达尔文 . 人类的由来 [M]. 潘光旦，胡寿文，译 . 北京：商务印书馆，1983：137.

② 唐士其 . 全球化与地域性——经济全球化进程中国家与社会的关系 [M]. 北京：北京大学出版社，2008：2.

③ 欧阳志远 .“上帝”的陶杯——文化多样性与生物多样性 [M]. 北京：人民出版社，2003：124.

定规律的平衡，结果必然导致战争。他把政治地理的研究对象确定为国家的位置、劳动产品、风俗、手工艺、商业和该地居民。把自然环境对社会的影响首先看成是能促进生产活动的自然条件对社会生活的影响。但康德同时认为，自然界服从“天生的”规律，关于自然的科学不可能认识它的发展，自然科学与社会科学毫无共同之处，从而又把自然与社会对立起来。但关于自然环境对社会影响的认识，在黑格尔那里出现了一个重大转折。黑格尔认为，世界上有三种显然不同的自然环境，因而产生了三种不同的地区特点。第一种是拥有广阔草地的高原地区，这里的居民主要以畜牧业为生，他们随季节的变化流动于各个草原和水源之间，有时群聚起来去劫掠平原地区的居民。第二种是大河流域的平原地区，那里的居民靠农业生产而生存，因为农业生产稳定的季节性规律，造就了这里的居民墨守成规的习惯。第三种是与海洋相连接的沿海地区，这里与外界的交流多，带动了手工业、商业、航海业的兴旺发达，因而这里的人们大多具有创造性，文化水平较高，是推动世界向前发展的中坚力量。黑格尔不否认自然环境对民族性格有影响，但他认为造成性格差异的直接原因是各民族的经济生活方式，自然条件只是其中的一个间接原因。黑格尔有一句名言：“我们不应该把自然界估量得太高或者太低：爱奥尼亚明媚的天空固然大大地有助于荷马诗的优美，但是这个明媚的天空绝不能单独产生荷马。”[①]黑格尔的确在自然环境的社会影响方面做出了很大的贡献，但要说黑格尔完全避免了错误，恐怕又过分了一些。普列汉诺夫的观点与黑格尔的认识有历史上的渊源关系，但俄国的普列汉诺夫的观点又不等于黑格尔的观点，他比黑格尔高明的地方在于，提出了自然环境的作用随生产力的增长和性质的变化而改变这一条原理。

黑格尔之后，美国地缘政治学家埃尔斯沃思·亨廷顿系统地研究了人类与地理环境的关系，他在《气候与文明》一书中提出，人类的衣食住行主要依地理条件而决定。地球上不同地方的人们在满足他们的物质需要时，通常都选择那些由地理环境决定的最可能成功的职业。每个人的健康和精力，主要受从事的职业和物质生活条件的影响，而职业和物质生活条件主要取决于地理环境。甚至人类高层次的需要如管理、教育、宗教、艺术等也受到地理环境的影响，他归纳了地理环境影响层次需要的五个方面，分别是人口密度、富裕程度、封闭程度、利益和资源的地区差异、精力程度。[②]

近代西方哲学家对自然环境与人类社会关系论述较为深刻的要数普列汉

① 黑格尔 . 历史哲学 [M]. 王造时，译 . 上海：上海书店出版社，1999：82.

② 欧阳志远 .“上帝”的陶杯——文化多样性与生物多样性 [M]. 北京：人民出版社，2003：149.

诺夫，他说：“关于地理环境对人类历史发展的意义，在黑格尔之前和黑格尔之后，都有很多人谈到过。但是不论在他之前和在他之后的研究者都具有片面性，甚至常常陷入错误，即仅仅局限于探究人们周围的自然界在心理或生理方面对人的影响，而完全忽视了自然界对社会生产力状况，并且通过生产力状况而对人类的全部社会关系以及人类的整个思想上层建筑的影响。”①

在我国古代也有很精辟的有关地理环境与人的发展的关系的论述。在中国春秋之末记述手工业技术规范的作品《周礼·冬官考工记》中有“橘窬淮而北为枳，瞿口鸲不逾济，貉逾汶则死，此地气然也；郑之刀，宋之斤，鲁之削，吴粤之剑，迁乎其地而弗能为良，地气然也”。意思是，橘生淮北则为枳，生活在北方的八哥不会飞到济水以南，生活在南方的貉被抓到汶水以北就会冻死，这都是地气有差别的缘故。郑国的刀，宋国的斧，鲁国的弯刀，吴越的宝剑，换了一个地方就铸造不出来，这也是地气有差别导致的。这种解释比较合理，尽管上述论说中有一些谬误（因为橘和枳并非一个品种），但在一定程度上也反映出当时对地理环境作用于生物和社会的观察。此类思想，在中国古籍中曾多处出现。例如，先秦著作《礼记·王制》中曾指出：“凡居民材，必因天地寒暖燥湿，广谷大川异制。民生其间者异俗：刚柔、轻重、迟速异齐，五味异和，器械异制，衣服异宜。”这些论述其实已经和设计的关系非常密切了，它很直接地指出了自然环境对生活方式及其物质载体 —— 生活物资和器械的功能形态的影响。

今人认为，自然环境一方面通过生产力的作用影响社会的发展，这是主要的；另一方面，自然环境还通过对人的生理和心理的作用影响生产力的发展，这同样不可忽视。由于生态系统是丰富多彩的，所以人和自然的结合方式、自然对人的影响情况、自然的人化形式也是丰富多彩的，从而文化是丰富多彩的，生态多样化和文化多样化密不可分。

有人说文化的形成并不完全由地域性决定，比如宗教的异地传播、外来文化以武力方式野蛮入侵、正常的文化异地扩散和移植等。自然规律是人类所不可违背的，人们也许会因统治者一时的利益博弈产生一段时间的不合规律的折腾，但只是一时的，最终会遭到自然规律的报复和惩罚，还要回归到适应上来。文化的扩散和传播都是适合各地特点的传播，都需要一个“服水土”的过程，最终还是要“地域化”，这种扩散实质是对地域性的发展和提升，与地域适应规律并不矛盾。

马克思曾指出：实践创造对象世界。人类活动的本质是改造客观世界的物

① 欧阳志远．“上帝”的陶杯——文化多样性与生物多样性 [M]. 北京：人民出版社，2003：129.

质性活动，社会界和自然界是两个重要的改造对象，其中物质生产具有重要的意义，自然环境是对人类社会发展经常起作用的物质条件之一。器具类文化基本是按照自然规律进化的，中国传统文化历经几千年的王朝变更，各民族的轮换统治，但器具文化整体上是一脉相承的，特别是生产性传统器物和基本生活用具都是逐步进化发展的，都是追求如何做得更精工，比如宋窑、明窑的瓷器，明式、清式家具等。由于各地材料工艺的差异，各地、各民族都带有鲜明的地域特征。

特定自然对社会的影响可以透过特定地域的生活方式反映出来，生活方式的器物设计是自然特征的集中反映者，自然环境既对人类提供了物质和其他条件基础，但也充满了各种具体的问题和困难，这就需要人们能动地去适应不同环境。在参观各地的历史博物馆时，往往会发现同一类器物在不同地区会有不同的材料、工艺、形态、结构、纹饰的现象，这是考古学家判断器物文化类型或断代的依据。不同地域的人们对同一类生活问题的解决方法存在一定的差异，即便是在形态类同的情况下，所采用的材料也不一定相同。例如，在青岛博物馆展出的青岛地区海边居民使用的一种编制盛装器与甘肃民勤沙漠地区使用的篓斗形态几乎一样，但采用的材料和功能用途却不尽相同。青岛地区是用粗芦苇秆打湿编制，作为盛装器具，而民勤地区则是选用遇水膨胀而密水性很好的优质沙柳打湿编制，作为汲水打水的工具。至于两者形态为何如此相似，这可能与文化的扩散与传播有关。

第三节　自然选择和文化选择对造物的共同作用

文化是人类创造的，是人类社会的特有现象。历史上有关文化的定义有很多，但至今没有形成统一的标准，这是由文化的复杂性决定的。司马云杰认为出现这种现象的主要原因是各学科研究的范畴体系不同，方法论有所差异，各自对应文化的不同侧面，尤其再加上各地区、民族、国家的政治意识倾向不同，对文化的看法就自然不同了。[①]就文化的定义，我们可以从两个视角来看：一是作为人类生活环境的文化；二是作为环境产物的特质性文化。前

① 司马云杰．文化社会学 [M]. 北京：华夏出版社，2011：2-5.

者指文化的整体系统，也就是文化复合体，它是环境；后者指形成文化的组成单位，即文化特质，是人类创造物的最小单位，文化特质又组成了文化综合体。这两个视角都基于文化生态学原理 —— 文化生态学是从人类生存的整个自然环境和社会环境中的各种因素交互作用中来研究文化的产生、发展和变异的一种规律的科学。文化生态学认为，人类是一定环境中的总生命网的一部分，并与动植物种群的生成体构成生物层的亚社会层，这个层次通常被称为群落。

一、文化生态系统

如果在文化生态系统和自然生态系统中析出非生物学的文化因素，那么在生物层之上就建立起一个文化层，这两个层次之间相互影响、交互作用，并形成一种生态共存关系（图 2-5）。

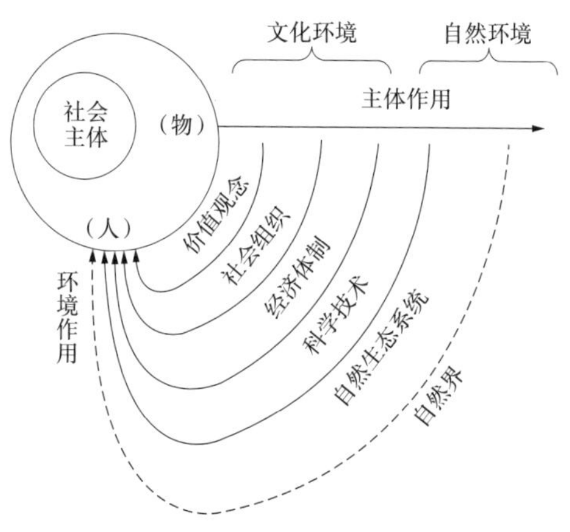

图 2–5　文化生态系统和自然生态系统结构中人和物的作用模式

这种共存关系不仅影响着人类的一般生存和发展，也影响着人类社会的创造活动。[①]这是从人类生活世界的大系统中分解出的文化生态系统概念，其实文化生态系统是与自然生态系统相对存在的有机体，在社会学家那里文化生态系统是一个独立的社会学概念，它集政治文化、经济文化、军事文化、科技文化、道德文化等要素于一体，通常是经过民族、种族、战争、和平等一系列的过程，最后融合而成的一种群体生活和生产方式系统。在这里我们重要探讨它与自然生态系统的关系，以及构建的新的共存关系。既然文化生态系统与自然生态系统之间存在着内在的联系，自然生态系统反馈物质和能量

① 司马云杰 . 文化社会学 [M]. 北京：华夏出版社，2011：9.

给文化生态系统，并且支持文化生态系统的再生产，[①]那么文化生态系统的再生产必然依赖自然环境，文化中物质和能量成分来自自然。把视角放大，自然界是由无比庞大的时空构成，任何文化都是特定时空的产物。文化与自然相比，文化是渺小而短暂的，文化生态系统不过是特定时空中长出的一朵昙花，是以适应的方式建立在自然环境之上的。但若把视角缩小并置于文化内部，则文化自身又是一种环境，它制约和影响着这个系统中的所有元素。若把自然生态系统看作人工活动的硬环境，文化生态系统则是软环境，它们双重影响人工活动。

根据文化生态学的原理，每一个作为文化最小单位的文化特质不可能离开大文化背景而单独存在。因环境是化育者，所以有人干脆把文化定义为一种“人化”和“化人”的动态过程。基于这个概念，所谓的文化特质和文化综合体就是“人化”了的事物，包括“事”和“物”，如驯养的马、各种人造物、生活方式、制度等，以及在这些“事物”中承载的观念和精神。所谓“化人”是以器物形态、结构、功能承载的文化内容，以造物的理念、工艺中蕴含的“道器”思想去感化人、教育人，所谓格物致知就是以物化人。目的在前，任务在后，为了达到“人化”目的，人们不得不“自然化”，也就是造物要遵循科技规律，适应自然环境的要求。其实“自然化”是根本，虽然造物的动机来源于“人化”这个环境，但“人化”只有在符合“自然化”的前提下才能实现。这样文化特质和文化综合体就在双重环境的孕育下产生，环境和环境元素互为依存，形成了文化生态系统（图 2-6）。

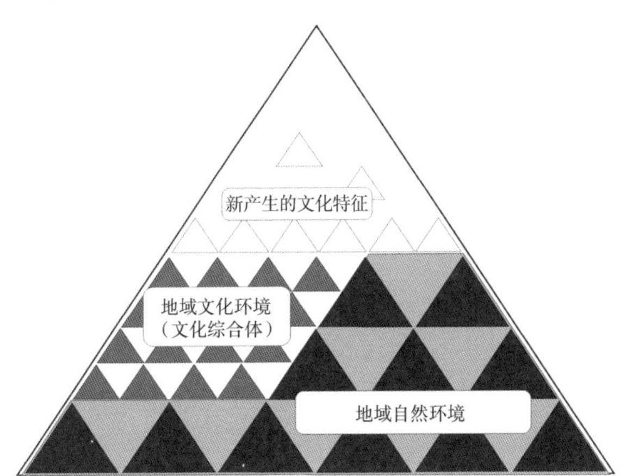

图 2-6　文化特质、文化环境、特定自然环境三者的关系

① 孙兆刚 . 论文化生态系统 [J]. 系统辩证学学报，2003（3）：100-103.

二、遗传、变异和文化扩散

文化生态学是从生物学观念，并以生物学范畴的概念作为工具性方法去研究和分析文化现象及其构成系统的思想。要更进一步认识文化生态的地域适应性关系，有必要引进另一组相关的生物学概念 —— 遗传、变异。这是因为文化生态学虽然把文化放到整个环境中去看它的产生、发展、变异过程，但它并没有从遗传学上推导文化的特征或文化模式，即人如何适应环境创造了某种特征的文化，这些文化现象又是如何适应环境变迁而不断向前发展的。[①]事实上人工物也基本遵循广泛意义上的遗传学和选择规律。

首先人的创新和设计思维都是在继承以往知识成果的基础上产生的。人的思维判断、直觉，甚至顿悟和灵感都来自经验知识的重组，强调经验知识受激励和联想，就是潜意识转化为显意识也是来自现实的某种诱因。[②]另外，任何一个新人工物的产生相对于“母体”都会有或多或少的“变革”，人类社会的发展就是一个永恒变革的过程。市场需求在变、技术在变，设计不能期待一个综合性、静态的有效公式，设计是一种多解的复杂方程，存在多种多样的答案，而且也根本没有最理想的、最优的答案，设计的所有因子都是活态的，甚至是不可预料的。另外，设计是一种商业活动，作为资本驱动下的设计活动，设计结果几乎总是包含着主观的评价，包含着对资本主宰者的妥协。[③]所以社会设计的对象是一个永远变化的事物，人们需要进行设计，但没有终极的、一劳永逸的目标。若将人工物的设计创新比作物种的“变异”，这种变异将是永无止尽的。但在特定的时间和空间中，只有适应特定文化生态系统的“变异”才能有相对稳定的存活状态。也就是只有适合环境的“变异”才能生存下来，这个变异就是人类的发明创造和技术进步，器物技术在一代代的发明和技术改进中不断向前发展就是技术进化。我们可以从许多同类功能的产品中看出来，人类社会的各种器物都处在遗传、变异、淘汰和进化的规律中。比如早期的洗衣机，是用手摇把转动木筒里面装的两块叶片搅拌洗衣，发展到今天的波轮式、滚筒式、搅拌式的多样化演变，使得洗衣机操作更简便，功能更完备，洗衣程序更随人意，外观造型更时尚（图 2-7）。但无论怎样进化，洗衣机的基本功能没有变，而且在基本结构、形态等方面都留有原始洗衣机功能和结构的遗传因素。

① 司马云杰 . 文化社会学 [M]. 北京：华夏出版社，2011：9.

② 李彦 . 产品创新设计理论及方法 [M]. 北京：科学出版社，2012：18.

③ 简召全 . 工业设计方法学 [M].3 版 . 北京：北京理工大学出版社，2011：13.

图 2-7　早期的手摇洗衣机

许多人在技术领域做过有关产品进化的理论研究，提出过许多方法模型。如苏联的阿奇舒勒及其领导的科研人员提出基于发明问题的解决理论（TRIZ 理论），该理论从人的方便性和人的多方位需求入手，追求理想化进化状态。TRIZ 理论认为，任何机器技术的进化都使能耗向减少的方向进化，各系统在向超系统方向进化，不完整的物场系统向完整的物场系统进化，宏观向微观传递等。这些进化趋势是从工业革命以来，全世界 250 万件专利技术的分析归纳中得出的。①近年来，随着产品创新设计方法研究的拓展与深入，一些学者将分子生物学中基因遗传和变异的原理模拟到产品设计中。比如一些市场信誉好的产品，需进一步提高产品竞争力，就在保证产品主要功能不变的前提下，对产品的次要功能和附加功能进行开发和改进，将产品的技术要素按基因机理归类梳理，在产品基因内部或产品基因之间进行操作，完成产品基因重组的创新设计。②若从整个人工生态系统的角度来讲，这类技术进化的概念是一个微观层面概念，它的切入点或许不是基于生态视角，但要实现宏观的生态性设计，必须通过微观技术层面解决问题。进入生态文明时期的所有创新设计都要将生态要素作为各个产品系统的共同要素去考虑。当系统或产品越理想化时，系统资源的耗能和排放应是越少的，无论是子系统或是大系统都能称为周围环境的有机共同体的组成部分，如对重力、空气、热源、磁场、光照的合理利用等。

文化传播其实是本地文化产生和发展的主要途径。外来事物进入本地需要一个环境适应过程，即成长为本地文化的过程，进而在适应过程中演变为本地文化。原始社会各部落文化相互影响、多层次融合，比如半山晚期鸟纹由东向西传播，鱼纹与其他纹样复合得很多，复合变体纹样增多，《山海经》

① 蒯苏苏，马履中 .TRIZ 理论机械创新设计工程训练教程 [M]. 北京：北京大学出版社，2011.

② 李彦 . 产品创新设计理论及方法 [M]. 北京：科学出版社，2012：142-146.

中的人面兽身、鸟头鱼尾等复合图腾也很多。

其实很少有哪个地方的文化不受外来文化侵蚀，或不是在其他文化的影响下成长的。我们常说的外来技术的消化，马克思主义的中国化，其实就是外地文化的本地化，这是本土文化产生和发展的主要机制。

三、适者生存

在生物产生的各种变异中，有的可以遗传，有的不能遗传。达尔文认为，在生存斗争中，一些有利于适应环境的变异个体，在生存斗争中容易获胜并生存下去。反之，具有不利环境的变异个体，则容易在生存斗争中失败而死亡。也就是说，凡是生存下来的性状变异是可以遗传的，这些性状变异是适应环境的，而对环境不适应的性状变异都将被环境淘汰，这就是适者生存。达尔文把在生存斗争中，适者生存、不适者被淘汰的过程叫作自然选择，自然选择是生物进化的根本原因。

从器物进化的历史过程看，人工物也遵循一定的选择和进化原理。人工物的进化和自然物种进化所不同的是，人工物的进化规律是按照人的需求进行的。在工业社会和后工业社会前期，产品设计的方法论是完全以人为中心展开的。即便是进入生态文明以后，任何产品设计也首先是从人的需求发起，然后再考虑生态问题，这是基于生态学宏观层面的理论。

人工物与自然界的关系问题最早是美国管理学家西蒙提出的。西蒙说："自然现象由于服从自然法则而具有一种必然性的外观，人工现象则由于易被环境改变而具有一种权变性的外观。"所谓权变性就是对地域环境的适应性。他认为我们生活的世界与其说是自然界，倒不如说是人造界或人工界。我们生活的环境中每一个事物都留下了人工的痕迹，人工物有其自身特点，人工物并不脱离自然规律约束，同时他们又要适应人的目的或目标，它们之所以是现在这个样子，正是为了满足人们所要满足的各种愿望，其创造物才随之而变。由此他认为应该有一门"人工"科学，即关于人工物体和人工现象的知识系统，关于人工物体的科学称为设计科学，他认为设计学科是独立于科学与技术以外的第三类知识体系。"科学研究的是必然性，即事物是怎样的，工程技术关心的是权变性，即事物可以成为怎样"，[①]"设计出的人工物以达到目标"。[②]有关人工物体和人工现象的知识系统，他在《人工科学》一书中做了

① 赫伯特·A. 西蒙 . 人工科学 [M]. 武夷山，译 . 北京：商务印书馆，1987：2.

② 赫伯特·A. 西蒙 . 人工科学 [M]. 武夷山，译 . 北京：商务印书馆，1987：114.

较为系统的论述。

构成表征人工物的三个元素分别是目的（或目标）、人工物的性质、人工物的工作环境。自然物的性质和对环境的适应性对人工物的创造产生巨大影响，在表征人工物的三个元素中目的是为人服务自然也受人类控制，而人工物的自身结构材料（性质）及其工作环境由自然科学影响着。一只钟到底能否指时，取决于它的内部构造和它的放置场所；一把刀能否切断东西，取决于制作刀的材料和待切物体的硬度，当原始先民使用自然中的木棍、石块去猎取猎物时，人工物尚未出现。

文化的基础层面是器物技术，人们在进行器物设计时，是将审美、制度、观念等非物质文化融入设计之中的，有时甚至就是为制度、礼仪、审美等目的而设计。西蒙将设计称作“人工现象”，把设计物叫“人工物”（也有翻译为“人为事物”）。有关设计的科学叫“人工科学”（也有翻译为“人为事物的科学”）。既然人工物是“文化”和“自然”的共同产物，那么它在产生和存在机理上就和生态系统同理。

所以，人工物看似是人工现象、人为现象，受人工环境的影响，但这种人为现象仍然受自然环境约束，因此每个地区的传统器物可以看作是本地人们在长期的生产及生活适应中“选择”下来的相对较为合理的器物存在方式。

人造物品是人适应自然和适应社会文化结果的凭借物，不同的地域形成不同的生存和生活条件，反映在文化审美和器物功能设计中，就要与特定地域相适应。通过对传统器物文化的分析可以看出，不同地域的人工物品总是与其所处的地域环境形成和谐的生态系统。传统文化具有地域性、适应性、传承性的生态特征，传统器物的产生遵循自然选择和人工选择双重选择。人工物只有同时满足特定自然环境和文化环境的两个适应才能得以生存（图 2-8）。进入生态文明时期，环境的适应性成为人工造物重要的进化因素。

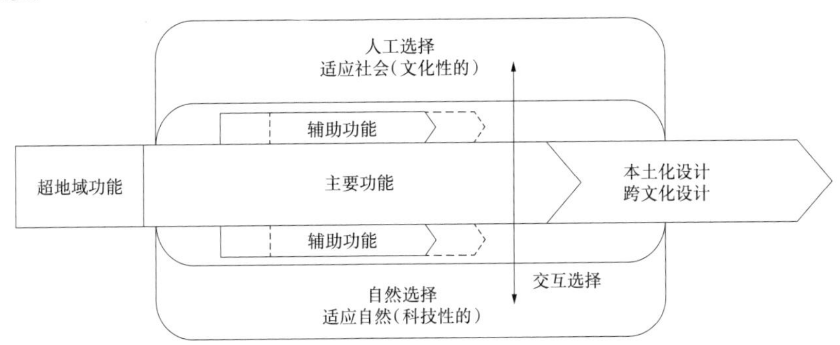

图 2-8　人工物的进化系统

自然选择主要是指对自然环境的适应。许多产品自发明之日起，其进化主要表现在材料的换代上，重要的是对当地地理地质条件、气候条件等的适应，那些不适应环境的材料逐步被淘汰，这一点在农具上的表现更为突出。譬如犁的进化就随着材料的不断变革而改变。“选择”一词本来就是表达人主观行为的词语，其实在人类认识自然选择原理之前，人工选择早在原始社会就已经是重要的生产方式了，特别是社会分工出现、畜牧业与原始渔猎的分工，农业与畜牧业的分工，人们对优良野生动植物的选择、驯养等。按照达尔文的观点，自然选择是生物物种与其生存的自然环境相互作用后的结果。能够幸存的个体不是最适者，只有以相对稳定的性状并将其代代相传给后代的物种才是最适者。达尔文认为进化应是群体生命活动现象而不是个体，现代综合进化论研究者从群体遗传学方面修正了达尔文的看法，研究认为自然选择是群体中不同基因类型的有差异的延续，是在群体中较多增加了适应性较强的那部分基因型的过程。针对自然选择有过这样一个案例：原产于英国的桦尺蛾本为灰色，但 1850 年有人在曼彻斯特发现了突变体为黑色。随着工业的发展，树皮上附着的灰色地衣被工业废气中的硫化氢熏死了，接着煤烟又把树干熏成黑色。原先栖息在树干地衣上的灰色桦尺蛾被鸟类大量捕食，黑色变异类型却因环境色的保护躲过鸟类捕食而幸存。黑色类型的桦尺蛾迅速繁殖，由之前的不到 1% 升到 90%，而灰色类型则持续减少，从 90% 以上下降为不足 5%。

在设计学科中植入自然选择的概念，还应该包括造物的工程技术要素。为了“满足人的需要”，造物的实现必须遵循数学、物理、化学等自然科学效应的规律。这一问题已是全体理工学科的综合，不再赘述。

人工物的人工选择主要体现在器物适应人的目的功能以及使用的生理舒适性和文化心理需求两个方面。通常在产品开发和进行创新设计之前，都有明确的设计定位，市场需求状况等要求，其中有很重要的是要针对使用人群的文化特征、广义功能用途、心理需求等进行设计限定。

设计活动是典型的系统工程，所有的因素都不是独立的，过程是交互综合的，产品设计的进化过程也是在自然选择和人工选择的双重作用下完成的。比如自行车是 1817 年发明的，世界上第一辆自行车是由木机架和木轮组成的，没有车把，靠双脚踩地驱动，由于不舒适、不能转向被淘汰。1861 年的早期脚踏车、1870 年的 Ariel 自行车、1879 年的早期链轮自行车、1888 年的车闸自行车也都相继被淘汰，直到 20 世纪各种新材料、新结构的自行车问世。在自行车进化的过程中，全世界申请的相关专利超过 1 万件，这反映了人造物的遗传、变异、选择和进化的过程。世界上生产最优质的感光胶片的柯达公司，被后来的全真数码成像和打印技术推向了消亡的残局，这是人工物适者生存的典型例子。人造物品的这种不断发明、相继被淘汰或灭亡的过程，主要是随着人类技术的提高和人们在心理、生理需求上的变化进行的人工选择和自然选择的双重作用下的结果。

现在各国之间都在进行生态合作，祈求解决全球自然生态问题和文化生态问题。各国通过转变经济发展方式，组织立法，进行节能减排，鼓励低碳环保，淘汰落后产能，这其实就是在现阶段的自然和人文环境下对人类技术的一次大选择、大进化。

从科技进步方面来讲，大多数产品和技术的发明很少从某一地域环境的适应性作为切入点，至多是将其作为诸多设计因素之一，更何况许多产品都与地域性没有多大关系。如自行车设计主要考虑人如何驱动、如何符合人类工效学、如何符合使用人群及市场定位等，至于如何适应坡道、平地、拐弯等地形操作问题，或者山地车等类型，那都不是真正意义上的地域性设计，只是将环境问题作为技术因素攻克。地域性设计是以生态系统思想为纲领，将文化和自然系统同步考虑，设计物要与当地的自然、文化、市场需求相适应，这就是地域性适应在环境适应中不断革新（变异）、优胜劣汰（选择）。

设计的地域性和全域性是统一的，人工物只有满足了地域性的设计才符合全球化的设计，与全球生态、全球文化相适应。这里有一个重要的辩证关系需要强调：这就是国际化是通过地域化来实现的思想。任何一个地域性的自然环境都是全球自然环境的有机组成部分，如果各个国家或地区的自然环境遭到破坏，将波及周围乃至全球。比如南极冰川不断融化，海水温度不断提高，都是数次或多个其他局部地域生态环境遭破坏引起的，或是由于若干次、若干个发生在多个地域环境中的不适应性人工活动累计造成的。文化生态也遵循这一规律，文化多样性是构成全球文化丰富多彩不可或缺的要素，全球的文化冲突也是由各地区的文化相互不包容造成的。只有各个地区的人工活动与周边环境相协调，整个地球的环境才能协调。因此，我们得出以下两个结论：

（1）如果各个地区的人们在进行人工活动时与本地区的自然和文化相适应，那么该地区的人工活动就是与全球文化及生态相适应的。

（2）如果其他地区的人们在本地区进行人工活动，这种人工活动必须和本地区的自然和文化相适应，那么该地区的人工活动就是与全球文化及生态相适应的。

何为人工活动？按照西蒙的说法，人工活动是相对于自然运动而言的，所以人工活动应当是指科技活动、工业制造、农业生产、文化活动等，这一切活动都起始于人类的目的性的设计活动。人类早期的设计活动是适应地域的被动型设计，这种设计被称为原始生态型设计，即地域性设计。后来经历了前工业化的人类活动，环境问题逐步出现。未来生态文明的做法肯定是各地首先要保护好各地的环境，基于各地的文化来进行的人工活动。

近年来一些民用工业产品，如洗衣机、电冰箱、彩电等家电产品在各层次家庭迅速普及，制造商们不得不进行市场细分，针对不同地域的特征性进行地域性设计生产和服务。由过去单纯的通用化的使用功能和设计转为面向用户、面向文化的多样化设计和跨文化设计。这应该是主动的、有意识的地域性设计，即新地域性设计。

第三章

地域心理与地域文化

美是客观存在的，但美感具有个体差异性，面对同一审美对象，不同审美主体所产生的感受常常不完全相同，这是审美活动的个体差异性，也称美感的主观性。审美的主观性是客观存在的，决定审美差异性的因素很多，主要由主体的生活地域、经历、时代、文化修养、教育等决定，而生活经历、文化修养归根到底是由生活的综合环境决定的，其中地域性、民族性、阶层性、时代性是综合环境的主要组成。

- 跨越多种心理学领域的地域心理建构过程
- 心与物
- 物化的精神
- 精神的物化
- 人类设计思维的三个层面
- 结论

第一节　跨越多种心理学领域的地域心理和精神的建构

思想决定行动，人的审美差异会决定人造物的主观性差异，这虽与现代设计的商品化理论不相符，但这种现象客观存在。从文化视角看，在地域性设计研究中，地域心理差异的探讨不可或缺。虽然心理学上还没有地域心理这样的称谓，但地域心理是客观存在的，地域性心理与心理学的各个学科都有交叉，在本质上属于社会文化心理（精神）的一种。在这里，我们以心理学的现有研究成果和方法为基础，了解地域心理（内和外）的形成机制。这直接关系到地域性设计的文化价值生成过程，既决定设计者地域文化素质和设计信息来源，又关系到地域性设计的市场问题，也就是关系到本地人体验中的认同感、归属感（向内），外地人体验中的新颖感和承认感（向外）。

分析研究后发现，人的地域心理的形成涉及生理心理的形成、社会文化心理的形成，与文化心理学、跨文化心理学、发展与教育心理等研究领域息息相关。

一、基于自然环境因素的生理性心理

美国人类学家克拉克·威斯勒从生物学、生理学、营养学等自然科学的角度研究了地域环境对人体生物学性质的影响。他认为长期在某地生活，特别是世代在某地生活的人们，环境可能直接影响这一地区人们的神经和精神机制。从生物化学的观点来看饮食环境，特别是水质中不同矿物质种类和比例关系，可能会影响人的内分泌系统，例如环境中碘的含量变化可能会影响人的身高和某些循环机能，从而影响人的生理性心理的不同。[①]比如饮食习惯，长期生活在边远牧区的居民以牛羊肉和牛奶奶酪等作为主要食物，热性的羊肉可能使其性情相对容易冲动甚至暴躁；而对从小生活在高原地区的人们，巍峨的高山、一望无际的原野也会影响其粗犷高昂的性情，高原歌手的风格几乎都表达了这种自然之美。

① 克拉克·威斯勒．人与文化 [M]. 钱岗南，傅志强，译．北京：商务印书馆，2004.

二、个体发展、教育对地域文化心理的形成

其实威斯勒的地域环境对人体生物学性质的影响学说与巴甫洛夫的条件反射理论是一致的。人生来就是带着某些素质（生理和心理机能）来到这个世界的，对于文化而言，每个婴儿都带着必然的素质参与文化活动，外部环境的力量在人的成长中起了重要作用。

动物出生后都要受环境教育，最终得到经验，何种征兆是危险的，什么信息可以得到食物，动物对这些信息的反映属于后天性反射。人出生以后，在生活过程中会形成大量后天性反射，这种心理活动过程是在大脑皮层参与下完成的，主要是人在生活过程中形成的对环境的判断，是一种高级的神经活动。曾经吃过酸梅的人，在大脑中有酸梅味道的记忆，当别人说起酸梅或自己看到酸梅都会流口水，而没有吃过梅子的人看到梅子是没有那种感觉的。因此，后天性反射是在生活过程中形成的属于第一信号系统的条件反射，它是由各种视觉、味觉、听觉、触觉、嗅觉的具体事物为信号条件刺激引起的，这些信号全部来自生活环境。可以想象，长期生活在某一封闭环境中的某一人，其后天建立的条件反射信号会与另一个处在另一封闭环境中的人的条件反射信号相差很大。

第二信号系统是以语词为条件刺激建立的条件反射，是人类所特有的心理现象，借助语词，摆脱了具体刺激物的局限性，可以更多地了解自己未曾经历和未认识的事物，形成心理活动的有意性和自觉性。

从文化心理学角度讲，所谓人的第二信号系统构建是属于文化的范畴，而且全部是后天获得的，来自生活环境，主要受文化环境影响。爱斯基摩人的婴儿并不是生来具有住雪屋的特质，芝加哥的婴儿也并不具有乘坐电梯的特质，人的全部文化似乎都是后天获得的，它是人类心灵的一种客观性构造，它的存在并不在于何种特质。[①]绝大多数文化都是以一定的地域发生和发展的，因此，在人类的历史长河中，文化的差别同时也表现为一种地域的差别。

一个人初来到这个世间就像一张白纸，上面什么都可以写和画。环境就是一支笔，不同的生活环境会造就不同的环境主人，环境对人的影响主要是对人的精神和心理的约束。由于环境的地域性，所在环境长大的人们其社会心理约定就呈现出地域特征，并且呈现出地域符号的喜好特征，喜欢家乡的一山一水、一草一木。文化一旦产生，就使该文化共同体的社会群体按照共同的文化记忆、共同的精神意志和同类的生活方式生活。这样的文化综合体又对文化群体的新生一代产生潜移默化的文化熏陶作用，这就是文化的环境

① 克拉克·威斯勒．人与文化 [M]. 钱岗南，傅志强，译．北京：商务印书馆，2004.

作用。按照文化的“人化”和“化人”定义，“人化”是按人的目的、方式做事而形成的环境系统，“化人”是用既成的文化环境反过来再培养人、装备人，使人融入某种特定文化环境，从而成为环境的主体。“化人”是“人化”的一个环节、成果、层次和境界。

讲到这里，不得不谈到心理学的一种分支类型，就是个体发展心理学和教育心理学。不同文化有不同的文化心理，表现在思维方式、道德观念、价值取向、行为规范、表达方式等文化的各层次都不相同。比如：仁、义、礼、智、信为中国传统文化中提倡的五常之道，“五常”是做人的起码道德准则和伦理原则，属于价值观，用以处理与谐和作为个体存在的人与人之间的关系；而温、良、恭、俭、让是我国传统美德中具体的待人接物的行为规范，处处与人为善，行事温良谦让。这一道德准则和行为规范诞生于春秋战国时代的儒家思想，具有浓厚的文化根基，经过两千多年的历史长河而立世不坠。究其原因，它已经作为一种主流文化环境，在长时间的传承、发展中形成了良性的文化生态系统。新生的个体在父母的言传身教中、在私塾的经典诵读中、在生活的体验感悟中一代代地融入这个环境中，形成完整的文化心理体质，有些个体还为这个文化环境的不断完善和深入做出自己的贡献。现代基础心理学研究表明：儿童在其生命最初的两三年内，从感情上和本能上适应父母的文化，4 ～ 5 岁时感受最多的是父母和家庭环境，8 ～ 9 岁时的心理反应主要是从父母、家庭、社会环境中综合做出和形成的复杂习惯。美国一些心理学家曾经做过实验，在 8 ～ 9 岁时把印第安人送到白人的学校上学，和白人一起生活，青年时代再把他们送回去，他们都已经习惯按白人的文化来生活。这样条件反射和多样的冲突就产生了。一个健康、正常的儿童，是生而具有一种素质去适应偶然遇到的任何文化的，但是一旦适应了，他就非常固执，很难改变。

综上所述，地域心理（主要指地域精神）的形成受地域自然环境和文化环境的双重影响。基于这两个方面的地域心理现象的建构分析，对文化大发展和生态文化建设意义重大。基于文化产业的地域性跨文化心理研究的关键方法，是做好跨文化市场调查及心理测试，求异是人类的共同审美行为。所以需要在追求本土文化优秀特质的基础上，筛选共性化、新颖化的审美元素，需要特别避免民族或地域禁忌。

三、文化视野下地域心理的内外两情态

基于以上的地域性理论基础，在讨论这个问题之前，有必要将地域心理和

地域精神两种概念结合到一起。因为这里树立的是一个意识与物质领域内的观念，不妨将心理与精神视为同一类概念，便于后面论证的展开。心理描述的是主体对外界事物的短期感知认识活动过程，是相对不定性的。精神是心理的长期积累过程，是长期定性化了的人脑定性思维结果，精神应是被包括在心理内的。

心理学研究有多种不同的研究视角，其中文化视角很重要，主要有三种形式：本土心理学、文化心理学和跨文化心理学。跨文化心理学作为心理学的重要分支，在国际化发展的今天引起学界的普遍重视。跨文化心理学主要用比较法将两种或两种以上文化资料为对象，研究人的心理处在不同文化背景下的共同性、差异性，以及不同社会文化环境对心理产生和发展的影响。文化心理学则是研究心理与文化之间相互影响关系的学科，主要研究目的在于揭示文化与心理之间相互整合的机制关系，这似乎是证明。本土心理学兴起较晚，是一门描述及解释当地人心理及行为的学问，以 1981 年希勒斯和洛克的《本土心理学》的出版为标志，中国学者也在 20 世纪 80 年代开始涉入这方面的研究。本土心理学研究主张采用现象学和质化方法论，研究工具应是背景化和情景化的。[①]这一点非常符合地域性设计的方法论，特别是基于中国文化特征的情景化设计。但中国本土心理学的产生是为了对抗心理学中的西方文化中心主义，受西方心理学影响，自身发展不足，至今还处于探索阶段，还没有形成普遍性的理论模式。多年来由于国际化的发展，使跨文化心理学显得更为实用，研究相对较深入，而且以往在文化心理学、本土心理学方面的成熟成果可以作为跨文化心理学研究的基础，跨文化心理学研究必须是三者并行、交互进行。

基于此，地域性心理研究应以跨文化心理学为重点，借用文化心理学、本土心理学的成果和方法，从文化外在和文化内在两个角度共同探究行为与其特定文化背景之间的联系。

虽然许多心理学家早就已经意识到文化同行为的联系，但是在 20 世纪 60 年代跨文化心理学产生之前，心理学家一直把心理学视为如物理、化学那样的自然科学。心理学研究中如何把文化因素整合设计到研究系统中一直是困扰心理学家的难题。事实上，人的行为离不开一定的文化背景，但如何界定这个背景？又怎样能把背景与行为分开？种种的困难存在，使一些心理学家不得不放弃对行为所处的文化背景的考虑，转向寻找内部行为的制约因素。之所以造成这种困境，是因为许多研究者自身就是他们所要研究的文化共同体的成员。他们无法使自己的思想行为身处他所在的文化背景之外，更无法将自己孤立出来

① 杨春英 . 本土心理学的兴起与发展 [J]. 东方教育，2013（1）：68，70.

并将自己所属的文化作为他文化研究。

值得欣慰的是，文化人类学领域的跨文化研究促使了心理学的发展，不但从一个新的角度开辟心理学研究的新领域、新方法论，关键是提出了存在于不同民族文化、地域环境中的人的心理和行为的差异性，这直接为地域心理的存在提供了解释，也为地域性设计构建了心理学基础平台。设计的地域性是地域心理驱动下的文化行为，跨文化心理学为人类行为的理解提供了新视野。

早期的跨文化心理研究热衷于寻找普遍性研究，传统跨文化心理学一直在向主流心理学靠拢，利用文化的多元化和文化多样性寻找文化同质性东西，其主要目标是通过跨文化的比较找到不受文化影响而产生的心理活动过程和规律。普遍性研究策略也是用同样的方法、理论、程序用于不同社会，在比较中找出不同文化影响之下行为的共同性和差异性。普遍性研究策略是站在某种特定文化之外来研究这种文化。此类研究的好处是促进人们对人类行为的整体理解，并给人类行为的共同性和差异性提供本质性解释。

近年来随着跨文化心理学研究的进一步发展，多元文化论又促进了跨文化心理学研究从普遍性向特殊性转变。特殊性研究策略把文化看作人类行为的重要组成部分，而不是看成文化成员之外的影响因素，因为文化是人活动的产物，文化不能脱离人的活动而独立于系统之外。在这种研究方法中，研究者是站在特定文化之内而研究该文化，其研究目标是要得到每一种文化之下不同的行为方式。[①]

如果认为行为与文化有密切联系，那么跨文化的特殊性研究方法则真正把心理学建立在文化的基础之上。文化有具体的内容和形式，所以行为与文化的联系应该是同具体文化的联系。当然，普遍性和特殊性两种研究策略是相互联系的，两者如同从内外两个视角观感文化，只有结合在一起才能形成完整的认知结果。

基于自然科学模式的跨文化心理学实践研究表明：要想理解不同文化背景下其对应的文化行为，就必须弄清人的行为的多样性与多样化文化背景的关系，也就是要研究环境如何培育、熏陶和制约人的行为的发生与发展。这样一来，地域性心理研究也就必须加强与文化心理学和本土心理学的联系，从所属文化背景之外和所属文化之内两个角度共同探究，才有可能找到行为与其特定地域文化背景之间的关系（图 3-1）。跨文化心理学中所讲的文化（背景）与行为，在地域心理概念中应该叫作环境与行为。对于一个具有特定文化特质的对象（如文化创意产品）而言，地域文化外的主体对它的心理感受是差异化、

① 余伟，郑刚．跨文化心理学中的文化适应研究 [J]. 心理科学进展，2005，13（6）：836-846.

新颖的，若被进一步承认和接受则是一种跨文化行为，这种差异化、接受化的心理是地域心理的外在心理。这种已经构建的地域心理会与他地文化形成对比，使其在欣赏他地的地域环境与文化时形成差异感、新鲜感、愉悦感、承认感；对于地域文化内主体（文化主体）而言，其自身是环境的主体，其心理本身构成环境，文化主体按照环境造物，对文化特质对象（如文化创意产品）表现出本地文化的认同感、归属感，这种接受心理也称本土心理。这两种心理都归属文化心理学现象。

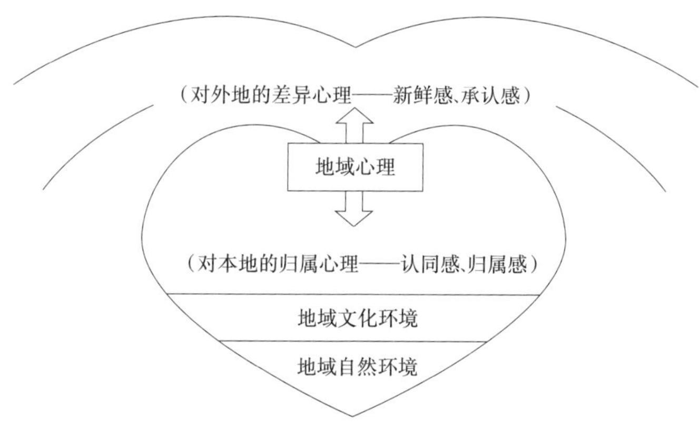

图 3-1 文化的内外视角与地域心理

文化的深层是审美心理和价值观念。不同群体的人，不同个体的人的价值观念、审美标准不一样，对不同文化符号的心理感知也有一定差异。群体差异主要由地域差异和群体受教育、群体信仰等因素影响；个体差异主要由家庭出身、个体受教育、信仰等因素影响。众多群体混合在一起，也就形成了不同个体间的差异，但作为地域性设计研究，首先要把握地域性群体心理特征，所以这里主要谈群体文化心理的形成缘由。

心理学上把人类拥有的知识外延，从大到小划分为“类、群、个”三个层次：其中“类”对应现在的自然科学、社会科学和精神科学分类。“群”是指在某种社会文化下人们的群体心理结构，集体无意识与原型，表现为外部环境对人思维与行为的塑造，是人的社会科学，是人类文化、历史积淀的产物，对群体心理认识的研究要先从典型的个人心理的形成开始。[①]人类的任何个体都必须在某个特定的地域性群体中生存这一点，成为人类生活的一个基本特征，这就是人类生活中的地域性因素，像民族性、文化等都是其最基本的方面。

地域心理属于社会心理的一种，是一种大众化的群体心理，它根植于地域性自然环境和地域文化的共同作用，是客观存在的社会意识现象。由此可知，

① 王甦，汪安圣. 认知心理学 [M]. 北京：北京大学出版社，1992：47.

文化的群体及个体差异无论在社会心理学的角度，还是自然生物学的角度都是客观存在的，作为文化载体的符号，认知是从属于文化差异的。现在人的心理和意识转变趋同化很快，但自然环境的差异不容易以人的意志而改变，而是要与其相适应。

地域性跨文化心理研究对文化创意产业发展意义重大，在设计心理学上要把握跨文化心理学与文化心理学、本土心理学相结合研究，因为文化产品面对两个市场：一个是文化之内的认同市场，另一个是文化之外的被承认的市场，两者互为依存，其中文化外市场才是大市场。

第二节　心与物①

心理与精神过程在人脑活动中表现为积累和被积累的过程。人们通过视觉、听觉、味觉等多种感官认识事物，在此基础上通过头脑的知觉活动思考诸现象之间的因果关系，并产生喜怒哀乐等情感体验。这个过程其实折射着一系列的心理现象和心理过程。心理与精神是前后连续的两个阶段、一个过程，但可分为四个环节，分别为认识、情感、意和志，可称为识、情、意、志。人们通过长期生活实践活动中的心理感受建立起来的意志过程就是精神的形成过程。心之官则思，心在人一生的举止行为中起着决定作用。佛曰“一切唯心造”，佛家把心泛指为一切精神现象，是所有精神现象的总称。儒家称“存心养性”，认为道德修养重在修心、养心，而且儒家将心在识、情、意、志活动过程中的作用都做了阐述，“欲修其身者，先正其心；欲正其心者，先诚其意；欲诚其意者，先致其知；致知在格物”。由此看来，不论是宗教哲学或是伦理道德，心都是人一生活动中最为重要的，心之精神具有巨大的能动创造性，精神的意志可以转化为人性物质的东西。物质的东西反过来又可以转化为特定的精神，所以“心”与“物”、“物”与“心”是人类社会特有的玄妙现象。

“言有尽而意无穷”是每个诗人追求的修辞意境；“意到笔不到”是书画家的写意技法。睹物兴情，情以物兴，是心物交融的表现，这是中国文人墨客的体验，已经很好地表达了自然与心态的关系。中国文化人士历来都热衷于对

① 这里所谈的“物”是一个广义的环境概念，可定义为某一地域的自然风貌、人工物质环境（包括本地特色建筑物、器具、遗物、其他视觉甚至听觉能感受到的物质现象等）。

"意境"的追求，较早的有庄子提出的"物化"的境界，庄子梦蝶的故事，构建了主客观互为转化的心物关系，到底是蝶梦到庄子，还是庄子梦到蝶。显然这里庄子用了反常思维，打破了"物我"的界限，把心和物的关系颠倒柔和。迄今为止，专家学者对庄子的"物化"学说做了很多的研究，且已取得了不少的成绩。主要有王国维的"无我之境"和栾芳提出的审美"物化"的三重境界——兴而超然之境、化而无我之境、游而至乐之境。①

庄子是老子自然崇拜的后继之人，庄子的"物化"主要意义在于自然环境赋予精神的逍遥。虽然每个人不可能都去体验这种"物化"的审美境界，但睹物兴情，情以物兴却是人人都有的心理特性。人的许多情绪是受外界环境支配的，在长期的玩味与体验中自然形成一种嗜好和厌忌，它和生活中的情境相附会。正如喝酒一样，很少有人第一次喝酒就感觉酒很好喝，也没有体验出围绕其所产生的其他的文化意味。中国的酒文化内涵丰富，哥们在一起喝酒追求的是豪爽、义气；遇到不爽心的事喝酒是借酒消愁；遇到高兴的事喝酒是助兴庆贺。酒的事物与人的心境息息相关。这一点又如符号的任意性特点一样，在其形成初期，能指和所指之间并无必然联系，纯粹是人的约定性的产物，人对环境的某些意义约定也是长期适应的产物。俗话讲，习惯了看起来也就顺眼了，特别是一些环境的形式本无对人的好坏之分，只是一个习惯问题。苏州的园林，园中常植竹，因为其清秀、雅致，外表的势与态符合文人的审美情趣，重要的是竹本身所含有的瘦骨清风、高节亮丽是文人所推崇的清高品性，这即是赋情于物、赋意于物了。

需要注意的是，这里所讲的"心"与"物"，其实包含了与这两个字相关的诸多名词和动词的表达内容，"心"既表达"心理"和"精神"的主体人，也表达人的"精神活动"；"物"既表达"物"，也表达与其相关的"事"，当"人""事""环境"三者在人脑中的精神反映，就形成"意境"。

有关心与物的关系研究在现代西方哲学和社会科学、心理学领域也颇多，主要有布迪厄的社会学场域理论、勒温的生活空间理论及考夫卡的心物场理论等。考夫卡将观察者知觉现实的观念称作心理场，被知觉的现实称作物理场，心理场与物理场之间并不存在对应的关系，但他认为人类的心理活动却是两者结合而成的心物场，是一个由地理环境→行为环境→自我体验的交互过程。当人在环境中不产生某种能动欲望，心物场的张力就很小，此时的自我体验是心物场的最高境界。②

① 栾芳．审美"物化"的三重境界浅说 [J]. 东岳论丛，2008，29（1）：93-97.

② 库尔特·考夫卡．格式塔心理学原理 [M]. 李维，译．北京：北京大学出版社，2010：54-56.

第三节　物化的精神——环境造就人

环境造就人，人的头脑中注入了环境的思想和灵魂。尽管今天的社会变革很快，但环境对人有决定性作业，传统文化随技术发展消亡的速度也很快，但有些因素是几乎不变的，如气候因素、地质地貌、环境资源因素等，它们仍然会影响着本地域人们的自然审美心理的形成。也正因如此，即便是新形成的现代器具也受自然因素的制约，如房屋的形式、用具等，很多人造物只是在传统的基础上的革新，但在材料的使用和功能方面仍然有传统文化的身影，尤其是具有地方特色的一些传统农具、日常家用品等。即便是高科技的材料和技术的大量出现也绝不会影响人们对地域化、传统性材料及技术的倾心。最终不变的是地域环境，特别是自然环境，可能会成为未来地域审美的决定因素，所以这里讲的“物化的精神”主要指“环境影响下形成的精神”。

在特定地域中形成的人类共同体不仅具有各不相同的“大地母亲”恩赐，对她的类似而又各不相同的情感，而且也形成了共同体成员之间不同的相互交往与联系的方式。这些因素结合在一起，就形成了不同的人类共同体相互独立、彼此区别的文化。不同的文化不仅在客观上，而且由于文化本身所具有的反思性从而在主观上把不同的人群区别开来。[①]许多心理学家认为，在美的载体中自然风光最容易引起审美主体的认同。[②]

原始社会中的图腾崇拜是先民对生存地域自然现象的愿望、敬畏等的心理反应，原始姓氏的图腾就是一种物化了的精神符号，“一切图腾形式的社会都容许这样一些包含着图腾集团的成员个体与其图腾之间的同一的集体表象”（图 3-2）。特鲁玛伊人说自己是水生生物，波罗罗人自夸是红金刚鹦鹉，体现了他们想与动物两种共同体之间的“同一”。原始人的意识形态是脱离不了特定地域环境的造就，图腾有着神秘的力量，它将共同体成员之间彼此影响和联系在一起。

① 唐士其．全球化与地域性——经济全球化进程中国家与社会的关系 [M]. 北京：北京大学出版社，2008.

② 欧阳志远．“上帝”的陶杯——文化多样性与生物多样性 [M]. 北京：人民出版社，2003：138.

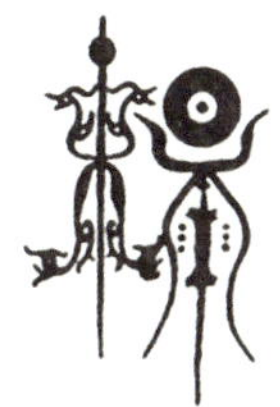

图 3–2 部分原始姓氏图腾

事实上，不同地区的自然风貌往往会形成相应的审美主题。特别是人们的信仰、审美等精神层面的东西都与自然环境有关。比如生活在巍峨高大的山区、粗犷广袤的沙漠戈壁的人和生活在小桥流水的水乡的人，其性格审美一般是有差异的。在我国，西部的山以雄伟为美，高低落差大，而东部沿海地区的山脉更平缓柔媚一些，如果仔细分析在其他事物也有类似的对比。各种宗教，特别是原始宗教的图腾，大派宗教的教义故事，宗教画卷等似乎都与发源地或发展地的自然总体特征有内在的心理关联，中国自有“重联系，经本源”的思想。例如藏传佛教的各类宗教壁画、唐卡画卷，在线条、色彩、画面布局、造型元素都与青藏高原的山川、天空、云彩有视觉意象上的关联，由于高原特别的地貌及气候条件，常形成奇特的云层或云形态，这些自然景象巍峨崇峻，变幻奇异，宛如西方神界仙境（图 3-3）。浮想联翩是人类的天性，从这个角度来看唐卡为什么线条精美、色彩至纯也就不难理解了。也许在西藏很难看到灰色，从自然环境到寺庙的经幡、山上的白塔，这一切都是生命的组成部分。从小生长在某一个地方的人们，每天睁开眼，第一次看到的大自然是最真的，就像小孩第一次看到的是母亲一样，没有哪个小孩认为自己的母亲不美。美表现的是主客体在观念形态和实在形态统一中实现的主体与表现在对象化的客体中的自身本质的统一。从性质上看，它属于体验问题，既包括主体对客体的本质及其规律的正确反映，又包括主体通过改造客体使主体的理想通过手段向现实性转化，其根本点在于客体与主体协调。[①]

图 3–3 特殊地貌气候形成特异的云彩形态

① 欧阳志远．“上帝”的陶杯——文化多样性与生物多样性 [M]. 北京：人民出版社，2003：147.

历史上文人墨客热衷于物化精神的感悟与体验探讨，这里从文学视角引用烟台大学人文学院教授栾芳提出的“物化”层进式的三重境界。第一重境界是“兴境”，即“兴而超然之境”；第二重境界是“化境”，即“化而无我之境”，也就是王国维所说的“无我之境”；第三重境界是“游境”，即“游而至乐之境”。这是“逍遥游”的境界，是“神与物游”“物我两忘”的“至乐之境”。因此，“物化”的境界也就包含了“兴”“化”“游”三个重要方面，是“兴”而“超然”、“化”而“无我”、“游”而“至乐”的境界。“兴”侧重于心灵内部的提升，是“内孕”的过程；“化”侧重于主体外部的超越（即超越自身，齐平万物），是“外化”的过程；而“游”则侧重于新的主体的自由活动，是“物化”的最高境界。这是凭借环境的一种心境状态的描述，显然由于环境内容的不同，其对应的心境的状态也不同，个人感悟修养不同，境界的层次也不同。正如范仲淹在《岳阳楼记》中所描述的那样，由于“霪雨霏霏”和“春和景明”而呈现出的或“悲”或“喜”的物化心理和深层境界。

环境是一个综合概念，主要指物质环境，包括自然的和人造的。环境对人的影响过程其实与人对环境的认识过程是同步的，环境对人的影响内容正是人需要认识的主要内容。一个人的精神和心理的形成过程就是由感性到理性、遵循由简单到复杂的过程，是由表及里逐渐形成的规律，可分为三个方面，即认识过程、情感过程和意志过程。人在成为文化共同体的过程中也是基本按这三个阶段经历的，如两三岁的儿童，先让他们学习使用一些器物，诸如学拿筷子、学端碗、学穿衣服、学洗手、学使用厕所，等等。提起碗筷，筷子就是最能代表民族精神的器物之一。这是因为从创作、发明的一般原理看，没有生活体验就没有同类创作，没有生活使用体验也就没有同类产品的深入合理设计。人出生后，第一个真正意义上与劳动相关的并且维持生命的动作无非是抓和握（有人说是吃奶，其实所有的哺乳动物都具有生下来就吃奶的生物本性），首先接触到的与生活相关的人造物体包括碗、勺、筷、叉等餐具。不同的文化和地域，吃饭的方式及工具承载了不同的民族、文化最基本甚至最精髓的精神之一。西方的刀叉文化是一种起步很晚的、融有近代冶金技术、金属加工功能的文化；而中国人使用的筷子是单体形态，由两根单独的小木棍组成，明明是单独的两根，称呼却是一双。在餐厅里呼唤服务生“拿一双筷子吧”，那肯定是中国人；如果说“拿两根筷子吧”，那一定是外国人。为什么明明是两根筷子，却叫一双筷子呢？这里面有太极和阴阳的理念。太极是一，阴阳是二；一就是二，二就是一；一中含二，合二为一。这是中国人的哲学。在使用筷子的时候，讲究配合与协调。一根动，一根不动，才能夹得稳。两根都动，或者两根都不动，就夹不住。旧时人们身带一双筷子就能闯天下，筷子有点穴、按摩和刮痧的作用，身上只要有一双筷子，有什么毛病都能自己搞定。还有人认为，筷子的标准长度是七寸六，代表人有七情六欲，以示与动物有本质的区别。

这些器物有些是传统的，有些是现代的。即先由器物等文化表层手段去履行一些活动和制度（文化中层），进而理解，解读这些制度，最后形成对整个方式、活动和制度的自我感悟（逐步进入文化深层）。随着年龄的增长，使用器物的种类和频率成倍增加，与之相伴随的规范、制度、礼仪也在增加，最终成为某文化共同体的一员。此时人的心理（精神）已经成长为某一地域（民族）的心理精神，也就是说一般的审美心理已基本形成，文化共同体的深层精神在其意识中也构建起来。这种精神在很大程度上是生活方式潜移默化的结果，是环境作用的产物（图 3-4）。审美心理首先是建立在约定形式上的，不同的生活环境其约定形式是有差异的，约定形式一旦形成，人们在审视周围的事物就是以自己已有的标准与客体进行对比。普列汉诺夫在谈到艺术、美感的起源时说："它的起源必须在一种非常复杂的联想观念中去寻找，而不要在跟它显然没有一点儿（直接的）关系的生物学规律中去寻找。"艺术的起源是这样，其他文化的起源也是这样。[①]当一个人的心中具备这种约定性（地域性）的内心审美标准时，他才会按自己的标准审视周围的一切表层现象（风景或器物等），进而产生悲欢离合的情绪，这就是中国文人墨客兴诗作画的缘由，所谓"心随物动""睹物兴情"才会产生以物而喜、以物而悲的赏物情绪。天赋以性，地赋以命。[②]每个人都出生在一定的环境中，此环境可理解为"地"，人不可能脱离环境而生存，环境便决定了人的命，"命者名也"。

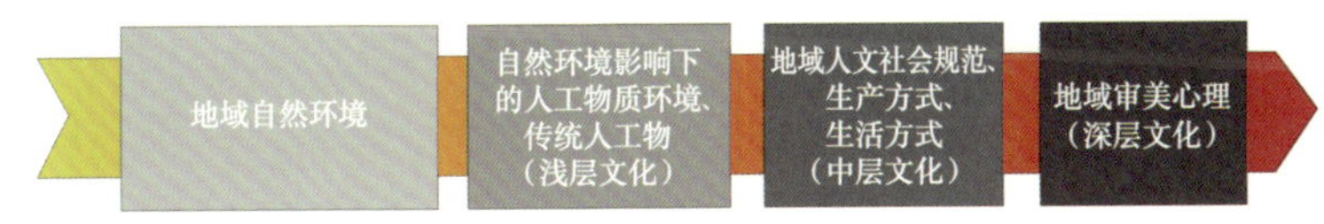

图 3-4　地域环境对地域心理形成的基础作用

威斯勒在他的《人与文化》著作中，对文化之于人的属性的阐述最强调的就是人对不同工具的发明与制造问题，甚至将不同工具的相关属性定义为文化：人就是使用工具的动物，而这种或那种工具就构成了他的文化，人获得使用工具的习惯就是文化特质。有些地区或民族使用汤勺吃饭，那么他们就不会获得使用筷子这个习惯。从这一层面讲，知识性的精神和审美标准性的精神是

① 普列汉诺夫 . 普列汉诺夫美学论文集：第 1 集 [M]. 曹葆华，译 . 北京：人民出版社，1983：316-317.

② 杨朗天 . 王凤仪言行录读本 [M]. 北京：中国人民大学出版社，2016：67.

环境长期作用的产物，在形成过程中自然环境和社会环境共同作用于人，最终变成人的精神，这种装入或而输入精神的肉体就有自己思想和审美的喜好。这种审美标准一旦形成，共同体就会按照这种标准反过来建造环境，也就是创新和建设意义上精神的物化。

从设计学角度讲，这样的文化群体会按照已经形成的审美精神再设计筷子，并且能更深入地根据本土文化、行为、精神，把筷子设计成更为地道的物质文化，这就进入了下一个精神的物化层面。

第四节　精神的物化——人影响环境

这里所讲的环境主要指物质环境，尤其是人造物所构成的人工环境。人工环境会影响自然环境。人们把自己的知识、愿望、信仰、技能、审美情趣等物化出来，通过改变材料的形态，把它们做成用具、服饰、食物、器皿、建筑物等物品。这样的物也就有了“人化”的性质，成了文化现象。就是说，所谓物质文化是指其中凝聚、体现、寄托着人的生存状态、生活方式、思想感情的物质过程和物质产品。

理性玄学有一种教义，人们通过理解一切事物来变成一切事物，因为人在理解时就展开他们的心智，把事物吸收进来，凭借自己来造出事物，而且通过把自己变形成事物，也就变成了事物。[①]从严格意义上说，原始彩陶纹饰每一幅都是一个没有重复的个体存在，其所谓的规律，不仅表现在外表的相似上，而且表现在创作者心灵原型的形成中。从客观物象的感受，到把这种感受描绘在器物上，其中必然经历了心灵图式的重组，使物象印象变为心象，使心象成为艺术图像。[②]作为器物表面装饰的纹样，包含的功能往往来自对自然的认识，如马家窑彩陶中水流的盘旋、云气的腾回、雨后彩虹的弯曲等，都与自然崇拜与神灵崇拜相联系。在河湟地区、渭水上游的黄土高原，水流地势落差较大，加上黄土的易流失特性，容易形成漩涡水流。人类依河傍水而居，在马家窑文化遗址的周边地区都能看到许多旋状河滩或地质遗迹，漩涡纹、水波纹、蛙纹彩陶是黄河上游先民精神物化的产物。彩陶中的简单形象与符号往往凝聚了原始思维中的多重含义（图 3-5）。庄子的精神物化，是一种在特定

① 维柯 . 新科学：上册 [M]. 朱光潜，译 . 北京：商务印书馆，1989：200.

② 程金城 . 中国彩陶艺术论 [M]. 兰州：甘肃人民美术出版社，2008：102.

环境下的即时体验，是心被物和环境感化的境界，它很好地点明了心与物的关系。其实精神是一个广义的概念，包括经验和知识，许多都来自环境体验与归纳总结。

图 3–5　马家窑彩陶中的漩涡纹

从认知心理学的角度看，人的评价标准总是来自周围环境经验知识，人们社会知识的获取，有许多是通过器物文化的解读感知的，或者是在器物的使用中获知的，器物其实是一种生活方式的载体。即先由器物等文化表层手段去履行一些活动和制度（文化中层），进而理解、解读这些制度，最后形成自己对整个方式、活动和制度的自我感悟（逐步进入文化深层），随着年龄的增长，使用器物的种类和频率成倍增加，与之相伴随的规范、制度、礼仪也在增加，最终成为某类文化共同体的一员，此时他的心理，特别是一般性的审美心理已基本形成，这种审美心理不可避免地带有地域性和群体性，地域性既是他前期成长的土壤，又是他今后发展的土壤。难怪《考工记》中把不同的手艺工种以地域性部落的传人命名，如虞氏、夏后氏、殷人、周人、筑氏、冶氏、栗氏等。在造物中除了要顺应不同地域的天时、地气、材料考究外，对不同部落世代流产下来的造型要领、审美特点、制作经验及技艺火候的把握等都是不可违反的。最终本部落的文化被铸造在人工器物中。

我们走进博物馆，看到形形色色的彩陶和青铜器，有点眼花缭乱。乍一看有些陶罐上面的图案似乎是随意涂画的，什么类型都有，其实彩陶作为原始人生活的“重器”，其造型和纹样是非常讲究的，不可随意乱画，这关系到一个部落的文化道德和伦理秩序问题。这些都是在已有器形、图案和形制的基础上根据具体需要才能变革的，尤其在原始社会晚期，伦理道德等级是非常严格的。传统工匠们在学手艺时，除了跟当地师傅学基本操作技艺，最重要的还要修炼眼功，如何去评价一件好的工活？这些知识大都来自对当地器物文化的体验和感悟，在相对更为集中、纯粹和升华性的基础上做出评判、摸索出规律，在造物时按照这个规律去设计新的器物，这就反过来把精神物化了。传统器物的造型和形制都是很讲究的，文化约束在过去几千年的奴隶封建社会的造物创造活动中占有绝对统治的地位，造物的文化形式是为封建统治秩序服务的，传承是主流，创新是在传承基础上的优化完善，这些特点我们从传统建筑、器物中看得很清楚。所以，物化的精神和精神的物化是两个互为可逆的循环过程，在实践活动中表现为同步进行。但从人的一般认识过程看，实践在前，认识在后。精神总是在实践中总结出来的对自然和社会的认识、追求和信仰，在认识指导下的实践才是真正的精神物化阶段。这里我们不妨用一个循环式的示意图表达人类依据自己的文化精神标准反过来造就自己生活环境的动态机制（图 3-6）。所谓精神的物化机制是由图 3-6 的下半循环示意。从图中可以看出，物化的精神在前，精神的物化在后，两者是一个闭路循环过程，这对地域性设计原理，乃至创意设计方法都有参考意义。

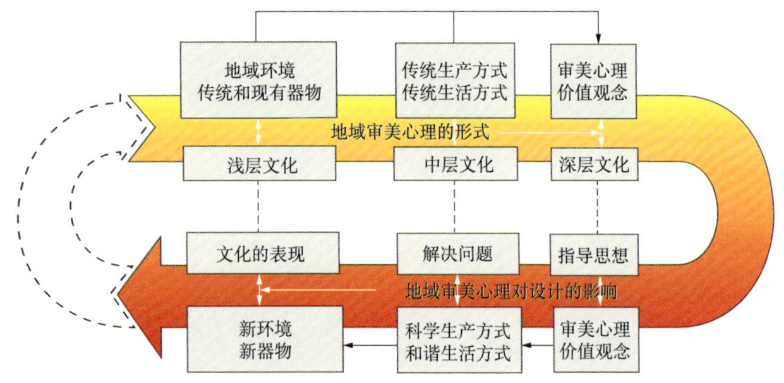

图 3-6　物化的精神和精神的物化是两个互为可逆循环过程

一、人的地域心理和精神来源于环境又作用于环境——地域心理的绝对性

法国历史学家费尔南·布罗代尔认为，影响一个文明的精神气质最根本的因素是地理条件和自然环境："讨论文明就是讨论空间、土地及地貌、气候、植物、动物种类，以及自然方面或其他方面的优势。讨论文明也就是讨论人类是如何利用这些基本条件的：农业、畜牧、食物、居所、衣着、交通、工业等。"[①]这种空间视角必然导致这样的结论：一个文明的价值观、思维方式和风俗习惯等是由地域自然条件根本决定的。这里，布罗代尔试图在文明所处的地域自然环境与其精神性格和生产、生活表现之间建立因果关系，显然，精神因素是派生的，是第二位的，但它最终会形成文化的社会性制约因素。人不同于动物的特征是人具有更加复杂的心理活动，且会对心理活动进行符号化

① BRAUDEL F.A History of Civilizations[M]. London: Allen Lane the Penguin Press（UK），1994：9-10. 也见：陈代光 . 中国历史地理 [M]. 广州：广东高等教育出版社，2002：25-26.

抽象，进而产生可识别的符号。著名人类学家、哲学家洛克在《关于人类智力的实验》中确立了一条原则："动物实际上有观念，但是没有人的那种形成抽象的和普遍概念的能力。"[①]可视化符号是人们的造物心理活动的概念性抽象结果，不同地域差异会影响人们的这种心理活动，地域心理产生于自然，而最终又会影响和改造、适应自然，器物设计是具体的适应手段。达尔文也认为动物应具备一定的对外界环境的模仿、注意、沉思、抉择、回忆、想象、联想、推理等心理活动，但是达尔文把这些仅仅看作"本能"上的动物心理。他认为，"在心理方面，最低级的人和最高级的动物之间，存在着巨大的差别"，且认为"任何低于人的动物是没有自我意识的"。尽管动物有许多与人相同的本能，且能根据这些本能营造自己的生存环境，如蜘蛛结网、蜜蜂造房、鸟儿打窝等，但是由于他们不能把感觉、直觉与更复杂的意识和一连串的思想紧密联系起来思索，也就是没有前期生活的经验性思维，不能利用这种思索做出更加明确的判断和采取更加合理的行动来服务于更高的目的，所以他们只能遵从一条从古到今永不变的行为路线活动。[②]

由此看来适应环境不是人的特性，动物、植物都会适应环境，但人与动物的根本区别在于动物不能把环境与愉悦情感联系起来，产生审美情绪，这就上升到精神层面，并可能以此精神造物。比如，我国黄河上游是考古文化类型最密集的地区之一，这里的自然环境与全国其他地区相差较大。在几种彩陶文化类型中，彩陶表面的水波纹和蛙纹是最常见的彩陶纹样，这与干旱地区对水的渴求心理应该是有一定关系的。正如克拉克·威斯勒所说："一旦一个民族或部落在衣食住这些基本需求方面出现了明显差异，那么，在信仰和观念上也同样会存在差异。"[③]所以环境不但造物，也同样培育在环境中出生或生活的人的审美与观念。

二、文化融合扩散中的地域心理及精神物化——地域心理的相对性

我国甘肃河西地区，地处中纬度温带大陆性气候的阿拉善漠北高原，东与黄土高原邻接，是关中、中原向西直通的门户，这种独特的地理位置，赋予其

① 爱德华·B. 泰勒 . 人类学——人及其文化研究 [M]. 连树声，译 . 桂林：广西师范大学出版社，2004：45.

② 达尔文 . 人类的由来 [M]. 潘光旦，胡寿文，译 . 北京：商务印书馆，1983：118，124，189.

③ 克拉克·威斯勒 . 人与文化 [M]. 钱岗南，傅志强，译 . 北京：商务印书馆，2004.

独特的自然条件和历史文化职能。这里阳光充足，土壤肥沃，祁连山的冰雪融水在北麓形成了多条内陆河系，滋润补给了大美河西，自从汉朝打通通往西域的丝绸之路，这里就形成神奇的河西走廊。

要盘点河西地区典型的物质文化代表，首先要数马文化和酒文化。马文化和酒文化的产生，与河西地区的综合地理属性关系巨大。河西地区地处西北边陲，属于沙漠戈壁、草原和绿洲农耕交错地区，这里的马文化和酒文化既符合地理气候生态特性，也符合地域民族特征。

丝绸之路开通后，河西走廊成为连接中亚和东亚的交流咽喉，也成为我国历史上最早对外开放的地区。这里民族众多，胡汉杂居，先后由大月氏、匈奴、吐蕃、羌族、党项、回鹘、突厥、西夏等民族统治，多民族交汇融合、共生演化。河西走廊的最大作用和历史意义在于，它是中西文化交流融合、创生衍化和发展嬗变的加工厂、孵化器，是文化创新的高地。①北方少数民族都是骑在马背上的民族，生活中离不开马。各民族精神风貌、个性特征受到河西自然环境的造就和洗礼，豪爽的性格离不开饮酒助兴。生活方式承前启后，但审美精神大同小异。河西地处中纬度 38°左右，北部绿洲地带，有非常好的农耕光热种植条件，旱地灌溉农业发达，生产优质小麦和瓜果，酒类酿造业发达。由于光照强，土壤沙性，气候干燥，葡萄种植得天独厚，盛产上品葡萄酒。南部为祁连山北麓，是优质的天然草场，水草丰美、川广原阔、海拔适度、四季气候阴凉，适于马匹牧育、驯养奔跑。武威所产的马形体矫健，刚毅剽悍，被称为“凉州大马，横行天下”，完全可与西域所产的汗血宝马相媲美。因此，武威铜奔马的出土并不是偶然的。马的精神风貌既是人的精神追求，也感悟熏陶了人的情操。武威铜奔马既富于浪漫主义色彩，又符合力学平衡原理，被称为“世界罕见的艺术珍品”“艺术作品的最高峰”。铜奔马的造型体现了一种英武雄健、奔腾狂放、奋发向前的文化精神，这种精神是本地工匠在长期的养马、驯马生活中固化到自己头脑中的东西。马作为一种“物质环境”现象，造就了工匠的精神和心理世界，这是“物化的精神”。当具备这种精神的人反作用于环境，即依照其审美标准创造环境，便会形成新的物品，《马踏飞燕》便是武威人“精神的物化”的结果（图 3-7）。

在古代文化中“马”和“酒”是浪漫和振奋的表征词，马是旗开得胜获得成功的凭借物，而酒是为其助兴和渲染气氛的引子。自汉代以来，使者、商旅纷至沓来，“车辙马迹，辐辏交会，日有数千”，“无有停绝”，觥筹交错，共祝成功的场景不难想象，同时作为兵家必争之地，也不缺豪饮沙场的悲壮情境。

① 李并成，张力仁．河西走廊人地关系演变研究［M］．西安：三秦出版社，2011.

图 3-7 甘肃武威出土的铜奔马《马踏飞燕》

在古代战争文化中，“马”和“酒”的组合曾演奏出多少英雄赞歌，“葡萄美酒夜光杯，欲饮琵琶马上催。醉卧沙场君莫笑，古来征战几人回”便是塞外豪爽而又悲壮的地域精神的写照。这种临阵前的慷慨陈词，似乎只能作为彼时彼地的写照。

“美食不若美器”，中国的饮酒文化特别讲究酒具器的形制，金庸在《笑傲江湖》中写道：喝汾酒当用玉杯，玉碗玉杯，能增酒色；关外白酒最好用犀角杯盛之而饮，增酒之香；葡萄酒当用夜光杯，饮酒有如饮血，豪气冲天；高粱酒用青铜酒爵，始有古意；米酒大斗饮之，方显气概；而百草美酒须用古藤杯，大增芳香之气；状元红用古瓷杯；梨花酒当用翡翠杯；玉露酒用琉璃杯……看来酒具的设计使用在酒文化中举足轻重。金庸提到的豪气如饮血的夜光杯就产在河西地区，是用一种传统的祁连山玉制作的饮酒器皿。此类玉杯本身不会发光，墨黑如漆、碧绿似翠，但如对月斟酒，玉纹隐隐可见，故称夜光杯。夜光杯自诞生之日起，就超脱了纯物质的表现形式，作为一种酒文化的精神载体，是本地自然环境、文化精神的表现，又是中国传统的酒文化同玉文化交融的结晶。夜光杯大多为意象造型，作为文化酒器它寓寄着丰富的地域意蕴和深厚的民族文化内涵。传统夜光杯的经典器形主要有筒形杯、鼓腹形杯、高足形杯、平底杯、微型杯、仿生杯、三泡台玉盖碗等。关于夜光杯的记载，最早见于汉代的《十洲记》，表明在此之前夜光杯就已问世。其时，地处河西走廊西端的酒泉地区民族分布呈现大月氏、羌戎杂居的状态，社会生产力和生产技术相对于富庶的中原地区而言非常落后，与之相对应的文化艺术和审美意识也处在蒙昧和混沌的状态。脱胎于这种落后的农耕文化背景下的夜光杯不可避免地带有农耕文明的“胎记”，多以使用性为基础表现在夜光杯的造型方面，即其造型多仿制于当地居民用于储藏粮食的墩形、盛装食物的一般容器造型。根据河西地区地方志中夜光杯资料的整理，夜光杯早期造型如图 3-8（a）所示。

图 3-8　河西地区高足夜光杯和鼓腹光杯的融合演变

其中最早的杯形轮廓多以直线为主，显得粗犷、简洁，较少曲线和变化。每个地方性的传统器物在地域适应和地域审美作用下都有自己相对独立的进化过程，在完全封闭的环境下形成的成熟器物很少见。文化扩散是绝对的，独立是相对的。随着社会生产力的进步和琢玉技术的发展以及汉民族、其他少数民族文化的更迭交融，夜光杯突破了早期简单的线条和较为单一的表现形式，通过富有动感的“S”形线条、双曲线和弧鼓以及阴线勾连技法等方式，初步形成了以外形对称、雄浑庄重为特征的民族特色，图 3-8 是夜光杯的简易进化过程，反映了地域审美的变化过程。

高足杯和鼓腹杯的融合不但与现代西洋高脚红酒杯的造型相类同，而且与我国黄河中下游人类早期的大汶口文化和龙山文化中的黑陶镂空高足杯极为相似。龙山文化是大汶口文化的延续和发展，这两种文化类型中都出土了不少的黑陶镂空高足杯。早期的黑陶镂空高足杯柄较高，且杯柄镂空数较多，到龙山文化时期杯柄降低，镂空数减少，但两种文化类型中都保持了侈口、细高柄、圆足的特征，而且杯壁较薄，类似蛋壳，这一特征其实与现在的玻璃高脚杯完全一致。河西文化虽然有丝路文化的特征，但从人口变迁历史看，这里是东部农耕文化西迁后地域适应的产物，是中国农耕文化的重要组成部分。

丝绸之路的开通对沿线地区造物文化心理的影响很大。酒泉地区处于中原汉族同西域少数民族和波斯、大食、印度、古罗马等外部民族贸易、文化交流的前沿地带，该地区变成我国东西方文化交汇十字路口，各类宗教寺庙、石窟洞窟、古城堡、烽燧墩等星罗棋布。造型艺术在这场文化交汇中异常繁荣，此时工匠的精神意识世界已发生了巨大变化，新的审美眼光早已把敦厚拙直的传统款式抛到历史风尘中，人们的观念不断地衍生、嬗变。在这个过程中，河西地区的酒器也在文化融合中不断变化，作为地域特产的夜光杯也就不同程度地吸纳了其他文化的审美心理，向多样化创新方向发展，已经出现了与现代夜光杯造型相类似的短狭杯足与鼓腹杯身相结合的老式高足夜光杯。

文化在演变中可能会出现相类似的进化方向，但很少有完全相同的。差异性主要还是受材料工艺、地域审美差异等因素影响。

这里还要提到西夏文化对河西酒文化及酒器的影响。西夏王朝是我国历史上西北地区重要的少数民族政权，是典型的骑在马背上的民族。在甘肃瓜州榆林第 3 洞窟中就有酿酒壁画图，是西夏时期绘制的，这是我国现存最早的蒸馏酿酒图。西夏酒礼文化融入祭祀、征战、和解、军功、节日、婚丧、外交等各领域。西夏酒器从材质上可分为金银铜铁酒器、瓷器、木器等，但最主要的是瓷器，西夏黑釉剔刻花工艺在中国陶瓷艺术中占有一席之地。西夏黑釉剔刻酒瓶、西夏扁壶、西夏高足杯等，对河西地区的夜光杯演化也有很大影响（图 3-9）。

（a）西夏扁壶

（b）西夏黑釉剔刻酒瓶

（c）西夏高足杯

图 3–9　西夏酒具

再到后来，高足杯已经在文化扩散中趋向普世审美形态。夜光玉石杯在保持地方特质玉材的基础上表现了中国传统文化的各种审美价值和精神意志，为了迎合市场需求，夜光杯的形态已向多样化发展（图 3-10）。由于祁连玉本身的特点——玉色暗绿，有较多的黑色斑点，绿色和黑色通过深浅、浓淡交相融汇，形成蛇纹、云纹等肌理，更适合表现玄妙的意境和幽远的空间意境。老子曰："道可道，非常道；名可名，非常名。无，名天下之始；有，名万物之母。"夜光杯之美、之妙、之玄妙境界就在于以可道之言、可名之物、可象之形来表达自然界中的不可道、不可名、不可形的"道"。夜光杯玉匠善用"山

图 3-10　具有中华意象文化特色的夜光杯造型

川之精英”—— 墨玉的原料美、质地美、造型美，将墨玉的原料美与玉雕技法工艺完美地结合，借助匠心独运的艺术手法，汇成虚实统一、情景交融的艺术形式，能深刻表现宇宙生机、人生真谛。把人类的精神文明化为夜光杯的灵魂，从而为夜光杯这一有形的酒器赋予生命和灵气，注入玄妙的艺术意境和幽远的想象空间。精神的奔流与志气的浪漫，源远流长的酒文化认为历史是条长河，河中有了酒，河水便奔流得更浪漫、更生动，翻腾起的浪花千古后仍使人感到精彩。

由此看出，河西夜光杯发展到后期，随着丝绸之路的深度发展，中原文化的深度扩散，夜光杯全方位展现了中国传统审美意象，文化扩散可以使地域文化精神更加精艺博大。

三、基于地域心理的产品创意设计

地域作为人类生存的空间存在，无疑蕴含着它特殊的生命机理。黑格尔在《历史哲学》中论述地理环境对人类的影响时说：“助成民族精神产生的那种自然的联系就是地理的基础”，地域、民族精神与自然联系是人类存在的基础。而在自然联系中，地域对民族心理、文化性格产生着巨大影响。作为人类文明成果重要体现的创造活动，也必然受到独特自然环境与人文环境的浸润与影响，涉及功能、材料、风格与样式、设计的使用对象，甚至主体视角等设计要素的方方面面。由此的结论是，衣、食、住、行生活方式原本不是人们的心理爱好、信仰或审美产生的，而是由于人们要适应特定自然环境，达到更好的生存与生活的目的才形成了这样的生活方式，在长期的生活过程中也就自然形成了与之相适应的文化心理或审美情趣，关键是造物还表达了这种认知心理。实现或表达这种生活方式的物质用品，自然也就有了地区特点，最终形成带有地域或民族特色性的物质用品。

在地域性设计中讲求设计者的人地物化精神很关键。在许多针对地域文化的设计活动中，当地设计师的成功率非常大，而且有些地域文化的创意设计项目明确提出尽量从当地设计师的作品中优选。这其实是一个很重要的设计原则，因为生活体验是书本知识所不能代替的第一手资料，特别是特定的地域审美形式是在长期的环境熏陶中形成的，它甚至与正规的学校式教育没有太大的关系。因此，在地域性设计中本地设计师如何表达这种特定地域情感，而外地人又如何体验这种地域风情美成为设计成功的核心问题。文化具有系统性、一致性，同一文化体系在不同层面上的审美形式是一致的。衣食住行，虽然内容不同，但在文化心理的审美形式上是相同的。如中国文化思想层面中的含蓄美，表现在诗词中的修辞、绘画中的神韵、园林建筑中的意境、男女恋爱中的情调都是相通的。所以，同一地域的不同生活内容，表现在审美形式上是一致的，这就导致在同一地域，虽然人们的职业等不一样，但在对美的形式认同上是基本一致的。作为本地化的设计师，其主观的审美总是带有地域的普遍性，他们会按自己的审美形式指导自己的生活方式，指导自己的行为活动，设计生活。我国地域广大，自然地理环境多样，民族众多，地理差异对人们生活的影响非常明显，这不但为地域性设计提供了多样的物质环境资源（地域性功能条件），同时环境也造就了可贵的人才资源（主要指地域性审美素质），这是发展地域性设计的一个重要意义所在。在学术研究中，特别是在有关地域性设计、文创设计、地方传统文化振兴、乡村乡俗、地方性知识研究方面，重视对本地人才优先使用和培养是一个重要原则。多年来，西北地区有关敦煌石窟文化、沙漠岩画等重要遗产的保护、艺术审美、发展研究等项目大都由江浙、广东等沿海地区的大专院校科研人员承接，甚至在基于本地文化的文创设计评审中也以外地人为主导、主持评审，而与本地大专院校及其设计类人才培养没有多大关系。这是不合理的现象，忽视了本地人拥有地方性知识的潜在优势，以及交通和其他成本优势。因此，地方政府一定要将本地设计项目和本地学科建设、人才培养相结合，至少使本地专业人才参与地方项目，使项目效益最大化，只有培养本地设计人才，才能使地域性设计事业可持续发展。

常言道，只有民族的才是世界的。从地域性设计的角度讲，只有具有鲜明的地域特征的设计，才能从众多的全国性乃至国际化设计中跳跃出来。无论是主体性的设计投标，还是国内外设计大赛，都特别注重对特定地域文化的理解和提炼。我们通常所讲的本土文化的设计，其实就是一个较大范围内的国家或大民族文化下的地域性设计，如北京奥运、上海世博会的标志、吉祥物等的设计，如果设计者没有深厚的中国文化心理情缘或在中国丰富的生活经历积累，是很难设计出代表中国文化特色的抽象符号的。图 3-11 是笔者指导的学生参加第 8 届国际自行车设计大赛（台北）并获得优胜奖的作品“wave”。参赛学生与笔者是同乡，从小生活在沙漠边缘，有相同的生活环境和经历，很好沟通。从功能上讲，该车中间的大轮为主动轮，前后小轮为辅助轮，这样车在行走时会由于路面不一致或用力不平衡等造成前后晃动的效果，像波浪一样前后波动，这与骆驼的行走姿势相似，其整个造型酷似骆驼又像鸵鸟。对于作者来讲，或许是一种潜意识的灵感，因为骆驼这个形象在他脑海中可能相对于其他人更深一些，有着独特的情感美。将参赛作品造型与骆驼联系到一起是很自然的，没有刻意追求。

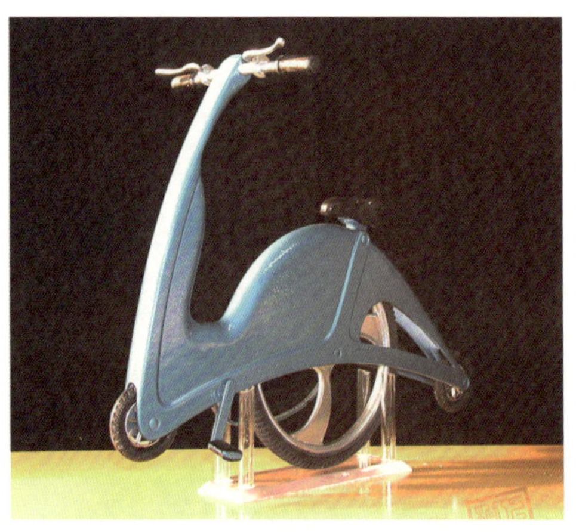

图 3-11　第 8 届国际自行车设计大赛（台北）获奖作品“wave”的驱动原理

图 3-12 是笔者参加第 10 届国际自行车设计大赛（台北）并获得优秀奖的作品“Dream-wing”，同时也被评为该届设计大赛最有特色的情景式设计。所谓情景式设计，是指设计者透过产品本身的造型意象的使用，让产品本身和使用者直接交谈，不需透过外界的说明就能让设计者想要表达的概念直接透过产品本身传达给使用者。其实，这里讲的情景是特定场景下的生活情景，是有很强的地域性的。对于创造者来说，骑马的生活体验是激发这种灵感的最可贵的心理素质。只要有创作活动，就很有可能将其深藏在心底的美的形式表达出来。正如美国设计心理学家唐纳德 · A. 诺曼说的：记忆既是储存于头脑中的知

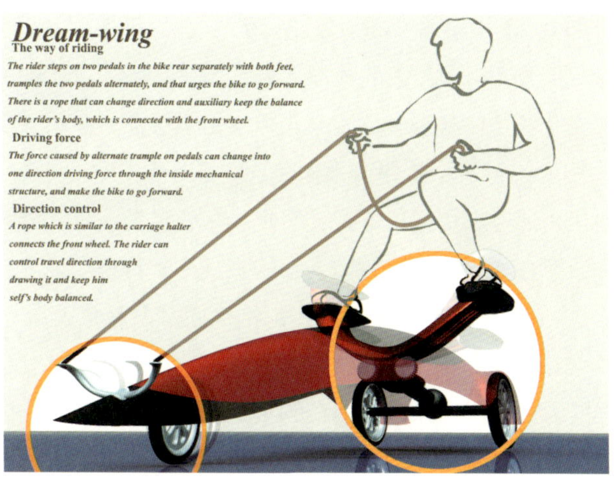

图3-12 第10届国际自行车设计大赛（台北）获奖作品“Dream-wing”的驱动原理

识，储存在记忆中的信息与外界信息相结合，就决定了我们的行为。[①]“Dream-wing”便是将过去骑马这个意象记忆，透过可偏摆的踏板与非钢性组件来操控车的转向，意味着产品本身已跳脱过去的“仿生设计”，以更深的生活经验与感知来做诉求。

四、对异地物品的跨文化心理感受

任何一个历史悠久的民族文化和地域性文化都是经过文化扩散后逐步适应而形成的。特定的文化特质扩散到某地后，需要一个文化适应的过程才能形成地域文化。文化适应是跨文化心理学研究的重要内容。文化适应是雷德菲尔德、林顿和赫斯科维茨在 1936 年给出的定义：“由个体所组成，且具有不同文化的两个群体之间，发生持续的、直接的文化接触，导致一方或双方原有文化模式发生变化的现象。”[②]跨文化研究大都集中在应用心理学、教育心理学和管理学科等领域。这一研究领域引起重视的主要原因是，随着国际化的发展，地域之间、国别之间乃至城乡之间由于教育、从业、留学、移民等带来的人口流动和文化适应性需要。但随着设计学科的快速发展，跨文化设计研究日益受到关注。其实跨文化设计已有 50 多年的历史，许多国际化的制造公司针对不同地区和国家都有专门的产品设计方案。方法学上的跨文化设计旨在强调要做出交流双方或多方都能明白的设计，在不同文化之间，设计的含义可以有多种

① 唐纳德·A. 诺曼. 设计心理学 [M]. 梅琼，译. 北京：中信出版社，2003：56.

② 余伟，郑钢. 跨文化心理学中的文化适应研究 [J]. 心理科学进展，2005，13（6）：836-846.

方式的诠释。即使有些情形是多义的，在不同文化之间传播时也会达成一种一致，以确保含义的互译。尽管事物本身有着深刻的内涵，交流时往往只有主要含义能够在跨文化语境中被理解。含义可以通过“强制”的方式实现：来自主导文化的事物图像或符号，希望可以为传达对象所认识、适应、理解并接受。此外，含义也可以通过“引用”的方式实现。在这种情况下，外来文化的符号或图形可以通过添加本土文化中相似含义的方式来解释说明。有些情况下，含义还可以为了达到一定目的而翻译。比如希望使其看起来是源于原住民的文化，这是一个难度较大的方式，因为有时不同文化间并不存在直接对应的表达。这种勉强的尝试容易导致产生滑稽的甚至荒谬的翻译结果。如“打”字有多个含义，“打车”“打扮”“和群众打成一片”“打击侵权假冒”，只译字面意思会令人误解。最好的办法是通过一个可共同分享的意思并融合双方文化的含义。一个颇具代表性的例子是北京奥运会的标志设计，它将古希腊传统奥林匹克历史与新时代的中国精神融为一体。①

在国际化日益发展的今天，因为交通和通信技术的发展，移民数量的激增，民族、地区、国家之间的交流越来越频繁，文化适应研究越来越呈现出其实用价值。最初的文化适应理论是单维度，这一理论认为跨文化个体在文化适应过程中受到主流文化的影响越多，原来民族文化对其影响就相应地越少。即对于新到一个文化环境的个体来说，文化适应的最后结果必然是被主流文化所同化。

后来发展起来的双维度理论认为这两个维度是相互独立的，也就是说，对某种文化的高认同并不意味着对其他文化的认同就低。根据文化适应中的个体在这两个维度中的不同表现，贝瑞区分出了四种不同的文化适应策略：整合、同化、分离和边缘化（图 3-13）。

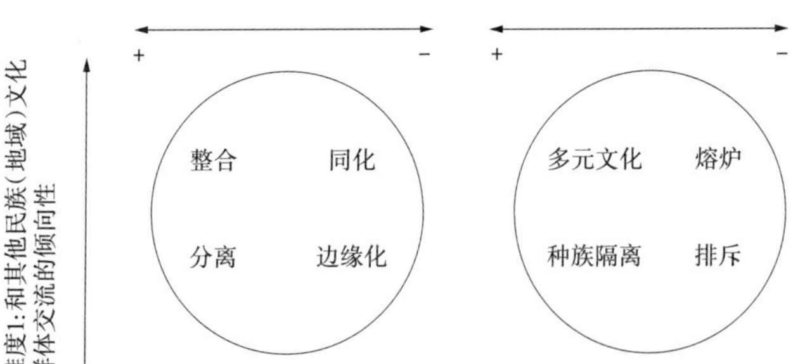

图 3-13　贝瑞的双维度理论模型

① 张岚 . 跨文化设计 [J]. 南京艺术学院学报（美术与设计版），2012（3）：147-149.

事实上，文化适应期望和主流文化群体在强有力的相互文化适应过程中所扮演的角色，使原有双维度模型的基础上（图 3-13 左图）增加了一个类似的结构（图 3-13 右图）。正如美国 20 世纪前中期的现实一样，当主流文化群体通过种种手段来促进移民的“同化”时，实际上就是把美国社会当成一个“熔炉”，试图把所有少数民族文化都熔化进去。所以跨文化现象是一个大概念，它包括一个文化主体进入另一个文化系统后所产生的全部文化心理反应，包括语言、生活方式等。

文化是人们共有的生活形态，历史是人们的共同记忆；相同的生活体验与共同的文化记忆，最容易引起人的心理认同和归属感，如前所述，这种心理情感是指向地域文化内部的。

同时，相异的文化差异和固化在物品、产品上的异域情调又会引起异地人们的新奇感，满足求异、认知心理，这是指向地域文化外的，这种心理是跨文化心理。美国心理学家唐纳德．A．诺曼在他的《情感设计》中沿用美国西北大学心理系安德鲁·奥托尼和威利安·雷维尔教授有关情绪的研究成果（图 3-14）。人脑对某一信息进行认知加工的过程可分为三层：与生俱来的自动预先设置层，称本能水平；支配日常行为的脑活动的部分，称行为水平；脑思考的部分，称反思水平。这三个层面互为作用，其中人的行为活动主要受大脑支配驱动，但也受本能驱使，本能驱使可能是人类最简单、最原始的心理反应。人类的跨文化心理认知也对应这三个层面，心理学实验表明，对具有文化特征的产品，本能水平反应很快，它对应产品的外形，此层面的心理可以迅速地对是与非、好与坏、安全与危险等基本信息做出判断，与此同时快速向肌肉（运动系统）发出对应信号，并抄送大脑其他功能区，进行情感加工处理，然后通过控制上一级信号来加强或抑制它们。行为水平支配了人类的绝大多数行为活动，所有的行为活动可由反思水平来增强或抑制。另外，反思水平能增强或抑制本能水平，反思水平对应产品的使用乐趣和效率，也对应自我形象、个人满意和记忆等。

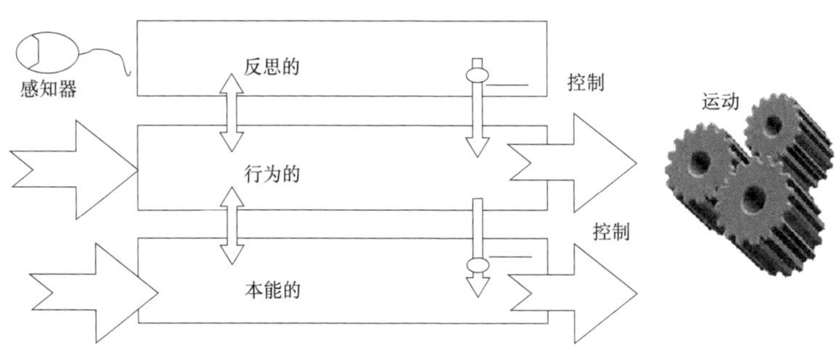

图 3-14　人脑心理活动的三个水平

因此，设计师如何透过文化意涵来诠释自己的作品，正是文化创意产品的设计秘诀。在同一个国家不存在跨越国度那样鲜明的跨文化问题，但至少也有异地或少数民族的差异感。针对这些差异感的研究对文化产品定位、旅游业与文创业的融合发展都有重要意义。考虑不同地域的人对设计三个层面要求的差异，我们在跨文化设计中将注意对应的几个产品设计要点：

①审美观念：不同地域的人的审美心理、审美环境和审美反应的差异，社会习俗形成的禁忌与偏好。审美观念包括审美趣味、审美标准、审美理想等。审美观念有具体化、情感化、个性化的特征，这些都表现出强烈的主观情感色彩。由于审美观念与社会政治、道德信仰、经济及哲学等有着密切联系，一般来说世代生活在某一地域的社会群体有共同认同的审美要求。

②使用乐趣和效率：不同地域生活形态的不同对使用功能要求的不同（一些人认为的必要功能在另一些人眼里可能会是过剩的功能）；操作习惯的差异，操作偏好的差异，人体尺寸的差异对人 - 机 - 环境设计的影响等。

③自我形象、个人满意和记忆：不同地域文化的差异，情感的差异。经济发展水平的差距造成人的需求层次的差距（马斯洛的需求层次论）。

基于文化有内外两个世界层面的特点，跨文化设计不但要兼顾文化外的适应，有时还要适当强调本土化的特征（图 3-15）。一个基于本土文化的设计系统，大到城市系统设计，小到居家生活系统设计乃至更小的日用品设计，对于异地人走入这个生活环境面临的就是一个跨文化心理问题，此时的作品角色是向人家表述自己，让别人知道我们是谁；而对于本地人，则要让大家明白，我

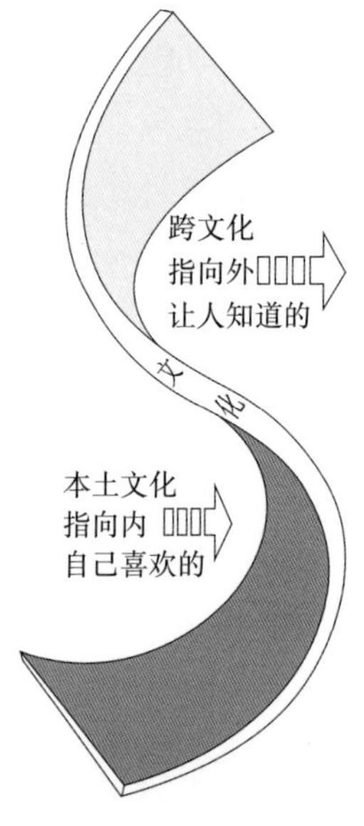

图 3–15　文化的内外两种视野

们从哪里来。设计师要力求做出交流双方或多方都能明白的设计，在保证主要信息传达无误的基础上兼顾对不同文化的尊重。如何在设计中求同存异，“和而不同”，继承并发扬的同时融合现代精神，充分发挥设计的实用性、艺术性。对于大系统的设计对象，如居住环境，跨文化系统指向外就有一个文化适应的势差问题。势差过大有时不一定能被接受，但对于小物品设计，恰恰是这种文化差异能满足人的求异心理，所以这种意义上的文化接受，也许和文化适应不具有同等概念，但它仍然跟文化脱离不了干系，人们买这种小商品在很大程度上是要文化体验的需求。

由以上分析，可以得出这样一个设计参考原则，所谓的本土化和跨文化心理是本地人站在本地参照系中的视野范围而定的，在跨文化设计中，大系统设计、生活环境乃至生活方式是要尊重个体的原有文化习性进行的，但小设计要突出设计的天然合理性，可以加入设计师自己的文化特征，突出设计的差异化、个性化。

随着现代信息社会的全球化发展，再加上地域心理的复杂性、不确定性及难以测定性等特点，使地域文化心理在地域性设计中的可操作性很难。但同样，由于现代化和全球化的文化融合使巨大差异的跨文化已经很难存在。在这种趋势下，设计的审美要强调超越文化差异的共性，比如基于形式美学的基本法则，从变化与统一规律、格式塔完形心理学等入手。大商业中的设计心理策略可做超地域性、超文化设计，应从个体年龄、阶层的差异入手。事实上，即使是不同时代、不同民族、不同阶级的审美主体，对同一审美对象往往能找到一些相近或相似的审美感受，这便是审美活动中的共同性。产生这种共同性的原因是多方面的。从审美对象来看，有些审美对象本身没有（或较少阶级、民族拥有）时代差异（如自然美、形式美以及一些思想政治倾向比较淡薄或隐晦的艺术作品等）；就审美主体来看，即使分属于不同的阶级，但因为生活在同一时代或属于同一民族，仍然可以有某些共同的审美趣味、习惯与理想。

五、结论

设计活动源自人们对自然和社会的认知，联想、灵感等是设计中最常用的创造性思维。然而，不同生活经历、不同地域生活的人们对同一主题的联想的内容或审美形式是有差异的。每个人的生活经历、知识阅历将成为其设计的信息来源，特定地域的自然环境、社会环境会形成相应的认知心理（地域心理），这种心理无论对设计者的灵感还是使用者的认知都有影响。

我们的世界是由心物构成的，行为环境和生活空间都是由心理和环境两种因素构成的主客观混合环境。在心理学家考夫卡的行为环境论和勒温的生活空间论中，心理因素都被注入客观环境的作用过程中，强调了主体的作用。从其强调主体作用的角度看，把社会生活环境描述成富有活力的社会空间，揭示了人类行为的进取性，特别是主体对其所在的、认知的对象空间（客观环境）的适应性改造。

虽然我们在设计学中一再强调设计不是艺术，设计要表达使用者的生理和心理情感，但地域文化心理对人们的影响是刻骨铭心的，对于具有特定地域生活经历的设计师不可能将其完全忘记。有时恰恰是这种独特的地域审美心理，产生了独特的创意构思。所以，生活在某地的设计师应尽可能地挖掘和体验自己的生活感受。纯正的地方特色的设计产品也是最能作为跨区域销售推广的产品，特别是一些工艺品和实用品。随着文化水平的提高，加上人们的猎奇心理，特色文化性消费在消费心理中的比重越来越大，许多城市青年和一些有文化品位的富人在消费心理上寻求文化反差，更偏爱一些民间的、自然的和个性的东西。相信在未来不久，地域性设计将是人类造物发展的重要方向之一。

第四章

传统器物（文化）是人与自然和谐相处的生态之树

我国地域广阔，地理跨度巨大，地域性设计有广阔的发展空间。这里以黄河中上游的黄土高原及其相邻地区的沙漠戈壁地带作为地域取象对象。这些地区属于干旱或半干旱气候，地质地貌特征鲜明，是我国传统文化的发祥地，是丝绸之路要道，又是我国农耕文化和北方草原文化的交会地带。民族文化融合积淀深厚，地域环境、生活方式与造物文化的关系较为明显，适合地域性设计分析研究。

- 传统文化是人类适应特定地域环境的生产及生活方式
- 基于生物生存原理的传统器物文化地域适应树形模型的构建
- 西北黄土、黄河、黄沙地区远古文化的地域适应性
- 西北黄土高原和绿洲地区传统农耕文化的地域适应性
- 黄河上游河道传统器具及其地域适应性
- 河西绿洲及阿拉善地区的生态演变与传统工艺

第一节　传统文化是人类适应特定地域环境的生产及生活方式

人地关系是人类学、地理学、民族学、环境科学的根本核心问题。人地关系是指在特定地域范围内，一定历史时期中，在某种生产方式作用下，该地域范围内的人群与自然环境之间相互作用、相互制约、相互联系的特殊关系。[①]研究历史上人地关系的特点，可以揭示今天人地关系正确的发展方向，是生态设计和地域性设计研究的基础理论。人地关系中的核心问题是特定地域下的传统生产方式和生活方式的适应性，也就是传统文化的地域属性问题。

进化论的观点提到，文化起源于人类为了适应环境所采取的选择。所以，美国人类学家普洛格和贝茨认为："文化是一种适应方式。"[②]美国历史学家费根对文化的解释是："文化是我们适应所处环境的重要手段。"[③]从此角度讲，文化是指人类对自然和社会环境的一种适应性系统或机制，它涉及人类赖以生存的三种关系：人与自然的关系，即生计经济、工艺和物质文化、人工制品；人与人的关系，即社会组织、结构、制度、社会事实；人与自身心理的关系，即知识、思想、观念、信仰、态度、价值等所显示或隐藏的人类行为和精神文化。文化模式的差异即某一群体在上述三者关系中的不同。美国著名人类文化学家克拉克·威斯勒对古今文化做了比较之后，论证了文化的含义及其形式和内容。按照它的观点：从狩猎、采集到宗教战争，人类的一切社会性活动都属于文化范畴。[④]他提出的基本概念建立在文化形成之外的特征上，离不开部落，离不开部落所在的地域范围。他后来所做的囊括现代文化概念的文化纲要也没有离开以传统文化为基础（表4-11）。

① 李并成．河西走廊历史上人地关系的演变 [N]. 中国民族报，2018-06-15(008).

② F. 普洛格，D.G. 贝茨．文化演进与人类行为 [M]. 吴爱明，邓勇，译．沈阳：辽宁人民出版社，1988：69-93.

③ 周鸿．人类生态学 [M]. 北京：高等教育出版社，2001：41.

④ 克拉克·威斯勒．人与文化 [M]. 钱岗南，傅志强，译．北京：商务印书馆，2004.

表 4–1　克拉克 · 威斯勒的文化纲要列表

纲要		列举内容
1	言语	语言、文字特征、书写体系等
2	物质性特质	饮食习惯、栖息地、运输与交通、服装、用具、工具、武器、职业与产业
3	艺术	雕塑、绘画、图画、音乐等
4	神话与科学知识	
5	宗教活动	礼仪形式、疾病治疗、丧葬
6	家庭与社会制度	婚姻形式、识别亲属的方法、继承权、社会管理、体育与运动
7	财产	不动产与动产、价值标准与交换、贸易
8	政府	政治形式、司法与法律程序
9	战争	

无论何种地区，民族都基本具备以上的活动内容。但对于设计来讲，我们要将目光集中在物质性特征上，也就是物质文化综合体，这主要体现在工具的制造和使用上。文化的直接载体是具体的生活用品，众多用品的活动形式构成了生活方式，人是这种方式的扮演者 —— 文化群体。因此文化不是一个特定、单一的符号形式（文化特质），而是一系列符号的系统体（文化综合体）。当然这个系统体又是呈树状结构的，以下是威斯勒的文化要素及构成。

1）文化共同体

所谓文化共同体，是将某文化作为客体和主体的总和，也就是特定文化所在的特定的社会民众。

2）文化特质

文化特质是文化的最小单位，是指一个民族、部落或特定地域生活中的某件约定俗成的、相对其他地域有特点的事情。因此可以说，部落文化是以其各种各样的显著特征来描述的，这些特征就是文化特质。特色器物作为特定生活方式的物质载体，应是构成文化特质的重要组成部分，也可称为文化特质。

3）文化综合体

当人们仔细察看一种特质时，就会发现所有的文化特质并不是一个完全独立的单位，而是一种综合体。比如我国的春节是一个文化现象，它包括诸多习俗，最普遍的如小孩穿新衣、放鞭炮、吃饺子、走亲戚等一系列活动。这些若干习俗活动在不同地区具有差异性，但每个地区的诸多内容却又十分具体与系统，代代相传，约定俗成，所有内容和形式息息相关，紧密配合形成一个综合体。

特定地域作为人类生存的空间，在文化的孕育中起着决定性作用。黑格尔在论述人类历史与哲学关系时认为，地理环境是文化差异性的重要因素，他说："助成民族精神文化产生的那种自然的联系就是地理的基础。"自然是人类存在的一切基础，早期的部落、民族文化性格、思维习惯都深深地打下地域环境的烙印，这就是地域文化的特征。由此，在思维习惯、审美品格主导下的造物活动，也必然受到这一独特自然环境与人文环境的物化浸润，涉及功能、材料、风格与样式、设计的使用对象，甚至主体视角等要素的方方面面。

文化的活动者（主体）称为文化群体（或文化共同体），群体有一个重要的标志，就是它的栖息地，或称为地理条件，既然文化起源于对环境的适应，那么对不同环境的适应性就形成文化的差异性。许多人类学家提出：特定的自然是形成文化的重要因素，文化、文明的产生没有离开地域性。文化的这一特性被称为地缘现象，地缘这一概念是专门表述地域及其对应文化关系的。但在古代主流文化论中，很少有人专门去论述文化与地域的关系。这主要有两个原因：一是地域性不能包含文化的全部外延，文化现象太庞杂，如果将地域性作为文化基本属性，确实不能囊括全部文化现象。有一些文化现象与地域关系其实不大，比如宗教的异地传播、外来文化武力入侵、正常的文化异地扩散和移植等。英国著名历史学家、哲学家汤因比等人也否认地域性本身是形成文化的决定性因素的观点，斯宾格勒、索罗金、奎格利、墨尔科等也根本不探讨文明气质形成的自然原因。二是文化的地域性不言自明，或许是文化地域属性这一现象很普遍的缘故，人们径直把它当作一种天经地义的原理来使用。这种空间视角必然导致这样的结论：一个文明的价值观、思维方式和风俗习惯等是由地缘——自然条件根本决定的。任何地域传统的衣、食、住、行最早不是起源于人们的心理爱好、信仰或审美，而是由于人们要适应特定自然环境而达到更好的生存与生活的目的，才形成了这样的生活方式，在长期的生活过程中自然也就形成了与之相适应的文化心理或审美情趣。而实现或表达这种生活方式的物质用品，自然也就有了地区特点，最终形成特色性的物质用品。泛北极圈的东北亚很多民族，包括我国东北早期的鄂温克族、鄂伦春族都自然形成了驯鹿和桦树皮文化。所以，凡纯正的地域文化都呈现出人与自然结成生命共同体的朴素而深邃的生态哲学。这里需要对文化的超地域性因素作一说明，比如上文提到过的宗教异地传播、文化扩散和外来文化入侵，人们对它的信仰主要是借助浪漫主义、理想主义心理来完成的，重在精神上的超脱。为了免受欺压之苦，人们都是违心地接受一些政治观点和做法，但这并不代表是人们世代在地域环境中潜移默化形成的精神。事实上任何外来文化都不可能在本土原味根植，文化的扩散和传播也都是适合各地特点的传播，都需要一个服水土的过程，最终还是要地域化，这种扩散实质是对文化地域性的发展和成长，与地域适应规律并不矛盾。希腊的神庙是从爱琴时代的正厅发展而来，建筑造型的最大特点是外围使用廊柱形式，一般情况下建筑的前后采用数量相同的六柱或八柱式，而其左右两边各有等量的一排柱子，形成了环绕式的完整的柱廊形式（图 4-1）。在历史的早期，罗马和希腊文化交流相对较少，后来随着罗马帝国的发展，罗马人开始入侵希腊，与此同时在文化上出现了逆向入侵现象，罗马文化中潜移默化地植入希腊文化的成分。希腊爱琴文明中的造型艺术方面无疑是非常优秀的，罗马神庙的设计建制吸取了希腊的理念，一间殿堂只供奉一尊神像，且在神殿前也设有一个柱廊，显然是罗马柱式改进后的希腊柱式。罗马人在受到希腊建筑的灵感后还创造了精致的爱奥尼和科林斯柱式及混合柱式，摒弃了原有的过于严谨的多立克柱式。这一案例说明，所谓文化的地域性往往是吸取异地文化之后的本土进化成长的结果，罗马建筑是在希腊建筑形式基础上的本土适应的产物。

图 4-1　帕提农神庙和罗马神庙文化形式上的本土化适应同质化比较

从长期来看，文化的地域性是完整的，特别是生产性文化，它是随着全人类的技术进步，并不断将新技术应用在地域适应性上的新生产方式和生活方式的过程。例如，早期中亚牧人用毡子和皮革盖成的帐篷由尔塔斯是低矮的，通常罩在地穴之上。这种住所方式从中亚传到西藏边境被许多部落所使用，西藏的黑色帐篷用牦牛毛粗松地编成，外貌很像面纱，却完全可以防水。北非沙漠游徙者的帐篷，平面图为长方形，覆盖以棕榈叶或动物皮。南美巴塔戈尼亚高原的游徙者 —— 特胡尔切人和佐尼卡人，也同样使用很方便的覆盖毛皮的帐篷。①这一过程正好说明文化地域性和文化扩散、传播在本质上是统一的。

既然传统文化是一种对环境的适应方式，人对环境的适应方式就是生产和生活方式。器物是生活方式的物质载体，器物文化渗透到生活中的各个领域，包括衣食住行、礼尚往来、婚丧嫁娶的方方面面，是贯穿整个文化的线索和脉络。英国文化人类学创始人爱德华・B. 泰勒将文化定义为“整个生活方式的总和”，②并被绝大多数文化学者所接受。何谓生活方式？在马克思的著作里，生活方式是作为与生产方式相适应的概念提出来的。马克思认为，社会有什么样的物质资料的生产方式，人们就有什么样的生活方式。器物技术既是生产方式的手段（如各类工具），又是生活方式的用品（如各类日常用品）。③可见广义的生活方式应包含生产方式，这种包含关系使文化与自然在生活方式上得到了统一。

器具是生产方式和生活方式的物质载体，是地域文化与自然环境相统一的外显形式。器具在技术上的进化是遵循自然规律的：一方面，器具的成型构造技术要符合物理、化学等自然规律；另一方面，其使用功能要适应特定自然环境的要求。大多数传统器具产生于某地域环境，又消亡于某地域环境，也就是其材料与工艺来自当地，又使用于当地，最后在当地废弃消亡。这与现代分工协作的大批量商品完全不同，许多大公司的产品都是全球化生产、全球化销售。所以，传统物质文化的差异主要体现在材料工艺的地域性、生产对象（如农作物、手工艺）等的地域性。

器具在审美形式上的进化遵循社会需求。传统器物在各个时代、地域（民族）都有差异，这部分差异体现在对地域文化环境（民族文化）的适应。虽然形式与功能是统一的，但物质文化的形式更具有文化心理的表象作用，比如各民族的服装式样、色彩喜好等比其使用功能更能代表民族认同。传统器具的地域性进化是连续渐变式的适应，中国传统文化虽然经过几千年的王朝变更以及出现各少数民族的轮流统治，但器具文化整体上是一脉相承的，呈现出本土文

① Julius E. 利普斯 . 事物的起源 [M]. 汪宁生，译 . 兰州：敦煌文艺出版社，2000.

② 周鸿 . 人类生态学 [M]. 北京：高等教育出版社，2001.

③ 司马云杰 . 文化社会学 [M]. 北京：华夏出版社，2011：246.

化特色，比如宋窑、明窑的瓷器，明式、清式家具等都体现了统一的中国地域文化风格。

综上所述，地域环境与传统文化原本就是一个有机的统一整体。所谓生产方式和生活方式，其实是特定地域的人们适应特定地域环境的一种方式，生活方式系统包括自然相关系统和人文相关系统。为了进一步弄清传统器物文化与地域环境之间的子母脐带关系，可以运用系统科学的基本原理，借鉴自然生态系统的模型结构，构建传统器物的地域适应因素树形模型。具体方法就是对传统器物文化的地域因素进行逐级提炼、分类和组合。

第二节　基于生物生存原理的传统器物地域适应树形模型的构建

在科学研究中，认识某类事物的基本方法是对该类事物进行类目分类，研究目的不同其分类方式也不同。考古学对文化的研究是依赖实物资料，包括遗迹和遗物两大部分。遗迹主要指村落、运道、墓葬等；遗物种类最多，按质料可分为石器、玉器、铜器、铁器、金银器、陶器、瓷器、骨器、角器、牙器、贝器、竹器、木器、漆器和丝棉制品等。考古学研究的遗物除按材料划分类型，还可按生活方式和生产方式分类，如艺术品（雕塑、壁画等），日常家用品、交通工具、农具、兵器等。[①]这种分类角度比较适合器具设计的研究，在王琥主编的《中国传统器具设计研究》中也将传统器具分为生产器具（21 个种类）和生活器具（7 个种类）两大类。

事物分类分析属于形式逻辑的范畴，这种逻辑关系不仅存在于相关事物之间，也存在于事物内部。在一个系统中若要弄清构成系统的各要素组成及其相互关系，首先进行因素的分类，然后进一步厘清各因素之间的关系。事物因素分解和分类是一个交互的过程，在因素分类和关系构建中，需要对系统进行优化完善。系统因素分类重点在于相关因素的提炼：一是根据研究目的和任务进行根目录的分类设置；二是进行各层级及其关系的建立，难点在于各层级的主要并列因素的提炼和名称确定，各层级因素之间的父子、并列等关系的梳

① 张之恒 . 中国考古学通论 [M]. 南京：南京大学出版社，1991：1.

理和构建。

通过环境决定论的分析，在特定地域中形成的文化犹如在特定自然环境下形成的生物品种。从进化论的角度来讲，这种生物品种从起源到进化都与周围的环境存在因果关系。从生态系统角度讲，某一生物品种从其生命诞生那天起直到发育成熟，都离不开所在环境的物质能量的代谢作用，也就是其与所在环境是相适应的生存关系。自然界的事物元素构成以树形结构存在的居多。为了能系统、形象地表达传统器物文化的地域适应因素关系，可以借用植物生长的组织结构，建立传统器物地域适应因素的树形系统模型。在数学上树形结构是指数据元素之间存在“一对多”的数据结构，是一类重要的非线性数据结构。数理统计中的树形结构主要用于有层次、从属及并列关系等多元素结构系统的表述，我们在这里所应用的是后一种树形概念，根据分析传统器物的地域性存在方式及构成传统器物文化的地域因素来完成树形结构图。树木有很多品种，各类品种有其特定的生长环境，这与传统器物的地域性相似。每棵树都包括地上和地下两部分，地上部分由树干、各级分枝及枝叶组成，从根颈到第一主枝（或第一分枝）的部分称为主干，主干以上的部分称为树冠。树根与树冠的结构一样，从大到小可分为主根、侧根、根毛，树根供给树冠营养，且树根与树冠处在同一垂直方向的两者相关性更大，不同根系吸收的营养优先供给同侧枝干，这一结构特征与传统器物文化的地域适应性因素构成类似，我们用树形结构原理予以表述则更为契合。

传统器物至少包含两类因素群，这两类因素群分别由地域自然环境和地域文化环境决定，其中地域自然环境占有基础地位。自然因素和相关文化因素是相互作用、相互影响的，我们可以从不同角度对产品地域性因素群成对描述，如自然环境→社会环境，自然适应→文化适应，生产方式→生活方式，天时地利因素→人和因素，形而下之器因素→形而上之道因素，等等。在这两类因素中，前者对后者起基础支撑作用，这好比植物的地下根部和地上茎叶的关系。在研究中我们以自然生态环境和社会文化环境作为传统器物的两大类适应环境，以此为基础构建传统器物地域适应性因素的系统树（图4-2）。自然生态环境直接提供器物的物质生产资源，它对传统器物的地域适应性影响主要在于气候条件、地域物质资源条件（矿产资源、动植物资源）、地域能源资源条件（水、风、畜力、化学燃烧能）和地理位置条件（交通等）；社会文化环境对传统器物的地域适应性影响主要在于文化因素，包括精神审美、生活方式、生产方式（传统工艺技术）、历史政治因素。每个层级的因素还可进行下级细分。

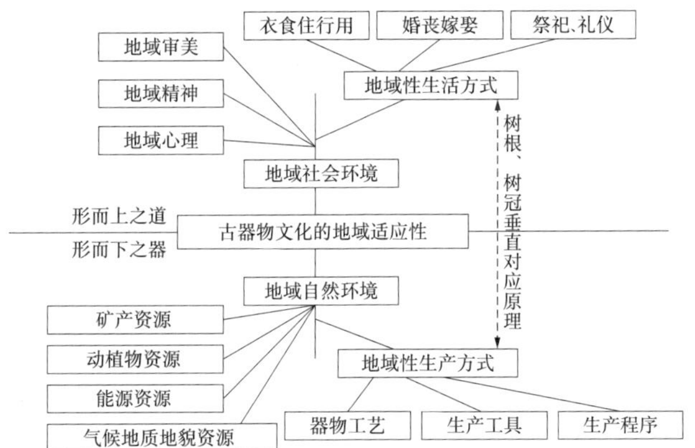

图 4–2　传统器物文化的地域因素系统树分析

从器物文化地域适应生态树中可以看出，“地下”自然环境适应因素群对“地上”文化环境适应因素群有基础支撑作用，每个因素在上下和左右之间都有相互作用和联系，人类活动对自然环境也会产生影响。所以处在生态文明时期的造物设计研究应当从传统器物文化的地域适应性原理中发现规律，采用一种空间性或地缘性的视角，不仅要考察特定文化共同体的文化样式和主体性，更要考察特定的空间位量、地理形态和自然条件等对特定文化共同体所产生的生活方式、生产方式、审美心理等方面的影响。这些影响不仅反映在器物设计中，而且可以通过其实现对地域环境的适应。地缘是诸多因素综合作用的结果，它可能以山脉、河流、森林为界，也可能是地域综合因素影响下的空间限定区域。传统器物的地域因素系统树是特定地域综合环境作用下的结果，其中自然环境适应因素群对传统器物的影响主要体现在气候条件和自然地理所提供的生产、生活资源等要素方面。

地域自然环境因素是一个大集合，不仅包括地貌和地形，如山脉、丘陵、谷地、河流、海岸、沙漠、高原、平原、湿地等，也包括气候（其中降水量是否充足、降水是否大致均匀尤其重要）、水文、森林、草原、动物、植物资源等，更包括各种矿物资源。气候因素影响人们的生活方式，同时直接决定工、农、牧等相关产业的生产对象和生产方式。在生产、生活中，自然界是物质生活资料的唯一来源。在古代生活中，不论是石器时代的攫取性经济，还是后来的生产性经济，在不同的自然条件下要得到物质生活资料，生产工具的形式和功能必然也不同，生产、生活方式自然也不同。合理的生产方式是与地域自然环境“天时、地利”相适应，它们最终决定器物进化的自然属性。

自然环境是人类生存的基础，文化环境适应因素群是建立在自然环境因素群之上的。文化有相对的独立性，任何地区的人们首先要依赖于环境提供的物质资料的生存条件，自然环境的差异必将造成人们生产方式和生活习惯的不同，其次才能呈现通过物质表达的具有精神意义的生活方式，由此而产生的文化系统也就带有很强的地域特征。器物文化的顶层讲究的是“形而上之道”，传统器物将地域性生活习俗、政治历史、精神理念、文化符号、使用方式通过材料工艺、造型结构予以表述，满足人们对社会文化环境的适应，即器物在“人和”意义上的进化。在传统器物的文化环境适应因素群中，材料工艺等技术因素是手段，它决定生产方式，而文化习俗、历史政治因素是表现对象，它解释了特定地域人们的文化演变、审美态度等。

基于传统器物的地域适应现象的因素分析是一个多面性系统，由于各因素之间关系盘根错节，许多要素交织在一起，因此对传统器物的地域因素树进行细化构建与设计时，因研究问题的出发点不同，研究者的知识阅历、思维方式、当时情境不同等原因，树形模型构建的元素提炼、名称及形象表达方式不一定相同，但大体上可分为社会和自然两大适应因素群，都表达了传统器物的地域性系统适应原理。其中需要说明的是，作为人类能动活动的技术因素，既可以归在自然要素中，也可以归在人文要素中。图 4-3 为较详细的树形系统构建，旨在树立一种传统器物文化的地域适应性生态关系，各分支因素的分类、层级并列关系、名称界定等还有待进一步研究。

我国地域跨度大，地理环境复杂多样，民族众多，各地区文化差异鲜明，发展地域性、寻找特色是地区发展的制高点。创意和设计产业广阔的发展前景，要与文化旅游、生态农业建设融合发展，因此地域性设计研究对我国具有十分重要的意义。西北地区是我国最具特色的地区，面积最大，主体属温带干旱、半干旱大陆性气候，温差大，降水少，冬季较长，在长期的地质历史活动过程中形成了多种独具特色的地理区域。最典型的是黄土高原区沿黄地带和沙漠戈壁区，这里是我国传统文化积淀最深的地区之一，以丝绸之路为纽带形成了中华文明始祖文化、黄河文化、彩陶文化、敦煌文化等。所以对西北重要地区的地域特征及传统文化分析对西部大开发，特别是西部文化大开发，乃至对其他特色地区进行文化传承、创意设计和与相关产业融合具有思考意义。根据历史、人类活动成果，我们将西北地区以黄河为参照物分为三大块，分别是河东黄土高原区、沿黄地带和沙漠戈壁区。

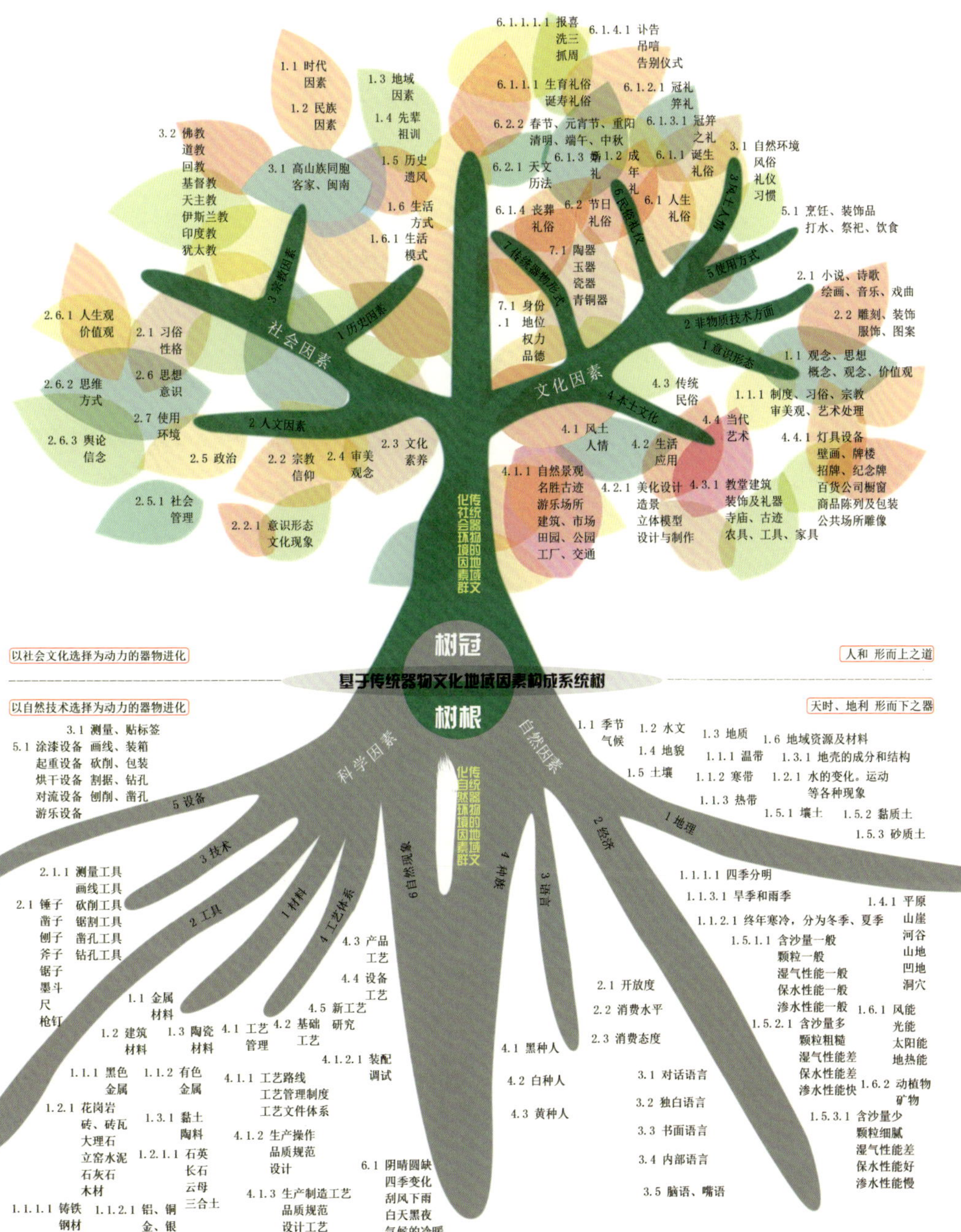

图 4-3 传统器物文化的地域因素系统树分析

第三节　西北黄土、黄河、黄沙地区远古文化的地域适应性

环境是人类生存的最根本基础，环境的差异必将会造成人们生产方式和生活习惯的不同，由此产生的文化也就具有很强的地域特征。就西北黄土、黄河、黄沙地区所处的地理位置而言，在历史上长期处于我国西北部游牧民族和东部汉族农耕民族经济、文化、政治区的交汇地带，民族融合，多种文化相互渗透，形成了这一地区总的文化特征。①

黄河中上游地区地处中纬度偏北，远离海洋，降水量偏少，大部分地区处于黄土高原、内蒙古高原及青藏高原的交界地带。黄河中上游大部分地区被黄土层覆盖，黄土土层深厚，易随水流失，黄河及其逐级支流泾水、渭水、马莲河、葫芦河、清水河、洮水、湟水、大夏河及西汉水等河流沿岸便发育形成了多级台地，特别适合原始先民定居。特别是在全新地质时期，地球冰期结束，海平面上升，黄河中上游地区气候相比现在要温湿很多。考古研究表明，西北黄土高原的大地湾遗址距今约六七千年，这里属于暖温带湿润向亚热带的过渡区，有大象、犀牛等多种亚热带动物生活在这里。原始先民在此培育种植黍、粟、菽、麦等农作物，养殖牛、羊、猪等家畜。农业和定居的肇始，提供了陶器产生的必要条件。②对于以采集、渔猎和原始农耕为生的早期人类来说，这里是优越的生活地域，正是在这样一片适宜的土地上，先后孕育了大地湾、仰韶、石岭下、马家窑等史前文化类型。尤其是以马家窑文化为代表的彩陶文化在人类史前历史上发展到鼎盛时期，其精湛的制陶技艺、丰富的器形、绚丽而

① 本书所讲的西北黄土、黄河、黄沙地区位于我国西北地区的中东部，主要指西北黄土高原、黄河中上游、河西走廊及其北部沙漠戈壁绿洲地区，地域相互毗邻。它们是青藏高原、内蒙古高原、黄土高原的交汇地带，大部分属于干旱半干旱地区。从地形地貌看，基本涵盖了西北的地貌特征。三黄地区的地理空间几何关系也很特别，不但三大高原在这里会接，而且三座山脉在这里对峙。祁连山脉东端的乌稍岭和六盘山、贺兰山排列犹如三条对峙的长龙，三条山脉之间的相互夹角各约为 120°，黄河从三条龙头相对的中间穿过，形成了黄土、黄沙、黄河交汇的地理关系。三黄地区是以三山和三大高原交汇地带为中心的西北中东部广大地区（图 4-4）。这些地区既是华夏文化的发祥地，又是中原文化和北方草原文化的融合地，在历史进程中形成了富有特色的适应干旱自然的生产、生活方式，虽然自然和文化多样交错，但是又具有相对的地域同一性。

② 张之恒 . 中国考古学通论 [M]. 南京：南京大学出版社，1991：20.

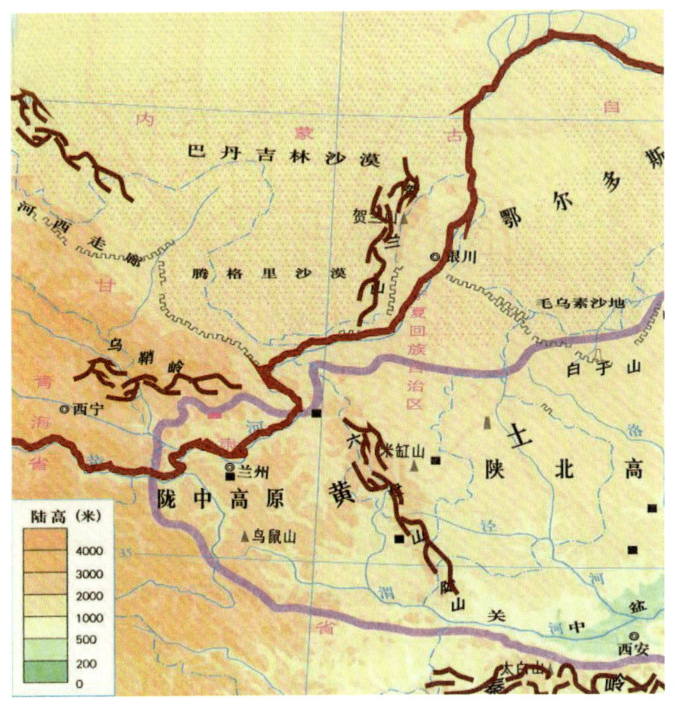

图 4–4　以三山和三高原交汇地带为中心的西北三黄地区

富有变化的装饰表现出鲜明的原始农耕和定居生活。马家窑文化之后，齐家文化、辛店文化、河西四坝文化和沙井文化体现了彩陶文化扩散后，原始农耕与游牧相融的特点。

黄河以西祁连山北麓河流多为沙漠内流河，如石羊河、黑河、疏勒河等，这些内流河形成了河西走廊传统绿洲农耕文化及北部沙漠戈壁区的原始游牧文化。河西走廊的农耕文化在发展中受到河部黄土农耕文化影响很大，在生产、生活方式上非常相似，几乎与黄土高原的干旱性传统农耕文化融为一体，马家窑文化之后的齐家文化、四坝文化、沙井文化等相继出现在河西走廊上，显现出新石器时代晚期至青铜时代河西走廊丰富多彩的文化面貌。

黄河及诸多内流河以北的内蒙古高原，属于干旱的沙漠草原区，夹杂着部分山地砾漠和岩漠地貌。若说从西北黄土高原到河西走廊一带是以原始农耕文化为主的彩陶走廊，那么其稍北的东西并行地带就是以游牧文化为主的岩画走廊，两者平行发展、互为影响。从贺兰山岩画、阴山岩画、阿拉善沙漠岩画看其意象构型的创作观念明显融入了彩陶文化的影子，体现了西北黄土、黄河、黄沙文化的逐渐接触并逐渐相融的局面，初步呈现出西北大地域的整体特征。环境的左右变迁，也曾使农耕文化和分散的游牧文化在这片土地上交替更迭。当时社会生产力总体水平低下，人们对自然环境以顺从适应为主，生产能力和改造很有限，人与自然界维系相对平衡的状态。

秦统一全国后，黄河上游地区纳入中原王朝版图。汉代卫青、李广北击匈奴于漠北阴山之外，霍去病西征单于封狼居胥，张骞凿通西域，河西走廊纳入中央版图，之后移民屯田、设郡、置县逐步孕育了西北特有的地域文化特征。魏晋南北朝时期，佛教文化自西向东进入西北地区，从此拉开了中国的石窟壁画艺术长廊。隋唐时期，丝绸之路大开放，中西交流频繁，干旱农耕文化得到快速发展，但对河西脆弱的生态也造成危害。宋元时期，西域文化、西夏文化、蒙古文化等继续在这里融汇。明清以来，以儒家文化为主体，西域文化、丝绸之路文化、黄河文化、西亚中亚文化等多地域、多民族文化的大融合基本形成，创造了丰富多样而又独具特色的黄土、黄河、黄沙文化。

自然环境不仅为人类的生存、生活提供必要的物质和能量，重要的是熏陶、造就了特定地区人类的意志、品质和精神文化。西北干旱文化是在几千年的延续中形成的本土文化，史前文化对秦以来的古代和近现代产生了根基导向作用。黄河流域的彩陶文化和北部沙漠戈壁区的岩画不仅成为后来青铜器艺术的源头，也开创了中国意象艺术的滥觞，为后来中国的传统器物发展在意象设计思维、方法、工艺等方面产生深远影响。彩陶和岩画、农耕与游牧在这片干旱土地上交融互补，共同发展，已经有了相对成形的地域性黄土、黄河、黄沙文化。

分析西北地区传统干旱性黄土、黄沙文化的另一重要价值在于借鉴历史上人类过度开垦放牧对环境破坏带来的惨痛教训。西北地区是我国生态最脆弱的地区之一，自汉武帝建郡设县以来垦地开发、水利灌溉、大规模畜牧发展，在这一过程中确实创造了许多人类适应干旱的生活方式和文化特质，这些都是宝贵的富于地域特色的生产、生活方式，都是古人留给我们的宝贵遗产，值得今人借鉴利用。但过度地、无节制地、非生态观念地开垦利用，使往日的繁华生活、生产场景变成一个个如罗布泊一样的沙漠风蚀城堡和残墙断壁。昔日的繁华景象只能出现在想象之中，这是我们应从生态设计、地域性设计、适应性设计角度引以为鉴和深入研究的。

无论是成功的经验抑或是失败的教训，西北三黄地区的传统文化都是古人留给我们的丰富而珍贵的遗产。

一、西北黄土高原是中国古老农耕文化的发祥地

西北地区的远古文化主要是黄土文化和黄沙文化，其中黄土文化沉积更深，意义深远。

中国黄土高原为世界上最大的黄土沉积区，黄土土粒细致均匀，土质疏松，易于耕作与熟化，土层肥沃深厚，适合多种旱地农作物耕作与生长。土壤

保墒性非常好，容易形成团粒结构，纵然靠天吃饭却不误收成，即使连续几个月不降水，土壤墒情仍很良好，这为早期人类生息繁衍提供了得天独厚的自然基础条件。西北黄土高原农耕文化的起源非常久远，是中国传统农耕文化的发祥地。对甘肃秦安大地湾文化遗址一期的考古研究证明，八千多年前西北的黄土高原上就已经有很高文明水准的先民居住、生活，这得益于这片土地良好的适宜人类居住和原始农作的环境条件，其后的仰韶文化、马家窑文化都以黄土、黄河为生存环境。伏羲（天皇）、神农（地皇）、黄帝（人皇）属于上古时期中华始祖首领，他们都有在西北黄土高原地区生活活动的文献记载、传说或推测。这也从另一侧面证明了为什么中国的原始农耕文化发祥于黄土地区和黄河流域，并且达到当时的最高水平。这是因为即便在使用原始木质耒耜、石器、骨器的情况下，疏松而保墒的黄土地也能得到基本收成。甚至对于今人来讲，只要撒下种子就可等着收获，适合懒人生存。

从上古传说、民间资料和先秦文献来看，西北农耕文化起源于周祖文化，周公亶父（不窋）被称为农祖，是上古周族的领袖。据推算，周公亶父是轩辕黄帝第 16 世孙、帝喾的孙子。因戎狄威逼，不窋失官，遂率领族人从豳（今陕西旬邑）迁到岐山下的周原（今陕西岐山北），推行“务耕织、行地宜”政策，开创了西北黄土高原的特色农耕先河文化，中国民俗学会将庆阳命名为“周祖农耕文化之乡”。在《周易・系辞下》中讲到，“包牺氏没，神农氏作，斫木为耜，揉木为耒……神农氏没，黄帝、尧、舜氏作，通其变”。原始旱地耕作农具耒和耜应该发明于西北黄土高原地区，这一农耕肇启的记述和现今有关上古首领活动地域大致相符。伏羲始制《易经》、创八卦，其活动范围就在古成纪周边地区，即今甘肃天水、平凉、庆阳，沿六盘山至宁夏固原一带，轩辕故里也在甘肃天水清水（古上邽）。[①]

从夏朝孔甲年间算起，至商代康丁年间古公亶父南迁岐山，周祖在庆阳共传承十二代，达四百余年之久，周朝历代天子都到庆阳来祭祖，一年一小祭，

① 目前国内有关伏羲、黄帝（轩辕）、神农等上古首领的出生和活动地域的说法和争论很多，关于伏羲的出生地据说就有甘肃、山西、河南、山东、江苏等六七种说法，因那个时期文字还没产生，没有同时代的文字记载，但从现今的地名、传说、民谣、习俗、遗址、出土文物的相关性等外围资料看，伏羲、黄帝等首领活动在黄河中上游的天水—关中—洛阳一线的说法资料较为充实，一般认为伏羲生于古成纪（今天水秦安县北三十里，《三皇本纪》说“太皞庖牺氏，风姓，代燧人氏，继天而王……生庖牺成纪”）；黄帝亦生于天水古上邽（今天水清水县轩辕窑一带，《水经注・卷十七渭水》中“又东过上邽县”，对此注解中说“黄帝生于天水，在上邽城东七十里轩辕谷”），此外，天水一带有关伏羲、轩辕的相关地名、传说、民谣、习俗、遗址、古籍和古人纪说较多，还不乏相关联的出土文物等，对此周光华、彭清深等学者已做了较为详细的调查分析研究，这里不一一赘述。

三年一大祭。①周人在庆阳教民稼穑，开创了先周农耕文化的先河，使庆阳、平凉、固原一带成为中华民族早期农耕文明的重要发祥地。

传统器物是传统文化最好的见证物，传统器物应当指一个地区在真正进入现代工业社会之前有文字和实物遗迹可考的器物文化，在文献资料中很少见有关它的确切定义和范畴，在王琥主编的《中国传统器具研究》中，传统器具包括史前石器和陶器等，事实上时间跨度大的传统器物概念是符合设计学意义上的器物文化研究需要的。依据人类造物文化进化进程，人们将传统器物分为远古和传统两部分来论述。远古文化主要指先秦以前的传统文化，一般来讲越是早期的器物，其文化积淀越深，器物的地域性也越鲜明，与环境的关系越密切，所以对远古器物存在的地域环境及它们之间的关系分析有利于凸显器物文化的地域适应性。

依据我国南北地理差异和土壤耕作性质，耕犁的生产方式，北方显然优于南方，神农氏发明耒、耜等农具也最适合黄土旱地的耕种。耒的外观是一根尖头木棍加上一段短横梁，使用时把尖头插入土壤，用脚踩横梁使木棍深入土层，然后翻土。耜的外观类似耒，但尖头变成了扁头，形似今天的锹、铲，其材质从早期的木质发展出石质、骨质或陶质（图 4-5）。后来的犁就是从耜演变过来的。我们试想，如果没有非常好的土壤肥力和良好的土壤保墒性，木质的耒、耜，还有石器的耕种效率会非常低下，几乎没有什么收成可言。西北干旱性农耕文化是在长期的农耕经验的积累和改进中逐步形成的，西汉赵过还发明了适应西北旱地耕作的“代田法”，对干旱耕地的保墒、抗风沙、保养水分都起到很好的作用。

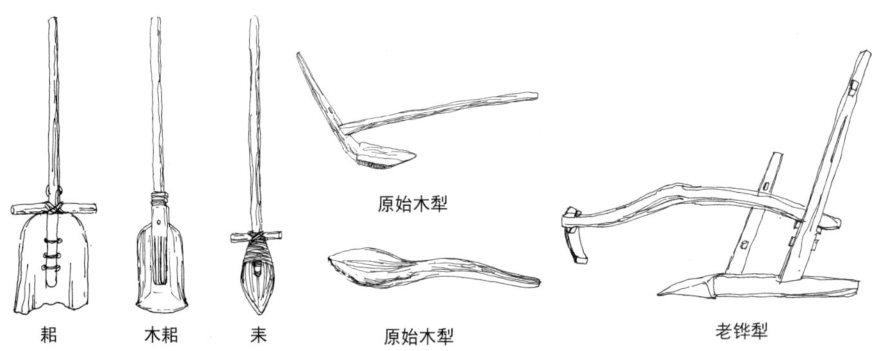

图 4-5　上古时期农具和现代农具

上古时期的耕作农具及耕作方式，对北方地区的农耕文化产生着深远的影响，且农具的基本造型、功能一直持续至现代。我们今天使用的农具，如铁锹、锄头、铧犁等与上古时期的耒、耜、木犁在造型和功能上大体一致，主要

① 徐凤 . 甘肃非物质文化遗产概论 [M]. 兰州：甘肃人民出版社，2014：272.

原因在于黄土地的土壤性质、黄土高原的基本自然条件并没有改变，作为人类适应自然的物质生产工具必然有很强的传承性。

西北干旱性传统农耕文化一直延续发展到现代，自秦汉以来，新式耕、耙、耱等春耕整地工序达到了很好的土壤保墒效果，其直接得益于新式农具犁、耙、耱的发明和推广使用。至今，西北黄土高原梯田耕作或小面积的春耕还是离不开二牛拉犁、耙、耱、耧播等基本工序，对应的传统农耕工具一直持续到现代，甚至今后还会使用（图 4-6）。

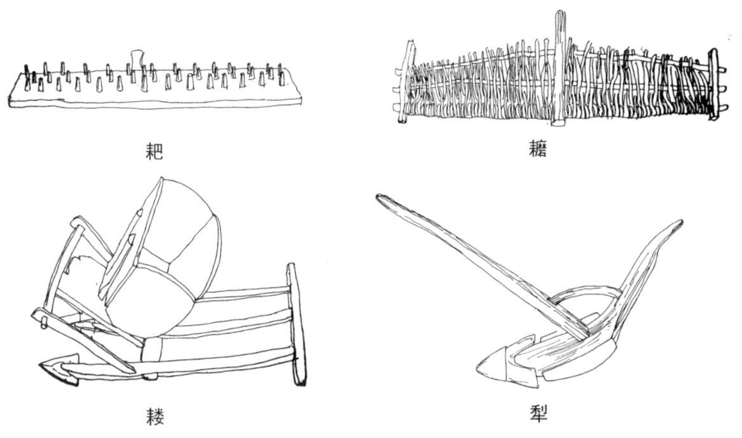

图 4–6　传统农耕工具

元代王桢就在其《农书》总论《农桑通诀》中强调了农业生产的因地制宜原则。西北黄土、黄河、黄沙地区位于中纬度，属于内陆型干旱气候，特色的黄土土壤使其形成了适合本地耕种的干旱性作物品种黍、麦、粟、菽等农作物。“行地宜、务耕种”，在长期的农耕文化传承中形成了地域性的农事流程系统，并形成若干农事时令，这些农时环环相扣，对应若干工序和相应的农具。

图 4–7　《敦煌民俗研究》中的西北农事流程图

图 4-7 描述的是敦煌壁画中的西北农事流程图，内容包括犁地、收割、打捆、碾场、扬长和打扫等，基本反映了西北各地区的农事活动内容。

二、黄河中上游原始彩陶的地域适应性及其指事性意象分析

古陶器是原始农耕部族适应定居生活的产物，早期的定居文明大多是沿河湖生活的，生活地若有适合的黏土资源，往往会产生水、火、土的文化——陶器文化。探讨彩陶的地域适应性应依据早期人类的生产生活方式的总体状况进行阶段性划分，进而弄清彩陶在生产生活中的作用，最后才能说明彩陶与生活环境的适应关系。正如郎树德先生所言，要弄清彩陶文化，必须要了解使用彩陶的人们的生产关系、经济基础、精神理念以及社会生活、自然环境等，也就是要搞清楚这些彩陶是干什么用的，是日常生活用品还是随葬品或祭祀用品？先民要用它达到什么目的和功用？纵观史前文化，大体可分为旧石器时代和新石器时代，旧石器时代属于山林采集和狩猎文化，新石器时代是以彩陶为标志的从山林走向山前的河流定居文化，最后随着第一次社会分工又走向农耕和游牧及农牧结合的史前晚期文化。据此可以将史前文化大体分为三个阶段，并依据三个阶段的生产生活方式特征分析黄河中上游地区早期人类造物文化的地域适应性。

（一）河流定居与原始农耕文化

旧石器时代人们处于穴居状态，只有在特定的山林才有可庇护的洞穴。旧石器时代人类完全依赖于自然而生存，吃、住都由自然直接产生，人们只是采集和渔猎者。人们直接依靠居住地附近的野兽和野果为食物资源和防寒衣，通过对生活原地的自然形态进行直接选择和简单加工作为器具来源，如刮削木棒、打制各类石器、兽皮为衣、葫芦为瓢，通过竹藤条等植物编制绳、筐等器具，所以原始山林采集时代人类造物的地域性是最强的，泾渭流域发现的古人类化石是蒙古人种，与内蒙古河套人、山顶洞人等同源。[①]漫长的旧石器时代为新石器时代的造物奠定了形式基础，黄河中上游古彩陶中出现的编织纹样、几何纹样、植物纹样，漠北地区的岩画纹样骆驼、牛、羊、鹿、人面等都是先民对生存环境的反映，或崇拜或敬畏，天人合一。

新石器时代前后经历了约六千年的时间，这和几百万年的旧石器时代相比

① 祝中熹．甘肃通史・先秦卷 [M]. 兰州：甘肃人民出版社，2009：22.

非常短暂。这个时期黄河上游地区的先民从狩猎采集的山林地带走向了背风向阳的山前河流地带，在低洼地台上过着定居式的原始农耕文化，北方草原地区先民还一直保持着以狩猎为主的原始游牧生活。岁月失语，唯陶能说，唯石能言，漫长的原始生活方式都记在黄土地区的陶器和草原地区的岩画中（图4-8）。生存需求和环境适应是人类创造的原动力，为了适应定居生活，原始先民在极有限的技术手段下不断地创新发明，其中陶器的问世使人类的造物技术在几百万年的进程中有了空前提高，并且延续了八九千年的发展历程。各类琳琅满目的出土彩陶以及彩陶上大量具象和抽象动植物纹样的表现，正是原始农业定居生活的反映。可以肯定在原始社会中，自然环境与生产生活方式是直接对应的，生活方式与彩陶也是直接对应的；反之，原始彩陶对应的生活方式可以直接映射出当时的自然环境和社会环境。一方水土养一方人，水、土是包含了一切地域生活要素的宽泛概念，包括了衣、食、住、行、礼的方方面面。水和土是构成其他生活要素的物质基础，丰沛的水土资源形成了人类赖以生存的诸多天然物资和生产要素，游牧和农业生产及定居生活都需要合理的水土资源。

图 4-8　原始采集、狩猎文化

（二）原始彩陶物质材料的地域性分析

泾渭水都流经黄土高原流域，形成了诸多河谷冲积带，土质疏松，纯净少杂质，不仅孕育了发达的原始农业，也为制陶提供了优质的原料。渭水河谷的陶土是胶性明显的易溶黏土，含钙量低，含沙量少，经淘洗后质地细腻而柔韧。陶器的出现使人类真正进入较为复杂的造物工艺过程，从此基于土、水和火的文化一发而不可收地向前发展。

土文化是中国文化中沉积最深、最有标志性的文化特征。在民族之外看土文化是最接近真实的、古老中华的文化，难怪西方人在文字创造时期就将“中国”直接译为“CHINA”，有“瓷土”“陶土”的意思。丝绸之路的开通，让西方人最感兴趣的就是东方的陶瓷和丝绸文化。广袤的黄土高原覆盖着取之不尽的制陶黏土以及彩绘所需的矿物颜料，这一切最终促成了黄河中上游彩陶文化的诞生与发展。黄土土粒的粒度成分以粉土为主（0.075～0.005 毫米），含量约占 60%～70%，含各种可溶盐，富含碳酸盐，含量为 10%～30%，通过淘洗可形成均匀的制陶黏土；黄土颜色为淡黄、褐色或灰黄色，各地略有差异，烧制后普遍发橙红色，不同的火候使得色彩有差异，所以黄土高原出土的早期素陶都为红黄深浅不同的颜色。从大地湾一期到四期，彩陶的颜色越来越丰富，如暗红、紫红、橙红到黑、白、棕等。从素陶到彩陶，黄河流域的先民经过了几千年的摸索和反复实践，当他们逐步认识了天然矿物颜料的特性，又能提高掌握烧陶的温度时，彩陶便应运而生了。[①]

（三）古陶器功用的地域适应性分析

史前时期黄河中上游气候温湿，但相比同期的河姆渡、大汶口、良渚、三星堆等文化类型所在地，其自然条件还是相对干旱的。在生产力水平十分低下的情况下，获取和存贮生活饮水及食物是很重要的，人们需要一些工具来获取水源和存放水，所以盛贮功能需求无疑是早期人类生存对器物最重要的功能需求之一。器物是人体功能的延伸，用于完成某一件事情，事和物从来都是不可分割的，按照柳冠中先生有关事理学的说法：相关的事、物、人往往是一个有机系统，“事”里包含着人与物，“物”必然是人与事的纽带和载体。所以“物”在本质上体现的是在一定情景下依据人的心理、生理需要完成某事的功能，即本质是以人为本的指事功能。更重要的是“物”体现了“人”与“物”二者之间的关系，反映了时间和空间的情境（也称背景），在考古研究中，最重要的是通过“事”可以看到“事”背后人的动机、目的、情感、价值等意义

① 经过科学实验和检测，彩陶中的红彩是赤铁矿的分化物赭石，主要成分是 Fe_2O_3，赤铁矿在黄河上游较为多见，容易获取；黑彩的矿物原料是磁铁矿和黑锰矿，主要成分是 Fe_3O_4。实验表明，锌铁尖晶石、黑锰矿烧成以后的颜色较黑，磁铁矿则偏蓝，这正是马家窑黑彩漆黑发亮的原因。马家窑类型的白彩主要成分为石膏和方解石。黄河彩陶的这些制陶材料资源，都源自黄土高原的地域恩赐。张之恒．中国考古学通论 [M]. 南京：南京大学出版社，1991：20-21.

丛。[①]所以，所有的“物”都是指向“人”和“事”的。人类初期的陶器为素陶，基本是实用品，后来的彩陶则更多地反映精神层面的内容。从“物”在环境适应中依据指“事”和指“人”角度去分析原始陶器，特别是彩陶的使用功能和社会意义，应该是揭开远古器形及其纹样奥秘的一把钥匙。我们应先分析陶器在原始情境下的功能 —— 指“事”作用，从器形造型的一些鲜明特征入手，借以推测器物的环境适应性。

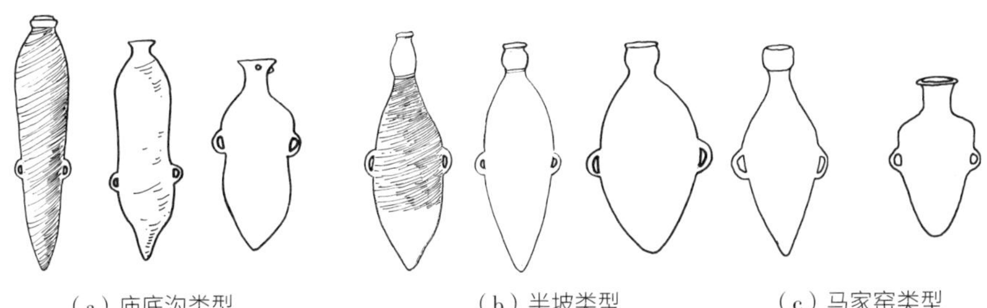

（a）庙底沟类型　（b）半坡类型　（c）马家窑类型

图 4-9　庙底沟、半坡、马家窑尖底瓶类型

1. 尖底瓶

在黄河中上游的史前器物造型中，最特殊不过的器形要数尖底瓶了。据考古学家研究，尖底瓶是在黄河中上游地区发现的一种特殊器形，其他地区很少见。黄河中上游由东到西从庙底沟、半坡再到马家窑，该器形出现的时空跨度之大绝非偶然，其中一定有此器具的合理、实用、巧妙之处，这也激发了人们探求问题的好奇心和决心（图 4-9）。在研究一个问题时，当不知道它的直接信息时，可先从外围的关系或周围的环境分析入手，寻找蛛丝马迹。在考古学中对许多器物的功能用途也是结合遗址的总体文化特征及其他相关物品的已知信息来推测的。尽管今天尖底瓶的确切功能和用途还没有定论，但从一个物品所在的环境、使用情景来分析物品的功能用途乃至造型特征仍然是最符合逻辑的方法，在设计学中称为情境分析法。该方法可以按照使用者的需要，采用群体互动，让设计者体验文化、感受生活、想象产品可能的存在方式。反之，对于一个既定的未知信息产品，可以按照当时产品所处的自然环境、社会文化环境来推测产品功能用途。对尖底瓶的情景指事分析，及其在环境中的适应性表现，我们可以总结为以下四点：

（1）作为汲水器符合重心转移原理

在黄河中下游的黄土高原地区，水土流失严重，形成多级台地的地貌地形，地表水较少，水源都位于在冲刷较低的深沟立岸，且泥沙很大。要获取洁

① 柳冠中．象外集——语录・访谈・文论・众说 [M]．北京：中国建筑工业出版社，2012：161-165.

净的生活用水，必须用汲水器打水，考古学家认为尖底瓶是新石器时代用于汲水的器具，符合汲水时的重心转移原理。当小口尖底瓶系绳汲水时，小口尖底瓶的造型与结构很好地满足了这一汲水功能，其特征是：小口细颈、鼓腹尖底、腹较深，腹的两侧有耳可系绳，尖底瓶的重心在上部，瓶入水后自动下沉，水汲满后瓶子直立便于提起，符合重心转移原理。而在那个时候的南方河湖密布，水源充足而浅显，直接用瓢或盆之类的器具就可以舀水了。因而同样是取水，不同地域同类器具的结构造型则可能不同。

（2）尖底瓶符合盛水放置时的竖向安全原理

在黄土高原的河流中，水土流失严重，河岸边常常有淤泥，尖底瓶很容易将底部插入泥沙，稳稳当当地竖直立着。也许取水的地址有不确定性，尖底瓶放置的地方有不确定性，但生活在河沙、黄土的环境中随时将尖底瓶插入土沙中放置应该是很合情理的事。若在以石山、石岸居多的河流流域，人们就很难想出尖底瓶的造型了。需要注意的是，在物质产品稀缺的原始社会，尖底瓶肯定不仅仅是专用来汲水的，那太奢侈了，临时存放水也是它的重要功能，若不插入泥土或坑穴怎么竖立起来?

（3）小口双唇结构满足倒水和倾倒时的功能要求

首先，汲水器就是取水器，它要把打上来的水倒入其他器皿中，在那个时代水器的容积、携带都有局限性，所以到手的水还是比较珍贵的，需要用小口器皿倒水，防止浪费。其次，若不小心将汲水器弄倒了，小口复唇的结构也能防止水瞬间从瓶口倾泻而尽。再者，小口复唇也利于倒水时手的抓握，一手握住瓶颈，一手从底部抬起，能精准地将水倒入另一容器中，符合人机工学要求。此外，小口复唇结构还利于系绳等要求，满足汲水及其他使用情形（图4-10）。

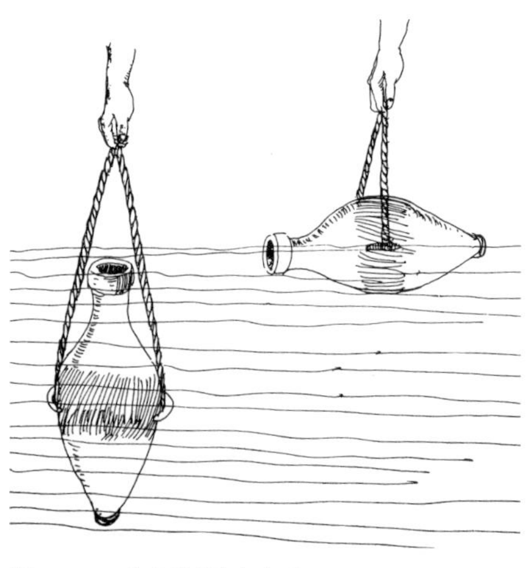

图 4–10　尖底瓶汲水方式

（4）神奇的四方连续漩涡纹尖底瓶

1971 年，甘肃省陇西县吕家坪出土了彩陶尖底瓶，属于马家窑类型。彩陶瓶双耳尖，颈口部细长，利于倾倒液体时抓握是彩陶尖底瓶与素陶尖底瓶共同的器形特征，精致又洒脱的漩涡纹则指示着陶器的液体盛装功能（图 4-11）。最神奇的是其四方连续漩涡纹，由上至下图案的骨骼收缩渐变、线条疏密、圆点大小都把握得极度神奇巧妙。与素陶尖底瓶相比，彩陶尖底瓶尖底略显钝圆且底部没有敷彩，虽然指示了其尖底的插入功能（尖底且没有敷彩），但使用频率不高（钝圆尖底），应该与祭祀、圣水崇拜等用品有关。也许就是黄土高原野外祭祀用品，其地点可能随时变动，但松软的黄土表层插入尖底瓶是情理之中的事，主要用途应为移动型盛水器。

图 4–11　素陶尖底瓶和彩陶尖底瓶

2. 圜底、锥台底彩陶

在黄河中上游地区出土的大量彩陶中，粗略观察有一些共同特点：锥形底，彩陶纹样着色至中下部即停止，器形越大锥度越大，腹部外圆最大位置提升也越高。与此同时，绝大多数下部尖锥部分都没有敷彩，且制作相对腹部、颈部、口部较为粗糙。关于这一现象有多种解释，一说是陶器大都放置在地面上，由于腹部圆鼓粗大，遮挡了人们看到陶器下部的视线，所以没必要费工彩绘陶器的下半部，还可以节省宝贵的彩绘矿物颜料。而另一说是用来盛装食物、饮品、酒类的陶器下面小半部分是埋入土中的，所以没必要彩绘。图 4-12 所示的锥台底彩陶出土于甘肃秦安大地湾台地遗址，遗址中除了柱坑，还有许多放置陶器的小灰坑。从生活的环境及生活方式等多方面分析，后一种说法应该更为合理，理由如下：从物理学的角度分析，物体的重心越高，支撑面积越小，物体的稳定性就越差，显然彩陶的这一造型特征与其放置的稳固性背道而驰。放置很不稳定，地面也不是十分平整水平，在食物、高级饮品等饮食物品短缺的时代，按照常理使用这些物品显然不安全，器物容易翻倒。

图 4-12　锥台底彩陶

参考尖底瓶使用原理，似乎这些锥台底的器皿与尖底瓶之间有某种使用原理的相关性。事实上模仿、承袭是人类造物思维的基本特征，特别是原始人更为保守，依据已有的物品，循规蹈矩、因循守旧是原始先民的造物方法，在多种世俗羁绊和技术制约下参考已有的使用方法，能将现有物品制作精美已实属不易，至于拓展出新产品的过程就更缓慢。这里从相对简陋的居住条件开始分析，得到以下几方面的推测：

（1）与半地穴式居住方式的适应

大地湾一期的人们住在泾水和渭河较低的河台上，那里气候温湿，先民们以半地穴式方式居住。这种居住方式比山洞居住更先进，能够靠近山前河流水源，利于渔猎农耕；半地穴建筑结构较为稳固安全，节省建材，又有很好的防震、防风避雨效果。在几千年的居住方式的熏陶下，先民认为半埋式安放是物品较为安全的放置方式。一些相对移动频率少的盛贮器、贮水器等可能都是底部浅埋放置，从大地湾一期发掘的房址遗址看，地面各级台面上有许多大小不一的圆坑基，除了正常柱基坑外，有些基坑明显和建筑结构有出入，特别是在房址灶坑、灶台周围较多的彩陶和坑迹[①]，这说明盛贮器的浅埋是有可能的（图4-13）。在大地湾一期遗物中，除了锥台形底、圜底器皿外，也出土了许多圈足碗、三足钵、三足深腹罐等，这些器皿随便放置在哪里，只要是相对平整的地方都是没有问题的。因而圈足碗、三足钵等器具正如现在人们日常使用的碗和杯子之类的器皿一样，移动频率高，随时随地随便放置，但同时出土的圜底钵是不能随便那儿都可以放置的，不同形态的器皿应有不同的用途和放置方式。

① 郎树德．甘肃彩陶研究与鉴赏 [M]．兰州：甘肃人民美术出版社，2012：5.

图 4-13　甘肃秦安大地湾台地遗址

（2）半埋入的器皿放置习惯使器物更稳，保证饮食物品安全

半山时期的盛贮彩陶器形一般都较大，发展到马厂时期，许多容器如作为盛水器的壶，作为盛贮器的罐、瓮等体积更大，有的腹部最大直径达到 500 厘米，下部锥形收缩幅度更大，器物底部支撑面积明显太小，但腹部最宽处又上移，呈低矮倒置卵形。若盛放物品，特别是一些贵重物品，更不容易安全放置。

因汲水器不像一般的家用器皿有固定的放置位置，汲水器随时移动，特别是到岸边汲水时，更没有固定放置场所，哪里有水就在哪里打水，而且打上来的水也不能总是提在手上。所以从此角度分析，可能会得出一个一般性的推论：古陶器中的尖底器皿可能就是随地移动的一类液体存贮器皿，在陶器时代尖底器皿是比较多见的，但并不都是汲水器。苏秉琦也认为，半坡氏族的小口尖底瓶未必都是汲水器，甲骨文中的“酉”字有的就是尖底瓶的象形字“𠀁”，由酉组成的象形会意字如“尊”“奠”等，其中所装的也不应是日常饮用的水，甚至不是日常饮用的酒，而是礼仪、祭祀用的酒，所谓“无酒不成礼”，[①]那时的居民是没有什么大理石地面的，有些野外祭祀就是由巫师推算出具体地点后就地举行。

（3）防腐蚀分析

由于彩陶是半埋式放置，所以潮湿的黄土和穴坑使水分沿着陶器底部向上渗升，致使底部的色料和胎面容易受潮侵蚀。古人席地而坐，特别是马家窑时期，居民都是坐在或睡在地上，所以视线遮挡不是问题。

（4）盛储物的保鲜性分析

食物的盛储器与地面直接接触有利于保温、保湿、接地气，不易腐化变质，可盛储酒类、醋、粮食等。

① 王琥 . 中国传统器具设计研究：首卷 [M]. 南京：江苏美术出版社，2004：13.

（5）审美需求

重心上移的轻巧、轻松感，原始人将陶器比作人自身来塑造，器形即人形，宽肩挺胸是人体审美的普遍标准，因而陶器的中上部、头颈、胸腹成为重点刻画对象，下部简单勾勒，虚实互生。

（四）彩陶纹样的情景指事和文化意象分析

黄河中上游彩陶文化代表了新石器后期人类利用和适应自然的最高能力，也表达和反映了原始先民的社会心理。在人造物中，彩陶的材料工艺等相对较容易确定，自然环境虽经历了数千年，也有变迁，但大体一致，依据现有的地质资料、地域气候状况分析其制陶工艺是可行的。但有关生活方式、文化心理等信息最不好确定，这里我们可以依据生活方式与地域环境相适应的原理以及人类心理、生理特征等进行推测，依据人造物体的指事原理进行社会文化环境的适应性情境分析。

事理理论表明，总是“事”在前、“物”在后，为了要做“某些事”，才会设计制造“某些物”。先民们画这些彩陶纹样要表达什么样的思想或信仰，毫无疑问这些答案全部展现在彩陶之中，不但反映本地区先民的适应地域环境的生存和生活信息，同时蕴含着古代先民适应西北环境的历史见证，从这些纹样中不但能解读他们的生活方式，还能了解那个时代地域环境的变迁情况。

彩陶首先是日用品，其次是祭祀品、礼品，再次才是随葬品。这基本符合人类物质消费需求层次理论，在考古发掘中也证明了这一点。虽然彩陶在墓坑中发掘数量较大，但在许多遗址的房址及灶坑周围也出土了较多的彩陶，它们多为盆、瓮、罐、壶、钵等餐食器具，且从土层看底部与上半部也有明显分层，所以彩陶是人类生活中最常用的生活用品。[①]但作为日用品、祭祀品、礼品和随 葬品的不同彩陶功能、用途又从多方面反映了原始先民的生产、生活、社会意识、精神崇拜等整体面貌。远古时代人们表达精神和艺术情感的媒介物很少，生活用品品种单一，主要有石器、骨器、木器、陶器等，其中陶器花色式样最丰富，反映了那个时期的原始农耕、社会生产、精神文化的主要内容。所以通过对古陶器的实用功能、精神文化功能、工艺、纹样的剖析，可以认识早期人类造物是如何通过器物设计达到人与自然环境之间、人与社会心理之间的适应关系。作为图腾的彩陶纹样还可能反映部族之间的关系，黄河中上游新石器时代后期源于泾渭流域的鱼纹、龙纹等水族纹样文化与古羌族团和华夏族团的形成、分合、发展有密切关系。

① 郎树德．甘肃彩陶研究与鉴赏[M]．兰州：甘肃人民美术出版社，2012：5.

按照造物的一般逻辑关系，凡“物”总有一定的指事作用和意义，不但功能指事，纹样式样也必须指事。在琳琅满目的彩陶纹样中，大量的动植物纹样正是农业定居的生活反映。在原始社会中有什么样的自然环境，必然有什么样的生产、生活方式；反之，有什么样的生活方式，也可以推测当时的自然环境条件。推而广之，在某一特定时代，某一社会条件及特定技术条件下，为生存而进行的物质创造活动总表现为一种为适应环境（外因）而采取的有限合理的选择。先民的地域心理和思想观念是在综合自然环境中形成的，是其全部意识形态的重要构成部分，其本质是对自然的敬畏。

从广义信息论的角度来看，任何物品都由看得见、摸得着的外在实体和能被人解读的内在信息两大系统构成，一般来讲这两部分是同时存在、互为依存的。信息是实体存在的表述，可以上升到本体论层面，最终要以语言形式予以描述解读。信息系统各要素是相互联系、互为依存的有机系统（图 4-14）。现代各类人工物品的各种信息，如功能、材料、结构、造型、社会角色、象征意义等信息大都很明确，而且从这两部分产生的顺序讲，都是先有合理的信息（设计）才有实体（产品、建筑物等）。但现实社会中有许多只有实体而信息缺失的物品，如部分文物、一些科考自然物体等，要了解和认识它们的信息就要进行科学研究。

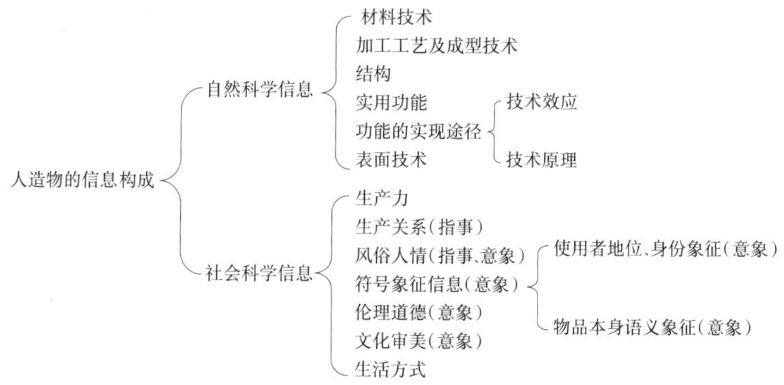

图 4-14　人造物的信息构成系统

既然是人工物品，就具有文化特质，它指向特定的事，这种事就是特定的人适应特定自然环境和社会环境的一种方式。对一个具体的、已有的，具有未知信息的早期人造物品要进行情境分析，即按照当时该物品所处的自然环境、社会文化环境、生产力、生产关系、使用情景等反推物品的功能用途、形制、造型、社会文化角色、纹样所表达的信息等，对于彩陶来讲，人们最难确定的就是纹样的社会功能、象征意义等。也就是一定要建立“物”指“事”的事理分析方法，彩陶的纹样一定是指“事”的，不能完全按照原始人的心理感受进行纹样的意义推测。

原始器物的造型和纹饰反映了原始居民的地域心理和地域性生活方式。地域环境有“赐福”的一面，也有“降祸”的一面，在长期的环境洗礼中自然产生地域性的自然观、人生观。大体看来都是自然环境崇拜，由于各地的环境构成不同，崇拜对象或方式也会有所差异。粗略看来，东部及沿海的红山文化、良渚乃至西南的三星堆、金沙等文化主要以金石器、玉器造型表意，最典型的要数青铜面具、金箔造型、玉璧、玉琮等，其造型及纹样主要涉及古人的信仰和祭祀活动。按古文献记载和后人推测，玉璧、玉琮主要用于祭祀礼仪，祭天、祭山、祭海、祭河、祭星等指事功能。我国沿海及南方的彩陶文化相对黄河中下游要逊色很多，这主要与地域性材料资源及材料心理特质有关。进入中原地区用于制陶的优质黄黏土逐渐丰富，分布于黄河中游地区的陕、晋、豫地区的老官台、仰韶文化主要以彩陶指事。纹饰主要有花瓣纹、叶纹、鸟纹、鱼纹，所谓“近取诸身”这都是环境中有的。再向西进入黄河上游的甘、青、宁地区，彩陶纹样异常丰富，纹样对环境的适应性反映更为鲜明。由此在学术界也展开了彩陶纹样表意的众多猜想，由于没有文字记载，学者们都是根据当时、当地的生活环境及遗址中的其他信息综合推测的。参考学者们的已有推测，从早期文化的地域适应性角度着眼，基于事理逻辑的分析方法，对黄河中上游彩陶纹样的指事功能做简要分析。彩陶的基本功能跟饮食相关，许多器皿都是生活中的实用品，日常蒸炊、饮食、存贮都离不开陶器。民以食为天，食物又源于自然，来自先民的劳动生产，所以饮食器具中的纹样是对自然和生产的指事。

1. 大地湾一期和仰韶前期彩陶中网纹、鱼纹彩陶的地域文化猜想与推断

仰韶前期，渔猎生产在社会经济中占据支配地位，对于生活在黄河上游的原始先民来说，鱼不仅是他们常见的水生生物，也是其重要的食物来源。鱼纹是彩陶中最早使用的纹样之一，从早期的具象图案发展到后来的抽象而规矩的几何纹样，似乎形成了某种集体认同的标准（图 4-15）。

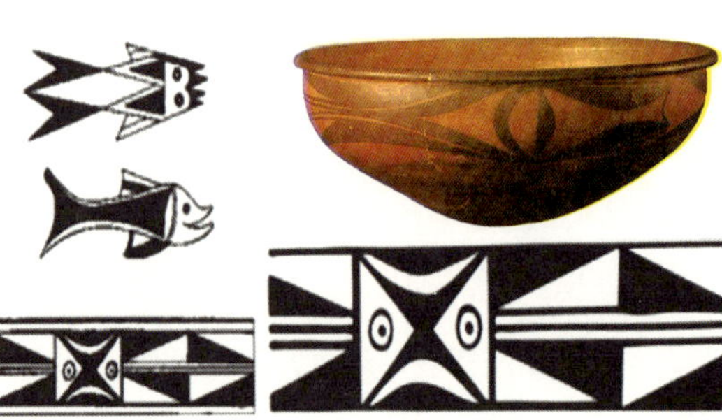

图 4–15　鱼纹盆

从大地湾一期到半坡，再到大地湾三、四期，黄河泾渭流域的鱼纹盆文化一直在延续着，虽然从图案的演变上经历了由具象到抽象，由写实到几何化、重组化的变化，但主题没有变，也就是文化的主流没有变。鱼纹在陶器中的普遍化使用已超过图腾崇拜的意义，实际上代表了一种叙事性的指事活动。

渔网作为马家窑人捕鱼的工具，在他们的生产生活中倍受重视，结绳和编织早于制陶，有了结绳也便有了结网，渔网在一定意义上是丰产的一个象征，原始人类的感官系统也许尚未能完全领悟自然，而须凭借其主观印象与心理崇拜来完成对自然界的仿拟。因此，绳纹、网纹就这样生成了，且成为陶器纹饰的主要纹饰之一（图 4-16）。

图 4–16　渔网纹壶

某种叙事（意义）的纹样或图腾一旦被约定俗成格式化以后，就稳定下来，在后代工匠们的思想中，随意更改题材或表现形式就是大逆不道，当然在不改变主题的情况下的适当革新则被认为是进步。为什么图案纹样的演变是连续的、一脉相承的，由具象到抽象、由复杂到简化，这是文化的稳定性和传承性。其实在自然和神巫、祖先崇拜的时代，文化的稳定性就像技术革命一样的缓慢，从而形成长久稳定的文化生态系统。

在原始人的思维里，他们把一些与生活相关的纹饰符号或希望、愿望的结果绘制在陶器上，并在使用过程中获得交感的神秘力量，希望愿望可以实现。网纹是原始彩陶中的重要纹样，按《周易・系辞》中所讲，“结绳而为网罟，以佃以渔，盖取诸《离》”，渔网可能是人类发明的最早器物之一，网纹也是马家窑文化彩陶中使用频率最高的纹饰之一，其渊源可能来自渔网演化而成的纹饰，它是当时人们期盼渔猎和丰收心里的一种反应。随着马家窑人观念的转变，网纹纹饰由具象化向抽象化转变，最终演化成为一种装饰性图案。

2. 黄河中上游半坡文化中人面鱼纹彩陶的地域性意象文化猜想与推断

地域自然环境：

先民生活在河谷台地、气候温湿，水源方便，主要以渔猎为生。

地域文化环境：

自然崇拜，巫师作法，祭祀、礼仪活动在先民生活中很神圣、很频繁。

造物的指事文化：

彩陶纹样的题材全部来源于先民自己生存环境中的元素，作为彩陶纹样描绘内容的环境对象一般有三类：非生物的自然形态（如抽象几何形）、动植物生物形态，还有生活、生产场景等，将这些元素演变为纹样表达或图腾崇拜就形成了彩陶纹样。

《周易·系辞》说古时人类造物的基本方法是“制器尚象”，也就是观象制器，所谓的“仰则观象于天，俯则观法于地，观鸟兽之文，与地之宜”，虽然是说明八卦演绎的来源，但也概括了人类物质文化的起源和造物的基本方法。《易》的主要成就者伏羲、黄帝、周文王都等生活在黄河中上游北纬 36 度这条线附近，因而主要记载了黄河流域的自然现象和同纬度的日月星辰的演绎规律。中国传统器物文化讲究的是“形而上之道”，也就是制器尚象，尚象包括观象、取象、制象的几个阶段。黄河中上游远古造物的观象、取象也只能来自本地区，其实质是对地域环境的适应及功能的表达，地域意识的表达载体也许很多（如岩画岩石），但生活用品 —— 陶器是最主要的符号载体，一直延续到今天的工艺美术师们都没有离开对瓶、盘、罐等的描绘。讲到这里我们的思想不得不快速返回如今的生活、生产用品的艺术设计 —— 文化设计的缘由。彩陶承载的文化符号有器形和纹样两个方面。器形方面如鸟形壶、葫芦壶、人形瓶等，其中纹样题材是最丰富的，表达了先民的社会生活观念和指事寓意。

在各地域的新时期时代彩陶文化中，以黄河流域的彩陶最发达，尤其以黄河中游仰韶早期的半坡彩陶纹样和黄河下游仰韶中晚期的马家窑文化彩陶最为出名。

半坡文化发源于黄河中游的渭河流域，距今约 5600 ～ 6700 年，它很纯粹地显示出北方地理环境的特色，可以说是北方原始农耕文化的典型代表。半坡遗址不但是目前我国保存最完好的原始社会遗址之一，而且是黄河流域规模最大、保存最完整的母系氏族公社村落遗址。仰韶文化的半坡类型是继承老官台文化之后在黄土地区的文化延续，具有浓郁的史前黄土文化特质。多种出土农具、渔猎工具反映了半坡先民的经济生活特点，她们以农为主，渔猎并重。出土陶器有盛装储藏用的粗砂大陶罐、定居打水用的小口尖底瓶等。彩陶十分出色，红地黑彩，花纹简练朴素，由于自然环境湿润、气候适宜，鱼类、鹿类、鸟类繁衍昌盛，人面、鱼、鹿、植物枝叶及几何形纹样等正是当时环境的真实写照。

在仰韶文化中，不得不提半坡时期的人面鱼纹盆，彩陶人面鱼纹是一种指事纹样。人面鱼纹纹样寓人于鱼，人鱼共体互通，将人面中用来“听”和“说”的“嘴巴”和“耳朵”用鱼替代，这种创意设计方法就是现代图形创意中的异质同构，即将几种看似互不相干的事物“同构”在一个整体图形之中，以表达某种诙谐幽默或讽刺告诫目的（图 4-17）。学术界对于半坡类型的人面鱼纹复合纹样的含义有多重诠释，其中主要有两种看法：一是图腾说，另一种是巫术说。在氏族社会晚期，图腾与巫术并不是对立的，有些原始部落既崇尚图腾，又迷信巫术，巫术沿用要比图腾崇拜时间更长，至今日许多地方还有巫术盛行。

图 4-17　人面鱼纹图案

在世界各地的氏族社会时期，图腾崇拜是非常普遍的事。据考古研究发现，我国西南及中东部地区的原始图腾形象多为鸟类，黄河中上游的图腾形象主要为鱼类、两栖类、爬行类动物。根据张朋川先生的研究认为作为图腾的动物通常被禁忌食用和猎捕，氏族人们把某种动物、植物或其他物品认作是氏族的图腾，并认为与氏族图腾有某种血缘关系，因此在一些原始部落中，通常禁止和禁食作为氏族图腾的动物，但在同地域的许多考古遗址中发现了大量的捕鱼工具，似乎与图腾动物的禁食禁捕理念相悖。张先生找到的证据是西方心理学家学冯特在《民族心理学的要素》中指出，“与禁食图腾动物的信念并行不悖的一个相反现象只有在某种特殊的场合下，食用图腾动物反倒构成了一种特殊的祭礼”，弗洛伊德在《图腾与禁忌》书中引述了许多学者的观点，证明献祭的动物和图腾动物是相同的东西。

这里我们要讨论的一个论题是：图腾与巫术非但不是对立的，而且在有些情况下是十分密切、寓彼于此，寓此于彼，互为依存地表达某一理念。这好比太极图表达阴阳八卦的理念一样，靠近北极地区的古通古斯人依靠萨满鹿图腾来沟通神灵之间的信息，鄂温克族的萨满衣多用驯鹿皮做成，萨满帽上安装有两枝高耸多杈的鹿角，萨满巫师与鹿角图腾合二为一（图 4-18）。

图 4-18 鄂温克族萨满帽

人面鱼纹图案也许又是一个典型案例。占卜是人与神灵用一种奇特的方式建立起来的更密切的沟通渠道，人们希望通过占卜了解神灵的意旨，祈求神灵告诉人们一些重要事情的发展方向和最后结局。史前社会占卜术掌握在氏族部落首领及附属于他们的巫师手中，占卜即成为他们的统治工具，正如陈梦家先生所说："由巫而吏，而为王者的行政官吏；王者自己为政治领袖，同时仍为群巫之长。"

先民认为万物有灵，其威力无比，既可赐福也可降患于人类，为了趋吉避凶，人必须得到神灵的保佑，图腾物被看作是通天地的灵物，这点跟玉琮的作用类似，图腾物便成为人与天对话的信物。巫便成为集神权、政治、兵权三权于一身的原始部落最高统治者，"巫"是超人，懂得沟通天地的法力。巫术的产生很早，"巫"字在造字法中属于"指事"又兼具"会意"的造字特点，处在上天"一"和下地"一"之间，位于天地通柱"|"周围的神人即为"巫"。上古书《山海经》中多处描述巫的活动，如第十六卷《大荒西经》中讲到"有灵山，巫咸、巫即、巫朌、巫彭、巫姑、巫真、巫礼、巫抵、巫谢、巫罗十巫，从此升降"。这里讲的是灵山上的十个巫师能从这里升到天界或下降到人世，说的就是巫的通天地的本领，其行巫术的情景与"巫"字象形情景一模一样。第七卷《海外西经》中讲到"巫咸国在女丑北，右手操青蛇，左手操赤蛇。在登葆山，群巫所从上下也"，也是这种场景。可见，葆山是众巫师来往于天界与人间的通道。

既然"图腾"动物是氏族崇拜的神物，有灵性，而"巫"又是氏族中通天地的神人和部落最高统治者，那么"图腾"与"巫"的复合就是情理之中的事了。

至此，我们再来看那个神秘的半坡人面鱼纹的构成机理就不难了，人面鱼纹中的"人面"就是"巫"，是氏族部落的首领，在社会中占有统治与支配作用，而鱼作为部落图腾，是上天安排的神灵，她可以与氏族首领进行“祸”、“福”、“灾”、“吉”等天语对话，进行秘密沟通。因为人与人沟通对话的两个主要器官就是“嘴”和“耳”，寓情于理，巫师与神灵沟通对话也是通过“嘴”和“耳”。所以，我们看看人面鱼纹中，平行相对的两对鱼，一对位于两耳侧，鱼嘴对着“巫”的耳朵正在对“巫”窃窃私语，而下面一对鱼的鱼鳃则紧贴着“巫”的嘴巴两侧（先民可能认为鱼鳃就是鱼的耳朵），正在倾听“巫”的喃喃咒语。我们还看到彩陶盆内的人面鱼纹复合图案有两个，基本图案构成结构一样，位置都在盆底边，且两两相对，两边各有一条互为逆向游动的鱼，形成了一个闭合的信息交流环路。这是不是就是人神的沟通、天地沟通或其他两个权威方面的沟通呢？我们无法给出确切的答案，但代表了巫师（或氏族首领）与其他权威对象的沟通似乎是可以肯定的。当然在出土的其他人面鱼纹盆中也有一个人面鱼纹，三条鱼循环游动，它们以人面鱼纹为起点，循环后又回到人面鱼纹终点。游动的鱼其身份有两种可能：一是只起到信使的作用，它把与巫师对话的鱼的信息送给另一个与神对话的鱼；二是把神的意志传递给与巫师对话的鱼，即送信的鱼和对话的鱼各司其职。这种情况应该较为实际，古人不会多画一条无用之鱼。可能再通过盆内的其他这一对鱼天使会把“巫”的建议传达给上天，上天也会把意志传递给“巫”的。

黄河流域还出土了其他复合纹样的彩陶，如庙底沟类型的鹳鱼石斧纹彩陶缸是将鸟、斧和鱼同构在一起的，这在今天的图形学中应称为异质同构，就是将看似不相关的事物组合在一起，但异质事物之间一定有某种在作用、场景、意象等方面的相关性，绝非偶然组合。今人对这些图形的解读一定要结合当时的生活场景、文化背景进行全方位分析。鹳与鱼面对石斧，可能寓意着对收获与工具的崇拜，或是祈求强大锐利的工具来保佑人们的平安和丰收。

总之，作为人类早期的人造物——原始彩陶纯真地反映了人、物和环境的对应关系，彩陶在造型和纹样上记录了大量的社会文化环境、自然环境信息，彩陶文化是先民对地域社会文化环境的一种适应方式，其表现形式有特定的指事表意作用，因为当时文字还没有正式产生，但有关人、事、理的因缘已经非常确切，只能通过图画来叙述。

3. 石岭下龙鱼纹、蛇纹及鲵鱼纹彩陶瓶——中国最早的龙图腾

地域自然环境：生活在渭水和西汉水流域的河谷地带，气候温和湿润。

地域文化环境：自然崇拜，龙鱼崇拜，伏羲女娲及其八卦学说诞生，有关三皇五帝的神说和精神意志影响先民的价值观、世界观。

造物的指事文化：仰韶中晚期是原始农业文化，渭水及葫芦河流域的先民

所描绘的动物主要是鱼、蛙和鲵鱼纹，由于他们在河边生活，所以多用水生和两栖动物纹样叙事。1958 年甘肃甘谷蒋家坪出土的石岭下文化类型的双耳鲵鱼纹彩陶瓶，因其器形完整，纹饰独特，在已出土的仰韶文化彩陶瓶中是较为罕见的，特别具有始祖文化的考古价值，被认定为国宝级文物，现藏于甘肃省博物馆。上古书《山海经》中提到的“崦嵫山”就是现甘肃天水西部一带，在“西山经”“大荒西经”中描写了生活在西北黄土高原地区的各类动物，如蛇、鲵鱼，还有犀牛、大象“娃娃鱼”在我国南部分布较多，但在甘肃省只见于天水和武都两个地区，《山海经 · 海外西经》载，“龙鱼陵居在其北，其状如狸，一曰鰕”。据《尔雅》:“鲵之大者谓之鰕。”现在天水东南部林间小溪中尚有成群生长当地俗称娃娃鱼的鲵，它也许就是四足龙的原型，也是伏羲族的图腾神。而有鲵鱼纹饰的在彩陶也主要分布在渭水和天水陇南一带，此瓶正好被发现在这一范围之内。

此外，鲵，古人视之神圣，《史记 · 始皇本纪》载:“始皇下葬也，以人鱼膏为烛。”据说鲵鱼脂肪非常易燃，将其做成蜡烛能将密闭空间中的氧耗尽，从而防止尸体不腐烂。所以，鲵自古就有神秘的色彩。在渭水流域有关蛇鱼的纹样彩陶不乏其例，甘肃齐家坪出土的半山型浮雕四蛇神人彩陶罐①，罐体上浮雕的纹样，似蛇似龙，意不在蛇而在龙，说明古人对蛇的崇拜及其龙图腾化演化。《山海经》记载夏后启“乘两龙，左手操翳，右手操环”，《山海经 · 大荒西经》中描写夏后启的出现位置是在“西南海之外，赤水之南，流沙之西”，而“流沙”正是今天的甘肃西北部和内蒙西部地区，夏禹在大荒西经中的出现似乎与夏族来自西方诸侯的传说相印证，夏禹据说是“兴于西羌”，夏禹的“禹”就是一条头上长角的“虫”，因古人称蛇为长虫。《刘子 · 皇帝篇》中也提到夏后启是“蛇身人面”。②

从古陶器的纹样和文献考古，可以看出黄河上游一带古彩陶纹样在地域文化的适应性方面的指事作用。《山海经》等上古书中描写的人面马身、人面牛身、人面蛇身、人面龙身、人面猪身、人面鱼身等这些半人半兽的神仙非常多，这其实是对先民心中的山神、地神、天神、水神等图腾崇拜的折射。这些蛇、鱼、兽、人面的分解重构不就是“龙”吗？这种人面蛇（鱼）身应该是中国最早的龙图，也印证了有关三皇之首伏羲“人首蛇身”的传说和五帝之末夏禹的种种传说，将他们敬之为龙的“史前先祖”，也不无道理。

天水及周边地区作为中华始祖文化的发祥地已被世人公认，2012 年甘肃

① 张朋川 . 黄土上下：美术考古文萃 [M]. 济南：山东画报出版社，2006：62.
② 张朋川 . 黄土上下：美术考古文萃 [M]. 济南：山东画报出版社，2006：63.

华夏文明创新区建设获国务院批准，其中陇东南作为中华始祖文化核心建设，这源于众多的当地古老的有关伏羲女娲、皇帝等传说、卦台山的伏羲庙及大地湾等实物遗址的佐证，其中作为国宝级文物 —— 鲵鱼纹彩陶瓶的地域性指事作用功不可没（图 4-19）。

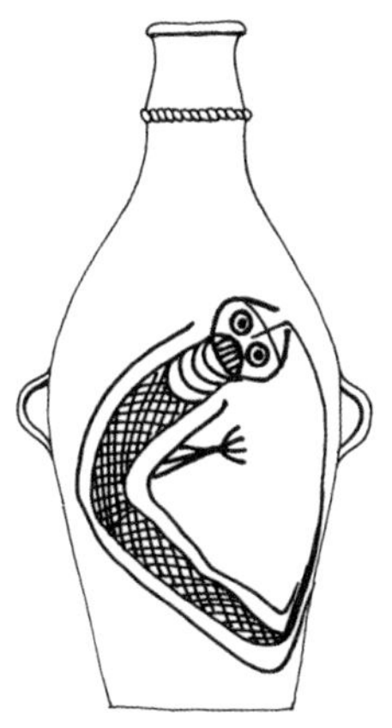

图 4–19　鲵鱼纹彩陶瓶

4. 马家窑彩陶中主要纹样的地域文化猜想与推断

马家窑彩陶文化之所以能将中国彩陶推到顶峰时期，除了它娴熟的制陶技艺和规整的造型外，就是它神秘莫测的器形和纹饰意义。学者们有关器物造型、功能、纹样图腾的社会文化意义的推测与猜想从不同角度做过不同的阐述。石兴邦、张朋川、郎树德、程金城等在对马家窑彩陶器形纹样的文化研究方面都颇有成就，在张朋川编撰的《黄河彩陶》、《黄土上下》等书中，对马家窑文化彩陶的纹饰的发展演变过程及其对中国图案艺术和写意艺术的滥觞作用作了比较全面的案例分析与推论；郎树德编撰的《甘肃彩陶研究与鉴赏》一书对彩陶的功能、器形及纹样的社会意义做了分类论述，颇有建树。①程金城则从形而上之道、形而下之器的视角提出了 彩陶的“人化”理论，即“人乃器，器乃人”。②这些成果为后期致力于马家窑文化彩陶研究提供了很好的参考。以下合前人的研究，对马家窑文化彩陶上出现的几种纹饰从文化的地域适应性角度和器物的事理学原理作归纳与推断。

地域自然环境：

先民生活在黄河上游的洮河、庄浪河、湟水及渭河支流葫芦河、散渡河等河谷地带，这些地带有丰富细腻的陶土，肥沃的黄土，适宜原始农耕，并且气

① 郎树德 . 甘肃彩陶研究与鉴赏 [M]. 兰州：甘肃人民美术出版社，2012.

② 程金城 . 中国彩陶艺术论 [M]. 兰州：甘肃人民美术出版社，2008.

候温和湿润，蛙类、鱼类在自然和生活环境中随处可见。

地域文化环境：

地域文化环境是原始旱地农耕生活的反映。河谷地带的先民已经处于定居生活方式，原始耕种农业已达到相当发展的程度，黍、稷等作物普遍耕种，人们期望自身劳动力的更大超越，渴望农业丰收的喜悦。图腾崇拜已出现单纯的自然崇拜向多元的精神崇拜、圣人崇拜、农神崇拜等发展，人们对自然和人类的关系的思考达到了新的高度。

造物的指事文化：

（1）漩涡纹、水波纹彩陶的地域文化猜想与推断

漩涡纹、水波纹代表着水，他们居住在黄土河谷地带，以原始渔猎和农耕为生，他们的生活离不开水，他们歌颂水、赞美水、敬畏水，水成为社会生活的主题。马家窑的水纹图案反映了先民对水的崇拜，据统计以水文化为题材的各类图案有上百种，有的形成了约定格式，其中以漩涡纹和水波纹最常见。

而漩涡纹也有多种固定格式，最为有名的是如图 4-20 中的（a）和（b）两种格式。这两种格式已形成较为严格的规则。漩涡中心为圈点纹或同心圆纹，在瓶罐类器形中，纹样上下边缘带一般装饰为水波纹。（b）图中的瓶和罐为同一种纹样，有严格的四方连续构图格式，在马家窑类型的精品彩陶中较为普遍。作为设计和绘制如此精美的漩涡纹陶器不应是普通的日常实用品，应该与祭祀、圣水崇拜活动等更高层次的用途有关。根据前面的分析，尖底瓶应该是一种移动的、且方便在松土上放置的野外液体盛装器，漩涡纹尖底瓶不一定盛装水，或许是装酒，或装圣水，但作为祭祀用品其上面的图案大都是具有崇拜作用的。

图 4-20　漩涡纹马家窑彩陶

（2）黄河中上游彩陶中蛙纹、神人彩陶的地域文化猜想与推断

农神崇拜：传说中的神农氏是我国原始农业的开拓者，神农氏即炎帝，号烈山氏，代表着兴起于渭水中上游的一支创兴原始部落，很可能是伏羲部族中擅长经营原始农业的那一支。《周易·系辞下》说：“神农氏作，斫木为耜，揉木为耒。”黄土地土质疏松，以木质农具翻土整地功效较好。《绎史》卷四引

《周书》说：神农氏“作陶冶斤斧，为耒耜锄耨，以垦草莽，然后五谷兴助，百果藏实”，[①]所以在马家窑文化中制陶和农耕是有机关联在一起的，至少在神农氏部族生活的泾水和渭水流域是这样的，这为同期马家窑彩陶的文化解读提供了一些思路。

蛙纹崇拜：蛙纹是马家窑彩陶中使用最频繁的纹样之一，在马家窑文化的三个时期都有出现，但在马家窑和半山类型时期，这种纹饰的运用比较少，而且以写实手法出现在器物上（图4-21）。所以马家窑早期的蛙纹纹样形象逼真，许多学者认为居住在水源附近的先民对水患的危险时刻提心吊胆。两栖类动物的蛙类认为是具有征服水患神力的精灵，同时又有较强的繁殖和生存能力。到半山时期开始变形，到马厂时期已经变成具有四肢和人脸纹饰的人格化蛙神（神人纹样），马厂的蛙纹变化比较大，躯干拉长，四肢展开，蛙的形象已高度艺术化，给人的感觉颇似人形，所以又有神人纹之称。早期神人纹有头、身体和四肢，但到中后期，头部已被器口所替代，这可能与对健壮的农业劳动力、四肢强壮等歌颂有关。

图4–21　黄河中上游彩陶中蛙纹、神人彩陶

马家窑文化发展到马厂时期已经出现金属器具，生产力有了巨大的发展，农业生产能够获取较多的剩余产品，先民对农耕生产的山川大地、作物种子和太阳等进行崇拜，对耕作的牲畜、丰收的情境等予以歌颂，各类表达思想和愿望的图案纹样出现在各式各样的陶器上。

所以对马厂时期的典型纹样解读应按照当时的社会发展状况和生活环境进行情境分析。首先，农神崇拜应有启示，特别是对人体力量的崇拜，神人纹样明显显示出人体力量的感觉，仿佛一个青壮年在双臂劲曲，展示自己力大无比的形象。在原始农耕时期，丰收程度的大小一方面依靠风调雨顺，但更多的来源于劳动者自身的体力和体魄，对纹样的解读要分析当时的社会情境。按照事理学原理，任何表现艺术首先是指事功能的。

马家窑阶段蛙纹是向两个方向发生了演化和转变，一是向神化演化，盆形

① 祝中熹．甘肃通史・先秦卷[M]．兰州：甘肃人民出版社，2009：437.

器将蛙纹画在盆底，是精品，主要用于祭祀；二是壶形器具中，蛙纹走向简化的道路，变成力量、神农的象征。[①]但到了马厂晚期，蛙纹躯干也消失了，四肢变成了几何形的折带纹，失去了蛙的形态。许多学者认为蛙纹的演变与中国龙图腾的原始演变可能有关联，马厂时期的蛙神有横过来绘制的，身上有很多强有力的腿和爪，仿佛在凌空飞动，失去了蛙的形态。所以，从马家窑早期的蛙，到马厂时期的神蛙，再到能呼风唤雨的龙，至此，龙图腾形成的链条逐渐清晰完整地呈现在我们面前。在中国文化发展长河中，能与“龙”相关的文化现象数不胜数，这或许就是文化的凝聚与荟萃。

（3）黄河中上游彩陶中锯齿纹、连体三角纹类彩陶的地域文化猜想与推断

锯齿纹是马家窑彩陶及其后期几个文化类型中又一使用最频繁的纹样之一，该纹样在马家窑时期已经出现，到半山时已很普遍，马厂时期的彩陶纹饰以锯齿纹最多，在马家窑类型时期，只作为次要纹饰、少量地装饰在壶的颈、肩部，产品数量也少见。至半山类型时期，锯齿纹的使用十分普遍，而且结构丰富，不仅被作为主题纹饰单独使用，而且还与其他纹饰配合使用，增加了装饰纹样的艺术效果，装饰部位也扩大至器物的腹部。

到半山类型后期及马厂类型时期，锯齿纹向宽大（类似于连续的大三角纹）、粗犷、简练、草率发展（图 4-22）。从文化发展历程看，半山和马厂时期是原始农业较为发达的时代，所以锯齿纹、连体三角纹应与这种社会环境有关联。锯齿纹、连体三角纹是一幅禾苗生长田野图，体现的是先民对广阔田野的崇拜，原始农业耕种的五谷类作物，黍、稷、麦等在幼苗期都为尖角形。看来马家窑文化时期的纹样基本上都是围绕原始农业展开的，五谷作物的生长丰收成景象为最为朴实的纹样，所以，锯齿纹的运用是半山、马厂文化最大特点之一，几乎在所有器物的纹饰上都能看到锯齿纹的装饰，要么单独使用，要么与其他纹饰配合使用，尤其在半山类型彩陶纹样中使用最多。这与原始农业正在兴起和发展有关，先民刚刚体验到农业的神奇和喜悦。

图 4-22　甘肃彩陶中锯齿纹、连体三角纹类彩陶

① 郎树德 . 甘肃彩陶研究与鉴赏 [M]. 兰州：甘肃人民美术出版社，2012：151.

（4）葫芦纹类彩陶的地域文化猜想与推断

人类很早就采集和种植葫芦科类植物，这是因为各类葫芦不但能吃，还能直接当工具使用。在原始社会陶器没有发明之前，葫芦是主要的生活用具，但在以后的社会中也没有其他器皿能完全替代葫芦，所以我们今天还习惯叫勺子为瓢。甲骨文之“壶”字像葫芦之形，是古人用葫芦装水或其他液体的容器佐证，古人“匏”“瓠”“瓢”“壶”等字均指葫芦，可以通用。葫芦的完美曲线形态、致密坚硬的材料质地、可靠的盛装功能和舀水功能令人赞叹不已。马家窑时期黄河上游地区属于半干旱与半湿润交汇的温带大陆性气候，日照时间长，昼夜温差大，松软肥沃的黄土土壤适合葫芦科作物的生长。所以先民在陶器上绘制葫芦纹样（图 4-23）主要是基于两点：一是对葫芦曲线美的艺术追求和表现，二是文化崇拜。闻一多先生在其论文《伏羲考》中，运用了大量民俗学和古文训释文献资料，证明了伏羲和女娲都是葫芦化身的民俗观念。该文中讲了两类证据：一是兄妹配婚洪水造人的故事，其核心情节就是兄妹两人坐在一漂流在洪水之上葫芦壳中繁衍了世人；二是伏羲女娲与匏瓠的字义假借、谐音相关性等依据。认为包羲就是“匏瓠”，伏羲字有“羲、戏、希”三形，戏为匏瓠，其义即为葫芦，包戏与娲，匏瓠与匏瓜虽有二名，实为一语一义，二人本皆谓葫芦的化身。闻氏之说的最终结论是匏瓠（葫芦）就是传说中曾开天辟地盘古（槃瓠）的结论，因葫芦多籽，繁殖力强，反映了初民的生殖崇拜观念。[①]

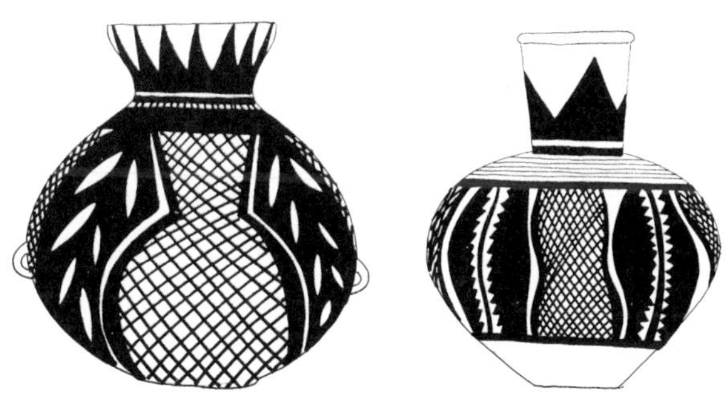

图 4–23　葫芦纹彩陶

（5）鸟纹及鸟形彩陶

世界上各个地域的人们早期都有对太阳、飞鸟的崇拜和对天空的神往祭拜。在我国，这种崇拜信念一直持续到明清时期，明清皇帝修建了规模雄伟的祭天场所——天坛，深信不疑地定期祭天。在先民的眼里，太阳每天从东方升起，到西方落下，可能是山中或海中能够升空的某种神鸟驱使。图 4-24

① 闻一多 . 闻一多大全集 [M]. 北京：新世界出版社，2012.

是马家窑文化中的几种鸟纹、鸟形壶和金沙太阳神鸟纹的比较，图中（a）、（b）、（c）、（d）均出之于兰州及其周边地区，在古代飞鸟和太阳是相互寓意的，鸟纹和太阳纹经常是融合为一体，形成太阳神鸟纹样，最典型的是成都金沙遗址出土的金箔太阳神鸟纹样。

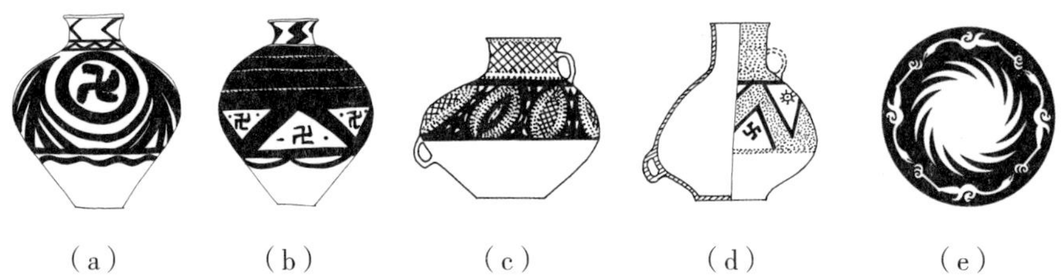

（a）（b）（c）（d）（e）

图 4-24　马家窑文化中的太阳神鸟和金沙文化的太阳神鸟

远古先民有很强的意象思维能力，他们将鸟和太阳变化组合为某种飞转的动态图案，既寓飞鸟也寓太阳。马家窑先民在陶罐上绘的“卍”字符，是一种飞转的符号，图 4-24（a）和（b）图中都为太阳鸟纹，且（a）图中的“卍”字符上还绘有浓密的羽毛，这宛然如一只上下拍打翅膀的“太阳鸟”；（c）为一马家窑半山类型的鸟形壶，（d）为一马家窑彩陶鸟形罐的半剖面半纹样图，（c）和（d）的器形基本一致，尤其是左下右上两耳的配置，凸显了鸟的神态；在（d）的右半纹样图中，除了一个“卍”字符，还有一个具象的太阳纹样，这就更增强了“鸟”、“太阳”和“卍”字符之间可能存在的意象关联性；（e）为金沙太阳神鸟纹样，蹊跷的是金沙文化中的太阳神鸟纹样不但有四只大鹏鸟围绕旋转的太阳轮飞翔，而且太阳纹旋转方向也是顺时针的，可以理解为多个“卍”字的叠加。由此可以看出我国远古先民非凡的意象思维能力和造型抽象能力，也正是这些案例比较让人理解了中国艺术为什么走上了意象和写意审美之路。在考古发掘中能发现，同一功能的器物造型乃至其上的同一题材纹样，由于所处地域不同，其器形和纹样内容形式也不一样。原始图案都来源于对生活及其所处环境的观察，或是不同社会文化环境的集体约定，器物形制和纹样式样地域环境适应方式的表现。

在仰韶文化和马家窑文化中出现大量的植物性纹样正是农业定居生活的反映。马家窑文化中几乎每一件彩陶上都有描绘水流的纹饰，这些纹饰寄托了农业文化的先民对河流百川的敬畏之情。在甘肃彩陶中，出现了一定数量的动物纹饰，这都是先民熟悉的、所饲养的、周围环境中的动物，半坡文化的鱼、辛店文化的羊角纹，无疑反映了当时的畜牧养殖以羊为主，四坝文化出现的蜥蜴纹恰恰折射出河西走廊草原戈壁生态环境的特点。[①]处在同一地域的不同时代，

① 郎树德 . 甘肃彩陶研究与鉴赏 [M]. 兰州：甘肃人民美术出版社，2012：5.

随着先民技术、经济水平的提高，纹样表现的内容、形式也在连续演化，特别是贯穿整个马家窑文化过程，及由蛙纹到神人纹再到折线纹的演变过程，纹样的连续性演化与生活方式的连续性演化是同步的。

综合来讲，黄河中上游地区的原始先民对自然的崇拜就是对自然的敬畏和热爱。人、陶、地紧密纽结形成一种适应性文化。基于地域性的自然生产资料、地质矿物资料、动植物资源、气候资源综合形成的自然环境系统是人类赖以生存的根基，所以在庞大的文化生态系统中这些自然因素就像系统的根系；在此基础上，不同地域不同时期又形成不同的适应方式，这种适应方式便构成了社会文化环境系统，既包括深层的地域性自然观、审美观、价值观，也包括表层的衣食住行、祭祀礼仪方式，这些相互有机的系统构成了树冠系统，它是建立在自然地域适应基础上的。所以从世界各地的原始文化系统看，大都呈现出人与自然结成生命共同体的朴素而深邃的生态哲学。

（五）甘肃马家窑彩陶的地域性适应生态树

1. 树根——独特的自然地理环境，温湿的气候、松软肥沃的黄土地

马家窑文化是新石器时代晚期分布在黄河上游地区的一支地域性很强的文化系统。其分布范围极其广泛，它以黄河上游陇西黄土高原、洮河、湟水流域为中心区域发起，从东到西横跨甘肃中部和青海东部地区（图 4-25）。马家窑文化的分布以陇西黄土高原为中心，东起渭河上游，西到河西走廊和青海东北部，北达宁夏回族自治区南部，南抵四川北部，在公元前 4000—公元前 3000 年达到高峰期，后期向西延伸到河西乃至新疆。

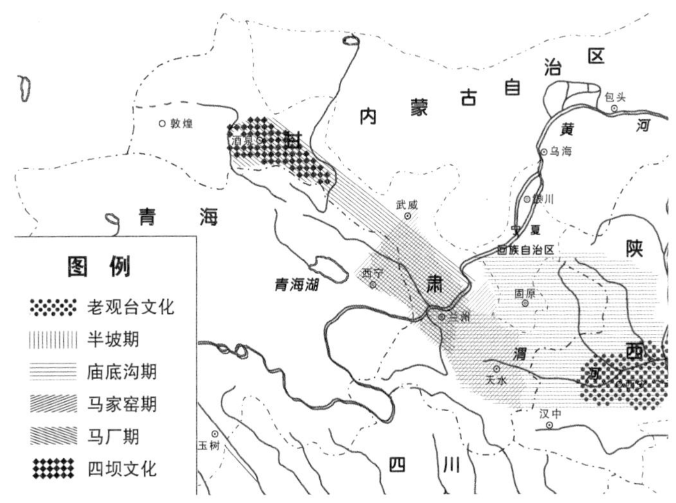

图 4-25　甘肃地区彩陶西渐形势图

优秀的地域性文化的兴起就像一簇向四周延伸的根系，它强劲、繁茂地生。马家窑文化的兴起，首先得益于西北黄土高原独特的综合地域自然条件的孕育。从彩陶分布图上看，马家窑彩陶主要分布于黄河上游，其东部、中部均为黄土高原地区，温热适中、干湿适宜的黄河上游气候资源，松软肥沃的黄土土质资源既适于原始耕种又适于制陶，陶器的器形、材料、工艺、功能、放置场地等都体现了非常好的地域适应性，需要从物理、地理、化学、气候等方面分析其适应性。这些资源构成了甘肃地区马家窑彩陶文化发育的自然地域条件，这是文化生态树的自然根系，位于最底部，是上部文化的基础。

尤其是陇东及陇东南部地区海拔较低，分布有渭河、泾河、西汉水三大水，河谷地带适宜原始农业的产生及发展。黄土高原的原始农业并不像现代农业那样远远落后于平原和沿海地区，从考古资料来看，在未经破坏的原始生态条件下，当地气候比现在温暖湿润，人们使用原始石器、木器、陶器甚至铜器进行耕种。农耕、养殖对应的是一种定居生产、生活方式，所以温湿气候、松软黄土、原始陶器、原始定居农耕是天人合一、珠联璧合的地域性适应方式。

2. 树冠——与自然条件相适应的特色的生产方式和生活方式

依据黄河上游的自然条件，原始的生产方式和生活方式主要是农耕业和制陶业。陶器的加工制作是原始的制造业，自身形成一种生产方式；彩陶的基本功能跟饮食相关，许多器皿是生活中的实用品，日常蒸炊、饮食、存贮都离不开陶器。民以食为天，食物来自自然，来自先民的劳动生产，所以饮食器具中的纹样是对自然和生产的指事。其次是彩陶还作为原始先民的文化产品和文化用品，先民的意识形态、图腾崇拜表现在彩陶中，祭祀、随葬等活动都离不开彩陶，从心理角度讲，祭祀、随葬不过是饮食文化的礼仪性延伸；从艺术表现角度讲，彩陶是一种为文化艺术作品，马家窑彩陶表现极为精细，形成了绚丽而又典雅的艺术风格，艺术成就达到了登峰造极的高度，代表着中国彩陶艺术灿烂辉煌的成就。

从事理学角度讲，彩陶的纹样装饰首先是一种指事作用，先民创作它的初衷或许不是纯粹的装饰目的，不论是后来的单独纹样，还是复合纹样的分解都只是演化而来的，都没有脱离指事的本质功用，彩陶纹样基本涵盖了彩陶文化艺术的全部，彩陶纹样既是对先民生活自然环境的反映，也是对先民社会心理的反映，是对社会环境的适应。当然在本质上，先民的社会地域心理最终是由自然环境造就、培育、影响而成的。

所以，马家窑彩陶既是地域环境的产物，也是特定地域社会心理的反映，其中地域环境占有绝对重要的地位，它综合体现着古代先民的物质生活状况和精神世界。以马家窑彩陶文化是由自然诸因素、生产方式因素、生活方式、文化因素等几个方面系统有机构成的一棵地域文化生态树。

从文化进化历程看，黄河上游地区的彩陶特别是马家窑彩陶无疑代表了彩陶文化的最高峰。但进入青铜时代以后，甘肃及青海、宁夏等黄河上游地区的青铜文化显然落后于中原的夏、商、周，主要原因有两方面：一是在古代，畜牧和游牧在交通、民众体质、部落战争等方面的优势远高于原始农耕文化，农业与畜牧业分工后，畜牧业和游牧业在经济形态中比重增大，这就是为什么马家窑文化衰落之后，代之而起的是齐家文化、辛店文化等偏畜牧业的文化类型；二是西北三黄地区气候变化不利于原始农耕生产，据一些环境考古成果显示，距今四千年左右开始，黄河上游气候变得干燥寒冷，远古农耕文化的发展速度逐渐放慢。

同一种文化，由于地域环境的不同，也会表现出一定的差异性。比如兰州地区的马家窑文化器物，虽然与其他地方的器物存在着许多的相似之处，但也表现出明显的地域差异性。兰州及周边地区自古以来就是多民族聚居之地，农耕文化与草原游牧文化在这里渗透、融合，形成了这一地区特有的文化面貌。史前时期，以马家窑文化为代表的彩陶文化成为这一地区的主流文化，制陶水平较高，器形类型丰富，异形器较多。从出土的器物来看，器物造型优美、规整，在同类型中出现了大量的大尺寸器形，特别是马家窑类型中晚期，大件器物明显增多，有的高度可达 70 余厘米；但胎土的淘洗不够精细，尤其是大型器物，几乎都带有明显的沙粒。兰州地区也是出土马家窑文化异形器较多的地区，以鸟形壶和蛙形罐为多，而且原始打击乐器有较多的发现，这也肯定与兰州地域环境和文化因素有关，有待于进一步考研。

需要再作说明的是，古文化在当时的环境下是相对稳定的。不像现今社会，信息光速传播，新鲜事物层出不穷。在当时的年代，人类社会各方面的变数都非常小，人刚从自然分化出来，人对自然无论从深度还是广度上都不可能造成太大的影响。再加上古人的惯性思维、宗族制约、迷信心理、模仿前人习俗，越是上古时代的文化就越稳定，相反越往后变革越快，呈幂函数曲线发展态势。所以，今天的我们更应谨慎行事，今人对自然的过度开发从各种角度讲都会对自然造成不可预估的影响。

所以，远古社会是天人合一的，原始彩陶反映在造型功能上是对周围环境的适应，反映在器形纹样上是对自然的敬畏，形而上与形而下完美结合，形成了地域文化的生态之树（图 4-26）。

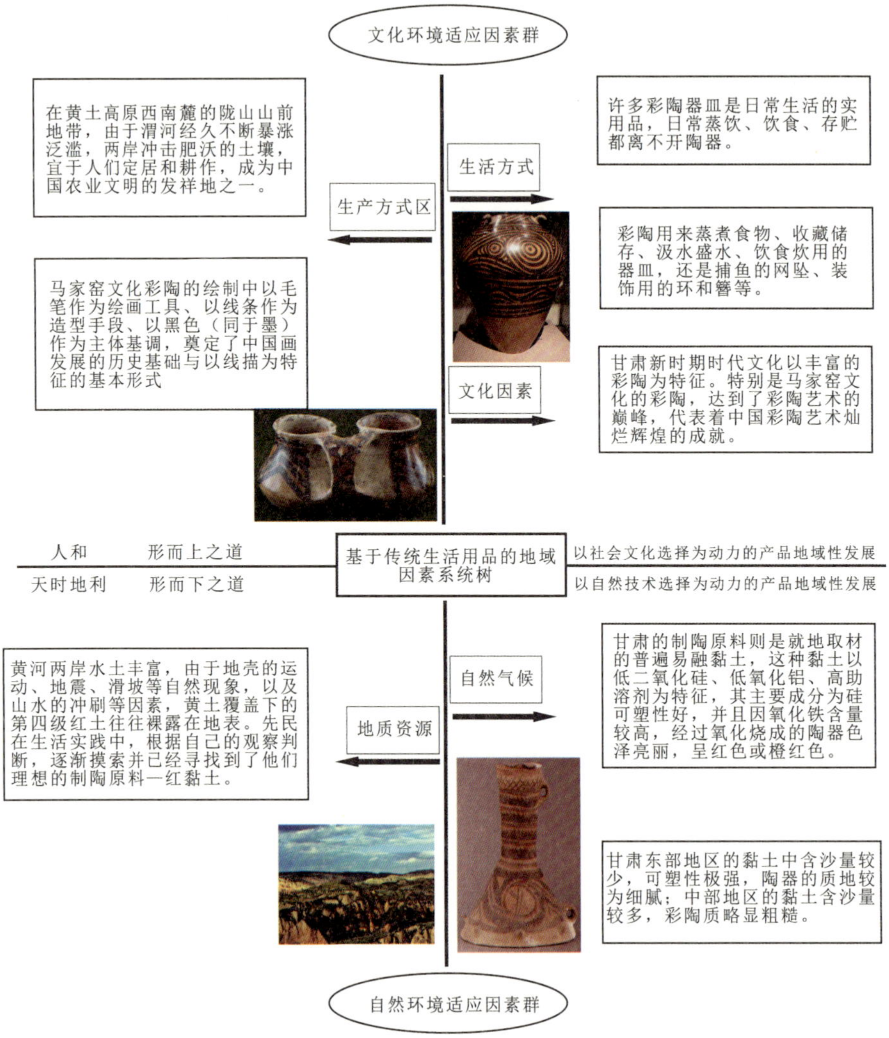

文化环境适应因素群

生活方式

许多彩陶器皿是日常生活的实用品，日常蒸饮、饮食、存贮都离不开陶器。

生产方式区

在黄土高原西南麓的陇山山前地带，由于渭河经久不断暴涨泛滥，两岸冲击肥沃的土壤，宜于人们定居和耕作，成为中国农业文明的发祥地之一。

彩陶用来蒸煮食物、收藏储存、汲水盛水、饮食炊用的器皿，还是捕鱼的网坠、装饰用的环和簪等。

马家窑文化彩陶的绘制中以毛笔作为绘画工具、以线条作为造型手段、以黑色（同于墨）作为主体基调，奠定了中国画发展的历史基础与以线描为特征的基本形式

文化因素

甘肃新时期时代文化以丰富的彩陶为特征。特别是马家窑文化的彩陶，达到了彩陶艺术的巅峰，代表着中国彩陶艺术灿烂辉煌的成就。

人和　　形而上之道

基于传统生活用品的地域因素系统树

以社会文化选择为动力的产品地域性发展

天时地利　　形而下之道

以自然技术选择为动力的产品地域性发展

自然气候

甘肃的制陶原料则是就地取材的普遍易融黏土，这种黏土以低二氧化硅、低氧化铝、高助溶剂为特征，其主要成分为硅可塑性好，并且因氧化铁含量较高，经过氧化烧成的陶器色泽亮丽，呈红色或橙红色。

地质资源

黄河两岸水土丰富，由于地壳的运动、地震、滑坡等自然现象，以及山水的冲刷等因素，黄土覆盖下的第四级红土往往裸露在地表。先民在生活实践中，根据自己的观察判断，逐渐摸索并已经寻找到了他们理想的制陶原料—红黏土。

甘肃东部地区的黏土中含沙量较少，可塑性极强，陶器的质地较为细腻；中部地区的黏土含沙量较多，彩陶质略显粗糙。

自然环境适应因素群

图 4-26　马家窑彩陶的地域因素系统树分析

第四节　西北黄土高原和绿洲地区传统农耕文化的地域适应性

这里所讲的传统文化主要指西北黄土高原地区近现代还在传承和活态存在的一些传统文化。周祖肇启了西北黄土高原的旱地农耕文化。在陕北、甘肃东部及宁夏南部地区，气候干旱，水土流失严重，形成千沟万壑的地形地貌，具

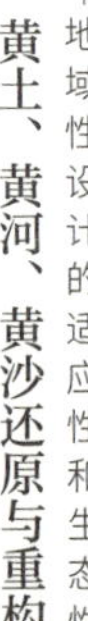

有大致相同的传统农耕文化。在衣、食、住、行、生产、娱、丧葬、嫁娶、节庆、寿诞等方面大体一致，包括许多少数民族同胞，除了宗教信仰约束之外的生活方式和汉族完全一样，表现出相同的地域特征。在传统社会里，这些地区交通不便，人们生活水平较低，正是这种艰苦地域环境，贫困的生活条件造就了强悍、拙朴的西北黄土高原文化，其他地区已经消失或正在消失的传统文化、民间艺术在这里得以保存或延续。以下从衣、食、住、行、生产、艺术、礼仪等几个方面对西北黄土高原传统农耕文化的地域适应性，特别是器物文化的生态适应性做简要分析。

一、衣

西北地区很早就纺棉、纺麻、梳毛捻线织布，从河西走廊西部出土的文物看，酒泉敦煌等地在唐代甚至还有缫丝纺丝，这可能与丝绸之路导致的我国东西部交流有关。但最重要的还是棉、麻、毛织生产方式。除了五谷，黄土高原地区的原始农业中已经种植了大麻，这种旱地作物除了收获麻子还能剥取茎皮，用来制麻绳、麻线、制麻布，是早期农耕文化中的纺麻、织布材料，麻线、麻绳还是纳鞋、锥补、绑扎的材料。汉唐以来西北地区随着丝绸之路文化交流频繁，棉花种植开始推广，家家都有纺线机、织布机，与皮革、毛织生产融合使用。农村自制粗布，是做鞋子、马甲、汗褂、外褂的主要布料。西北黄土地区传统衣物穿着制作种类繁多，工艺考究，不再一一赘述，这里略谈纺棉织布、纳鞋及制衣盘扣工艺的地域适应性。

（一）纺织

纺棉织布在我国西北地区是古老的农耕文化产物。西北光照强，气候干燥，适合棉花种植，传统棉纺工艺发达。纺棉织布需要经过轧棉、弹棉、纺纱、浆纱、绕纱、走纱、染纱、织布等诸多繁琐工序。第一步，轧棉：将采摘来的棉花经过太阳晒干，用铁筋或铁杖赶搓棉花，去除外壳剥去棉籽；第二步，弹棉：使用搅车、轧车或者木棉弹弓，进行“弹棉花”，将棉花弹成蓬松状并手工搓成一截截长约 20 厘米的棉花条；接下来经过纺纱线、染色、上浆等程序才可用于织布。早期的织布方式如同今天的手工编席，在固定好的纬线上相邻经线间上下穿绕而织；后来，把经线逐根分为单、双数两组，固定两组经线，再将其分别向两个方向分开，形成一道织口；把纬线放进织口里，再将两组经线向相反方向交错编织，形成新的织口，如此往复，这便是最原始的织布（图 4-27）。如《淮南子》中所记“伯余之初作衣也，緂麻索缕，手经指挂，其成犹网罗”。随着生产力的发展，织机工具几经改革，在原始腰机的基础上，使用了机架、综框、辘轳和踏板，形成了脚踏提综的斜织机。《列子·汤问》记载“纪昌学射”的故事，说明春秋时代我国已出现脚踏织机。斜织机的经面与水平的机座成 50°～ 60°的倾角，坐着操作斜织机，斜织机改用脚踏提综，腾出的双手就可以更快地引纬、打纬，织布速度和质量都有提高。

图 4–27　传统织布机

西北农耕地区传统纺线织布工艺主要是随丝绸之路的开通，逐渐从我国南方纺丝和中原棉纺流传过来的。但在本地生活条件和地域环境下形成自己的特色，在纺织工具、器械、材料等方面与其他地区有一定区别。比如河西和河套地区的放线机、织布机多用沙枣木制作，由于沙枣木多结，木质坚硬，纺织器械制作工艺较粗，但经久耐用。同时，相比较南方地区的水田作业，西北农耕是旱地耕作，耕作面积和强度较大，农作环境艰苦，对衣物的磨损，特别是鞋子的磨损较大。

（二）纳鞋

对于西北地区的庄稼人来说鞋子是最重要的穿戴用品，也最容易磨损，鞋子其实是庄稼人的一种重要劳动工具。许多生产动作靠鞋子与农具的配合作业完成，对鞋子功能有苛刻要求，尤其是鞋底的质量。

纳鞋是过去农家妇女最重要、也最累的活。传统纳鞋底是做手工布鞋的最重要工序，鞋子结实与否首先要看鞋底做得好不好。棉布填千层，麻线扎千针。形象地描述了纳鞋底的工艺及农家妇女付出的辛劳。纳鞋底之前需要先打夹子，就是把棉布一层一层用糨糊粘在一块平板上，需粘四五层，粘好在太阳底下晒干后，从板上揭下来。一只鞋底的厚度需要四五层夹子。接下来将事先剪好的纸样（鞋样）粘贴在其上，沿着纸样的形状剪制鞋底。最后将剪好的鞋底用白布包底、白布斜条沿边，就可以纳鞋底了。

纳制鞋底时要戴手套或洗手，以保持鞋底干净整洁，走线交叉穿插、排线长度和间隙一致，不可走样，线迹、针脚排列整齐，不能有扭曲现象，横竖间隔均匀。纳鞋底时，用力要适当，不但手上要有劲，牙齿也要用劲。纳鞋底的顺序：先用锥子在鞋底上扎出孔，再用大针穿引麻绳沿着锥子扎出的孔洞穿出，一手抓紧鞋底，一手攥紧麻绳使劲将绳拉紧，接着用牙齿咬紧麻绳再将其拉到死点，使针脚半陷入面部状态。排线的顺序：先在边上沿轮廓纳上两圈，从中间开始一行行错落开针脚，前脚掌和脚后跟部位要纳得密些，足弓部位则稀一些。一双鞋底纳完后，还需要将纳好的鞋底放在石头上拿锤子砸几下，这样使麻绳受力均匀且可以软化鞋底，成鞋后穿着舒适。

西北庄稼人对鞋底的功能和质量要求很高，用麻绳纳出的鞋底经久耐用，符合旱地农耕要求，无论是新鞋还是旧鞋都有非常好的使用功能。刚做好的新鞋，鞋底内外都是密密麻麻排列的针脚，由于麻绳比一般的线要粗，所以在鞋底下面形成许多小凸起，有极好的防滑功能，无论是踩铁锨，还是拉推车都很给力。其中传统农耕作业铲土挖土全靠铁锨，尤其是用铁锨翻地，不但将铁锨两侧的耳朵磨地锃光发亮，很多状态下干脆把踩耳磨没了，这全靠一双双鞋底的功夫，而用麻绳纳出的鞋底既结实柔软，又防滑，当然也会把鞋底磨开洞。

麻绳纳的鞋底即便是鞋子穿旧了，仍然有非常好的结构及功能。首先当鞋底下面的许多小凸起磨平后，便形成了一个个犹如“铆钉”的结构。两个针孔之间的麻绳磨断后，端头在针孔外围被挤压成“铆钉头”，使鞋底仍然很结实，仍有一定的防滑功效。其次，农作环境中，很多情况下会鞋底会遇潮、渗湿，这时麻绳会有一定的膨胀，使鞋底更结实，加倍防滑（图 4-28）。

图 4-28　传统纳鞋图

（三）盘布纽扣

布纽扣即盘扣，也称为盘纽，是随着满族服饰而兴起的，是中国传统服饰独有的一个符号。布纽扣在西北地区落地生根，与当地传统服饰相结合，形成其独特地域特色。如陕北马甲使用的布纽扣是用内折边的布条挽出来的，实用美观。其制作过程是：首先在布料的背面用熨斗的“棉”或“麻”（高温档）熨上一层粘衬，其目的是使布料不容易走形，裁剪和制作都比较方便；之后为使得布料的伸缩性最大，扭转的时候不会起波浪纹，把布料以 45°角斜裁成 1.5 厘米或 2 厘米左右的布条；再将布条的两端剪成 45°角的斜口，两两拼接起来；接好后用熨斗熨平，纵向对折，再熨一遍中线，这样缝线的时候不容易扭曲。然后按图 4-29 所示将布料的毛边向里对折，用暗针缝成长细条，尽量不要把线迹露出来；缝好后，按图示做成纽扣。如果做简单的一字扣，一般的尺寸是从纽头顶部到扣袢末端为 6 厘米左右，根据服装款式和设计需要自行增减。

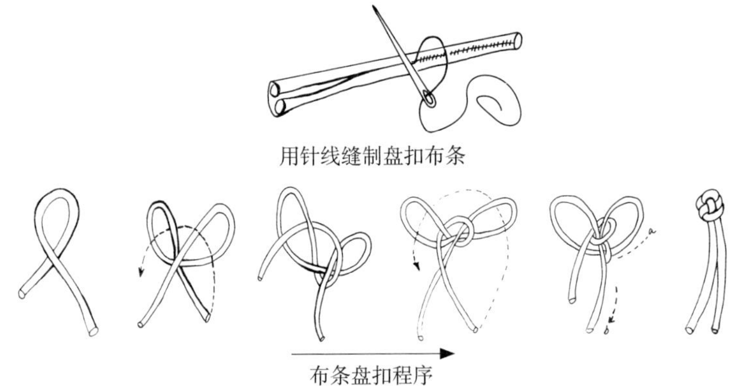

图 4–29　一种传统纽扣的盘法

（四）西北传统毛革制品

历史上西北地区地处农耕文化和游牧文化的交界地带，所以黄土高原的传统农耕文化又渗入了游牧文化的特征，游牧文化中也有西北农耕文化的基因。畜牧和养殖作为农耕文化的重要组成部分，皮革、毛织生产工艺相当成熟，用羊毛牛毛织褐子，用来做大口袋、鞑子、毛毡、毛靴等，用羊毛填装棉袄。西北边塞地区并不是完全的自给自足经济，特别是唐宋以来汉族和西北少数民族深度交流融合。回族同胞特长毛革生意，毛口袋、鞑子就是骆驼和毛驴驮运的常用工具，用牛毛和羊毛编制更为结实耐用。据史载，自元明清以来，青海大通盛产牛羊毛，光绪年间每年春、秋两季，牛羊毛由湟源、贵德、鲁沙尔、大通等地车载骡驮而来，一时间出现“西宁城北，湟水南岸，羊毛堆积如山”的景象，题名口袋匠，是古老纺织术的最后传承者。

得天独厚的牛羊毛资源为织毛布提供了源源不断的原材料。日常缝制口袋和搭建牛毛帐篷所需的毛布都是自产自销。当时西北地区的毛褐、褐子就很有名气，据清代苏铣的《西宁志・物产》记载，元代曾把褐段上贡朝廷，把用羊毛褐子做成的衣服称为褐褂。牛毛褐子因有“以水沃之，经时不渗”的特点，常用来做帐篷、口袋和褡裢。清代毛纺织业进一步发展，“男捻羊毛女耕田”已成当地农村一大特色，但织牛毛布费时、费力，为适应农牧业生产的需要，不少专职的口袋匠应运而生。

革制品主要使用绵羊皮和黄牛皮制作，羊皮最多。每个村子，每过十年八载就会请皮匠来村做皮活。有些家户将积攒多年的干羊皮拿出来放在调好鞣液的大缸中浸泡搓揉，再清洗，浸泡清洗搭晾，反复多次，使生皮变为熟皮。剃毛的羊皮可用来做各种农具，如牲畜畜力使用的车具器械、轭具、皮绳拧制等，还可以锥补布鞋。不剃毛的整张羊皮可用来做带毛大皮袄，皮袄里面为羊毛面，外面为皮面，穿在身上长度都过了膝盖，宽松程度都超过一般的长大衣，是北方冬季的最好防寒衣物。带毛的大长皮袄还是当地农民秋冬春季野外浇地、上山拉运石头等野外露宿的最佳睡袋，一袄多用，一般农村家庭拥有这样的皮袄就算是相当好的家当了。

总之，西北的黄土、黄沙地区长期以来是游牧和农耕错地带，干旱的地理条件加上多文化融合，在铺盖、穿着的生活方式和生活用品方面表现出强烈的地域适应特征。

二、食

俗话说“靠山吃山、靠水吃水”，虽说的是人们基于传统居住地的自然条件和资源的某种谋生方式，但饮食文化依然是第一位的。有什么样的自然环境和土壤条件必然能生产出什么样的农作物品种，黄土高原远古时期就种植小麦（麦）、荞、谷子（粟）、糜子（黍、稷）、豆（菽）等旱地作物，在农耕文化和草原文化融合发展中，这些传统作物后来已成为西北各地区普遍耕种的作物。地方性的饮食文化往往和各地的地形地貌、土壤地质、居住环境、气候条件、储藏发酵、烹饪工艺等众多地域性因素综合相关。典型的例子就是贵州茅台酒酿造的独特地域发酵条件；兰州牛肉面也只在兰州地区水质与工艺条件下最为正宗，与其毗邻、同临黄河的银川却味道相异；陇东地区的冬小麦面粉制作浆水面口味好于河西和新疆地区的春小麦浆水面，但用春小麦行制的拉面品质优良。西北特色饮食非常丰富，不胜枚举，以下只列几种简要论述，旨在点拨其地域适应特点。

（一）浆水及其他腌制、发酵食品的地域性

西北黄土高原地区的浆水饮食文化历史悠久，浆水是将玉米粉、荞面粉、麦面粉等调搅在烧开的水中略加熬制，待发酵而成，四季宜饮，但主要是用来做浆水面饭。浆水可能发明于西北黄土高于地区，其他地方较少见。虽然浆水制作工艺简单，但在其他地区却不易纯正发酵，而且味道也不尽醇香。这可能与黄土高原的土质、地气有很大关系。其实在依坡而建的房屋中，尤其是窑洞中发酵而成的浆水最好喝，因为房子墙壁厚实，室内昼夜温差小，利于发酵。浆水与本地生产的冬小麦面条做成浆水面更是最佳组合，浆水中的活性有益菌可以调节肠胃，夏季吃之清爽解渴。在西北黄土高原以烧制好的浆水为汤汁可以做出多种地方小吃，除了最有名的浆水面条饭，还可以做浆水拌汤、浆水漏鱼鱼、浆水饸饹面、浆水馓饭等，还可做浆水泡萝卜、浆水拌野菜等清爽凉菜。

在乡村入户访谈中发现，许多住在窑洞或老式房屋的人家，其厨房都很凉快。厨房最里面都放置着许多上了黑釉的坛坛罐罐，它们大小不一形态各异，个个擦得油光锃亮。打开一看大都为存贮器，存放着浆水、醋、酱油和各类泡菜、酱菜等，特别是腌制的泡菜味道鲜美、色彩新鲜如初。浆水等发酵或腌制食品代表了黄土高于地区的典型地域特色的饮食文化。这些饮食根植于当地气候、自然土质、本地杂粮等综合条件，是一种地道的西北黄土高原的味道，从小吃浆水长大，终生会喜吃这种口味。

（二）馓饭和搅团

馓饭是陇东、天水一带的农家家常饭，常用玉米、豌豆、荞面、莜面等黄土高原的杂粮面粉在水烧开时，缓缓撒在锅里，边撒边用勺子使劲搅，直到具有一定的黏稠度时，再用温火慢熬即成馓饭，若更稠一些就是搅团，吃时配以炒韭菜、炒土豆丝、辣椒酱等风味小菜更好吃，搅团可以汆入清汤臊子，酸辣可口，其实天水的“然然”和“呱呱”也是高稠度馓饭。

河西地区有两种典型的传统馓饭，一是用黄米（糜子脱壳）加面粉馓制，当地俗称“米稠饭”，冬季可以在馓饭中炖入土豆、羊杂碎等，味道鲜美。二是用大麦糁子（大麦脱壳碾成粗颗粒）加面粉馓制，再配以油泼辣椒酱、蒜泥

等拌饭，俗称“糁子稠饭”，是许多农家的冬季家常便饭。

馓饭和搅团现已成为西北地方名小吃，口感醇厚鲜辣，风味卓异，即使在兰州等大城市也中也独树一帜。

（三）饸饹面

西北的冬小麦、荞麦等农作物主要靠天生产，有些年份麦粒不是很饱满，再加上传统的石磨磨面工艺导致面粉粗陋，不易柔和，擀面很费劲，当地人发明了一种利用杠杆压力制作饸饹面的压面装置（图 4-30），使用时将面和成团状，稍硬，将饸饹横放在大铁锅的锅沿，将面团放入饸饹器的面斗中使劲压，由于面斗底部有许多圆形开孔，这样面团边被挤成圆柱状的面条，直接下入锅中成为饸饹面，吃时配以臊子汤、辣椒等佐料。

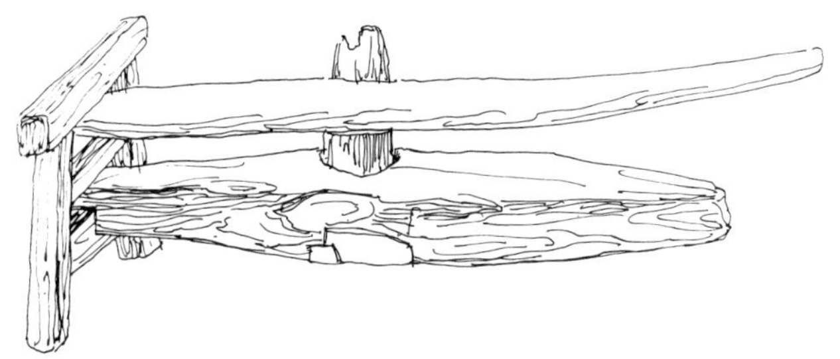

图 4-30　宁夏固原市西北农耕博物馆的饸饹机

（四）黄土高原土豆文化的地域生态性

土豆已被国家列为继大米、小麦、玉米之后的第四大主要粮食作物。据研究土豆原产于南美高山地区，喜低温生长，明朝万历年间传入我国，后在全国各地普遍种植。目前我国的主要种植区集中在北方地区的内蒙、甘肃，南方贵州等省区，这些地区大都为山区。

西北地区主要集中在黄土高原山坡地带，且品质很优良。和其他地区相比西北黄土高原的土豆文化似乎更具地域综合适应特征。首先从土豆的生长习性看，它原产于南美洲安第斯高山地区，适宜生长在冷凉低温的土温条件下，且在整个生长周期中都要足墒培育，且不易多水浇灌，对土质要求要暄松透气、凉爽湿润，适合轻质黏土土壤种植。而西北黄土高原，土温较低、靠天降水、土壤保墒强、黄土疏松，具备了土豆生长优越的条件。

其次，土豆储藏非常关键，黄土高原的地形地貌最适合陶窑储藏蔬菜、水果，传统窑洞人家在厨房窑洞的里面再挖一个小洞进去，储藏土豆、萝卜、白菜、苹果等果蔬，依山而建的农家小院，靠山一边都要挖储藏窑洞，土窑洞本身就是一个天然保温系统，里面储藏果蔬保鲜效果非常好，比冰箱的冷藏效果优良，主要是窑洞里面温度低、接地气，湿度适宜、空气洁净、没有辐射污染。再是，土豆都种在谷地、梯田或台地上，这些地方都可以就地挖储藏用土窑洞，农民暂时不需要拉回家的土豆可以就地入窑临时保存，省时省力。

许多地方小吃必然与当地农业生产的作物类型及其特质有关。西北黄土高原的许多自然特性造就了独具特色的饮食文化，在自给自足的传统农耕生活方式中，衣食住行各方面都息息相关，形成稳定的生活方式和生态系统。

三、住

西北地区的传统民居都与干旱的农耕文化相适应，与当地土质相适应，与当地气候特征相适应。建筑形式各地大同小异，但最为普遍的形式主要有土夯筑造和土坯建造的平顶房，黄土高原地区则是土窑洞。这些建筑都是属于生土建筑，其特征是就地取材，冬暖夏凉，完全适应西北综合气候条件和地域生态特征。新疆地区的传统阿以旺建筑也是夯土和土坯混建的生土建筑，屋顶外为平顶，屋内顶棚多以土坯拱券，四周墙壁很少开窗户，客厅内竖直天窗采光，夏季防止高温暴晒，冬季保温防寒。

（一）土夯墙和土坯墙

土夯墙和土坯墙是中国传统建筑的主要形式。古代的城墙和农耕庄园外墙多用土夯墙，普通农家院内的屋墙也有用土夯的，但更多的是用土坯砌筑的。

土夯墙，土夯墙的筑造在西北地区主要是用平行椽子（或长木板）夹住，填土夯实。方法是，用麻绳将两个平行椽子横向拉紧，两个平行椽子之间的距离就是墙的厚度，形成一个由椽子夹成的平行的槽，中间填进疏松的湿土，再用夯杵打实，完成一个夯层，再次在夯实的墙面顶上再夹上椽子，再次填土夯实，如此反复就逐渐加高，墙就打起来了。一般打比较大而长的墙，需要一个团队，分工协作才能完成，填土的人上土，架椽的架椽，打夯的打夯，特别是打夯需要多人列队，唱着打夯歌夯，这样节奏一致，且不费力。

打墙时麻绳与椽子的扣系需要一定的方法技巧，不挽死结，用一个短木棍将麻绳和椽子以可抽拉的活结扣住，等到椽内的土夯实，抽拉麻绳抽头椽木随即掉落。再次在夯土平面上用麻绳扣绑椽木，填土夯实，如此反复土墙就逐渐夯筑高了（图 4-31）。

图 4–31　传统土夯墙制作工具及工艺图

（二）土坯墙和平顶房

土坯墙是将土坯按一定组合构成关系砌筑而成，土坯是一种长方体砌筑单位，传统土坯墙的砌筑方法一直传承到现在砖墙，组砌格式很多，但大多采用一顺一丁、梅花丁和三顺一丁等砌筑方法，在一些小区、厂房院墙或农村随处可见，这里不再赘述。

土坯在黄土高原地区叫基子，在河西、河套等地叫土块，是用地标松软的散土作为材料，在一定含水量情况下用模具生产的一种传统建筑材料。土坯生产对土质有一定的要求，北方地区，特别是东北地区表层土主要为腐殖质较多的黑土，并不太适合做土培，黄土黏性高，适合建造土坯和土夯墙。就是在西北地区，土坯的生产方法各地有差异，黄土高原地区用打夯法生产，即用一个既可打开，又可围合的长方形模子生产（本地叫基模子或胡基子）。该类模子上下都无底，模子后端不可打开，但有一定的松动度。模子前端一般分两层，中间有一可取下来的刮板，其作用有两个，一是挡住夯土，形成土坯的一个侧面，二是用来刮理刚打出来的土坯上的虚土。模子最前端是一个榫卯结构的活扣，开始打土坯时，准备好一块结实厚重的平面石板，将扣好的模子放置在一块石头垫板上，然后把筛选好的细草木灰撒在石板平面和模子内壁的四周，并将湿土填入模子，用脚踩实成鱼背形，最后用杵子夯实，打开扣锁解下模具，一个土坯便生产出来了，然后重复制作（图 4-32）。

河西地区土坯生产方法不同于陇东地区，模具也是一个长方形，不过有一底封闭，四个侧面板均用榫卯结构固定，很结实。开工前，要和好一堆泥（注意不是湿土），准备一小堆沙子，并且把模具放在水中充分浸湿，等泥堆中的水分和泥土充分渗透就能制作土坯。开始打土坯时先把模具内壁用沙子刷洗一

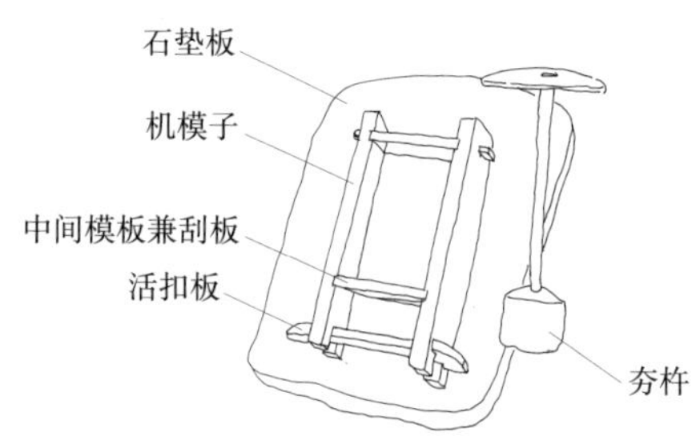

图 4-32　黄土高原地区传统土坯制作工具

遍，使内壁沾上沙粒，再用铁锨将和好的泥巴用力甩到模具里面，以便模具四个角充分入泥，当泥巴装满模具后，将其双手端起倒扣在沙地上，一个土坯就形成了，一个壮丁男人每天可生产 1000 多块土坯。因制作时和泥充分，所以，河西的土坯比陇东地区的僵硬结实。图 4-33 为河西地区土坯模具，各地也有差异，其中图 a 为建火炕专用土坯模具，尺寸一般为（700 ～ 800）毫米 ×（700 ～ 800）毫米 ×（50 ～ 80）毫米；图 b 为小土坯双模具，可以一次成型两块，尺寸一般为（300 ～ 320）毫米 ×（150 ～ 180）毫米 ×（55 ～ 65）毫米，更小的模具可一次出 3 ～ 5 个小土坯，主要为砖坯。图 c 则为正常的大土坯，按民间尺寸，一般单块模具内径尺寸为（360 ～ 400）毫米 ×（180 ～ 240）毫米 ×（60 ～ 80）毫米。

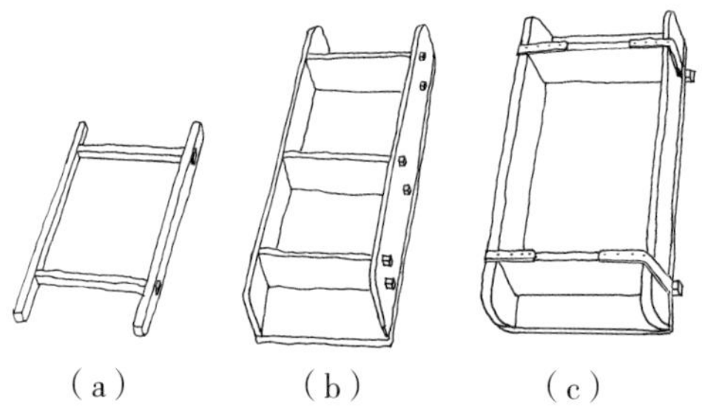

图 4-33　河西地区传统土坯制作工具

西北的传统的庄墙都是土夯墙，庄内的房屋则多用土坯砌墙建造的，但房顶各地也不一样。河西地区房顶多是平顶，房顶由房后向前略作向下倾斜（当地叫出水，倾斜度大称出水大，倾斜度小为出水小），利于房顶雨水向屋檐处流淌。房顶的基本构造与其他地区大致一样，即最下面为木梁，梁上架檩子，檩子之上则是密排的椽子，但东部黄土高原地区多为脊顶或坡顶，椽子之上多用当地的白杨树枝剁成木棍密排做房笆，上铺青瓦，和南方房顶基本一样，银川到临河黄河沿线黄河湿地较多，基本都用芦苇铺房。而河西及沙漠绿洲地区的房顶则多用本地的红柳、芨芨草等编织房笆铺设。

西北沙漠绿洲地区农家院落的房屋布局大致符合中国传统四合院格局。院落大门（街门）多为向南、向东或向西方向，正对大门的为上房（当地俗称堂屋），但无论大门朝向哪方，一般进大门后的左面总是修建厢房，旁边再拼一间小屋（做结婚新房或学生书房用），由于都是平顶房结构，所以拐角处房屋的屋顶和其他两个方向的房顶同平面连接，这比山墙房结构简单多了。进入大门后的右边常为空闲地，或种菜、养花、种树等，条件好的农户则将右边搭成棚房放置各种农具、农用物资等（图 4-34）。

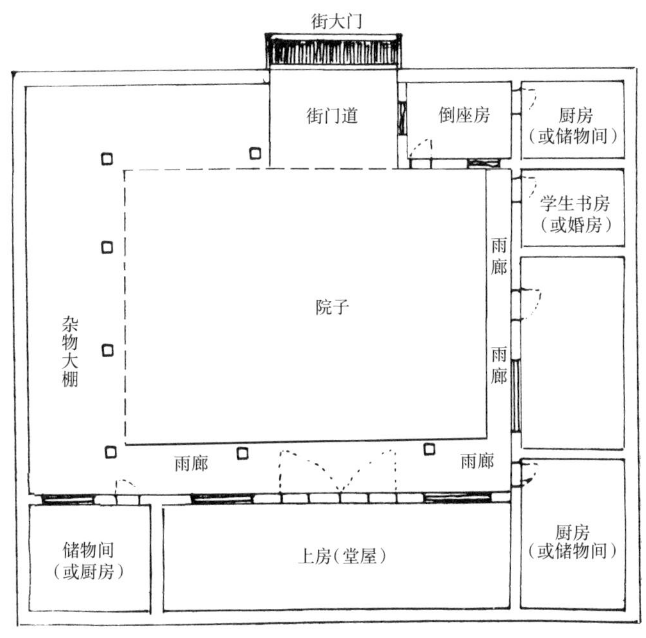

图 4-34　河西绿洲地区传统农家院落房屋布局平面图

（三）西北地区土夯墙、土坯房的地域适应性

土夯墙和土坯房是西北传统文化中最适应地域特征的建筑方式，这些地区雨水较少，土质细腻均匀，适合夯土建筑，就地取材，造价较低。所以在甘肃河西、宁夏北部、内蒙河套和新疆等地完全使用土夯土坯平顶房，新疆传统阿以旺建筑也多采用土坯平顶房。但随着农村生活水平的提高，很多农户都盖起了砖瓦房或砖混结构的楼房，这应该引起设计界的思考。事实上，新式住宅和传统生土建筑相比有诸多优良之处，这不尽是传统方式的问题，基于传统的设计创新责任更大。西北传统土夯墙和土坯房在本地有很多优秀的传承价值。

生态价值：从生态设计角度讲，设计要考虑其对象在整个生命周期内的材料运输、加工、使用、回收性等全过程的生态性环境属性。传统黄土建筑几乎全部满足现代生态设计的基本特征。此外，黄土是天然土质，作为建筑材料不但自身无任何污染，还能吸收其他材料的放射污染等，土夯和土坯墙一般较厚，有良好的冬暖夏凉，室内温湿的宜居效应。

经济价值：土夯墙、土坯房，是就地取材，原地挖土，没有长距离运输费，容易成型，加工成本极低，在西北交通不便的黄土沟壑地区省钱省力。

良好的加工和使用性能：黄土易形成干湿适宜的被加工状态，在不添加任何材料的情况下，和水混合就能形成很好的成型性效果，可塑性和黏性恰到好处，土夯墙、土坯晾干后有很高的强度，足以实现其建筑功能。

相对西北地域气候的适应性价值：土夯墙、土坯房相对砖房，冬暖夏凉，这一特征恰恰与西北地域气候相适应。我国西北地区夏季高温难耐，而冬季却又严寒漫长；西北地域是我国降水最少的地区，大部分地区属于干旱地区，土夯墙、土坯房在西北地区有较长的使用寿命，雨水冲刷损耗小。

由此看来，土夯墙和土坯房就是老祖先留下来的最好的适应地域环境的文化产物，自然环境和人工物珠联璧合，它是在特定地域环境中经过长期进化而生长出来的人类适应环境的生态之树。在全球生态问题日益严重的今天，这些传统文化的精髓部分应深深引起我们的思考，所以，对待传统文化的传承问题，要秉持客观、科学、礼敬的态度，扬弃继承、转化创新，不复古泥古，不简单否定，要结合现代技术（特别是生态技术）赋予传统文化以新的时代内涵和现代表达形式，不断补充、拓展、完善，使其与当代文化相适应、与现代社会相协调。

（四）黄土高原传统土窑的功能反映了人对特定地域的适应方式

追溯窑洞的最早年代，可能要算仰韶半坡时期的窑穴遗存了。西北黄土干燥，远古先民凿穴而居是很普遍的，它应该是人类最早的一种适应地域环境的居住形式之一。这种居住方式不只在北方，在土质干燥的一些南方地区也曾发现。《孟子・滕文公》记载“下者为巢，上者为营窟”，即地势低洼潮湿的地段作巢居，地势高亢燥爽的地段作穴居。黄河流域的中游广阔而丰厚的黄土层，为穴居方式提供了有利条件。

窑洞是人与自然生态相适应的最好典范，属于生土建筑的一种。黄土质地细密，含有一定的石灰质，其土壤结构呈垂直节理，质地细腻、土粒紧密、均匀干燥，壁立而不易塌陷，为人们提供了最好的生土建筑的性能，适合横穴和袋型竖穴的制作。从生态理念讲，若在完成某项工程的所有程序中，人类活动对自然的干扰越少，这项工程的生态价值就越高。西北的窑洞建造充分利用了黄土地区丰厚的黄土资源，就地取材，因地制宜，使当地的黄土物尽其用，既弥补了这些地区燃料与木材的短缺状况，又适合人类生理性居住要求，冬暖夏凉。另外，这些窑洞结合当地的地形地貌，充分利用沟壑、坡地和坪塬，在人多地少的情况下，具有一定节约用地的意义，利用坡地挖窑，不破坏任何的土地资源和生态环境。所有这些合理性，本质上都是当地人们对地域环境的适应性，对环境干扰最小。

窑洞作为一种固定的建筑形式走向完善，肯定走过了一个漫长的适应性改进过程。有学者认为与古人凿崖而成的烧陶的窑炉有关系，故称窑洞。《诗经·大雅·绵》曰："古公亶父，陶复陶穴，未有家室。"汉郑玄笺："复者，复于土上；凿地日穴，皆人陶然。"在古时陶和窑同音通义。在中国和日本都有称陶瓷业为窑业的传统，在陕西、河南、山东一带陶瓷工场，人们很少说"陶瓷"，而总是称其为"窑活""窑货"，"陶瓷厂"也只说是"窑场"。也就是说，陶和窑是可以通用的。因此，"陶复陶穴"这句话就有可能是两种居室的形态，"陶复"也许是属于平地而起的土庄子式窑洞，"陶穴"则是在土崖上凿穴而成的靠山式窑洞。由此看来，有关窑洞的文字记载至今已有三千多年。

西北黄土高原窑洞的种类很多，从建筑的布局结构形式上划分可归纳为，靠崖式窑洞，下沉式窑洞、独立式等形式（图 4-35）。其中靠山窑应用较多，它是建筑在山坡，土原边缘处，常依山向上呈现数级台阶式分布，下层窑顶为上层前庭，视野开阔。下沉式窑洞则是就地挖一个方形地坑，再在内壁挖窑洞，形成一个地下四合院。独立式窑洞也称箍窑，不是真正的窑洞，是以砖或土坯在平地仿窑洞形状箍砌的洞形房屋。

（a）靠崖式窑洞

（b）下沉式窑洞

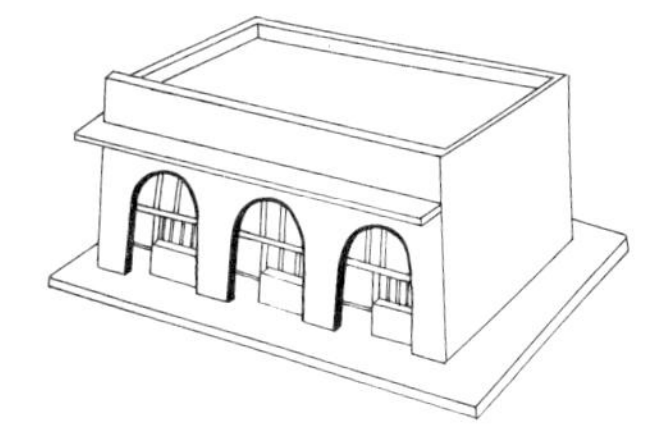

（c）独立式窑洞

图 4-35　窑洞的类型

1. 靠崖式窑洞

靠崖式窑洞就是将风水较好的黄土立坡、黄土立崖面直接挖成窑洞山洞或靠坡向外的箍窑。崖式窑洞有靠山式和沿沟式，窑洞常呈现曲线或折线型排列，有和谐美观的建筑艺术效果。在山坡高度允许的情况下，有时布置几层台梯式窑洞，类似错层的楼房。靠崖式崖洞一般是在黄土山坡的边缘，沿直立土崖横向挖掘的土洞，内部为拱形，底部多为长方形。靠崖式窑洞往往会将多口崖洞排列在一起，并列各窑可由窑间隧洞相通，也可窑上加窑，上下窑之间内部可掘出阶道相连。

2. 下沉式窑洞

下沉式窑洞就是地下窑洞，简称地窑，主要建在黄土高原的塬上。所谓塬是一种地势平坦未曾被冲刷的黄土地貌，但塬周边有流水冲刷而成的沟壑和土崖。塬上适合建造下沉式窑洞。这种窑洞的做法是：先在塬上选一块靠沟崖的地方挖一个方形的大地坑院子，然后在方坑四壁开凿窑洞，形成类似四合院的窑洞布局。一般坑院的阳面为住人窑孔，阴面为圈养牲畜的窑孔，通常在院落的某一角斜向上挖一个通道，连接窑洞院落与外界。这种形式的窑洞多用在缺少天然的土崖的地方。

3. 独立式窑洞

独立式窑洞是一种夯土掩盖的拱形房屋，土窑主要有土墼拱和土坯拱两种，也有砖拱石拱窑洞。独立式窑洞无须靠山依崖，相当于平地筑起的拱形房，具有窑洞的许多优点，可建成单层，也可建成多层窑楼。独立式窑洞不是掏挖形成的，而是拱箍成型的，通常用砖或土坯在平地仿窑洞形状箍砌洞形房屋，因此也称箍窑。独立式窑洞保留了窑洞冬暖夏凉的优点，不受地形的限制，可以灵活地组合到一起。

同属黄土高原地区，由于各地地域特征的二次差异，其生活方式也不完全相同。比如甘肃庆阳、平凉、宁夏固原等地的窑洞与陕北窑洞形式与特点不完全一样。区分有崖庄院、地坑院、半明半暗的半地坑庄院等，因为土窑中温度适中，湿度宜人，一年四季无大差别；且空气新鲜洁净，无任何污染；更重要的是能防御放射性元素的侵害，真正是养身长寿的绝佳之地。甘肃庆阳是我国黄土最为深厚的地区，这里黄土地貌丰富，坪塬地形较多，窑洞形式也最为丰富，中国民俗学会将庆阳市命名为“窑洞民居之乡”。

陇东地区是我国黄土最为深厚的地区，水土流失相对陕北、天水、定西等地较弱，塬上面积很大，是重要的耕种区，居民主要以平房为居住形式。但沿着沟壑的坪塬地带的人们仍然喜欢窑洞居住方式。这里的窑洞形式较为特别，其窑洞建造方式大体为：先挖一个巨大的矩形坑，各家大小不一样，一般为 30 米 ×30 米 ×6 米，这相当于一个大院子，然后在阳面坡壁上挖 2 ～ 4 个数量不等的窑室，主要用于住人、盛放口粮等，东西坡壁较短，主要为厨房、杂物等窑室。阴面坡壁的洞室大都养牲畜、盛放饲料等。这种窑洞居住方式要解决两个重要问题，一是排水问题，由于靠近沟峡地带，所以直接从地掏挖排水道到沟坡地带，将污水、雨水排出，二是人和物的进出问题，通常的方法是在院内和院外的走道之间打通一条狭长的穴道将院子与外街连接在一起，利于人的出入。相对于陕北窑洞，陇东地区的这种窑洞的防盗功能较好，这在旧社会是最重要的功能之一。此外还观察到，陇东窑洞的拱形顶处略带尖角，类似于西北穆斯林的尖拱门窗造型，与陕北圆弧形拱顶不同，这是否与陇东位于地震带及回民聚居等因素有关，需要进一步考证。

窑洞里面的各类生活设施是与其生活环境相适应的。最有特色的要数灶头和炕头的组合，炕头和灶头是连通在一起的，当地有句俗话叫“锅台挨炕，烟囱朝上”，做饭时的烟火顺便就能把炕烧热，一举两得。窑洞中的许多生活器具不同于一般平房院落中使用的器具。最典型的就是放置在窑洞的最里面的陶瓮和瓦罐，整齐地放在分层的架板上，俗称为“板架柱儿”，陶瓮里分别装着各种粮食，有米有面、有糜子、有大豆、有玉米等。这些装粮食的陶瓮，又称面罐，属于陶器。

所谓瓦器就是在陶土中掺入了沙粒烧成的，和一般的陶器比较起来，烧成温度较低，孔隙较大，不能装水之类的液体，但装米面之类的粮食最好，因为透气性好。一些用于盛放酱醋油的瓦罐上都上了釉彩，这些器皿质地致密，里面盛放着食醋、腌菜、咸肉、浆水、醪糟、米酒等日常食品，夏季这些食品很少变质腐化，由于窑洞中的温度较低，其色泽和味道都很地道。上了黑釉的陶罐，被擦主人擦得干净锃亮，一尘不染，有的漆黑瓦罐上还画了各种艳丽的花纹图案，有花卉蝴蝶，有神话故事，有动物飞禽等。2008 年 5 月底海尔集团针对家电产品下乡政策做一系列的地域性需求模式调查研究，课题组在庆阳市镇原县成上庄村调查时，进了一个四合院式的窑洞农户，当要求看看农家的口粮、蔬菜等盛放保存情况，主人先领调查人员进了一口紧挨卧室的窑洞，洞中央纵向安放了三个用柳条编制的大囤子，囤子里盛放的小麦已有八成满，小麦堆成馒头状的圆顶造型似乎是主人有意的讲究。小麦四周还堆放了鸡蛋，摸上去凉凉的，感觉很新鲜。接着又拐进了一个狭长的通道，五月底的天气外面已有点热辣，但在灯泡的亮光下人呼出的气还是雾状，走了足有 10 米还没到头，在地道一个宽敞的地方看到了苹果、萝卜、包心菜等，去年存放的果菜，现在但都新鲜如初，一尘不染，其保鲜效果大大超过现代冰箱的冷藏技术。当问及家电使用情况时他们说住在窑洞中的居民很少使用冰箱、冰柜。

洛川一带窑洞一般没有专门的客厅，大都是厨房兼客厅，由家中辈分最高人居住，这里是家庭活动的中枢，一日三餐、待客议事都在这里举行。里面的最主要的设备应属当地常见的灶头和炕头，一般炕头和灶头是挨在一起的，当地有句俗话叫“锅台挨炕，烟囱朝上”，做饭时的烟火顺便就能把炕烧热，一举两得。炕上铺着毡子，放上小炕桌，具有浓厚的黄土高原风格，还透露出一些游牧民族生活的遗风。因为这一带自古以来就是游牧民族和农耕民族混合居住的地方。在当地殷实人家的客厅里，我们看到有中原一带家庭常用的案几、八仙桌、官帽椅、太师椅等，由此可以看出，洛川虽然属于陕北，但也受到关中文化的影响。因为关中交通方便，和中原交流频繁，一些有钱人家里的摆设喜欢采用原式的，事实上一眼就能看出只是经济水平提高的反映。但这也丧失了本地文化的底蕴，无论从窑洞格局还是当地风俗都是没有延伸性、传承创新性、生态合理性。说明当地的文化是替进式传播的。

为了真正深入陕北人的窑洞生活，我们来到洛川县的谷咀村，和当地的村民们住在一起。我们居住的人家是一个典型的洛川塬上的窑洞式农家四合院。院门正对着的有一排三孔窑洞，这是正房，两旁是泥巴墙垒成的偏房，正房住人，偏房养牲口和放农具。和所有的陕北窑洞一样，他们房间里最重要的部位，也是炕和灶台。[①]

窑洞除了冬暖夏凉的保温效果之外，还有很好的保湿和防沙尘效果，特别是陇东和固原一带的塬上窑洞，窑洞内天然补湿原理类似于其天然恒温效应，黄土自身有很好地保持水分的特点，深层的水分总是在缓慢向外层扩散，窑洞里面是最先接受扩散的地方。特别在夏季窑室中的相对湿度要高于室外，湿度好自然尘土就少，再加上黄土土质的比重相对于沙漠地区的碱性土质的比重要高（图 4-36）。

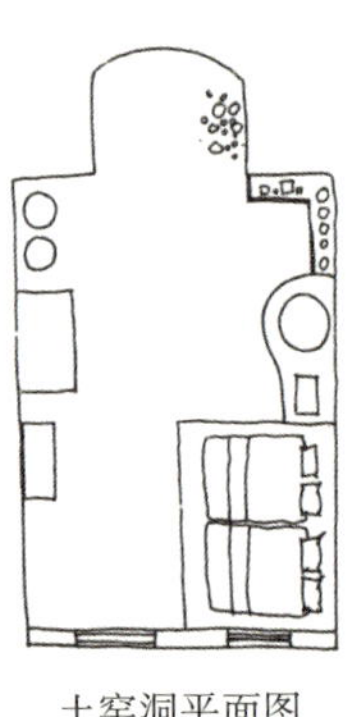

土窑洞平面图

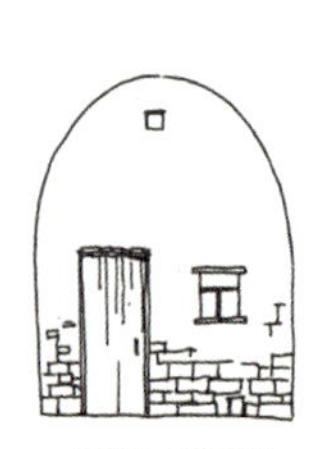

窑洞立面图

图 4–36　西北黄土高原地区的窑洞民居

四、行

1. 独轮车

人类技术的进步在很多情况下是随环境和地域的差异而推动的。比如马车、牛车的基本形制和其他地区也没有太大区别，但受不同地形地貌影响，不

① 方李莉．陕北人的窑洞生活：历史、传承与变迁 [M]// 徐杰舜．一方水土养一方人．哈尔滨：黑龙江人民出版社，2005：61-63.

同地域条件对应了不同的出行、运输等交通方式。由于东部黄土高于地区坡地多，农田耕作运输中的田间小路多在坡岸边缘，道路起伏落差大，蜿蜒崎岖。所以独轮车在这里独具功效，从古代到现今独轮车没有其他交通运输工具能替代，只是随着技术进步，综合使用性能在不断提高。坡地、梯田中种植的小麦、玉米、土豆等作物除了用驴驮、人背，就是用独轮车推。有的独轮车有围栏，适宜向田间运送粪肥，或散状的农产品等［图 4-37（a）］，有的则适合运送麦捆、秸秆、麻袋等农产品［图 4-37（b）］。

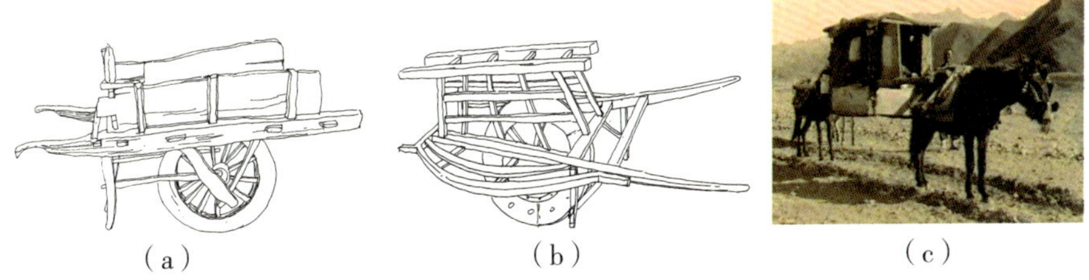

（a）　（b）　（c）

图 4-37　黄土高原地区交通运输工具独轮车、架窝子

2. 架窝子

西北的架窝子也称驮轿，是清朝才出现的一种富贵人家走山路的乘坐工具，民国时期较为盛行［图 4-37（c）］。据记载 1927 年甘肃教育厅厅长马鹤天考察青海，雇乘架窝子，自兰州取道红古去西宁。后在《西北考察记·青海篇》中写道："架窝者，系用两木杠，上搭席棚，下结绳络，内装物件，再铺以褥被，可坐可卧。木杆两端，有横杆，两骡前后架之，为西北最舒适行具。"由此可知，所谓架窝子，就是将传统的抬轿形式改为由马或骡子驮行（一般为骡子，因骡子走山路耐力好），即在轿厢两侧安装两根长椽，前后都伸出去形成两对长辕，然后一前一后各配一匹骡子向前抬行，脚户在前骡左侧，持辕控驭前行山路。

架窝子最大优点是走黄土高坡的山路和走西北戈壁上的砂石地。旧社会路况很差，许多地方干脆就没有固定的路，每当耕种或雨水冲刷，原有的路可能就改道，戈壁地区随处是石子儿，传统轿子车通不过去的地方架窝子却能通过，这种交通工具很好地适应了地域特征。架窝子通常使用骡子驮轿，原因是骡子身壮力强、耐力好、生性驯良，走路较为细心认真，因此是驮轿最好的畜力。

五、农耕生产

1. 梯田

梯田的发明是人类适应特定自然的伟大工程，真正的巧夺天工。它具有以下几个地域适应性特点：防止水土流失，黄土高原原本植被稀少，再加上黄土的易流失特点，在雨水的地质作用下形成千沟万壑的地貌特征，梯田将雨水截流在半坡，防止急流拉冲作用；提高了农业种植面积，原来的坡地许多无法使用，进过平整为梯田增大了耕种面积；改善了农业作业条件，节省人力物力，平地耕种，无论是机械化作业，还是人畜耕种都省时省力；保持了土壤养分和水分，提高土壤生产力，截流降水，不但防止可溶性土壤养分的下流，关键是保持土壤水分，增长土壤保墒时间；同时创造了震撼人心自然艺术景观，梯田是优美曲线的立体渐变递增或相似构成，富有富有节奏韵律感，视觉冲击力强，现在甘肃庄浪等地正大力开展梯田农业旅游观光项目（图 4-38）。

图 4–38　梯田

2. 沙石田

沙石田是西北传统农耕方式中的又一大适应干旱的发明，沙石田在兰州云登、白银靖远、中卫兴仁等干旱戈壁地区的缓坡地带耕种较多。沙石田据说是兰州人发明的，原来在云登秦王川一带沙地耕种的一农民发现，播种在鼠洞旁边的石砾碎石较多的地方苗长势强盛，在连续多日不下雨的情况下仍然茁壮生长，后来试着用同样的方法，将碎石块铺在自家农田上，果然来年庄稼长势良好，特别是在连续多日不下雨的情况，下麦苗的叶子仍坚挺油绿。那沙石田是如何适应干旱的呢？在生活中，我们常常发现在干燥的土壤中浇水，水会沿着高坡向高处渗，这就是土壤的毛细现象，土壤土粒的大小比例不同，毛细作用大小也不一样。西北的沙漠戈壁区和黄土高原土壤层毛细作用较强，土壤水分蒸发量大，导致水分从土壤里像毛细血管般的空隙中向上流失而加剧干旱。当土壤表面铺盖上一层碎石块，就不会形成毛吸现象，使原本流失的水分保存下来，从而让庄稼茁壮成长。此外许多石头都含有丰富的磷钾及其他矿质肥料，给农作物提供了较多的养分。宁夏中卫的硒砂瓜生产正是综合利用了沙石田昼夜温差大、保墒涵养、土力肥沃等旱地西瓜生产的特种条件。因此中卫一带产的硒砂瓜瓜瓤松脆、甘甜可口（图 4-39）。

图 4-39　沙石田

3. 同心水窖

水窖主要指干旱地区的一种储存雨水的设施，西北地区气候干旱少雨，往往好几个月不下雨，而水窖解决了人畜用水和农田灌溉，又被称为“旱井”。《中国农村社会主义高潮·皋兰县的三年发展计划》：“挖泉、打井、空装水车、打水窖、修涝池，新修水地二万五千五百亩，并且保证彻底解决人畜吃水的困难。”

因修建水窖的土质条件不同，水窖的形式分为瓶式、坛式和窑洞式。在宁夏同心县有一种很特别的水窖，人们往往采用瓶式水窖。同心水窖选取在径流汇集的坡面上，开口小，用纱网将口封住，避免大块物掉进水窖，内部呈瓶状，上下一致，封口处呈拱形穹状。

传统的同心水窖制作材料和工艺都有很强的地域性，基本方法是：把院子用水泥硬化，在院子的某一合适角落挖一深度 250 ～ 300 厘米的水窖，在窖腔的内壁四周开挖很多直径约 4 ～ 5 厘米、深度约 15 ～ 20 厘米的小孔，小孔要按一定密度和错落规律排列，然后将本地的一种红胶泥（西北戈壁地区常见的一种土粒细密的红色矿物土料，遇水浸湿后致密性强，几乎不透水，常用来作为不同岩土水层的密封材料）用水泡软后揉捏成柱状条形泥巴，然后将泥巴的一头用力塞入小孔中，另一长出来的端头，则用手掌拍平，因开孔密度很大，水窖四壁用这样的方法就会形成一个固定在窖壁四周的红泥饼层，最后在其上面再附一层红泥把各红泥饼连接在一起，用力压实抹光，就形成一层完整的红泥防漏水层。在西北戈壁绿洲地区，也有地下水位很浅的地方，挖井到地下三米多甚至更浅处，就会有苦水就会渗入井内，但这些水多为盐碱类的苦水，不能饮用。因此，在井壁的红泥层还有阻止地下苦水渗入井内的密封作用。戈壁地区的大多数红胶泥对水质没有什么污染，是当地随处可取的一种廉价土料，采用这种工艺是人类适应干旱自然的一个生态设计典范（图 4-40）。

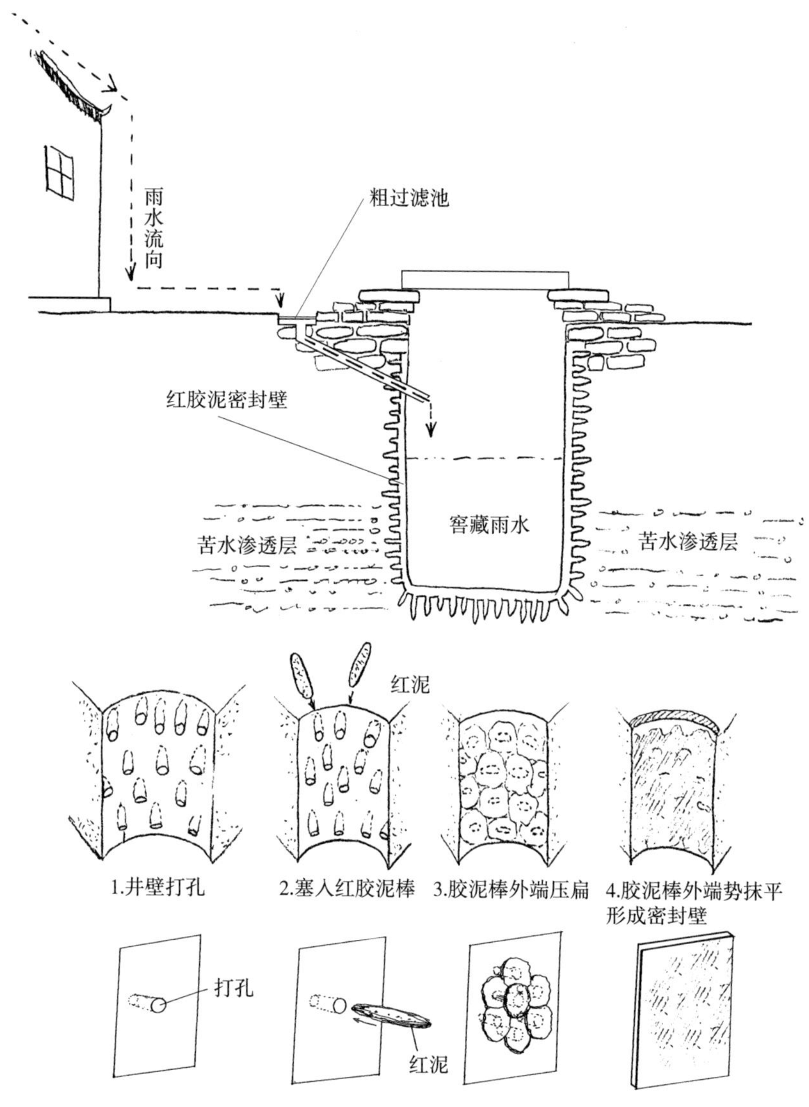

图 4-40　宁夏同心县传统红胶泥水窖及其建造工艺

六、民间艺术的地域性

之所以要提到其他民间艺术，是因为某一地域的各类民间艺术与该地域的统造物艺术有内在关联性，尤其在审美特质方面相统一，两者适应地域特性的机制是一样的。西北地区地方性艺术类型和表现形式丰富多彩，秦腔、信天游、剪纸、砖雕、庆阳香包、黄土高原鼓文化、兰州刻葫芦、庆阳道情皮影等不胜枚举。若对各自的起源、发展、作用、角色等作逐一分析，每个艺术类型成长、发展都是根植于西北地域特性的，并与其相适应的。

（一）表演艺术

西北各地区、各民族都有当地的传统表演艺术形式，如社火、戏剧、说唱等，表演内容有直接以当地风俗故事为内容的，也有中国传统历史剧目或中国传统民间故事、神话等，但都以当地方言和腔调演唱和表演。

1. 西北唱腔

秦剧是中国西北相当古老的剧种，它起于西周，那时关中地区就被称为“秦”，所以称其为“秦腔”。秦腔“形成于秦，精进于汉，昌明于唐，完整于元，成熟于明，广播于清，几经演变，蔚为大观”。流行于我国西北的陕西、甘肃、青海、宁夏、新疆等地，并且在西北演变成不同的流派，所演的剧目数以万计，是中国其他剧种的鼻祖。秦腔唱腔高亢激越、嗓门宽大，仿佛西北地域地貌的粗犷与豪放。所以有人说，西北人高兴的时候，“吼”上一曲，吼声惊醒四野，荡气回肠；悲伤的时候，“吼”上一曲，悲愤的吼声苍凉悲戚，低沉婉转。所以，秦腔的“唱”不叫唱，而叫“吼”。同样华阴老腔、陕北民歌、信天游、打夯歌、回族花儿等曲艺形式都是以刚直高亢、豪迈磅礴著称。

其实，西北唱腔的这些特点，是陕甘地貌特征和地域性审美心理综合作用的结果。陕北歌王阿宝、王向荣等被称作中国西部的原生态歌手，他们的腔调代表了“信天游”高亢激昂的基本特征。据说王向荣的嗓音就是在特定的黄土沟谷中练就出来的，也是在那种黄土山坡上才使他们绽放歌喉，寻找山谷中回音共鸣的感觉，能将陕北民歌的苍凉高亢、淳朴憨厚的感觉表达得淋漓尽致。这种饱含地域乡土气息的演唱风格征服了观众，使他们大胆地唱出了陕北情调，走向全国。

2. 信天游

信天游有诗歌、说唱艺术的特点，歌词以七字格，二二三式为基本句式，而且上下句常常变文体，在文学修辞上主要用浪漫主义的比兴手法。赋比兴是《诗经》的主要修辞手法，《诗经》的风格最早可要溯源到古华夏族的西周人（姬姓部族）时代，他们生活在黄河上游的陕甘渭河一带，在数千年的原始农耕文化中形成了本土诗歌特色。到西周时期已成为富于地方特色的审美格式，这对后来西北的信天游、“花儿”等都有很大影响，是三黄地区的说唱艺术的源头。从美学通用规律看，《诗经》中的赋比兴手法和造型艺术中的意象设计是一致的。

赋是铺陈、排比，类似于造型设计中将相关单元元素按一定的规律排列组合和近似规律的排列组合，统一中求变化，三个以上的单元组合才有排比和韵律的美感。

比兴是类比兴起，即以他物比拟此物，先言他物以引起所咏之辞，比如陕北民歌中唱道："大白（的那个）兔（来）红耳（的那个）朵，想谁（的那个）也不像想哥哥。"在产品创意设计、建筑造型设计中也常常将他物的形态、结构给予一个新的功能、用途，再进行系统造型变化设计，表达一种新的设计理念（文化创意设计、仿生设计、产品语意设计等），这就是取象类比法，也可放入现代设计符号学原理中的能指和所指的关系研究范畴。要说这种方法的精髓和源头都在中国传统意象造物智慧中。

艺术是相同的，中国传统审美中的意象思维，可上溯到原始社会先民的形象思维，周礼中的比兴审美观念要源自上古时期《易经》中的取象类比思想，这是"周礼"、"儒家美学"的根基。后来与《诗经》《楚辞》等为代表的中华先秦艺术形式共同融合发展成独具中华特色的意象创造思维，表现在音乐、舞蹈、诗歌、文学、造字、书画、器物、建筑、园林等方方面面。

西周礼乐文化是中国传统文化的根，从饮食、起居、祭祀、丧葬到社会生活的方方面面，都被纳入"礼"的范畴。在行为、制度、思想上缔造了儒家思想大一统体系。浪漫主义比兴手法是我国传统艺术的通用美学规律，在艺术审美上也形成了独特的比兴特色，最终演变为中国传统文化中审美特质。

3. 黄土山谷中的鼓

鼓是上古时期就已有的打击乐器，西北黄土高原地区出土了大量大的原始陶鼓，有素陶鼓，也有彩陶鼓。鼓是精神的象征，舞是力量的表现，鼓舞结合开舞蹈文化之先河。《尚书·益稷》中讲"击石拊石，百兽率舞"，意思是原始社会人们敲打着石器，模仿兽类形象跳图腾之舞，《周易·系辞》中"鼓之舞之以尽神"则说明鼓的出现，使舞蹈得到飞跃，成为西北农耕舞蹈文化的开端。鼓膜是制鼓的关键材料，原始鼓其实就是将绷紧的兽皮套在陶器的罐口而成的，通过一般的情境分析和逻辑推理，都可以粗略推导出原始鼓的发明过程。原始社会先民以渔猎或饲养为生，以兽皮制衣。兽皮的原始加工是先民最频繁的活动之一，试想捕猎和饲养的动物中，牛、羊、鹿等动物的皮是容易被剥下来的，是用于缝制衣服的材料；绷紧晒干的兽皮，或蒙在陶罐上是很自然的事，通过不经意的敲击等情节就会诱发鼓的制作。原始先民由于对猛兽的畏惧、对部落冲突的威慑、对自然敬畏，发明和使用"鼓"也是情理之中的事。

我国原始鼓文化可能发端于西北黄土高原，这是因为在原始社会受木材加工工艺局限的情况下，鼓框用陶制作是最为合理的，无论是空心桶形制作、喇叭口、鼓膜挂刺制作、鼓耳制作等，制陶工艺都会轻易实现，且陶材的音响震动效果较好。而在仰韶及马家窑文化时期，黄河中上游的原始农牧业相对其他地区较为发达，牛、羊等是主要的饲养对象，再加上西北黄土高原，千沟万壑，山谷回音响亮，就产生了鼓特有的音响心理效应。传说黄帝以兽皮制鼓，“声闻五百里，以威天下”，又说黄帝用鼓助阵造势取胜，“帝伐蚩尤，玄女为帝制夔牛鼓八十面，一震五百里，连震三千八百里”，表明黄帝部族善于使用战鼓，黄帝很可能就是鼓的发明者，这一说与黄帝出生在天水清水境内也相符合。《山海经 · 西山经》中讲到“钟山，其子曰鼓，其状人面而龙身”。天水有一古山名为“崦嵫”，按《西山经》中地域位置的描述——“崦嵫西北又四百二十里，曰峚山，……。峚山，又西北四百二十里，曰钟山，其子曰鼓”，据此类推，该叫鼓的人应当就在现今天水、定西及其周边黄土高原一带。所以黄河上游的鼓文化应当起源很早。而大地湾后期和马家窑文化恰恰以屡次出土陶鼓而出名，尤其是马家窑彩陶鼓，形态结构与功能完美结合，适于随身运动中使用。

与其他地区的史前文化相比，西北黄土高原地区出土的陶鼓，做工精细，设计合理，形制有别，大小不同，而且在马家窑文化的各个类型中都有鼓的出现，这也说明史前时期黄河上游地区对鼓的制作和使用已很普遍。此外，黄河上游的史前考古中巫事文化非常普遍，在巫事盛行时期，巫觋以舞弄术，鼓为舞的主要起兴工具，也促使了鼓文化的发展。

到后来的秦、汉时期，腰鼓这种文化形式逐渐在西北发展起来，马背上的民族强悍善战，又盛产优质皮鼓膜。在少数民族和中原地区争霸冲突中，少数民族士兵腰系战鼓，两军对阵常击鼓助威。后来腰鼓渐渐从军事用途发展成为当地民众祈求神灵、祝愿丰收、欢度春节时的一种民俗性舞蹈，从而使腰鼓具有更大的群众性，但在击鼓的风格和表演上，继续保留着某些秦汉将士的勃勃英姿。1981 年，在与安塞县比邻的延安市梁村乡王庄村一处叫“墓陵塌”的小山坡上出土了两块腰鼓画像砖，经文物考古鉴定，系宋代造物。画像砖上所塑造的打鼓者面目清晰，造型美观，形颜动作，惟妙惟肖。生动地表现了中国宋代陕北地区的腰鼓表演。942 年，延安和陕甘宁边区兴起的新秧歌运动，使腰鼓这一古老的民间艺术得到了发展，成为亿万军民欢庆胜利、庆祝解放的一种象征，并被誉为“胜利腰鼓”，解放后安塞腰鼓的精湛演出遍及中华大地。

腰鼓是一种非常独特的民间大型舞蹈艺术。最初盛行于陕北，安塞腰鼓像掀起在黄土地上的狂飙，展示出西北黄土高原农民朴素而豪放的性格，张扬出独特的艺术个性。其豪迈粗犷的动作变化，刚劲奔放的雄浑舞姿，充分体现着陕北高原民众憨厚朴实、悍勇威猛的个性与性格（图 4-41）。

图 4-41　腰鼓

（二）造型艺术的地域适应性

1. 黄土高原民间剪纸和皮影制作

爱美之心人皆有之，贫穷也压不倒庄稼人的审美意识，审美其实是一种观念意识，用物质的形式表达出来就是审美的行为。《白毛女》剧中杨白劳扯了二尺红头绳给喜儿扎在头上，贫困的父女俩仍有过年的喜悦和美感。由此可以想象：在旧社会生活在这片土地上的农民很辛苦，但再苦的日子，他们依然要高高兴兴地过年，各种节日诸如：中秋节、端午节、春节，诸多节日个个不能少，还有众多的其他“过事情”（当地人称红白喜事都为过事情）诸如：娶媳妇、嫁女儿、生孩子等家家都遇得上。

许多民间艺术品的发展在环境适应性问题上表现得更为纯粹，特别是手工艺品。中国剪纸是发源于民间的一种艺术形式，我国的新疆、甘肃、陕西、云南、贵州、湖南、江西等地都是著名的剪纸之乡，但因地而异，其材料、工艺、题材、用途也有差异，如江西吉州窑把剪纸作为陶瓷制作中的工序，在胚体上贴剪纸花样，通过上釉、烧制使陶瓷图案更加精美。黄土高原地区的剪纸深深扎根于农民的生活方式，与农民的精神追求有着密切的关系，主要有陕北的延安安塞剪纸、榆林剪纸和甘肃庆阳剪纸等。其实近年来发现的许多中国原生态的民间艺术形式都产生于这些偏远落后的乡村地区，而且种类繁多，其中最有名的艺术形式主要有民间剪纸、皮影、腰鼓、地方曲子等。这些地区大都自然条件差，信息闭塞，西北黄土高原地区的许多农村村落正是这种情况的写照。这里我们结合地域环境，主要分析剪纸及皮影形成的地域因缘。“红事”中的“双喜”图案，“白事”中的“寿”字图案，可能是我国民间传统图案中，最早使用的图案之一，哪怕在喜事中只选一个图案，也少不了“红双喜”；丧事中只选一个图案，也少不了“寿”字符。虽然这些纸样不如房子、家具等大件的厚重实用，但它们能烘托那个“过事情”的气氛。对于普通人家来讲，儿子要娶媳妇了，尽管没有高头大马，穿红挂绿的排场阔气，大红灯笼满院挂的豪宅阔气，但也要图个吉利，图个红火，买几张红纸还是能做得到的开支，多剪几个双喜贴在窗上门上也是很简单的事。在长期的生活过程中，需要带动了人的能动性，熟能生巧，触景生情，剪几个其他好看的花样也何尝不能，民间的“鸳鸯戏水”“喜上眉梢”等都是很好的制作对象。这是一种生活情景的分析（图 4-42），其他“过事”和生活场景也都可能引发类似的创作机遇。

图 4-42　第 4 届甘肃文博会展品

另外，陕北、陇东的妇女们是最勤劳贤惠的，她们各个心灵手巧，承担家中的全部针线活儿，剪鞋样、剪风挂、剪贴花，剪刀的使用是她们最熟悉的当家本领。艰苦的地域生活环境，磨炼了她们坚强勤劳的性格，也创造出她们一双能巧的双手。在旧社会时期，民间艺人属于社会下层，尤其是剪纸这种艺术大都掌握在一些普通农村妇女之手，她们没有其他优厚的物质资源可以享有，所做的事情只能由双手来创造，在简陋的人工环境中要取得与自然环境的协调，须付出更多的适应性创造。西北气候干燥，无论是窑洞的内外壁、还是土夯的墙壁，都是高亮度的黄白色。这种材质和色调利于装饰，为了使窑洞居室里亮堂一点，窑洞的四周都刷上白色的石灰，窗户上也贴满白色的窗格纸，再在居室的墙壁和窗户上配以大红色的剪纸花，便显得格外的明丽。

剪纸的镂空造型在墙面上的对比效果是最好的，高明度的土黄色，映衬在低明度的红或绿色图案下面，既富于强烈的层次对比，又有大面积的色调调和与统一，因为浅黄色的土质质感与深色的纸质质感本身就形成了质感的对比和明度的对比，土质色彩几乎属于无彩色，它和任何颜色的搭配都是协调的。西北黄土高原最初的窑洞，院落都是很简陋的，土洞、土门、土墙、土炕、土灶。旧时的剪纸都是贴在这些土墙面上的，很有视觉效果。后来随着生活水平的缓慢提高，居住方式的不断改进，这些剪纸图案就可以贴到木质窗户，门扇、门楣及家具等面部。不论是陕北剪纸还是庆阳剪纸，剪纸配色大都以红色为主，辅以绿色。为了与这明丽的色彩相呼应，箱子、柜子和瓦瓮上也都贴满了红绿艳丽的图画，这些剪纸和图画，不仅使窑洞里充满了生机，同时，这些人工绘制的丰富色彩也弥补了黄土地自然色彩的单调。剪纸配色这里之所以要多次提到土质质感和土质色彩与剪纸的关系，是因为西北的黄土高坡大都是濯濯童山，不像南方的山地很少裸露出土质表层，西北的山地植被覆盖很少，许多山丘几乎寸草不生，很多黄土高原地区的农村山前屋后都是黄土裸露层，这就构成了这些地区农家院落的基本色调，红配绿可以调节这种单调，这些自然环境会影响地域心理（精神）的形成，从而作用于当地剪纸艺术的成长与发展。由情境分析可以看出来，普通百姓家庭娶媳妇，生孩子，即便是没有大红灯笼高高挂的排场和阔气，也一样能将事情办得红红火火。此时黄土高原的剪纸艺术已经发展到很成熟的阶段，成了地域性的文化特质的一部分。

一个族群或一个民族，长期生活在某一地域，人们的生活习惯与生产方式自然而然地就与这一地域的自然环境相适应，最终形成了具有地域特点的文化心理和审美情趣，而表达这种心理的物质用品也就必然带有明显的地域特征。物质财富与精神财富是构成文化的核心要素。物质财富反映了人们的生存状况，是人们在与自然和谐相处中生产、生活状况的反映，而精神财富往往要通过一定的物质载体得以体现，它反映了人们的精神世界和思想状况。

我们继续分析西北黄土高原上与剪纸相关的另一个文化综合体——皮影戏，从现代影视学的角度看，皮影是一种特殊的舞台表演艺术，具有其他影视艺术的综合性，这里单从皮影的物质构成形式切入讨论。皮影在中国已有几千年的历史了，是一种很成熟的民间艺术形式。但总体而言在北方较为流行，尤其以黄土高原最为流行，现存的北方皮影主要有：辽宁复州皮影，河北邯郸冀南皮影，山西孝义皮影，陕西华县、华阴老腔皮影，甘肃环县道情皮影等，南方主要有浙江海宁皮影等。其实皮影制作的基本技艺和艺术表现手法与剪纸相同，即采用镂空的手法使阴阳图形相互对比，互为衬托。所以皮影艺术在剪纸艺术发达的西北高原发展达到较高的艺术水准也是情理之中的事，自此我们也不难理解为什么浙江海宁的皮影艺术特点是“少雕镂，重彩绘，单线平涂”。看来前一种艺术形式的出现，对后一种艺术形式的形成的确有影响，这是由于前一种艺术形式一经形成就成为社会文化环境的一部分，并且影响后面器物文化的形式和内容。

皮影艺术在西北黄土高原的发展，除了有剪纸艺术根基的支撑，其他因素也很重要，比如，作为皮影材料的牛羊皮很丰富，皮质加工的传统工艺等。有些民间工艺与自然环境关系密切，众所周知的贵州茅台酒，其发酵工艺效果与茅台镇的地域性水质、土质、气候关系密切。其实在道情皮影制作的诸多工序中，仅炮制皮质、刺围雕刻、脱水发干（窑洞阴干效果最好）其地域性就已经很强了。地域性传统工艺的生态之树可持续生长，最为关键的还是社会环境因素。如前所述，这里的村民“过事”都比较讲究，但黄土地的干旱使他们无法摆脱贫穷，豪华的戏班子在乡村里也难以立足。所以皮影戏的运行情景是：一头毛驴驮着“全部家当”就可以上山下坡，走街串巷巡回演出了。每到一地，在农家的窑（屋）里撑起亮子演出，皮影班子一人多用，单人多角，即一边操作皮影，一边说唱，一边打击配乐等。这种不用专门的服装、化妆、道具，也不用巨大的舞台场地和设备就能演出的艺术形式和这里的生活方式极度吻合，村人“过事”随便一叫就可以请到家里演出，既热闹又省钱。许多皮影艺人的道白是地方口音，说唱的腔调都带有地方曲调特色，具有浓浓的乡土气息，它曾是乡间井市中 90% 的民众处于文盲的社会里担当过传播中华历史文化的角色。[①]

在地域文化形成的过程中，也许有其他形式的原创艺术曾萌芽过，但可能夭折了或流传下来了，文化的成长同样遵守“自然选择”、“优胜劣汰”的进化规律。不用质疑，作为地域性的原生态文化，黄土高原地区的这些艺术形式是地域环境的多种因素综合作用的结果，它与地质、地貌、气候、交通、经济发展状况、地域心理（审美）、民俗、传统等都有关系。我们也可以得出这样的结论：传统文化在其形成初期是自然因素和社会因素综合作用的结果，但一旦形成并被大众所接受，则进入下一步的不断完善和发展的历史进程，新的文化形式又加入地域性的社会环境成为地域环境的一部分，还会影响其他文化形式的产生及构成形式，只要系统地分析，其他艺术形式都可以找到相互之间千丝万缕的关系。可以肯定，许多民间艺术形式的形成与发展，首先有其产生的生活环境背景，但其发展完善绝不是哪一个艺人的成果，它与其他历代文化人及各行民众的提议指导、历代众多艺人的汇总提炼分不开。一种艺术形式的形成就如同一棵大树的长成，是各个年份雨水和养分积累的结果，对于民间杰出的艺人，只是在他们的有生之年将其发展得更多一些罢了，就如同那个年代的年轮更大一些，但这棵树的总体成长离不开生养它的土壤条件，地域气候环境等。

① 李金春 . 环县道情皮影——民间艺术的一朵奇葩 [J]. 艺术研究，2008（1）：6-7.

2. 黄河上游雕刻艺术的地域特性

黄河上游雕刻艺术种类非常丰富，沿河而上主要有阴山岩画、宁夏岩画群、兰州刻葫芦、临夏砖雕等，若将该地域的雕刻艺术范畴进一步扩展还包括甘肃的石窟艺术长廊及宁夏须弥山石窟等。宁夏岩画群闻名于世，境内分布密度很高，主要有五大岩画带群，其中以贺兰山岩画带和中卫岩画带规模最 大、也最有特色。宁夏岩画是对人类历史时期生的活场景、自然崇拜、巫术活动等的记述，有非常强烈的地域特征。因宁夏地处原始农耕向北方干旱草原过渡带上，历史上多为少数民族游牧地带，有中原文化和北方少数民族相容的文化特征，再加上黄河由南向北穿流，自然条件较好，是人类活动较频繁的地区。南部的农耕彩陶文化所表现的社会意识形态、内容题材对北方岩画的意识形态产生影响，如华夏龙、人面蛇身的伏羲女娲交媾图等。

图腾崇拜和巫师活动可能是人类各文明产生时期的共同阶段特征，南部黄土高原的广大地区由于处于原始农耕文化，处于定居状态，其文明发展水平相对较高。生活在黄土地上，就地取材，有非常优质的制陶黏土，能制造精美的彩陶，将其对自然和社会的意识描绘在彩陶表面。其表现技法、色彩、图案等显然要比北方的岩画丰富。而生活在北方河套地区的游牧民族，游荡在西北荒漠化牧场，既没有黄土、也无须制陶，但在游牧中，时时经过的险山奇石，令其敬畏、崇拜，可能是神灵居住的地方，能决定他们的命运，于是各种动植物、交媾、狩猎、巫觋、舞蹈等崇拜、祈求、祝愿的图案刻画在岩石上。所以，阴山岩画、贺兰山岩画中表现的牛羊虎狼、日月星辰等图案应是自然崇拜，祈求祝愿幸福生活，而形形色色的类人首则是贺兰山岩画的一大特点，这其实是对巫师、族神或祖先等“类人神”的崇拜。中国上古时候先民都把神灵和圣人抽象为“人面兽身”的形象来崇拜，伏羲女娲都是人首蛇身，所以上古书籍《山海经》描写的基本都是半人半兽、人面兽身的形象。《山海经》是一部非常古老的书籍，据推测最早的撰写人应始于原始社会晚期，那个时期正好是图腾崇拜、巫觋盛行的社会。

黄河上游岩画的制作手段主要有敲凿、凿磨、刻磨、研磨、刻线等方法，艺术表现手法主有写实、夸张、表意、抽象等方法，因宁夏岩画毗邻南部黄土高原彩陶文化，具有中原农耕文化和北方少数民族游牧文化融合的特点，不但刻画内容题材受其影响，而且艺术表现手法也存在相似性，确切地说，就是具有东方艺术的意象表现特征。中国传统意象艺术诞生于原始社会的彩陶艺术和岩画艺术，其特点是具有剪影式的平面化和图案化特征，比如仰韶文化和马家窑文化中的鱼纹、人面鱼纹、漩涡纹、神人纹样等都是平面装饰化图案。贺兰山岩画中的人面图案和黄河中上游古彩陶的人面图案大都选择描绘人物正面，虽然黄河中上游古彩陶纹样中人物纹样较少，但最典型的要数半坡人面鱼纹盆中的正面人面纹，而且青海大通上孙家寨舞蹈纹和甘肃武威磨嘴子遗址舞蹈纹虽人物较小，但均为人物正面，侧面很少见。相反，动物图案在黄河中上游的彩陶和宁夏岩画中都以正侧面表现最多。最典型的要数彩陶中的鱼纹，几乎全部是正侧面描绘，宁夏岩画中的羊、骆驼、虎、狼等也都是侧面表现。都有写实逐渐向简约化、抽象化、图案化发展，而且不拘重细节的精细刻画，重在姿态的传神会意；不讲求空间透视，注重二度空间的经营，使有限的画面达到无限的意境。可以说中国西北的古彩陶和岩画的艺术风格和内容上的共通性，使北方少数民族的游牧文化和中原地区的农耕文化在远古时期就有了认同基础，共同缔造了中华意象思维和意象造型艺术发展的历史过程。

临夏砖雕又称河州砖雕，2006 年被列为第一批国家级非物质文化遗产名录。据考古发掘，宋朝时临夏砖雕就已相当成熟。[①]临夏砖雕源自一种上好的青砖材料，洮河一带的黄土自古就是上好的制陶、制砖黏土，马家窑彩陶正是以此为基础才著称于世。洮河流域是信仰伊斯兰教的少数民族聚居区，清真寺的修建和装饰需求为临夏砖雕提供了文化发展基础，如兰州灵明堂拱北寺类的大部分砖墙都使用临夏砖雕艺术，造型缜密、繁复、精致、典雅、质地细腻。虽然临夏砖雕的精品多出自回族同胞之手，但砖雕的题材更多的是以中国传统吉祥图案为主，如梅兰竹菊等，由于临夏河州以盛产牡丹著称，所以临夏砖雕的牡丹雕刻最为精美。砖雕后来广泛地应用在寺、庙、观、庵、馆所及居民深宅大院等多领域，在风格上受西北秦汉风格影响较重，这自然就形成了临夏砖雕的鲜明地域特色。看来许多地域性传统造型艺术物品的形成大都要两个因素促成，一是要盛产某些地域性天然材料，这是物质基础，其次还要有地域性社会需求对传统工艺的提升驱动。

黄河上游地区适宜种植工艺葫芦，从兰州到宁夏吴忠、石嘴山等沿线到现在都一直保持着这种农种习俗，由此，在甘肃兰州和宁夏等地形成了刻葫芦的民间技艺，尤其以兰州的刻葫芦最为出名。传统刻葫芦主要是用刀和针在葫芦表面进行阴刻，用线条或阴刻松墨淡彩来表现中国传统书法、山水画、花鸟、人物等。现在刻葫芦工艺又综合了电烙烫工艺，表现手法更加丰富。由于葫芦是中国传统文化中是一种吉祥器物，刻画内容又为中国传统书画，所以兰州刻葫芦是在中国传统文化共识下形成的地域特色，社会认同广泛。

① 徐凤 . 甘肃非物质文化遗产概论 [M]. 兰州：甘肃人民出版社，2014：262.

人类很早就用葫芦来盛装物品，即便是在陶器时代以及后来的金属和瓷器时代，葫芦在日常生活的许多方面仍然具有其他同类器具不可替代的优势，正如我们今天还习惯性地将舀水的勺子叫作瓢。我国栽培葫芦的历史十分悠久，浙江余姚河姆渡原始社会遗址已发现葫芦，可知种植葫芦已有七千余年历史。所以葫芦制器，肇自远古。我国各民族中流传着许多有关葫芦的神话传说很多，有关葫芦也被是各类神话传说中的宝器，如西游记、封神演义中的许多神仙都有宝葫芦。这些神话传说都与远古时期的现实生活有关。在原始农业初期，曾有一个种植葫芦为主要作物的阶段，故形成了远古时代的“葫芦文化”。[①]

盘古，在古书中写作“槃瓠”，据考证“槃瓠”即葫芦。[②]有关伏羲女娲生活在成纪（渭河上游一带的古地名，包括六盘山周边陇右地区到天水一带）一带，也不全是传说，根据遗址考古和现有地名等可以综合推断，且不说大地湾遗址、《山海经》中有关天水龙鱼的记载、鲵鱼彩陶瓶出土、伏羲庙、卦台山、女娲洞等文献、遗址遗物证据，仅就葫芦文化也可以提供强有力的证据。远古时期人们认为葫芦繁衍了人类、创造了万物。这源自浑水遗民，伏羲女娲在葫芦中成亲，并创造人类的神话。既然伏羲女娲在葫芦里创造世界，创造了人类，那么伏羲女娲自然也就是葫芦的化身了。古时“匏”、“瓠”、“瓢”、“壶”等为同义谐音字，均指葫芦。据古文献记载伏羲姓风，又称“匏戏”、“瓠戏”，他与“槃瓠”（盘古）是同一时代的两个不同部落的首领，所以那个时代的葫芦其实就是杰出首领、神灵的标志性符号。其次，雕刻葫芦是陇右地区的古老传统工艺，后延伸到整个黄河上游地区。无独有偶，黄河上游的直流葫芦河横穿“羲里娲乡”大地，它是渭河的二级直流，发源于六盘山，向东南流经三秦大地注入渭河，古老的葫芦河名称由来也不是偶然得来的。

黄河上游陇右、洮河及兰州谷地属于半干旱与半湿润交汇的温带大陆性气候，日照时间长，昼夜温差大，土壤及气候条件利于各类农作物生长，兰州还是我国著名的瓜果之城，特别是利于多种葫芦科及瓜类作物的生长，如兰州白兰瓜很出名。作为刻葫芦艺术用的是观赏葫芦属、葫芦科瓠瓜属，原产亚热带，只作观赏，不能食用，老熟果外皮坚硬。如大亚腰、中亚腰、小亚腰、弥勒佛、玉杵、吉祥宝宝等。兰州的刻葫芦所用的葫芦胚体形状较多，但主要是兰州特有的鸡蛋葫芦，其外表呈黄色，光滑圆润，形状椭圆，如鸡蛋般大小。

从社会文化因素看，兰州作为丝绸之路重镇，是丝绸古道上一座具有2000多年历史的文化名城，是早期商人东西往来的重要渡口和驿站。作为丝

① 刘宝山 . 黄河流域史前考古与传说时代 [M]. 西安：三秦出版社，2003：21.

② 周冰 . 巫 · 舞 · 八卦 [M]. 北京：中央编译出版社，2008：5-7.

绸之路上长途跋涉的商人，西行是茫茫沙漠戈壁，东行是干旱黄土高原。在行进路程中，水是不可避免需要携带的，现在有水杯、水壶等一系列的盛水装置，但在古时候，葫芦、皮囊等就成了装水和酒所必备的物品。自古以来，人们在对物品的基本功能需求的同时总在同时进行审美的需求，这似乎是人的天性，从远古时期的石器、骨器、陶器到后来的青铜器、木器，人们习惯于对器物、对生活进行重新设计。特别是一些家用日常生活用品和随身携带的物品，人们尤其对它们热衷于各种装饰。由此我们可以推想，随身携带的葫芦用品被早期描绘、刻画也是历史的必然，在不断革新、代代相传中将其造就成一种特有艺术形式，盖有其他民间艺术形式的发展也都如此。现在虽然刻葫芦这项技艺被广泛传授，但是真正的传统意义上的刻葫芦手工艺是兰州特有的一种艺术形式。

关于兰州刻葫芦的起源说法不一。魏晋时，东西商业往来不断，位于丝路咽喉重地的兰州和敦煌，就是胡商的聚集地之一。5—6 世纪时，南北朝分立，北魏建国后不久就派使者前往西域，金城兰州更成为各国贡使、商人荟萃之地，也是丝绸之路上的一个重要补给地。当时胡商从和田带过来的巨型葫芦（盛水用的），经兰州工匠刻上图案画面和文字出售。许多特种葫芦（如圆球形、椭球形葫芦）大都是从西域或中亚地区传过来的，而有史可考的兰州刻葫芦记载出现在清末光绪年间。据兰州《皋兰县志》记载：清光绪十八年（1892 年）有位王裁缝（佚名）首先在葫芦上镌刻花草等；另有戏曲艺人王鸿武、来银娃等刻绘戏剧脸谱、刀马人物与风景名胜。当时只在其表皮绘画，不做刮、磨加工，也不填色，比较简单，均以儿童玩物流行于市，这便是最早可以查询到的有关兰州刻葫芦的记载。所以兰州刻葫芦艺术的产生不是偶然现象，是在长期的地域文化发展中逐步成长起来的，是完全符合兰州的地理交通特征和自然环境条件的，特别是丝绸之路文化的发展为兰州刻葫芦的成型注入了非常丰富的人文营养元素。

对日常生活用品，特别是随身物品的造型装饰似乎是人类的天性，葫芦形态丰富、大小多样、天然具有很好的艺术观赏价值，而处在东西方文化交流、艺术荟萃、商贸往来的丝路情境中，产生画葫芦和刻葫芦也是必然的。这是兰州刻葫芦这种传统器物文化的地域性形成的几个主要因素，当然一个传统器物的发展成形其因素是纷繁复杂的（图 4-43），列举的是兰州刻葫芦艺术形成的地域因素系统树模型。

文化特征的形成与该文化所处的地理环境有很大的关系，一个族群或一个民族，长期生活在某一地域，人们的生活习惯与生产方式自然而然地就与这一地域的自然环境相适应，最终形成了具有地域特点的文化心理和审美情趣，而

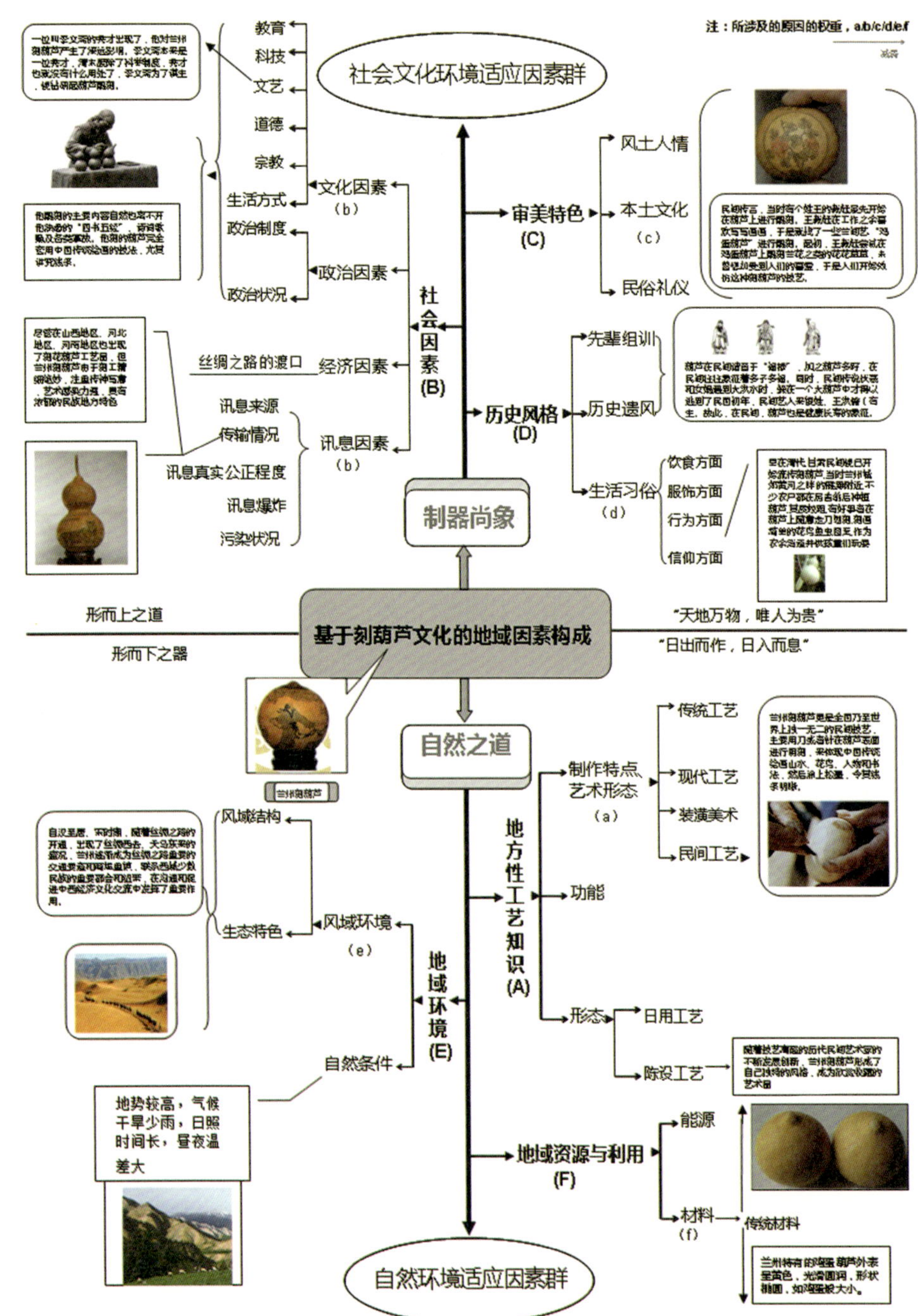

图 4-43　兰州刻葫芦艺术的地域因素构成树形系统

表达这种心理的物质用品也就必然带有明显的地域特征。物质财富与精神财富是构成文化的主要因素。物质财富反映了人们的生存状况，是人们在与自然和谐相处中生产、生活状况的反映，而精神财富往往要通过一定的物质载体得以体现，它反映了人们的精神世界和思想状况。物质财富的创造与人类的生产、生活息息相关，从某种程度上说，物质财富的创造过程能够反映人类的发展历程，我们可以通过不同的物质用品，更直观地了解当时社会的发展状况，了解人们的生产生活状况以及他们的精神世界。

第五节　黄河上游河道传统器具及其地域适应性

内蒙古托克托县河口镇以上的黄河河段为黄河上游。流域面积 38.6 万平方公里，占黄河总量的 51.3%，属中温带大陆性气候，冬无严寒，夏无酷暑，昼夜温差大，降水少，冬季较长。因受地形和纬度影响，由南向北分为半湿润、半干旱、干旱三个区域。年平均气温为 5 ～ 10 ℃。年平均降水量为 200 ～ 400 毫米，年蒸发量为 1000 ～ 2000 毫米。春季多风、偏东风较多，沙尘暴频繁。积温低，全年无霜期 150 ～ 200 天。黄河上游它地处黄土高原的西段，属于黄土高原向青藏高原与内蒙古高原的过渡类型，黄土和石山交错共存，地貌主要有石质山地、黄土梁峁和盆地，河谷阶地三种类型，其中沿河地带是最富庶的地区，主要包括河套地区、兰州盆地、洮河及河湟谷地，这些地方很早就有人类居住生活，为中华民族提供了丰富的文化资源及生活资源，与中原地区共同孕育了古老的华夏文明。

黄河上游地区在历史上处于我国北方各游牧民族和东部汉族农耕民族经济、文化、政治区的交汇地带，民族融合，多种文化相互渗透，形成了这一地区总的文化特征。纵观该地区历史发展的状况，在不同时期，由于处在不同民族的统治下，器物文化随政治历史的变迁呈现不同程度的差异也是必然的，但地理环境并没有发生多大的变化，在物质生产和生活上都要依赖于自然环境的恩赐，所以器物文化的地域稳定性的基础是自然环境的稳定性。

中国北方的少数民族在实现自己的王朝统治时，大都有一个共同的特点，就是比较尊重汉文化，任用汉族能人志士，沿用汉族先进的管理制度和先进的农耕、手工艺等生产技术要素，实现其国家稳定和经济发展特别是西夏、契丹、蒙古等统治时期表现较为突出，这为后来的满清统治也提供了思路。文化的概念很广泛，其特质类型也很驳杂，但人类在适应自然，发展经济的生产技术要素方面是没有国界的，今天也是如此。所以器具文化的地域性相对其他类型的文化是相对稳定的，前后有很强的传承性。黄河沿线的器物文化在吸收其他文化类型的基础上已形成鲜明的地域特征。如明朝宦官段续游历西南，仿拟云南通河的筒车灌溉技术，依据兰州地理特征创制了适合于本地的水车，成为黄河上游的地域文化和科技象征；1909 年 8 月，兰州黄河铁桥竣工通车，从而改写了黄河上没有永久性桥梁的历史，这座桥由来自比利时、德国、美国等国的设计师和工程师以及兰州的建设者共同建造的“天下黄河第一桥”，现已成为兰州黄河文化的地域性象征。

明清时期黄河文化的器具，还有其他如渡河运载工具羊皮筏、浮桥，沿河的民间艺术工艺品如太平鼓、刻葫芦、临夏雕砖等，促进了该地区经济文化的繁荣与发展。制造业、手工业、建筑业、津渡桥梁和灌溉工程都有不同程度的发展与创新，黄河传统文化在这一时刻被注入了新的内容。需要提出的是，中国伊斯兰文化中的回族本土文化在黄河上游占有重要位置，兰州牛肉面闻名天下，这源自兰州的黄河水、面料、调料和工艺等综合因素。在黄河传统器物文化中与回族相关的还有羊皮筏子、临夏砖雕等，这一切地域民族文化的荟萃创造了丰富多彩的黄河文化。

河套黄河冲击平原土地肥沃，历来是塞外农耕的富庶之地。沿黄河而上进入宁夏平原，大漠边缘、贺兰山麓、黄河湿地为人类早期生存创造了得天独厚的条件，水洞沟、藏兵洞、鸽子山、暖泉等新旧文化遗址就是一个证明。宁夏除了水洞沟文化外，还有贺兰山岩画文化、长城文化、西夏文化、大漠黄河文化，从先秦到秦汉以后，荤粥、鬼方、猃狁、戎、匈奴、突厥、鲜卑、党项、蒙古等少数民族都在这块富饶土地上生活过，贺兰山岩画记录了这些民族的游猎、农牧、农耕文化演化过程，应该是他们真实生活的写照。

靠山吃山，靠水吃水。黄河上游的水文特征和地理特征，形成了沿岸人们适应河流的生活方式。黄河上游，尤其是从宁夏青铜峡到甘肃和青海沿线水流速度快、落差大，又是古丝绸之路和内陆西去必渡之河，这两个特征造就了黄河上游的两个文化，即黄河水车和黄河羊皮筏子文化。

一、黄河水车的地域特性

黄河水车是黄河上游的一种古老提灌工具。从青铜峡逆流而上经中卫、靖远、兰州到青海贵德地区，沿途河谷地带多为黄河冲击河滩，土壤肥沃适应耕种，旧时均有水车灌溉。河谷上游水流较急，河水距离河滩有较高距离，无法直接引流灌溉，古黄河水车的发明和使用解决了这一问题。其中兰州黄河段最适合水车灌溉，因这里河谷滩涂面积大，宜耕种，河滩与河水有较大落差，水车建造规模大、使用频率高，所以，黄河水车主要是指兰州黄河水车。

（一）兰州黄河水车的概述

兰州黄河水车古时又称“灌车”“天车”“翻车”等，它是明朝时期（1556 年前后）由兰州人段续设计发明，至今已有近 500 年的历史。兰州黄河水车是黄河上游最典型的适合本地地域特征的传统器物。

兰州水车的结构工艺及其功能原理完全适应本地各地域因素，是由多种地域元素构成的产物。从结构工艺讲，兰州黄河水车与南方的龙骨水车不同，兰州水车酷似巨大的古式车轮。所用的上盛材料为本地旱柳，全为套卯结构连接，轮幅半径，大的将近 16 米，小的也有 5 米。轮辐中心是合抱粗的轮轴，轮轴周边装有两排并行的辐条，每排辐条的尽头装有一块刮板。刮板之间挂有等距斜挂，可以活动的长方形水斗。当水流自然冲动车轮叶板时，推动水车转动，水斗便舀满河水，根据水车直径的不同，可将水提升 10 ～ 16 米，等转至顶空后再倾入木槽，源源不断，流入园地，以利灌溉。这种通过水车转动，自动提水灌溉农田的水利设施，是古代的“自来水工程”。

黄河自西向东流，由于地球自转偏向力的影响，兰州附近的黄河冲积滩地多位于南岸，并形成良田，所以兰州水车多立于黄河南岸。兰州水车是一种利用黄河水流自然的冲击力提供动力的提灌设施，旺水季利用自然水流冲击刮板助推水车转动；水车安装时轮子两侧需要筑造狭长的围堰石坝，其主要用途有两个：一是构成固定架设水车的支架基础，二是为了向水车下面聚引河水，形成分流聚水，枯水季节使水流通过堰间小渠形成激流助推转动。水车上面横空架有木槽。水流推动刮板，驱使水车缓缓转动，水斗则依次舀满河水，缓缓上升，当升到轮子上方正中时，斗口翻转向下，将水倾入木槽，由木槽导入水渠，再由水渠引入田间，如此周而复始到达不断提水灌溉的功能。虽然它的提灌能力很小，但因昼夜旋转不停，从每年三四月间河水上涨时开始，到冬季水位下降时为止，一架水车，大的可浇六七百亩农田，小的也能浇地两三百亩，而且不需要其他能源，所以很受农民欢迎，在一个相当长的历史期内，成为兰州黄河沿岸唯一的提灌工具。

（二）兰州黄河水车的地域特性

需要说明的是兰州水车最早起源也不在兰州本地，它是明朝兰州学者断续游历西南诸省时受到本地竹制筒车汲水灌溉装置（图 4-44）的启发回兰州后设计发明的。据《重修皋兰县志》记载“续里居时，创翻车，倒挽河流，以灌田，致有巧思，船河农民皆仿效焉”，后来又受到水转翻车的影响设计出“水转高车”，因而兰州水车具有仿拟性特征。兰州水车的发明大大提高了西北内陆山区农业生产效率。

图 4–44　西南地区竹制筒车汲水灌溉装置

兰州黄河水车现在已经是家喻户晓的兰州地域象征，它是特定地域中人类动适应自然的产物，是地域环境和农耕文化共同造就的结果：首先兰州位于我国第一阶梯和第二阶梯的交界地带，由于水急岸深，所以半径要大，冲击力也很大，骨架要结实，辐杆密集，登棍多，水斗分布密集。

地势落差较大，黄河水流湍急。虽然兰州谷地地势较为平坦，但流水仍然较急，形成了河谷冲积扇，肥沃的黄土土壤，为农耕文化奠定耕地基础。

其次，平坦的地势与急流的河水、干旱的气候形成了一定的矛盾，黄河水巧妙地解决了水车需要提灌高度高，流水推动力大的要求。这就和南方的龙骨水车（图 4-45）形成了鲜明的地域特征对比。龙骨水车主要由水槽、木链、刮板等组成，节节木链像根根龙骨，所以得此名称。它提水时，将它安放在河边（或水边），下端水槽和刮板直伸水中，利用链轮传动原理，以人力为动力，带动木链周而复始地翻转，装在木链上的刮板就能顺着水槽把河水提升到岸上，对农田进行灌溉。所以南方的龙骨水车适合河流较浅，水流速度缓慢的平坦地带使用。所以两种水车分别适应了南北方的地域特征。基于黄河水车的地域性设计还将在第七章进行深入探讨。

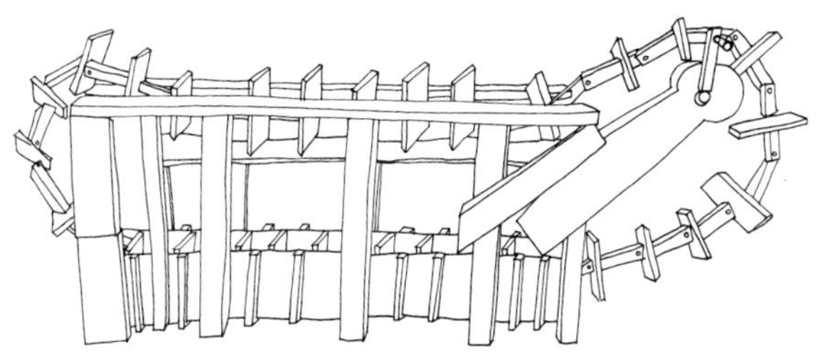

图 4-45　南方卧式龙骨水车

比较南方的筒车和兰州的黄河水车，大概可以归纳出以下几点不同：

（1）兰州水车轮幅直径较大，最大的要 20 多米，也就是可以将河水提灌的高度将近 20 米，这是由于黄河上游水流急，峡谷冲刷较深，岸高水低的地域特征决定的。相比南方筒车所处的河流河水较浅，所以筒车半径小，水斗分布稀疏。

（2）兰州水车辐杆密度较大，相邻辐杆之间横向和纵向筋条（俗称登棍，图 4-46）较多，而且是楔形榫卯结构连接，所以水车的整体构架较为结实，相对筒车而言不但自身重量大，载水量也大。

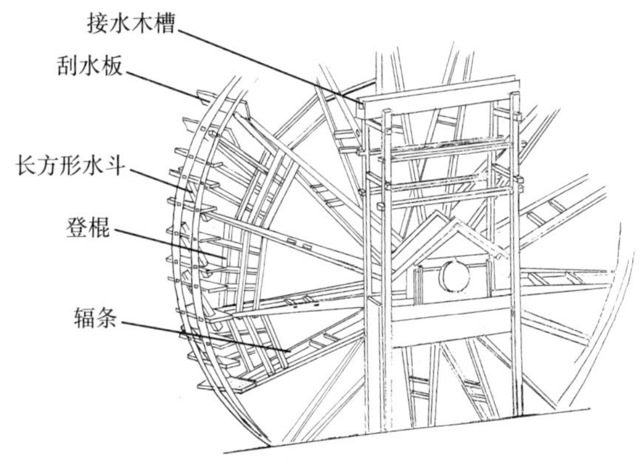

图 4-46　黄河水车

（3）水车外轮缘冲叶板（俗称刮水板）较为稠密，水斗分布密度也很大，这样提灌量就很大。

兰州水车制造材料主要采用榆木、槐木，这是兰州本地木材，耐水蚀性好，而南方筒车则多采用竹材，水斗为竹筒，适合南方地域特征。

（三）关于兰州水车文化悖论思考——物质文化的异地扩散及地域性物质文化的产生

人类文化大都是对异地文化的吸收并在本地适应性生长的结果，新生物质文化的合理性、适应性甚至超过其迁徙前的母本。所以文化的异地扩散和文化的本土化生长是一对矛盾发展体，文化能否成功地异地扩散，并成长为某地的本土文化关键在其变化中的适应性。

水车体现了河流落差较大地区的农业生产方式的不同，主要应用在我国西部由青藏高原向云贵高原和黄土高原过渡的地带，不但西南的云南、贵州等地有，西北的甘肃、青海、宁夏等地也有，但各地方水车的形制却不完全相同。由于兰州地区位于我国地理地形的第一阶梯和第二阶梯的交界地带（由青藏高原过渡到黄土高原），所以河流的地势落差较大，黄河水流湍急，泥沙含量大，水土流失严重，这就造就了黄河水车产生的天然条件：一方面形成了诸多河谷冲积扇，这是肥沃的耕种土壤；另一方面耕地距离河面又较深，小直径的水车提灌高度不够；再一方面，气候异常干旱，蒸发量大，需要较大的浇灌量，所以水斗要密集；其次，大直径的轮辐和高密度的水斗也是与强冲击力的河流相适应的。这些条件最终决定了黄河水车的基本形制：大轮辐，多水斗。黄河水车的出现改变了黄河两岸人们祖辈靠天吃饭的局面。由于其巧妙的技术和低廉的成本，利用黄河水流自然的冲击力提升水斗，不需要其他能源，所以很受农民欢迎，在一个相当长的历史期内使之成为兰州黄河沿岸一种大众化普及性的水利灌溉工具，这也许是造物规律发展的历史必然性决定的。

传统兰州黄河水车不但是特定地域适应性的产物，也是前人在模仿其他地区同类器物后进行本地适应性变化的产物。由此的设计方法学思考是：仿拟和变形是创新设计的基本思维模式。其中仿拟是设计题材的选取的问题，它决定设计立意，而变形和构成则是如何设计的问题，它决定设计的创新性和可行性。这对我们基于传统器物的现代地域性设计也有新的启发作用。

古人造物体现了自然特征，许多传统器物都是古人适应于特定自然特征的产物，是特定地域的生产方式和生活方式的反映。所以传统器物都有较强的地域特征，能够遗留下来都蕴含着丰富的自然地域性信息和社会文化信息。

二、黄河上游传统摆渡工具——羊皮筏子

羊皮筏子是黄河上游的一种古老的水上运输或摆渡工具，当地俗称“排子”“革船”。西北地区最早使用羊皮筏子的记载见于《后汉书》，当时的护羌校尉在青海贵德领兵士渡河时“缝革囊为船”。中国五千年的文明自古就有羊皮筏子过河的事迹。《水经注·叶榆水篇》中记载了一千五百多年前“汉建武二十三年（47 年）王遣兵来乘革船南下水”。

羊皮筏子鼎盛的年代是在清末，多数用于青海到兰州至包头之间的海上运

输，从兰州顺流向下十来可到达包头，这种筏子用于以前的商旅，现在已经被新的交通工具所代替。大多用于旅游体验。小皮筏由十多只羊皮袋扎成，便于短途运输。主要用于从郊区往市区运送蔬菜，渡两岸行人过河等。黄河上的筏子客多为甘肃宁夏的回民。回族文化中宰生的频繁使牛皮羊皮得到广泛的应用，这也是黄河上游筏子多的原因。

羊皮筏子属于皮船的一种，西南地区的雅鲁藏布江、金沙江等使用的皮船是直接将缝制连接好的大块牛皮蒙在船形木架的底部，形成皮船，有内凹的船舱。而西北黄河中使用的羊皮筏子是将多张整体脱剥的羊皮吹成气囊后绑在排状木筏架上构成，所以羊皮筏子主要有筏架子和羊皮皮囊两大部分构成。

筏架子一般用西北地区的一种旱柳制作，准备两根长约 3 米的柳木大椽子，平行削平两面，再将两根柳木椽在削平面上等距凿卯，卯眼各 18 个，把事先准比好的长约 2 米的 18 根细椽与大椽子横向套卯，再将 3 根长约 2.5 米的细椽用牛皮绳纵向等距绑在筏架中间，这样筏架子就做成了。最后一道工序是在筏架上绑皮囊，筏架两头各并齐绑 4 只，中间并齐绑 5 只，这样羊皮筏子就基本做成了，在划行使用时还要准备一个长约 2 米，粗细适中较为结实的浆棍（图 4-47）。

图 4-47　羊皮筏子

在《太白阴径·战具篇·济水具》中说“浮囊以浑脱羊皮，吹气令满，紧缚其孔，缚于胁下，可以渡也”，可以看到记载了古人的智慧。羊皮筏子可大可小，大到可由 600 只羊皮左右的皮囊扎成，小到由十几只羊皮囊制作，普通羊皮筏子至少有 13 个皮囊组成。制作皮囊需要的羊皮是筒状剥下的羊皮，即在宰羊时将羊皮从头部开始整体向下剥离，不能有丝毫的破损，皮肉的分离一般不用刀子，而是用手撕、锤、拉、捅、揉，使整张皮子从头颈部脱到四肢和尾部。羊皮剥好后就要“熟皮”，将生羊皮放在芒硝盐水中浸泡，等其发酵后，取出淋干，用刀刮去皮上的羊毛和油脂，再将其搓揉变软，涂上胡麻油，此时熟皮工艺基本完成。把熟好羊皮的颈部、尾部、两个后肢和一个前肢用麻绳扎紧防止漏气，从留下的一前肢中充气，羊皮气囊充气不宜过硬，有八成即可。

羊皮筏子的地域特色如下：

①黄河上游的羊皮筏子实质是一种漂流性的划船运输工具，由于结构简单，吃水浅，这种漂流运输工具与南方的划船和木舟有所不同。

②宁夏，青海，甘肃地处黄河的上游地段，落差大而不险，黄河上游段没有险滩激流，深度适中，筏子和桨板的比例尺度都有一定的要求，这与特定河段的水流深浅、河床、水流缓急都有关系，是筏子客长期漂流经验的积累。

③黄河上游是农、牧文化的交汇地带，羊皮原料丰富、优质，黄河上游回族同胞娴熟的羊皮剥离、熟制、制囊工艺技术促成了羊皮筏子使用的独特功效。

④古丝绸之路必须渡过黄河才能西去，汉代已有黄河羊皮筏子记载，说明丝绸之路的开通，对其制作工艺及发展起了巨大的促进作用，羊皮筏子不但是黄河上游地区货运来往的运输工具，还是古丝绸之路上的必不可少的摆渡工具。

第六节　河西绿洲及阿拉善地区的生态演变与传统工艺

河西地区地处东西方文化、中原文化和游牧文化、汉族与北方少数民族、干旱与半干旱的诸多交汇点处，是一种典型的文化交流扩散机制下形成的本地文化，这种文化具有二重性，一方面是适应本地区自然地理特征和气候条件的生存方式，另一方面随着人口迁徙、民族融合，在适应干旱环境的进程中渗透了河东农耕文化和漠北游牧文化，同时作为丝绸之路的主要通道，又受西边外来文化影响。在长期丝绸之路东西方文化交流汇合的影响下逐渐形成了自己的地域特色，并发挥着文化沟通和融合的桥梁作用。

河西地区的人地关系问题在西北地区具有典型性。从地理和历史演变看中亚地区许多沙漠绿洲遗存到新疆诸多风蚀城堡，如楼兰古城等的历史演变都似乎是在按照同一种模式和规律演化着。昨天的居延绿洲已重复了昔日楼兰和骆驼城、锁阳城的故事。明天的额济纳旗绿洲和民勤绿洲等是否还会重复往日的沙漠文化故事？任何事物的过去、现在、未来都必然是相互连续，相互有因果关系的。毋庸置疑，现代人地关系是历史上人地关系的延续和发展，因而要科学地认识和解决今天人地关系中出现的一系列问题，离不开对于历史上人地关系的考察和探讨。不了解历史上人地关系的形成演变过程及其机制，也就无从透析和揭示今天人地关系的现状和特点，更不可能预测和把握其未来的发展和变化。

河西走廊及阿拉善地区历史上人地关系的发展演变在西部干旱地区颇具典型意义、颇有代表性，很值得深入探讨。

一、远古时代的西北河西及阿拉善地区的荒漠草原文化

在距今 5000 年左右西北马家窑文化异军突起时，西北荒漠戈壁地区仍然沉睡在原始自然条件下，彩陶出现最晚，一直延续到青铜时代才告结束，当地先民主要以原始牧猎为生。《山海经》中屡次提到的古地名“流沙”，《山海经 . 海内西经》曰：“国在流沙中者埻端、玺唤，在昆仑虚东南。一曰海内之郡，不为郡县，在流沙中。……国在流沙外者，大夏、竖沙、居繇、月支之国”。关于氐国以西流沙的记载基本上反映了西北地区的民族情况和地理风貌，这正是现今甘肃河西戈壁及阿拉善沙漠高原所在地，流沙就是今天甘肃以西的沙漠戈壁和绿洲地区。[①]虽然《山海经》有神话怪诞的特点，但其对中国及周边地区许多山水的地理描述能以及许多传说都被现代史地领域的研究所证实，所以学术界越来越重视《山海经》作为信史的一面。《山海经·西山经》曰：“又西三百五十里，曰英鞮之山，上多漆木，下多金、玉，鸟兽尽白。涴水出焉，而北六注于陵羊之泽。”这里的英鞮之山应为祁连山……涴水就是祁连山东段的石羊河，陵羊之泽便是猪野泽。[②]书中所提的大夏国，也正是后来西夏版图的一部分，看来西北“大夏”地名的由来已非常久远。《山海经》所描写的流沙地区物产丰富，气候比现在温和湿润。而且，上古书《尚书·禹贡》中也提到河西沙漠绿洲地区是富足的农耕区，《禹贡》曰：“黑水、西河惟雍州。……原隰厎绩，至于猪野。……厥土惟黄壤，厥田惟上上，厥赋中下。”猪野是古泽地名，也叫猪野泽，即今甘肃民勤县。民勤县位于阿拉善高原的中

① 方韬，译注 . 山海经 [M]. 北京：中华书局，2013：261.

② 徐客 . 图解山海经 [M]. 北京：南海出版公司，2007：96.

部地区，南部与河西走廊毗邻。《禹贡》记述的是距今四千多年前夏禹理水执政、区划九州的故事，书中记述表明猪野泽得到了很好的治理，河西地区的黄土地是一等良田。

从巴丹吉林沙漠中的曼德拉岩画看，其图案的内容基本是动物图案，有骆驼、鹿、羊等被狩猎或游牧的动物种类（图 4-48），从这些图案的内容和表现形式看都与黄河上游地区彩陶中所绘的鱼纹、蛙纹、农作物纹样不同。

图 4–48 曼德拉岩画

我国原始艺术在商周以前按照生活环境和表现载体不同，可分为三个艺术带。维度从低到高依次为：长江流域是以良渚文化和三星堆文化为典型的金石文化，玉器和青铜器文化水准高；黄河流域，由于黄土高原非常适宜的原始农耕条件和随地俯首可取的优质黄土制陶原料，生活在黄河中上游黄土高原地区原著居民将纹样画在彩陶上、光滑的台地上，使原始彩陶文化到达世界最高水平；北方沙漠和草原地带以少数民族的游牧文化为主，不但缺少优质优质黄土和玉材，同时逐水草而生的生活方式决定了他们不可能有发达的彩陶和金玉文化，但丰富的生活内容，对天地人的观察思考、三观认知或图腾崇拜或祭祀巫事需要及人类天生强烈的艺术表现欲望，他们将这些内容刻画在生养他们的草原山石上。

北方草原岩画，无论从表现载体、表现技法、题材内容和审美特质方面都带有很强的地域性，是天地人和谐相处的又一典范。我国北方岩画地处北方草原的东西大长廊上，西到阿天山、阿尔泰山甚至更远的外高加索、伊朗高原等地，东沿着祁连山、阿拉善的雅布赖山、宁夏贺兰山、内蒙阴山、直到外兴安岭等地。到处星罗棋布，形成壮观而丰富多彩的艺术长廊。记载着北方游牧民族与自然和谐相处的故事。

岩画的主人是谁？古代在我国的阿拉善及鄂尔多斯高原及其周边的雅布赖山、祁连山、中卫北山、牛首山、贺兰山、阴山一带生活过羌戎、月氏、华族、鬼方、吐蕃、匈奴、鲜卑、党项、猃狁、突厥、蒙古等民族。少数民族多以游牧生活为主，他们的岩画表现的都是周边自然环境中和生活方式中的内容，通过岩画也映射了北方游牧民族的审美意识及对自然和人类社会的观念。岩画的题材十分丰富，记载了狩猎、动物场景、太阳图腾、人面图腾、指事会意符号、巫事、星座、交媾等（图 4-49）。其中尤以草原动物场景为特色，在北方草原岩画中动物及狩猎岩画中常见的动物有羊、鹿、骆驼、狗、马、牛、驴、老虎、狼等，其中最多的是羊和鹿。图腾崇拜时期，各族部落大都以动物或自然物作为本族的神灵。动物作为早期人类生存环境的一部分，是因为生活离不开这些动物崇拜动物，人们的衣食住行都依靠它们，或者这些动物的习性、形态能为自己提供精神支撑、心理安慰等。先民认为万物有灵，某一族种都是由某一自然物种演化而来，由巫觋将这一物种衍化为意象性图腾，并约定俗成，巫觋们在通过交感巫术执行图腾的作用效应。从此族群中的成员都认为个人的安危健康、做事成败、身家命运都是由该神灵决定。图腾不只具有日常巫术和祭祀活动的实用功能，同一氏族，在日常生活中也将图腾动物抽象为外在礼仪形式和内在审美标准。

图 4-49　祁连山、贺兰山沿线的岩画类型列举

这里以羊图腾为例，羊在中国文化中可谓历史深远，从甲骨文的基础造字字根到商周时期的青铜纹样，无不有羊元素的出现。羊为吉兽，祥、美、善三字从羊，据研究青铜器中使用频繁的饕餮纹中对称大角纹即为羊角纹[①]对“美”字解读也有多种说法，一是美字从羊从大，认为“羊大为美”，另一种认为美字从羊从人，人头顶着羊，“羊人为美”，羊字既为会意字，也为指事字。

① 李祥石 . 解读岩画 [M]. 银川：宁夏人民出版社，2012：91-92.

羊图案是北方草原岩画中出现频率、所表达的题材内容和图案变化形式最多的题材。据各种研究资料表明，羊是我国西部少数民族羌族的图腾。羌族是我国古代生活疆域最宽广、历史最悠久的少数民族之一，其游牧生活的地域，学术界普遍的看法是大致在今新疆东部，青海、河西走廊及以北沙漠草原、陇南、陕西，山西部分地区也有羌人足迹。羌字在甲骨文的殷墟卜辞中上从羊，下从人，《诗·商颂·殷武》中说“昔有成汤，自彼氐羌，莫敢不来享，莫敢不来王”，可见当时商殷西部羌戎势力很强大，以致后来的西周都被羌戎所灭。《说文解字》卷四中云：“西戎牧羊人也，从人从羊，羊亦声。”[①]从现有研究资料看，马家窑文化可能是西犬戎及其祖先的文化类型，马家窑后期的齐家文化、辛店文化、四坝文化、沙井文化等及甘肃北部腾格里沙漠边远景泰、靖远岩画宁夏中卫岩画的部分均为羌人文化。[②]从图 4-25 看甘肃彩陶分布的西部和北部边界地区已经和北方草原岩画集中地带相交汇，主要是祁连山北麓及其东部余脉的腾格里沙漠南段（景泰、靖远、中卫靠近腾格里沙漠的山区）。图腾来自先民对生存环境的体验、观察与思考，西羌人以羊为神，以羊为食、以羊为美，他们将自己定义为羊人，在景泰北部岩画和中卫大麦地岩画中仔细观察会发现有许多将羊头角附加夸张或将人头长羊角的图案，这些岩画也将“羌”、“美”等表意文字的意象和岩画图案（或图腾）的符号能指所指做了完美互译，这进一步佐证了与景泰毗邻的宁夏大麦地岩画的原始文字符号功能。从原始图腾看，“美”与原始巫术活动有关联，人戴羊头跳舞也许是“美”字的最早起源，羌人之所以认为头戴羊头为美，是多方面的，一方面羊能满足人的生存生理需求（好吃）、也能满足生存心理需求和愿望理想等心理需求，因为羊族成员为了使自己受到图腾神灵的保佑，就采取了让自己同化于图腾的观念，如华族的花、黄帝部落的熊、侗族的蜘蛛都同理。这是典型的同类相生联想，是物同形、物我融为一体的典型表现。所以，审美的地域性来自自然环境对地域中人群生存的长久熏陶，最终在心理上，审美上适应自然。

草原牧民的生产工具和器物相对农耕居民要少很多。传统生活方式中成熟的人造器具是自然选择和地域文化双重选择的结果。西羌人吸取了早期的马家窑文化成果，使自己的活动地域范围扩大到中国的西部和北部的广大农耕区和游牧区。

马家窑晚期的彩陶艺术水平明显回落了，从马厂开始到后期齐家文化、辛店文化等都低于马家窑文化类型和半山类型。这不光是农业和畜牧业的第一

① 许慎 . 说文解字 [M]. 北京：中华书局，2006.

② 马长寿 . 氐与羌 [M]. 桂林：广西师范大学出版社，2006：12，90.

次分工后畜牧业显著优势，还在于畜牧业不需要定居农业生产对彩陶器形、品种、功能的要求，彩陶的器形和纹样明显有北方草原的题材，如齐家文化彩陶中出现大量马纹、羊纹和太阳纹，辛店文化彩陶中羊角纹、鹿纹等成为主流纹样，这些题材和同地域周边的草原岩画纹样基本一致。

马厂文化之后在西北影响范围最广的是齐家文化。齐家文化是夏朝时期主要分布在西北地区黄河上游一带的文化遗存，其主要分布范围东起陕西西部，西至祁连山南北的湟水谷地及河西走廊，南到陇南，北到贺兰山东西的阿拉善和宁夏地区，就是本书所论述的西北黄土、黄河、黄沙地区。可以，推定齐家文化、辛店文化时期是黄河流域的彩陶纹样和北方草原地带的岩画纹样交流融合最多的时期。所以北方草原岩画文化与齐家文化、辛店文化、四坝文化和沙井文化有很强的相似之处。展现了它们相互影响，彼此融合，同中存异的艺术特点，并且体现了延展方向。反映出浓郁的西北戈壁荒漠的原始生活情境。靠近河西走廊地区的自然环境适于半农半牧，彩陶在当地出现得最晚，一直延续到青铜时代才逐渐没落（图 4-46）。

河西地区得天独厚的自然条件盛产良马，我国的马文化就起源于此，齐家文化的陶工善于用黏土捏制各种马、羊或狗等造型，形体小巧生动。齐家文化不再以农耕定居方式为主，兼具畜牧和农耕，而且玉器和石刻工艺有一定水平，阿拉善沙漠和贺兰山岩画可能在这一时期有较大发展。因此适合游牧生活，这个时期的先民不再较多制作大型陶器，多以盛装奶制品并且携带方便的双大耳罐、双肩双耳杯、低领大单耳杯等器物为主，就成为齐家彩陶的典型代表作品。其中以双大耳罐最富特色。考古遗址显示齐家文化的房子多为长方形和方形的半地穴白灰垫层建筑，①这与西北地区的夯土与窑洞建筑有一定的渊源关系，半地穴冬暖夏凉，不潮湿，特别是沙漠绿洲地区夏季炎热干燥，绿洲农耕区的传统建筑都是很厚的土夯墙，全部采用长方形和方形布局，这等于是把半地穴以土夯形式拔到地上。

需要说明的是，齐家文化也是我国马文化最发达的地区，所以东汉的马踏飞燕问世于武威也是情理之中的。齐家文化在河西及周边沙漠戈壁地区的进一步发展就进入了四坝文化、沙井文化时期。齐家文化、四坝文化、沙井文化正是马家窑文化向西北阿拉善沙漠扩展，适应新地域环境而产生的地域文化产物（图 4-47）。

远古时期西北沙漠戈壁地区的彩陶罐从功能、造型、纹样看主要向三个方向进化：

① 梁星彭．黄河中上游史前、商周考古论文集［M］．北京：社会科学文献出版社，2015：141.

①功能方面主要以盛装液体为主，少有存贮功能，特别是存贮粮食功能。

②陶罐的口部变化明显，主要是侈口鲜明，口部和腹部圆比例缩小。

③耳的造型变化：单耳器较多且耳部宽大，双耳器也将耳部设计制作较大。

④彩陶器形尺度相对较小，腹部明显收缩。

⑤纹样装饰相对简单，马家窑时期的典型纹样如漩涡纹、蛙纹较少，主要以几何纹及蜥蜴纹、牛羊纹、羊角纹等为主。

⑥质地和纹样相对粗糙。

这些特点发展到四坝文化、沙井文化期尤为明显。沙井文化是甘肃境内最晚的一支，具有浓郁的地域文化特色。典型器物中的宽耳低领杯、双耳圆底罐均体现了沙井文化对周边文化的吸收融合。出现了适应地域的游牧文化特征，这是文化异地传播的地域化形成的例证。宽大的单耳、双耳器更适合使用和携带，蜥蜴纹样显然是对西北戈壁荒漠地区的自然反应与崇拜。

沙井文化中心区域的地质构造属阿拉善台块的边缘凹陷，拥有祁连山北麓河流补给形成内陆终端湖，形成荒漠绿洲，现为甘肃省民勤县所在地。战国以前，这里称猪野泽，这片绿洲完全循自然界的原生态发育，很少受人类的影响，水草丰满的生态环境，为畜牧业的繁荣提供了条件。从沙井文化的遗存分析看，该文化延续时间较长，大概从春秋早期一直持续到战国晚期，在西汉之前猪野泽土著居民主要是乌孙和月氏，据此推测沙井文化应是古乌孙和月氏的文化遗迹。[①]后被匈奴休屠王部落占领，猪野泽随称休屠泽。汉武帝元狩二年，霍去病出兵陇山，击破匈奴，促使匈奴浑邪王杀休屠王，率兵归汉，整个河西地区属于汉朝辖区。从西汉到东汉河西地走廊及北部绿洲地区开始逐步开发，人类从起源开始就有对自然和生活的再现和表现的天性，只要有媒体存在表现就会自发产生，而且因地制宜。表现载体（媒体）或为自己的制造产品（用品）或为纯粹的自然媒体，纵览世界各地的史前造物和艺术遗迹，可以看出凡是原始农耕文化都将文化表现在陶器、金石器、木器等人造物品上，这些人造物品大都为生活实用品。而沙漠戈壁、海边的渔猎民族常将文化表现在岩石、骨头、贝壳上，当然也表现在工具上或使用物品上的，如各类游牧民族的使用的皮具等。例如：泛北极地区的许多驯鹿族，包括我国东北的鄂伦春族、鄂温克族就是以驯鹿皮毛和桦树皮作为表现媒体。这应是文化地域性的最好解答。

① 景爱 . 沙漠考古通论 [M]. 北京：紫禁城出版社，1999：234.

二、干旱沙漠环境下的文化遗产——自然和人类共同雕琢的结果

沙漠戈壁是一种典型的自然地理现象，干旱、植被稀少是它的特点，但它却是人类居住和繁衍的最早地区之一，如北非洲、中亚地区是人类文明的早期发源地，产生了深厚的适应干旱环境的沙漠戈壁文化。现代沙漠考古揭示了沙漠文化遗存地的沙漠化二重性形成原理，即沙漠文化遗存区在其文化发生时期并不是沙漠，甚至是水草丰美的绿洲地区，有耕地、水渠、麦场、房屋等，由于人类的开垦活动加上干旱气候下的风力作用导致沙漠化的出现，逼迫使人退出，原先居民遗弃的房屋、生活生产用品、农业设施等在长期的黄沙掩埋后便形成了沙漠文化遗存。这一现象在河西及阿拉善地区的沙漠文化形成中更为突出，该地区在秦汉以前都是北方少数民族的游牧地区，人类对自然影响较小（如图 4-48 阿拉善盟以南的黑水城遗址）。祁连山北麓有若干内陆河流注入北部沙漠，从东到西主要形成了石羊河流域、黑河流域、额济纳水系、党河水系等，这些水系补给了河西走廊及北部沙漠，也使沙漠中出现了几百个大大小小的沙湖，是良好的天然牧场和原始渔猎区。河西走廊特殊的地理位置决定了其后期的沙化演变过程，河西是通往西域的黄金通道，历史上兵家必争之地，地处干旱和少数民族游牧区，自汉武帝打败匈奴后这里即成为边塞垦区，随戍边移民带来的东部农耕文化在这些绿洲地区生根发芽，历经唐代、西夏到元代这里都是重要的戍边农垦区。河西地区在汉魏时期的画像砖墓发现较多，高台县骆驼城附近的魏晋墓画砖及嘉峪关魏晋壁画墓对同时期黑河绿洲传统农耕文化研究具有重要史料价值，画像墓砖绘有二牛一犁一农夫及耕、耘、耙、耱等农耕场景，特别是耙耱作业不但提高耕地平整度，防止蒸发，而且增强干旱地区土壤保墒性，这本是黄河流域原始农耕方法，在汉代已传入河西地区。但河西绿洲地区与西北黄土高原不同，这里生态脆弱，地下埋藏有大量的风成沙土，又干旱多风，一旦地表土层破坏，就容易形成人造沙漠。所以河西及阿拉善地区的沙漠文化依存是人类垦荒和自然双重作用的结果。

河西地区主要的沙漠生活文化遗存有敦煌地区的疏勒河绿洲地区沙漠文化遗存，弱水下游的居延泽区域的居延垦区诸多遗存及黑水城遗址，河西中部的黑河绿洲地区遗存及骆驼城遗存，河西东部石羊河绿洲古文化遗存等。自 19 世纪以来中外探险者、考古专家在额济纳河尾闾的破城子挖掘出许多居延汉简，黑水城出土的西夏文书，使居延文化与敦煌文化齐名。沙漠文化遗存，是自然历史和人类历史双重作用的结果，对人类生存环境来讲是一种败象，沙漠文化遗存有许多特点：一方面沙漠地区的人类遗迹都遭受了风沙的严重侵蚀和

掩埋，使人类放弃生活地，成为遗弃之地。另一方面恰恰是这种干旱气候条件又使许多人类文化遗存得以长久保存，再次沙漠文化体现了古人对干旱自然的适应性特点，有很多宝贵的生态生产和生活方式值得今人借鉴，具有生态学科普价值。再者，风蚀遗迹又使沙漠文化呈现出沧桑、荒凉、狂野之美，满足另外的审美需求。还有，这种自然的惩罚其实是人类自造的，沙漠文化区的沙漠其实都是人造沙漠。

（一）干旱自然的产物

说自然产物，主要是指干旱、多风多沙自然环境对传统人工技艺的保存或对人工构筑物的风沙侵蚀作用。正是干旱和风沙的两面性才使西北沙漠戈壁地区呈现出独特的地域风貌特征。被称作亚洲十字路口的敦煌是丝绸之路的咽喉，再加上它地处干旱的沙漠戈壁环境，这是建造世界宗教艺术汇聚的两个基本条件。正因如此，世界文化选择了它，同时它也保存了这些文化。莫高窟最早的壁画是北凉时绘制在第 275 窟中的本生故事，距今已有一千六百多年的历史。如果不是干燥的沙土吸收水分，壁画早就被水侵蚀得无影无踪了，哪还有今天的敦煌学显赫于世。敦煌壁画在创作中最独特而神秘的步骤就是使用掺入了细碎的麦秆和成的泥巴作为壁画的底面层。当然茫茫戈壁，漫漫黄沙也给莫高窟富于了特定的内涵和独具的魅力。当然黄沙对古城堡和古遗址的侵蚀从另一面也勾起了人们对古代繁荣场景的幻想，同时也由于面目全非的自然风蚀效果和记载中远古繁荣的反差对比，引起当今生态保护的深深思考（图 4-50）。

图 4-50　风蚀作用形成的黑水城遗址

某个地域的生活史就可以看成是人们对某个地域环境的适应史（地域生活史）和环境适应分析史（地域科技史）。我国西北沙漠地区是大多为干旱的沙漠和戈壁区，人们在这里生息繁衍历史悠久，许多内流河流域形成的绿洲就有相对发达成熟的农耕渔猎生活。以甘肃省民勤县为例，传统生活器具中沙生动植物是主要的原料来源，日用品中最多使用的是沙生草本植物编织的各种器具，主要原材料有沙竹、旱柳条、红柳、芨芨草等。在漫长的岁月中人们对不同材料的用途逐渐出现了分门别类的细化，工艺制作也在分析改良中日益成熟，这种经验和分析是在长期生活的过程中形成的。环境提供了材料，决定因素就存在于人的意志活动当中，从这个意义上说，发明的本质和动力还是人的意志对环境的适应。

（二）人类创造的两面性

自此汉武帝打通西域要道这里就成为东西方文化的交通枢纽，它是多民族，多文化，多文字交汇的地方。特别是宗教从西亚传入中国千百年来，最先进入我国的门户就在西北沙漠戈壁地区，这里形成了如连珠般密布的石窟、洞窟、寺庙等，其次是中原和少数民族的融合在这里留下了无数多的烽火台、古城堡，长城遗址、关隘遗址等战争文化。在这里也聚集了很多能工巧匠，有本地人和外地人，也有来自中亚及其他地区的杰出人士，他们塑泥画壁将当时社会的文化、宗教、世俗的东西留在了沙漠深处的崖壁上。人们的古代丝绸之路概念中充满了大漠、戈壁、驼铃、石窟、古城堡等众多神秘因素，事实上西北沙漠戈壁地区它们共同构成了西北沙漠旅游的地脉和文脉。

要知道在沙漠戈壁中修造和创造旷世的艺术殿堂并不是无奈，也不是偶然，尽管也有宗教的传说启迪（如三桅三的佛光普照等），但对自然环境的选择应该是有意识的，并不全是神秘和不可想象。

敦煌石窟壁画许多伟大杰出的作品是在天然的大石块上稍加雕琢而成的，奇异的想象，艺术的处理，与石头浑然天成，这是“天人合一”哲学思想汇成的世界观所决定的。古代的艺术家们通过宗教，艺术认识生活，反映生活。敦煌石窟壁画有许多耕获图，详细地展现了敦煌地区农业生产的面貌，使后人了解当时农业生产的过程。

河西走廊有得天独厚的农业耕种条件，发源于祁连山脉东北坡的石羊河、黑河和疏勒河 3 大河系滋育着河西的大片土地，河流下游形成了沙漠湖泊，这里形成了可耕、可渔、可牧的自然条件，远古时期齐家文化、四坝文化、沙井文化等相继在河西走廊出现。

人类早期的农耕和渔猎经济之所以能和自然保持和谐，很大程度上是因其居住地区的自然环境能提供较充足的食物资源，加之气候条件又很优越，对这些民族而言，既不需要改进生产工具，以提高生产力，也不需要创造以开辟新的生活方式，优越的自然环境反而抑制了这些民族的创造能力的发展。早期的河西绿洲地区的居民生产力有限，生产过程表现出“适应”环境的状况，人类农耕开垦和畜牧活动对生态系统的影响和破坏是有限的，而且天然植被未遭大面积砍伐，绿洲生态系统依靠自身的动态机制就可消化人类活动的影响。河西绿洲和沙漠草原地带基本上能保持其原有状态。

但随着人类自身生产和经济性生产的不断发展，资源消耗也随之增长。河西沙漠地区土壤墒情差，非常干旱，年降水量一般不足 200 毫米，昼夜温差大，在这些特殊的地域环境中，人们为了求得生存和发展，就必须改造自然，更多地向自然索取。纵观历史，不难发现相对恶劣的自然生存环境更容易激发人与自然环境之间的竞争关系。在与自然环境博弈的过程中，人们慢慢提高了自己与自然环境之间的适应能力及发明创造力。

从汉代以来河西地区军屯和移民垦荒就一直未断过，农业耕种规模不断攀升。到唐代仅敦煌一个乡村就开有大小灌溉渠道达百余条之多，它们有机地构成完整的灌溉网系，滋育着绿洲的大片良田；其工程建设的规模之宏大，渠道

堰坝的配套之完备，管水配水的制度体系之严密，实在令人赞叹，盛唐时期，河西地区拥有的耕地约三百二三十万亩。[①]

到西夏时期，河西地区成为西夏重要的经济和文化中心地区，也西夏重要的农业生产基地，河西土地进一步开垦，水资源使用已超越限度，尤其是居延海地区开垦面积达到最大。之后的河西生态进一步恶化，我们今天看到的许多风蚀城堡，汉唐时代的骆驼城和锁阳城、西夏时期的黑水城等都变成了生态恶化的见证，再也无法回到昔日的生态面貌。

另一方面，在沙漠人类遗存中，不乏有人类适应干旱的各种巧妙生产方式和生活方式，许多残垣断壁、风蚀废墟中隐藏着地域性设计的智慧，值得设计研究者深入分析发掘。

所以，现在我们考察研究沙漠文化遗存，主要有两个目的：一是吸取历史教训，以古为鉴。纵观河西数千年的发展历程，虽然经过了历代各族人民的辛勤劳动，从戍边开荒到生息繁衍，为丝绸之路的畅通巩固繁荣提供了生产、生活基础，创造了丝绸绿洲上璀璨的物质文化和精神文明，但这一过程也过度地消耗了自然资源，滥垦、滥砍、滥伐、滥牧以及战争的破坏等，打破了原有的自然平衡，使大片绿洲沙化，人退沙进，才形成了今天的沙漠城堡残象。据李并成等历史地理学者们实地考察发现，历史上河西地区有良田变为荒漠的土地有十多处，如黑河下游的古居延绿洲、金塔东沙窝、张掖“黑水国”、马营河摆浪河下游古绿洲等；石羊河流域的民勤西沙窝；芦草沟下游古绿洲、古花海绿洲、古瓜州绿洲、古阳关绿洲等，其沙漠化土地总面积达 4700 多平方公里。

① 李并成 . 河西走廊历史上人地关系的演变 [N]. 中国民族报，2018-06-15（008）.

汉代以来石羊河下游的武威（今民勤县连城古址）、宣威（今民勤县文一古城）二县也被迫废弃。河西走廊历史上发生沙漠化的主要原因是滥垦、滥牧、滥伐、滥用水资源，以及战争的破坏等，致使原本脆弱的生态系统遭到严重的冲击和破坏，甚至形成恶性循环，从而诱发沙漠化的发生发展，使绿洲向荒漠演替。其间，自然因素（主要是气候变化）的影响亦不可忽视。然而，河西地区因气候变化所引起的水量增减的幅度并不大，它只能在一定程度上逆转或加速沙漠化过程，而人类活动的影响才是招致沙漠化的主因。

二是发掘沙漠干旱地区传统生活、生产方式中人们是如何适应和利用干旱的，沙漠遗存中保留了大量的自然科学和社会科学信息，生态设计研究者可以像考古学家一样从中提取相关信息，与考古学家略有不同的是设计研究者从生态设计学视角，从适应性方法论层面，重点考察这些遗迹和遗物所反映出来的，当时人们是如何借用这些方式来适应这种自然环境的，比如西北地区的生土土夯、草泥构筑、沙生灌木编制方法等。黑水城遗址的荒地中至今还清晰地保留着西夏人用夯筑法的修建沟台水利设施，几近千年的风沙侵蚀仍保存完好，可见当时该设施在防漏节水方面的特殊效果。虽然考古学在我国属于社会科学范畴，但历史遗存是一个复杂系统，它包含着各种各样的人类文明信息，是一个具有鲜明地域特征的社会科学信息和自然科学信息群。

设计师一般很少从事考古活动，其实设计活动是一个继往开来，借古思今的革新过程，尤其在地域性设计中设计师更应该从众多当地遗址中寻找蛛丝马迹，发现古人适应当地自然环境的各类方式方法，特别是从造物的材料属性，工艺过程等考察。这种研究方法应该成为地域性设计研究的重要方法。

三、沙漠绿洲地区的生活方式及其传统工艺

民勤绿洲位于腾格里沙漠和巴丹吉林沙漠之间，南面毗邻河西走廊，发源于祁连山的石羊河，向北流于沙漠而消失，形成了民勤绿洲。民勤的文化共同体特征鲜明，从语言到衣食住行，都与相邻地区有差别，民勤人遍地于阿拉善高原及河套地区，俗话说“民勤无天下，天下有民勤”，所以民勤文化绝对能代替整个阿拉善高原及河套地区。民勤文化特征鲜明，传统工艺底蕴深厚。

传统工艺离不开本行的匠人的传承与发展，民间都对手艺人较为尊重和看好，老人们常说，再穷穷不下手艺人，再饿也饿不死手艺人。民勤的传统匠人类型很多，三百六十行，行行俱全。常见的有木匠、铁匠、石匠、皮匠、毡匠、染匠、毛毛匠、棉花匠、挂面匠、箍络匠、泥水匠、瓦匠、芨芨匠、篓

斗匠等不胜枚举。但每个行业都和其他地区存在差异，所用的材料和工艺过程可能不尽相同，如民勤的传统木匠常做以沙枣木作为原料的家具，沙枣木木质坚硬又多木结，很少有很直挺的原木，这样其加工和制作工艺就很大（图4-49）。

（一）土坯房与泥水匠

人来自泥土，在传统农耕生活中，有什么样的泥土就有什么样的生活。西北的河西、新疆及河套地区的传统农家房屋的主要建筑方式为土夯、土坯和草泥结构。其中夯筑庄园的围墙属于该地区传统民居中的基础工程，工程量大，耗费人力多，集体协作性强，是一个相对独立的工程过程，俗称“打庄子”。庄墙夯筑结束，平整院内地基，等庄墙完全干燥后就可以在院内盖房子。所以“打庄子”和“盖房子”在这些地区是两个独立的过程。“盖房子”是地道的“土木工程”，属于泥水匠和木匠的活生。

在干旱贫困的农村地区，房屋的木结构较为简单，只有门窗和平顶上盖，其余的几乎全是泥水匠的活，几乎全用土坯加麦草泥砌筑，房子不起脊顶，是平顶，也不铺瓦。通常是在檩椽之上先铺上房笆（常用红柳或芨芨草编织），然后再将和好的麦草泥巴覆盖在房笆上抹平。由于这些地区气候干燥，很少下雨，房顶的坡度很小，风雨侵蚀较小，所以这种房屋的使用寿命很长，民勤有句俗话说，“没有三十年不漏的瓦房”，但民勤的土坯房却可以使用 30 年以上。

泥水匠的工具不多，一个帆布大口袋，里面装一把瓦刀、一个木制抹子、一个铁制抹子、一个水平仪和吊线锤就构成全部的谋生家当。泥水匠的工作主要是土坯和砖头的砌筑和墙皮裹抹。泥水活从和泥开始，泥浆的用途不同，活制方法各有差异。

用于土坯墙砌筑的泥浆活制较稠，一般不掺草皮，直接用水和土掺和适中，用铁锨铲送至墙头，砌组累积土坯。土坯墙砌筑需要多人配合，有和泥的、有向墙头送泥浆的、也有搬用土坯的，俗话说“匠人不是管，得几个人跟班”（图 4-51）。

泥水匠要“眼高手高”，既能看出握整个墙体的竖直、水平几何关系，又能把握墙体重心关系，放置“弯、斜、倾”等问题，而且能巧妙地利用瓦刀准确切割砌体，使之尺寸符合嵌入空间的配合要求，眼力和刀功好的匠人，瓦刀很听他的使唤，一刀下去就解决问题，而不是反复多次，非大即小，费工费力。用土坯砌筑墙体的砌组方法也有一顺一丁或三顺一丁等组合方法，主要以墙体的作用而定。

图 4–51　西北乡村中的传统泥水活场景

墙体砌筑结束后开始用草泥裹墙皮，和泥要稀一些，墙皮要包裹两层，第一层要用长草草泥，所谓的长草即是小麦碾场后分离出来的小麦麦秆，这种麦秆被石磙子数次碾压后，增强了柔韧性，而且长度缩减、变得细碎，和泥浆的参和性大大提高，附裹在墙体上有很好横向拉着力。第二层草泥为更细碎的麦壳草泥，可以将墙面抹平整和光滑。泥水匠的功夫也表现在最后一层墙泥的施工中，好泥水匠，效率高，做工细致，一抹子稀泥，在娴熟优雅的动作中快速平整地附着在墙面上，能把送泥的小工累趴下。

春小麦是西北地区最主要的粮食作物，打完场后的碾扁压柔的小麦麦秆和麦穗壳通过麦叉筛选和扬场过程分离出来，麦秆打捆后可做牲畜草料、烧炕，麦壳（俗称麦衣）也可喂牲口或冬季煨炕，另一用途就是作为建筑草泥的添加物。长麦草泥除了裹第一层墙泥外，在泥水活中主要是用来抹房顶的覆盖泥层，如同瓦房顶的覆瓦功能。

河西乡村评价泥水匠手艺高低的另一个标准看他盘灶、打炕的能力。主要看柴灶和火炕的通风排烟是否很利索。在农村传统泥水活中，这两样技艺难度主要表现在厨房的灶火和炕洞设计制作中。20 世纪 80 年代之前河西农村的厨房几乎全部是烧柴火做饭和取暖的。为了节省柴火，厨房的火灶膛和厨房火炕道连通，共用一个烟道。通常烟道位于火炕最里面的墙旮旯，火灶烧饭的烟气是穿过火炕才从炕里面的烟囱排出烟气的，这样做饭时余热也就将炕烧热了。图 4-52（a）为民勤县乡村传统房屋外观。凡是打炕的房间屋顶都有烟囱，烟囱冒出房顶的顶部用两块土坯垒成两边通风、另两边遮挡的空心三角形结构，遮挡的两面为东西方向，因为这里常年都刮东风或西风。农村的土炕是用一种厚约 8 厘米，宽约 60 厘米的正方形草泥土坯，俗称炕面子，用两块长方形土坯支撑架空，上面用草泥包裹抹平即可。等炕彻底干后，铺席子和毛毡，席子是用当地的芨芨草编制的。土炕热容量大，保温时间长。

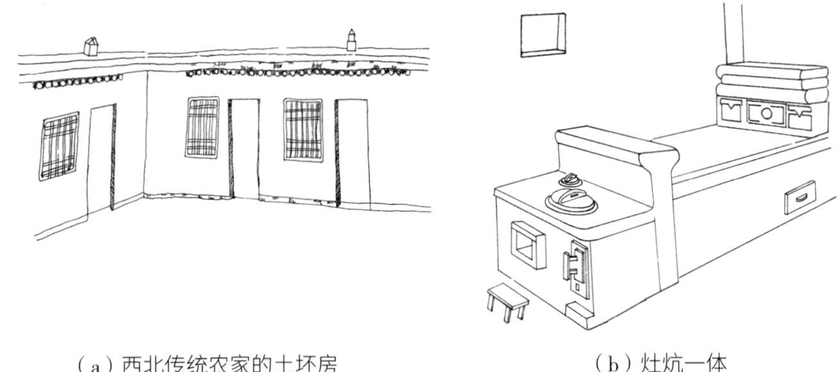
（a）西北传统农家的土坯房　　（b）灶炕一体

图 4–52　西北沙漠绿洲地区传统农家院落的土坯房内外

图 4-52（b）为民勤传统厨房的室内布局，图中灶台和火炕连在一起，中间用一长条低矮的土台（俗称撒头）将炕灶分开，70 年代之前许多农村都没有通照明电，撒头主要是放置油灯的地方。为了方便使用热水，同时更多节约能源，还在做饭的主锅和撒头之间的空余处再装一个小锅（俗称带锅子），带锅子下面也是火膛，用于预热水用。高手泥水匠建造的灶台火炕通风排烟效果好，厨房中清净明亮。若泥水匠的手艺不太好（其实是对气流排烟没有经验），则排烟通风不利，夏季做饭，厨房乌烟瘴气；冬季烧炕，灶膛冒烟，而灶膛烧火则炕洞出烟，炕也不容易烧热。这都是烟囱方位与风向不和，烟道不通畅造成的。所以在西北干旱地区，盘灶打炕是衡量泥水匠水平高低的试金石。

除了灶炕一体化的厨房泥水活生外，泥水匠打炕主要指在厢房、上房等房间打“扯炕”。“扯炕”烧烟煤，干净卫生。“扯炕”需要配用一个烧煤的火炉子，集房间取暖、烧炕、烧水做饭为一体（图 4-53）。扯炕的建造的基本方法

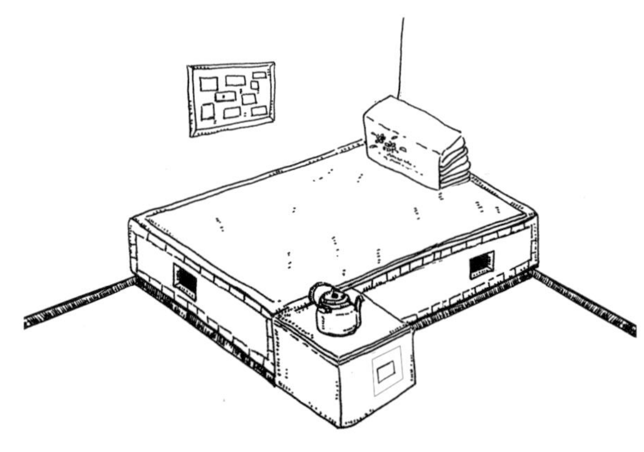
图 4–53　西北绿洲地区的扯炕

和结构是：首先把炕基垫高找平后，再用砖头在炕基上摆放成放射状的烟道，所谓的烟道其实就是火炉中热气流通的通道，扯炕烟道从火炉入口处开始分散，形成放射布局，尽量布满整个炕面需要烧热的地方，最后在撤炕的烟囱处汇聚在一起，进入烟囱。打扯炕是泥水匠最难的工种，若打不好，则火炉烧不旺，房间不暖和、炕也热不起来，烧水做饭困难，而且火炉还容易熄火。

（二）棉花匠、毛毛匠、毡匠、口袋匠

西北沙漠内流河流域区域地势平坦、气候干燥，农业和畜牧业是物质生活资料的主要来源方式。在传统农村生活中，这里的棉纺生产、毛织生产和皮革工艺都各占据重要地位，是典型的农业和畜牧的交融发展地区。历史上棉花的种植与纺织解决了世代穿衣铺盖问题。棉花采摘后，从去籽开始到弹疏、滚棉条（滚捻子）、纺线、拐线、浆线等需要十几道工序，织布之前的棉花去籽弹疏，有一定的技术要求，工作量重，而且需用场地也大，是一个专门的行当，从事这一职业的人叫棉花匠。棉花匠有一个很长的弓，弓上绷紧一根较粗的牛筋弦，通过一木槌拨动弓弦，振动弹疏采摘来的生棉花，并去籽。之后棉花就成为纺纱织布、填装棉袄的半成品了。织布工艺虽然是一门较为复杂的工艺，但在传统社会中的普及性很强，全国各地大同小异。

西北沙漠地区冬季寒冷、严酷的自然条件和粗犷的生产活动对毛织品和皮制品要求较多。毛毛匠是畜牧地区的重要职业，毛的产量相对棉花较小，主要用来做毛织品，使用量较少。毛毛匠也要通过拨弓疏毛，不过毛毛匠的弓弹力更大。疏好的毛，主要有两个用途，一是用来擀毡，另一个用来织褐子（毛单子）或毛口袋。所以擀毡的毛毛匠也叫毡匠，纺褐子和口袋的匠人就叫褐子匠或口袋匠。

毡匠擀毡如同擀面，牛毛、羊毛等都有“日晒疏松，遇水紧缩”的特性。将疏松的牛毛通过水洗、脚蹬、上下来回滚擀使其揉粘接在一起，所以西北人将擀毡也叫洗毡。利用毛的穿插粘结特性，可以将牛毛、羊毛等做成各种毛毡制品，如各类铺垫毡、毛靴、毡房等。牛毛毡帐房雨雪不侵、冬暖夏凉，由于适宜搬迁且经久耐用而成为牧区人们的最爱。北方农民过去都是睡土炕，春秋季节冷暖过度，土炕容易返潮。毛毡不仅可以隔潮、防潮，还冬暖夏凉。所以，乡下人只要土炕上能铺满毛毡就一切问题解决了。

擀毡前，先把羊毛中的杂草等清理干净，接着是弹毛。弹毛时羊毛的丝絮会在弓弦的振动中疏松飘起，并不断地飘落在竹帘上。羊毛集落到相应的厚度时，就用一种圆形的楦木将羊毛旋转压紧实，竹帘和羊毛一起卷紧，进入下一步洗毡程序。不同大小的毡对羊毛的总重量有要求，若要擀满炕毡，竹帘尺

寸就和炕的大小一样，若是单人毡则竹帘符合单人要求大小，所以毡匠每到一村都带有多种擀毡竹帘。擀毡时，先在炕沿上铺一块大木板，将卷紧的羊毛竹帘卷中间穿一毛绳，毡匠双手拉着毛绳，双脚蹬着的竹帘子，一放一拉，一蹬一松，手脚密切配合，将竹帘卷下上下滚动。滚动过程中，不断向毡帘卷上浇水，浇上去的水又不断被挤压出来，流下去，就像滚筒洗衣机洗衣服，这样反复滚擀，不但将蓬松的羊毛逐渐压实在一起，而且毛毡也越洗越白，难怪人们把擀毡叫洗毡。

在西北与毛制品相关的另一种手艺人就是口袋匠或褐子匠。以牲畜驮运是主要的传统运输方式，口袋几乎是西北农村家户必不可少的重要家当。毛口袋耐磨牢固、透气性好，贮存或驮运粮食不发霉、防挤压，尤其是以骆驼作为驮运食盐、粮食买卖的传统小农贩们更青睐毛口袋。褐子如同毛毡，在野外露宿，铺在地上睡觉有防潮、防虫作用。织褐子或织口袋，工艺较棉纺织简单，但由于比较费力，一般都是青壮年男人承担。褐子口袋纺织主要有三个步骤：分别为弹毛、纺毛线（或捻毛线）、织毛布。弹毛时铺一大布单子，两个人相错而坐，将牛（羊）毛铺在布单上，用木棍弹打毛，再用弹毛弓将毛弹蓬松，卷成圆柱毛团，就像纺线的棉条。再将弹好的毛团条放到纺车上，一边摇转纺车，一边不断撕拉毛团，慢慢捻成均匀纤细的毛线。最后，将纺好的毛线用纡子和剁刀在织褐机上织成褐单，缝成毛口袋。

（三）皮匠

生于斯、长于斯、用于斯。北方草原地带自古就是适合牛羊生活的地方，传统游牧民族的大部分日用器具都用皮革制作，而且与之相邻的绿洲农耕生活中也有大量的生产、生活器物与皮革材料相关。西北的皮革原料主要是羊皮、牛皮，还有其他马骡驴皮等杂皮和少量的狐皮、兔皮等。区传统皮革制作从“熟皮”开始，“熟皮”在现代皮革工艺学中叫“鞣制工艺”，“鞣制”的方法很多，依据皮革的用途不同、皮草原料不同，所使用的鞣制剂和鞣制方法也不同。传统的皮革作坊常用的方法是将无机盐鞣和植物鞣（油鞣）相结合鞣制。图 4-53 是西北农牧地区皮革作坊熟皮的场景，熟驴、牛、骆驼皮需要大池子沤泡，熟皮的过程散发着酸臭的气味更浓，因此，被称臭皮匠。图中表现了大部分熟皮工序，从干皮浸水去肉、水洗浸酸到吊鞣、腌鞣、热鞣，再到出鼓搭马静置、复鞣等 50 多道工序。但个体农家的熟皮过程相对简单，西北绿洲地区主要用芒硝和明矾作为鞣剂，熟皮时用几个硕大的瓷缸将硝水熬好，晾凉，再放一定数量的酸奶和盐（在农耕地区也用硝水和小米汤配鞣剂），按比例配好倒入缸中，将多年积攒下来的干羊皮一张张浸泡入缸中。经过约七天七夜的

图 4-54　传统熟皮工艺作坊场景示意图

沤泡和反复翻腾、搓揉，就可以去掉羊皮上的油脂和腥臭味，皮子也变得柔软了，这叫熟皮。过去，河西和阿拉善地区的老牧民和老农户，家家都会熟皮。皮熟好后还要刮皮，刮皮需要一定技术和专门的工具，皮匠都拥有一把锋利的月牙形铲皮刀。一刀一刀地铲和刮，将皮子上的肉质层和粗皮层刮干净，直到洁白、柔软为止。

生皮革化后可以用于制作各种皮革制品。通常所说的皮匠主要指用皮子做皮具的匠人。在西北沙漠牧区，皮匠主要是做皮衣（一种带毛大皮衣，当地人叫作皮筒子）。皮匠裁皮不用剪刀，而用其锋利的割皮小刀将羊皮裁成小的衣料片，皮匠在做皮衣时特别会套裁或因料裁剪。皮子裁割讲究的是大有大用，小有小用，切不可大材小用。皮匠缝制裁片的针脚很特别，针线走的是 W 型，皮匠熟练的针功使两块皮子天衣无缝地连在一起，从皮子的光板一面能看出整齐的 W 形针脚，但从有毛的一面却丝毫看不出连接的痕迹。

绿洲农耕地区的皮匠主要是做农具和锥皮鞋，过去的农耕生产主要靠畜力，对驴、马、骡子等使用的辔头、轭具等一些耐磨性器具都要用皮革锥缝。所以这些人在以前的生产队算是特种工种，不下地干活，专门在饲养院锥辔头，是令人羡慕的。锥皮鞋在旧时的西北农村也是一个不错的营生，所以许多地方将皮鞋匠也叫皮匠。贫困的农村人穿不起全皮鞋，但穿一双用布鞋前后锥补了皮子的半皮半布鞋也感觉很时尚。这种前后锥补了皮子的鞋在当地叫“锥弯子鞋”，锥弯子鞋的特征是：将一双半旧不新的布鞋，在鞋底钉了废旧轮胎切割的鞋掌，再将熟好的牛皮或厚羊皮剪成月牙形，锥补在鞋帮的前后，将鞋帮保护严实，看起来宛如一双高级皮鞋，造型元素丰富，穿上很有气派。所以“锥弯子”指的就是月牙形的皮补丁，一双锥弯子鞋可以穿三五年不破，鞋子结实耐磨，相当于两三双布鞋，庄稼人穿它既能下地干活，又很体面。所以在农村里就产生了以锥皮鞋为生的皮匠，他们挑着担走村串户，有的还是夫妻两个结伴而行，追鞋纳底分工协作（图 4-55）。

图 4–55　走村串户的锥鞋匠

皮匠无论熟皮还是皮具制作都对其工艺水平有很高要求，因此有“三个臭皮匠赛过诸葛亮”的说法。皮匠与木匠、铁匠等也是交叉合作的，许多木质农具需要用皮子包裹钉钉才更结实耐用。

（四）木匠——沙枣木家居用品和农具制作

木和土、铁、皮等行当都是密切相关，但土具有各方面的基础作用，土决定了木材生长的环境，从而决定不同地域木料种类和质地特性。人类自诞生以来就依靠不同地域的土和木的特定组合方式来适应自然环境。适合西北沙漠地区生长的木材主要有沙枣木、白杨木、榆木、杏木、果木等，最多的是沙枣木和白杨木。木匠按工种分主要有盖房类木匠和器具家具类木匠，但一个从业时间长的木匠每个领域都会有工作经验。

在沙漠绿洲地区的传统生活中，房屋结构和家具、农具结构都相对简单。盖房主要用外地运来的松木和本地产的白杨木和沙枣木，白杨木较挺直，常用来做椽子和檩子。盖房木匠的工作是做门窗，梁柱套卯、檩椽连接等。家具也是常见的板凳、箱柜、炕桌、条桌、供桌等，其中在一个大柜子上面放一个大木箱是河西绿洲农村家户最常见的旧式组合家具。但本地老木匠平时做得最多的木材就是沙枣木。沙枣木木质坚硬又多瘤结，很少有直挺的原木，这样其加工和制作的工艺难度就很大。

沙枣树主要生长在我国新疆、甘肃、内蒙中西部等沙漠干旱地区，该树种根系发达，有耐干旱、耐严寒、耐盐碱的特征，尤其在沙漠地区只要地下有水则生长速度非常快。由于生命力强，常作为防风固沙、土壤改造的树种，曾作为我国三北防护林的主要树种。沙枣树跟其他治沙植物如胡杨、梭梭等相比质地坚硬，富有韧性，堪比花梨木，尤其是沙枣木的木纹图案很漂亮，深棕色和浅黄色、奶黄色的纹样对比就像清晰的沙波纹。所以西北沙漠地区人们将沙枣木作为盖房、做农具、做家具的主打木材。但由于西北地域环境差，沙枣木在生长过程中各年份的气候条件复杂、降雨分别不均匀，使其木质纹理形成也复杂，木料内部存在天生的扭曲应力。所以生料容易变形、开裂，在做一些重要家具时一定要通过蒸煮、烘烤等方法改性。许多乡村木匠就是从学做沙枣木家具开始入行的。

木匠干活，以小团体出现，一般至少有四五人，其中一人是师傅，其余是一般木工和徒弟。开工的第一道工序是会料，由木工师傅主持。会料是考验一个木工班子能力和水平的重要环节。尤其是一堆奇形怪状的沙枣木、榆木等，有弯的、有直的、有榴结的，这些木料该用到哪些地方，这对木工师傅是个很大的考量，主要是因材而用，因形而用。特别在农具制作中，如牛拉车、拉犁的轭具；驾车用的驴鞍子，碾场石磙上的磙架子等，都需要一定弯曲形状的木材，才能符合功能要求。还有如上房泥的泥叉等，需要细长的把柄在中间，有大弧线的歪曲更省力，甚至一些农具的木柄都需要适当的弯曲更符合人机工程学要求，用起来才得心应手。由于沙枣木、榆木等木材强度好，常被用来做农具，但又缺乏直料，这就需要有当地农村生活、农耕经历的农民木匠才能适应本地的木工工作。特定的木料能做什么用，好木匠一眼要能看出来，而且在实际制作时能达到严丝合缝、恰如其分，这对乡村木匠的要求非常高，稍差分寸，就会成为废品，费工又费料。

传统木匠的基本工具是锯子、凿子、刨子、斧头、锛、墨线盒、三角尺等，这些工具要样样精通、得心应手也不是容易的事。传统木工活从拉大锯开始，拉大锯将原木按制作目标破解成初级板料，是木工活中最苦、最累的工序，再加上榆木、沙枣木等质地坚硬，又多瘤结，锯起来很费劲，不过这是年轻木匠入行的基本功（图 4-56）。

图 4-56 拉大锯的年轻木匠

（五）铁匠——为其他匠人制作工具的行业

传统农耕文化是关于四种材料的文化，即土、木、金、石。金主要指青铜和铁，青铜时代的农耕生产力虽然大大提高过石器时代，但青铜的化学和物理特性注定了青铜文化最终只能是一种基于社会意识形态的造物艺术，而铁制工具的使用却使人类与自然关系发生了根本性转变，甚至由之前的适应状态转变为征服状态。这主要是铁制工具本身成为土、木、石的改造工具，并且是土、木、石等其他工具制造的“工作母机”。

铁是一种化学元素，没有地域性。但铁制工具是其他材料的改造工具。不同地域环境造化了不同的土、木、石属性，它们的人工存在方式对应着不同地域的人类适应自然的方式，这就决定了铁匠行业的地域性。

在传统农耕社会中，铁匠的服务内容主要有五个方面。即打造农具、建筑工具及附件、日用生活用品、木工工具及其他匠人的工具。西北干旱土地种田用的各种铁锨、锄头、镢头、铲子、镰刀等农具由于作物类型和土壤质地不同，对这些工具也有一些特殊要求。一些心灵手巧的铁匠，由于有大量的干农活经验，所以他们在打制各种农具时会按照自己的使用经验制作，富有创造性，打出来的铲子、镰刀等符合人机操作的方面性和舒适性。生活中用的菜刀、杀猪斩羊刀、锅铲、铁勺、剪刀等，木匠用的各种凿子、锯子、斧子、刨子、锛，皮匠的月牙刮刀、裁刀都出自铁匠之手。所以在农村铁匠主要打制刃口工具，刃口要用贵重的好钢材，只能截一窄绺夹在刀刃部位，所谓的“好钢用在刀刃上”。刃口活的关键在淬火和抹生，淬火的方式很多有水淬、油淬、醋淬、泥淬等，根据刃口工具的用途不同，淬火的类型和时间长短也有差异；在泥土中作业的各类工具需要在刃口上抹生，抹生是河西沙漠绿洲农村的叫法，就是将陈年破铸铁锅，去下一片熔化后，抹在铁锨、铁铲、锄头等刃口上，这样农具的刃口在沙地使用会越用越锋利，而且特别耐磨，延长工具使用寿命。

打铁是一个费力且技艺较高的手艺。好铁是打出来的，俗话说，玉不琢不成器，铁不打不成形。铁匠打铁通常需要一个师傅带一到两个徒弟才能进行，师傅拿小锤，徒弟拿大锤，师傅是掌握全局的，他的小锤虽然也在铁坯上打，但主要是起到指挥、打铁节奏调节等作用。当一块烧得通红的铁坯由师傅用夹剪从火炉中抽出放在铁砧上时，师傅先拿小锤在铁砧旁边的砧耳上“叮当”两下，给出本次打铁的节奏快慢程度，先在铁坯需要锻打的部位砸一小锤，紧接着徒弟们抡起大锤就在相应部位按照师傅要求的节奏连续锻打，师傅手中的锤犹如乐队的指挥棒，徒弟跟随师傅小锤打砸的部位、节奏轻重缓急情况，甩开膀子轮番锤砸（图 4-57）。趁热打铁，不到一分钟的时间，炽热的铁块就由厚变薄，通过多次烧红锻打，就变成了各种工具的雏形，不过铁器的细部处理和局部精细化成型一般由师傅单独打造，徒弟们只起到配合作用。最后铁坯变成了各种铁锨、锄头、凿子、剪刀等器形，再用起子刮刨毛刺，用磨石磨平形成成品，就可以上农村集市摆摊出售了。在西北各地的农村集市上走走看，同样的工具在各地的造型和结构也不完全相同，这就是适应不同地域使用要求的不同，因为乡村的铁匠其实就是当地地地道道的下地干活农民。只有他最知道，本地需要什么样的结构、造型和功能的农具。

图 4–57　工作中的铁匠

（六）芨芨匠、篰篮匠、漏斗匠、囤子匠——芨芨草、黄柳、红柳艺术的传承人

用藤条和竹条制作的编制物早在原始社会时期就有了，据考古记载原始社会晚期人们就能制做精致的各式箕帚了，如浙江吴兴钱山漾出土的公元前

3000 年的簸箕已经有很高的工艺考究了，商代甲骨文中也有箕帚的象形字。[①] 但同一功能的传统编制器物在不同地区的材料和工艺方法不尽相同，河西地区日用品中最多使用的是沙生草本植物编织的各种器具，主要原材料有芨芨草、旱柳条、红柳、沙竹、沙枣树枝条、杨树枝条等。其中芨芨草、旱柳条、红柳使用最多。

芨芨草属于禾本科植物，常生长在西荒滩和沟壑地带，芨芨草比较耐旱和耐盐碱。秋季西北地区雨水相对充沛，芨芨草能快速完成抽薹孕穗的生理过程，形成坚韧细长的芨芨秆。成熟后芨芨秆可一缕缕绕在粗木棒上撬拔出来，晾干后犹如一根根洁白光亮的毛细竹条，可用于编制房笆、背篼、提筐、车笆，还可以将其用木榔头砸烂浸湿后，用车轮拧成草绳，用于农业生产的许多方面，坚韧耐用。

旱柳条属于灌木类植物，生长在绿洲地区的季节河两岸或人工渠沿两边。柳叶茂盛、柳枝抽条的时候会散发出幽幽柳香。细长的柳条可以编制笊篱、小簸箕、小箩筐等日用品，富有特色的编制纹样使其具有地方工艺品的特征。特别是剥去外皮的柳条，质地洁白，可做针线篮、插花笼等，长期散发一种淡淡的宜人香味。深秋的老柳条，木质化程度深，用柳镰割下来晾干，并捆绑储存好。等到冬季农闲季节，篰篮匠、簸箕匠、漏斗匠们就开始忙活起来了。这些编制匠将柳条一根根挑选好，然后支起一大铁锅，将柳条蒸煮，等柳条变软适宜编制时，再用事先捻好的麻绳，以柳条为纬，以麻绳为经进行编制。浸了水的麻绳能承受强大的拉力，异常柔韧，编制匠们便把软柳条勒出一道道波浪纹，相邻柳条和麻绳错位编制，形成了整齐一致的凹凸肌理。老柳条编制的都是较大尺寸的篰篮和标准簸箕，这些用品是沙漠绿洲地区家居生活不可或缺的用品。冬季家家户户都在酿造食醋，其中最好的发酵容器就是柳条篰篮，煮熟的小麦、大麦、青稞和麸子按比例配好装在大篰篮中发酵生热，醇厚的醋香中有一种成分是柳条的香味。这里所说的漏斗不是导流的器具，而是西北沙漠绿洲地区传统农耕生产中使用的一种汲水工具，也就是系在桔槔的一种戽斗，用沙柳条和麻绳编制而成，晒干疏漏透光，浸水膨胀致密。桔槔本是一种非常古老的汉族农耕灌溉工具，俗称吊杆、称杆，民勤称其为卧杆、提杆。桔槔在商代就已大量使用，关于桔槔汲水方式，《庄子》天地篇中有描述："子贡南游于楚，反于晋，过汉阴，见一丈人方将为圃畦，凿隧而入井，抱甕而出灌，搰搰然用力甚多而见功寡，子贡曰：有械于此，一日浸百畦，用力甚寡而见功多，夫子不欲乎？"正如起源于商周时期的牛耕一直沿用到现代一样，桔槔也一直

① 阴法鲁，许树安．中国古代文化史 [M]. 北京：北京大学出版社，2004：196.

沿用到 20 世纪六七十年代，因绿洲地区农业耕种面积较少，地下水位较高，人们掏井浇地，传统灌溉的方式是在井口边安装桔槔打水浇地。民勤人使用的桔槔与两千年前的桔槔形制基本一样，主要是利用杠杆原理提水，在井边栽立一“丫”形支架，作为杠杆支点，丫杈横放一较长的木杆（卧杆），长杆一头挂漏斗（水桶），对准井口，远离井口的一端绑着一大石头，作为配重石 [图 4-58（a）]；汲水时，把挂漏斗的提杆一头向下插入水中快速装满水，这时绑重石的一头高高翘起，漏斗装满水后，从提杆上轻轻向上一提，在杠杆和惯性作用下提竿自动快速从井中抽出，非常轻松，这个动作有时会使打水人显得潇洒自如。所以子贡说，利用桔槔，可以“一日浸百畦，用力甚寡而见功多”。

漏斗一般都是用柳条和麻绳编制的。没有浸透水的漏斗是会漏水的，漏斗名称的由来可能与此相关，浸透了水的漏斗由于柳条的膨胀作用，致密不漏水，图 4-58（b）是民勤绿洲地区的一个传统漏斗遗物。

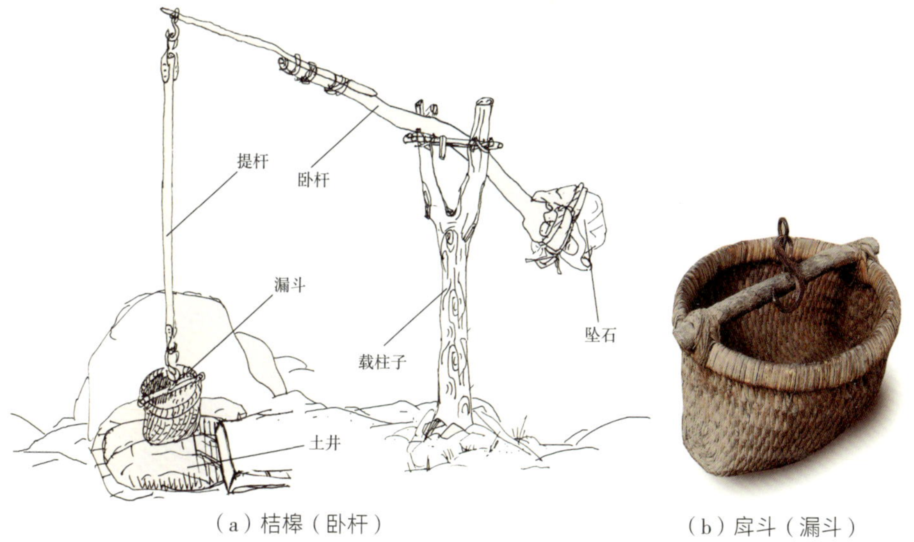

（a）桔槔（卧杆）　　（b）戽斗（漏斗）

图 4–58　民勤传统打水漏斗

红柳是西北沙漠荒滩地带生长的一种灌木（有的品种可以长成小乔木），耐盐碱、耐干旱。红柳条也是常用的一种编制材料，不过由于红柳条坚硬倔强，常温下不易弯曲成型，所以编制出来的物品相对粗糙，常用于编制房笆和粮谷仓囤。红柳房笆能承载很厚的草泥，使土坯平顶房冬暖夏凉；红柳囤子高 1.5 ～ 2 米，囤子里面也裹着厚厚的麦草泥巴（图 4-59），由于红柳有防蛀虫的功效，红柳囤子中的谷物不易生虫子，保存时间长。传统农耕生产中，红柳还有一个很重要的用途就是编制耕耱。犁过的耕地，要先耙后耱，耱地需要坚硬且有弹性的耱条才能把土块压碎，封土保墒，这对西北干旱地区的春耕来说

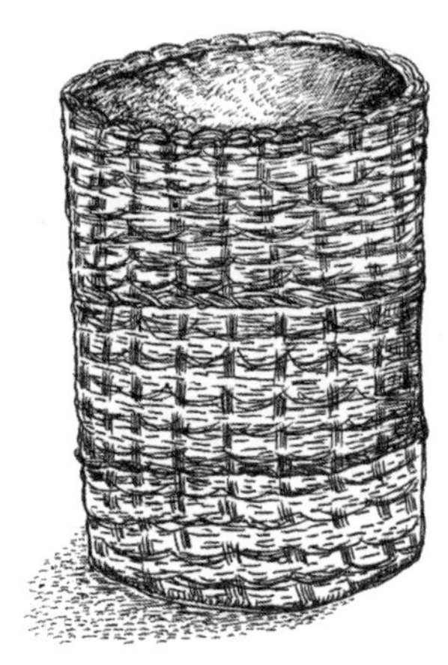

图 4-59　西北沙漠绿洲地区红柳粮囤子

非常重要。用红柳做耱条时，先将其埋在湿润的土堆中使其潮湿，然后煨一堆牛粪的烟熏火，将柳条插入火堆中炜烫，抽出后即变柔软。此时趁热扭曲成 8 字形，编排在耱杆上，形成如梳子齿一样排列的耱条组。

在西北农牧地区，几乎家家户户都会用芨芨草、旱柳条和红柳等编制用品。小时候，一个村庄里的孩子，放学后一起去放羊，他们把羊群扔在一边就开始一起玩编筐、编笊篱游戏，大家相互学习，相互排比。长大后，虽然水平各不相同，但都能解决自己家的急用问题。

在长期的生活中人们对不同材料的用途有了分类，工艺制作也是在分析改良中完成的，这种经验和分析是在长期生活的过程中形成的。在这里，红柳的炜烫与红柳土皮囤子的制作经验首先是在特定环境条件之中形成的，不同环境提供不同的生存资源，如何去适应环境决定因素就于人的能动性活动，从这个意义上说，发明的本质和动力还是人的意志对环境的适应。

四、环境适应是推动传统器物进化的原动力

我国西北地区地域辽阔，是传统农耕文化和北方草原文化融合发展的地区，气候干旱，这里既是中华文化的发祥地，又是陆上丝绸之路的黄金地段。在自然和人类的双重作用下，形成了独具特色的人类适应干旱的生活方式。限于能力、精力和篇幅所限，本书只选择了黄河中上游黄土高原及周边地区，即所谓陕甘宁青相连的黄土、黄河、黄沙地区作为研究地域，抽取了很少的几种代表性的干旱文化现象作为研究内容。

以本地区作为地域性设计研究的取样地区，容易凸显自然环境和生活方式的关系。从西北黄土高原和沙漠绿洲的这些传统器物文化的浅析中我们可以看

出，传统生活方式及其器物形制在很大程度上都是地域环境的产物，它是地域环境的多种因素综合作用的结果，与地质、地貌、气候、交通、经济发展状况等都有关系。从诸多案例分析中基本可得出这样的结论：器物文化的发展是由人们对环境的适应性来推动的（图 4-60），一方面，传统器物文化是对环境的表现与反映；另一方面，传统器物是在地域环境特别是地域文化环境推动下进化的，传统器物文化是对其地域环境的表现与反映。

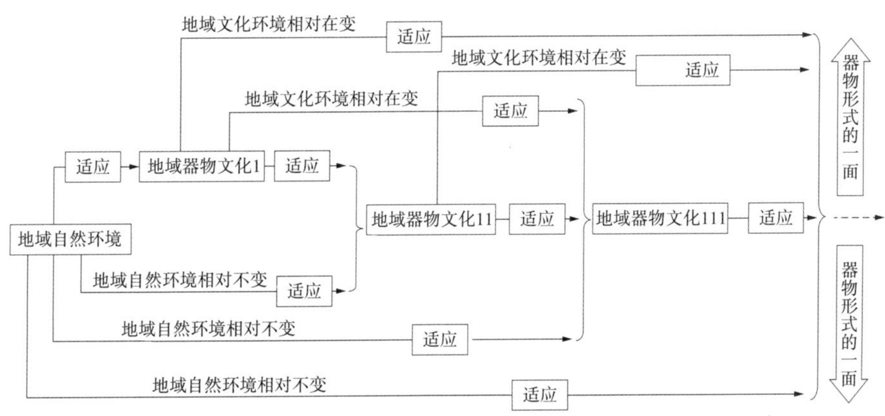

图 4-60　传统器物文化的发展是由人们对环境的适应性推动原理图

本章中对古彩陶的地域性分析占用了大量的篇幅，这不光是因为西北彩陶在同一时间其造物水准较高，主要是因为原始彩陶最能纯粹地反映了人类生存、器物文化与地域环境适应之间的关系。彩陶从最初产生就是纯粹的地域环境的产物，它标志着该地域的农业生活方式进入稳定时期。随着社会的发展、生产技术的提高，彩陶承担了地域生活方式的多种内容和社会多种角色，形成为彩陶艺术。器形由单一变为多样，由素陶发展为彩陶，纹饰由简单变为复杂，制作工艺由捏制发展到轮制，彩陶的器形代表的意义不只指实用功能，彩陶纹饰由初期的原始崇拜、图腾崇拜转变为自然崇拜，自然崇拜完全取决于人们生活的自然地域环境。如半坡类型多鱼纹，说明当时关中地区气候湿润，多湖泊，鱼类大量存在，并成为人们日常食物的重要来源。由于人们对鱼类非常熟悉，鱼类便成了共同的审美符号，成为当时装饰艺术的普遍题材是情理之中的事。马家窑类型多水波纹、漩涡纹，说明当时气候已开始变干，人们生活在河流的两岸，水波纹和漩涡纹正是人们在岸边观察水流的印象或是对水的崇拜。没有什么东西能比水更重要，烧饭、饮水、制陶、盖房，生活中的一切活动都离不开水，凝视着它那流畅又晶莹剔透的形态，让他们浮想联翩，倍感自然的恩赐。先民们将外间的感受固化在有形的器物制作中。所以在彩陶上描绘的图案不是随意的，它一定代表当时人们对自然和社会的最高认知水平。彩陶纹样从马家窑发展到四坝文化、辛店文化时多出现羊纹、犬纹、鹿纹。说明这时候的人们以游牧生活为主，生活的地域范围在扩大，人们的崇拜对象，审美对象有所转移。所以，不同的审美客体养育了不同的审美主体，他们的造物形式反映出他们对世界和人生的根本看法。

然而一切都处在发展变化中，自然环境变化相对较小，人类社会的变化相对较大，两者又有一定的内在关联。旧的器物在不断地优化完善，不断适应现有的地域环境，而同时环境本身也可能在变，这样就需要再次适应环境，再产生第二代、第三代或更后一代的地域性器物文化。所以适应和变化成为器物和环境永不停息，如影随形的一对矛盾。器物由形式和功能两部分构成，两者互为关联。而地域环境又分社会环境和自然环境两部分构成，两者也互为关联，地域性器物文化对地域环境的适应也是配对的，一般来说，地域文化环境对器物的形式一面影响较大，而自然环境对器物的功能式一面影响较大。当然功能用途是一切的基础，没有功用形式也就不附体了，这只是个相对概念。

地域环境是推动传统器物下进化原动力。人类的各类器物都是与生活方式息息相关的，这些器物的出现都由其特定的地域文化及自然环境的需要积累而成，当这种积累达到足够饱和的时候，可能会产生原发性的器物，这就是早期的器物文化，我们姑且将之称为第一代地域性器物文化。例如在考古学上，基于不同时期文化内涵和制作工艺的差异，马家窑文化虽被分为马家窑、半山和马厂早、中、晚三个类型，但这三个类型是一脉相承、延续发展的，不论是在器物造型上，还是在器物的装饰上，都能够见到明显的演变轨迹。有继承才会有创新，有创新才能有发展，马家窑文化也正是在不断继承前期先进文化成分的基础上形成发展的。克拉克・威斯勒有一个重要观点是：文化综合体产生于发明创造过程，而发明必须依赖已有的事物或方式，它不能无中生有。发明就是从旧的经验之间设想或观察到的一种新关系，而不是经验本身。在人类的发明过程中环境起了决定性作用，但是发明中根本性的事物在于经验之间的关系[①]。这里威斯勒谈的其实是环境适应和环境对文化进化的决定作用，当然自然环境是基础的和间接的，社会文化环境是直接的，人的经验能动性直接产生创造行为，三者共同作用。所谓的传统，就意味着有历史进化和积累，真正的传统器具、传统生活方式都和历史上同类器和生活方式有内在和外在的关联性。西北黄土高原和沙漠绿洲地区，衣食住行各方面首先呈现出强烈的干旱地域适应性，由前向后的变化、进化过程其实是将各地域因素融合得更合理的过程，在上古时期的耒耜犁等农耕工具和现在的农具基本形状相差不大，功能基

① 克拉克・威斯勒．人与文化 [M]. 钱岗南，傅志强，译．北京：商务印书馆，2004.

本一致，还有一些生活中常见的器物，如前一文化类型中常用的盆、钵、罐、壶、豆、瓮、瓶等器物，都被后一文化所沿用，并不断完善、发展，使这些器物更加美观，更加精细、更为实用。这就是文化的记忆，文化传承与发展靠记忆。不仅如此，在马家窑文化一千多年的自身发展过程中，继承一创新一发展的规律，始终贯穿于整个文化当中。从制陶的方式，器物的造型以及装饰手法的运用，都是在继承中不断发展演变的。在彩绘装饰方面，装饰图案的演变轨迹也十分清晰。

所以，从人类思维和发明的规律看，某一种艺术形式或器物形式一旦被创造出来，就会一传十，十传百，后人不断改进，不断丰富其形式和内容，特别是一些传统手艺，在平日的创作中对孩子和青年人也有潜移默化的影响，渐渐地成为地域性的文化特质。

按实用程度，器物可以分为两种形式，一种是实用物品，包括日常用具和工具性物品，另一种是礼仪性的，如各类工艺品、纪念品及其他艺术品如绘画、剪纸、雕塑、刺绣、香包等，还有一类是兼有二者的功能的物品，事实上绝大多数物品都属于后一种。不论哪种类型，那些能称得上是文化特质的物品，能够以成熟的形式流传下来的东西，其成型绝不是哪一个或几个工匠或艺人的作品，而是几代人的智慧劳动结晶，名匠们可能总结得或超越得更多一些罢了。

干旱沙漠农耕的自然条件完全不同于干旱的黄土高原，沙漠地带的农耕的特点是，土地平坦广阔，耕种面积大，适于各种农业机械化作业，属于浇灌农业，尽管水资源十分紧缺，但农作物的生长受降水的影响相对较小。围绕干旱农业，该地区在衣食住行方面产生了众多与自然相适应的生产工具。

在特定的地域中，环境为人们提供了材料，决定因素就存在于人的意志活动当中，从这个意义上说，发明的本质和动力还是人的意志对环境的适应。人类学研究表明：产生文化综合体的核心动力是发明，而发明是创造过程，必须有赖以工作的某种东西，它不能无中生有。它是从旧的经验之间设想或观察到的一种新关系，而不是经验本身，发明中所包含的全部具体经验肯定是从环境来的。美国人类学家克拉克·威斯勒在谈到文化与发明的关系时举了印第安人发明桦树皮圆锥形帐篷的例子，他说如果一个从来没有直接接触过或只是听说过桦树皮的人是不可能作出这种发明的，如果他能够，那也不可能付诸实践，除非环境提供了现成的材料。因此很清楚，环境提供了发明所需要的物质材料，这些材料因此也就进入了所谓的民族物质文化之中，但是发明的根本原因在于对经验之间的关系分析，尤其是对各因素适应关系的分析。

第五章

人造物应是人与环境适应方式的物质载体

人类造物历史给现代设计带来很大启示，受制造材料、工艺技术、交通运输等各类因素限制以及传统文化心理支配，传统造物基本上反映了人与自然、人与特定地域文化的和谐关系。今天的造物设计、生产活动与古代不能相提并论，但现今人类活动已对自身的生存环境造成影响，社会与技术发展太快，而使环境系统性问题没有被同步考虑与解决，破坏了生存环境的时空连续性。如何把握人类未来的命运，中国传统文化提供了许多值得借鉴的思想和方法。

- 中国传统器物的天人合一思想
- 中国传统造物中的“象”思维
- 中国远古文化中各文化特质的同源、同质与共理性
- 中国传统造物中的“尚文”与“尚质”
- 传统造物在历史时期的传承与创新
- 中国传统造物文化中的当代设计传承价值
- 意象造型观念的重建
- 地域性设计的本质是环境适应
- 环境、生活方式、人工物之间的关系
- 基于环境情境分析的地域性设计的基本方法
- 干旱地区地域性设计元素还原与重构

第一节　中国传统文化中的造物思想

一、中国传统器物的天人合一思想

生物来世都需要为生存而奋斗，在环境中寻求各自的生存方式。人类生存发展史同样也是一部处理人与环境关系调节的历史，处于不同时代的人自然观不完全相同，处理人与自然关系的方式也不一样。但我国传统文化源自原始社会晚期的自然崇拜，在长期的自源发展中形成了一部集儒释道于一体的关于天、地、人关系的文化史。

（一）中国传统造物中“天”的含义

中国传统社会是一个“上天”崇拜的社会，这其实源自原始社会的自然崇拜，图腾崇拜、巫术崇拜。古人认为万物有灵，自然界的日月、风雨、雷电、水火、飞禽走兽，必然对应风神、雷神、火神、神兽等神灵控制祸福，民间所说的“老天爷”是一种超越人意志的神秘力量。进入奴隶社会后，随着王权的出现，产生了至上神。殷人视自己的祖先神为“帝”或“上帝”，周灭商后，为了维护统治，周人将其发展为“天帝”或“天神”，成为整个宇宙的“无上神”，之后又称为“天”。经过春秋战国，诸子百家的思想构建，“天”在我国古代具有多重含义，总体特征是将主客观思想融为一体的“天人合一”理念。冯友兰在《中国哲学史新编》中，就中国传统文化概念中的“天”从历史文化典籍中归纳出五种概念：主宰之天（之上神）；物质之天（天空）；命运之天（运气）；自然之天（大自然）；义理之天（仁义礼智信）、道德之天（仁义礼智信）。[①]在中国文化语境下，“天”是一个“大”“尊”和“超”的概念，以大为尊、以大唯美，天为大，人为小，孔子称赞尧的功德时认为“唯天为大、唯尧则之”，臣民听任君王的安排是为“尊天命”。“地”是仅次于“天”并作用于人的第二要素，主要指人做事所在的环境，也就是地气，天、地、人的关系是为人做事要尊重的最高准则（天意），并适应环境（地气），但在许多情况

① 冯友兰．中国哲学史新编：上卷 [M]. 北京：人民出版社，1998：103.

下天和地的含义又重叠交叉、模糊笼统，统称“天”。孔子说：“以父天母地是上天之子，又为天所命子养下民，此尊名也。”也就是说做人做事不能背离天意，应按顺应天的标准去做事。

文化离不开物质支撑，中国传统文化中的“造物”不是今天的设计制造的概念，而是天地创造万物的意思，是“造化”的意思，是对自然界万物形成的崇拜性的神化表达。先秦古籍中就有“造物”的概念出现，如《庄子·大宗师》中写道：“伟哉夫造物者，将以予为此拘拘也”，此话是一个佝偻病人对自己命运处境的无奈认可，《辞海》“造物”词条中对《庄子》中的这句话引用注家的解释是“谓创造万物者，指天也”。①

古人认为自然万物由天直接创造，而自然造物与人工造物是相通的，人工造物必须通过“上天”旨意才能得以实现，人间制器则由圣人发明。从原始自然崇拜、巫术崇拜，圣先哲们是与天地相通的，具有通天绝地的本领。由原始宗教积古和自然观察归纳而来的《易经》阐述了“观象制器”“圣人则之”的人工造物原理。中国先秦也认为“制器”是“圣人则之”，圣人是掌握上天意志的圣者。《周易·系辞下》第二章中列举了以 12 个典型卦象为例的 12 类人间事物“取象创世”的原理，涉及农业、渔猎、商业、政治、文化以及日常生活中衣食住行的多方面，仅就造物而言，包括创制诸多农具、衣裳、舟楫、车马、弓箭、宫室、棺椁等 12 种造物的取象原理，这些创世造物都是伏羲、神农、黄帝、尧、舜等圣人所为。圣人有绝地通天的本领，圣人则天。“绝地通天”在《尚书·吕刑》和《国语·楚语》中都有所述，说在五帝之一的颛顼之前，人间和天上是由天梯相通的，人人都可向天神报告自己的事宜，“人之初，天下通，人上通，旦上天，夕上天，天与人，旦有语，夕有语”。后来颛顼任命“重”和“黎”二人专门掌管人和天神之间的联系，使普通平民失去了向天祈祷的自由，其实“重”和“黎”二人只不过是颛顼的传话筒，在天地之间真正与人沟通的是帝王颛顼。由此，部落首领、巫觋与上天结为一体，甚至同为一人。这就是我传统文化中主客观不分现象，人即是天，天又是人，从而形成了我国古代“天人合一”的第一层含义。

秦以后，直到宋应星的《天工开物》，都认为人工制器是“天工人其代之”，是人类替代上天，对应自然的行为。当然这里“天工”也有遵循自然规律的含义，这在《考工记》和《天工开物》中都有论述。冯友兰说：“易传中这种‘制器尚象’的思想，实际上是有以人力改造自然的意义，这也是一种唯

① 诸葛铠 . 裂变中的传承 [M]. 重庆：重庆大学出版社，2007：99.

物主义的观点，不过这种观点被它以卦象说歪曲地反映在他们的体系中。”[①]冯友兰认为完全把人类早期造物归结于依据卦象造物有过偏颇，但从分析自然规律中造物是没有什么问题的。诸葛铠等学者也认为事物的起源，特别是最早的人工造物肯定要先于卦象的产生。我国当代艺术学理论的重要奠基人张道一先生，在 20 世纪 80 年代提出过“造物艺术论”，该思想的理论价值在于将玄乎其神的圣人“制器”转换为劳动人民“造物”，揭示了“造物主”的对象是古代劳动者，“造物”应是人造之物，是古代所讲的“物曲有利”，即通过弯曲等工艺手段，改变各种材料的形状，制成人所使用的各种器物。张先生认为造物艺术本身是强调本元性的，也就是“尚质”文化，在实用的同时孕育了造物的美感，艺术与造物是同时产生的，不存在二元论。本元文化的特点是为了生活的直接需要，综合人多方面的知识和能力，创造着各种实际应用的物品和理想的生活环境。[②]人类是自然产物，要依附于自然生存和生活，随着生产力的相对提高，产生了两大阶级，并产生了两类处理人和自然关系的模式。

贵族统治阶层既畏惧自然，又怕失去自己的统治和享乐地位，所以其用维护自己利益的意识形态将人和天主客观混为一谈，利用神秘的象征造物，圣人造物，并对下层社会的深层文化意识产生影响。而被统治的平民阶层为了生存，适应自然，合四时、合地气、合材美、合工巧，恰如《逸周书・度训》所讲“土宜天时，百物行治”。[③]在长期特定自然环境的适应中形成了中国传统

农耕文化，特别是在民间衣、食、住、行、用、生产、艺术方面形成了“天人合一”的乡土文化。如北方的窑洞文化、土夯土坯文化、农耕器具及农术、民间各种精湛工艺等，其特征是人与自然的和谐相处，优良的造物工艺会奉贵族使用。所以，从奴隶社会及其王权的出现和阶级分化，致使传统造物的“天人合一”由一元向二元化发展，两者相互影响和渗透。

总之，不管是敬重圣人的“天”，还是适应自然规律的“天”，在中国传统造物中都综合了各种天的含义，应该说这些“天”的概念和今天造物设计中尊重人性、尊重文化和尊重自然科学的理念息息相关。

（二）中国传统造物中的“象”思维

“象”思维是人类思维发展历程中的早期方式，在世界各古文化中都存在。人类“象”思维的初期阶段是表象性的图像思维，层次较低，属于原始思维范

① 冯友兰 . 中国哲学史新编：第二册 [M]. 2 版 . 北京：人民出版社，1984：341.

② 张道一 . 本是同根生——艺术与科学纵横谈 [M]// 李砚祖 . 艺术与科学：第一卷 . 北京：清华大学出版社，2005.

③ 诸葛铠 . 裂变中的传承 [M]. 重庆：重庆大学出版社，2007：75.

畴，原始岩画、彩陶纹样都是原始“象”思维的成果。黑格尔曾说，“表面形象”是儿童和民族的童年时期的共同爱好。[1]所以原始“象”思维带有非常鲜明的地域特色，是对特定自然环境、人文环境的反映和适应，虽然都属于岩画、彩陶等原始纹样，但题材内容和表现方式差异很大。

“象”思维的基础是对自然物象的图像性捕捉和再现，是一种视觉思维方式。早期“象”思维是将自然物象简约地绘制或刻画在各种媒体上，如陶器、木器、金石器、山崖、岩石等表面。中国“象”文化主要起源于原始社会晚期，在黄河流域的黄土地区形成了“黄土文化”的彩陶，在北方草原地区形成了“刻在石头上的史书”的岩画。这些原始文化都是基于“象”思维的创作成果。原始先民出于生存需要，同时也由于人类原始思维、心理的发展，产生了自然崇拜、图腾崇拜。上古籍《山海经》是有关地域差异性描述的书籍，各个地域有不同的奇禽异兽，许多神秘古怪的动物都是人兽复合形象，这与原始社会晚期的图腾崇拜一脉相承。诸多专家学者认为图腾崇拜，最早源于对动物及植物的崇拜，然后是半人半兽图腾崇拜，最终图腾崇拜融合演变为各自民族文化的象征。我国北方少数民族的草原地区，鹿、马、羊等动物岩画分布较广，应是图腾崇拜对象。[2]所以，原始“象”思维来自生活环境、是对生活环境的描述。

人类对物象的绘制或刻画是与一定的思维情景联系在一起的，“象”总是与其对应的“意”同时存在的，“象”的功能是用以表“意”的。在原始社会时期，先民的生活形式和内容相对贫乏、单调，所以对周围自然和社会的所见所闻都非常有限，认知单一和统一。考古学家张光直认为，图腾崇拜的前提条件是氏族的形成，因而对于某一氏族内部的图腾表现及其象征意义也是公知与共识的。

意象思维包括两种过程和两种类型，这就是高度概况的归纳思维和灵活变通的演绎思维过程，具体到《易经》中就是“制象”与“取象”思维。易历三圣，《周易》之制象与取象也经过了数代圣人的完善改进，历经伏羲、神农、黄帝、尧、舜、夏、商、周。世界万物有许多微妙变化的规律，但是难以言表，无从言说，要把自然间的成型规律，有形模式或范式表达清楚，单凭语言很难。在那个甚至连文字都没有产生的时代，需用一种符号纹样来表达出来，这种纹样就是表征“象”的符号，所以，周易的全部内容都在论“象”，所谓“举易而皆象”。书不尽言，言不尽意，然则圣人之意其不可见乎？所以，有“圣人有以见天下之赜，而拟诸其形容，象其物宜，是故谓之象”。将一些玄

① 盖山林．北方草原岩画与原始思维 [J]. 文艺理论研究，1992（1）：74-78.

② 苟爱萍．以彩陶、岩画及神话为例论中国的图腾崇拜 [J]. 美术观察，2017（3）：118-119.

之又玄的玄通之理，用一种象形的纹样符号及其排序表达出来，这就是制象。制象采用归纳和演绎思维，尊重生存环境，分析和归纳环境物象，从而形成具有普遍性的通用法则、模式，即某一象（卦象）。如同今天在大量科学实验、数据分析基础上构建数学模型、公式、定律一样。

取象则采用联想、比拟、比喻和变通思维，将某一象赋给现实创造活动，使造物具有某种意象含义和特征。《周易》中的“象”是自然物象的高度概括后的“模型”，“象”所表达的是“象外之象”，具有多种含义。取象好比应用科学定理、公式解决实际问题一样，在取象思维中虽然用到逻辑推理，但其本质是形象思维，而现代数学、物理要有大量的逻辑运算。“象外之象”就是“象”对应的“意”，也是“象”所对应的内容。“象”和“意”的关系如同现代符号学理论中的“能指”和“所指”关系。符号一经约定俗成便成为一种文化主体共识的行为或取象方法模式，《周易・系辞》中谈了许多取象制器的案例，特别是原始农耕文化中器具的发明设计。

制象与取象是体用关系：从环境适应角度讲，取象、用象也是对环境的适应、是天人合一的行为。制象来自周围环境，取象、用象也是用来对原环境的适应（或自然改造）。《周易》反映了西周初期的历史面貌，其仰天俯地所观之象也是黄河中上游一带的天象和地象，而且书中不时提到岐山、簸箕子等地名，其原始起源的河图洛书也说明了早期观象制象的地理范围。虽然我们今天已无据可考当时伏羲观天象看到斗转星移的具体特征和规律是什么，但经过历代圣人演变制象，最终上升为超地域的普遍性规律。

中国意象思维在儒家思想的倡导下，由原始图腾思维和作为群经之首、万法之源的《周易》之道，逐渐发展成了具有民族特色的意象思维模式和审美特征。而且许多特征表现在与“物象”相关的更深层面的精神审美，这就是“象外之象”“弦外之音”，除了体现联想的特征之外，还有诸如含蓄、写意方面的审美特征。中国造型艺术也从原始图腾到原始彩陶，再到青铜器，乃至秦以后其他民族造物艺术和书画艺术等都是讲求写意审美特征。“图画语言”是一种表意语言，或称意象语言，重在对一种精神的诉求，并不是对实景和事物的如实写照，主要是借景抒情、托物言志。这在中西方绘画比较中表现得尤其鲜明，西方绘画具有强烈的写实性和客观性，而中国绘画和书法，并不是如实绘画和写字，陈传席说：“中国绘画常常存有这个缺陷，即使一个画家有自己鲜明的艺术风格，但在表现某一山，某一水时，往往也缺乏这个具体山水的个性。”[①]其实在文人的家居器物陈设和园林建筑设计中也追求这种意象意境，正

① 陈传席 . 中国绘画美学史：上下册 [M]. 北京：人民美术出版社，2002.

如明代画家和造园家文震亨在《长物志》中所说“随方制象、各有所宜”，荀子提出“重己役物”，似物于物，不为物设。中国历代的士大夫们通过对山石、水色、建筑的意象构建旨在调节自己仕途得失的情绪，构园造屋的目的重在供物寄情、养性悦情、完善人格。所以“写意”表现手法是中国园林艺术的一大特色。

中国意象造型设计的方法就是观象制器、取象设计。取象的方法主要是联想和变通，在形式、内容、理念、方式等方面找到设计对象和原象（卦象）之间的关联性。现代文创设计和产品外观设计正是在文化符号和新载体之间建立关联性，所建的关联性可称为立象，立象的关联度、匹配度是评价创意优劣的重要指标。不同事物之间的关联并不一定是直接相关，可能需通过联想、比拟等转换、变通关联。变通是易理规律的本质。世界的万事万物都有相似、共性的运行规律，可以利用联想思维，变通解决问题。这一思维模式符合人类认知思维的生理和心理特征，目前创意设计中普遍采用的思维导图法，就是利用人脑神经细胞互联的生理特征和人思维的联想机制展开的。被世界公认的现代发明问题解决理论（TRIZ 理论）是工程创新设计中通用的理论方法，该理论就是利用不同领域的发明专利、物场关系等之间的关联性，运用变通法则，从现有技术中寻找相似的原理解决目标问题。所以中国传统意象学说内涵丰富，意义深远，对当代设计学科理论构建方面具有重要的方法论学术价值。

意象审美的层次：器物的意象不单指外观视觉意象，还包括深层的文化、精神意象，是形而下和形而上的有机融合。

意象思维的价值：意象思维重在格物致知，认知宇宙万物，通过赋予物体有限的形象而追求更广深的艺术寓意，提高自身认知修养。

意象文化是中国传统的特质：以意象文化为特质使中国传统文化的不同类型具有同源、同质属性。从远古陶器、青铜器开始，到中国瓷器、中国传统木结构、编织、剪纸、雕刻等非物质文化遗产，中国诗、词、文、书、画等，这些物质文化产物与中国含蓄的意象精神审美情趣相一致。

（三）中国远古文化中各文化特质的同源、同质与共理性

任何古老文明都是在特定地域中发生、进化而来，具有鲜明的地域适应性和地域特质。原始思维形成的地域文化往往具有统一性，崇拜对象肯定来自周围环境或是环境中的幻想意象，所以原始人类的自然崇拜、图腾崇拜、灵物崇拜、巫术崇拜、准宗教崇拜等文化活动的题材母体和活动主题大体一致，主要

以表象思维认知世界。再加上原始人类精神世界狭窄、生活和生产内容单一，这样在氏族首领的主导下，就容易形成高度统一的世界观和意识形态。

中国传统文化起源于原始社会晚期的原始崇拜文化，以“象”思维为特征，以相同的母体象征为内容，将图腾、纹样、符号、文字、造物、巫术、祭祀等各文化特质统一在一起。这对远古文化解读和考古研究都有巨大的价值，可以进行跨学科互译互释研究。这里做以下几个重要同源文化现象分析。

1. 意象文字和意象纹样的同源性

现代考古研究认为原始岩画、彩陶纹样是正规符号文字产生之前或产生时期人类使用的一种“图画文字”，“图画文字”应是“象形文字”的前身。“图画文字”的表意功能和象征作用更为突出。毋庸置疑的是，文字肯定起源于人类对自然和人类社会自身的表达和记述，基于原始社会生活方式及原始思维的特点，早期都主要是用“象形”“象征”的方法记述事物。所以在古埃及、古两河流域都发现了大量的记述原始生活的彩陶纹样、刻画符号、岩画、壁画。如德国考古学家在研究埃及文明奈卡尔代二期遗址中提到“总体来说，前王朝出土的彩陶符号多为图画形状，也有为数不多的刻画符号，这些符号虽然是草就的，但被长期使用，有些逐渐向图画方向发展，是后来象形文字的雏形”①。因为人类为了表达和说明事物，必须用表意符号和象征符号，图案和纹样是最基本的表意、指事和象征符号，而象形、指事、会意也是汉字最具特征的造字法。许多纹样和画符确在形态、读音方面与象形文字有关联性。如“花”和“华”可谓谐声表意，在中原地区出土的原始彩陶纹样多为花形图案，许多学者认为这些花形图案即最早的“华”字，华夏族的母体表达。可维也认为，“凡是最初的民族都用象形文字来表意，这是一种共同的自然需要”。②水波纹、太阳纹、十字纹、卍字文等在古埃及和中国古彩陶纹饰也极其相似，两者的古文字也极其相似。

原始彩陶和青铜器是圣人造物，主要用于敬天事神的原始宗教活动，在意象思维的支持下，进行图腾崇拜，其纹样应该是表达相关的内容，比如鱼纹、神人纹、花纹、饕餮纹、夔纹等纹样，应与原始象形文字在形态上有内在的一致性，而且由于原始氏族的“集体表象”思维特征及宗族约定特征，对同一内容的活动在不同载体上的象征表达机制具有一致性。

在中国殷墟出土的甲骨文据说已经被发现的有 4600 多字，但被解读出来

① 汉尼希，朱威烈，等 . 人类早期文明的“木乃伊”——古埃及文化求实 [M]. 杭州：浙江人民出版社，1988：3-6.

② 维柯 . 新科学：上册 [M]. 朱光潜，译 . 北京：商务印书馆，1989.

的只有 1600 多字。古文字专家徐迅认为：甲骨文是“意象”文字，一个字代表一个场景，这个场景就是“象”，“象”是非常复杂的。场景是一个广义的概念，可大可小，可以是抽象的，也可以是具象的。现在原始社会晚期的场景已经没有了，甚至能和现在生活联系在一起的场景也不存在了，因而许多甲骨文已无法解读。甲骨文中的“象”（场景）是有含义的，这就是“意”，“意”需要“象”来表现，一表现出来就是“形”。所以在甲骨文中“象”和“意”是一一对应的。这和纹样的“形”“意”对应关系在逻辑上完全一致，这还不是最重要的，关键的是祭祀内容和礼器纹样母体与卜辞的母体一致，象征关系、形的画象关系、线条形态构成机理是约定的。无论是在纹样图案构成，还是文字象形结构上都要保持一致。

殷墟甲骨文主要被用来记述祭祀、宗教活动，所以，甲骨文绝大部分是卜辞。需要记录的祭祀活动场景非常复杂，用象形文字（图像）无法记述场景，只能用意来记述，所以任何文字其本质是表意，但须借助相关联的形，由此而来，形和意就复合在一起，形成新的符号形式 —— 意象文字。“象”其实是场景的抽象，包含特定的意及抽象化的、简约化的形，是形和意的复合体。所以一个意象代表一个场景，《说文解字》就是依据汉字产生时的意象构字原理解释其含义，民间用的测字法也是按照文字的造字法，揣测其对应的场景因缘。

原始社会初期的图画纹样，可能存在两个演化方向，一方面按照文字的规则，如中国文字的造字六法象形、指事、会意、形声、转注和假借，最终使汉字演化为象形表意文字，其中六书之首，就是象形法。另一方向可能演化为约定俗成的共识纹样，这些纹样最终成为各类图腾或表意纹样，被用在各类祭祀、巫术器物造型设计中。但两者的原始图画纹样和母体是一致的，并且都以意象造型作为规律进行演化，各自的演化也都符合各自功能的需要。

我国古文字演变主要经历 3 个阶段，根据史籍的记载，结绳记事是第一阶段，但也不能称之为文字，它是用不同结绳纹样（或造型）记述事情，因绳子本身就是粗细一致的线条，方便编结成不同的图案。第二个阶段，可以说是“文”阶段，“文”即“纹”，是将纹样中的线条纵横交错的线条，演变为笔画的阶段。第三个阶段便是书契，书契就是刻画文字，指的就是甲骨文，甲骨文已是非常系统成熟的文字了。象形文字是汉字中最先创造的第一批文字，这是字根，后来由于复杂表述的需要，才以独体象形字为基础创制了大量的形声、会意、指事等文字，但象形文字仍然是基础，六大造字方法都是意象思维的产物。

2. 图腾、纹样、文字、造物、祭祀的同质与共理性

人类社会发展的历史在原始社会时期是最为漫长的，这一阶段也是文化意识最为稳定的阶段，原始先民最重要的文化活动就是祭祀、敬天敬神活动，英国人类学家弗雷泽也认为原始人的一切风俗、仪式和信仰都起源于交感艺术和模仿巫术。

列维 - 布留尔在《原始思维》一书中谈到原始人的思维具有“集体表象”的特征，表象思维最基本的造物表达方式就是象征造型，这就形成了原始象征艺术，象征艺术是原始艺术的根，自然崇拜的表达也是象征造物。除了数量极少而简陋的日常基本用品外，原始彩陶、青铜器大都是祭祀、巫术法器和礼器，这些法器和礼器的自身造型、结构要反映祭祀、巫术活动的象征机理，其表面的纹样、符号、文字设计也要表达祭祀、巫术的内容。如图 5-1 所示的“神人纹样”在马家窑彩陶中十分普遍，其纹样为向上爬动的梯子造型；而作为巫术法器“琮”也是中空为通道，“方”形和“圆”形交错叠加，既象征天圆地方，也象征登天的梯子；“巫”字的甲骨文由两个正交叉的“工”字组成，表示精巧器具，有智巧的含义，其造字之初就与法器有关。后来的篆文“巫”字写成“工”字和两“人”，象两袖弄舞的女巫，和甲骨文中的“舞”字的意象基本一致，在历史发展中由于“巫”和“舞”的共通性，使文字演变也向同质化发展。《说文解字》中说“女能事无形，以舞降神者也，象人两袖舞形”。《诗诵》曰：“古代之巫，实以歌舞为职，以敬神乐人者也。”巫以歌舞事神，是祈求超自然的力量来保佑氏族或成员，在生存和生活中能逢凶化吉。[①]篆书中的“巫”字在“象”和“意”两方面已发展到非常完美，和现在的字形基本

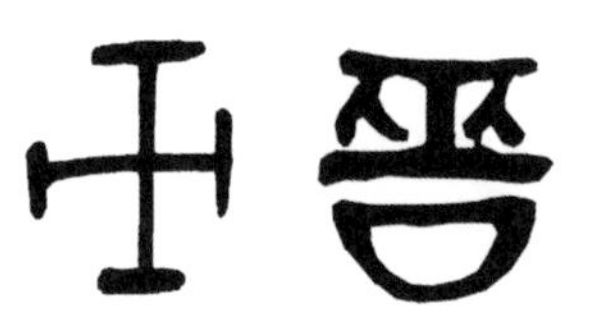

甲骨文“巫”字　战国盟书“巫”字

甲骨文“舞”字　篆书“巫”字

法器“琮”

彩陶“神人”纹样

图 5–1　“巫”“舞”文字和法器“琮”及彩陶纹样意象的共通性

① 周冰 . 巫・舞・八卦 [M]. 北京：中央编译出版社，2008：11.

一致，是由上“一”形天和下“一”形地和中间的“1”形通道组成，位于天地之间、通道周围的是两个巫觋，具有绝地通天的本领。传说在上古时期颛顼任命“正重司”和“正黎司”两个神人专职天地之间的沟通差事，也许“巫”字中的两人就是颛顼任命的两巫，传说中的颛顼时期可能就是文字创制时期，文字和巫术的母体一致，象征表达形式也一致；董仲舒曾经就“王”字的意象构成中君王与天地所象征的关系做了这样阐述：“古之造文者，三者而连其中谓之王。三画者，天地与人也。而连其中者，通其道也。取天地与人之中以为贯而参通之，非王者孰能当？”除了一些事理性尚象造字外，还有以形和场景尚象的造字，“酉”字造型与装酒的彩陶侈口瓶何其相似，“尊”“酋”都是以祭祀的器物或场景的造型象征尊贵。虽然后来大量出现的形声字已基本取代了独体象形文字，但象形文字仍然是汉字的字根，决定了汉字作为表意文字的基本特性。所以在原始“象”思维的作用下，无论是宗教活动的图腾纹样、陶器器形及其纹样、记述符号（卜辞或原始文字），还是祭祀巫术场景设计等，所有这些造物的象征母体一致，这些被用在器物设计中的特定表意符号具有特定的叙事功能，被称作象征装饰，在传统造物中可持续演化发展了数千年。再加上原始思维的“集体表象”和“反古复始”意识、“惯性思维”等因素决定，使原始文化活动的图腾、纹样、文字、造物在象征装饰的表达方式上具有内在的同质性与共理性。现代科学研究认为，所有的人类都有一个共同的生理和心理属性，这就是“真相错觉”效应，当人类一次又一次从不同人的口中听到有关某一现象或事情的诉说时，就容易受“真相错觉”效应的蛊惑，就开始相信某事是真实的，这可能就是人类宗教现象的生理学和心理学基础。

需要注意的是，原始象征艺术在图腾、纹样、文字、造物、舞蹈、祭祀文化特质等方面的同源、同质共理性，对古文化解读以及各文化特质之间互释互译都具有很大的方法论价值。民俗学家户晓辉从彩陶与岩画的生死母题入手，利用彩陶和岩画各自已有的研究成果作为相互破解的参考信息。他认为“往往可以借助异时异地的同类材料或同时同地的异类材料的已知项来推论某个未知项”。[①]这种做法不失为走进彩陶与岩画制作者精神世界的有益尝试。这其实就是抓住了原始社会自然崇拜中象征母体的一致性，让那些离我们数千年的器物和图像相互诉说对方。户晓辉在其《地母之歌——中国彩陶与岩画的生死母题》中开列了四种办法：一是彩陶与岩画在使用和功能意义上的平行互证以

① 仲高．彩陶的精神寻根——评荐《地母之歌——中国彩陶与岩画的生死母题》[J]．民族艺术，2002（2）：213-215.

使意义自现；二是高度重视史前物品的空间分布；三是沿正确的方向发挥研究者的想象力；四是运用跨学科材料和跨文化视野综合考察。

由此可知，基于原始“象”思维特点和原始社会环境，利用同一文化共同体内各文化特质之间在象征表达方式上的“取象”一致性特点，进行远古文化的跨文化、跨学科比较研究已不再是纯粹的方式、方法问题了，而具有了思想方法论的意义。

（四）中国传统造物中上层“尚文”庶民“尚质”

在中国传统文化中，文和质是一对相对概念，文起源于“纹”，是纹饰的意象概念，其核心是的装饰和象征。质是朴实无华，质朴的器物是指它初始的形态，简单实用不加装饰，一切以自然本来的面貌为基础，有很好的自然适应性和生态特征。

在原始社会，先民为了基本的生存而寻找与自然的直接适应方式，从旧石器到新石器，人们打磨石器、烧素陶、住茅房，造物质朴无华，只是为了获取生活资料，一切以最少的自然干预获取最大生存利益。这就是朴素的“原始功能主义”。但随着人类社会生产力水平的提高，出现阶级分化，人类造物活动也在向两大阶层分化发展。原始宗教思想得到进一步发展，贵族阶层将原始社会晚期留下来的自然崇拜、图腾崇拜、巫术崇拜等原始宗教文化进一步系统化发展。贵族阶层为了维护统治、祈求永保幸福享乐生活，祭天拜地，在祭祀和宗教中使造物专用化，意象装饰化，从而走向以象征为目的造物方向。虽然在社会中也出现过王室“尚质”的情况，但还是基于敬畏天命的心理反应，在儒家“仁政”思想的感召下，历代的许多文人追求“随方制象，各有所宜”，提倡因地因人制宜、宜简不宜繁、宜自然不宜雕斫。[①]但其造物的目标仍然在 精神文化层面。与此同时，平民阶层以农耕文化为主，由于生存的艰难，主要以自然利用、节俭、适应为目的，走向以“尚质”为天的造物之路。

在传统社会中贵族“尚文”，庶民“尚质”是互补发展的，上层社会拥有的物质和精神文化往往成为下层社会努力的目标，上层社会不但将原始实用造物（器物、建筑等）向精神象征和宗教化发展，而且也设计制造了许多宗教专用的礼器和法器，据推测一些实用器具可能是宗教用品转化而来，如铜镜可能是由法器铜鉴演变而来。[②]民间的能工巧匠常常为王公贵族所使用，一些手艺

① 李砚祖 . 设计之维 [M]. 重庆：重庆大学出版社，2007：189.

② 诸葛铠 . 中国早期造物思想的朴素本质及其与宗教意识的交织 [J]. 东南大学学报：哲学社会科学版，2003（6）：85-89.

高超的御用工匠大都来自民间，但官方精湛的工艺又会成为民间工艺的楷模，如旧时各种官窑的瓷器制品及其他民间贡品等。

上层社会“尚文”，这主要是对社会环境秩序的更深一步的构建。权贵阶层将原始社会晚期自然崇拜中遗留下来的“上天至上神”进一步神话塑造，将“至上神”称为“帝”或“天帝”，将最高统治者君王神化为“天子”，作为连接天地的“圣人”，并将世界秩序故事化，用象征叙事手法对造物装饰，制器尚象，使所有的上层造物都有象征意义。商周时期社会已形成了严格的社会阶级等级制度，上层社会按天子、诸侯、卿、大夫、士分为五个等级，所有造物都有“名贵贱、别尊卑”的基本等级象征意义。比如从帝王开始各级官员的冠、袍、带、履等都有不同的配饰、纹样，形成不同的叙事说教。特别是帝王的礼服上绘绣的十二种纹饰，分别为日、月、星辰、群山、龙、华虫、宗彝、藻、火、粉米、黼、黻等，统称“十二章”。这些尽可能地取象于天地之象数，形成一个庞杂的“小宇宙”，以象征君权神授。十二章纹起源于史前时期，到了周代正式确立，成为历代帝王的服章制度，一直沿用到近代袁世凯复辟帝制为止。

人类对美的追求源于造物，但人对器物的装饰不应简单地归结为“美化”，诸葛铠在多年的图案研究者认为，造物的装饰作用主要是力量、生命和权力地位三个方面。[①]这显然都是上层建筑和意识形态领域的作用，一般平民阶层没有精力和经济能力将造物专注于象征层面。但从原始社会遗留下来的“制器尚象”圣人遗风，却在贵族阶层一直延续，尤其是造物的权力象征作用更是为其所传承发扬。所谓的绝地通天是宗教、上层贵族或巫师的活动，其实在原始社会，宗教领袖、上层贵族或巫师就是同一类人。他们发明的各种法器、礼器用于宗教活动，在殷商时期，巫事和祭祀活动是社会最重要文化活动，而且这些文化活动是王室、贵族的专事，一般的奴隶和平民是不能参与的。《礼记·曲礼上》中有“礼不下庶人”，在封建社会，祭祀、祭祖、宗教活动都是上层社会的专属活动，祭天是天子的特权，祭祖是宗族中大宗的特权，有鲜明的等级制度。一些精工设计、极富装饰的建筑、服饰、器物都是少数人使用的象征物，就是早期的甲骨文几乎是记载殷商祭祀活动的专用文字，与下层社会几乎没有多大关系，平民是根本接触不到甲骨文的。《易经》中所讲圣人取象造物，说明普通民众是不能有真正意义上的造物，或者说此种创造不被称为造物，原始文字、器物、舞蹈、纹样等文化符号都是专供自然崇拜、祭祀、宗教活动使用，造物都是礼器，而不是日常生产和生活用品。

---

① 诸葛铠 . 裂变中的传承 [M]. 重庆：重庆大学出版社，2007：44-48.

汉唐以来我国意象艺术达到新的境界，特别是在诗词、书画方面，其寓情于景、借景抒情、托物言志的修辞手法呈现出自由奔放的特点，将自远古以来形成的神秘意象推向了世俗化、开放化、现实化、浪漫化的写意境地。这种审美志趣发展到明清时期，已深刻地表现在瓷器、家具设计，园林营造等方面。明清时期民间工商业已有了相当程度的发展，一些有钱的官吏或文人士子在造园筑房、居室家具设计方面追求“似物于物而不为物设的理想品格”，诉求人格与精神的物化。明代造园家计成提出“巧于因借，精在体宜”，强调“借”和“宜”，适宜的高度全在巧妙地利用自然本原的程度。而同时代的苏州画家、园林设计师文震亨主张造园应“随方制象，各有所宜”。明清时期文人士子对造物的“尚象”主要在“宜”和“简”，强调情景交融、因景互借，因人因地制宜，宜简不宜繁，造园时随基势之高下，形体之端正，宜亭则亭，宜榭则榭。明式家具也是“体制宜坚”“宜简不宜繁”“宜自然不宜雕斫”的产物，在中国家具史上以简约、合度之美著称。[①]

庶民“尚质”主要是基于生存需要而产生对自然环境的适应性追求。由原始自然崇拜开始，天为大、为阳、为父，地为次、为阴、为母。天地交感、化生万物。《周易·说卦》中讲到，“昔者圣人作《易》也，将以顺性命之理：是以立天之道，曰阴与阳；立地之道，曰柔与刚；立人之道，曰仁与义。兼三才而两之”。《周易》是老子《道德经》和《庄子》的源头，老庄思想重在论“天地之自然”，阐述人应以何种态度和方式处于天地；作为儒家首经《周易》更被孔子所推崇，《论语》实乃《周易》释经，《论语》阐释的是人类社会伦理规律。

中国先秦诸子的思想对秦以后的封建社会中各层社会的生活方式产生深远影响。天地人三者中，人为最小，人是自然被恩赐者，人应祭天谢地。拜天祭地在长期的发展中也形成了不同的等级和种类，诸葛铠在《造物与自然》一文中，将中国传统民俗中的自然祭拜分为若干类型，比如拜谢的天神分为大、中、小三等：大祀对昊天、上帝；次祀对日、月、星辰；小祀对司中、司命、风伯、雨师等。地因“厚德载物”与天神相配。祭谢地祇也分大、中、小三等，大祀对社稷、五祀（五行之神）、五岳；次祀对对山、林、川、泽；小祀对四方之物；七祀包括司命、行神、厉神（主管杀罚、灾祸之神）、门神、宅神、灶神等。八神有先啬（神农）、司啬（后稷）、田畯（农官神）、猫神（食田鼠）、虎神（食田豕）等。[②]

① 李砚祖 . 设计之维 [M]. 重庆：重庆大学出版社，2007. 另见：文震亨 . 长物志 [M]. 胡天寿，译注 .3 版 . 重庆：重庆出版社，2017.

② 诸葛铠 . 造物与自然——“天人合一”思想的再思考 [J]. 设计艺术，2004（4）: 8-10.

所以进入阶级社会后，大型的拜天祭地基本就变为帝王（天子）或权贵们的文化活动，对于老百姓来说，主要是祈求风调雨顺，家业平安，所以主要以祭地为主，祭灶、求雨、奠基、谢土等风俗遗留到现在。

中国农耕文化在长期的自然适应中，在传统“天人合一”的教化和儒家思想的影响下，总体是以最小的经济成本换取最大的生存利益。农耕文化中的农事、农时、农具在几千年的实践摸索中已形成非常完善的体系。西北黄土高原是中国农耕文化的发祥地，《周易》所讲神农发明的耒耜就是黄土高原的原始农具。公元前 11 世纪，周太王从山西周部落迁徙到渭河流域的岐山、陇山一带，开启了中国农耕文化的滥觞，推广使用畜力耕种，犁、耙、耱等基本工序形成，对应农具都已出现；西汉桓帝时期旱地农耕时令定型，农学家崔实撰写的《四民月令》按 12 个月，将一年之中应作的农事活动和农家家务手工活动做了详细的时节安排，内容包括各种粮食、油料及蔬菜的耕种、收获，养蚕缫丝、纺织、洗染、制裁，食品加工酿造，修筑水利设施，野生采摘、药物加工等都做了节气的说明。农耕生活必须讲求与四季的变化相适应，不同季气就对应不同的农事活动，不宜早亦不宜迟。汉武帝时赵过发明了代田法，巧妙地解决了黄河上游地区干旱少雨，春季播种多风、土壤墒情差的矛盾；他还发明了耧，适宜旱地播种，该农具一直持续到现代。元代王祯的《农书》是有关农具论述的详尽著作，全书有 100 多种农具的制作方法及农用描述。该书还对南北农业的差异做了比较，强调农业生产的因地制宜原则，不同物种必然对应不同的地域环境。先秦时人们已知道南橘北枳，《晏子春秋·内篇杂下》中提到：“橘生淮南则为橘，生于淮北则为枳，叶徒相似，其实味不同。所以然者何？水土异也。”可见，中国传统农耕文化一直在强调农业活动与天时、地利和人和的关系，在世代生活实践中总结天、地、人之间的科学关系，这才是科学意义上的“天人合一”原理。

中国传统农耕文化中的“因时因地制宜”特点不只在农事生产中，还表现在居住营建、手工艺制作等方面。人是自然的产物，造物是人适应自然的手段，人类的生产、生活方式的发展史，就是一部顺从自然、反映自然环境的历史。从穴居到半地穴、巢居，都是因地而居、因形而建。北方黄土高原适于坑挖，远古时代是半地穴居住，而南方潮湿多树木，则是巢居；窑洞应该是原始穴居和北方干旱的黄土属性、气候等多重因素，在人的自然适应相作用下而产生的居住方式，土夯墙也是干旱、疏松致密的黄土属性多因素综合重构的产物。虽然土夯建筑和土坯房曾经在全国乃至世界多地都曾出现过，但就自然、社会的综合因素考虑，此类建筑最适合我国北方黄土覆盖地区，黄土土层深厚，土质细腻均匀，是一种非常优质的适合土夯和土坯建筑的建筑材料；我国北方中部及西部夏季炎热干燥、冬季严寒，窑洞冬暖夏凉，又不潮湿，特别是西北黄土覆盖地区都属于干旱半干旱地区，夏季降水稀少，一般的土夯墙、土坯房都会保持使用 20 ～ 30 年，有效使用年限不亚于多雨地区的砖瓦房。

造物主要表现在手工业方面，先秦古人已意识到地域条件对造物工艺的影响。在人类物质文化发展中有这样的规律，若某地生产某种优质材料，则这个地区往往呈现出以某种材料为原料的优良的传统工艺，正如大量产竹的地区其竹编工艺也较为发达。战国时期，吴越地区的戈、剑特别精良，这与吴越地区的自然地理条件也有关系。《周礼・考工记》载："郑之刀，宋之斤，鲁之削，吴粤之剑，迁乎其地而弗能为良，地气然也。"首先，吴越地区有丰富的铜、锡矿藏。其次，由于生产铜、锡必有悠久的铸剑历史，在长期的文化传承创新中就会形成精良的地域工艺特色。

《考工记》中有句很著名的论述："天有时，地有气，材有美，工有巧，合此四者，然后可以为良。"这里"天有时"可理解为文化环境对造物的影响，强调一切事物要从整个自然与时代的系统出发进行设计，"地有气"可理解为自然环境对造物的影响；"材有美，工有巧"便是在适应地域环境的方式中所采用的造物材料和巧妙构思，强调主体方面的主观因素。这基本上道出了地域性设计的基本原理。

文化起源于人类为了适应环境所采取的选择，许多沉淀较深的人类文化形态，总是在特定的自然环境中完成，所谓文化的差异性可以理解为地域的差异性。器物是人类适应环境的手段，人类通过器物与自然进行物质交换，达到适应自然的目的。不同自然环境提供不同的物质条件，人类与自然的交换方式也不一样。在这一过程中还形成了带有地域特征的人类社会环境，人工造物也要适应不同地域的社会环境。

人类器物文化随时间和空间而变化，在同一时代，文化特征的差异性应强调空间性，也就是地域性，主要表现为与地域环境相适应；而在同一地域，文化差异性应强调时间性，时间性就是时代性，人的审美需求随时代在变。地域环境是基础，相对稳定，社会环境是文化传播等多种因素综合作用的结果，相对复杂，但从长期的历史过程看，文化呈现地域性，器物文化的发展有地域适应的特点。其实古人"适应自然"的生存模式更多地表现为一种自发性机制，所谓"天人合一"的方法是今人的定性总结，并非古人自觉性方法论。"天人合一"有两个层面的文化发展意义：一是生理上的生存适应，那时的人们刚从自然界分化出来，还有很强的自然属性，完全依靠自然，并从中简单劳动获取生活资料，对自然环境系统没有大的影响；二是心理上的生存适应，由于畏惧自然，在心理上产生了对自然的敬畏和崇拜。这两种现象在长期的历史延续中不断地演变成文化体系，有较强的地域环境根基和文化惯性，最终形成一种适应地域的造物方法论。所以，从文化形成来看，人的某些审美标准不是与天俱来的，而在长期适应生存、生活环境过程中形成的，环境适应和审美形成是不可割的。

（五）总结

我国传统造物理念中“天人合一”主要有两层意思：一是由原始崇拜发展而来的主客观融为一体的象征造物理念，造物形制取象于自然，形态和功能仿拟自然物象，歌颂和崇拜自然，形成意象造型文化；二是在人类适应自然的过程中形成的人与自然的理性适应，在长期农耕文化的发展过程中形成的具有地域特征的生产方式和生活方式，造物功能适应自然，人与自然和谐相处，有可传承的生态价值。从早期的《易经》“制器尚象”到《老子》“象物之道”，再到春秋战国时期专门记载手工艺的古籍《考工记》都讲求与自然和谐方能如人意，直至明代《天工开物》中“盖人巧造成异物也”，也都是一脉相承，尊重“天工”，讲求“天人合一”。古人适应特定自然环境的做法，在今天的社会发展背景下仍焕发着巨大的生命力，值得思考和借鉴。

二、传统造物在历史时期的传承与创新

中国自古是一个以农耕文化为特征的自给自足的文化独立体，距离西方遥，航海技术滞后，外来文化交流较少，因而其文化的地域特征鲜明。英国科学史学家李约瑟在研究中国科学技术史时，认为中国古代造物属于感性和经验的积累，而非造物技术，即使以往大量外来文化的接触也没有影响它特有的文化及科技格调，这种思想一直持续到现代。美国学者维尔·杜伦在《东方的文明》中谈到中国的科技与发明时说：尽管中国人发明了指南针、纸、丝绸和陶瓷等，那并不认定为工业，中国人的发明主要体现在造物独特的艺术形式……天象、风水和阴阳五行在中国传统生活中有莫大的关系。[①]

漱溟在其《西方文化及其哲学》中就中西方文化特征做了比较，他认为东方文化与西方文化是“一古一今，一前一后，东方是未进的，西方是既进的……东方文化和哲学都是一成不变，历久如一，所有几千年后的文化和哲

① 维尔·杜伦．东方的文明 [M]. 李一平，等译．青海：青海人民出版社，1998：908-911.

学，还是几千年前的文化，几千年前的哲学。”[①]但依据文化悖论理论，厚积文化有两面性，一方面古老的传统文化具有较强的惯性和保守性，会形成文化包袱，对社会革新有阻尼作用，另一方面，优秀的传统文化又是民族自信和认同的价值基础，是文化传承创新的宝贵资源，可转化为民族强大崛起的内生动力。

（一）意象造型观念的形成

原始思维是人类早期就有的特点，原始思维的特点就是模仿性的象思维。最早的陶匏就是仿造葫芦或水瓢制作的，而编制绳纹又被模仿为编织纹样。古代的酒器如匏、瓟、斝等都是仿造葫芦（或瓜类）的器皿，以至于后来葫芦形成为一种吉祥造型，纹样也一样。原始陶器经历的是由具象仿生逐渐演变为多样化器形和简约抽象纹样。国内考古学者苏秉琦、石兴邦等提出仰韶文化和马家窑文化彩陶上的一些主要几何性抽象纹样都是从具象的动植物纹样演变而来。对于这一观点彩陶专家张朋川说：“这是从两种文化的数以百计的遗址考古发掘中，按照考古学分区，根据考古底层关系，参照碳十四年代测定，进行器物排比，从而划分考古分期，经过反复验证，最后才确定彩陶纹样的演进规律的。”[②]

漫长的彩陶文化奠定了中国传统“天人合一”文化和“意象造型”思维的特点，形成了民族文化特质。在原始社会文化环境下，特定的“象”具有集体（氏族）共识性，并能够长期稳定发展。列维 - 布留尔在《原始思维》中指出：“在原始人的思维集体表象中，客体、存在物、现象能够以我们不可思议的方式存在，同时是他们自身，又是其他什么东西。他们差不多以同样不可思议的方式发出和接受那些在他们之外被感觉的、继续留在他们里面的神秘的力量、能力、性质、作用。”[③]又说“原始人的思维根本是神秘的，这是因为构成原始人的任何知觉必不可缺的因素的集体表象具有神秘的性质”。[④]由于彩陶纹样的“象”有象征意义，所以，“象”一开始就与“意”结合在一起，特定的“意象”是全体氏族和部落集团公认的，甚至是具有法力约束性的。而且考古学家从中国北方大量出土的原始彩陶分析中认为，在研究彩陶纹样的演化时必须充分考虑到原始人的思维都带有牢固的惯性这一特点，他们的实践和心理

① 梁漱溟 . 东西文化及其哲学 [M]// 梁漱溟 . 梁漱溟全集：第一卷 . 济南：山东人民出版社，1989：340.

② 张朋川 . 黄土上下：美术考古文萃 [M]. 济南：山东画报出版社，2006：97-98.

③ 列维 - 布留尔 . 原始思维 [M]. 丁由，译 . 北京：商务印书馆，1981：70.

④ 列维 - 布留尔 . 原始思维 [M]. 丁由，译 . 北京：商务印书馆，1981：35.

经验在一般情况下发展进程是缓慢的。原始社会的许多发明都是在移植的情况下由材料更换而来的。再者，原始思维带有畏惧自然和祖先的心理特点，特别是作为原始崇拜的图腾纹样，更是不能妄自改易的，否则会触怒祖先，得罪神灵，带来灾祸。[①]以上几点是远古华夏氏族的神兽、神人等图腾纹样可以跨越数千年其母体基本不变的主要原因。纹样在演变过程中，虽然母体不易更改，但造型可以相对演化，在文化裂变、碰撞、融合过程中，纹样的“象”和“意”也都会发生传承性的变化。中国古彩陶文化在历时七八千年的演变过程中，其纹样演变经历了一个由具象向抽象，由单一母体到复合母体，由仿生到意象再到写意的发展历程，这个过程奠定了中国意象造型和写意文化的传承基础。

（二）儒家文化对中国传统造物的定格

先秦意象造型是秦汉以来写意文化的传承创新基础。秦以后，汉武帝提出“独尊儒术”，因孔儒极力推崇周礼，所以在中国两千多年的社会发展中，周时期的礼制成为整个封建礼制的基础，儒家思想一统天下，深刻而稳定地影响着中国封建社会的审美观和方法论。

中国封建社会长期处在封闭的自给自足自然经济中，相信周而复始，四季循环。经过观象定理，在儒家思想的思维定势下，形成了保守、不反的“反古复始”意识，《礼记·祭义》说：“君子反古复始，不忘其所由生也。”《礼记·礼器》也说：“礼也者，反本修古，不忘其初者也。”[②]万物本乎天，本乎祖，世代人皆不可忘记天与祖，不可变更祖制。刘长林先生指出：“至迟到西周，我们的祖先对世界和人生已经形成了一种为全民族普遍接受的统一的思维框架：这就是‘天—地—人’宇宙大系统的和谐。几千年来，追求‘天—地—人’的统一与协调，一直是民族的目标与思考的中心。”[③]至迟在商代，中国已形成阴阳五行、天干地支之类的观念，这一观念在西周成书的《易经》中获得了系统的理论总结。再加上后来佛教的传入，致使古人相信轮回的宇宙本体论。而且《周易》更是一部阐述宇宙以周而复始规律运行的思想体系，六十四卦的排序就说明了这个规律，孔颖达说六十四卦“非覆即变”，“变”指两卦六爻的每一个爻的阴阳性质相反，“覆”指整个卦画上下颠倒，这样排出的序列，清楚地表达了万事万物的上下起伏，从一阳复始、三阳开泰、盛极而衰再到否

① 张朋川 . 黄土上下：美术考古文萃 [M]. 济南：山东画报出版社，2006：97-98.

② 诸葛铠 . 裂变中的传承 [M]. 重庆：重庆大学出版社，2007：121.

③ 户晓辉 . 论中国人“象思维”的审美心理属性 [J]. 山东大学学报：哲学社会科学版，2000（4）：53-57. 另见：刘长林 . 中国系统思维 [M]. 北京：中国社会科学出版社，1990：182.

极泰来的规律运行。

秦汉以来中国传统文化在继承先秦文化的基础上已形成了定格系统，虽然也有很强的周礼文化束缚本质，但孔孟的仁政、爱民思想已经使文化朝着更加尊重人性的方向发展。造物作为文化表达的基本方式，主要以老庄的道思想为基础，儒道统一，造物思想由先秦意象造型逐渐推向写意文化，更加解放了人的自由。以物化人，物人一体，将主客观融为一体是中国传统审美文化特征，这与西方有根本不同。康德关于人的二重性理论认为："人既是自然（现象）又是自由（本体），或曰人既是感性存在体（自然存在）又是知性存在体（本体）；黑格尔的辩证法主张上帝即绝对，即人的思维可以脱离世间万事万物而独立存在。"①虽然康德和黑格尔也是从人性解放角度论述的，主张人本。但在中国几千年的意象思维影响下，"象"的根来自自然，是自然之象，中国文化的根是崇尚自然，中国古人的安身立命之路只能从宇宙本体论寻找途径，很难能从理性本体论得到解决，这是漫长的文化历史背景决定的。

中国传统造物的意象传承之路大致经历了：原始自然崇拜（原始思维）→具象造型（原始思维）→意象造型（意象思维）→写意造型（意象思维）→象外之象的发展流程。

原始思维的"象"来自自然，后来逐渐"取象"于自然和社会的融合，器物造物也由最初以实用为目发展到象征性装饰，纹样复杂。陶器、青铜器等本来是以实用为主的器物，后来发展成为以祭祀为主的复杂象征装饰的礼器，如在夏至商初形成的饕餮纹、夔纹，到商周时期已经很复杂，到春秋战国时随着礼崩乐坏才渐趋简约因宜。但秦以前的装饰纹样为秦以后中国传统造物的符号母体奠定了基础。汉唐以来装饰纹样向简约化发展，明清家具，特别是明式家具，显然保留了传统云纹、回纹等纹样的简约特征，装饰母体没变，但向简练、端庄、大方发展，桌椅凳等内翻马蹄造型，具有传统纹样的特征及韵味，造型极具生命意象之美（图 5-2）。②中国传统瓷器堪称世界一绝，除了材料、烧制工艺的特色，其釉彩装饰也突出了本土特色，远古彩陶的文化对后来瓷器釉彩影响巨大，中国书画的写意源自彩陶纹样，并且书画写意表达方式也被用在瓷器彩绘方面。所以，中国造物思想到唐宋时期已全面走向了写意文化向深度发展的"象外之象"之路。在园林艺术上，除去皇家宫苑的宏大巍峨之外，由魏晋南北朝时期形成的士人园林在中唐至两宋

① 谢遐龄．康德对本体论的扬弃——从宇宙本体论到理性本体论的转折 [M]. 上海：华东师范大学出版社，2014：7.

② 刘建龙．明清家具 [M]. 上海：上海人民美术出版社，2004：29-51.

阶段已趋于成熟，并在明清时期达到高度腐熟。士大夫们是中国传统文化中“尚象”的主体，他们既不同于极度的皇权，也不同于乡土文化的庶民，他们满肚经书墨水，是最能代表、领会和发展中国传统文化的主体。但中国封建集权对士大夫阶层的绝对制约，迫使他们寻找一种消极的隐逸生活方式，通过造物活动，寄情于物，将其独立的意志、道德、情感、审美以更加广深逸情的方式得到表达与诉求，这就是中国传统园林的写意文化。园林完善了文人们的人格，是其修身养性的乐土和安顿性灵的密室，还发展了儒家文化的内涵。唐代王维，宋代俞征，明代文震亨，清代李渔、石涛等文人墨客们都是造园运动的热衷者，宋明理学讲求格物致知，一件器物、一套家具、一尊园林，一帧山水画、一首田园诗，表达他们对自然之道、之玄、之妙的理解。

（a）黄花梨 + 杌凳（明代）

（b）紫檀木束腰方桌（清代）

图 5-2　明清家具中的凳和桌

（三）中国农耕文化的传承——以黄河上游地区为例

中国文化在很大程度上是一个关于“土”的文化，这不仅包括指陶瓷、金石、土木等造物文化，还包括博大的传统农耕文化系统，两者相互渗透，而且农耕文化是其他文化的基础。农耕文化受制于自然因素的影响较大，所以中国传统农耕文化具有鲜明的地域自然特征，各地所处自然环境不一样，其生产耕种及生活方式也都不一样。中国比较典型的传统农耕文化要数北方黄土旱地农耕文化 —— 黄土极好的保墒和易耕作性能。夏商到秦汉时期，西北黄土地区的气候比现在温湿，这为靠天吃饭的旱地农耕文化创造了得天独厚的地域条件。传统衣食住行和农业生产是相互依存和互为生产的生态系统，具有整体地域适应性，尤其在生产力较低的传统社会，人们改造自然的能力很弱，文化的发展史就是地域适应的进化史。

1. 西北窑洞、土夯墙和土坯房的演进

基于传统乡土文化的传统，民居能很好地反映出人们对特定自然的生活方式，无论是全国各地，还是世界各地都在就地取材和制作工艺方面表现地域合理性，从岭南蚝壳屋到江南的粉墙黛瓦、吊脚楼，蜀南竹屋都呈现出人与自然的和谐相处，天人合一。西北的气候条件和黄土特征为生土建筑创造了综合条件。从原始挖洞穴居起，西北黄土高原地区的先民认识到土洞居住的舒适性，从海原发掘的菜园文化遗址看，公元前 2500 多年前，当时的居民就开始挖窑居住，为了防潮，地面以红烧土铺筑，一窑室内还有 4 个窖穴，用于储藏粮食等。[①]黄土热稳定性好，竖直坚固，结构安全，土粒细致干净，清爽宜人。

黄土高原地区的人们世世代代改进与黄土的相处方式，窑洞的制作主要有两种方式，一是掏窑，包括崖壁式横向挖窑和坪塬下沉式挖窑两种。掏窑非常讲究选址，要综合考虑崖岸的地质土质状况、宜挖程度、光热、风向、水汽等风水条件，交通条件等多方面因素。早期的窑洞就是简单的崖壁掏窑，土窑从空间设计到结构设计逐渐趋于完善。大空间的窑洞在窑中央横向架梁加固，用草泥裹窑壁四周，具有护壁和美观作用。在一个农家庭院中，每孔窑的功能不同，其空间布局也有差异，作为灶房的窑洞，在靠近窑门的一段打炕或盘灶做饭，光线也较好，上部哨口通风换气。灶台和炕头是一体的，烧饭时，火烟由灶膛经炕膛从窑壁上的烟道排出，烟道是从窑顶的坪台上竖直向下挖到窑内灶台的。灶房窑的最里边还要掏挖一个小窑，作为储藏室，这里气温比外边更低，恒温效果更好，既是绝好的天然冰箱，又是粮食、酱、醋等食品的低温保鲜室。卧室窑的窑壁是由搪细泥或石灰制成，光亮整洁，炕头也设在靠近窑门的地方（图 5-3）。现代的箍窑大都采用了现代建筑料和工艺，窑门宽大，窗

图 5-3　传统窑洞内的生活场景

① 陈育宁 . 宁夏通史 [M]. 银川：宁夏人民出版社，2008：12.

户亮堂，都是用砖石砌筑。图 5-4 为河南洛阳巩义康店生基提供给师生的窑洞居住房间，全部采用青砖砌建。箍窑是制窑的另一种方式，它显然是受到掏窑的启发，并综合了掏窑使用中的诸多问题后发明的新式制窑法。箍窑技术要求较高，比挖窑洞麻烦，箍窑的基本方法是：在考察选址后，先在选好的地基上用夯土打好窑墩子（俗称窑腿子），再利用拱形结构原理，将砖石、土坯、草泥等拱形垒积而成。垒积时需要搭建窑楦子，利于砖石、土坯等块体排列成拱形。箍窑时一层块体一层草泥，箍完后整个窑室呈尖圆拱形，箍窑一般可并排修三五孔，外形独特、美观、采光较好，冬暖夏凉。在靠崖或坪塬地带的窑，每三五年需要在窑的外面抹层泥，否则遇到连阴雨就有塌的危险。由于箍窑的全部结构都由人工完成，在选址（可以靠崖也可平地筑起）、内部结构、门面造型等方面都比崖壁挖窑表现出优越性。箍窑比较坚固，一般可住几十年乃至百年，而且内部空间布局可以按照使用者要求灵活设计。若采用现代结构和材料技术，箍窑应是今后窑洞建筑的主要发展方向，值得深入研究。

图 5-4　宁夏西吉龙王坝的现代化窑洞宾馆内外实图

土夯墙和土坯房是传统农耕文化中的主要建筑形式，古代官方和豪绅们主用其夯筑城墙和庄园的外墙，而平民阶层用它来筑造屋墙。西北地区的居民 般将下基墙用土夯筑，然后在夯筑墙体上再用土坯垒筑，这样利于在土坯墙 开窗、上盖架、设梁檩等作业，房屋外形整洁。土坯制作有多种制作方法，主要有夯制和泥灌两种方式，陇东、宁南、陕北的黄土高原地区是基模子夯制，沙漠边缘地区则是土坯模子灌制。土夯和土坯建筑采光通风比窑洞好，外形变化自由，热稳定性相比窑洞略弱，但也有很好的冬暖夏凉的特点，在西北河西、河套、沙漠牧区等地方大量使用。土夯墙在河西地区由最初的草绳绑椽夯制，发展到后来的夹板夯制，再到目前的机械夯制，已形成很成熟的筑造工艺。

土夯、土坯墙虽然在世界各地都有，我国从南到北也都有，但唯独西北黄土地区是最适合此类建筑的地区。西北农耕地区大部分位于黄土地区，黄土是非常优质的夯土原料，生态环保、就地取材，几乎没有运输成本；西北夏季炎热，冬季寒冷，生土建筑冬暖夏凉；西北四季干旱，降水稀少，尽管是裸露的生土筑造，也有较长的使用年限。所以，随着生土设计理念的进步、未来生土筑造技术提升，窑洞和土夯建筑还有非常大的进化空间，这必将对未来西北生态民居产生革命性的变化。

2. 传统农耕文化器具的地域性及其进化

三皇五帝中的伏羲、神农、黄帝、禹等都有活动于西北黄土高原的记载与传说。伏羲诞生于古成纪（现甘肃天水、陇东一带）基本形成共识，有许多相关的材料可以佐证，炎帝神农氏生于岐水的说法较多，岐水就是古时的姜水、羌水，均在西北地区，夏族祖先鲧和禹属于水族，传说鲧是黄帝的曾孙，禹是黄帝的玄孙，这在《山海经》《史记·夏本纪》《大戴礼中》中均有记载。[①]《周易》所述的耒、耜等应是西北旱地的原始耕作农具，神农"斫木为耜，揉木为耒"应发生在黄土高原地区，这里发达的黄土陶器制作工艺也是原始定居农业生活方式的基本保证。耒、耜和今天在北方旱地地区使用的犁和锹在基本功能和形态上相似，随着铁质材料的出现和旱地耕作技术的改进，今天的拉犁和铁锹就是古时的耒、耜进化而来的。器具的演化是以以往的器具为基础的连续进化过程，正如昂贝托·艾科及罗洛黎合著的《发明图片史》中指出，"我们今天使用的器具之所以会被发明，都是以史前时代的事物为基础的"。[②]农业生产器具能更真切地反映当地人们对特定地域的生产适应方式。西北黄土高原自原始农耕以来，到汉代已经在旱地耕种中找到了较为完整的地域性适应方式，特别是铁件的使用，使犁、耙、耖、耱等农具的改良已经成熟，在生产实践中农具不断被人们改进和发明。西汉赵过发明的耧车即是一种适应旱地播种的先进工具，播种均匀，行距和深浅保持一致，而且开沟、下种、覆土等多种工序能同步进行。他还针对西北春季多风干旱，提出了适应春季旱地耕种保墒的"代田法"，沿用至今。唐代曲辕犁是在老式直犁的基础上的重大革新，它由11 个部件组成，操作灵便，不但利于土层外翻，减轻耕牛负担，还可以自由升降，调节深浅（图 5-5）。所以汉唐以来我国黄河流域形成了一套适应干旱耕作的保墒耕作技术，深耕借墒、秋耕蓄墒，井渠双灌，水车提灌等适合北方地域条件的旱地耕作技术。随着生产力的发展以及人们对农具实用性的需求，

① 刘毓庆. 神农氏与太行山地区关系之考察 [J] 山西大学学报：哲学社会科学版，2012，35（3）：39-54. 另见：张朋川. 黄土上下：美术考古文萃 [M]. 济南：山东画报出版社，2006：47.

② 亨利·佩卓斯基. 器具的进化 [M]. 丁佩芝，陈月霞，译. 北京：中国社会科学出版社，1999：3.

现代农具相比古代农具而言，结构更加洁简，操作也更为方便。现代山地犁在以往老铧的基础上进行改造，犁辕和犁头采用铸铁一体化结构，避免了由于犁头松动而影响走向的准确定位的问题，坚固耐用，而且深浅高度可自由调节。犁刀锋利，犁韧呈弧形，可用机械带动，能轻松地将一侧的土壤耕起并翻入犁沟内，节省人力，特别适用于山地作业，进一步提高了耕作效率。

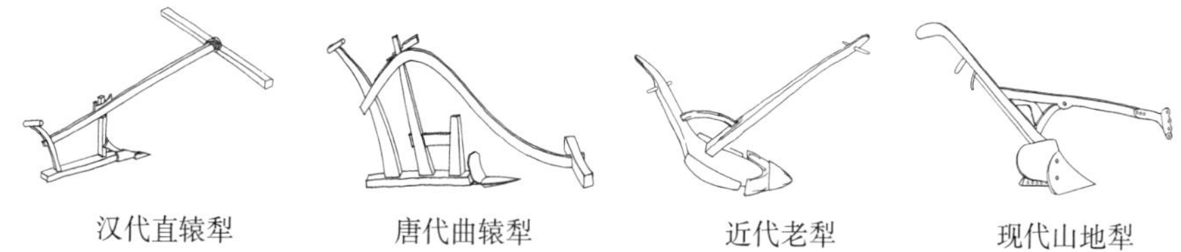

图 5-5 唐代曲辕犁与汉代老式直辕犁以及近现代犁的比较

元代王祯曾考察了各地的农具，在其《农书》“农器图谱”中绘制有“钱、鎛、耰、耧、耙、曲”等共 306 件农具图形，但这些农具都有地域针对性。成书于明朝万历年间的《农政全书》也对各种农器画了谱图，件件做了说明，和其他农书不同的是徐光启对多种农具历史由来，进化过程等作了交代。

古人认为，天是气，地是质，人是万物之灵，要顺应天地以育化万物。农耕文化化育物种的文化，农业生产必须尊重天、地、人，三者协调，因地制宜、因时制宜的生产原则，《吕氏春秋，审时》指出“夫稼，为之者人也，生之者地也，养之者天也……此之谓耕道。”传统农耕文化中除了作物品种的生物地域性而产生的耕作方法的地域性外，人们还利用了本地特有的各种天然能源进行农业生产。先秦时期农业生产动力主要依靠人力和畜力，西汉之后开始大量使用水力、风力。水力使用较早，秦汉时期水力主要用于水碓杵舂，唐宋以来，人们使用水力已非常广泛。《农政全书》记载的水力农家用具有水碓、水碾、水磨、水转连磨、水转大纺车等，这些装置主要在山林、坡林有水流的地带使用。由于我国地形西高东低，中西部山地较多，水流速度快，落差大，河流水源距离岸上的田地的垂直距离大，浇灌提水困难。《三国志》中提到马钧发明了一种大水轮翻车（早期的龙骨水车），利用水力推动，将水从低处提取输送到高处，以灌溉农作物。①后来龙骨水车被江南、广东等地引入，改造为依靠人力推动的龙骨水车。由于南方地势平缓，水流缓慢，无法推动水车提灌，龙骨水车便变成了长链轮状的水车，在一水槽中循环运行。所谓“同行道板上下通，……循环行，道板刮水上岸。”②龙骨水车主要依靠人力、畜力拉转的提灌工具，当然河流水面离田地的落差不很大，否则人工也很

① 何堂坤 . 中国古代手工业工程技术史 [M]. 太原：山西教育出版社，2012：435.
② 徐光启 . 农政全书校注 [M]. 石声汉，校注 . 上海：上海古籍出版社，1979：422.

难拉动。

魏晋时期西南地区在龙骨水车的基础上发明了一种依靠水力推动的立式圆盘高转筒车，这种水车适合西南地区高落差、快流速、高田地的地域农灌特征，到宋元时期高转筒车在西南各地已普遍使用，从此西南地区成为我国使用水车最普遍的地方，使用时间也较长，从而使西南地区成为我国传统水车文化最浓郁的地方。王祯在《农书》中，对高转筒车有详细的绘图说明。明朝西南地区的高转筒车又被兰州宦官段续引入兰州，在黄河上游的甘肃、宁夏、青海等河段使用。黄河在甘肃、青海流经地势与西南地区河流流经地势相似，即落差高、流速快，提灌梯度高，而且黄河上游河谷多为黄土冲积滩，虽然土壤肥沃，但气候干燥，蒸发量大，提灌需求强。西南地区的老筒车，从辐条到水斗主要用竹材，依据竹材特征，部件之间有许多适合竹材的连接结构。但引到兰州后缺少竹材，主要用当地的榆树、槐树、旱柳等木料制作，由于材料与西南地区不同，其结构工艺也大不相同。水车不宜用铁钉，必须用契铆套接，在长期的地域性进化、适应过程中，黄河上游水车成为地方性文化符号的代表。

《齐民要术》中指出“顺天时，量地利，则用力少而成功多”，由此看来，中国传统农耕文化中庶民造物的“天人合一”思想，不同于王权阶层中的“圣人则天、君权神授”的象征造物思想。农耕物质文化的发展以地域适应为创造机制，而大多数是引入外来文化后，进行本地自然适应性改造，最终形成具有地域特征的器物文化。一切文化都不可能是在本土不受任何影响自源成长起来的，尤其是技术、器物性文化，更容易受到异域文化的影响。中国农耕文化是一种自给自足的文化，它的第一要务是节约、省力、省成本，这是传统文化的第一产生机制。所以，在文化传播中必然会对异地的器物，在材料、工艺上本地化，这是最经济的原则，但绝大多数农家用品，都有相似的面孔。但不一样的材料、不一样的工艺有农耕文化习俗的用途，如筐、篮、篓、箩、畚、囤、箪、瓮、盆、罐、杵、臼、簸箕、笸箩、扫帚、筛子、蓑衣、斗笠、扁担、石磨、石碾等农家使用的传统器具，有竹制的、木制的、草制、石制、陶制、泥制、皮制、毛制等，都是来自自然环境，并且常常是就地取材制成，和农村的自然经济，农民的自给自足十分合榫。徐光启在《农政全书》中对庄户人家用过的日常生活用品都一一介绍，引经据典，表明其古已有之的发展过程。[①]同样是筐、篮、篓、箩、囤等农家器具，沙漠地区的编制主要是红柳、沙柳、沙竹等材料，并且工艺不同，所用材料的成型方法不同。比如用红柳编篓，因红

① 周同宾 . 读《农政全书》[J]. 人民文学，2001（9）：91-97.

柳很坚硬，必须用湿土埋压多日，等柳条渗透水分后，再煨烫方能弯曲编制。《西夏物质文化》一书中讲到，西夏文字中关于瓦罐、陶罐、砂锅等陶瓷概念的字都带有西夏文字的木字部首（器物属性的限定成分），而木桶、吊桶、茶碗、茶杯等却都含有限定成分“石头”，[①]这说明西夏党项族与邻近的中亚地区有接触和交流，曾受过中亚文化影响，另一方面也说明西夏所处西部草原地带的地域环境限制，最早的器皿可能木制品较多，纵然后来西夏已有自己成熟的陶瓷工艺，但文字是约定俗成的。

美国设计理论家亨利·佩卓斯基在《器具的进化》一书中讲到同样功能的器具在不同的文化中有不同的形态，“功能决定形式”的说法无法解释整个物质文明的演进。真正决定器具形式的是使用者所发现的缺点和其自己提出的改进思路和情景，不同地区，不同文化的人所观察和发现问题的切入点不同，思维方式的差异，改善的方法也各有所异，这是器物文化地域性形成的另一个原因。[②]

（四）传统造物文化的警惕

借鉴传统必须认识传统文化的双重价值，对待传统生活方式史，不仅要能吸取文化的精髓，更要引历史为鉴。材料技术的进步是人类文明进步的标志性成果，旱地耕作农具随着材料技术的进步，逐步得到改良进化。但在人类文明进步过程中，由于缺乏对自然生态的系统考虑和管理，往往出现破坏自然环境而遭到惩罚的先例，古人早就有“天物不可爆殄”的古训。

据史料记载，我国西北黄土高原地区在史前时期曾是森林茂密，气候温湿的地区，动物群落的种群组成非常多样化，特别是黄河上游的洮河流域，古生物化石的出土说明了这一点（古生物化石情况可见甘肃和政县古生物化石博物馆）。秦汉时期陇山周边的黄土高原还被致密的原始森林覆盖，当地居民都以木板建房，《汉书·地理志》记载“天水、陇西，山多林木，民以板为室屋”，这些茂密的森林间杂着农田和草原，沃野千里，农牧兼宜。西汉安定郡的朝那湫曾是秦汉皇帝祭祀龙的场所，那里雨量充沛，湫渊方四十里，湖内水量很大，但到唐代仅周回七里了。[③]

金属器具的出现大大地促进了人类社会的生产力，特别是铁器的出现。春秋战国时期我国农业和建筑领域已开始大量使用铁器。恩格斯说：“铁器的使

① 捷连吉耶夫 - 卡坦斯基 . 西夏物质文化 [M]. 崔红芬，文志勇，译 . 北京：民族出版社，2006：176-178.

② 亨利·佩卓斯基 . 器具的进化 [M]. 丁佩芝，陈月霞，译 . 北京：中国社会科学出版社，1999.

③ 汪受宽 . 甘肃通史·秦汉卷 [M]. 兰州：甘肃人民出版社，2009：211.

用出现了更大面积的农田生产，使开垦广阔的森林地域成为可能”，也只有在这个时候，人类活动才开始对自然产生了重大影响。黄河中上游地区是我国早期农耕文化最发达的地区之一，也是古代王朝建都最多和延续时间最长的地区之一，黄土高原上的原始山林被大量砍伐，一方面是为了垦荒种地，扩大农业耕地，另一方面，大量木材被用于帝王贵族的宫殿建造和木器制造，仅阿房宫大火就烧了足足三个月，这得需要多少木材，据说到后来的唐大明宫建造时周围已无大树可伐。毁旧盖新，黄土高原的生态遭到长期破坏，水土流失严重。

秦汉之际的河西地区，祁连山北麓诸河水量丰沛，形成了许多连片分布，湖面宽广的绿洲湖泊，这里草木繁盛，宜农宜牧、可耕可渔，但环境容量有限。自汉代直到西夏、元、明清，这里都未曾停止过大规模的军垦和移民屯田，最终出现了带状的人造沙漠和沙进人退的沙漠文化遗迹。所有这些都源自高效铁器的大规模使用和无环境科学意识的垦荒。

因而在理论上，有一种说法是：铁器时代的开始是人类文明的真正开端，但也是环境问题的起源之时。整个人类文明史其实也是对自然影响的历史。研究地域设计，不但要吸收传统文化中人与自然和谐的价值，也要吸取人类活动受自然惩罚后的警戒价值。

三、中国传统造物文化中的当代设计传承价值

历史是连续的，历史创造传统文化，文化的过去、现在和将来自有必然联系。文化的过去形成了一个民族的类别属性，文化的当下任务应是传承创新的思考，考验文化的革新融合性，未来是文化特质是否具有先进性的验证。中国传统“天人合一”思想在当代设计语境下有多维的传承创新价值，通过对中国传统器物中文化价值、环境适应价值和人性化设计思想的研究，构建基于中国设计哲学的传承创新的价值体系和设计方法论，从中国传统造物文化中汲取智慧，启迪现代设计的创新。一般而言，现代人有两种生活需求，一方面在追求国际化，同时又有地域性（或传统文化）的体验需求，未来消费也一定是两类并行趋势，基于这一点就可以摆脱当下中国设计理论研究的尴尬处境。

（一）以和为用、以仁为体（民族文化自信价值）

中国传统文化自成体系，独立发展，并且在 16 世纪之前都是领先于世界的，为世界文明做出了巨大的贡献。但进入工业社会以来，中国的科技创

新和经济发展滞后于西方国家，造成这种差异的原因是东西方文化的冲突。冯友兰认为，这种差异不是文化类型造成的，而是时代的原因造成的，即中国还没有真正进入现代工业，而西方已进入现代工业。30 年代冯友兰在欧洲度假时发现，欧洲封建时代跟过去的中国有许多相同的地方，或是大同小异。特别是 80 年代东亚四小龙的崛起，说明儒学价值有积极的一面，它不但不是东亚国家后发现代化的障碍，相反，东亚现代化过程得益于儒家伦理的价值观念取向。所以东亚应当进一步从传统精神资源中汲取营养，以解决时代的课题。

中国设计走向世界，并引领世界的唯一出路只能是在汲取世界先进理念的基础上，传承和创新中国自己的优秀传统设计思想和方法。中国文化的精神表现在重视群体、重视教育、以仁为体、以和为用，这些精神表现在造物方面，甚至在大东亚地区都有统一性。“仁”“和”是儒家伦理的核心本质，深刻地影响着中国传统社会的做人、做事及造物思想。儒家传统的“仁”包含丰富的人性化思想内涵，主要包括“仁爱”和“博爱”两个方面，梁漱溟以“理性”阐发人的思想。[①]“和”是基于“仁”的做事价值取向，主要可归纳为三个层次，首先是人与自然的和谐；第二层面是人与人、国与国、民族与民族、不同文化或文明之间的理解包容，这正是中华民族多元融合的形成原因；第三层面是个人自身的心境平和、内心坦然。[②]可见“仁”是体，“和”是用，两者组合阐述了天、地、人三才的伦理关系，这种思想从远古自然崇拜到周礼发展和老庄哲学总结后，在东方自成体系，并且在造物文化中这些思想被全面深刻地反映出来。纵览人类共同命运的发展过程，“仁”“和”可以作为当今世界人类共同观念的一个道德基础和处事方式。范曾曾就“认为国学阻碍中国现代化是一个误会”做过论证，今天西方的逻辑思维，我们在广泛吸纳；而东方的感悟思维，西方也在广为吸纳。一些具有国际影响力的中国（或华裔）科学家，都特别注重中国文化的修养及其对科学思维的感悟和活跃作用。[③]

解读和挖掘中国精神及其造物思想的精髓，弘扬中国智慧，增强中华优秀设计思想的自信力、亲和力、感染力、吸引力和竞争力，使中国设计走向世界则是当下中国设计理论研究的重要使命。南京艺术学院何晓佑教授说：“我们从事现代设计，强调物的设计要适应社会的发展与未来的趋势，强调关注现代人的生活方式、心理方式和行为方式，但在启发这种创造的过程中，却往往会

① 梁漱溟 . 中国文化要义 [M].2 版 . 上海：上海人民出版社，2011.

② 陈来 . 传统与现代：人文主义的视界 [M]. 北京：生活·读书·新知三联书店，2009：209-218.

③ 范曾 . 国学开讲 [M]. 北京：中信出版社，2014：42-43.

采用‘回眸’的方法，从历史传统中去寻找灵感。”[①]随着网络化、智能化的发展，产品生产已摆脱传统工业手段的制约，未来消费，人们将更追求文化情结，讲求吉利、信仰等传统意象文化，特别是基于国学文化意味的消费将迎来大增长的势头，物质文化将更多承载非物质化的生活因素，国学的本质是至善至美，其精髓是解决人的心灵问题，中国的造物就要承载中国的文化特质。[②]

（二）道法自然与因地、因物、因时制宜的设计价值

中国文化的根在道，“道”以自然为法则，遵循事物的固有规律，崇尚本原和自然而然。在与环境的相处中不要太多的人为干扰，以无为处事应物，成就万物。道家处世、处事的造物观念不仅表现在道观建筑风格方面（如崇尚自然，因势而建，对道观选址处的自然环境极少改动等），而且也表现在中国园林营造、传统村落、田园风貌、造型工艺美术等造物艺术的诸多领域。中国传统“因借”营造法具有回归自然的生命境界，计成说，因者，随基势之高下，形体之端正，碍木删桠，泉流石注，互借资源，宜亭则宜，宜榭斯榭，大象无形，大巧若拙是一种超然之境。[③]这里最大限度地尊重了环境固有的特征，一切营造活动因地制宜。因物制宜比较典型的是表现在中国传统的根雕、石雕、崖刻等造型艺术方面，它们讲究原始选形，尽可能少做雕琢，甚至不做修饰，尊重原有形态特征。崇尚自然、观物取象、制器尚象是道家的造物思想，这在今天的设计艺术中具有非常重要的价值。除了在处理人和他物关系的和谐性方面有哲学价值之外，还有很高的设计心理学价值，因人的审美心理中有一种固有的对矫揉造作、人造之物的排斥心理，生搬硬套、牵强附会是设计美学的大忌。所以，掌握现代创意设计的秘诀之一就是领悟和实践“道法自然”的设计方法论。

中国传统哲学里“天、地、人”的关系，是指人和自然的相处关系，强调人与自然的亲和与协调，人只有遵循自然法则，合乎自然的要求，才能为自然界所接纳。“道”的意义不仅在于自然生态上的和谐性，还在于人与自然，使生命的主体和自然的客体在生态学和美学上都实现“天人合一”。[④]中国自古以农立国，我国古人特别重视对农时、农令规律的研究，道家思想的主要成就表现在阴阳学说和五行学说方面，提倡顺应自然规律，春耕秋收，对各个季节

① 何晓佑 . 中国传统器具设计智慧启迪现代创新设计 [J]. 艺术百家，2010（6）：118.
② 范曾 . 国学开讲 [M]. 北京：中信出版社，2014：45.
③ 李砚祖 . 设计之维 [M]. 重庆：重庆大学出版社，2007：189.
④ 文章 . 北大国学课 [M]. 北京：北京联合出版公司，2016：265.

的农事都做了严格的说明，依据自然规律和农事活动，创立了二十四节气。我国传统文化中的因地制宜、因时制宜思想在地域性设计研究中表现出很强的生态设计价值和可持续设计价值。清华美院柳冠中教授多年从事设计事理学研究，该理论是基于系统思想的设计方法论，它强调设计要师法造化，要适应外部环境。合理的设计表现为在某一时代、某一文脉地域、甚至某种观念限制下的选择活动。即在“具体”的环境内去把握“事”的各元素间的关系，去理解人是如何感知外部世界，如何与外部世界互动，又是如何被外部世界影响，从中发现问题，为设计提供依据，所以设计的合理性其实表现为对环境的适应性。①

生态设计要求将环境因素纳入设计要素之中，在整个产品设计、生产、消费废弃的过程中都要减少对环境的影响，如果整个产品生命周期是充分利用各地的地域条件、自然之力，必然对环境影响小，这是因地制宜。若产品生命周期中能遵循自然规律，顺势而为，巧妙利用季节循环等产生的化生之力，则是因时制宜，两者合起来是道法自然特征，从而引导产生一个可持续性的生产和消费模式。

（三）阴阳五行与共理、变通的事理学价值

阴阳出自《易经》，而五行则本于八卦，两者都可追溯到远古时期的河图洛书的数术。阴阳学说、五行学说都源于我国古代的取象比类学说，阴阳五行中包含着性质化的数理逻辑关系。取象的本质是类比，数理的本质是变通，类比是变通的基础，变通是通过取象表述的，象和数关系充满了系统思想和事理逻辑关系。

阴阳是古代的对立统一学说，是宇宙的基本法则，宇宙间一切事物都有阴阳两面，并相互作用而产生。如天地、日月、男女、上下、正负等，同时两面又对立、统一，消长、互根。如日明月暗、男刚女柔等。《易经》反映的是宇宙本体论和方法论，具有反映自然界和人类社会存在规律的普遍性。但若从人类的发明创造和设计创新视角看，易学思想具有非常深厚的设计学价值，它涉及设计活动的联想思维和象征设计、移植设计和设计语义学等创意，设计方法的核心问题和系统机制。从八卦到周易，已将阴阳取象比类的变通原理演变和应用到了极致，象和数是易理的两大支柱，易者，象也，所谓象是一种意象模式，具有“符号”“定理”“公式”的意味；易者，变也，《易经》的“易”就是变通、共理的意思，具有“符号”“定理”等的应用意味，而且作为

① 柳冠中．象外集——语录·访谈·文论·众说[M]．北京：中国建筑工业出版社，2012：164.

占卜用书，《周易》预测的方法也全在变通，唯变所适。流通适变，不可固执是《易》道，每一个卦象都代表一种符号和模式，这种模式具有事理学一般机制。

《周易·系辞上》中说“是故形而上者谓之道，形而下者谓之器。化而裁之谓之变，推而行之谓之通”。道器之理的运用方法全在变通。在转化和变化中裁判，关键在权变，只有推行和实施才能形成通用之理。这里论述了道器之理的体用关系。所以“观象制器”就具有按某一原理或符号进行创意设计的方法论价值。

五行是原始的系统论。五行学说也是采用取象比类的方法，将世上万事万物普遍地分为五类，在五行属性的基础上，运用生克制化的关系，来说明和解释事物之间的相互联系和变化机制。五帝尧舜时期羲和就开始了术数五行实践。[①]据早期的《尚书·洪范》记载：“五行：一曰水，二曰火，三曰木，四曰金，五曰土。水曰润下，火曰炎上，木曰曲直（弯曲，舒张），金曰从革（成分致密，善分割），土爰稼穑。”[②]五行并非仅指五种具体的物质，而是以五种事物的属性比拟其他事物，并用聚类归纳的思维将万事万物归为五大类。例如木具有生发，条达的特性属性，属东方；火具有炎热，向上的特性属性，属南方；土，具有长养、化育的特性属性，属中央；等等。五行是用来阐释事物之间相互关系的抽象概念，并以五者之间的相互滋生、相互制约的机制来论述和推演事物或现象之间的相互关系及运动变化规律。这种通用规律，被用于医学（包括五脏、经络、饮食分类等）、时间、季节、方位、历法、社会生活等诸多方面。依此原理衍生出来的“十二生肖”属相文化、“天干、地支”等传统文化。可见，取象比类是中国传统世界观的重要特点，取象比类的关键在变通，启迪智慧，诱发创新。

在创造性思维中联想和变通是同时并行的。中国阴阳五行理论就是在共理性事物之间建立通用的对应关系，通过变换思维形成新的事理存在机制，进而找到解决问题的方法。现代发明问题解决理论（TRZI 理论）还是在拥有大量通用事例的基础上（阿奇舒勒在研究了全世界 250 万件发明之后，得出的可用于解决各领域发明问题的通用规律），利用变通方法解决矛盾冲突。其实我国古代早就建立了这种关系，并传承发展了几千年，形成了哲学方法论。只是近代以来，这种方法的传承创新严重滞后，没有将观物取象与现代新技术的通用规律归纳总结起来。

① 李学勤 . 周易溯源 [M]. 成都：巴蜀书社，2006.

② 任国杰 . 童子问易 [M]. 北京：人民出版社，2013.

中国各地都有很丰富的文化资源，基于传统文化的共理、变通的设计思想，在文化创意、产品创新设计中具有新的研究价值。

（四）强调体验的智慧而非经验定量的研究（体验与情境价值）

中国传统文化讲求感性和悟性。马克思·韦伯专门就针对中国文化观念问题发表了《中国的宗教：儒教与道教》一书，阐述了中国儒教与道教的感性特征，认为中国国民具有和平主义的性格，保持今世心灵的生活取向，从而影响了中国资本主义和科技的发展。[①]但英国科学史学家李约瑟在研究中国科学技术史时，认为中国古代造物属于感性和经验的积累，而非造物技术，即使以往大量外来文化的接触也没有影响它特有的文化及科技格调，这种思想一直持续到现代。李约瑟认为中国的科学发明非常伟大，好像西方的近代技术都与中国古代有关。[②]其实韦伯并没有发现中国文化中“道”与“和”的价值，西方哲学大家如黑格尔等也对东方文化并不是很了解。在西方思维中主体和客体是分离的，他们证实的是自然定律，而在中国的天人合一思想中主客观融合为一体的，它注重的是人的感受，以人为本，通过对环境的体验，达到无我境界，这样就会产生感悟性的意象思维。老子主张返璞归真，他追求智慧的最高境界是绝圣弃智，崇尚自然、崇尚天，而不提倡人对自然的改造。庄子主张人精神的绝对自由和独立，抛弃一切物累和拘束，自由逍遥，任性而游。其实要达到此种境界，获得此种智慧就是要忘我地去体验环境。

体验与特定的情境密切相关，在不同的情境条件下，体验是不同的；即使同一事物在不同的时间和环境下发生，给人的体验也是不一样的，在内容和度量上都有差异。老子说：“其出弥远，其知弥少”，你走得越远，知道的事情相比反而越少，庄子的《逍遥游》中：北冥有鱼，其身体大到几千里，它化为大鹏鸟，脊背长有几千里，它奋飞的时候翅膀如遮天蔽日的云块，开篇展现的就是一种大尺度的，绝对精神自由的体验境界，包括庄生梦蝶故事都在追求一种生命和自然融为一体，非彼非此的体验境界。所以，传统中国文化中的智慧，其得到的途径和手段可能不同于西方的理性实践，在忘我的体验中感悟智慧、修炼认知，之后思辨，格物致知。

现代设计经历了多种设计方法的实践，在经历功能论设计，理性分析设计，定量程序化设计之后，随着大众化的人性化消费日趋显现，情境体验设计越来越符合未来创意设计要求。对于一些与人们生活相关的产品，文化产品

---

① 陈来 . 传统与现代：人文主义的视界 [M]. 北京：生活·读书·新知三联书店，2009：292-295.

② 范曾 . 国学开讲 [M]. 北京：中信出版社，2014：52.

（旅游产品）、跨文化产品、地域性产品等单靠理性化的实验和定量化的常规科学方法，在未来社会很难有效，须尊重人的自由，未来产品旨在解放人性，到时中国传统以儒释道为导向的重人格人性的体验设计方法论将达到了全熟的程度。这种方法在基于人性化的创新设计中重新焕发生机，荀子提出“重己役物、致用利人”，似物于物，不为物役，这就是以人为本，尊重人自身。

西方从亚里士多德的逻辑分析和欧几里得几何学开始，直到 16 世纪经典力学的创立之前，都是以经验归纳和理性分析为主，16—19 世纪，西方已经建立了以数学原理为方法的自然科学研究方法，以致开创了全人类的新方法。近代西方文明的成果也源于合理性行为方式及其思维方式的“牵引”。[①]在韦伯看来，行为“理性化”的一个重要的因素，是用有计划地适应利害关系去取代内心服从约定俗成的习俗。[②]但在青年卢卡奇看来，西方世界向“理性主义”发展的过程中导致的后果就是对人性的破坏，过于物化的意识，失去了对人精神自由的尊重。而且韦伯也认为中国传统主义重在对题材和现象的解释，[③]题材和现象是自然和生活的内容，解释是人性化的，这其实就是中国自古形成的“天人合一”思想。

什么是体验?“通过亲历实践认识周围的事物、亲身经历”，“从做、看或者感觉事情的过程中获得知识和技能”，[④]未来社会尊重人的体验感受将是设计的依据和方法。

用户体验设计是一种基于个人或群体需要、愿望、信念、知识、技能、经验和看法的考量的设计。在设计过程中，用户不再是被动地等待设计，而是直接参与并影响设计，以保证设计真正符合用户的需要。其特征在于：参与设计的互动性，以用户体验为中心，以提供良好的感觉为目的。用户体验的四个层次：感觉需求（五官感觉）—— 交互需求（完成任务的时间、效率、顺序、是否出错、帮助、提示灯）—— 情感需求（关爱、互动、乐趣、意义）—— 自我需求（个性、自我价值实现）。情境设计中要注重场景的建立、渲染气氛、体验式设计、参与式设计。

用户体验设计重在使隐性知识外显。隐性知识是常规知识媒体中找不到的，是人类专家所拥有的却无法轻易描述的技能、判断、和直觉，如洞察力、灵感、视觉感受、经验等。这类知识带有主观性、随意性和模糊性。隐性知识是个人的，具有特定的情境性，难以形式化、编码和交流，它镶嵌在个人的体

① 马克斯·韦伯．经济与社会：上卷 [M]. 林荣远，译．北京：商务印书馆，1997：62.

② 顾忠华．韦伯学说 [M]. 桂林：广西师范大学出版社，2004：95-98.

③ 马克斯·韦伯．马克斯·韦伯社会学文集 [M]. 阎克文，译．北京：人民出版社，2010：278.

④ 罗仕鉴，朱上上．用户体验与产品创新设计 [M]. 北京：机械工业出版社，2010：52.

验中。隐性知识是用户对用户体验的期望与感受，体验是人性化设计，注重人的感觉，在体验中学习或获取知识，中国传统文化中注重体验智慧的方法论、造物思想离不开对造物场景（原象）的构建，故事（原象）的再现，这对当代设计思想感悟、方法拓展都有重要意义。

（五）意象设计和写意审美价值（意象与写意价值）

中国意象文化的源头是原始自然崇拜，从原始社会到文明社会，发展脉络清晰。儒释道思想定格了中国古典文学、艺术、造物、礼仪、伦理等的审美精神，并得到了充分完美的发展，自成体系。作为文化表层的意象造型设计，也由原始彩陶、岩画经历代器物、建筑、园林的传承发展形成了完整的写意审美特质。中国传统意象和写意审美主要表现在象形、隐喻、会意、双关、谐音等方面，与古纹样和古汉字的形成方法相一致。中国的原始彩陶纹样源于图腾象征，中国的文字起源于象形、指事、会意；中国书法绘画强调神韵和神似，阴阳、五行学说是我国古代的取象比类学说，不是五种元素，而是万事万物按照对世界万事万物的取象类比，是人类思维的基本特征之一。其实中国传统文化中的诸事诸物都讲求“意到”和“理到”，形只是表现意和理的载体，甚至形的功能性位居第二。笛卡尔正是在数与形的关联性和逻辑性思维后，创立的直角坐标（具有四个象限）和解析几何的，他有关数象映射的概念，对后来的产品语义学和感性工学也具有基础方法价值。

取象比类与现代数学上的映射原理相一致，所谓映射就是两类事物之间的关联性，阴阳五行和阴阳映射是一种同理的比类关系，其中映射中的原象是阴阳和五行原理，象是世间万事万物的运行机制，两者之间是表述和被表述的关系，而事物内部各事物之间是有相似的规律性。这种规律性若是定量化就呈函数关系，若非定量化就是广义概念上的映射，但世间的万事万物不能都用函数关系简单描述，他们之间确实有很强的规律性。映射构建的三要素是“原象”“象”和“关联性”，中国传统文化在很大程度上是一种关于“原象”“象”和“关联性”的意象思维的产物。基于中国传统文化的创意设计必须弄清两个重要概念，这就是“象之为象”和“象外之象”。从中国意象和写意的产生发展过程来看，前者是概念的问题，后者是设计方法论的问题。

1. 象之为象

最初的“象”来自人生活的自然环境，具有地域性。中华古代先民仰观天象，俯察地理，近取诸身，远取诸物，应物象形，肇启造物、造字之始。人对自然的感悟和表现形成了意象造物文化。中国传统文化的关键在“象”，包括物象（景象）、意象与心象三个层面，也是“象”文化发展的三个历程。

从原始彩陶纹样的发展过程看，早期的编制纹、绳纹、植物纹样、动物纹都很写实，都是对周围自然环境适应性的鲜明反映，属于物象表现层面，到后来象就逐渐走向抽象化发展。彩陶学家张朋川先生参与了甘肃大地湾文化的发掘过程，他对该文化中的鱼纹纹样做了前、中、后期的演变比较。发现大地湾早期的鱼纹多为写实的单独纹样，有完整的细部刻画；到大地湾中期，鱼纹开始夸张变形，鱼身拉长，鱼头演变为三角形或方形；再到大地湾晚期，则演变为二方连续的示意性变体鱼纹，而且有鱼纹和鸟纹的复合寓意纹样。[①]仰韶文化中的人面鱼纹，鹳衔鱼斧纹等都有象征叙事功能，属于会意、指事符号。每一种纹样不但有约定的形，也有对应的意，象和意形成一对一的关系。再到商周时期的青铜器纹样和造型，甲骨文等，象和意形成一个完整的概念“意象”。所以“意象”又变成了“原象”。《左传》中有：“物生而后有象”，胡适对此文的理解为：象效之意。凡象效之事，与所仿效的原本，都叫作“象”。意象文化渗透到诗歌、造物、宗教等文化生活的各个领域，中国“象”文化已独成体系。这在《周易》中完整反映出来。《周易》因其卜筮之书和其卦象符号，一直被人们视若天书。但是如果从原象和象之间的关系去看周易，六十四卦符号的神秘性也就消失了。观物取象，产生了最初的符号思想，周易的符号是先民在持续地观察世界、体察人生的过程中，在不断地积累经验、总结规律中得到的。由于天下万事万物纷繁复杂，于是用卦来比拟其形态，象征事物的性状，周易的卦象由此产生。对卦象的来源创制的解释，最具体生动的还是来自《周易・系辞》中的解说：“古者包羲氏之王天下也，仰则观象于天，俯则观法于地，观鸟兽之文，与地之宜，近取诸身，远去诸物，于是创作八卦，以通神明之德，以类万物之情。”[②]这里谈到两个重要的概念，即“观象”和“取法”。“观象”是指视觉对物象和天象之观察。取法，是指观察后对“象”的理解和效仿。

法，即指象之原理，亦指人的行动。观象取象的对象则是天地间一切事物，无所不包。主要有以下五个方面：第一，观象于天。先民在观察自然，体察世界的时候，首先看到的浩瀚的天空，向天取象也必不可少。在周易中乾为天象，坎为云象，震为雷象。第二，观法于地。与浩瀚的天空相对应的就是广袤无垠的大地，先民生活在大地上，大地滋养万物，生生不息，这与先民的生活息息相关，向大地取象也必不可少。坤为地，《坤》六二“直、方、大”，也

① 张朋川．黄土上下：美术考古文萃 [M]. 济南：山东画报出版社，2006：98-99.

② 《十三经注疏》整理委员会，李学勤．十三经注疏・周易正义 [M]. 北京：北京大学出版社，1999：298.

是取象于大地。第三，鸟兽之文。鸟兽是指各种飞禽走兽，鸟兽之文是指取象于各种飞禽走兽，并且观察细致入微。通过鸟兽的花纹和纹饰来取象。第四，近取诸身。关于身就是身体，先民在取象的时，也不会忘记对自己身体的考察。身体对他们自身来说最熟悉不过，近取诸身也包含取自己身体之义。第五，远去诸物。当先民取自身而不足时，必然要将目光投向远近不同的生活物象。综上可知，先民取象范围十分广阔，囊括天地、飞禽走兽及自身。先民生活在大地之上，对其身体生活最为熟悉，故而取象最多。其中也包含了朴素唯物主义的自然观的哲理。①

“意象”的应用形成“象征”,《现代汉语词典》中解释“象征”是根据事物之间的某种联系，借助某人、某事、某物的具体形象（象征体），来表现某种抽象的概念、思想和情感。象征体必须具备特征形态和其本有的属性意义。在长期的历史进化中，某一意象的形和意基本完善形成共识了。在中国传统文化中，“意象”的表现手法很多，主要有比拟、隐喻、会意、指事、谐音等。解读中国古代传统图像性造型资料的母题可以看出，不同文化载体在题材内容、意识形态、思想愿望方面是统一的。造物尚象，就是按照传统约定的意象进行设计，其中就有映射。

相对中国“天人合一”的思想，西方文化更专注于“物”本身，西方哲学思想更注重理性。特别是进入工业革命后，西方构成主义和我国传统意象造型思想存在一定的碰撞。构成造型强调的是技术工艺与实用性，意象造型更多在精神象征，就是今天的仿生设计也与中国传统“象生”设计不一样，虽然在西方的构成设计和仿生设计中都有意象思维的成分，但设计的目的和思维切入点不一定相同。现代仿生设计以生物形态特征，结构、功能原理为研究对象，为设计提供思路，解决实际问题，而“象生”更多在意识观念。要追根溯源，可能与东西方不同民族从古到今在适应特定自然环境的方式、思维意识有关，不同地域环境中的民族在长期发展中，在造物审美、思想愿望等思维模式上有一定的连续性和一贯性。

中国传统吉祥图案是意象和心象的表达，这些吉祥图案不仅被广泛地应用在传统图形设计中，更多地被应用在传统器物、建筑园林、家具等立体造型纹样中，特别是进入阶级社会以来，为迎合贵族阶层的意识和意志上的需要，讲究天人合一，追求造物中的象征意义和玄妙意境。从远古造字起，中国人就讲究谐音假借，在日常文化生活中喜欢把一些本不相关的事物，通过相互之间在名称上同音或谐声（声母相同）押韵的特征，以此代彼，表达祝福、祝愿等意

① 祝东．先秦符号思想研究 [M]. 成都：四川大学出版社，2014：20-27.

象性愿望；中国的传统纹样即构图对后世影响巨大，彩陶、青铜器等器物上的传统纹样根植于传统文化中，每一种图案大多通过自然动植物或其他物品，以传统纹样形式表达，如回形纹、云纹等，这正是传统意象造型的内容；再者，中国人讲究平衡、圆满的审美心理，传统图案都按照对称、均衡、适合、连续等构图方式组合在一起。图 5-6 所示的是“五福捧寿”和“福寿如意”2 个传统吉祥图案，作为传统吉祥图案其名称一般都有典故出处，“五福捧寿”语出《书·洪范》云：“五福：一曰寿，二曰富，三曰康宁，四曰攸好德，五曰考纹命。”攸好德，意思是所好者德；考纹命即指善终不横夭。“五福捧寿”寓意多福多寿。在这两个图案中用“蝙蝠”的蝠谐音“福”；用“柿”谐音“事”；“寿”字则是传统图案化纹样；“如意”是中国人喜爱的吉利词，并且在长期的形态优化完善中形成了“如意”器物的优美造型，因此被广泛用于我国的装饰图案上。类似的吉祥图案还有事事如意、双喜临门、太平景象、三阳开泰、喜上眉梢、金玉满堂、年年有余等，有数百种之多，大都采用祝愿谐音，并以传统纹样和传统构图形式表现出来。这些吉祥图案都反映了人们趋吉避凶的传统心态，以谐琶、对称、象征、完满的形式表达了一种祈求幸福的愿望。中国古代文化是儒释道兼于一体的文化，许多文人和士大夫们都有遁世思想，使其在处世方式和造物活动中追求一种玄妙的心象（心境）。

图 5-6　中国传统“五福捧寿”和“福寿如意”

2. 象外之象

虽然象思维是人类原始思维的共同模式，但只有东方意象思维在漫长的历史进程中深入延续性的发展，产生了中国纹样、中国象形表意文字、诗歌词、中国书画、中国式园林建筑、中华武术、中医药等，并形成了深厚的中国意象审美哲学及其方法论体系。象思维的实质是映射思维，即通过现有物象的图案与实际物品之间的物象的关联性建立对应象征关系。这就在“意象”和“造物”之间形成了一一映射关系。司空图在其著作《与极浦书》中提到“象外之象，景外之景”，刘禹锡在《董氏武陵集记》中写到“境生于象外”。逐渐使意象审美走向了更为玄妙的境界，器物、图案设计和鉴赏也超越了以前的符号尚象阶段。所以，原始象思维发展到后期不再是模仿自然，而是感悟自然和体验自然，从自然造化中吸取设计智慧，这一方法论一直持续发展到现在。

3. 感悟和体验自然

物与心的映射关系是通过主观和客观之间的关联性建立的，映射关系反映了主观心理在客观物象引导下所追求的愿望和思想。随着社会文明的进程发展，人类的思维由早期的原始图腾崇拜，仿形思维，发展到超自然的情感思维，此时的意象造型也由对自然形态仿拟走向满足于人文化心理的更宽广的意义。“象”由“意象”发展为“心象”，思维方式由原始物象思维发展为更高级的映射性逻辑思维。视觉和音乐的最高境界是超物感悟，主体重在体验一种隐藏在“物象”之中的“心道”，这就是老子所说的大音希声、大象无形，是无象之象，是“玄”和“恍惚”。老子最主要的思想就是无中生有，老子认为自然界的一切都是从无中产生的，这需要在自然和生活实践中去感悟。他曾以陶罐为例说过有和无的关系，当陶罐还没制作是无，一旦制作出来就是有，但陶罐内部是无（内空腔），有和无对陶罐来说是同时存在的。老子的思想重在从自然感悟中强调哲理，无为是无不为的必然方法。

庄子重在本真的体验，是彻底的无为，庄子追求无我的境界。《庄子》现存三十三篇，主要的是内七篇，其中《逍遥游》主张绝对的心灵自由；《齐物论》阐述天地万物要有同一性；《养生主》则讲授作为主体的自身要顺应自然；《人间世》是讲人间诸事可分为有用和无用，但各有所用，无用也有无用之用；《大宗师》是讲自然，自然是我的大导师；《德充符》主张人与天地万物不但要有同一性，而且要浑然一体。《庄子》这本书的各章虽然没有严密的逻辑关系，但读完后，你要把握一个整体的印象和感觉，那就是无欲地体验和感悟自然；在庄子看来美的存在要顺应天，人作为认识的主体，要和大自然浑然为一体，形成一种无隔无封的状态。庄子强调“真”，要忘怀得失，不要太理性、功利地求证所得，而是凭着自己奇妙的思维想出一些道理，这正是士大夫们隐退后所要追求的。[①]

汉唐以来逐渐兴起的园林艺术使“境生象外”得以更深层的发展，中国传统寺庙、道观、文人造园，都是空间体验境象的发展。在大自然中就是要体验

① 范曾 . 国学开讲 [M]. 北京：中信出版社，2014：201-228.

庄子、老子的无为和无用之道。可以像老子一样从天道中悟人道，阴柔进取，以柔克刚，大器晚成；亦也可以像庄子一样真正地体验绝对的心灵自由，摆脱世俗和官场烦恼，这也是道观寺庙都修建于深山老林的原因；文人和道士造园时，强调各物各取所需，相互衬托，文震亨说“随方制象、各有所宜”，庄子说“物无非彼，物无是非”，认为世界的万物是相互依存的，彼出于此，此出于彼，不要太重视它们之间的区别，要看到它们的同一性，齐一性。

4. 从自然造化中吸取设计智慧（方法论）

从方法上把握中国传统意象设计中的象物、象理、象道，认识尚象的原则和方法。我国传统造物的最高境界旨在追求“物”作为载“道”之“器”的形而上之道；中国传统器物造型、建筑园林、中国字画、意象、写意，民间艺术中的吉祥图案等无不将“物象”之中的“心道”，作为创作的终极目标，这也可以理解为儒家的格物致知。格物的目的在于穷求其理，即致知。致，有推出之意，朱熹说：推之之法，以类而推，盖理同出一源。①所以穷理必须格物，方法就是类推。《易经》中的象生思想发展到宋儒理学时期还是一脉相承的。中国的象生思维其实是联想思维，包括模仿、比喻和比拟，通过简化、变化、夸张等手段表现。是从自然造化中吸取设计智慧的方法。远古时期生产力水平低，人们只能模仿自然造物，从自然取象，象生造物，适应自然，以自然物象作为造物符号。传统文化中自然形态和现象对造物的影响研究，有助于加深我们对文化观念的理解，从设计思想的高度认识如何通过造型语言传递观念，实现在设计过程中对文化特征的把握，最终达到使产品体现民族特色和深厚的文化内涵的目的。②作为中国文化特色下的现代本土设计，必须注入传统文化内涵，以满足人们的文化情感诉求，既要树立意象思维意识，还要讲求意象造型方法。意象性设计主要有两个切入点，基于环境适应的意象设计和基于文化符号的意象性设计。一方面自然环境仍然是题材来源和适应对象，另一方面庞大的人工物资源是设计的综合信息库，这一资源又包括传统人工物和目前人工物。传统文化主要解决时空连续性问题及文化认同问题，属于文化传承的符号设计，其实质是文化环境的适应性问题，而现今产品主要是技术支撑和革新问题。

东方造物文化，从古到今是一条连续性的长链，不可割裂。中国古代意象设计并不是针对消费者的需求调查而设计，而是基于中国意象意识的一种设计观念。所以，有必要对中国传统意象造型思想从内容、观念、方法等方面做

① 陈荣捷 . 朱熹 [M]. 北京：生活・读书・新知三联书店，2012：75.

② 陈布瑾 . 由“制器尚象”谈中国传统文化对器物造型的影响 [D]. 长沙：湖南大学，2004.

系统归纳练习，结合当前国内外感性设计研究成果，从供给侧层面提出设计理念和新方法。作为现代意义上的地域性产品设计要完成两个主要目的，一是基于地域传统文化的文化产品创意设计，创意的关键是对符号价值的把握；二是基于地域环境的生态型产品创新设计，创新的核心是体现生态价值。所以，尊重生命，从自然造化中吸取智慧是传承中国传统设计艺术中的“象生”美学思想。[①]

要完成两个目的就需要掌握两个设计的基本规律。一个是把握和传承地域文脉，另一个是适应和尊重地脉。文脉和地脉本是近义词，又称地格或地象，泛指一个地方的文化、自然风貌特征。但从字面意思讲，文脉一词更偏重地域文化，而地脉应偏重地域自然特征。所谓地域性设计也就是针对地象的格物研究。

中国意象造物思想及方法论独具民族特质，未来发展潜力巨大。进入网络化时代以来，产品的批量越来越小，感性化、符号化消费日趋加剧。国外针对产品的感性设计研究已上升到以现代认知心理学和定量分析为主的感性意象设计层面。在韩国、日本、欧美等地区开始以感性数据模型构建为手段，围绕器物文化的感性意象，结合美学、心理学、神经生理学、人机工程学、人工智能学等进行感性认知的量化研究。国内学者也纷纷进入这一研究领域，一些具有工科背景的设计学者开始用数理学的方法，调查用户对产品的造型意象认知度，借助现代心理和生理测量技术，进行量化分析。此类研究都是针对现有物品的现实形态的感性调查后的定量化研究，在研究方法和计算逻辑上有系统性，但由于感性词汇表达的不确定性，再加上诸多针对消费者的感性数据采集的失真性，致使感性工程设计的有效性大打折扣。

物品的形态以一种语言符号，承载了物品自身的信息。我们通过视觉和触觉经验感知各种物体，形态强调客体对于主体的作用和目的。所谓制器尚象，设计者首先要在形态上讲求正确表达，要给予主体想要的文化意象，并承载对主体文化内容的理解。

现今的创意设计更多体现在形态设计方面，依据符号学原理，一个设计作品就是一个文化符号，其能指（外观形式）要表达自身的所指（内容和含义），能指和所指要一致。从符号学的角度讲，文化的传承其实是文化符号的传承，符号是文化内容的承载者和表现者。从设计语义学角度讲，设计的实质是讲文化原符号再赋予设计载体形成新的设计符号。而从消费心理学讲，人们在对文

---

① 祝帅．走向理论自觉的设计史研究——读李立新教授新著《象生：中国古代艺术田野研究志》[J]．创意与设计，2018（3）：100-103.

创产品消费的时候，实质是对文化符号的消费，对文化产品的购买是对文化符号的认同、新奇而产生的购买欲望。

在针对传统文化的创意设计中，特别是艺术衍生品设计，一定要把传统文化的特征符号表现出来。所以，如今的尚象主要是对传统文化精髓的把握。要把握好地方文脉特征的提取，模仿传统器物、文化造物，将传统作为符号进行“取象”。古器物文化是人们在生产生活过程中与特定地域因素综合作用的产物，基于古器物文化的现代创意设计，也正是运用现代技术和载体呈现这些地域文化符号。在设计理论和方法方面，基于传统文化符号的现代创意设计的系统方法主要有设计符号学、设计语义学、情境设计等。符号设计的内容非常广泛，符号来自自然和人类生活，从早期人类文化开始，文化符号就产生了，符号成了一种语言表达形式，也成了人类的思维方式。符号设计与被反应物之间的这种联系是通过意义来实现的，符号设计总是设计具有意义的符号。

关于设计符号学、产品语义学、符号与载体的配对规律研究的本质还是制器尚象。现代创意设计方法还处在探索过程中，也不可能形成固定的、标准方法。中国未来的文创设计、地域性设计应是在借鉴中国传统意象设计思维模式的基础上，在结合现有设计符号学研究成果的基础上，着力分析传统文化的地域适应性，研究传统文化的原符号提取方法及设计语意的地域性表达方式。对今日设计而言，传统文化主要是符号尚象、活化设计和符号价值的把握问题。中国意象造物有重要的当代设计学价值：可以和基于认知心理学的方法、现代仿生设计、设计符号学、动画角色设计、产品语意设计等建立类比联想的创新方法；TRIZ 理论（发明问题解决理论）、感性工学等在造型要素、类比变通方法和规律上吸取中国古代“取象制易”“制器尚象”的“器”“道”之学的精髓，构建具有东方思维特征的设计方法论。

第二节　地域性设计的本质是环境适应

设计不全是各地通用的，设计要有地域针对性，设计的地域性表现在对不同地域环境的适应性。

当前全球正处于人类有史以来人口最多，人均资源最少时期，同时又是人类生产力技术发展最快的时期。各种生态问题促使人对自己和自然的关系重新认识，这是自工业革命以来人类认识论的大转变，各学科都在向生态文明努力。设计学科在多年的探索中，已经提出了生态设计、绿色设计、可持续设计、循环设计等生态文明的设计理念和方法。西蒙认为：如果将设计科学理解为是一门有关人工物的科学，这门科学必然要借用生态文化学的相关原理，在人工物的设计中处理好文化与自然的关系；同时也应按照文化生态学的规律，使人工物既符合文化在时间上的连续和传承，也符合文化的空间适应和地域包容性。

环境问题的出现必须从环境中解决，人类活动要适应环境，由于环境有地域差异性，这就要人们精准地适应环境。地域性设计是基于不同地域环境适应的精准性设计。若各个地方人们的生产、生活方式都以环境差异性的方式精准适应，则全国乃至全球人们的生活方式都会与环境相适应。设计学术界对地域性设计的阐述还主要偏向于与地域文化的相适应方面，大多数人认为，所谓设计的地域性是指设计上吸收本地的、民族的、民俗的风格以及本区域历史所遗留的种种文化痕迹的做法。但特定的自然是造就物质文化的基础，对设计学科而言，纯自然因素和经济因素在地域性中占重要地位。所以，地域性设计应是适合某地域的文化、自然、经济的综合性系统设计。按照生态学的原则，文化是人类对所处环境的一种社会生态适应，而文明则是某一文化对环境的社会生态适应的全过程。人的潜能只有在社会文化环境中才能发展，人的本质能力只有在文化的世界中才能得到实现。

一、环境、生活方式、人工物之间的关系

特定文化起源于人类为了适应环境所采取的对应选择方式，器物层对应了人与自然的关系，人类的生产、生活方式，这些无一不凭借器物。正如马克思在《资本论》中说：“过于富饶的自然‘使人离不开自然的手，就像胎儿离不开引带’，它不能使人自身的发展成为一种自然必然性……资本的祖国不是草木繁茂的热带，而是温带，不是土壤的绝对肥力，而是它的差异性和它的自然产品的多样性，形成社会分工的自然基础，并且通过人所处自然环境的变化，促使他们自己的需要、能力、劳动资料和劳动方式趋于多样化。”[①]

所以人们借助人工物实现了人与自然，人与社会的各种适应，也由此形成了生产、生活方式的多样性。人对自然的适应其实也是人自身生存和生活的需要，达到这种目的都需要凭借物，有些是自然界中已有的，但要善于选择和利用，如原始人打猎的木棒或石块；有些凭借物是自然界中没有的，需要通过人

① 欧阳志远．“上帝”的陶杯——文化多样性与生物多样性 [M]. 北京：人民出版社，2003：149.

类自身的智慧设计制造，这种凭借物就是人工物，所以人工物是人与自然适应的凭借物。荀子在《劝学》中说："登高而招，臂非加长也，而见者远；顺风而呼，声非加疾也，而闻者彰。假舆马者，非利足也，而致千里；假舟楫者，非能水也，而绝江河。君子生非异也，善假于物也。"显然"登高"和"顺风"是对有利的自然凭借物的选择方式，但"假舆马"和"假舟楫"则是对人工物——马车和舟船的选择和使用。同样是交通工具，北方的马车是古人对平原、草原、干旱环境的适应；南方的舟船则是古人对江河、湖泊、湿润环境的适应。

生活方式最基本的是生存方式，是由人们生活所在的自然环境决定的，在长期的生存过程中，会演变成某种地域性文化习俗，而且形式和内容更加丰富多样，而又系统化。所以，从人类文化学的角度讲，自然环境是文化形成的根源、是物质的，习俗和审美是派生的、是意识的，人们之所以要按某种方式生存，原本不是人们的心理爱好、信仰或审美产生的，而是由于人们要适应和利用自然环境才形成了某种生产方式和生活方式，在长期的生活过程中自然也就形成了与之相适应的文化心理或审美情趣。而表达这种生活方式的物质用品，也就自然带有本地区特点，最终形成了特色的物质用品。所以针对特定地域的生活、生产方式、物质载体设计的本质过程是基于环境适应的契合方式的寻找过程，这是地域性设计的自然哲学依据。

既然文化多样性的本质是不同的适应性，作为文化特质的人工物是人与自然适应的凭借物，也可以将其看成是两者的结合点，通过它人与自然形成了一个适应界面。我们不妨将该界面内部指向范围称为人工界，把界面外部指向范围称为自然界，如果内部环境适合于外部环境，人工物就能有利于实现预期的目的。人工物应适应于其工作环境，这是作为人工物这一新概念的表征内容。人工物适应于环境的思想同样适用于非人工物，这是个最浅显的道理，因为生物物种本身有其特定的生长环境要求，在物种进化和自然选择中，其形态和功能适应了其生长的特定环境。由于人工物处于自然与社会的融合面上，并指向内部，它以自然物质和自然规律为支撑手段满足人的目的要求，所以人工物的属性应该代表人的属性，它与动物本能的造物属性不同。鸟巢、蜘蛛网是自然产物，这样以研究人造物如何合理存在的设计学科就与人文学科、自然科学、社会学科、心理学科存在密切关联。

通过以上分析，我们需要建立一种人与自然的适应模型，这个模型的关键构造就是为地域"适应"建立媒介物。这就是人与自然无论在认识与被认识的主客体关系之间，还是在适应与被适应的主客体关系之间，都存在一种特定的适应界面，我们姑且称之为人与自然的适应界面。寻求这种关系需要深入分析赫伯特·A. 西蒙的有关人工物的概念。西蒙最早提出了人工物的界面属性，他说："人工物可以看成是'内部'环境（人工物自身的物质和组织）和'外部'环境（人工物的工作环境）的结合点 —— 界面。"[①]所有人工物便处在这个界面之中，人们凭借人工物才与自然之间保持着一种适应关系。当然西蒙在这里是从普遍意义上论述了人工物与自然之间的关系的，显然"界面"的地域属性是不可避免的。不同自然环境及其相应的生活方式和凭借物（人工物）之间的关系可用图 5-7 所示图式表述：

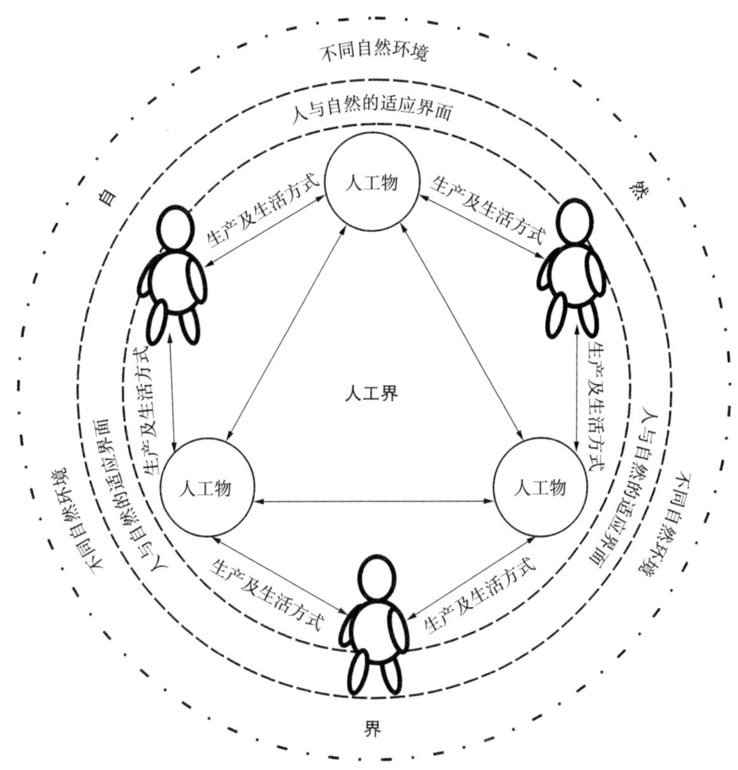

图 5-7　人与自然之间的效应界面示意图

①人工界与自然界可以看成实体物质世界的两个方面，生产和生活方式是这两个世界的纽带。

②不同自然环境（A/B/C）对应不同的生产、生活方式（a/b/c），这种生活方式与环境的连接纽带为相应的人工物（Aa/Bb/Cc）。

在自然面前人要主动适应，因为自然不会以人的目的为转移，所谓生产方式和生活方式其实是人对自然的适应，由于各地的自然环境不同，这种适应方式也不同，其物质载体 —— 人工物也理应不同。由此推理，现代产品

① 赫伯特·A. 西蒙 . 人工科学 [M]. 武夷山，译 . 北京：商务印书馆，1987：113.

设计应该从研究生活环境及生活方式入手，寻求合适的界面模式 —— 产品地域模式。

当前的设计方法学是基于系统思想的设计理论，柳冠中教授的事理学从人、物、事角度阐述了设计系统机制，在系统中强调设计外因对设计的影响，他在《设计事理学》中指出，“人们的生活行为、过程，是对设计具有真正作用的直接外因，这种外因决定了设计的产生和演变。研究设计最根本的是要通过研究设计的外因，得出人的真正需求，并把它转化为产品”。他认为，事理研究可以粗略地分为两个层次：微观、宏观。微观研究即在“具体”的情境内去把握“事”的各元素间关系，去理解人是如何感知外部世界的，如何与外部世界互动，又是如何被外部世界所影响，从中发现问题，为细节设计提供依据。宏观层次的事理研究即在整体的“事系统一生活形态”中去确定目标人群、了解他们是怎样生活的，什么是可以接受的，从中发现新的市场机会。其中最主要的就是对生活环境的研究，生活环境对应目标人群，对应生活方式，进而才可能找到相应的市场。当然柳老师更多是从消费需求角度谈设计，其实不同地区的人们，其生活方式是受制于生活环境的影响，因环境而存在差异性。

二、基于环境情境分析的地域性设计的基本方法

进入生态文明时期，人类社会的一切活动都要在生态伦理的原则下进行。当代设计活动应是人与自然伦理关系的践行活动，基于环境和文化分析的地域性设计是生态文明时期新的设计理念和方法。

各地都在探索适合本地地域特征的经济发展方式。地域特征包括地域文化、地域自然生态、地域资源和交通等特征。所有这些特征恰恰是各地经济、文化、生态等发展制胜的特色资源。所以，从某种角度讲，自然环境没有绝对的优劣之分，只有环境资源配置和开发方式的创新与否。我们平时说的恶劣环境，如一些沙漠、戈壁、荒山现在也在逐渐成为特色旅游资源或其他的生产资源，通过观念创新、设计创新、技术创新，将不利因素转变为有利资源。创新是转变发展方式的唯一策略和方法。

在产品创新设计和产品创意设计中地域性设计的现实案例很多，特别是在国家文化创意产业发展的政策背景下、在生态文明的倡导下，各地都竞相推出了一些反应地方文化特色，突出各地地域环境的创意设计或生态设计。然而从目前文化创意设计及产品创新设计理论研究领域看，针对产品地域性设计的研

究成果还很少，特别是在设计学领域，还没有形成较为系统的地域性设计的理论及产品地域性设计的方法。

（一）地域情境分析与设计

地域性设计是基于时空连续性和适应性的设计，这是设计方法的思想基础和切入点。地域性设计要将人类活动设计植入到特定环境中进行事理情境分析和未来预测分析。所以很有必要将生态学和情境分析方法相结合进行地域性设计理论研究。事实上，近年来在经济学、预测学中发展起来的基于未来预测的情境分析法已经被逐渐应用到产品设计领域。经济学意义上的情境分析法是一种预测工具，又称前景描述法或脚本法，该方法针对特定时空内未来经济发展的不确定性，依据决策焦点、主要影响因素、时空的连续性原则对未来可能出现的后果做出推测，为企业或政府的战略决策提供参考。作为社会学研究的方法，已经发展到定性与定量情境分析、演绎与归纳情境分析、前推式与回溯式等多种情境分析法。[①]情境分析法最早起源于未来经济发展的预测分析，是企业决胜于未来的竞争情报分析法，后来被设计学领域采用。设计的创新性定位了未来生活方式和市场消费，情境分析设计的概念在设计领域有多种提法，一种是强调设计构思的联想和类比特点，情境设计行为主要通过情境类比框架结构的构建及感知来获得。[②]另一种是基于系统分析的方法，针对产品创新设计的特点、重点研究情境分析步骤。使用最普遍的是斯坦福研究院拟定的六步骤法，它在明确决策焦点的前提下，识别决策的关键因素，按重要性及不确定性对驱动力进行分类排序，以产品、环境、消费者为因素凝练构建情境角色和情境空间，选择二至三个情景发展成情境逻辑轴，形成情境分析脚本描述。[③]构建情境空间场是很好的情境设计方法，既可以用情境脚本演绎体验获得灵感，也可以从情境空间外的视角观察空间内物场关系获取重构关系。

还有从感性消费心理视角提出情境设计的概念，认为情景化设计包含情化设计和景化设计两个方面，主体是情化，关注产品与人的情感关系设计，客体是景化，关注产品与环境的和谐关系，主体触景生情，情化因景化而生；最终达到情景交融，在这种预期效果的基础上进行情景化设计。[④]此外，在产品语义学和感性工学中的语意筛选与确定时也需要进行情境分析，其中采用生活形

① 娄伟．情景分析方法研究 [J]. 未来与发展，2012，35（9）：17-26.

② 刘晓敏，檀润华．基于功能—行为—结构情景设计的未预见发现构造模型驱动产品创新 [J]. 机械工程学报，2006（12）：186-191.

③ 李立华．基于情境分析法的行动辅具设计研究 [D]. 天津：河北工业大学，2006.

④ 易晓蜜，郑柏森．情景化设计的趋势研究 [J]. 设计，2013（2）：148-149.

态模型看板的情境分析和语意提取是很重要的设计方法。

显然，无论是经济学上的情境预测还是设计领域的情境分析设计方法，都是以环境作为主要对象。情境分析在许多研究论述中也叫情境分析法，两者的基本意思相同，但在表达上略有差异，“情景”是凸显主体的情化，这里之所以称“情境”分析，旨在强调环境的主体性和客体作用。在产品地域性设计中情境分析设计方法不可或缺，它将在地域文化创意产品、地域性生态产品设计中发挥重要作用。随着情感化、符号消费的进一步深入，许多产品不是直接从技术切入解决问题，而是不知道消费者喜欢何种方式的体验，这是未来新产品开发的关键切入点，这正是体验式设计概念提出的原因。所以，基于情境分析的产品设计方法在文创产品，地域性生态产品设计方面有非常大的研究空间，是新型的产品创新设计理念，但在方法和可操作性方面还有待进一步完善。

（二）基于生活环境和生活方式的产品地域模式及其因素系统构建

生态生活和生态发展是全人类的共同主题，从工业革命之前的传统生活时代的生产、生活活动寻找线索也不失为一种好方法，这是和事物发展的时空逻辑有一定客观关联的。任何事物的发展都是有来头的，参考地方性知识和生态设计方法，充分挖掘地域性生态设计资源（如可再生能源、再生材料，轻技术等）和调查地域性生活生产方式；与基于器物文化符号的研究方法相穿插进行，在地域性设计资源（设计元素）和地域性生产生活方式（产品载体）之间建立集合映射关系，获得适应地域特点的生产和生活方式的物质载体（创意）；从而构建的基于地域特征的产品概念设计模型。基于传统器物和工艺的可持续设计并不是排斥高技术，传统器物技术只是实现生态化的手段而并非目的。传统器物技术系统也需要高技术的补充与完善，以提高轻技术的效率。

那么到底是什么因素决定地域性设计，经过现象观察、体验分析，设计的地域性因素主要来源于广义意义上的环境，即地域自然环境和地域人文环境：

1. 地域自然环境

自然环境本身不是文化组成的部分，但地域性文化和传统文化都是在特定自然环境中萌发和培育起来的，甚至有基础性决定作用。所谓靠山吃山、靠水吃水，一方水土养一方人指的是环境对文化的决定因素。虽然有时与生活方式直接关联的是文化环境，但基础仍是自然环境，特别是传统的生产方式和生活方式，这在今天也是不能摆脱的。

2. 地域性文化环境

地域性文化环境包括传统文化及现有的生活方式，但主要是传统的延续，产业和服务受文化环境的影响不仅仅是被动的，更是主动的，这在地方经济发展中不可小瞧。地域文化对市场的影响主要有两个方面，一是对中老年人市场群体的影响，在人类心理中，随着年龄的增长，随着信息记忆的积累，怀旧代表一种文化归属感。另外，追求消费特色也是人类共有的心理，消费的差异化主要来自产品和服务的文化体验差异。

地域作为人类生存的空间存在，无疑蕴含着它特殊的内容，黑格尔说："助成民族精神产生的那种自然的联系就是地理的基础。"一般而言民族都是形成于特定地域范围内，自然环境对民族精神有一定的塑造作用。民族文化的内核是民族精神，民族文化的表层便是民族物质生产活动。就环境对造物的影响关系而言，民族性和地域性基本是等同的。一定地域的人们其造物活动总是和本地的文化审美观念和地域环境是相适应的，从而形成造物的地域模式，这就是人工物的地域性模式，是自然和文化综合生态意义上的"天人合一"模式。虽然在当代，传统意义上民族已经在弱化，但基于文化和生态意义的适应性设计却在不断受到重视。随着人类生态文明的进步，以及智能化和网络化的发展，针对环境适应的地域性设计、生产制造将会具有国家层面的经济文化发展战略意义。

产品地域模式包括功能模式、使用方式、造型色彩及产品的价格定位、销售渠道和售后服务模式等，最主要的是功能模式。可以将地域环境、生产生活方式、地域经济条件及产品地域模式的关系表述为图 5-8 所示的塔形系统，其含义为：

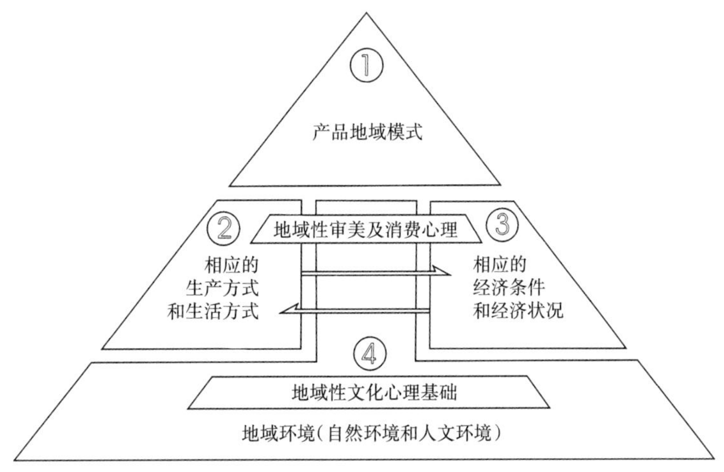

图 5-8　基于地域环境的地域性设计塔形系统因素图

（1）地域环境是地域性设计研究的基础因素，地域环境包括自然环境和人文环境，其中自然环境占有最基础地位。

（2）地域环境一方面造就相应的生产、生活方式，另一方面也影响当地的经济条件和经济状况，最终影响产品模式，地域性的产品模式是以上三者共同作用的结果。其中经济条件和经济状况影响产品的价格定位、销售服务模式；生产、生活方式影响产品的使用方式及功能模式。

（3）地域性设计研究的基本内容体系是：①地域环境；②生产、生活方式；③经济条件和状况；④产品地域模式。基于地域生活环境的产品设计研究的目的是寻求产品的地域模式，最终目标是建立人与自然和谐共存的生活方式。

（4）产品的地域模式还受地域性审美文化及消费心理等价值意识因素影响，它是渗透在各要素之间的隐形因素，这些心理因素的形成与地域环境和生产生活方式有着密切关系，它们与其他基础因素共同作用于产品的地域模式。

（5）地域文化心理的影响

如前所述，地域心理是一种群体心理，属于地域文化的深层内容。从人类心理学的角度讲，地域环境不是形成地域文化心理的决定性因素，但无疑是重要的基础因素。“关于自然对地域文化心理的产生及影响作用历史上已有众多学者做过研究，但都没有给出过绝对性的结论，许多人类文化学家和人类心理学家到最后实际上都只给出了‘有何差异’的答案，而未给出‘为何有何差异’的答案”[①]，但有一点是可以肯定的，就是谁都没有否定环境是文化的重要因素之一。其实环境对文化的影响恰恰正是文化中人与自然适应的那部分。汤因比是不赞成”自然决定社会历史的代表性人物”这一观点的，但他并不否认自然对文化的造就作用，他在《历史研究》中提出历史研究的最小单位不是民族和国家，而是一个个的以地域为单位的文明。[②]这里已经能找到文化与自然的关系了，地域性是文化的基本属性，自然特性又是地域性的主要内容。

地域文化心理主要决定产品的审美形式，在此基础上形成的消费心理又直接作用于产品的购买行为。由于地域心理的复杂性、不确定性及难以测定性等特点，再加上现代信息社会文化审美的快速融合，地域文化心理在地域性设计中的可操作性和实用性较难控制，特别是同一国家或同一民族的不同地区其地域心理的复杂性和模糊性更为突出。人的心理和意识可以转变或同化，但自然环境的差异是不因人的意志而随意改变的，而是要与其相适应。

① 欧阳志远．“上帝”的陶杯——文化多样性与生物多样性 [M]. 北京：人民出版社，2003：153.

② 汤因比．历史研究：上册 [M]. 曹未风，译．上海：上海人民出版社，1959.

多样化的本质是适应性，地域性设计是基于人与自然适应方式的设计。未来地域性设计研究的主要方向应该是将地域自然因素、地域文化和经济特点综合考虑。

三、干旱地区地域性设计元素还原与重构

从根据地域性设计因素所绘制的塔形系统模型可以看到，合理的地域性生态设计首先要从地域环境和生产生活方式的调查分析入手。生活环境包括自然地理环境和人文地理环境及地理条件等，包括气候、地质地貌、地理位置、交通条件、自然资源、风俗习惯、宗教信仰等；影响生产方式和生活方式的因素很多，除了自然环境因素外，还有市场因素、社会环境、政策制度等。在卡尔·马克思的著作里，生活方式是作为与生产方式相适应的概念提出来的，马克思认为社会有什么样的物质资料的生产方式，人们就有什么样的生活方式，生产和生活方式是紧密相连的。但影响生活方式的基础因素还是地域环境，对地域环境和生活方式的调查一般采用具有设计调查性质的社会科学调查方法，主要采用观察法、入村入户访谈、生活体验法等。

农村传统生活方式都对应相应的生活环境条件，在乡村振兴和乡土文化传承中，要保留传统乡村文化中特色元素和优秀模式，农村的乡土文化和地域特色就是生产力。在生活方式调查分析中将传统文化定位在时间维度，把握优秀传统中人性化的情感元素；将自然特色定位在空间维度，把握传统乡村环境中的自然生态和谐元素。自然环境条件影响到当地的生产、交通等经济条件，最终影响到地域性人工物的形制和功能模式。

在未来社会，保持地域特色也是保存一种发展资源。构建有地方文化特色、生态舒适的地域性生活方式，首先要对目标地域的历史文化、风土人情、传统生活方式和现有生活方式做深入调查研究，通过文献资料查阅、博物馆、民俗馆及村户访谈、观察，在地域生活体验的基础上提出具有文化延续和环境友好的人居、旅游及产品地域模式。主要的方法是基于情境分析的体验式设计方法、意象设计法、设计符号学、感性设计、情景场构建分析法等。

基于地域传统文化的创新设计研究过程可分两个阶段：第一是地域性设计资源的盘点与地域属性分析；第二是地域性设计资源的盘活与重构研究。

（一）西北地域性元素的盘点与适应性分析——还原

地域性设计资源的盘点与适应性分析是一个地域符号的调查分析与提取的

过程，称之为还原。主要包括对传统文化资源和文化符号的调查分析，自然地理特征和现有生产、生活方式调查分析等。

1. 西北干旱性乡土旅游资源调查研究的价值和意义

地域性设计项目的来源和任务不同，调查内容有差异。近年来国家大力推进文化和旅游产业，振兴乡村、振兴传统文化，并使之与精准扶贫和脱贫致富相结合。如此一来，地域性设计也将引来新的研究机遇，西北干旱性旅游资源也获得了前所未有的价值体现。

西北许多贫困地区多为干旱沙漠边缘地区或黄土高原地区。相比我国中东部和南部地区，西北人口稀少，地域条件差。但随着社会总体发展水平的提高，特别是旅游文化产业的快速发展，曾经被认为是恶劣之地的沙漠戈壁，现在却成为特色旅游资源，曾经落后的窑洞和土夯居住方式，现在却很受研学游者的欢迎，就连西北旱地的五谷杂粮和乡土食品现在也成为游客竞相品味的香饽饽。如何挖掘和盘活这些资源，唯有合理规划和创新设计，将过去贫困的生活方式和严酷的自然环境通过创新、创意设计转变为特色旅游资源，这正是当下西北地域性设计研究的重要目的和意义。

西北干旱性乡土旅游的体验主体定位：中国社会经过高考、人口迁移、改革开放等社会变革，许多曾有过艰苦农村生活经历的城市居民对乡土文化的追忆和体验需求在逐步增加；游客们在游玩足了青山绿水之后，有体验荒凉粗犷、广袤无极的自然地貌的需求，还有许多游客有关爱贫困、奉献爱心、体验原生态生活方式的情怀。

2. 西北干旱性乡土旅游资源调查研究的内容和方法——以宁夏为例

宁夏回族自治区省区面积较小，但却包含了西北地区典型的黄土高原、沙漠戈壁及绿洲地貌类型，又是黄河穿过的省区，是典型的黄土、黄河、黄沙地区。社科艺术类项目研究必须依据国家政策方针进行，本课题研究的资料主要来源于两个方面，一是背景资料，主要指国家政策文件精神，特别是近年来中央关于乡村旅游、农村工作等“三农”一号文件，国务院有关传统文化、文化创意产业振兴等方面的政策文件，宁夏全域旅游规划、相关政策文件；二是研究内容资料，主要通过宁夏贫困地区的实地观察思考、入村入户访谈、问卷调查等手段获取，此外，还准备了大量的有关生态旅游规划设计方面的参考文献。

（1）宁夏干旱贫困乡村的自然生态特征分析及可利用的乡土旅游资源的盘点

无论何种自然条件对人类的生存而言，都有理由找到与其相适应的生存方式，而不是做出对抗性的改造方式。生活环境艰苦的干旱地区，人们的生产生活方式仍然要保持很大的继承性。对西北地区要对黄土高原、西部沙漠地区的传统农耕文化中具有干旱生态价值、乡土文化价值的生产方式、生活方式进行研究，发掘这些地区的传统干旱农耕文化中的传统工艺、干旱乡土文化元素。并从干旱适应性原理方面逐一分析其生态价值和地域文化价值。

依据宁夏全域旅游的规划路线，调查沿线或节点地区、干旱贫困地区农村交通区位条件，盘点可利用的干旱乡土旅游资源。从本地人们适应干旱、利用干旱、防范干旱的生态思想视角出发；从传统生活方式中的衣、食、住、行、用五大类入手；从民居、器物、农具、饮食等工艺及其传承人方面分类调查发掘。宁夏中南部为黄土高原，因六盘山周边有较好的降水条件，这里形成了千沟万壑的黄土地貌，但相对宁夏北部，这里气候相对湿润。“靠山吃山靠水吃水”，正因这种地质和气候条件，这里才具备了黄土特色农耕文化和窑洞、土夯等生土民居模式的基础条件，沟谷地带避风温湿，土壤保墒好，靠天吃饭有保障，松软的黄土土壤和温润的气候，使这里盛产优质土豆和苹果等特产，此种地质气候也适合酿造浆水、陈醋、腌制食品，形成独特的黄土高原饮食文化。

宁夏北部除了黄灌区外其他都为沙漠戈壁或贺兰山干旱山区，干旱地区以畜牧、枸杞、葡萄、甘草等干旱性农牧业为主，传统名居以独立的土夯庄园、土坯墙、平顶房为特色，家用物品主要以红柳、芨芨草编制而成；沙漠戈壁地区的农家小吃也是独具特色，沙漠地区有锁阳、苁蓉、沙葱、沙米、沙樱桃等各种沙漠特产，与之相应地形成了风味独特的沙漠饮食文化。绿洲地区传统生产和生活器物工艺隐含着很多宝贵的干旱性生态设计信息。

传统生活方式是一种活态遗产，对生活方式的传承人，乡土文化传承人，特别是农民工、返乡创业的农村大学生，他们是传统文化的传承创新人，他们对传统生活方式、乡村生活的技能品质的掌握情况和创业意向很重要。许多传统非物质性的干旱农耕生活方式，缺少传承人，一些地域特色鲜明的乡土饮食工艺后继无人，乡土文化传承人的继承情况对乡村旅游体验的服务质量有较大影响。此外，随着城镇化推进，农村人口大量向城市涌进，产生了大量的荒地和空心村，如何盘活闲置的老院落、宅基地等很重要。我们需要分析评价其旅游休闲价值，最终形成宁夏传统干旱乡土文化传承目录。

采用入村、入户观察访谈的方法，拟定访谈大纲，访谈记录表，入户访谈问卷，并作初步预设和最后定稿的程序设计，在统计、整理分析的基础上形成西北干旱乡土文化目录。获取基础性地域设计元素、因素、信息的过程可称之为地域性设计的解析和还原过程，也就设计地域自然与文化的还原。

（2）课题的调查方案设计

干旱乡村地区的设计调查研究过程可分四个阶段，即预调查、贫困地区干旱性旅游资源的盘点调查、贫困地区干旱性旅游资源的盘活设计调查、旅游资源盘活模式验证性调查四个阶段。

第一阶段（预调查）：在充分把握研究目标、研究内容和了解调查对象情况的基础上，拟定《实地观察、入村入户访谈大纲》《入村入户观察访谈信息记录表》和《干旱贫困乡村乡土旅游资源盘点问卷（预设调查问卷）》，通过进村入户、深入田间地头了解干旱乡村生活方式。预调查时要精力集中，积极主动，对比之前拟定的访谈大纲和调查问卷，发现调查问题的研究方法，进一步修订访谈大纲和调查问卷。

第二阶段（贫困地区干旱性乡土旅游资源的盘点调查）：依据正式修订的《干旱乡土资源访谈记录表》和《干旱乡土资源调查问卷》，在保证信度和效度的前提下执行调查，调查过程中研究者始终保持积极主动状态，尽可能多发现潜在旅游资源。

第三阶段（贫困乡村干旱旅游资源的盘活调查）：干旱旅游资源的盘活调查研究主要运用焦点小组法及情境设计法等操作执行，其中焦点小组创造法占有重要地位，小组是由课题研究者、乡土文化传承者、乡土旅游准体验者三方参与构成的一个富有创造力的小组，提出干旱贫困乡村旅游资源开发建议。焦点小组方案设计包括场景设计、焦点小组成员组成设计、焦点小组讨论内容及问卷、生活形态图板设计、焦点小组操作程序设计等内容。

调查方案的设计关系到调查的信度、效度等关键指标。要从调查目标、路线、样本、信息获取方法、程序、操作、实施方法等方面全方位把握。每种收集信息资料的方法都有其优缺点，可依据不同研究内容选用不同调查方法。本课题主要有三大方面的研究内容，其中针对贫困地区干旱旅游资源的盘点与盘活都要用到调查方法、调查的目的、内容与调查方法对应（表 5-1）。

表 5–1　西北贫困乡村干旱性旅游资源的调查目的内容与方法列表

序号	调查目的内容	调查方法
1	摸底性预调查，为正式调查做好问卷、焦点小组实施方案等修正工作，进一步明确调查研究内容和目标	以松散的形式进行个别交谈、访问和观察，集中精力发现问题，定性研究
2	了解西北干旱农村的生产生活方式，从生态视角、文化视角盘点可利用的乡土旅游资源	入村入户访谈法、观察记录法、问卷法，定性与定量相结合
3	干旱性、生态性、健康型乡土旅游资源的盘活方式和旅游模式设计研究	问卷法、焦点小组研究法
4	干旱性西北乡村休闲方式创意设计、干旱性创意农业设计	焦点小组研究法、情境分析设计法、生活形态图法

（3）贫困地区干旱性旅游资源的盘点调查具体操作程序

调查前研究确定要调查的路线和干旱贫困乡村抽样点，研究人员用观察法及个别访谈法进行定性调查，在分析、归纳的基础上得出干旱地区影响贫困乡村特定生产、生活方式的特定地域环境因素和生活方式因素。调查实施之前，研究小组成员要准备好记录工具（笔记本、数码相机、录像机等），到达目的地后首先要做以下工作：

a. 寻找本地有广泛群众基础的人物（如村长、社长、有文化的老人、乡村教师等），代表人物（小组导问）应是本地有广泛群众认可的人物，有较好的群众基础，熟悉本地环境、人物，处事公平公正，文化基础较好，能基本领会研究人员的工作意图。调查人员说明本调查小组的来历后，在诚信可靠的基础上聘请其为研究小组导问，并签订协助协议，给予一定的服务酬金，协助了解如下信息：通过小组导问或乡村干部了解当地人口密度及人口总量，贫困情况；当地的传统生产、生活方式，目前的现代化程度，特别要了解传统生活方式中人们适应干旱的方式，最值得回忆的一些美好的记忆有哪些？参考小组导问的建议，完成样本组成人员的筛选；通过小组导问或乡村干部的引导进入乡村田间、村落、院落观察访问（被访问的农户应选代表参加焦点小组讨论），按照实地考察提纲，调查员要主动咨询与旅游资源相关的问题，特别是传统文化中的生活方式，具有引领、激发、友好的热情意识。

b. 认真观察当地的地理环境条件，总体观察当地的生活环境及生活条件，提高注意力，发现问题，寻找创意线索。

c. 走访一些家庭，深入周边田间、村落、院落、室内了解其生活方式，有目的地与农户进行亲切交谈，特别是关于本地传统生活的一些地理环境因素和生活方式因素，一定要深入交谈，对有价值的信息要做记录或拍照、录像等。

依据调查目标和样本设置，参考小组导问确定的调查村落、农户、问卷填答人员，由调查小组导问领队开始实施调查行动。入村入户观察记录表的预设计见表 5-2。

表 5–2　入户观察和访问资料记录表

在相应处打“√” 荒漠戈壁区（东部沿线）□ 黄土沟壑区（中南部沿线）□	入村观察与访谈记录	入户、入室观察与访谈记录
	该农村周边地形、地貌、农田的环境特征及旅游景观价值；农田、畜牧生产中适应干旱、利用干旱、防范干旱的生产方式及旅游价值和生态价值	干旱性特色民居，适应干旱的生活方式记录，从衣、食、住、行、用、文化习俗、民间民族艺术等角度调查，挖掘

续表

<table>
<tr>
<td>取样点：
银川______村
灵武______村
盐池______村
固原______村
*** ______村</td>
<td>文字简要记录：
一、地形、地貌、农田的环境特征：
____
____
(可另附页)
二、干旱性农耕生产方式：
____
____
____
____
(可另附页)
三、特色地域性动植物资源：
____
____
(可另附页)</td>
<td>文字简要记录：
一、住，行：
____
____
(可另附页)
二、衣，食(重点)：
____
____
三、用，玩：
____
____
(可另附页)
四、文化习俗，民间、民族艺术等：
____
____
(可另附页)</td>
</tr>
<tr>
<td rowspan="2">本村所在乡镇的人口密度：</td>
<td>能引人入胜或令人突发奇想的旅游资源：
____
____
(可另附页)
当时的感想和旅游体验创意点记录：
干旱性农事体验
____
(可另附页)</td>
<td>能引人入胜或令人突发奇想的旅游资源：
____
____
(可另附页)
当时的感想和旅游体验创意点记录：
____
____
(可另附页)</td>
</tr>
<tr>
<td colspan="2">最主要的是对传统生产、生活方式中适应干旱的生态性生活方式的盘查：
____(可另附页)</td>
</tr>
<tr>
<td>户主姓名：
电话：</td>
<td>相关照片的记录：
(可另附页)</td>
<td>相关照片的记录：
(可另附页)</td>
</tr>
<tr>
<td>该农户所在地的贫困情况及精准扶贫政策支持情况：</td>
<td colspan="2">这些旅游资源可用于旅游扶贫、生态扶贫的点子：______________
____(可另附页)</td>
</tr>
</table>

表 5-3 干旱贫困乡村乡土旅游资源盘点问卷（预设调查问卷）

干旱乡土旅游资源盘点问卷

（请在相应的点位□打“√”或在“____”填写内容）

第一部分(被调查者基本属性)

1. 您的年龄? □ 18 ～ 30 岁 □ 30 ～ 45 岁 □ 45 岁以上
2. 您本地生活多少年了? □ 10 年以上 □ 0 年以下
3. 您家的经济状况在本村的水平: □偏低 □中等 □偏高
4. 您受教育程度: □ 小学 □初中 □高中及以上

第二部分(干旱性乡土旅游市场)

5. 近年来有到你们乡村旅游的人吗? □没有 □很少 □较多

若有他们是: □考学或移居出去的本地人 □外地人 □都有

他们到这里最想体验的事情是:____。

第三部分(干旱性乡土旅游资源盘点)

6. 本村可耕种的旱地有:□梯田 □砂石田,还有什么干旱性田地__________。

其适应干旱的原理是:____。

7. 本村的特产有哪些?

好吃的有:__________________,好用、好玩的有:______________________________。

8. 生活在本地,让你感觉最舒服的地域条件是:______________________________。

9. 本村在适应干旱、利用干旱、防范干旱方面做得最好的传统生活方式是?

____。

10. 你们村会种旱地的有约几人? ________________,年龄情况:______________,

40 岁以下的年轻人会种吗? ______________,原因______________________________

____。

11. 你们村能做好本地吃食的人约几人? ____________,年龄情况:______________,

40 岁以下的年轻人会做吗? __________________,原因______________________________

____。

……

问卷填答者签名:____________

联系电话:________________

注：根据本课题研究目标，在初步预设调查和访谈观察之后要对此问卷进行修改完善，使其成为正式调查问卷！此外发放问卷的样本选择和发卷份数要参考本村所在乡镇的人口密度，并参考研究小组导问的建议，要有小学以上的文化程度方能答卷。

调查结束后应尽快做调查资料的统计。地域性设计调查资料统计主要有数学统计、定性归纳统计和独特信息发现性统计三类，对历史沿革较长的传统器物和功能独特的地域性器物要做定性分析。从设计学和人类学视角，对西北干旱地区和沙漠绿洲地区的传统人工物，如生活器物、农具、牧具、建筑物、人工构筑物等做跨地域比较分析，找出其干旱适应原理；从地理学、生态学和设计学视角，盘点西北的自然地理特征，对沙漠戈壁、黄土高原地区的自然要素、地形地貌、土壤土质、动物植物、物产矿物资源的属性以及该地区的温差、干湿、风性、光照、气候变化特征等做归类及分析，初步了解这些自然元素隐含的生态设计价值和旅游扶贫价值。

地域性生态特征还可以从生态学、生物学、物候学方面进行干旱地区生物形态及生活习性对干旱环境的适应原理、适应方法的研究。通过文献查阅、物种观察，研究西北干旱地区典型生物物种及群落在进化中其形态、结构、材料、机能、生活习性等对干旱环境表现出来的高效低耗、本能地应变干旱的原理和适应地域环境的生活机制；从生态设计视角构建干旱性“物种”的形态元素、机能系统所应有的天然法则模型。

（二）地域性元素的盘活与创新设计——重构

在干旱乡土元素盘点分析的基础上，运用情境分析、现代生态学、物场理论、设计语义学及其他设计学方法活化所拥有的干旱农耕文化资源。结合旅游和扶贫政策，发现新产业、新产品、新业态，创造旅游机会，提出拉动西北干旱地区和贫困乡村文化旅游发展的新模式。从现代旅游体验生活的食、住、游、购、娱、思、学、研、农事体验需求方面重新设计或构建这些资源，使之赋予新内容和新模式，这一过程可称之为设计重构。

基于地域特征的设计主要有两大方向：一是基于文化或自然符号的创意设计，二是分析地域生态适应性的生态创新设计。基于西北地域特征的创意、创新设计是在干旱性地域元素提取的基础上，针对文化、生态旅游开发和乡村振兴目标，综合运用设计学方法、情景设计、生活形态图等方法提出的西北干旱乡村旅游模式。在乡土旅游资源盘活设计阶段，主要用设计学方法，具体研究手段有：焦点小组调查设计法、情境分析设计法、生活形态意象图设计法等构建干旱乡土元素的盘活创新设计基本方法。

情境分析法在地域性设计元素盘活与重新构建中得到较有效使用。前文已提到了多种情境分析设计的概念，情境分析设计的主要方法有两类，一类是情境类比法，以一种情境类比另一种情境，包括用符号来描述规则和模式的关联性，在不同事物之间寻找关联，共理性，在类比推理中求解；另一类是设立情景场，寻找和构建同一场景中各元素之间的关联性，分析其相互作用方式，从中找到能融入某场景的新事物。

1. 情境类比分析法

类比设计是一种普遍性的创新设计方法，具体操作中先拟定一种可行的假设，在此基础上有效使用情境联想，从现有设计中找到相似功能或行为，与之发生联系，从而获得创新原理及其形态结构的方法。

（1）古今类比——符号映射

我国古代的取象类比造物思想，就是根据不同事物之间的对应关系或关联性创造事物，这与数学上的映射关系相类似，所谓原象就是原符号，象是指反映原符号文化意涵的创意设计。不同地域文创设计的符号要有典型性和独特性，并能得到该地域的认同性，这是创意的题材问题，本质是原象选择；符号的载体是一种功用性的物质实体，可称之为象，原象和象的类比映射关系建立属于情境类比。创意主要体现在四方面：一是原象（地域性题材）选择要有鲜明地域特征，且具有代表性，二是象（载体）选择要新颖，要从消费者的实际需求出发，发现一些新颖的功能和结构模式，三是地域符号与产品载体之间在视觉形态上的关联性、匹配性（映射关系 1），四是创意还要体现在符号与产品载体之间在谐音、双关、隐喻等文化寓意方面的合理性、巧妙性（映射关系 2）。谐音、双关映射是中国文化审美特色，与西方的符号学、语义学相一致，但我国传统取象类比更具东方意象文化特征。建立映射关系后，就进入造型设计和符号变化阶段，这是最能体现设计师表现能力和设计基础素质的阶段。符号转化方法有：通过符号的变化与载体功能的融合创新，实现主题元素与载体的形式叠加。符号变化包括夸张变形、拆解重组、几何简化、平面立体化、立体平面化等手段。意蕴丰满的符号映射设计不但有很好的视觉心理意象，还可以使产品在使用中出现意象行为伴随等。在实际的应用中映射关系常常是多元映射，相互交叠的。

基于地域符号的产品类比映射方法与现代产品语义学方法基本一致，主要是将地域符号与创意产品的形态、功能相结合，表达产品在使用环境中的象征意义。

（2）古为今用——师法前人

古为今用，是指在功能和生态理念上师法古人。传统生活物品、生产器具是在长期积累过程中不断完善成型的，具有典型的地域适应特征，是古人与自然在长期的生存斗争中形成的一种适应方式，有很好的地域自然生态特征。传统器具的成型并不是工匠们刻意研究与环境的适应才形成的，而是由于古人使用材料的局限性（只能使用天然材料）、加工方法的局限性（手工作坊）等，最终的产品大都是与自然和谐的。现代工业品要受到标准化、通用化等技术因素制约，传统技术对自然的直接对抗力较小，基本上处于适应、利用和疏导的状态（如对水流、风向、气候、天气的利用等）。特别是在材料使用上，基本采用天然材料和就地取材（如各类动植物材料、各类土石、矿物材料等）。另外，传统文化在民族心理和道德伦理方面对后人还有归属感，很多古器物的材料、结构、形态意涵着深刻的人生哲理、世界观。基于传统文化符号的还原重构设计，增强了人们对中华文化和古老民族的认同感。

提升改造是传统工艺创新设计的基本方法。它依赖于设计目标与源结构之间的映射关系，目标与源结构在整个类比过程中保持不变。在情境类比设计中，目标与源内容的表达往往随着情境的变化而变化，也就是设计目标会随着情境输入的改变而改变。[①]在传统器物文化的地域特征调查分析中，自然依据设计者头脑中构建起的地域情景，进而产生基于传统工艺的创新方法和革新提升的思路，这就是情境输入和设计目标的依赖关系。

地域性设计需要设计者有地域生活体验。针对西北黄土高原地区的乡村振兴、文化旅游、设计扶贫等项目的设计研究，最好让本地出身的设计师参与或主持设计。这类设计师具有地域的生活经历体验，对本地生产、生活中适应黄土地貌、利用黄土特征、防范干旱的各种方法原理十分熟悉。在明确设计目标的情况下，很容易在传统和设计目标之间建立情境类比关系。他们在受传统启发和现代技术支持下，进行低端升级、传统工艺再造、创新提升方面更接地气。

本土重构不但要吸取现代技术，也要借鉴相异地区的设计思想。黄土地貌地形形态万千，有许多地形地貌的，可以选取某类综合风水条件好的黄土地貌，借鉴北方大院和中轴心四合院模式进行人居或旅游景区建设，提出黄土高原相应地貌的合理居住方式。黄土高原的沟谷、梁峁形成了独特的天然立体空间格局，相比江南地貌，黄土地貌上下空间维度更明显，再加上窑洞式和夯土式生土建筑，使黄土乡村的空间设计更容易提高人居空间的丰富性、变换性。

（3）效法自然——生态与仿生

动植物的形态机能在气候、温度、阳光、干湿、地形地质地貌等诸多自然因素中都有其对应的形态和技能，这对于人类进行地域适应性生活方式设

① 刘晓敏，檀润华．基于功能—行为—结构情景设计的未预见发现构造模型驱动产品创新 [J]. 机械工程学报，2006（12）：186-191.

计，或许是绝好的参考案例。可通过其内在的材料、结构、生理效应、生理过程的探求，研究其内在的适应机制，仿拟它们适应干旱环境的方式，将其转化为产品，为人类适应同样的环境所用。比如研究沙漠、戈壁地区的动植物的适应性，从生物形态学和设计学视角出发，用仿生设计学的方法进行以干旱适应、干旱防范、干旱利用、高效节约等为内容的生态性设计方法研究。在产品技术创新领域中有一种 FBSE 映射理论，即技术创新设计需要阐明功能 F（function）、行为 B（behavior）、结构 S（structure）和 E（environment）之间的映射对应关系，类比路径转换的建立是从结构到行为再到功能。[①]在自然造物领域，特定的生物品种对环境的适应必然有其相应的物理生化原理与器官组件形态结构的映射关系。其中 FBS 之间的映射受制于外部环境 E（environment）的约束。[②]对于人工物，F 是人对产品的需求目的，对于生物而言，F 是其生存的生理机能。

相对于人造物品，生物形态可谓是“设计之极”。地球上有近 140 多万种生物在生息繁衍，它们大都经过数亿年的自然选择与进化，以不同的生理结构、形态，机能适应不同的环境，生生不息。这为地域适应性设计提供了巨大的情境类比和仿生设计资源宝库。

用情境分析法进行产品仿生设计的方法是：构建生物物种的生理机能情境轴，每个物种的生理机能下面应标注其对应的生物形态、结构、生理效应等；再构建目标产品的功能情境轴，建立映射矩阵，寻找两轴元素之间的映射关系（某生物物种机能→目标产品功能需求）。在仿生设计中首先要明确设计目标的功能实现可能对应的形态、使用环境等方面的意象，然后再寻找生物形态中与其对应的物种，在形态、结构、色彩方面的生理机能与设计目标功能相似关联，这样就建立了取象关系。接着进行技术仿拟设计和造型变化设计，使产品形态语意体现生物形态特征。

2. 地域情境体验与情境设计

情境分析除了用于文创设计，语意符号的匹配设计，还可用于产品的商业开发，构建两维或基于环境、产品、消费者的三维情境轴进行情境分析。FBSE 映射中 F 为消费者需求，BS 是产品的技术结构组成，E 为使用环境的约束，因而基于环境适应的情境分析设计方法可以变为 EFBS 映射设计，即 E → F → B → S。环境是第一位的，消费者在特定环境中找到与环境相协调的

① 李彦 . 产品创新设计理论及方法 [M]. 北京：科学出版社，2012：77.

② 刘晓敏，檀润华 . 基于功能—行为—结构情景设计的未预见发现构造模型驱动产品创新 [J]. 机械工程学报，2006（12）：186-191.

体验需求，在环境可容纳适应的原则下找到体验方式的载体——地域性生态产品。

商业化意义上的地域产品要符合产品地域消费模式。在特定的环境、生活方式、经济条件制约下必然会有与之相应的产品模式，产品模式包括功能模式、心理模式（造型、色彩、品牌等）。产品模式最好的调查与概念提出方法是焦点小组法，①用三维情境轴进行焦点小组情境设计（场景设计）。情境设计类似于脚本设计，包括场景的环境特征、道具、场景中的人物身份和角色选择设计、创意目标、讨论主题、互动方式、情境进程的激发引导人员等。

以下是《全域旅游背景下宁夏贫困乡村干旱性乡土旅游资源盘点与盘活设计研究》课题中“贫困乡村干旱旅游资源盘活设计焦点小组情境设计方案”，该案例中对情景设计执行的时间、情绪心理、地点特征、讨论内容、工作方式等都做了流程控制，讨论中大家对如何发展乡村旅游提了诸多有参考价值的设计创意。图 5-9 是课题组在固原市原州区开城乡青石村村委会开展的焦点小组情境设计活动场景。

图 5-9　地域性设计调查中在村委会组织的情境设计小组

① 焦点小组研究法：焦点小组是由专门训练的专家所主持的一个富于创造性的小群体。焦点小组是消费者研究中经常运用的方法之一，是“头脑风暴法”在产品开发和调研中改进的一种形式。根据心理学及群体动力学的原理，由专门受过训练的研究专家所主持一个富于创造性的小群体，该群体由 5～8 个消费、使用者代表组成（消费心理学研究证明，目标消费群体中 5～8 个典型的客户代表的建议可以代表本群体中 80% 人的意见）。它通常以一种正式或非正式的会议形式对某一主题进行深入讨论，从而获取一些创造性的见解。通过研究，在目标群体的特征分析、产品功能的需求、产品外观的设计、产品形态的描述、产品价格的定位以及技术的发展趋势方面都给出了建议。借助于焦点小组，可以获悉顾客对产品功能（旅游体验）的期望及意见。焦点小组的主持者应善于激发参试者的思维广度和深度，引导小组进入一个创造性的氛围，从而为产品潜在的创新设计提交一份有价值的报告。

表 5-4　贫困乡村干旱旅游资源盘活设计焦点小组情境设计方案

时间	情绪心理	地点特征	讨论内容	工作方式	备注
夏、秋季节的上午（9:30—10:00）	放松气氛，沏杯茶，倒水，心情愉快，引导大家畅所欲言。	可选环境： 1.农家小院(简朴自然，富有农家院落的文化气息，环境轻松。) 2.村委会会议室(简朴自然，是村民经常讨论本村事情的地方，老地方，轻松自然。)	1. 相互介绍、填写调查协议 2. 讨论本地区乡村旅游的发展情况和扶贫情况	1. 每人一个胸卡 2. 填答卷问卷第一部分和第二部分	发放问卷，每人一支笔，两张便笺
夏、秋季节的上午（10:00—11:00）干旱乡土旅游模式讨论			议题：干旱性乡土旅游资源盘活设计构想 1. 找出本地农村适应干旱环境的传统农耕方式，体现在绿色、生态方面的价值。 2. 大家觉得本村、本地区哪些地貌、地形和干旱性生活方式(衣、食、住、行、用等)可作为旅游开发利用？旅游模式如何实施？ 3. 适宜本地能生长的作物品种？其独特品质与好处？可用于旅游的建议？如何盘活？ 5. 可用于扶贫的建议	1. 先浏览本地生产、生活方面的乡土生活图片展板。 2. 主持人要热情洋溢，用最富于启发的方式激发大家畅所欲言。 3. 主持人控制创作小组的节奏，引导焦点小组产生金点子；设想出本地乡村旅游的体验模式及由此带来产业解决扶贫问题的建议和创新思路。 4. 填答问卷第三部分	1. 事先准备好工作流程 2. 准备好便笺和笔 3. 对讨论录像、拍照
11:30				发放礼品或礼金	

场景设计要注意可行性，农忙季节农村很少有村民愿意在自家小院接受焦点小组活动，在本课题调研中，原计划作为焦点小组执行场景的农家小院也只能换为村委会的房舍，而且焦点小组成员也只能委托村上的领导协助聘请。所以在正式调查之前，根据课题研究目标，在前期松散性入村、入户访谈观察试验之后，要对干旱性乡土旅游资源的盘查结果做整理、归纳，依据整理结果，对焦点小组调查方案的可行性做进一步修订完善。

当场景、焦点小组成员确定之后，要从程序、讨论内容、工作方式等方面严格操作控制。主持人要有对整个情景的驾驭操控能力，善于激发小组的创新思维。与此同时调查员、摄影摄像师等需要默契配合，做好笔记记录和全程摄影和录像记录，以便后期创意设计查看、参考。

在讨论的过程中，参会者要填答问卷，问卷的设问要与焦点小组讨论的主题基本一致，使参会者有目标、有针对性地对产品模式进行设想。挖掘出传统文化中的优秀模式，特别是本地人们适应干旱、利用干旱、防范干旱、节约用水的传统技术方案。在产品特征分析、产品功能的需求、产品形态的描述、产品价格的定位以及技术的发展趋势方面都给出建设性的建议。

3. 地域生态场与生态设计

特定的自然地域环境是一个有机的生态系统，具有生态场的特定属性。一方面场内的各自然要素，天然和谐地统一在同一场内，另一方面场内各元素之间的作用效应一般具有地域适应性。比如黄土地区用黄土夯墙，河流上游安装水车，用流水自身冲击力将自身提升形成水车灌溉；黄河上游地区畜牧业发达，利用本地羊皮制作羊皮筏子用于渡河运输，这些都构成了同一地域的物场元素，形成了统一的场景系统。由此，地域性设计要发现同一地域各元素之间潜在相互作用的可能性。将某地域各生态要素盘点出来，做成情境分析轴，进行元素的映射类比，用聚类法、直角坐标法、TRIZ 法等构建地域性生态设计元素的模型进行物场情境分析，运用物场理论进行情境分析和地域生态元素的重构设计。物场情境分析法就是情境轴法或情境场法。情境轴法有二维、三维情景作用。直角坐标法情境场法是建立情境分析的生态场景，在场景中添置物品，从而完成人的生产、生活、旅游、休闲等体验。场景分析设计法是新生事物不破坏场景，并能融入场景，生态场景可以以生态屋、生态树的概念构建。

4. 充分利用现代科技成果和现代设计方法

充分利用当今干旱地域的新技术，特别是现代干旱技术的应用，节水灌溉技术，可逆性农作物种植技术、沙产业、风能、光能利用技术等。通过对现有生态性干旱技术的分析，特别是干旱治理、干旱区现代节水农业技术、干旱农作物的逆境适应等主要现代技术成果的分析，提炼和归纳其技术因素、材料因素、过程方法等。当然一个合理的地域性设计还要具备以下特点，系统性：套件设计的系统性和完整性，还有可行性，包括产品结构和批量化生产的材料及工艺的可行性（制造成本），消费者定位及购买欲望（好处、买点），这是设计转化商品的基本要求。

现代设计理论提出了大量的设计创新方法，当前创新设计方法主要有：从认知心理学角度进行创新思维技法研究；从知识角度从事基于源结构和现有问题情景类比的概念设计研究；从信息和智能手段角度从事计算机求解研究等。联想思维是人类思维的最基本形式，创新设计大都来自取象类比设计，虽然也有逻辑思维和直觉思维，但许多逻辑仍然来自已有的实例类比推理和联想。思维导图的创始人东尼·博赞认为，人类大脑的树突、轴突生理结构决定了人脑的放射性联想思维功能模式。现代创新心理学研究认为，当设计者拿到设计问题，并开始设计时，设计者就不由自主进入一个特定的设计情景当中，该情景为设计者提供了容量庞大的与设计相关的信息单元。[①]这些相关信息单元有储存在设计者大脑中的记忆信息（设计者的知识阅历），也有被设计者调查、查阅到的外部相关资料信息。所有这些相关信息皆可称之为设计单元（图5-10），每个设计单元都是由一系列与设计目标相关的知识点构成，知识点又有实例元、知识元以及它们之间的连接所构成。

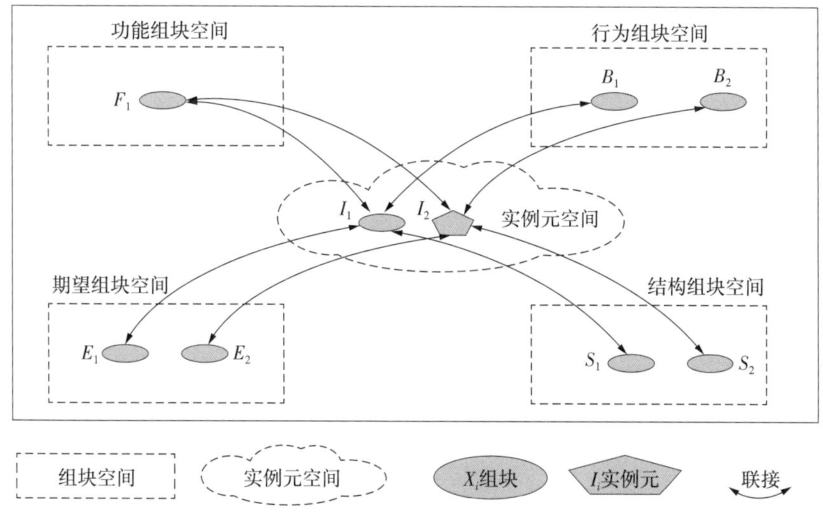

图 5-10　创新设计中设计单元的信息构成机制

在情感设计和文创设计领域，随着感性工学、数量化一类、拓扑矩阵等定量方法在设计方法学研究中的逐渐介入，使过去许多情感研究领域内难以量化、无逻辑可言的感性反应，运用计算机技术加以量化，将模糊的感性需求及意象转化为物化要素，并有许多逻辑性途径可循。基于此，建立创意设计，并寻找立意的工具模型也将成为可能。无论何种方法系统论思想是基础，要学会进行系统分析、整合和优化。

① 李彦．产品创新设计理论及方法 [M]. 北京：科学出版社，2012：22-25.

下篇

地域性设计的方法

——对地域文化、自然和经济的尚象设计

时空是连续的。有关自然遗产、文化遗产和非物质文化遗产的保护与传承创新既是目的和手段的关系，也是行为和目的的关系。遗产的传承创新是自然和文化遗产保护的前瞻性策略和有效手段，而保护是为了可持续地研究和利用。在遗产的传承创新过程中师法自然、向古人学习，启迪思想和智慧，丰富人类的创新理念。

第六章

基于地域符号的文创设计

社会发展到小康富裕社会时期，符号消费变得越来越重要，地域特色的传统文化符号和自然符号就成为一种独特的文化产业资源，可以从供给侧丰富人们的文化产品类型，在创意驱动下拉动社会经济发展。提取传统文化的特征符号，将符号所蕴含的审美心理和价值精神附着到设计作品之中。基于传统文化符号创意设计的重点难点在于对原符号的提取和设计符号的认知凝练。

- 本土化设计、跨文化设计和地域性设计
- 原符号、设计符号
- 文脉、地脉、地域性符号与地域性设计
- 产品语义学
- 产品语义学理念下地域性符号的选择与提取方法研究
- 《周易》与制器尚象
- 基于马家窑文化和丝路文化的产品地域性设计语义学设计案例
- 基于符号和符号载体映射的产品创意设计方法模型构建及系列案例
- 文创产品的制器尚象设计方法及案例
- 基于产品地域性设计方法模型的产品创意设计应用方案及说明

第一节　本土化设计、跨文化设计和地域性设计

设计学领域与传统文化传承创新相关的研究方向较多，常见的主要有本土化设计、跨文化设计等。本土化和跨文化源于国家或民族之间的地缘关系，常用本土化、西方化、跨文化等表达文化差异。[①]后来在设计界普遍引用这一词汇寄以表达基于本国传统文化的设计理念。本土化设计是一个基于文化的设计概念，对于中国设计师来讲就是把本土民族的文化和艺术应用于现代设计中以符合现代人的心理需求的创造活动。为此，在设计中要吸取中国智慧、弘扬中国精神，体现中国传统文化符号、中国元素、思维习惯、生活方式、中国风格和审美喜好，扬弃继承、转化创新。在创新中，要坚持对外交流互鉴，开放包容。[②]因而从现有的有关本土化设计的文献资料来看，“本土化”中的“本土”在我国设计艺术学术界大都指全中华民族的概念，由于是从国内研究者视角论述的，所以称为本土化设计。有本土化就有跨文化，跨文化设计是国内制造商针对国外的生活方式、文化习俗等做的海外市场设计。在经济和技术全球化的社会背景下，任何一家大公司要想进入或占领其他国家市场，就必须研究这个国家或民族的地域地理气候特征和文化习惯、生活方式，以及他们的日常行为与这些产品有什么关系，研究他们在什么环境和背景下使用这些产品，他们使用这些产品的行为过程是什么等。只有弄清了这些问题才考虑采用什么先进的技术去实现。1977 年西门子用户研究中心做过一个洗衣机的跨文化分析，在印度，用户要求洗衣机要有比较灵活的轮子，观察发现，由于较差的卫生环境和炎热的气候，印度家庭主妇需每天清洗地板，否则老鼠会很快在洗衣机下面做窝。后来西门子研制了方便移动的洗衣机，很受当地市场的青睐。国内的海尔、美的等大型家电企业，在以国家为对象的跨地域、跨文化设计制造与研究

---

① 唐士其 . 全球化与地域性：经济全球化进程中国家与社会的关系 [M]. 北京：北京大学出版社，2008.

② 闫朝华 . 电冰箱的本土化设计研究 [J]. 装饰，2008（6）：76-77. 另见：王佳，张野 . 基于我国传统文化角度研究产品语义学的意义及目的 [J]. 河北大学学报：哲学社会科学版，2008，33（1）：130-133. 另见：冯青 . 产品设计中的本土化设计研究与应用 [J]. 包装工程，2010，31（16）：56-58.

的同时，也开始注意以地域环境和生活方式为依据的地域性产品模式研究。必须在产品的功能构造和造型设计方面符合当地用户的需求，方能在激烈的市场竞争中立于不败之地。在日益丰富多样的个性化消费趋势面前，在人与自然要和谐亲近的要求面前，同一国家的不同地区只通用一种产品模式已越来越不符合未来社会要求，特别是在家电下乡政策中，很多大型家电企业开始对中国农村市场做了较为深入的研究。未来的市场是农村市场，农村地域特征明显。

和本土化设计相比，地域性设计范围更广，它包含了本土化设计和地域性生态设计，其本质应在于对地域适应性的研究。①基于传统文化的地域性设计研究的切入点应在于对传统文化适应性的研究，其目的应是促进地域性文化和创意产业的发展。地域性设计基于地域主义，旨在追求和谐，讲究平衡，使人工物与自然、社会、文化融为一体。②以往地域性设计的研究主要集中在建筑、环境设计领域，而在产品设计和工业设计方面的研究成果相对较少，主要是因为前者与环境是直接关系，后者是间接和延续性的，很多关系是隐形的。但从文化与自然生态系统上讲，任何物品从其产生到废弃过程都是处在环境中的，地域性设计是研究如何使设计事物与其所处地域环境相和谐的方法论，尤其强调造物、造景以及传媒设计的地域性，是一种集环境、生态、传统文化、社会心理于一体的新兴设计思想，在低成本、环境友好、心理归属方面价值明显。③随着国际国内经济增长模式的转型，我国政府近年提出的一系列化文化、旅游、“三农”政策都与地域性设计息息相关，如推进文化创意和设计服务与相关产业融合发展，实施中华优秀传统文化传承发展、振兴中华优秀传统工艺、乡村振兴战略、精准扶贫战略等。中国不但有非常丰富的本土化、地域性设计元素，还有东方文化特质、意象设计的审美思想和取象比类的变通设计方法。设计学的当下研究价值之一，就是将优秀传统文化的审美思想和设计方法与现代符号学、语义学等方法相结合，以设计的方式驱动中华民族的价值观念，延续地区文化基因，助力民族复兴。

① 耿葵花 . 产品地域性设计研究 [J]. 包装工程，2010（10）：10-12.

② 任函 . 地域设计理念的哲学解读 [J]. 中外建筑，2009（1）：70-72.

③ 何人可，唐啸，黄晶慧 . 基于低技术的可持续设计 [J]. 装饰，2009（8）：26-29.

第二节　原符号、设计符号

符号一词由来已久，但符号学是近现代才出现的，语言学家索绪尔首次提出了语言符号学概念，也开创了现代符号学的先河，第一次阐明了符号的结构和类语言功能。符号是人类思想的明辨和阐释者，是文化的表达方式。西方在古希腊、古罗马时期已经将符号概念在逻辑论、修辞学和语言学中展开使用，认为符号中的“某物代表他物”。[①]我国古代的“象”与西方的“符号”属于同一类概念，“拟诸形容，象其物宜”，其中的“象”就指符号，原始先民“远取诸物，近取诸身”是在“观物取象”，这是符号产生的机制，当“象”已经约定建立，就应按“象”的形态、结构、原理广泛使用，“制器尚象”是符号的应用。

索绪尔分析了符号的自身结构和功能，认为一个完整的符号应包含能指（符征）和所指（符旨）两部分。到 19 世纪美国逻辑学家查尔斯·桑德斯·皮尔士从实用角度对符号、对象以及解释项之间的关系做了解析，提出了符号的三元结构模型。[②]其实从设计学视角，皮尔士的三元符号结构还引出了设计符号的概念。一个设计作品可以看作一个设计符号，它由原符号及其载体两部分构成，载体即是符号指涉物（对象）。无论是索绪尔还是皮尔士，符号的形式载体和意义负载都要以人作为承担主体，符号都是被人所创，为人所用。若将索绪尔和皮尔士的理论通约起来，皮尔士所讲的符号（第一者）就是原符号在感受主体心中形成的指号，可对应索绪尔的能指；解释项（第三者）对应所指，任何事物决定其他事物。对象（第二者），每个原符号不但指称这个事物本身，且以同样的方式去指称的另一个对象[③]。符号作为对象与解释项之间的中介环节。皮尔士三元符号理论为现代设计符号学奠定了方法论基础，在创意设计中原符号即为设计文化元素，将其与载体巧妙融合便形成了创意。最早提出设计原符号概念的是德国斯图加特艺术学院教授任克劳斯·雷曼，他认为产品语意的原符号来源主要有：可解读的机器原理、人和动物姿势的象征符号、

① 俞建章，叶舒宪．符号：语言与艺术 [M]. 上海：上海人民出版社，1988.

② 胡飞，杨瑞．设计符号与产品语意：理论、方法及应用 [M].2 版．北京：中国建筑工业出版社，2012.

③ Charles Sanders Peirce. Peirce on Signs[M].Chapel Hill: The University of North Carolina Press，1991：239.

熟悉的抽象象征符号、科技符号和时代杰出模式、风格和历史上的隐喻等。所谓语意原型其实就是产品设计中的原符号，基于此可以引出的一个新概念，即设计中的文化元素、地域元素，或称原符号。设计符号和原符号之间是一种应用和被应用的关系，即把被采用了的符号元素称为原符号，相对其设计符号是原生的，而把采用了某种符号元素的设计作品称为设计符号，相对其原符号是次生的，传承下来的设计符号又可能成为原符号（图 6-1）。设计师从符号学及造型的隐喻中寻找设计的灵感，以表达新设计符号背后传达的内涵，以此来达到与消费者的相互沟通。所以，设计符号也具有一般符号的功能属性，但由于其具体的目的性，使其具有使用的功能特殊性。设计符号是将设计作品看作一种符号系统，其意义来源于生活中已有的各类相关的符号组合。

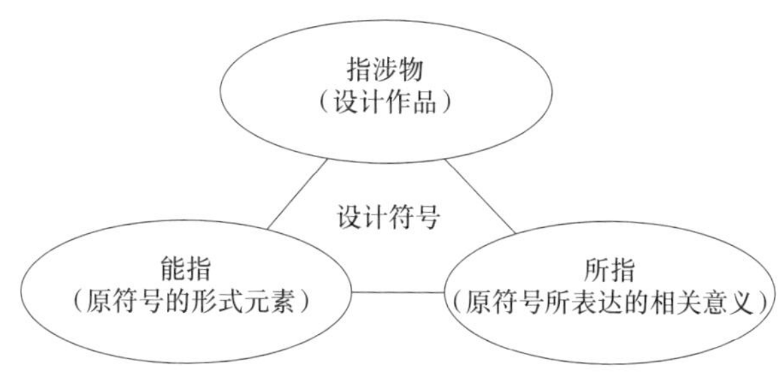

图 6-1　设计符号的构成

综合来讲，一件设计作品中的符号系统主要有三种功能，即，象征功能（文化归属）、美学功能（美感体验）、提示功能（提示引导）。原符号和设计符号这两个概念对建立设计符号学新理论非常重要，这种分类关系其实阐明了符号的演变规律和设计符号的设计属性。要说明的是符号的原生和次生是一个相对概念，原符号为二元符号，三元符号为次生符号。两位符号学奠基人索绪尔和皮尔士从不同角度对符号做了解析，但两者并不相互矛盾，二元符号是原符号，当某一符号被用在创新设计中产生的新符号是三元结构的，如 2008 北京奥运会的主体育馆——鸟巢，2010 年上海世博会的中国馆——东方之冠都为设计符号的典型案例。其中体育馆为指涉物，而大自然中的鸟巢为原符号，中国国家展馆为指涉物，中国传统斗拱结构则为原符号。

在本土化设计中，所选原符号要有地域共识性，要搜集与本地区，本民族相关的传统符号，提取其中最有代表性的元素。一方面要看传统符号的能指形式，另一方面要看传统符号所指的意义，两者都要与指涉物有很好的关联性，从而最大限度地满足本地域的文化认同感，同时增加异地的文化差异感和优秀的文化品质感，这点从北京奥运会、上海世博会相关设计及近年来各地文化旅游设施中都能够看出来。

在创意设计中，原符号与设计作品之间是一种映射关系，原符号与设计符号（设计作品）之间在形态、意念上有关联性，这种关联性与中国传统文化中的取象比类原理是完全一致的。在具体的设计创作中原符号的选择和变化方法是：根据设计物品（指涉物）的功能、使用场景及所要表达的主题要求，选择相应的题材（原符号），提取原符号中与设计要求相关的元素进行提炼，变化，特征再现，用夸张提纯等形式变化手段，使其转化为设计符号。原符号转化为设计符号的过程类似于传统工艺美术专业中的图案写生与变化过程。作为设计符号必须是对原符号的特征元素的再现。经典的设计符号可以作为设计原符号，许多次生符号具有设计符号和原符号的双重角色。如中国传统青铜器中的“饕餮”纹、十二章纹中的“黼黻”纹，它们最早是由狗鸮和斧斤图案化的符号，在历史沉积中形成古典纹样符号，在后来的造物设计中又被作为原符号使用。所有的古典纹样和符号都有一个符号化的演变过程。我们今天的文创设计都是使用传统符号，所以原符号和设计符号并没有严格界限，同一符号也不可绝对地将其归到哪一类。在具体的某一语意设计中，被采用的符号是原符号，而在原符号基础上变化产生的次生符号便是设计符号。而这种设计符号，一旦具有广泛的社会性和约定性，它有可能又成为原符号，比如古巴蜀人看到天上的太阳和飞鸟（原符号），设计了太阳神鸟的图案（设计符号），今人再以其为原符号设计出了中国文化遗产标志（设计符号），那么太阳神鸟符号相对于中国文化遗产标志就是原符号（图 6-2）。所以原符号与设计符号只能针对某一设计活动而言，具有相对性。

图 6–2　太阳神鸟符号的原生和再生的演变

当然以上关于原符号的观念是从符号的产生以及演变过程以及广义符号学视角看的，对设计符号学研究有重要意义。但从文化角度讲，直接来源于自然现实形态的原符号还不能算作符号，符号具有人类文化属性，是文化传承的表达方式。

相对于现代设计而言，可将所有的自然现实形态，包括各种生物，非生物物体，人造现实形态中的传统纹样、字画、传统器物的形态、结构、色彩、肌理等都称为原符号。设计符号是附着在设计作品上的符号系统，其载体是一个具体的设计作品，由于设计学科的正式创立和发展是工业革命之后的事，所以，设计符号是现代设计的产物，工业革命之前工艺美术中的“设计符号”应该属于设计原符号。

将符号学的理论与方法体系运用到设计中，产生了一种新的设计理论——设计语义学，该方法被广泛应用在产品、平面、环境设计等设计学各领域，其中产品语义学研究最为系统。最早尝试将符号学理论应用到产品设计之中的是 20 世纪 60 年代德国乌尔姆造型学院，1983 年美国工业设计协会组织的产品语义学研讨会，美国 *Innovation* 出版了产品语义学专集，1985 年荷兰飞利浦公司举办专题研讨会，90 年代前后德国、芬兰、日本、荷兰、印度等国家和地区都举办过有关符号及产品语义学的教学及学术研讨会，90 年代之后产品语义学被作为一种产品形态设计的方法，逐步应用到设计实践和工业设计教学之中，日本等国则以“感性工学”的名称运用数理方法寻找研究空间。我国的研究相对较晚，1994 年刘观庆教授主持进行了产品语意设计方法专题教学研究，取得了较好的效果，特别是在语意认知方法的研究方面具有较高的参考价值。

第三节 文脉、地脉、地域性符号与地域性设计

一、文脉、地脉、地域性符号

每个地区都有地域性的文化、自然特征，在地理学上称为文脉和地脉。文脉是指一个地方特色的历史、人文和经济的整体的地方性特征，而地脉是指一个地方独特的地质地貌、土壤、气候、水文、动植物类型等自然环境特征，文脉和地脉强调的是地域的独特性，因而也称地格。[①]任何地方的地格总有一些典型的、具有共知性的视觉感知特征，凡是某地域特有的，并能代表地域的，可被人感知的信号都可算作地域性符号。所以，任何符号的意义与其所处的时间、空间和环境是相统一的。不仅如此，不同国家、地区或民族对同一个自然符号或现象符号的能指和所指不同，从而产生截然不同的隐喻。以太阳符号为

① 吴必虎 . 区域旅游规划原理 [M]. 北京：中国旅游出版社，2004.

例，太阳普照大地、孕育万物，史前世界各个文明都有过太阳崇拜。但不同地区，不同民族对太阳符号的定义还是有差异的，其能指和所指也不完全一样。古埃及、古希腊都有太阳崇拜，其形式和内容有差异，这些符号在表现形式和象征意义上有较大差异，比如太阳在现今是阳性和男人的指称，而在希腊指女人。所以，同一现象在不同年代和地域，其符号的能指和所指不完全相同，这是文化的时空差异。

在远古时期，太阳崇拜与鸟灵崇拜是人类社会最早的两大崇拜，并且太阳崇拜和鸟灵崇拜融为一体。因为在人类的原始思维中，太阳便是天空中飞翔的一只火鸟。其实这与远古人类的生产生活方式密切相关。我国各地的考古发掘中屡见太阳纹图案，在黄河流域、长江流域、珠江流域、辽河流域等均发现了太阳崇拜。《周易·说卦》中定义：离为火，火即为日，亦为雉，为目。鸟在空中、火能发光、眼睛与光有关（古人认为眼睛能看见物体是因为眼睛能发光），因此，太阳纹、鸟纹、火纹、目纹等是互为关联的比类关系。太阳纹的文化蕴含着中国宇宙本体观，它的艺术形式亦体现着中华民族的意象美学观。在黄河流域境内，马家窑类型太阳鸟纹双耳壶和辛店文化太阳纹双耳罐最为著名，该陶罐肩上也有表达很抽象的日鸟组合纹［图 6-3（a）、（b）］。[①]河南裴李岗文化遗址出土的陶缸外壁上刻画着“光芒四射”的太阳纹，郑州大河村仰韶文化遗址出土的陶钵口沿周围所绘的太阳纹多为 12 个太阳［图 6-3（c）］。因鸟在空中飞翔，古人认为鸟是太阳的使者，“鸟”是“日精”的象征，在长江流域境内，浙江余姚河姆渡遗址出土的骨器和牙雕上都刻有双鸟太阳纹，该牙雕刻工精细、线条流畅，是原始象牙雕刻中的艺术珍品。从这些艺术品中可看到河姆渡人对鸟的喜爱和对太阳的崇拜［图 6-3（d）］。三星堆文化和金沙文化遗址出土了许多“飞鸟太阳纹”和“人头”纹，“飞鸟太阳纹”又称四鸟绕日金饰，四只神鸟围绕着旋转的太阳飞翔，周而复始，循环往复，生生不息，体现了人类对太阳及鸟的强烈崇拜，表达了古蜀人对生命和运动的讴歌［图 6-3（e）］。古人有头为天脚为地的观念，头顶为太阳，“人头”纹是太阳神的象征，而太阳在古今图画里也常被画成满面笑容的人面状［图 6-3（f）］，其中三星堆出土的

① 王海东，王琪雅．国宝彩陶艺术鉴赏 [M]. 兰州：甘肃人民美术出版社，2012.

通天神树上面有 9 只金乌神鸟［图 6-3（g）］。[①]黄河流域彩陶上也有大量的日鸟组合纹、日火组合纹、卍字日鸟纹和目纹等。

在祖国北方草原地带的岩画群上也有大量的太阳纹。在宁夏中卫大麦地岩画和贺兰山岩画中有大量的太阳纹样，有具象的，更多是抽象的。贺兰山太阳岩画，多以人面和太阳合二为一的形式出现，这不能不让人想起半坡人面鱼纹盆来，寓人于鱼，以鱼寄人，类似于《诗经》中的比兴手法，又似《易学》中的取象观念。中国古人在意象造型时会将一种图形融入更多表意元素，使其既具象形特征（象）又表达更多符号所指（意）。甲骨文和金文中的日字也都不是写实图形而是在抽象圆圈中加了点和弧线等［图 6-3（h）]，使其表意（指事、会意）内容更丰富。贺兰山岩画中的许多岩太阳岩画，是将太阳基本形和人面形相融合，犹如甲骨文“日”[图 6-3（i）]，[②]并且使形态精炼，省略了人面部的繁多元素，只保留了眼睛、嘴巴或鼻孔，古人认为眼睛是放射光芒的。所以眼睛要素、太阳圆形要素、放射状形态要素等在形态整合、取舍、变形中被保留了下来，这何尝又不是现代标志设计中的重要创意方法。贺兰山、中卫北山及阴山岩画中都有太阳神符号，其中宁夏贺兰山口的太阳神最为著名［图 6-3（j）]。它整体呈圆形，该图案巧妙地将太阳的圆形特征和人面首的圆形特征完美结合，从内到外有三层辐射状线条。最外层将人头发型与太阳光辐射状巧妙结合，外圈辐射状线为 23 ～ 25 条（由于长久自然腐蚀，部分刻线模糊不清），第二层辐射状线有 12 ～ 13 条，并有第二层的圆圈刻线，最内层将双

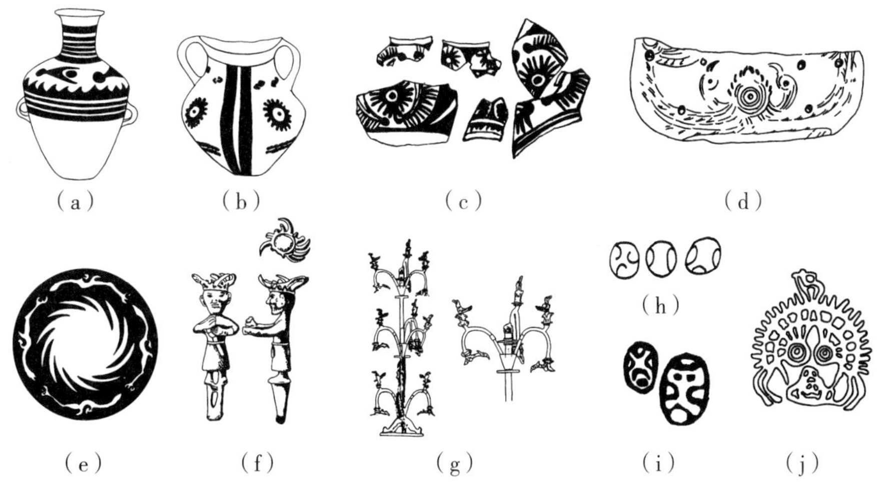

图 6–3　黄河流域和长江流域的太阳鸟纹

① 蔡运章 . 三星堆文化的太阳神崇拜——从古蜀金器“人头、鸟、鱼和羽箭”母题图案谈起 [J]. 中华文化论坛，2007（2）：16-26.

② 李祥石 . 解读岩画［M］. 银川：宁夏人民出版社，2012：105-108.

眼变化为重环双目，从整体图案外观看，犹如一个大太阳中包含两个小太阳，将睫毛又与小太阳光辐射状巧妙结合，每个重环目上方均有辐射状线条 5 ～ 6 条。从人类文化学来讲，人类早期的图腾崇拜与祭祀、巫事活动紧密相关。所以无论是彩陶中的图腾还是岩画中的神灵纹样都不是随意而为，有约定俗成的意识形态特征，这些纹样一旦形成，就具有宗法效力，不能随意更改，其图腾的形状和纹样的线条数量都有严格的象征意义。

据专家推测，贺兰山太阳神岩画最外圈的辐射状线可能为 24 条，象征一年有二十四节气，中间的 12 条辐射状线象征一年有 12 个月，当然这只是猜测，但可以肯定的是，作为图腾崇拜用的太阳神其形态有“象”的意，线条的多少还蕴涵着“数”的理。“象”和“数”是支撑周易原理的两大支架，象是自然物象的“象”化，而数是象的变通和应用，二者互为依存，统称象数。贺兰山口的太阳神岩画中蕴含着深刻的象数之理，神奇地表现了古代宁夏平原阳光充足、万物生长的自然场景，是宁夏先民在农耕和游牧生活中对自然规律的认知表达，体现了先民的地域自然观。

从我国各地出土的文物来看，均发现了太阳纹和鸟纹，其实质就是对大自然和太阳的一种崇拜。在黄河流域马家窑类型彩陶纹样以及郑州大河村仰韶文化遗址出土的陶钵口沿周围所绘的太阳纹，在长江流域的三星堆文化和金沙文化遗址出土的“飞鸟太阳纹”，以及浙江余姚河姆渡遗址出土的骨器和牙雕上的双鸟太阳纹，都体现了文化具有地域性的特点，所谓“一方水土养一方人”就是如此，中国是农耕文明古国，对太阳的崇拜是祈求五谷丰登，风调雨顺，是对光明和生命的崇拜！

但根据人们对自然对生存环境的理解不同，寓合的题材不同，对太阳神创造形象也不同，差异性就是地域性！有的将太阳和鸟寓合、有的与人面寓合、有的和铜镜寓合，不论何种造型变化方式都反映了共同的中国传统意象造型观念，这是中华民族审美意识的根。审美主体相同是民族认同的基础，纹样不同是地域差异性的表现，实质是由特定地域的适应方式不同造成的！虽然他们对文化的表达方式不一样，但是都体现了远古时期人类对自然的适应，以及对自然的崇拜和对生命的讴歌。

二、地域性符号的来源

地域性符号可分为文化类符号和自然类符号，分别对应文脉和地脉。地域文化符号是在人类历史发展中形成的，自然符号是在地质历史和自然环境中形成发展而来的，包括非生命的地质地貌和有生命的动植物符号等。参考斯图加特艺术学院教授任克劳斯·雷曼有关产品设计原符号的多种来源，可以归纳出地域性设计中原符号的四种主要来源：

（一）地域自然符号

自然符号主要是可视性符号，是一种设计资源，将其作为设计题材，通过视觉变化产生新的艺术形象。独特的自然地形、地貌以及本地的特色种植物资源都可作为地域特征符号，如沙漠地区的沙丘、骆驼等都可以作为该地区的自然类原符号。

（二）历史遗存和传统物件

各地方都有自己的历史文化积淀，表现在物质文化方面主要是历史遗存和遗物，这些物质中都蕴含着非物质文化的内容。这种与其所处的环境及与自然界的相互关系中形成的代代相传的文化技能知识具有非遗属性，非遗是在特定地域中形成的。历史遗存和传统物件是最普遍的原符号来源，一般以一些地方代表性文物或古迹作为地域形象代表，还有传统文化中的一些的老物件儿。[①]

（三）民俗或民间艺术影响广泛

民俗和民间艺术也多为非物质文化遗产，它们大都为口头传承，有广泛的地域群众基础，代表了一种地域心理情感和文化认同。在文化产业大发展时期，各地的民俗、民间艺术是重要的文化符号资源，有广泛深度开发挖掘的价值。

（四）当代的杰出科学技术成就、文化成就、艺术成就或社会经济发展模式

随着科技和经济的发展，不但当地的文化艺术成就可以作为地方符号资源，而且科学技术成就在地方旅游资源中也被发挥得淋漓尽致，兴起了各类工业旅游和特色经济旅游。如青岛家电、永康五金、义乌小商品等已成为地域性的原符号，被广泛地运用在当地的各种创意设计之中。

（五）无形之物

本书绪论中提到的北欧芬兰，其清凉晶莹的自然环境使本地许多设计师和

① 宋建明. 当“文创设计”研究型教育遭遇“协同创新”语境——基于“艺术 + 科技 + 经济学科”研与教的思考 [J]. 新美术，2013，34（11）：10-20.

设计品牌将地域符号抽象为莹净、清新的芬兰风格。无形之物还包括由某种地域精神所产生的做事造物的风格，如第三章讲到的由地域环境影响下的地域心理及其物化风格。

三、地域性符号在文创设计中的应用领域

地域性符号主要包括自然运动形成的天然符号和人类活动形成的文化符号系统两大类。

（一）自然视觉符号的提取

符号是一个文化的范畴，具有约定俗成性。广义来讲，被人概括、抽象的自然形态也可归类为符号，因自然环境是影响文化的主要因素，在人类的认知心理中自然物象常被作为原象进行取象类比使用。自然环境与生活方式、民俗风情是融为一体的。由于特定地域人们的衣食住行方式与自然环境相统一，这些风俗就形成了具有文化属性的符号。地域自然特征符号有混合型的，也有纯自然性的，如自然风貌、特有动植物及其生长状态等。所以，地域自然类符号包括非生物自然形态类和生物形态类。

非生物自然形态类符号大都为独特的地形地貌。不同地方自然风貌特征不相同，这些地貌特征可以是地域形象的代表。如黄果树瀑布可以象征贵州、雪山则可以象征西藏，沙漠戈壁则象征西北。许多地方画家在对地域风貌的描绘中形成了自己的风格，其实也是一种对自然原符号的概括形式或变形模式，也成为一种原符号。生物形态类符号选取应选用较有名的题材，至少也是国家一、二级保护的动植物，如大熊猫是我国特有的动物，在首届亚运会、奥运会中均被作为原符号使用。

在文化旅游和地方形象宣传的动漫设计中，特定场景定格和角色设计同样重要，是宁夏水洞沟景区动漫创作中的场景设计，图中富有干旱砾漠地貌特征的线条和土黄色彩既表现了水洞沟一带的地貌视觉特征，又是典型的干旱性地域符号（图 6-4）。

图 6–4　宁夏水洞沟《天降神石》漫画场景设计

现代设计是多种信息符号的整合。设计中文化和科学信息量要大，而且要合理巧妙地组合在一起，这在地域形象设计中更为重要。

图 6-5 是 2007 年甘肃首届陇人动漫创意设计大赛获奖作品，作品提取了甘肃特有的地域性原符号，以“母亲水窖”主题为线索创造的一个动画小品。水窖是黄土高原的地质特征和干旱的气候环境综合作用的产物，整个小品具有浓郁的地域气息，在动画创作中将众多地域性符号组合，特别是对西北黄土高原地貌特征的表现尤为重要。植被稀少的黄土沟壑地貌、艰难生长的秃叉树、黄土土夯墙、挑水的扁担、驮水的毛驴被头戴头巾的农村妇女牵着，这一切构成了一幅生动的黄土高原干旱文化符号组合画面，在一定层面上表现了多维地域形象系统。

图 6-5　甘肃首届陇人动漫创意设计大赛获奖作品“母亲水窖”部分关键帧设计

地域地貌符号在景观设计中使用非常普遍，在旅游地使用地貌符号做景观或建筑造型设计不但可以很好地表现景观构筑物与周围自然环境的协调性，还能表现构筑物主题功能的象征意义。如宁夏沙湖景区的沙漠湿地展览馆（图6-6），在设计上将适应自然的符号意象和生态尚象整合为一。在形态上首先取象于沙漠的形态和质感，其流体破激的门洞造型是沙和水的融合意象，实现了与周围的沙丘地貌和色彩融为一体实现浅层次的尚象，同时，低矮的曲面造型让位给周围的沙漠和湖水，保留了沙丘连绵、水沙一色的开阔景观效果，同时也利于近地面气流的畅通，稳定沙湖周围沙漠形态的稳定性，防止局部气流的更改带来的沙丘变更或其他不可预测的影响。另如宁夏灵武白芨滩国家沙漠公园，整个园区的台阶、人行道、护栏、休闲座椅等都取象于沙漠地区的砂岩石材质和色彩，因周边有明长城遗址，在长城景观营造中也突出了与地貌的结合及筑造材质的地域性。万里长城都是就地取材，延伸到哪里就就地使用哪里的土石材料和工艺。白芨滩国家沙漠公园的展览馆内部装修和展示设计在地域性自然符号选用方面也很成功，内部立体构成、空间限定、展位布局都是用风蚀地貌作为造型元素，空间内壁的表面处理全部采用喷砂材质，较好地展现了沙漠地质展览馆的主题（图6-7）。

图6-6　宁夏沙湖沙漠湿地展览馆外观造型设计

图6-7　白芨滩国家沙漠公园的展览馆内部设计

（二）历史经典及文化符号选取

多样的自然环境必然产生多样化的传统生产方式。各个地方都有一些古代文化遗留，包括传统图案、器具、典型的文物古迹以及口头流传或记载的地方神话、传说、民间故事中的形象等。这些文化符号可以作为地域文化的象征，在现代设计中要将其作为原符号变化和应用。

要做好传统文化的传承创新应用，首先要盘点本地区的传统文化，将其分类排序，在文创设计中，重点盘点具有设计价值的视觉类原符号，研究这些传统文化其产生和发展的历史背景。对拟定预用的传统文化符号要了解其在国内乃至国外的认知度。一般来说，一个历史文化悠久的地方，都有丰富多彩的文化积淀，文化的丰富性表现出符号的多样化，一个好的文创设计作品应该是多个文化符号的有机组合。如图 6-8 所示是一件基于甘肃地域文化的“‘黄河女神’琉璃摆件”礼品设计。该设计综合了黄河、黄河鲤鱼、女娲和飞天等甘肃文化元素。黄河文化是中华文化的重要组成部分，黄河上游盛产黄河鲤鱼，鲤鱼在中国文化中是一种吉祥的符号，素有鲤鱼跳龙门等吉祥传说，而女娲和飞天形象，一个来自甘肃天水的上古神话传说，一个来自敦煌莫高窟的壁画艺术，分别位于甘肃丝绸之路的东西两端。甘肃曾在 2012 年被国务院批准建设“甘肃华夏文明传承创新区”。“黄河女神”是基于该政策的文创设计作品。如图 6-9 所示是甘肃设计师选送的基于甘肃彩陶文化符号的 2008 北京奥运会纪念徽章设计作品，获得设计大师奖。这系列作品带有浓郁的黄河上游彩陶艺术气息，相对于国际赛会，甘肃彩陶文化的国内国际知名度很高。

图 6-8　“黄河女神”琉璃摆件

图 6-9　基于甘肃彩陶符号的 2008 北京奥运会徽章设计获奖作品

在文创设计中继承和发展中国传统吉祥图案具有重要意义。“吉祥”为中国传统文化的重要概念，其意为预示好运之征兆、祥瑞。语出自《庄子·人间世》：“虚室生白，吉祥止止。”成玄英疏注：“吉者，福善之事；祥者，嘉庆之征。”上古之时，便有将福善之事、嘉庆之征诉诸感性显现的形式，即绘成图画，俗称“吉祥图”或“瑞应图”。每个单位和个人都希望能有一个好的发展前景，所以“吉祥”在今天的社会发展中被赋予了更多的时代积极含义，然而作为人们共识的文化符号在文创设计中不能脱离其特定的形态和意义，要尊重原图案构图方式的约定，中国传统吉祥图案较为鲜明的造型特点有如下几个方面：

1. 对称与均衡是构图的惯用手法

“圆满”“和谐”“中庸”是我国古典哲学中的审美标准，体现了中国传统价值观，常在现代标志设计中被运用，采用传统的点、线造型要素，尤其是中国书画、篆刻等用笔特征，辅以传统的对称与均衡的构图方式达到“吉祥”“丰瑞”的视觉特征，又不失现代设计感。

2. 繁复求变，乱中有序

简洁与繁复是艺术创作的两个相对方向，在传统美术中都有，各有其艺术特征和应用价值。中国传统吉祥图案源自原始彩陶、金石器纹样，发展到后来多以富丽繁复的形式表现（如青铜纹样等），但中国传统吉祥纹样的繁复绝不是简单地罗列和单纯地重复，其中蕴含着深厚的中华写意美术特征。在题材取象上通过多形象造型复加，多物象谐音意象类比；通过艺术通用的重章叠唱、双声叠韵的修辞，在纷繁中体现出节奏和韵律，对比与调和。这些传统图案看似纷繁复杂，细做研究会发现，它将主次、虚实、疏密、大小、动静、聚散等造型因素都做了周密的组织安排，符合形式美学中的统一变化规律。当然各地的传统纹样也或多或少地呈现出各地地方特征，基于传统吉祥图案的现代设计应用，既要发掘中国传统纹样的深层审美特质，也要突出地方传统文化特色，对原符号的概括提炼不但不能超越传统纹样的基本视觉感受，相反还要保留原符号中最富特征的能指元素。

（三）环境设施设计中的自然和文化综合尚象

各地都有其地域性的文化历史、风俗习惯、历史遗风，以及在此基础上形成的各种文化符号。景观雕塑、建筑、公共设施等是一个地方的形象窗口，对外起到地域文化的游学作用，对当地民众则有地域认同、归属、爱家乡教育的功能。图 6-10 所示是为黄河上游高校设计的校园主题雕塑《风范》。

该雕塑是集多地域元素于一体的现代抽象雕塑，雕塑意象的取象构思有：兰州、银川等为古丝绸之路的重镇，又是黄河流经的城市，所以丝路文化和黄河文化应是雕塑地域元素的重点选项。本雕塑以回旋飞舞的丝带形象和蜿蜒迂回的九曲黄河符号表达雕塑的地域意象；重要的是造型还有一种昂首前行的动态意象，好似一个大人牵着一个小孩前行，“挽手”之处巧妙地联结成一桃心造型，寓意“教”与“学”，“师”与“生”心心相印，同心前行。以上是雕塑

图 6-10　基于丝绸之路和九曲黄河意象的校园雕塑设计《风范》

主视面的意象含义，该雕塑从纵向视图看，是一个“M”造型，旨在强调“风范”的主体，即“母亲”和“恩师”，因“母亲”一词无论在汉语拼音还是在英语中其首字母都是“M”，总体来讲该造型设计是纯粹的意象设计，在地域文化象征、美学特征（节奏、韵律）及提示引导（携手共进，同心同德）方面都很合理。

文化符号是最具文创设计价值的地域符号。地方文化发展在于突出地域特色，各地各类博物馆、展览馆、纪念馆、主题公园等的设计成功与否，首先取决于题材选择情况。题材选择就是取象，题材决定主题，主题决定创意。所谓的创意主要看设计取象与地域文化的关联程度。宁夏灵武的白芨滩国家沙漠公园的一些地域性符号的几个取象点值得关注和思考。作为塞上之地，古长城是宁夏的重要文化元素，白芨滩国家沙漠公园游览道路设施以长城作为整体框架。除了满足游客的高视野游览要求外，在象征意义和文化尚象方面很成功，最主要的有两方面，一是表现灵武的古战场、古长城等历史文化意象，二是寓意白芨滩治沙成果，向沙漠进军，阻挡沙漠前移（图 6-11）。

图 6-11　宁夏灵武白芨滩国家沙漠公园

第四节　产品语义学

20 世纪中叶，西方哲学中新的认识论研究呈现出多元化的发展趋向，其中以维特根斯坦、卡尔纳普和奎恩为代表的分析哲学家对认识论问题有了新的思索，这对符号学和语义学的创建具有重要意义。卡尔纳普在 1950 年发表的《经验主义、语义学和存在论》一文，直接表述了自己对存在问题和本体论的看法。他认为只有当本体论的洞察力能给实在性问题提供肯定的回答，并能够为新语言形式的引入作辩护时，它才是合理的。这就为类语言约定意义上的产品语义学理论的构建奠定了哲学基础。

一、产品语义学

19 世纪美国芝加哥学派创始人路易斯·沙利文认为形式与功能的关系是"形式追随功能"。而随着社会的发展，形态设计美的当下意义在于：形态设计的目的应该是反映和解释功能，而不是"形式追随功能"。所以，从"形式追随功能"到"形式解答功能"正是形态语义学产生的历史背景。1950 年德国乌尔姆设计学院首次将符号学与产品造型设计相结合，进行"符号运用研究"，此后在全世界掀起了产品语义学思潮，直到 1984 年美国工业设计师协会举办的"产品语义学研讨会"，才最终给产品语意下了定义：所谓产品语义学乃是研究人造物体的形态在其使用环境中的象征意义及如何应用于产品设计的学问。[①]现在的产品功能是广义意义的功能，至少应包括三层含义：实用功能、审美功能、语意功能。

产品语意设计训练主要基于四个方面：产品不仅是可用之物，而且是表达意义的符号；从产品的符号消费，思考产品设计的市场定位；产品应是集功能性、象征性、叙事性于一体的造型表达；产品语意设计应从符号学思想切入，扩展到社会学、文化学的理论研究领域。

二、产品语意认知与语码规则

哲学思想的转变引起了设计方法论的再思考，产品是什么？如何认识产品？如何表述我们对产品的认识？既然产品语义学是研究产品形态在其使用环境中的象征意义，那么产品语意认知研究的目的就是要在产品的设计者和使用者之间建立起对"形态码"的"通认"性和"共识"性，否则设计作品就不能为设计目的服务。由于人类认知系统的复杂性，地域差异及个体差异等众多因素的影响，语意表达呈现出不确定性，这是符号学理论产品设计应用中的最大困难。

有关产品语意的认知问题一直是学者们关注最多，并被认为是该领域最重要的问题。综合符号学和传播学理论，学术界一般都将产品语意分为外延性语意和内涵性语意两个方面。[②]外延性语意与产品的功能、操作等相关，内涵性语意与产品的情感、文化等感性认知有关。在对语意认知研究中，国内刘

① 胡飞，杨瑞 . 设计符号与产品语意：理论、方法及应用 [M]. 2 版 . 北京：中国建筑工业出版社，2012.

② 张凌浩 . 产品造型语意认知的方法及应用 [J]. 装饰，2004（3）：14-15.

观庆教授等学者又将其归纳为：功能（使用层）、意义（象征层）和叙事（文化层）。此后，在产品语意认知、设计应用研究等方面都以此为基础展开得较多。

法国符号学家罗兰·巴特是当代著名符号学大师，他将语言、音乐、声音、气味、物品、符码全部打通为广义符号概念，认为科学、文化、艺术、音乐皆通，各种符号都可比拟为古典音乐的乐谱，以此说明符号的结构和类型。他从结构主义方法论角度将一个由众符码（众声音）汇成的符号系统分解为：经验的声音（能指符码）、个人的声音（意素符码）、科学的声音（文化符码）、真相的声音（行动符码）、象征的声音（象征符码）。[①]既然罗兰·巴特是从普遍意义上对一个完整符号群进行解析，那么该结构原理也应适用于其他独立符号系统。所以，从产品符号系统看，按组成产品的各类符号作用，可将产品语意符号系统分为五类：产品语意的疑问符码（对应能指符码）、产品语意动作符码（对应行动符码）、产品语意内涵符码（对应意素符码）、产品语意象征符码（对应象征符码）、产品语意文化符码（对应文化符码）。其中疑问符码和动作符码属于结构性符号系统，内涵符码、象征符码和文化符码属于主题性符号系统。这种分类方法指明了产品语意设计应遵循的方法，同时也揭示了产品语意认知的规律，对产品语义学深入研究奠定了基础。如果将产品语意设计视为符号的编码过程，则产品使用者的语意认知过程就是解码过程（图 6-12）。

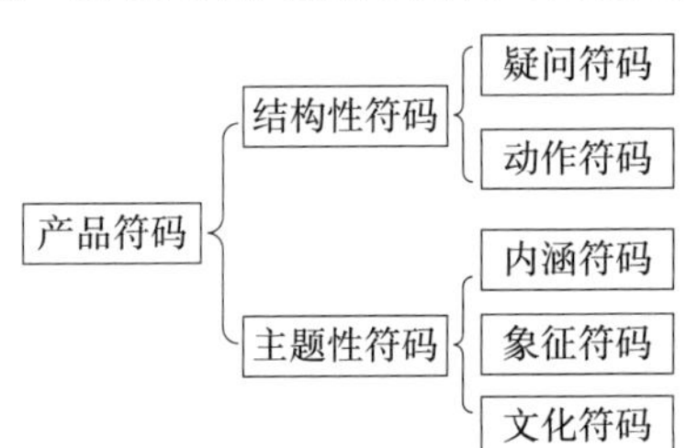

图 6–12　基于罗兰·巴特五符码原理的产品语码系统

在通常情况下，大多数设计师总是热衷于结构性语码和主题性语码的编码设计，而忽视了用户的解码过程研究。事实上这与现代通信原理是一致的，编码信息只有通过信道不失真地传到终端，并被正确地解码，才能完成信息的传递过程。作为符号的产品，若从左到右是语意传递中的从编码到解码（图 6-13），那么设计过程就应该要从右到左开始，设计师要为解码而编码，不能为编码而编码，这样才能知彼知己，有的放矢。

① 罗兰·巴特 .S/Z[M]. 屠友祥，译 . 上海：上海人民出版社，2000.

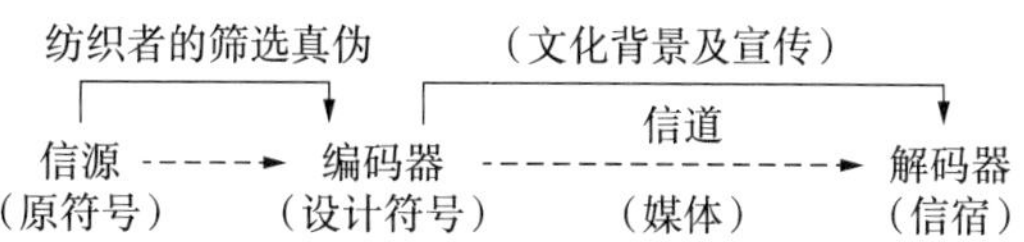

图 6-13 基于现代通信原理的产品语意信息的传递过程

产品符号是为实现产品功能服务的，功能必须通过产品符号系统的表层结构——结构语码和主题语码的人机对话来实现。所以，产品系统的功能是通过产品的内涵语码表现出来的产品符号意义的外延，其实现过程正是产品符号发挥作用的过程。产品符号意义的表述是产品语意设计的重点和难点，一方面产品符号（设计符号）中的原符号选择要有可知性，特别是文化认同性，同时又不能表述得过于浅显，使产品语意失去隐喻意义，当然也不能表述得过于隐晦，使其意义很难被解释和接受，导致认知性减弱。设计师必须根据具体的情况来选择适当的形式，使产品的使用功能能够被广大的使用群体所接受。只有这样产品设计师才可能达到语意设计的目的。所以产品语意设计的关键在于产品语意如何被正确认知的研究。

罗兰·巴特提出的疑问符号、动作符号、内涵符号、象征符号、文化符号其实就是五个符号群，在产品设计中可以其中的一个或几个符号群作为主导符号，兼顾其他符号的设计。主导符号选择要使用设计调查和情境分析方法，将主要的语意寓意于符号，这个主导符号就是产品的主要创意所在，在提出主导符号以后要围绕它进行相关次级符号及符号间关系的确定，将符号群整合于一体。由此，在设计符号的编码中要遵循以下几个原则：

（1）产品概念与原符号所指之间的关联性，包括相似，比喻（隐喻、暗喻等），诙谐，讽刺关系等。修辞是语言学的术语，设计符号的类语言特征，使设计物品具有语言中的同样功效，通过设计符号修辞表达，明确设计物品与外部环境、使用对象、产品部件之间的关系。

（2）注意解码对象，把握好原符号的社会基础（约定的广泛性），原符号社会约定性是其能否作为符号的主要属性，它直接决定相应设计符号的可读性。

（3）设计符号与原符号的相似性，对原符号的特征提取，变化后的意象性。许多设计符号对应的原符号很恰当，也就是立意很好，但形象表达不到位，这是设计中经常出现的问题，图案的写生变化基础可以训练这种技能。

（4）符号群内部及符号群之间的统一性。这里的统一性主要包括形态构成的统一性和符号所指意义的统一性两个方面。

三、产品语意表达方法

（一）词汇与符号之间的对应关系

语言是一种有组织、有结构并约定俗成的习得符号系统，是一定地域民族社群或文化社群交流沟通的符号纽带。每种语言都是一种特定的思维工具和表述工具，代表一种地域文化和民族特征，语言最具有普遍性和通识性的属性还是其作为人际交往和信息传递的媒介。可视化的符号语意都有对应的语言描述方式，尤其是形容词和动宾词组。所以，语意认知的研究首先要建立语意词汇的意义与形态符号之间的表述和被表述的对应关系。

从一般逻辑来讲，如果一个产品展现在我们面前，它已经是一个客观存在的概念，那么它就对应着一系列的语言词汇或产品符号，只是看从何种角度表述。反过来如果已经存在一个可以用语言文字及语音表达的概念（二元符号），它也必定对应一个有图像意象概念浮现的新符号（三元符号）。所以语意词汇与语意符号之间是一对相互对应的映射关系。

影响人们对产品语意认知的因素很多，包括设计师、使用者、消费者的文化背景，职业修养以及对产品的使用经验等。设计者在确定符号语码时必须保证对以上因素透彻的调查了解，才能实现设计者与使用者之间信息传递的准确性。产品语意确定的基本方法是：联想、隐喻、类比、直喻等。由于文化习俗、着眼点和思维方式不同，产品语意的具体设计方法和程序在世界各地产生了不同的设计流派。北欧、意大利等设计师喜欢捕捉生活中的原符号表达幽默的生活情趣，追求时尚轻松的情调（图 6-14），属于符号语意派；而产生于德国乌尔姆造型学院的指示语意派则更注重符号的指示功能和人机界面作用，让产品自身告诉使用者产品的属性以及怎样操作等信息（图 6-15）；情境语意派

图 6-14　基于现实生活情趣的原符号提取设计案例（符号语意派）

图 6-15　基于指示和人机功能的原符号提取设计案例（指示语意派）

起源于美国东部，它强调产品设计中人、产品、环境的关系及心理反应。完整意义上的产品语意在设计和解读时应从以下三个层次切入：

通识感性层（感性特征）：在设计中重点表达感觉特性，例如稳重、轻巧、实用、趣味、高雅、通俗、高科技感、诙谐感等。

时代表意层（意义性）：在设计中隐含的意义特性，与相关对象和环境的关系中产生的特定含义，被解释的意义，例如身份地位、个性、品牌特性等。

文化叙事层（故事性）：通过对设计作品的文化和地域体验达到对设计隐喻的自我阐释，主要是地域特征、历史文化意义，属于深层叙述性含义。

不同产品设计中这几个方面的侧重点不同，一般商品的设计重点在前两个层面，如家电、数码产品、交通工具等。而文化创意性产品、旅游产品、共用设施等的语意设计重在挖掘第三层面，即文化叙事层，这些产品在设计时要对地域性传统文化符号进行盘点、提炼和变化。

以上三个层面的语意认知表达较为普遍，它是基于产品的外延性语意和内涵性语意分类展开的，简洁易懂，使用广泛。

基于罗兰·巴特的五种代码分析法是迄今为止较为系统和完整的一种产品语意表达模式，该分析法不但层次分明、结构清晰，而且语意设计的可操作性更强。除此之外，其他各类产品语意表达方法大都是基于情感设计的表达方法，大体方法和基本目的是一致的。芬兰赫尔辛基艺术大学工业设计专业教授克里本多夫从系统论的角度以寻找产品存在的理由和众多相关脉络，他基于四个方面：第一个方面是从产品使用性能方面寻找脉络，他认为产品在认知和使用上有两个方向，一个是基于事实，另一个是基于基本心理观念。设计的重点在于界面操作的设计，而界面操作源于人对物的使用动机，使用动机又分为内在动机与外在动机。内在动机包括对物的操作、归属感、认同感、平衡、协调、一般审美判断；外在动机主要指设计者对设计完成度的期望。产品语义学的使用脉络就是设计师根据自己对产品概念的认知与设计行为动机来解决产品的使用问题。第二个方面是语言脉络：即以象思维为基础的意象脉络和以符号学理论为基础的语言学脉络。第三个方面是根源脉络：探讨在社会生产系统和消费系统中，“物”在整个网络系统中所处的角色与意义，以此作为重要设计资源的方法论。第四个方面是生态脉络：主要是对“物”所在的环境差异进行探讨，从“物”在生态系统中的角色认知“物”的存在意义，了解人造物可能衍生的新的生态系统。克里本多夫的产品语意表达方法其实是面向产品存在环境的四大语境分析，在分析中寻找语意的表达方式，属于感性的创造方法。近年来国内兴起了语意定量测量与分析的方法，这就是语意距离调查法。语意距离调查法原先并不只应用在产品设计领域，主要应用于视觉传达领域。认为“众人”对物（产品）的感情可以由度量表来测量。人对某特定物（产品）的感情就是人对此特定物的语意反应（或解读）。语意距离调查可以概括出产品设计在发展时造型的方向，使产品外形能较精确地表达“意义”，进而被规划的目标市场所接受。此种语意认知研究方法需要较为准确的情感认知测量和大量的有效数据统计，在日本称为感性工学，我国近年来有许多工科机械类出身的高校教师在工业设计方向从事这一领域的研究。但这种方法也有许多缺陷，主要是感性数据的采集存在诸多不确定或不正确的因素，诸如被调查者的代表性、被调查时的心理及情绪、问卷设计的合理性等，纵然统计方法合理但被统计的数据可信度低，结论当然是不会正确的，所以应用率较低。

（二）通过情境分析获取语意表达内容

创意设计过程贯穿着符号信息的收集、整理、变换、传输、存储、处理和反馈等，在设计中很难知晓什么问题是恰当的，什么信息是有用的，这或许要在得出答案甚至更迟时才明白。所以设计问题从科学角度讲，其实是一些“不良结构问题”，即设计问题不能用良性的“数学公式”求解，因而也不可能得到一个迭代优化的最佳解，设计问题不可能依靠设计者已有的知识简单提取，去解决实际问题，只能根据具体情境，以原有的知识为基础，建构用于指导问题解决的图式；而且，设计求解往往不是以某一个概念原理为基础，而是要通过诸多原理单元以及大量的经验知识共同作用而成。针对某一设计问题，同一设计师在不同时间、不同场景下的求解过程及方案都不一定一致。从这个角度讲，设计是一个“情境驱动”的过程，设计求解往往得到的是一个相对的“满意解”，而不是“最优解”。[①]设计问题的这些特点，使设计问题又回到了古代的取象比类，共理变通的意象造物时期，设计的共理性决定了设计信息的量化宽松，特别是语意设计应给出语意提取的具体情境，在情境融合的关系中找到设计机遇，这就是语意情境分析设计方法。该方法最早是由美国工业设计教授麦科伊提出的，他以普同性设计与诠释性设计来区分符号学对设计的不同影响，主张从文化符号系统及人的心理情境来引发与决定产品设计的方向，并从符号学与沟通（传播学）的角度提出这种诠释性设计，其设计过程涉及以下五个方面的问题探求：

①人的使用习惯：产品在日常生活中所扮演的角色的考量；

① 赵江洪 . 设计和设计方法研究四十年 [J]. 装饰，2008（9）：44-47.

②人对产品的操作：产品如何操作使用；

③人的记忆：人对此产品是否熟悉；

④物（产品）的存在环境背景：产品如何适应其所存在的周遭环境；

⑤物（产品）的生产过程：考虑产品如何生产。

这种语意设计过程较符号语意派和指示语意派更注重文化特性的表现和系统性，它在情境分析时涉及了产品语码的多层面，如疑问语码、动作语码、内涵语码和象征语码等，它更注重挖掘产品动态使用过程中所散发出来的语意，注重叙事功能。

作为符号概念的产品有外延和内涵，也可以说是符号的能指和所指。产品的外延是指由产品能指（产品的结构、形态、色彩、肌理、装饰、界面等视觉、触觉、听觉要素构成的产品形象）表达产品所指的明示部分，即产品内容本身，说明产品的物理性、生理性的功能价值。表明产品是什么、有什么作用、性能如何、操作性、可靠性、安全性如何。是能指直接表达的显在关系。

产品的内涵是指由产品能指表达产品所指的暗示部分，即产品形象说明产品内容本身以外的东西，说明产品的心理性、社会性、地域性、文化性的象征价值。显示产品给人的感受，使用者的个性、品位、地位，品牌形象，地域文化特征等，是能指间接表达的潜在关系。

第五节　产品语义学理念下地域性符号的选择与提取方法研究

一、基于情境分析的语意提取方法

情境设计是通过分析产品的使用情境获取设计意象，情境设计关键在情境分析。设计者透过对产品本身的造型意象的使用，让产品本身和使用者直接交谈，不需通过额外的说明就能让设计者想要表达的概念直接透过产品本身传达于使用者。情境是特定场景下的生活情境，产品定位就是产品使用的情境定位，情境的因素包括小环境（使用场地）、大环境（地域性），使用者（文化主

题的认知心理)。产品的使用情境，类似于语言学中的语境（context)，即符号的使用情境，来源于语言学的定义。“context”的原意为上下文，引申为单词的意义需要联系上下文推导出来。一个词语或一个句子的意义独立存在时，它的意义是有限的、不明确的，需要根据其所在的整个段落、整篇文章的意义而决定。因此，同样是一个词语、一个句子在不同的段落、不同的文章中就有着不同的意义。

语境分析是产品语意设计的关键环节，是语意设计的前期体验和调查工作。语意设计中的语境与语言中的语境存在原理基本相似，要联系产品使用的人群，原符号产生的地域环境、人文环境，主要方法是先进行设计调查和生活体验。设计调查主要是针对情境分析的因素、要素调查，如环境因素组成、用户需要要点、产品要素组成等，然后根据调查结果进行一系列的可视化情境制作表现，通过脚本设计、角色描述、情境的语言和图形、图版表现，在此基础上进行情境分析，凝练语意，包括原符号的视觉形态和语言词汇表达要对应出现。在地域环境情境分析、使用场景情境分析、消费人群定位情境分析中都要进行语意的提取。具体的做法是：在具体设计任务确定后，首先设定使用情境，使用情境中人、物、环境等要素，可借由环境心理学者对环境行为要素的观察方式来帮助界定。产品语意情境分析的目的只有一个，那就是提取预想产品的设计原符号，将其转变为产品语意。

二、基于语意情境分析的地域性符号提取

语意情境分析的产品语意设计是文创产品地域性设计的主要方法，其中地域性符号提取是关键环节。地域性符号提取的基本程序是：在实地调查文脉、地脉的基础上做场景和情境设计，以头脑风暴法进行地域符号联想，以 KJ 法进行信息采集，更好地发挥设计师的创作激情，最后做符号选择的归纳、排序分析，找出地域符号的立意选项。工作室内的情境设计通常以图板或视频演示创造氛围。

从符号的信息传播原理可知，设计信息总是先从原符号开始走向设计符号的。所以产品语意设计的基本流程是先分析搜集相关的原符号，然后进行原符号的变化与提炼（编码过程)，形成新的设计符号（编码)，即由原符号到设计符号的过程。由于罗兰・巴特的五种代码分析法是较为系统、完整的一种产品语意表达方法，具有较强的可操作性，在地域性设计符号的选取中将产品语码规则与情境调查分析法相结合是一种可行性较强的产品语意确定方法。该方法

的基本程序是：以使用者心理分析和文化背景分析为主进行主题语码的原符号选取；以产品使用环境分析为主进行结构语码设计，最后再结合语意认知调查修改语意。

（一）情境分析的内容——提取三类设计原符号

情境分析的过程其实是语意定位分析的过程，它包括三个方面：使用人群的定位分析、产品使用场景定位分析和地域文化定位分析，分析的方法很多，可以用列表法、图表法、坐标法等。由于产品语意设计是一种视觉性的设计艺术，在原符号收集、归纳和分析中最好以形态语意图板的形式排版列举，再进行形象选择、归纳，提取原符号，形态语意图板是设计场景构建的主要模式。

每一种产品都有其使用的环境和使用的人群定位，某种产品到底以什么样的存在方式才能适应这种环境和此类人群，可以通过原环境中的自然环境图片、文化环境图片和消费者日常穿戴及个人用品图片等做视觉分析得出一些推测。设计活动是一种以视觉思维为主导的创造性活动，用产品拟定实用环境中的典型环境特征图片建构一种设计体验场景对地域性产品设计或创意文创设计非常有效。这种图板式设计体验场景称之为设计看板。

1. 通过使用人群的定位分析提取主题性内涵语码的原符号

该层面要解决是谁使用的问题——设定一目标群体，如年龄、职业、性别、性格，特别是具有较一致的地域性和生活方式、身份等，通过与其相关的物品图片反映该人群生活属性。该人群的衣食住行，物品的品牌、款式、色彩等就是该人群的原符号存在情境（图 6-16）。由于针对产品语意之局限：受众面越广，对意义的诠释、理解越多样。设定目标群体很有必要，因为一定目标群体各因素较统一，这样更容易把握住一定范围内的意象诠释。主题性内涵语码有较强的个人主观性，也较为晦涩，需要小组集体把握。在该阶段一定要注意，在使用人群的定位分析中定位词汇和原符号要同时提取，所谓语意既包括视觉形象（能指），也包括其对应的语言表达（所指）。

2. 通过产品使用场景定位分析提取产品功能性结构语码的原符号

产品使用场景定位解决的是使用产品从事何种活动（完成什么任务）。产品如何操作、使用方式（凭借视觉、听觉、触觉、味觉等）。产品的使用场景、场地或地域不同往往影响产品的功能和使用方式，如图 6-17 所示是竞技类旅游产品使用场景的情境图板。在设定时首先要确定产品使用在哪里——确定具体环境、空间关系，产品离不开空间环境，在不同环境中产品造型意义

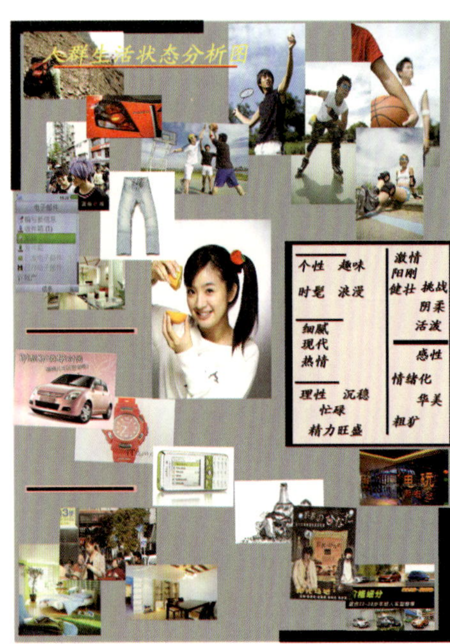

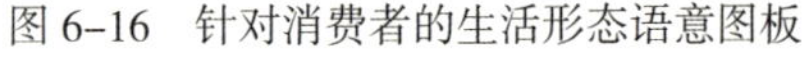

图 6-16　针对消费者的生活形态语意图板

图 6-17　针对消费者使用产品的生活形态语意图板

也应相应转换，以达到与环境协调的目的，如办公环境与家居环境对产品形态语意的需求也不同。所以在一定环境中也可以找到意义的依托。通过产品相关的使用场景定位分析，可以赋予产品如何使用的结构方式。结构语码相对好理解，语码也较为明显。当然在使用场景定位分析中，定位词汇和原符号也要同时提取。

3. 通过地域及文化定位分析提取主题性文化语码的原符号

产品的主题性文化语码在产品语意构成中占据重要的位置，所谓产品的文化内涵或文化创意主要体现在这一层面。产品主题文化语码主要指社会文化涵构，包括地方区域特征、文化特征、历史文化古迹、传统器具、文物、风俗习惯等。在地域及文化定位分析中定位词汇和原符号也要同时提取。如图 6-18 所示的是西北沙漠旅游用品的人文及自然情境图板。

（二）情境分析的结果——语意定位词汇表达及原符号的筛选和表达

产品语义学起源于语言学，并借助语言的特性和规律发展。语言是社会中最基本最重要的信息表达手段之一，产品语意的定位表达离不开语言表达，我们要用最简练、最准确的词汇表达出来，再寻找与之表达相关的设计原符号。

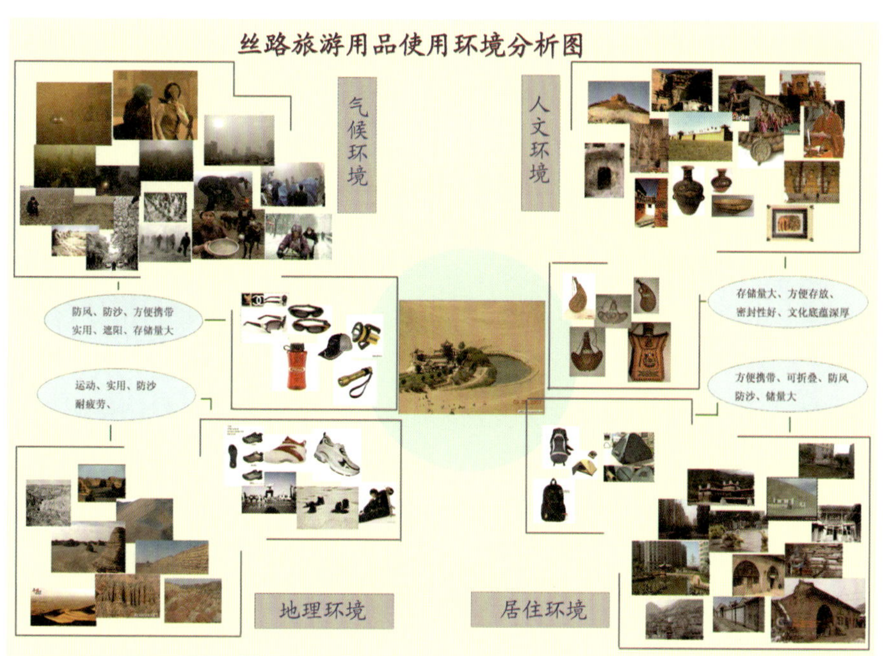

图 6-18　西北沙漠旅游用品语意设计的人文及自然情境图板

一般来说，针对某一课题的设计原符号是十分庞大的资料库群，其搜集难度和工作量都很大，最好系统分类搜集，根据设计需要可以从各种不同角度分类整理。在搜集中要以设计相关符号（大都为可视性原符号）为主，对以上一些因素分析后可以制作两种情境意象图，提取产品角色，并给出语意表达词汇。

1. 主题语码提取（象征角色提取）

产品造型设计如同雕塑创作，必须有一个整体的意象性轮廓形象，然后才能逐步深入刻画，这个整体形象所表达的就是主题性和象征性。象征角色提取可以从传统符号（原符号）获取，也可从现代符号（主要指现代设计符号）获取。

（1）采用原符号进行变化

①概念扩大再定义法：功能定义中，适当抽象可以使设计者联系到更多与设计对象相关的原符号，从而扩大原符号的猎取范围，此方法主要用于疑问语码和象征性语码的原符号选取。自然界和人造物品中有许多东西在某一或某几个方面是相同、共理的，这样自然就会以此类比，形成语意表达关系。将自然界物象形态赋予其外观造型。

②仿生形态设计法：使某一生物形态与对应产品在形态、结构或意念方面存在一致性。

③共识器具、动植物、历史古迹、风俗。这样就可以首先解决这是什么的问题，此外，在此基础上，通过企业标志、材质等的设计与搭配，解决其象征语码问题。

④抽象重构法：提取原符号的形态意象，使之表达原符号的能指。

（2）提取优秀设计意象符号

语意设计的符号来源不一定都要从传统符号中演变而来，也可以借用前沿性的优秀设计符号，参考市场上已有的消费者所反应的共性明显的语意特征的产品。其实，在多数情况下设计师都在自觉和不自觉地采用语义学的部分方法进行产品造型设计，在设计时总要查阅和参考同类或相关产品的结构、造型风格、款式、色彩、肌理、装饰等构成产品形象的要素，感受这些元素的象征意义，从而提取所需要的造型元素特征，应用在新产品开发中。在产品意象定位中，要借助情境式设计中可视化情形的表现与制作，特别是将调查中得到的与产品意象相关的图片进行展示制作。最常用的是产品功能卡片和生活形态意象图，此后再进行情境分析。

①用户生活形态意象图（针对消费者）。制作目标群体生活方式形态意象图（针对消费者），根据设定的使用情境提取产品角色。生活形态意象图的制作方法是选择目标群体所喜欢的物品及款式色彩、崇拜的人、喜欢的运动，歌曲，艺术作品、喜欢的色彩等，以图片、图标、图表方式以可视化、故事化、卡通化等形式拼贴在一起，形成一个统一的视觉形象。拼贴的原则是有利于设计师及其他人员能够联想并参与设计构思为标准，根据设定的使用情境提取产品角色，并探讨产品固有的角色及在某情境内应有的地位及象征。这有助于使用者从形态语言中获取“角色信息”，实现产物角色与人的沟通。

②利用产品形态语言诠释产品之双重角色，确定产品形态意象图（针对产品）。对所设计的产品使用环境中的其他产品及相关产品拼贴在一起。如要设计一款年轻一族使用的旅游帐篷，可以将年青人旅游时穿的衣服、鞋帽、旅游眼镜、越野车、睡袋、充气床、野餐具、野外桌椅等放在一起，给设计师在产品结构，使用方式的语意提示等方面有很大提示作用。

如果设计一款沙漠地区使用的野外观星空帐篷（星空屋），则要将年轻一族去沙漠旅游时的穿着、使用物品的喜好，体验场景的喜好图片拼贴在一起组成一种情境设计看图板。产品语意设计看板是一种基于视觉联想思维的设计信息盘活与诱导的图板。语意设计看板可以理解为设计主题、题材的创意来源信息库，它是利用设计取象原理将与设计有关的原符号群进行选择、取舍、分类，之后以一种有利于启发设计思维的视觉信息群组合在一起。其特点是视觉信息量大、且以系统而有机的方式排列组合在一起。语意设计看板设计的形式、内容和要求要以能最大限度地驱动设计思维为依据，促进设计思维向纵深发展，尤其有利于发散性思维的展开。在产品语意设计中设计的语意编入信息和使用者的语意解读信息对称是整个产品语义学研究的关键问题。解决该问题比较好的一个方法是将设计师和产品使用共同参与看板制作，共同进行基于看板的情景设计。通过相关产品造型的外观造型、结构功能、材质色彩、比例尺度等营造出一种同类型意象的产品氛围，使设计者在一种轻松、趣味、愉悦、神秘的设计气氛中产生特种心理体验，让用户有参与感、决策感，从而提出一种产品功能、造型形象。

语意看板设计的本质是取象思维。在充分了解和熟悉所要设计的产品功能、用途的基础上，将与设计主题相关的原象符号集合在一起形成原象看板，以启发原象与设计对象功能之间可能存在的各种映射关系，建立语意切入点。这是利用看板进行产品语意设计的基本过程。语意看板在地域性文创设计中很有效，所谓主题和题材主要指地域性传统文化元素、文物元素等。

立意建立之后则是造型设计，产品造型设计旨在充分表达产品语意。在保持原象创意和更好地满足使用功能的前提下，通过各种可变化因素的调节形成一种指示使用者正确理解和操作该产品的造型和结构方式，尽可能使人机之间构成一种生理、心理上的和谐关系。在形态语意设计中产品的实用性和象征性不能割裂开，不能一味追求语意象征作用而淡化实用功能的设计。要兼顾产品之双重角色，使二者有恰如其分的关联。提取产品角色，可从以下两方面入手：产品固有角色即是产品自然角色，可根据产品之客观功能及其使用行为来确立；产品象征角色即是社会角色，可从产品在周围物、社会、自然环境及社会风俗、习惯等来获取。广泛而深入的情境调查与开放活跃的情境分析是语意设计的基础方法。

2. 结构与材质语码提取（功能角色提取）

形象和功能是分不开的，甚至在设计时是并行考虑的，但结构语码的许多问题是局部性的问题，是在具备了一个整体形象的基础上而逐步深入的（也存在形象必须在一个具体结构的基础上产生的情况）。在产品功能角色的提取中，首先要考虑与其相关的项目，主要包括操作性、宜人性，如：借形态指示产品如何工作，如何使产品便于人了解操作及如何执行等，此外，借形态体现产品的性能、品质、可靠性、工作程序性等。

产品的结构是各要素之间相互联系、相互作用的方式，即是产品系统内部各要素相互作用的一种秩序。产品结构的符号学特征首先体现在产品要素之间的关系上，即产品语构学的特征上。正是有了要素与要素之间的有机结构关系，要素才能作为媒介关联物在符号系统中发挥其内涵和外延的作用，产品才能形成系统，实现特定的功能。产品结构的符号学意义还体现在自身的语意特征和语用特征上，产品的对称结构本身就能给人以均等、平衡和稳定的语意感觉，螺旋式的结构设计能创造出旋转的使用方式，产品符号的语意和语用关系能通过合理的产品结构得到明确的设计。结构语码中形态语意获取途径主要有指示性符号，抽象符号等原符号和各种科技符号（表6-1）。

表 6–1　产品结构机构之间的符号列举

原符号能指	旋钮	铰接	子母扣	万向节	指扣槽
原符号所指	转动	折叠	方便连接	变向传动	打开位置

产品的质感和肌理表达的是产品的材质语意。使用什么样的材料是产品质量、性能的关键。在人们长期的使用经验中，不同质感的材料代表不同的使用性能和视觉心理效果，这样就使材料的物理化学性能与材料的视觉心理一一对应了，从而也使材料具有了符号性质。产品整机质量、零部件的强度、耐磨性及其加工工艺性能是直接可以从材料的质感、密度和结构造型感觉出来的。因此不同材料质感、结构就对应不同的产品语意，在产品设计时运用这些语意特征表达产品的功能、使用性能；更重要的是，材料的质感和肌理犹如画家的颜料和笔触，它本身是一种艺术表现形式，通过不同材料的单一选择或面积对比、质感对比、肌理对等可调节产品与人的情感亲疏关系，如玻璃、钢材的使用可以表达产品的科技气息；木材、竹材的使用可以表达自然、古朴、人情意味；石材的选用可以表达坚固防水心理；布料皮革则让人有柔软亲近的感觉。人们对不同材料质感和肌理的心理感受还来源于材质的加工成型特征，如金属钣金件可冲压、拉伸成型，长期使用抛光后产生强烈的金属光泽感；布料材料成型后基本是柔软的圆角弧面形态；而高分子材料有一定的弹性，其吹塑、注塑等多种成型方法可以使其做成几乎为任意形状的造型，形态感受不同于其他材料。

总之，材料质感和肌理对应不同的使用性能，也对应不同的产品视觉效果。作为设计者应当熟悉不同材料的综合特征，对材质、肌理与形态、结构等方面的关系进行深入分析研究，根据产品功能选择符合产品需要的材料，科学合理地构建产品语意形象（图6-19）。

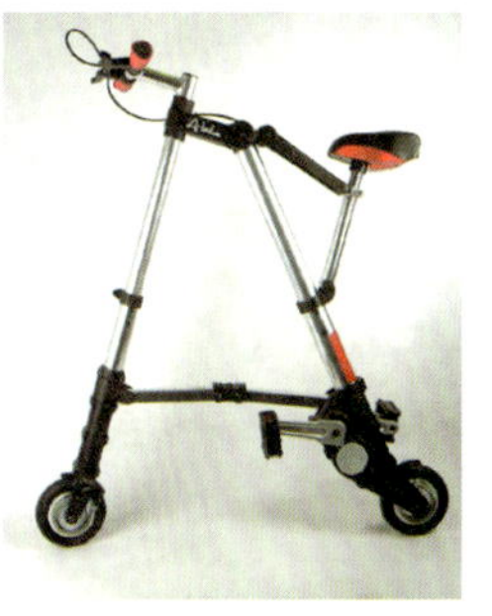

图 6–19　结构语意的能指作用

透明材料与非透明材料的指示作用，各类可解读的机器原理，如螺钉的固定、旋钮的转动提示，弹簧，夹子的弹性示意等。以下是常见结构语码的符号特征及其对应的意义（表 6-2）。

表 6–2　产品材料符号之间的语意对比

	透明与非透明、半透明	软质橡胶、钢材	石材与木材	皮革与布料
原符号能指	材料的视觉效果	材料的软硬效果	石、木家具	皮布提包
原符号所指	高贵的光影对比	高贵材质对比	家具的品位	提包品位

任何产品系统都是由若干相互关联的产品要素构成的有机体。产品的每个单元体，只有赋予了它在产品整体系统中的意义和功能，才能构成产品的要素。要素作为构成产品符号系统的单元体，首先表现在产品符号要素与外部联系的意义上，即产品的语义学特征上。产品是一个完整地针对使用者的语意交流系统，产品系统中的每一个要素都应具备一定的指示意义，只有通过指示意义才能使产品与使用者建立互动，从而实现产品的使用功能。产品整体外观、结构及局部元素、操作在形状、材质、结构、色彩、图形等方面与使用者的语意认知系统相一致，人们通过联想就基本知道该产品功能是什么、如何操作、操作后可能的反馈等。

在一定地域范围内新近出现的某些设计符号，其认知的心理约定性社会基础还不很强，在产品设计中许多内涵语码的语意特征较为模糊，无突出的意义倾向，这需要进行专门的语意认知测试，参考测试结果解决。

3. 语意造型设计

产品语义学重在对产品语码的象征意义进行理论研究。产品语义学在向定量化研究深度发展的过程中与基于感性量化分析的产品形态研究方法相结合，产生了新的发展方向，这就是感性工学方法。该方法 20 世纪 90 年代在日本、欧美等地兴起，主要以感性数据模型构建为手段，围绕产品的感性意象元素，结合美学、心理学、神经生理学、人机工程学、人工智能学等进行感性认知的量化研究。我国学者，特别是一些具有工科背景的设计方法研究者开始用感性工学方法对产品造型的意象认知进行测量分析。随着国外针对感性意象的研究不断深入，在日本、韩国、美国、欧洲等地，尤其以日本的感性工学为代表，许多学者围绕消费者的感性意象这一核心，结合美学、心理学、神经生理学、社会学、人机工程学、计算机技术、人工智能学等，运用不同的数理分析方法和计算机技术对定性的感性认识进行量化、物化研究。

通过语意差异法提取感性符号（语意）是感性工学造型设计的主要方法，所谓语意就是某一形态特征所代表的视觉心理特征，通常用形容词汇表达。语意差异法（SD）最早是由心理学家奥斯古德创建的，它用于测试受测者对某一事物产生的心理度量研究。①感性工学一般先确定意象与设计要素的关系，抽取影响造型要素的感性元素，将其分解为单一的特征线形、肌理、色彩等。再设定 SD 调查问卷，做测试调查，得到统计结果和合理的意象评价值，在此基础上主要通过数量化一类线性分析法确定目标子意象与设计要素之间的对应关系。数量化一类方法是将产品造型设计要素作为自变量，将产品意象评价值作为因变量，设有 m 个产品造型设计要素，第 i 个产品造型设计要素的类别数目用 a_i 表示，假设产品意象评价值和产品造型设计要素的各类别存在线性关系，则线性模型为：

$$y_i = \sum_{i=1}^{m}\sum_{k=1}^{ci} a_{ik}\partial_i(j,k) + \zeta_j$$

式中　a_{ik}——第 i 个产品造型设计要素的第 k 类常数；

ζ_j——第 j 次抽样的随机误差。

得到认知度较高的意象元素后，就可以进行造型设计应用。对所选择的造型元素进行编辑，根据目标用户的需求，结合产品本身的特点，在系统中对特征元素，特征线形等进行拉伸、旋转、重组、重构等变化手段使之符合产品功能和审美需要。若要深入研究用户语意认知是否和设计作品意图相耦合，还需进行语意的认知测试与修改。表 6-3 是基于马家窑彩陶的文创设计中意象元素与茶具造型设计的对应关系案例，在研究中设定了许多对描述马家窑彩陶的感性认知语意，也就是成对的形容词。本案例通过数量化一类分析后得到了与苍凉、拙朴两个语意认知度较高的几种造型线条、纹样、肌理，称其为意象元

① 苏建宁，王鹏，张书涛，等 . 产品意象造型设计关键技术研究进展 [J]. 机械设计，2013，30（1）: 97-100.

素，再对这些意象元素通过线条旋转、拉伸和纹样、色彩重组应用，最后得到具有马家窑彩陶意象认知的茶具造型（图 6-20）。

表 6-3　马家窑彩陶的意象元素与茶具造型设计的对应关系

名称	意象元素	新的意象设计
茶壶		
茶杯		
茶叶罐		
托盘		

图 6-20　基于马家窑彩陶语意认知的茶具套装整体造型设计方案

感性工学在感性造型意识方面开拓了新的研究方向，相对于我国传统取象类比的意象设计方法，在计算逻辑上采用多元回归法，有系统性和精确性。但感性工学研究必须以正确的定性分析为基础，尤其要以客观测试数据为计算对象，由于感性词汇表达的不确定性、用户感性数据采集存在失真性问题，使感性工学的有效性有时很难保证。设计的复杂性使设计创意的获得具有非常广阔的创意来源，甚至有无限的值域。所以中国传统意象造型中以体验为目的的造物思想将在未来消费需求中焕发新的生机，这就是情境分析式意象设计方法。

三、产品语意认知测试

语意认知的复杂性，使设计师不能单凭个人的知识阅历满足消费者的感受效果和信息辨认。特别是进行产品的内涵语码和象征语码设计时，需要先对使用者进行语意认知调查，也就是说产品语意设计应该是一个从“解码”认知分析再到“编码”设计的逆向过程，也就是设计师要先从产品的使用情境分析入手，研究目标群体的符号认知心理，在此基础上进行所选符号语意的造型设计。这一原理决定了产品语意设计的基本程序。目前国内外语意符号的选取和测试方法很多，主要有风格调查法、语意差异法、情境分析测试法、造型语法、图像学、艺术史的风格分析方法等多种，其中主流方法是风格调查法和情境分析测试法。

（一）风格调查法

该方法是将语意差异法与造型语法、图像学、艺术史的风格分析方法结合后进一步发展而来的。其目的在于分析既有的产品（特别是历史上的产品，如古董桌椅）在人们心目中可接受的意象，该意象则称为此“物”的原型，也就是前面所讲的原符号概念，进而将其作为设计师进行创作变化的依据和参考。

如果所测试的是某地域传统文化下的物品，那么所找出的元件与原型，基本上可以称为该地域范围对该物的指称，这也正是该“物”的文化造型符码系统（元件与元件结合关系）。这些做法与流程都可以作为一定的参考，尽管各有不同，但基本都考虑到了使用者在认知产品时的主体性、符码和地脉因素的重要性，并据此设问以寻求解决途径。国内最早实践这种方法的是江南大学的刘观庆教授，他结合教学改革做过多次尝试，探索语意主体在语意认知中可能存在的一致或分歧，并取得明显效果。风格调查法的核心是，调查确认人们对产品造型特征的认知情况，该产品应该采用什么原符号，将调查结果作为产品语意设计的参考，在产品语意设计中将它作为情境分析设计的重要一环来执行。其基本做法有两种：一是先设计再调查，即在情境分析和语意设定后，依据象征意义将原符号变化为设计符号意象，为了提高语意传达的满意度，还可进行多次测试和“编码修改”。二是先调查再设计，即在情境分析的基础上，调查现有同类产品中人们对各类风格的认知情况，将调查结果作为产品语意的参考进行意象设计。

（二）情境分析测试法

产品语意设计可以是设计师依据自己对地域文化的理解或之前座谈讨论确定的目标原符号进行设计，也可按照调查测试后的原符号特征进行设计，因而，地域性符号的提取方法可分为先设计再调查测试和先调查再设计再测试两类。

1. 先设计再调查测试

（1）提取地域性原符号

设计师根据自己的设计经验和知识阅历，提取地域性原符号，进行筛选，制作原符号情境分析图。这种设计方法对设计师个人要求很高，除了本地设计师可以承担此类设计外，外地设计师最好有在本地生活的经历，而且在设计评价时，两类设计师都可参与。这一点也很重要，在此类设计中，既要有本地设计者对当地文化的体验深度，也要有异地欣赏者对目标地文化的敏感度。情境分析既要有文化符号的收集、筛选、分析，在地域性原符号收集整理中，又要按设计目标将符号按语意内涵归纳分类，在调查中有利于设计师和使用者之间的语意认知比较。如图 6-21 所示是按照设计师的语意认知将马家窑彩陶的原符号收集的筛选图板。

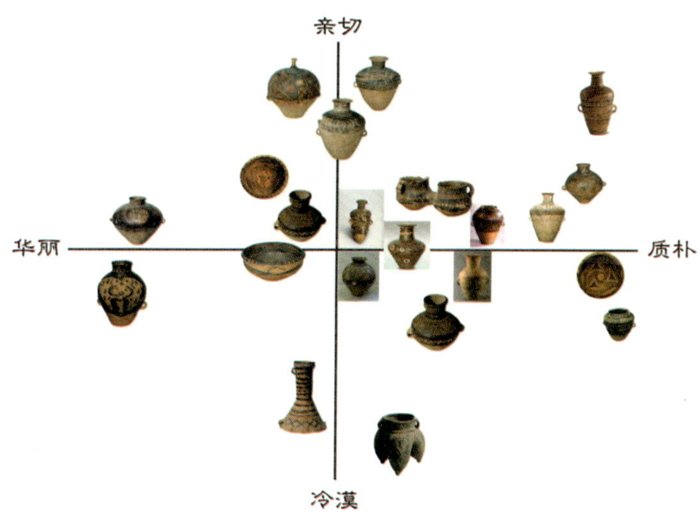

图 6-21 按语意内涵归纳筛选后的马家窑彩陶原符号看板

（2）使用人群定位

在搜集整理设计原符号的同时，还要整理消费者的情境看板，得出产品使用人群的性格、产品喜好等生活方式的形态模型。根据设定的使用情境，提取产品角色，先提取产品主题性象征角色，再提取产品结构性固有角色。

（3）产品概念设计

根据语意表达词语和语意情境形态图进行语意构思设计，根据两种角色整合画出草图，多次讨论完善，作出效果图或模型样品，再做问卷的认知调查。如图 6-22 所示，问卷设计包括三部分：第一部分是受测者信息，这关乎产品市场定位；第二部分是产品语意设计提案，要通过清晰的立体彩色效果图展现，也可以将三视图、透视图配合展示；第三部分是测试者基于效果图的认知表达，又包括两个小内容，喜好度和语意符合度填写，这些数据采集与调查目的息息相关。

产品语意认知调查表

产品名称：________

一、受试人群资料： 1 性别：男☐ 女☐

2 年龄： 20～30岁

3 专业： 理科☐ 文科☐ 设计类☐

4 地区

二、产品语意设计提案

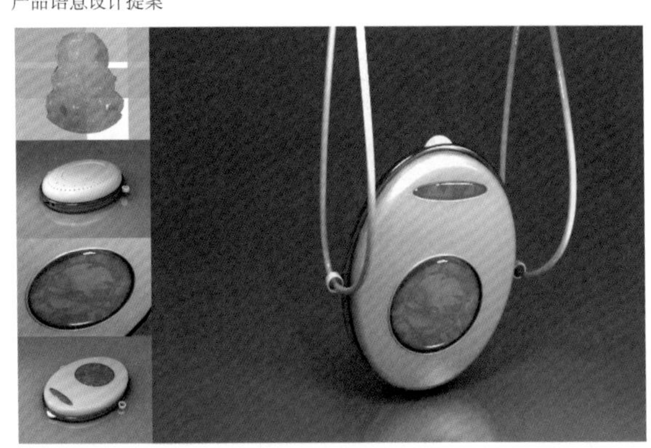

三、语意认知测试

喜欢度： -2 -1 0 1 2

语意认知度：

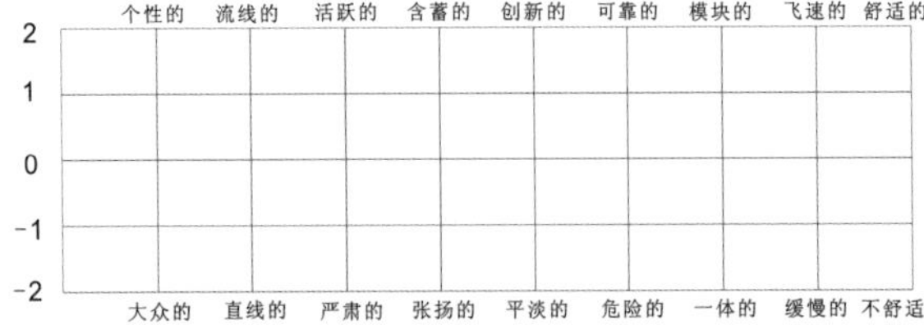

图 6-22 基于连体彩陶罐的产品语意设计认知调查表

（4）产品语意测试与调整

产品初步概念提出以后，需要对语意进行测试修正。过程包括受试者选择、问卷设计等。产品语意的调查主要是针对内涵语码。产品三种语码的描述都可以用形容词汇的形式表达。因而在调查问卷设计时，要将形容词汇表分为三种类型。对于设计者而言，内涵语码的认知较难把握，认知倾向不明显，认知较为模糊，需要做认知调查，其他语意相对客观一些。

（5）调查统计与描述

调查数据统计和结论归纳。

（6）修改设计

依据语意测试结论完善语意设计，为了地域符号的精准提取与设计，这个过程可以迭代多次。

2. 先调查再设计再测试

两种方法的部分内容和测试手段是完全一致的，但从科学研究角度讲，后一种更科学，制约条件较少，具体过程包括：

（1）准备阶段

进行产品情境分析，设定使用情境，并依据产品立项的目标语意、产品种类进行分组，每组 3 ～ 5 人，选出已有产品的成熟产品语意。

（2）产品样本的筛选

首先广泛搜集各种与设计对象相关的造型图片数十张，将这些图片进行初步分类，去除类型接近的图片，找出 10 ～ 15 张具有代表性的产品图片，将这些图片分别彩色打印装订成一本问卷调查样本，图片保持高清质量，能清晰反映各形态特征。

（3）形容词词汇筛选

由于是内涵语码的测试，侧重于了解受试者对产品造型的感觉与偏好，对产品的感觉反映了对产品语意的解读，通常都用形容词来表达。因此，必须找出适合设计对象的各种形容词（以反义词成对列出），从中挑出适合的具有代表性的 10 组左右的形容词，放到调查样本的每一个产品样本中，再加上一组反映偏好程度的词组，即喜欢与不喜欢。

（4）问卷设计

问卷设计的方法和格式与先设计再调查的研究类型基本相同。

（5）受试者选择进行测试

受试者的选择非常关键，一般要选择产品定位的人群，且分类受试人的层次，应从性别、职业、年龄、收入的各个方面考虑典型性、代表性。

（6）场景设计及填写问卷

调查问卷填写必须在特定场景中完成，场景设计要使受试者轻松愉快，避免弄虚作假的心理，每个受试者只有客观真实地将自己的心理感受填写到问卷上，该问卷才是有效的。

（7）部分问卷统计整理

先算出每个样品的平均喜欢度，然后将各个样本进行曲线整理（图6-23）。取1.5喜欢度以下的样本和 –1.5喜欢度以上的样本。算出各选出样本中，各成对形容词语意的平均值，并列表。从表可以解读到：喜欢的样本其语意特征，不喜欢的样本语意特征。

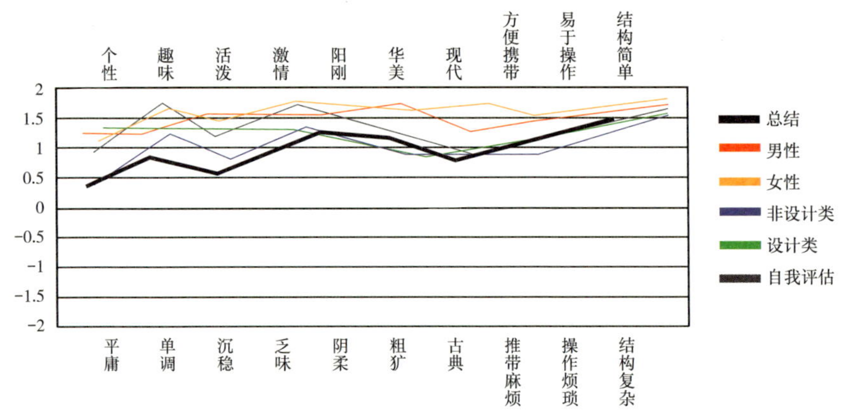

图 6–23　场景设计及部分问卷统计整理调查表

（8）结论分析

通过调查可以基本知道受试者的语意认知模式，什么是语意喜欢的，什么是语意不喜欢的。

（9）造型设计

根据受试者的语意认知模式，设计师按照选定语意进行造型设计，强化用户喜欢度较高的造型元素，将某种感觉加强并巧妙地变换为新的表达方式。

在意象感性设计中，有时候还需要对初步修改后的语意形态进行二次或三次语意认知的迭代测试，再调查、再修正，根据反馈信息，不断完善语意设计。

四、产品语义学的局限性

产品语义学的局限性是由人类认知系统的复杂化、个性化、多样化造成的，主要表现在产品语意认知的不确定性，致使设计表达也很困难。

（一）符号受语境影响

涉及文化、记忆的脉络、民族地域、国别等具体区域或文化环境的影响。

（二）符号受接受者影响

包括接受者的意识道德、宗教立场、心理状态、品位、价值观等对其影响。

（三）受讯道干扰等

实现信息沟通，选用符号时，必须选择双方共有的符号储备，正如中国人与外国人交流，必须共通一门语言，否则很难沟通，共同的符号储备是理解的前提。

（四）语言词汇与产品形态语言的差异性

在语义学基础上发展起来的感性工学也同样遇到困境。用理性的、定量化的、逻辑性、数理性的方法与思维来研究非理性的、感性的、心理性的、情感性的、非逻辑的、不确定性的对象，方法与对象之间就有许多不相融性。如果设计师对使用者的产品语意缺乏深刻的了解，设计师在产品设计上的诠释与使用者的感受就不一定相同。因此，从产品语意的角度研究使用者对产品造型的认知模式，对产品设计就显得十分重要了。

第六节　《周易》与制器尚象

“夫《易》何为者也？夫《易》开物成务。”意思是《易经》为开发万物、开启制度的一门大学问。《易经》作为群经之首、万法之源，可谓博大精深，它将“象、数、理、占”四大体系有机地统一在一起，是我国古典哲学、理学、逻辑学、美学的基础。据研究，今天人类自然科学的高端领域，如相对论、量子力学等许多原理却能在易学中找到根基乃至答案。周易认为阴阳对立统一与变化是宇宙的根本规律，它把复杂的宇宙世界化简为阴阳二元素，用阴爻“--”和阳爻“一”表示，宇宙间的诸事诸物不过是阴阳二元的数量、次序、方式等交感流化的结果。这与今天所知的物质与暗物质、万有引力和暗能量、微观领域的正粒子和负粒子、量子的左旋与右旋等相一致；由“0”“1”形成的数字逻辑电路的有限或极限叠加，便形成了数字化的大千世界，也就是今天人类无不能用数字化来表达和计算整个宇宙万物，这与刚爻与柔爻的无限交错，化生万物的基本机制是一致的。

开物成务思想重在造物方法论，而且《周易·系辞下》以大量案例阐述了“取象开物”“取象成务”的基本原理。周易的开物思想和现代产品语义学有很大的关联性，产品语义学是从符号学视角提出产品象征性设计方法。象征性设计是人类艺术思维的共性，在世界各民族传统思维意识中都有，所表现的当代文创设计不但要在符号上体现本土文化特色，而且要根植于民族的思维方法和造型思维机制。当现代语义学为地域性文化符号的选择提供思路时，如何在原符号和设计载体之间找到映射关系，构建立意？中国传统取象类比、意象思维在现代文创设计中具有新的方法论价值。

一、观象制易

在周易中，观象是制易和创立卦象（制象）的方法，取象是占卜取卦之意。《周易·系辞》中说："古者包羲氏之王天下也，仰则观象于天，俯则观法于地，观鸟兽之文与地之宜，近取诸身，远取诸物，于是始作八卦，以通神明之德，以类万物之情。"这段文字虽很简短，但道明了三个问题，一是"观象"的范围、方法；二是"制易"的方法；三是"取象、用象"的方法乃至制易的目的、意义，总领全书，并为下文行事、制器的取象缘由做了铺垫。

（一）象和观象

《周易·系辞》说"易者，象也""是故，夫象，圣人有以见天下之赜，而拟诸其形容，象其物宜，是故谓之象"，所谓"易学"其实是有关"象学"的理论。而"象"是圣人见到天下包罗万象、纷繁复杂的事物，不能统一，才将其分类归纳，模拟了它们的形态属性，对应了事物合宜的内在本质，用抽象的卦爻符号来映射事物的形象，这既是"象"的原始含义，也是制象的过程。

汉语中与"象"字相关的词非常丰富，通常与思维和形态等概念密切相关，如想象、表象、现象、气象、印象、象棋、迹象、抽象、险象、天象、悬象、物象、心象、假象、意象、败象、景象、象限、具象、象形、形象、星象、幻象、病象、对象、血象、脉象、象征、模象、变象、立象、象数等。由此，凡是我们能见到、感觉到而不能捉摸或不能实际接触的事物就叫作"象"，但象是有规律的，"象"可以理解为有规律的"物象"和"事象"。

据说最先提出"象"概念的是老子。老子的"象"字中蕴含着宇宙自然规律的意思。后世哲学所讲到的"法象"的观念，与老子的"道法"一脉相承，道家将太极八卦图作为道场图腾，所以陈鼓应教授等认为《十翼》可能是道家所著。"象"的使用必须遵循变通的原则，即"化而裁者存乎变，推而行之存乎通"，原始先民在与自然适应和改造的过程中归纳和总结经验，形成了有关自然现象的普遍观念和处理问题通用的方法和，这就是上古时期朴素的世界观。

“观象”的基本方法是全方位、多角度地系统观察，即仰观俯察；在观象中，有一点特别重要，这就是“观鸟兽之文与地之宜”，这是《易经》观象学说中能反映系统思想、生态思想和地域性设计思想的最重要的论点。“观象”的要点是“观鸟兽之文与地之宜”，既要弄清所观察地域中各地域构成因素之间的相互关联性，又要弄清各地域的生命元素和非生命的地质地貌元素是如何适应地域特征的；观察和分析各地域的动植物形态特征及其生长和生活习性如何与地域自然特征、气候条件相一致的问题。

（二）制象和制易

“制易”的方法是在广泛吸取各因素基础上的归类归纳、凝练、图案化抽象表达过程，即“近取诸身，远取诸物，于是始作八卦”。古人将相似的自然物象抽象为八类，形成八卦，八卦即为八象，后来到商周时期演变为六十四卦，即为六十四象。所以中国古人在很久之前就已经总结出了可通用的行事、做事规律。易道和易理的构建称制易，制易的实质是制象。《周易·系辞》中说“易也者，象也”。胡适认为这五个字是弄清周易的关键，世界的一切事物都可归类为某“物象”的范畴，而万事万物的变迁进化也都源自“象”的作用，此作用可归类为某“法象”的范畴，所以“象”不仅有相对静态的物质属性，也有绝对动态的规律属性。“象”在宇宙自然界都是固有存在，只是要把它发现、梳理归纳出来，形成可用于人类认识自然和指导人类活动的通用规律，就形成“法象”。

制象是远古圣人将自己周围的生活环境乃至宇宙天象进行符号化的（或曰易化、卦爻化）抽象和提炼，这是人类早期的意象创造活动。在最初制易时，甚至连文字都没有产生，所以伏羲等圣人，对物质、现象、事情的描述不可能用文字归纳、描述，而原始八卦图创造了一种抽象的阴阳爻符号及其逻辑组合方式描述，就是这种非文字的阴阳符号和太极图把世界万物的规律象形地表达出来了。在归纳推理思维的基础上，《周易》认为世界万事万物形态及其演化都可以用阴阳爻的不同排列组合、交错叠加来表达，并且这些组合以一定的次序排列，也必然形成一种周而复始、正应、敌应的宇宙螺旋发展变化规律。所以《易》将阴阳爻符号形态意义的抽象与万事万物的对应（映射）就是制易。易道用的是观象制易的方法，《天皇伏羲氏皇策辞》中讲到：“惟天至仁，于草生月，天雨降河，龙马负图，神开我心，子其来生，我画八卦，自上而下咸安”这和《周易·系辞下》中讲到的“天生神物，圣人则之。天地变化，圣人则之。……河出图、洛出书，圣人则之”相对应。马恒君等学者认为，所谓“龙马负图”不过是天下大雨，渭河泛滥，伏羲在河边看到一匹长有斑纹的马，从马的斑纹中得到了启发。也许是因为伏羲长期在思考自然规律的统一性问题，因此时常在观察周边的诸多事物，进行归纳总结，就在一个雨天，忽然从河边的一匹花皮马的身上得到了启发，创造了河图。同理，《洛书》也许可能是从乌龟甲上的龟裂纹得到启发的，因为在那个图腾崇拜的时代，人们常常视地上马匹、水中的龟鱼为神物，对这些神物的凝神观察与思考是在情理之中的（图 6-24）。

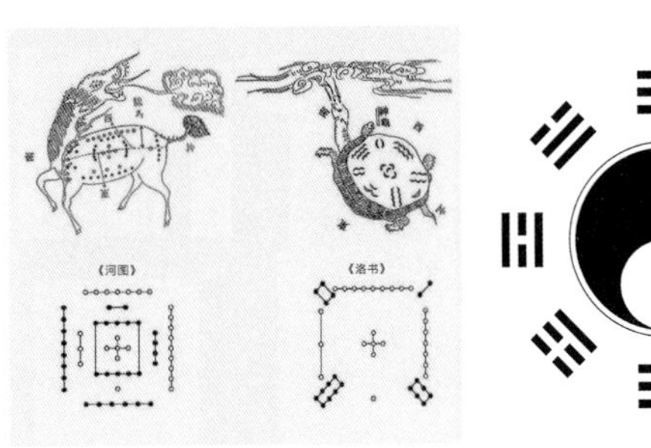

六十四卦卦画及卦名

图 6–24　原始八卦图与其六十四卦画及卦名

可见古人制易取象，其象是对自然现象（上到天文、下到地理）的高度抽象、简化、模拟、仿造，《周易・系辞上》中说：“是故，夫象，圣人有以见天下之赜，而拟诸其形容，像其物宜，是故谓之象。”圣人见天下万事万物繁杂，因而拟测万事万物的形态，将其归纳为八个基本卦，以象征万事万物所适宜、对应的物象，所以叫作“象”。“圣人有以见天下之动，而观其会通，以行其典礼，系辞焉以断其吉凶，是故谓之爻。”圣人见天下一切动作营为的千变万化，而观察其可以会而通之之道，制成六十四卦三百八十四爻，以显现一切动作营为的常体，复合系之以辞，而断定它的吉凶，因此构成卦象的最基本元素就是“爻”。

宇宙中的最基本的单极元素为阴和阳，世界万物都由阴阳组成。刚柔相济，互为推挤，产生种种运动和多样变化。一阴一阳谓之道，按照简单的数学排列组合就知道阴阳二因的三元排列即产生八种方案，结合对自然界深入全面的观象，通过类比、联想而赋予每一种组合方式（卦画）以对应的基本物象。所谓“爻也者，效此者也。象也者，像此者也”。所以最初的八卦是古人头脑概念中的八种典型自然物象，即乾、坤、震、巽、坎、离、艮、兑，分别代表天、地、雷、风、水、火、山、泽，古人认为它们是宇宙中最典型、最鲜明的八种物象，涵盖了宇宙万物，其他物象都可以归类在这八种物象之中。后来《周易》又将八卦两两相组，也就是阴阳二因的三元排列，即形成六十四卦，更细化性地代表了宇宙中各种事物的类型、属相、性质，同时也扩大取象范围，基本上都把世界上的万事万物及其演化规律对应上了，这就是阴阳相荡、化生万物，也就是老子所说的“一生二、二生三、三生万物”。所以，基于易理的制象素材源于对自然物象的形态、运动变化等进行凝练、抽象，最终形成各种意象性的事物模型。

（三）制象的原理

《周易》自传世以来主要用于卜筮，其实它是一部立道设教的书，“十翼”是古人对《周易》的注释。纵观《周易》中的卦辞、彖辞、象辞、爻辞大都是先言“象”（自然现象及其变化），再言“事”（人、事、物及其吉凶变化），二者是比拟关系。自制易以来的相当长时间里，我国古人不只是“制器尚象”，人们的活动都要尚象而行，即“行事尚象”，乃至“做人尚象”。“格物致知”出现在《礼记·大学》，普遍认为是中国古代儒家思想中的一个重要概念，是儒家专门研究事物道理的一个理论，但相关典籍已经失传。由于现今研究者没有找到有任何先秦古籍中使用过“格物”与“致知”这两个词汇的书籍，可供参照意涵，遂使“格物致知”的真正意义成为儒学思想的难解之谜，也许这个谜可以从《易经》中破译。社会上关于“格物致知”的流行诠释是根据南宋朱熹学说的部分观点，认为“格物致知”就是研究事物而获得知识、道理。“格”应该是推究，“致”是求得的意思。易理的形成历史可谓漫长，俗话讲“易历三圣”，它经过了传说中的三皇五帝，作为儒家群经之首的《易》无疑是其他经典的文化思想基础，对其他思想学说具有引领作用。制易的实质在制象，制象在“格物”，可以推理在漫长的易道形成过程中，可能存在一本专门研究“格物”方法的书籍，虽然失传，但基于“格物”的基本原理是可以从《易经》中解读出来的。《道德经》中讲：“道之为物，惟恍惟惚，忽兮恍兮，其中有象；恍兮忽兮，其中有物。”老子认为“道”原本来自“物”。“物”来自“象”，“象”是一种规律，是“法象”，是被人总结和凝练的模范。但“象”字本身含有猜测和想象的意思，比较虚无，和“意象”之意最为接近。因而，“象”是一种概念性的，不是很明确的东西，但“象”又是获得明确东西的基础。“恍兮冥兮，其中有精。其精甚真，其中有信。”道这种物质，光华闪耀，忽明忽暗。它含有物质，蕴有能量，载有信息。所以“制象”是构建一种造物行事的方法论，虽然是一个普遍性的、概念化的原理，但它有能量、有信息，是产生其他具体事物的基础。所以制象要概括，要提纲挈领，不能具体，我们今天的创新设计也何尝不是这个原理呢？设计方法不能给出具体方法，只能提供大方向和启发思路，概念性的创意设计也是不具体的，所以老子说“象生而后有物”。

制象是一个归纳万事万物的过程，是通过对诸多事物运行规律的类比、归纳等获得所有相关问题的结论或解决方法的猜想，即“以通神明之德，以类万物之情”。所谓归纳，是指通过对特例的分析来引出普遍结论的一种推理形式，多用于抽象事物。由一系列具体的事实概括出一般原理（与“演绎”相对），其特征是归并、收拢后得到一般规律的过程。制象原理是在“格物”，在弄清事物的发展规律，“格物”对人的价值是明“事理”，“格物而后知至”，这也是设计事理学研究的基础。这个过程运用的是联想、归纳和灵感思维。若不大量、全面地观察和系统分析其他事物，就会拥有不足“格物”的信息量，归纳就没有基础。长期思考琢磨是获取灵感的必要条件，这些原理在今天的创意设计思维中仍然非常关键。

（四）象的环境属性和地域特征

原始“象”是一种概括性的场景、是物象。因而，观天、观地、观物必受地域环境影响。从原始八卦到周易制象，其“观象制易”的地域范围应在西北黄河中上游北纬 36 度左右，八卦是根据天象、地宜综合制定出来的，由如下一些缘由可推证：

伏羲创制八卦已被后世普遍认同，不再赘述，六盘山至天水一带的古成纪作为伏羲的诞生和活动地域也是被后世认同的。比如天水的伏羲庙、卦台山、女娲洞都是古已有之；天水古称邽，属于古成纪地域；在原始造字时，“文字”是统治阶层的专用符号，一般庶民是不能接触，也接触不到的。早期的汉字是专为上层部落首领和权贵做祭祀、巫术活动的记录符号。所以，有许多汉字是专为特定的某事、某地、某场景名称而造，特别是一些重要地方发生的重要事件，需要专为该地该事造字。邽字与卦字在甲骨文中是同部首、同音、同形字；在汉语词典中“邽”也只指地名，卦字专为八卦而造，邽字也专为邽地而造，且卦台山也在上邽。因而推知，上邽应为创八卦和施法八卦之地，据此可想而知，易文化在图腾和巫术崇拜的原始社会中其重要性有多大。还有一个重要的佐证就是出土于天水甘谷的石岭下文化类型的彩陶——人首蛇身鲵鱼纹彩陶瓶，其描绘的信息与《山海经》描写的伏羲形象及天水一带的地理环境完全一致；因八卦来自河图洛书，古代长江称江，黄河称河，洛水称洛，渭河为黄河最大支流，古渭河流域最适合早期人类生存，中国原始彩陶文化最发达地区即在渭河流域。所谓仰观天象、观鸟兽之文这些自然貌相都具有黄河上游一带的地域特征。《易》有四象，所说的“天生神物，圣人则之。天地变化，圣人效之。天垂象，见吉凶，圣人象之。河出图，洛出书，圣人则之。”所以，周易“制象”中的四象“象源”都来自黄河中上游地域特征。

文化是一种习得的生活模式，传统文化都有鲜明的地域适应特征，现代意义上的观物取象应重在生态意义。古老制象的概念的当下价值在于认识东方民族审美意识根源，了解中华民族特有的造物思维方式，为现代文创设计、生态设计提供方法论支持。

二、制器尚象

（一）《易经》与“象生造物”

《易经》缔造者，观察宇宙万物诸事，从中归纳规律，解释宇宙万物的演化构成，成为人类行事活动的基本方法论；《周易》中讲了大量如何造物的思想和观念，也直接道出了古人造物的基本方法。周易涉及象、数、理、占四大方面的内容，不同领域的研究者着眼点不同，其中象、数、理是本质、是易道，被历来诸家所推崇，是大道，而占卜是小道，但周易长期被作为占卜算命之书，却对其意象造物的设计思想较少做研究。制象的目的是从宇宙万象中得到统一规律，属于归纳思维；而取象则是推导性的演绎过程，制象和取象是逻辑推理思维的两个互逆过程，制象一旦形成就对后世取象起到约定作用。从设计学视角看，从早期《易经》到《周易》的易学思想，其实就已奠定了中国意象设计的深厚方法论体系，特别是设计思维体系，这对后世中国的汉字、彩陶、青铜器、玉器、纹样、建筑、中国书画、篆刻等的意象审美都产生了基础而深远的影响。中国传统意象设计在长期历史发展中形成了具有中国特色的造物思维意识。《周易》中的“象”在《周易・系辞》中做过两种主要解释：一是“象也者，像也”；二是“易也者，象也”。第一种解释主要指物象，是通过视觉感受产生的由轮廓和结构线、色彩、质感特征等构成几何形状，有图像性。

第二种解释也包括物象，但更强调物的转换和变化规律，即法象，万物变化，都是阴阳动力从极简易的缘起逐渐变成复杂的结果。《周易・系辞》说：“在天成象，在地成形，变化见矣。”古人认为地上发生或形成什么具体的事物（形），必先在天上有日月星辰云等的变化“象”，即“天象”，事实上天上的日月运行和气候、天气、气象等因素及地上的万物生长、潮起潮落等也都有内在联系。所以象生是自然开物的基本原理。

自然界的物象和法象都是客观存在的。从认知心理讲，“象”的概念还指存在于人脑中的未知事物的形象意识，即“意象”。《韩非子・解老篇》中讲了一则故事，说：“人希见生象也，而得死象之骨，按其图以想其生也，故诸人之所以意想者，皆谓之象也。”意思是人们很少见到活着大象的样子，后来见到了死象的骨架，就按照大象骨架的样子想象活象的模样，以至后来人们之所以把想象称为“想象”而不是“想马”“想牛”的原因就清楚了，并且“象”的古文字，看起来也挺像是骨架的样子。后来象字大概用假借“相”字，相字从目从木，目视物，得物的形象。象是反映在人头脑中的一种影像，依据象的造物带有仿效性。

在造物设计中人脑的思维来源于现实物象的联想和想象。无论是环境中存在的“物象”还是人头脑中存在的“意象”，都是人造物的原形依据。《周易》将自然宇宙间的“物象”抽象成“法象”作为造物行事的基本方法。人们再依据“法象”将其转化为“意象”，最终转化为具体的事物，所谓“象生而后有物”，这和老子先说“惚兮恍兮，其中有象”，后说“恍兮惚兮，其中有物”为同一意思，先有象，后有物。因说《周易·系辞》为孔子所著，所以在“象生造物”原理上，老子和孔子的主张是一致的。

（二）取象（用象）

从观象到制易，最终目的是取象用易，“以通神明之德，以类万物之情”既是取象用象，也是观象制易的目的和意义。

制象和取象是体用关系，只有弄清了制象原理才能正确地理解和使用《周易》之道。制象是《易经》的主要内容，主要反映在卦画和卦辞上，后人为其作注的“十翼”即《易传》旨在使人理解易道，经传合成《周易》。所以，所谓取象就是在对卦象理解基础上的用“象”的过程。取象主要包括四个方面的目的和内容：解象、占卜、做事、造物，其中解象是前提，主要运用联想、变通的思维方法，从普遍性的知识出发，去认识个别的、特殊的现象，从而达到解释“卦象”的目的。

作为在黄河中上游地区发展起来的《易经》，传说是原始社会末期的部落首领伏羲所制，其制易的思想必然是原始社会人们的造物思想、方法的集中反映，也必然对后期造物产生深远影响。仰韶彩陶、马家窑彩陶的器形、纹样的形成应与取象原理相关。

现在的考古及史料推测研究，伏羲生活在今六盘山和陇山一带的古成纪，八卦是根据制易者所在地域的天象、地宜物象等制造出来的。而被周文王发展后的《周易》产生于西周初期，西周首都在今咸阳一带，距离成纪不远，在同一纬度带上，地域在黄河渭水流域，气候环境很相似。所以不论是原始八卦还是《周易》，其中的卦辞、爻辞必然是这一地区原始社会晚期至奴隶社会初期，黄河中上游一带的自然环境和社会环境的反映。制易取象的方法无疑对地域性造物方法论的建立有重要参考价值。

易历三圣，六步成书，制易不是一朝一夕的事，据说《易》自立说以来积淀了我国几代圣智哲人的精华，经历了伏羲、神农、黄帝等上古圣人，又经周文王等推演成书。所以在几千年的优化铅洗中，作为一种集象、数、理、占为一体的体用体系经历了数千年的理论淘洗和实践检验，定有其立说的科学性和文化价值。这些先圣最初都生活在黄河中上游，以他们为代表的古圣先贤效法天地万物，运用意象思维发明了各式器具、字符、律音、纳甲、五行、天文、历算、车舟、宫房、杵臼、弓矢及衣裘等，并据“易”而立礼制，兴礼乐以治百官，制器以济万民，开拓中华文化，《周易·系辞下》中有对取象发明，创世行事列举了很多。如“作结绳而为网罟，以佃以渔，盖取诸离”，“日中为市，致天下之民，聚天下之货，交易而退，各得其所，盖取诸《噬嗑》”，“服牛乘马，引重致远，以利天下，盖取诸随”，“重门击柝，以待暴客，盖取诸豫”等。

古圣先贤仰观俯察，观鸟兽之文，与地之宜，近取诸身，远取诸物，启发灵感，创制卦象，而造物又从卦象中取象造物。取象是对通用易象原理的变通，是对高深、大道的卦爻的物化解读。所以科学合理地取象是变通，而不是附会，是对深奥易理卦象的还原。可见，变通是周易取象的秘诀，变通思维的关键在联想思维。现在我们知道，在自然界和人类社会发现的某领域的一些规律或模式，其实在另外不同领域也是可以通用的。比如现今技术创新领域的TRIZ 理论，是解决产品发明问题的理论和方法，它也是基于知识的、面向设计者的，而不是机器的启发式方法，在人灵活特殊的思维特点基础上运用普遍化的工程参数和发明原理。①

发散性的联想思维是人脑最富于魅力的功能，往往在某一领域的重大发现或创造常得益于另一个看似不相关事物的灵感提示，但仔细分析，其实两者是有内在关联的，从易学的角度讲就是两者有同象性。

制易、取易体现了上古时期中国先民的文化、造物、做事的思维方式和活动规则，总览《周易》的卦辞、彖辞、爻辞都是先言“象”（即先讲自然物象与环境的变化）再言“事”（即与自然现象的情境、规律相通的人和事，比拟人事）。这种思维方式就应该称为中国传统意象思维方式；中国书画以线造型和强调笔墨的含蓄与真切，寓情于物（景、人），融入人们对自然、社会、生命的思考，表现出了中国民族特有的意象思维方式。特别是中国书法和中国篆刻历经三千多年，伴随着象形、表意汉字的产生与演变而发展。中国书法强调笔法、气韵，突出自由、酣畅的艺术表达，已成为中国文化的代表性符号。古陶器、青铜器是早期中国意象文化产物，后来的中国剪纸、皮影等，其视觉形

① 蒯苏苏，马履中 .TRIZ 理论机械创新设计工程训练教程 [M]. 北京：北京大学出版社，2011：26.

象和造型格式上还留有中国古彩陶纹样及古青铜器纹样的影子，蕴涵了丰富的文化历史信息。还有如中国瓷器、中国传统木结构、编织、雕刻等非物质文化遗产，这些物质文化产物与中国含蓄的精神审美情趣是相一致的。

由于《周易》产生的历史非常久远，其文化模式和思维模式对中国各少数民族及周边国家的文化及创造思维都产生了不同程度的影响。东方民族的深层文化心理和处事待人方面有一种含蓄的意象之美，即做事待人，点到为止，不说明讲透，即中国古典含蓄文化，是中国传统文化的基因，应该就是我们常说的东方民族的共同特征。如中国文字、书法、篆刻和绘画等对日本、韩国、朝鲜的文字、书法绘画的影响，实质是中国的意象造型符号成为其他少数民族或邻国文字书画的意象审美的取象对象。在联合国教科文组织公布的人类非物质文化遗产代表作名录中，中国有 38 项，除了中国书画、中国篆刻等主要以汉文化为主的文化遗产外，还有很多中国少数民族创造的非物质文化遗产。如蒙古长调、回族花儿、南音、侗族大歌、中国朝鲜族农乐舞等。民族唱腔中大都是音域的感染力大于唱词诉说力，如将音节中的某一韵母以很长的节拍和富于表现力的音符表达。演唱中多用比拟手法，在艺术思维、审美形式等方面与中国传统审美形成同质化倾向。比如中国朝鲜族农乐舞是集演唱、奏乐、舞蹈于一体，是反映朝鲜族传统农耕生产生活中祭祀祈福、欢庆丰收场景的民间表演艺术。农乐舞的舞蹈不但有纯朴、粗犷、和谐的地方文化特色，也有很强的地域生态特征，表演者在正式起舞之前先踩地神祭祀，表达了尊重自然、依靠自然的原始信仰，接着伴随唢呐、洞箫、锣鼓的节拍开始欢歌起舞，表达了人们对吉祥幸福生活的美好愿望，这些都是东方文化的“意象”特征。

《周易》的意象思维，还开创了中国戏剧、古诗词、散文、诗歌等艺术创作的方法，“托物言志”“寓情于景”，中国诗词的修辞方法堪称世界一绝。最典型的是《诗经》中赋、比、兴表现手法的使用，朱熹说：“兴者，先言他物以引起所咏之辞也。”《诗经》中的赋比兴文学修辞手法和《易经》中的象、物关系在审美形式上是相通的，或许诗经的诗歌创作可能是源自《易经》中的“取象”创作，“先有象，后有文”；今天流传在中国西北广大地区的“信天游”还是以浪漫主义的比兴手法见长，古人以物喜，以物悲，人与环境为一体，天人合一。意象思维奠定了我国书法绘画中写意意境的追求，中国古典建筑、造物艺术的意象造型思维方式。《易经》不愧为群经之首，万宗之源。现代设计也是以极简化、抽象化作为意象理念，在设计中要意识到虚与实、图与底、正形与负形、凹与凸的相生相克关系，并利用象生关系进行意象设计，使设计的主题、结构、内容反映中国文化理念，形成设计的灵魂。在中国意象概念还体现在以下几个方面：

意象造型设计的方法——观象制器、取象设计：取象的方法主要是联想和变通，在形式、内容、理念、方式等方面找到设计对象和原象（卦象）之间的关联性。现代文创设计和产品外观设计正是在文化符号和新载体之间建立关联性，所建的关联性可称为立象，立象的关联度、匹配度是评价创意优劣的重要指标。不同事物之间的关联并不一定是直接相关，可能需通过联想、比拟等转换、变通关联。变通是易理规律的本质。世界的万事万物都有相似、共性的运行规律，可以利用联想思维，变通解决问题。这一思维模式符合人类认知思维的生理和心理特征，目前创意设计中普遍采用的思维导图法，就是利用人脑神经细胞互联的生理特征和人类思维的联想机制展开的。被世界公认的现代发明问题解决理论（TRIZ 理论）是工程创新设计中通用的理论方法，该理论也是利用变通法则从现有技术中寻找相似的原理解决目标问题。

意象的层次：象不仅包括视觉存在性的物象和运动规律性的法象，还包括主观意识的心象。器物的意象不单指外观视觉意象，还包括深层的文化、精神意象，作为人类意象设计活动，其属性是形而下和形而上的有机融合。

意象思维的价值：意象思维重在格物致知，认知宇宙万物，提高自身认知修养。

（三）制器尚象

制象、取象都是意象范畴，前者是归纳演绎思维，后者是联想推理思维，两者是体用关系。现在不能肯定远古时期的各种发明和创新活动是否都来自《易经》的法象，但有一点是可以理解，就是远古人类受自然环境、社会条件综合因素制约非常大，原始心理是一种自然崇拜和祖先崇拜的心理，心理素质相对脆弱。人们对自然和人生的认识都来源于原始宗教的说教，他们因循守旧，很少敢违背祖先说教，这就是为什么原始社会经历时间漫长的原因。张鹏川先生在研究原始彩陶时发现原始先民具有牢固的惯性思维，他们的实践和心理经验发展十分缓慢。[①]当时的农耕生产、出猎活动、造物活动、文化活动都必须遵守一种同质化模式、按照某种固有思维进行，从伏羲创立八卦到文王演绎成六十四卦，其间经历了数千年的漫长过程，《易经》也许就是早期黄河流域人类一切创造活动的准绳，八卦思维和取象行事成为一种固有的思想行为模式。孔子在系辞中列举了大量的取象制器的案例，想必也不全是猜测，至少在东周时期还保存有较多的历史依据。

---

① 张朋川 . 黄土上下：美术考古文萃 [M]. 济南：山东画报出版社，2006：96-98.

包牺氏没，神农氏作，斫木为耜，揉木为耒，耒耨之利，以教天下，盖取诸《益》。

刳木为舟，剡木为楫，舟楫之利，以济不通，致远以利天下，盖取诸涣。

断木为杵，掘地为臼，杵臼之利，万民以济，盖取诸小过。

弦木为弧，剡木为矢，弧矢之利，以威天下，盖取诸睽。

上古穴居而野处，后世圣人易之以宫室，上栋下宇，以待风雨，盖取诸大壮。

上古结绳而治，后世圣人易之以书契，百官以治，万民以察，盖取诸夬。

以上所说古代器物制度的缘起，是否件件都符合历史事实，已不可考据。但这里却透出了一个重要的设计方法学原理，就是尚象制器。对此，胡适对上段话颇有研究，他认为《易经》中的象字更多应强调“法象”之意，这些法象，大体上可分为两种类型：一种是仰观俯察得到的自然“现象”（如“天垂象，见吉凶，圣人象之；河出图、洛出书，圣人则之”）；另一种是相物所得的形象观念，物象所引起的“意象”。胡适对系辞中取象制器做如下解说：

该段落中描述的有两种象：第一是先有天然界的种种“现象”，然后有疱牺氏观察这些“现象”，起了种种“意象”，都用卦来表出。这些符号，每个或代表一种“现象”，或代表一种“意象”。例如“离卦图”是火，“坎卦图”是水，是两种物象。“既济卦图”是既济（成功），是两种意象。后来的圣人从这物象意象上，又生出别的新意象来，例如“上巽下坎卦涣”代表一个“风行水上”或“木在水上”的意象。后人从这意象上忽然想到一个“船”的意象，因此便造出船来。所以说：刳木为舟，剡木为辑，……盖取诸涣。又如“小过卦图”代表一个“上动下静”的意象。后人见了这个观念，忽然想到一种上动下静的物事的意象，因此便造出杵臼来。所以说：断木为杵，凿地为臼，……盖取诸小过。又如“大过卦图”代表一个“泽灭木”的意象。后人见了这个意象，忽然发生两个意象：一是怕大小浸没了他父母的葬地，若不封不树，便认不出来了；一是怕大水把那柴裹的死尸要浸烂了。因此便生出“棺椁”的意象来，造作棺椁，以免“泽灭木”的危险。所以说：古之葬者，厚衣之以薪，葬之中野，不封不树，丧期无数。后世圣人易之以棺椁，盖取诸大过。[1]

① 胡适 . 中国哲学史大纲 [M]. 北京：团结出版社，2006：75-76.

胡适认为孔子对于“取象行事”的学说观点是非常明确的，不但早期的各种器物技术发明起源于相应的“意象”，并且一切人生道德、礼俗社会制度的设置都是从种种意象上发生出来的。正因为“象”如此重要，所以说：“易有圣人之道四焉，……以制器者尚其象。形而上者谓之道，形而下者谓之器，化而裁之谓之变，推而行之谓之通，举而措之天下之民谓之事业。”“……这种种开阖往来变化的‘现象’，到了人的心目中，便成‘意象’。这种种‘意象’，有了有形体的方体，便成种种‘器’。制而用之，便成种种‘法’。举而措之天下之民，便成种种‘事业’。到了‘利用出入，民咸用之’的地位，便成神功妙用了。”①

早在春秋时期孔子就已阐明，人类历史上种种生产活动和制度礼仪都起源于卦象的应用，都起于仿效种种法象。可以看得出来，中国传统造物思想发展到《周易》时期，已经上升到设计哲学层面，《周易》中的观象制器的原理，绝非简单的、外观上的照葫芦画瓢。所观之象和所制之器之间建立的是一种多维关联，是内在的、机制性的规律。观象是“观鸟兽之文与地之宜”，因而制器也要使所制之器符合地域之宜，在满足基本的材料工艺和使用功能时，还要体现意识形态层面的物质存在之道，符合自然审美。《周易·系辞》中对这一造物思想阐述为“形而上者谓之道，形而下者谓之器”。这是中国古代哲学的重要概念，形而上是指道家、儒家哲学中无形的或未成形体的东西，与表示有形的或已成形的东西的“形而下”对称。用来说明“道”（形而上）与“器”（形而下）的关系，即法则、规律、道理和器物的关系。形而上是精神方面的宏观范畴，用抽象（理性）思维，形而上者道理，起于学，行于理，止于道，故有形而上者谓之道。形而下是物质方面的微观范畴，用具体（感性）思维，形而下者器物，起于教，行于法，止于术，故有形而下者谓之器。②

事实上中国许多优秀传统器物及其技艺不但有很好的“形而下”的使用功能和精湛工艺，也承载了深刻的“形而上”的中国优秀传统文化之道。中国传统造物文化主要是“土”和“木”的文化。如中国传统器具、家具、建筑、拱桥等的木结构营造技艺，都是以木材为原材料的系统造物技术。其技术特点是不用螺钉等金属紧固件，而通过榫卯构件的空间结构和形状的经营设计，使各构件以某种次序套接在一起，构成了以模数制为尺度设计和加工生产手段的建筑营造技术体系。这种营造技艺的传承不是以常规的学校专业授课或培训学习方法进行，而是以师徒之间“言传身教”的方式世代相传。中国传统木结构营

① 胡适．中国哲学史大纲 [M]．北京：团结出版社，2006：80-82.

② 叶秀山．中国艺术之“形而上”意义 [J]．中国文化，1997（Z1）：175-178.

造不仅仅是一种系统的造物技术，它还深刻地营造着中国的社会生活的空间文化，比如位于传统乡村的村头、村尾的木拱桥头往往是当地居民重要的聚集场所，一年四季总有村民三三两两地聚集，诉说家常、交流信息。人们在这里记不清送走和迎来了多少亲人，村民还在这里开展娱乐活动、举行祭拜仪式等。这些木结构技艺所构建的造物空间体现了中国人对自然和宇宙的认识，反映了中国传统社会等级制度和人际关系，影响了中国人的行为准则和审美意象。

这些营造技艺体系延承七千年，遍及中国全境，并传播到日本、韩国等东亚各国。还有中国传统的陶瓷烧制、竹艺编制、蚕桑丝织等人类优秀的非物质文化遗产，也都体现了淡雅、含蓄、敦厚、宁静的审美情趣，是中国古典意象造型的集中表现。五千年来，它对中国文化整体成型做出了重大贡献，并通过丝绸之路对世界文明产生了深远影响。

人类早期的“观象制器”的造物活动源自原始仿生设计或仿拟设计。但《易经》中的“制器尚象”已经不是字面意义上的模仿设计，在中国意象艺术发展的过程中，意象思维方法已由原始造型艺术发展为更为宽泛的审美范畴。从《易经》中已经可以解读，传统意象中的象可以是实物外在的形态形象，也可以是自然规律和造物规范，甚至是宇宙规律。《周易》起源于黄河中上游，《周易》的制象、取象原理对同时代、同地域的造物思想和方法产生了深远影响，特别是黄河中上游的彩陶、青铜器的意象造型文化。普遍认为自伏羲创制八卦以来，《易经》经历数代圣贤完善，所谓易历三圣、六步成书，发展时间久远、影响地域宽广，《周易》的“制器尚象”和“意象造型”理念无疑对整个中华大地乃至整个东方民族的造物文化都有深远影响。

对于一个自源发展的文明系统来说，其文字、图案、哲学等文化系统几乎都是同步发展，且互为阐释和彼此促进的。所以，中国原始彩陶的产生和发展的时期基本与原始八卦思想的发生发展时期相仿。原始彩陶是“取象造物”的设计产物，《易经》所述取象就是取“制易者”生活周边的环境之象，仿拟环境，将各种环境物象，抽象为“葫芦形”“鸟形”等，将周围环境抽象、具象为鱼纹、鸟纹、漩涡纹、蛙纹、植物纹等图腾。所以彩陶的功能、造型及纹样都来自周围的环境，并与环境相协调，成为适应环境的意象设计，这为今天环境适应性设计提供了借鉴。

物品本身承载了对自身的诠释和解释说明，象是事物自身的表达语言，意象造物设计思维与现在的产品语义学在本质上没有两样，而且对当代设计符号方法论的发展有很高的借鉴价值。随着时代的变迁，我们需要还原古人传统造物方法论的本质。器物文化深层讲究的是“形而上之道”和“制器尚象”，“制器尚象”就是观象制器。格物致知，需要通过观察和分析现实事物才能获取知识和道理。

从现在的科技创新模式来讲，技术发明总是在综合分析自然环境、自然规律，以适应自然规律，并在较大范围上查阅、总结前人经验，在此基础上找到相近的或相关的解决问题的方法，这其实属于广义的观象取象。所以今天的“制器尚象”已不是按照周易中的卦象去取象制器，今天的“尚象”应是尚文化、尚生态、尚社会需求的传承创新设计。

第七节　文创产品的制器尚象设计方法及案例

一、基于映射理论的产品创意设计方法

世间万物虽然纷繁复杂，但共理性和同一性是事物的普遍存在方式，这是周易的哲学基础。文化创意产品设计是文化符号的还原与重构设计，其思维机制是取象类比，与周易方法论基本一致，其过程可看作是在原符号（原象）和新载体（象）之间建立映射关系的创造活动，变通是此类映射构建的思维诀窍。人们通过联想将已有事物的形态、结构、意义、名称等符号（原符号或原像）假借到某类功能载体（像），从而创造出新的具有原符号特征的新产品，这可以理解为文创产品设计的基本方法。

（一）象和数学映射

笛卡儿通过建立空间坐标，将数学中的自变量和因变量之间的对应关系以图像描述，使空间坐标之间形成象与原象之间的映射关系，并划分了象限。其实数学上的映射关系与中国古代事物之间取象比应原理相似。通常情况下，映射一词有照射的含义，又称映照。在数学上，映射是个术语，指两个集合之间元素的相互“对应”的关系，是比函数更广泛的数学概念，通过映射观念，可以揭示事物之间看似不相关的联系。数学上的映射是两个集合中的一种特殊的对应关系，即如果按照某种对应法则，对于集合 A 中的任何一个元素，在集合 B 中都有特定的元素与它对应，那么这样的对应（包括对应法则）称为集合 A 到集合 B 的映射。映射是互逆的，也就是每个象总有自己的原象，每

个原象也对应自己的象。例如，设 A 和 B 是两个非空集合，f 是一个法则，如果对 A 中任一元素 x，依照法则 f，B 中都有某一元素 y 与 x 相对应，就称 f 为一个从 A 到 B 的映射。常记作 $f: A \to B$，表示从 A 到 B 的映射，A 称为映射的定义域；反之，$f^{-1}: B \to A$，表示从 B 到 A 的逆映射（图 6-25）。数学上的映射有严密的运算关系，为了表示元素 x 的对应元素 y，常写为 $y = f(x)$，并称 y 为 x 在映射 f 之下的象，x 为原象。f 为映射法则，是连接 A（y）和 B（x）的纽带，也就是 A（y）和 B（x）的关联性。在现实生活中，有许多映射没有严密的运算关系，但却有性质上的对应关系，而且对应关系很复杂，可以一对一、一对多、少对多，或是多对一、多对少等（图 6-26）。艺术创作或创意设计可以看作是象和原象之间的多级复杂映射关系，对象和原象的映射关系解析或许是揭示艺术创作或创意设计规律的有效途径。

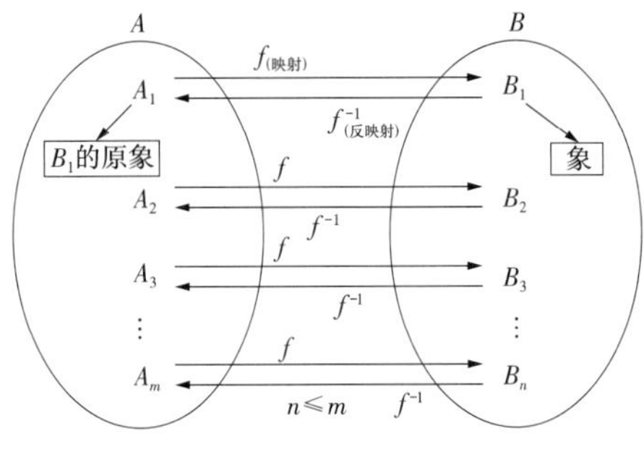

图 6-25　数学上的映射关系

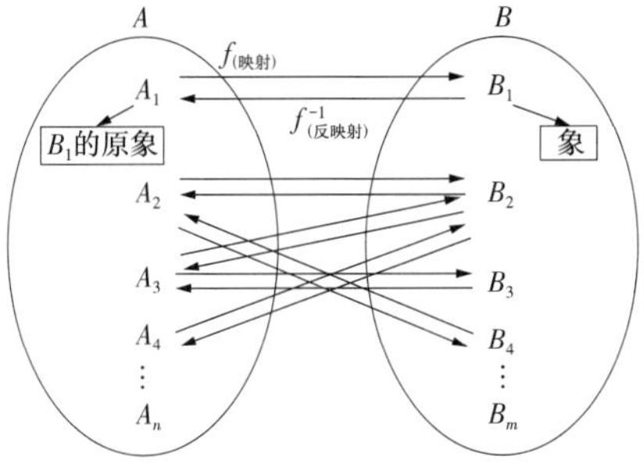

图 6-26　意象设计中的复杂映射关系

（二）符号与载体的映射

象和数是周易的两大支柱，数是对象存在和变化方式的描述。有意思的是有些爱好绘画的数学家或爱好数学的画家已经意识到，在数学和绘画看似不相关的学科之间其实可以存在许多描述和被描述的关系。数学家梁进对绘画作品和绘画对象所对应的实物之间的关系做了较深入研究，他将数学上的映射概念与郑板桥“胸有成竹”的创作原理做了相似性比较。中国画讲求：“气韵生动”，不拘泥于描绘对象的真实形态，强调抒发画家的主观情趣，讲究“以形写神”，一直追求“神似”，“妙在似与不似之间”。郑板桥曾说：“其实胸中之竹并非眼中之竹。因而磨墨展纸，落笔稍作变相，手中之竹又不是胸中之竹，总之意在笔先。定则也。趣在法之外者，化机也，独画之乎哉。构思时先得成竹于胸中，执笔熟视，乃见其所。”①郑板桥的眼中之竹是客观外在的园中之

① 王鹏开，杜松．郑板桥“画竹三段论”的研究 [J]. 美与时代（中旬刊・美术学刊），2014（5）：32-34.

竹，是创作的素材，是原象；胸中之竹是经过了艺术家的审美意识改造，对原符号的凝练，是意象变化的过程；手中之竹则是艺术家把心中孕育好的意象用艺术操作加以凝定表达，即心中意象的再现，是象。郑板桥的创作中存在三个空间，即客观空间、主观空间和图形空间。其实郑板桥的艺术理念也反映出了一个重要的数学概念：映射。他指出了这三个空间中对象（竹）之不同，并通过这些对象在这三个空间中的关系（函数），建立起这些对象的联系（映射），同时也给出了一个完整的数学建模过程：有定则（基本原理、主要矛盾、对象特征），有化机（形式变换、作者兴趣、可能想象）。在这个过程中艺术与科学的思想高度重合，眼中之竹是客观实体，心中之竹是抽象概念，手中之竹是自建模型。

艺术创作与设计创意的基本原理相同，只不过绘画在意象酝酿中主要抒发自身情感和考虑笔法问题，而设计在立象中还要考虑工艺和市场等因素。郑板桥的画竹理念和中国古代的“象生”学说及现代数学中“映射”概念是完全相通的。可以将我国传统“象生”思想和现代数学中的映射原理相结合，探索形成一种文创产品设计的新方法。关于“象生”前面已有论述，虽然在《左传·僖公十五年》中有“物生而后有象，象而后有滋”论述，但这里的“物生而后有象”很好理解，是指物体产生后才有了它的形象，符合一般逻辑思维，但这和老子和周易中所讲的“象生造物”是两个不同的概念。《周易》中的“象生开物”有两个层面的含义，一是新生事物产生之前，必有与之相关的迹象或初象涌动，所谓“在天成象，在地成形”是先有天象，才有地形，春季到了，天气转暖，地上才会长出嫩芽，所以说“天地之大德曰生”。二是造物时的取象，属于人类思维意识领域，是方法论层面的东西。象是原本的模范，物是仿效模范形成的意象模型，只是模型中融入了人性智慧和情感的东西。所以“象生”造物的基本方法是取象类比。胡适曾说过：“易的道理只是一个象效的作用，先有一种法象，然后有仿效这法象而成的物类。”凡象效之事，与所仿效的原本，都称作“象”，象是仿本，物是原本。到了后来把所仿效的原本称作象，如画工画虎，参照的模型虎叫“象”（亦称法象），便是把原本也称作“象”了。[①]胡适的评论导出了一个重要的文创设计方法，这就是设计原符号和符号载体的意象映射。文创设计就是在文化符号（原符号）和新载体（新功用）之间建立形态、结构、功用、读音、意义等方面的意象关联性，设计原符号可称为“原象”，符号载体可称为“象”，一个好的创意设计首先要在“象”和“原象”之间建立巧妙的

① 胡适．中国哲学史大纲 [M]. 北京：团结出版社，2006：73.

映射关系。

（三）基于意象映射的文创产品创意设计方法

文化创意设计是将文化符号和新载体重新融合的设计，文创产品是基于文化创意设计的产物，其外延很大，包括影视动漫、传媒、服务、礼品、旅游纪念品等一切通过文创产业生产的产品，但通常狭义的文创产品主要指具有实体支撑的文化旅游商品。随着社会文明的进步及文化旅游市场的发展，文创产品设计方法研究不断升温，不同学科领域学者从不同知识技术背景从事设计方法的研究。

近些年来学术研究出现了向交叉研究发展的趋势，许多自然科学重大领域采用社会科学方法，而社会科学又大量渗入量化研究。文创设计方法领域亦是如此。

一方面，随着产品感性市场的发展，在产品造型设计研究领域兴起了一种采用数理分析参与感性定量分析的商品开发设计方法，尤其以日本的感性工学为代表，运用模糊数学、离散数学等方法以计算机系统分析为手段，对定性的感性认识进行量化、物化研究。国内理工科领域部分从事设计学的研究者也纷纷加入此研究领域，构建感性意象与设计元素之间的关系定量化研究方法，产生了诸如数量化一类、蒙特卡洛算法、拓扑矩阵等定量研究方法模型。

另一方面基于传统造物思想的设计理论也迎来新的发展契机，中国传统的象思维及其意象设计思想具有浓郁的东方文化特色，是敬畏自然、尊重人性的天人合一观念，具有儒道包容并蓄、温和谦让的人文品质，这和追求感性、重原生态、尚地域特色的未来消费需求相适应。所以，将我国传统取象类比与数学映射概念相结合，在文创设计领域将会有很好的方法论传承创新价值。

中国传统取象类比思想和现代数学中的映射原理是一致的，如何将两者相结合，进行基于传统器物文化的现代创意设计方法模型的构建具有重要意义。而且随着设计学与其他学科的交叉融合，将产品形态做量化处理，并用数学语言描述设计过程模型已成为设计方法学的重要发展方向。但创意设计本身有许多不可确定的因素，设计过程在很大程度上是一个情境驱动的过程，设计结果也是一个基于人的心理和生理满意度的标准，也没有固定的解域。所以设计求解过程不可能用一系列有效函数准确地表达设计过程和结果，但可以借用数学逻辑语言表达方式，对设计过程各因素作关系界定，构建映射模型，为联想类比思维的展开提供空间。概念形态创造的基本原理为模仿、变形和构成，其本质是《易经》所揭示的取象变易思维，艺术家和设计师依靠人脑的联想、比拟和延伸思维完成创意设计活动。所以如何为设计师提供有效的联想、比拟和延伸思维工具，将成为创意设计研究的关键所在。联想的前提是设计者要拥有大量的相关信息资料群，该信息群主要有符号信息群和载体信息群，也就是可建立映射关系的“原象集合”和“象集合”。

传统文化符号的创意设计必须从文化符号的还原与重构两方面入手。文化符号的还原重在深刻理解文化符号的意象由来，符号所承载的典故反映出人文精神和象征寓意，以及符号所能进行视觉变化的范围和方向。重构是要依据当今社会背景中人的生活方式、审美情趣和心理需求，找到原符号的新载体。从而进行符号和载体的重构组合设计，这种映射关系的构建就是意象的构建，所以意象设计的关键是意象的建立，也就是立意，即在符号及符号载体之间找到配对关系。如此一来，在创意设计中，需要建立问题求解的两个集合，一个关系，即原符号集合、符号载体集合及两集合之间的映射关系。

（四）创意所在

按照映射的数学表达式 $f: A \to B$，一个好的创意设计 CD（Conceptual Design），必须从 A、f、B 三个方面进行创新。

（1）题材选择（A）：可称为原符号（主题或题材）

题材选择要体现地域特征，制器尚象，设计要取象于地域文化符号或自然符号。在地域性设计中设计者不应仅仅依靠网络资料或图书资料，最好是要有相关的生活经历或去实地亲自感受体验，访谈调查，查阅相关的地方志，参观地方博物馆、民俗博物馆，对当地文化，特别是传统文化有相当的认知。文创设计题材的选择要把握三个原则，即重点、典型和新颖性原则。一个地方最能被外界所熟知或出名的符号是文创题材选择的重点。但也要考虑文创产品市场老是使用某一两种著名符号的偏向，若能选择一些通常被大家忽视却又很典型的地域性符号，其创意也会脱颖而出。比如沙漠旅游纪念品开发，所有景点大都是买骆驼题材的产品，若选择沙蜥蜴、沙天牛就很新颖。

在地域性旅游产品创意设计中，原符号一定要选用本地文化符号或自然特征符号，并且要有地域认同性，这是地域性设计的取象原则。

（2）载体选择（B）：可称为符号新载体（物质载体或某种功用）

文创产品几乎涵盖所有生活用品领域，主要是实用功能的产品，也有非实用功能的工艺美术品或摆件、挂件、贴件等。目前旅游市场对文创产品分类不统一，有按材料分类的，如陶瓷玻璃制品、竹木产品、金石器皿、塑料制品等；有按技术功能分类的，如电子产品、食品类、纺织品类等；而且每一个大类中都有数不尽的细分类型。文创旅游产品设计要在载体的选择上更新颖或是功能用途方面取得创新，经济实用。

（3）匹配关系（f）: f是两者之间的匹配关系

一个优秀的文创产品设计不是单方面的题材选择或载体选择问题，而是特定情境下将符号、载体和组合关系同步考虑，将复杂的形态、材料、工艺、寓意、行为、市场等多维问题融合变化的过程。最终达到符号和载体的满意映射，使原符号较好的类比新载体的功用。

（4）文创产品（CP）：是符号和载体还原与重构的结果

由此，一个文创设计产品（CP）可以从主题或题材的新颖性、载体的创新性、符号和载体之间匹配度及巧妙性三方面综合评价。通过大量的文创案例分析可知，一个好的创意至少在 A、f、B 三个要素中有一方面是创新的，并且其他两方面都能与之顺通；若在 A、f 或 B、f 两个方面都能达到创新，并且另一个要素能与它们顺通就可能是相当成功的创意设计；若能在三个方面都达到创新顺通就应当是非常成功的创意。A、B 强调的是类型创新，属于原象和象的范畴，特别是 B 要符合旅游商品属性；f 是类比映射关系，强调的是 A 和 B 的相关性、匹配度以及匹配的合理性、巧妙性等，A 和 B 至少要在一个方面有相关性，并且要相互匹配。若 A 和 B 在两个方面都有相关性，且能相互契合，应该是很好的设计方案，若 A 和 B 在多方面相关契合，就可能是很成功的设计。在选择了映射关系后，f 所表达的匹配性和契合度基本已经明确了，若要匹配得很巧妙，还取决于造型设计和整合设计的最终效果。

（五）创意设计的过程模型

文创产品设计本质上是一种文化符号应用性的再设计，此设计活动需要解决两个方面的基本问题：一是探寻某地域的传统文化综合资源，抽取可以代表某地域文脉、地脉特征的原符号；二是谋求这些原符号可匹配的功能载体，也就是产品的用途和功能。图 6-27 所示是基于映射原理的博物馆文博产品创意设计模型，图中 C（conception）为概念构思，是求解对象，它由因素 A、B 及两者的映射关系 f 共同构成，将其表达为：$C=f(A, B)$，A 和 B 本为以 f 为条件的映射，这里又成为 C 的一对影响因子，该原理下的创意过程如下。

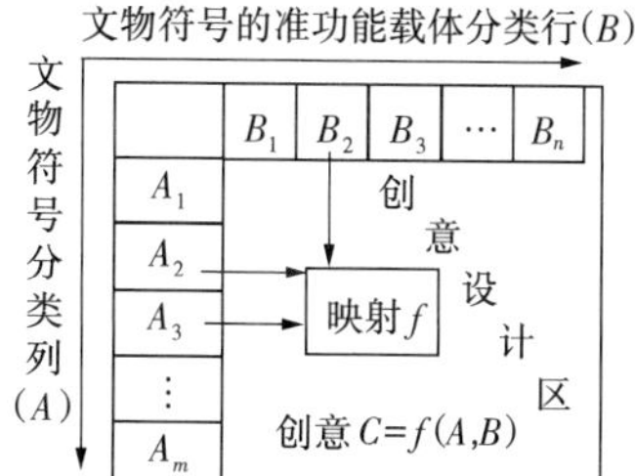

图 6-27　基于传统器物文化符号的创意设计过程模型

第一步：建立两大“象”集合

在接受文创产品设计任务后，设计者事先要了解文创产品代表地的文化历史和地域特征，该地方有哪些地域性象征符号，同时还要确定设计些什么类型的产品，其功能用途应该是什么类型，消费市场可能的需求是什么？也就是要构建两大映射集合，即“原象”集合和“象”集合，盘点组成两大集合的各组成元素。两大象集合的选择决定了文创设计的主题问题。

1. 建立原符号集合

按照索绪尔的二元符号理论，原符号必须有能指和所指，即意义和形态，这样才能将其附着在创意产品之中。设计之初首先要了解和熟悉该地传统文化符号和自然符号（特色动植物形态、自然地貌形态等），针对乡村旅游发展的文创设计还需入村入户调查，可以把某一类具有时代、地域或民族特征的器形作为原符号。地方博物馆往往被设计者看作是本地文化符号的来源宝库，罗列出镇馆之宝、一级文物、二级文物、特色文物等资料，掌握其历史文化信息。在此基础上，依据传统器物的地域文化价值进行调查测试，将一些认知度高的地域性符号建立为原符号集合 $\{A_1, A_2, \cdots, A_m\}$。一般来讲，镇馆之宝、一级文物等都是地域语意认知度较高的符号，被作为文创设计的重点题材应用。将它们分别以彩色照片、全息影像等方式整理齐全，按照重要程度和形态特征，以类目法①将它们分类整理，形成树形分类图表。①

当一些具有地域或民族特征的器物被作为原符号使用时，很少有全盘复制

---

① 类目法：也称类目分类法，它以对象群的相似性为基础，将若干同类（模式）对象组织在一起形成集合，或将一个对象的各组成元素分成几个类（模式），每个类内的对象（或元素）之间是相似的，但与其他类不相似。将一个系统中的一群对象提取若干个特征，把重要的目标特征相近的类归为一级类，再在一级类中把特征相近的类归为二级类，以此类推形成树形类目结构，但层级分类不宜太多。类目法可以把象集合和原象集合元素梳理清楚，从而为矩阵取象法和转盘取象法提供创意元素。

原符号的使用情况，通常是先通过语意差异法（SD 法）确定原器物（原符号）的语意感知，再对原器物做形态解析，将古器物的整体形态分为若干造型要素，抽取其中的特征元素，[①]作为造型设计的语意元素，器物符号中的基本设计元素主要包括：

①遗迹或器形的外观几何与形状特征。主要由立体形状和平面轮廓形状构成，通常使用轮廓的概率很高，也有利于对其他造型因素进行综合，轮廓包括前视轮廓、侧视轮廓、顶视轮廓等，轮廓既可以是闭合全轮廓也可以是特征鲜明的部分轮廓。

②遗迹或器物的基本结构、机构特征。传统器物基本是由材料连接而成的结构类器具，通常状况下结构即反映外形，结构即反映功能，如传统建筑中的斗拱结构，器具中的各类杠杆、水车、转磨、各类解木、解石机构、家具中的榫卯结构，民间的各类编织、缝制结构等。这些符号可以以平民化或立体化形式表现于文化产品创意设计中。

③遗迹或传统器具的表面构成——镂刻图案、纹饰、平面涂饰或纹样装饰等。古器物和传统器物表面图案或纹样反映了特定地域、特定时代的重要文化信息，是创意设计的重要符号来源之一，在设计中要进行图案特征的选择和把握，可以是整体图案的使用或是最具特征的局部纹样选用。

④遗迹或传统器具的构造材质及肌理。古人造物大都是天然材料，涉及各类木材、石材、皮革、陶瓷等，而且能够遗留下来展示给后世的大都是上好的质料，让研究者、收藏者爱不释手、乐此不疲。其实在很多情况下是受材质的影响，但传统的器物材质可以通过现代的表面肌理技术达到想要的视觉效果。

⑤遗迹或传统器具的色彩构成。色彩是构成形态视觉的重要元素，色彩比形状更能让人感知。古人认为器物若赋以涂彩就有完全不同的价值和意义了，人工物的涂色包括全色或套色两种。古器物的外部涂饰很少是单一色彩，通常以图案套色进行，如彩陶和素陶，其社会意义差异巨大。传统器物的涂饰色料及工艺和结构材料一样，大都采用天然原料和考究的传统工艺制作，它们和现代器具相比，呈现出特有的古色古香的色彩特征，若能仿制，则有很好的文化意味。

⑥形态、结构、材质、色彩等所表现出来的意象。

⑦传统器物所对应的文化行为和审美模式。传统遗存虽然以可视化的物质形态表现出来，但传统器物是传统文化行为和精神层面的外载体，人造物品，特别是传统器具，所反映出来的是一系列的可识别的文化行为活动。在皮

① 徐江，张锡．基于使用者偏好意象的产品造型法则建构研究 [J]. 轻工机械，2004（3）：4-7.

尔士三元符号理论中，符号从来不是某种静止或被限定的单一表征体系，他认为即使是那些作为直接对象的被动的符号也必然会带有某种主动性，在人类生活中，符号指示的是永无止尽的习惯性生活方式。皮尔士甚至把意义标准归结为人们的行为习惯，认为凡是能引起一定行为习惯的就是有意义的。比如在不同地域、不同民族，用传统酒具茶具来饮酒饮茶，其行为方式可能不同，而且举止动态本身也是符号，与物具符号构成了具有地域性和民族性特征的符号系统。若在地域性文创设计中采用了传统符号，文化体验者在使用文创产品时其行为模式也应与传统行为符号一致。

2. 建立原符号的载体集合

地域性原符号是特定地域的原生产物，基于原符号的产品创意设计是次生产物，是具有实用功能的符号载体。按照皮尔士的三元符号理论，符号是一种具有中介属性的现象，它是沟通对象与解释项之间的桥梁，符号概念的意义在于符号的使用性、在于符号使用过程中的实践结果。[①]一个具有设计价值的符号必须被承载在指涉物（载体或对象）之中，才能成为现实意义上的符号角色。

根据生活用品的功能、形态与传统器物的关联度，盘点文博符号的准载体，符号准载体其实就是文创产品的用途。准载体可分为纯工艺品（艺术品）和实用物品两类，工艺品设计多为艺术衍生品，实用品载体要从生活用品或生活需求中选取，如日用品、纪念用品、文具、玩具等。依据文化原符号的基本属性，可把符号载体分门别类，比如分为：日用饰品类、日用小型器皿类、日用小电子产品类等；每个大类还可以细分，如日用饰品类还可以细化为颈饰类、腕饰类、挂饰类、服饰类、车饰类等，服饰类又可以分为衣饰类、包饰类等。

在文创设计中，创意的价值有时也体现在对功用载体选择的新颖性或功用自身的创新性方面。现在市面上文创产品的用途大同小异，同质化较重，比如大都为鼠标垫、冰箱贴、开瓶器、挂包、水杯、U 盘、围巾、毛绒玩具、卡通动物、小人偶等。其实文创旅游产品几乎涵盖了绝大部分日用小产品和旅游生活用品。设计师还可以观察分析生活中存在的问题或不足，从功能、用途中发现新的设计对象，提出新的物品功用种类作为符号的承载体。比如在冰箱贴还没有出现之前，就创新性地提出该功用，并将相应符号投射在该载体上。

① 胡瑞娜，王姝慧 . 皮尔士符号学的实用主义特征及其后现代趋向 [J]. 科学技术与辩证法，2007（4）：59-62，111.

在此基础上建立符号载体的层次关系树集合 $\{B_1, B_2, \cdots, B_n\}$，将准载体分类排列，也组成树形层级结构。在中国传统意象设计中，凡象效之物，与被仿效的原本，都称为“象”。因而，在地域性文创设计评价中“象”的选择至关重要，前者关系创意题材问题，后者关系到功用，乃至市场问题。所以，“象”的选择在设计评价中应占有重要权重。

第二步：建立“取象”拓扑矩阵图

通过地域性元素的盘点调查，精心筛选，形成两大设计元素集合，将两大设计元素集合分别以横和竖排列成二维映射矩阵。之所以使用“拓扑”一词，是强调两个象集合之间的映射是具有连续属性的映射，一方面两者之间具有互为“取象”的共理性，另一方面又是在相互变换中实现语意和功能的统一，是在“不变”之中求“变化”。“不变”的是符号的特征形态和象征语意，可变的是符号形态与功能载体的完美契合。建立集合映射矩阵的目的是发现符号和载体之间可能存在的隐性创意关系，这种矩阵图局的设计犹如计算机图形设计软件的操作界面。根据文创设计项目的内容和目标，可以设计不同形式的创意映射矩阵。图 6-27 所示的是地域性传统器物文化的文创产品设计普遍映射设计原理，图 6-28 则是以某件特定文物为符号的文创设计的映射模型，由于存在简单的逻辑运算，所以用 x、y 作为集合元素，其矩阵构成如下。

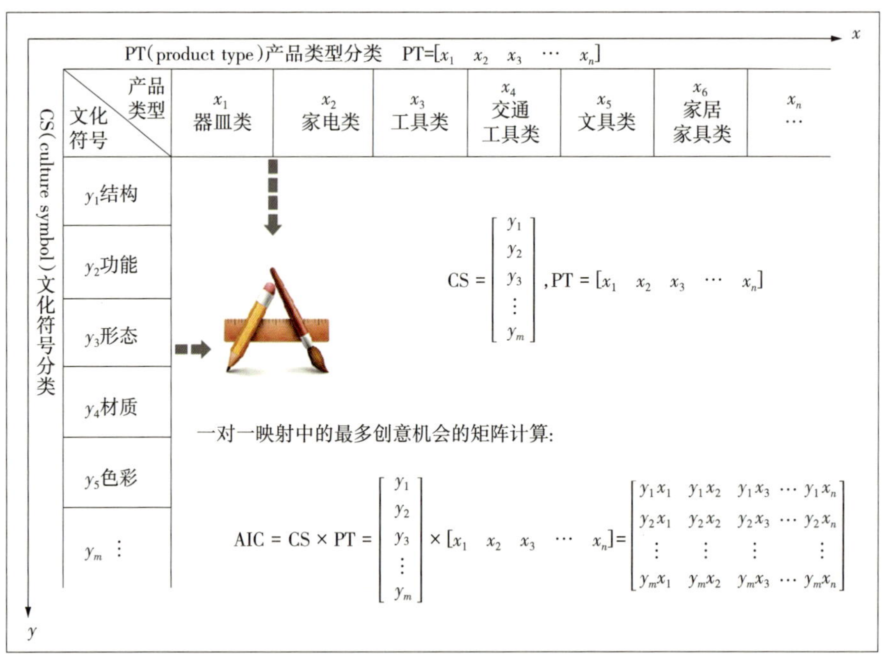

图 6-28　情境驱动下的类比映射创意设计矩阵模型

竖列设计：映射矩阵左侧为原符号集合，一件文物就是一套文化符号系统。将组成原符号（原象集合）特征的各元素排列成为竖列，以文字和真实图像化形式列出，以最佳视觉效果展现原符号特征，便于捕捉文物的造型、纹样、色彩等特征；因而在竖坐标中将文物符号分解为结构、功能、形态、材质、色彩等，记以 $[y_1, y_2, y_3, \cdots, y_m]$。器物的这些符号元素在创意设计矩阵中要很形象到位地展现出来，作为视觉性创意设计要充分发挥视觉思维特性，在建立传统器物的原符号集合时，不宜通篇地进行文字性叙述，要以图像、图形的方式表达出形成原符号的原象集，图像一般应为原器物照片。

横行设计：横坐标排列文物符号的功用准载体，符号准载体需要从生活用品或生活需求中选取，可以根据它们与传统器物的关联性，分类排列（如图 6-28 中横行 PT 所示）。准载体涉及的范围较为驳杂，数量多，包括器皿类、家电类、工具类、交通工具类、文具类、家居家具产品等，需要系统分类，建立简要的树形图。分类后由左到右排列，分别记以 $[x_1, x_2, x_3, \cdots, x_n]$，靠近左端的功能载体与原符号的映射关系较为明确，因此依据符号载体与第一层面的叠层也应越多，这样有利于增加创意机会；而越靠近右端则要逐渐减少，和原符号发生关系的联想记忆也逐渐减小。其排列的关系是，越靠近左端，设计对象与原符号的相关性越强，反之越弱。针对某一具体设计课题只要具体到某一层面分类即可，比如首饰或器皿设计，整个横行矩阵只按首饰或器皿的种类展开即可。类型中与传统器物符号关系越疏远则不必细分，因为和原符号发生关系的可能性较小。

整体布局：至于纵横坐标各分属哪个集合排列没有限定，但一般一家博物馆里的重点文物数量远少于日常生活用品的种类，而且是具体明确的，所以为了创意设计时浏览方便，将矩阵设计为横向构图。而且对于某一具体文物而言，原符号（原象）是具体明确的，构成其符号特征的元素数量有限、各元素特征清晰可知，两个都是竖向。相对地，符号的功能载体集合数量大，范围广，有不可确定性，两个都是竖向。这样纵横构建的矩阵就为横构图矩阵，符合人眼横向排列的生理结构，能较好地把握全局以及信息组合，从而提高效率。

在图 6-28 中，若按两集合元素之间一对一的单射关系计算，则图中所列的矩阵算式表述的是该条件下所有可能的创意机会群。机会总数 AIC（all idea creative）等于 PT 的元素数乘以 CS 的元素数，矩阵运算排列构成了创意机会生成区。

但在实际设计构思中，遇到更多的情况是两集合之间多元素复杂映射的情境，即在一个产品创意设计中，某种功能载体可能同时会应用多个文化符号或者存在一个产品创意设计中可能包含某件文物中多个符号单元的情况。在图6-27中，假若存在 B 集合中的所有元素（象）在 A 集合中都能找到一种及以上的原符号（原象）与其对应，则数学逻辑运算的映射总数是 m 的阶乘再乘以 n，即映射集合{AIC}= $n\times m$！而且在每一个象或原象中还可能存在子象元素，如材质中还包括塑料、金属、木材、玻璃、橡胶、陶瓷、织布等，而每个二级子矩阵又包含其三级子矩阵，例如，金属包含黑色金属和有色金属等，这样运算就更为复杂。由此可知，图6-28表达的只是一种文创产品设计的取象情境，虽然借用数学语言表达，但并没有实际的数学运算意义，因为绝大多数映射关系对创意设计来说几乎都是无价值的，也就是说两集合元素之间不能建立创意意义上的象和原象的关联性。

两大映射集合确立后，纵横组合即为情境类比映射矩阵，形成多级映射关系。在矩形页面中，“原象集合”和“象集合”的坐标轴呈“L”形位于矩阵边缘，创意设计构思是以图形语言记录在纵横坐标的交汇处。“取象”拓扑矩阵图的中间地带为大面积的空白区域，这里留作映射取象之用，称为创意设计区，可绘意象草图，相当于创意草图绘制的图板，是概念方案生成的地方。在构成形式上，由于每个横向单元必然对应单个和多个纵向元素，也就是一个设计对象可能会与一个或多个原符号发生关系，从而产生创意。由于创意设计的信息来源通常都是多元的，所以一种设计载体在很多情况下会包含两个或两个以上的原符号信息。即从 $A\rightarrow B$ 的映射并非一定是一对一的映射关系，很可能是一对多、多对多的映射关系。

现代认知心理学认为，设计者可以借助语言、草图、表情、场景、观点辩论等使创意设计中的隐性知识、方法、点子外显化。通过视觉化的图形图像形式拉动思维，使思维和图形互动，高效激发长时记忆中的有效信息，提高创新效率。所以，为了便于发挥设计者的视觉思维，其纵横坐标设计可以采用概念化、意象化图形表达，形式也可以多样化。若原符号或其载体功能有范围限定，坐标元素的图形内容可以有针对性，图6-29所示的是西北三黄地区，即黄土、黄沙、黄河相邻地区的地域符号（包括文化符号和自然符号）和功能载体的文创设计矩阵图。图中的矩阵元素和图片选择要依据具体的设计目标分类筛选，精心设计。该图仅是一个原理说明，因每个象集合和原象集合中的分类图片可能数量较大，仅凭纸质很难表达，若采用计算机程序设计，利用屏幕交互设计效率会更高。当然不同设计师建立映射的着眼点会有很大不同，也就是同一对应元素，不同的设计者可能会找到或找不到映射关系，即便是都找到的映射关系，其相关性（f）可能也不一定相同。

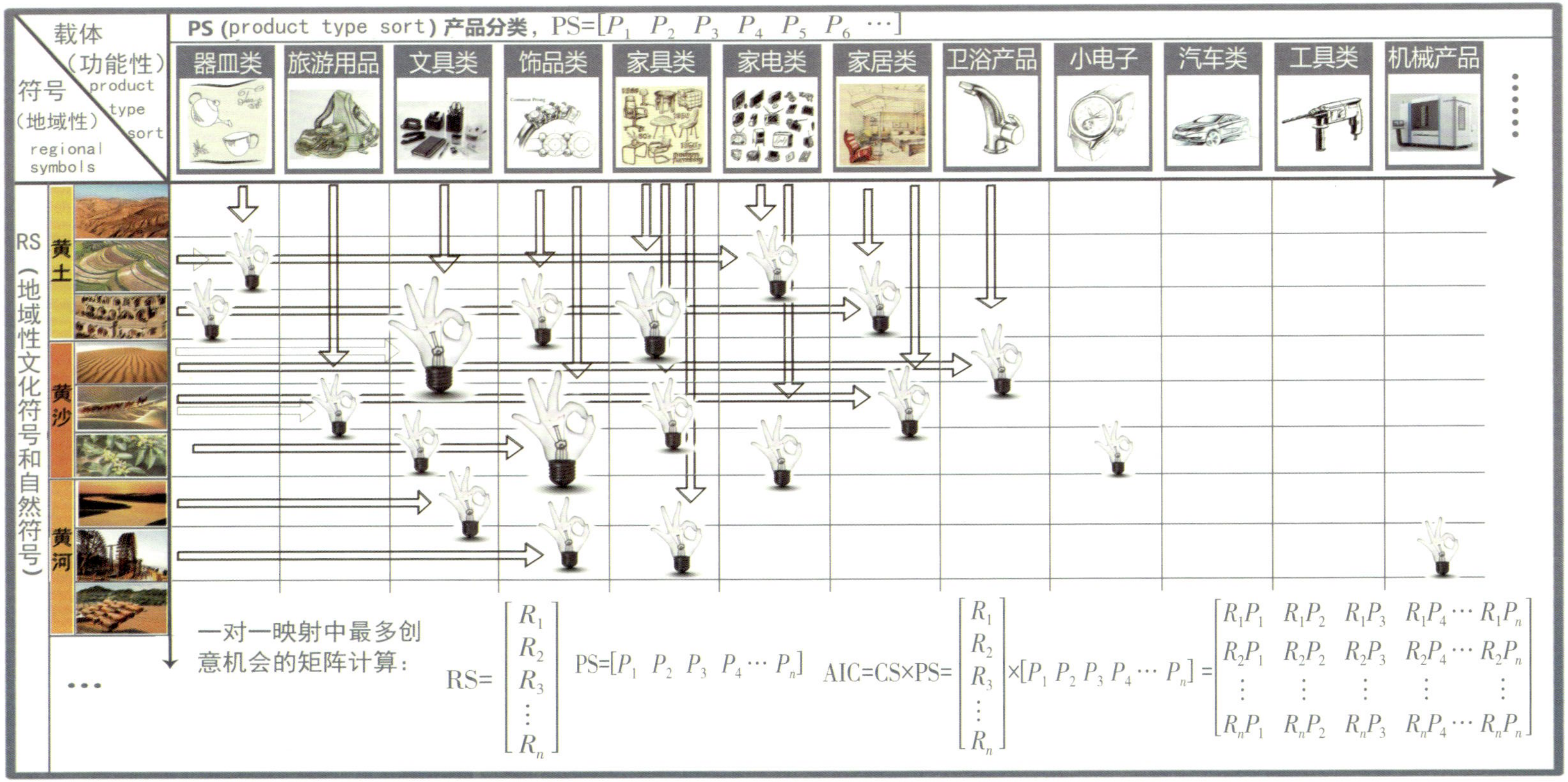

载体（功能性）product type sort

符号（地域性）regional symbols

PS (product type sort) 产品分类，PS=$[P_1\ P_2\ P_3\ P_4\ P_5\ P_6\ \cdots]$

器皿类　旅游用品　文具类　饰品类　家具类　家电类　家居类　卫浴产品　小电子　汽车类　工具类　机械产品　……

RS（地域性文化符号和自然符号）

黄土　黄沙　黄河　…

一对一映射中最多创意机会的矩阵计算：

$$RS=\begin{bmatrix}R_1\\R_2\\R_3\\\vdots\\R_n\end{bmatrix}\quad PS=[P_1\ P_2\ P_3\ P_4\cdots P_n]\quad AIC=CS\times PS=\begin{bmatrix}R_1\\R_2\\R_3\\\vdots\\R_n\end{bmatrix}\times[P_1\ P_2\ P_3\ P_4\cdots P_n]=\begin{bmatrix}R_1P_1 & R_1P_2 & R_1P_3 & R_1P_4\cdots R_1P_n\\R_2P_1 & R_2P_2 & R_2P_3 & R_2P_4\cdots R_2P_n\\\vdots & \vdots & \vdots & \vdots\\R_nP_1 & R_nP_2 & R_nP_3 & R_nP_4\cdots R_nP_n\end{bmatrix}$$

图 6-29　黄土、黄沙、黄河毗邻地区地域符号和功能载体的文创设计矩阵图

构建转盘映射图

正如直角坐标和极坐标的比较一样，两个映射集合元素之间的取象机会还可以通过圆周旋转方式获得。具体做法是将作为题材的（原象）符号集合按类目法做系统分类，并按照圆周排列，再把作为预想功能载体的（象）集合也按类目分类，做圆周排列，使两集合元素形成同心圆放射状构图。通常在地域性文创设计中，可选取的题材（地域性符号）相对于功能载体是有限的，所以，在转盘映射图创建中，把原符号的象元素圆周排列在内层，而将功能载体的象元素排列在外圈（图 6-30）。

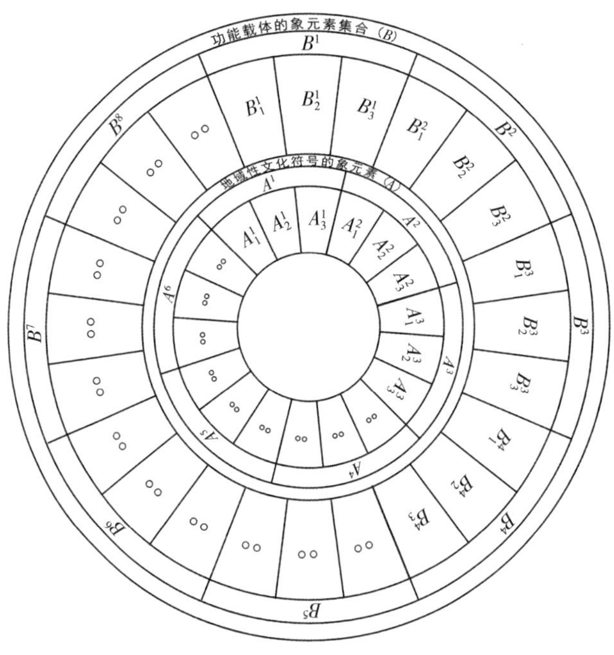

图 6-30　文创设计中的映射转盘

再以集合 *A*、*B* 之间互为映射关系来说明创意设计中映射转盘的使用原理。在使用映射转盘时，需要在 *A*、*B* 两集合中任选一集合的某个元素作为定位参照元素，然后旋转另一集合元素圈，看能否找到两两对应的立意机遇。在创意设计中象与原象的映射是互逆的，也就是说既可以以文化符号作为主题，求解符号的功能模式，此时应定位 *A* 集合中的某元素，将其作为原象，而旋转 *B* 集合元素圈；也可以文创设计作品的功能用途作为主题，求解该功能应匹配何种文化符号，此时可定位 *B* 集合中的某元素，将其作为原象，而旋转 *A* 集合元素圈，从而建立创意关系。象与原象是相对的，可以互为转换，以谁作为定位参照关键要看设计目标和设计任务要求。

第三步：寻求立意

创意矩阵建立后，设计师的眼光就要在符号与载体之间来回浏览，以广博的知识和敏锐的思维在两集合元素之间寻找关联性，发现潜在的、相互依托的意义和价值。

相关性是将两类事物重构在一起的必要条件。在立意构思中，文化符号和功能载体至少在某一点上有关联性，关联性越多，映射关系就越丰富，创意性也就更强。确立原符号和寻找原符号载体是创意设计中一个问题的两个方面，也是整个创意设计最核心所在。通过变化设计，可使符号和功能较好地契合在一起，因此新构建的事物各要素之间的秩序感就越强，给人较强的完形心理（格式塔心理）。因而，原符号和设计符号的配对是创意的最闪光之处，创意的灵感即表现在这里，就好比一个精子和卵子的结合，神奇而美丽的生命即诞生于此，至于该生命后天如何生长则是取决于设计师的基本设计技能，特别是表现技能和美学艺术的综合修养。所以寻找创意是第一位的，它决定了设计的主题和题材。

创意设计旨在建立和重组设计元素之间合理、甚至绝妙的新关系。设计美学的本质在于寻找和发现设计元素之间的秩序性和联系性，最终构建元素之间有机、合理的秩序关系。所以，设计需要孜孜追求的执着，既有激动兴奋的时刻，亦可能始终不得满意，机遇可遇而不可求，有时得来全不费工夫。基于传统文化符号的文化产品创意设计需运用语意情境分析法，界定产品的功能和文化角色，将设计对象的某些特质投射到古器物的符号集合中，寻找意义的依托，建立文化元素和设计元素之间的有机秩序关系。

创意求解的方法是寻找和确立映射关系，即在产品对象（载体）与传统器物（原符号特征）之间寻找相关性，寻找意义的依托，可称之为立意 f。这个过程可以解读为从符号 A（原像）到载体 B（像）的映射构建过程，其数学表达式写作：$f: A \to B$，若将创意作为计算结果，则该映射关系可转化为函数表达式为：

$$C = f(A, B)$$

在建立立意 C（conception）的过程中，f 是映射法则，是建立创意的途径，如图 6-27 中①、②、③、④、⑤、⑥等的关系，面向地域文化载体的产品创意设计还需要通过语意认知测试修正（证实性研究），使模型向多极化衍生。

通常建立配对的途径和依据主要有：

$f = A\&B$ 形态、结构的相似性；

$f = A\&B$ 功能一致或相关性；

$f = A\&B$ 使用角色的相似性；

$f = A\&B$ 使用情境的相关性；

$f = A\&B$ 使用方式的相关性；

$f = A\&B$ 情感意象的相关性；

$f = A\&B$ 生态、环保方面的适应性；

$f = A\&B$ 使用地域的相似、相关性；

$f = A\&B$ 使用环境的相似、相关性；

$f = A\&B$ 名称读音意象的相关性（包括谐音、双声、押韵等）；

……

在本方法中创意是第一位的，它决定了设计的主题和题材。

在本创意设计方法模型中，A 和 B 分别为原象和象，f 为映射法则，也即是如图 6-27 中，①、②、③、④、⑤、⑥、⑦等所示的原象 A 和象 B 之间的类比映射关系。这种映射关系本质上是两者之间的相关性，可以表现为相通性、共理性、相似性，有时甚至也可以是相反、相对属性。A 和 B 之间的关联性是复杂多元的，能被设计者最优选择的关系应该是建立在巧妙、巧合基础上的相关、相似、相反等关系。若两个事物之间没有相似性、适应性、相关性，那么 A 和 B 的元素之间就无法建立映射关系，而将它们生搬硬套地糅合到一起就会有牵强附会的感觉，创意性很弱，消费者很难接受。所以，创意的灵魂是找到符号及准载体之间的关联性，取象类比是创意构建的基本系辞方法。

关联性建立之后，深入进行功能、形态、结构的整合变化处理，这才算真正进入创意设计。创意和创意设计是有区别的，创意是一种类比映射关系的建立（也可以说是取象），但映射关系建立之后的造型变化设计是创意设计，是创意成长的结果，要综合考虑形态、工艺、市场等多种因素，最终生成设计作品。

立意构建的核心是情境类比，类比实现的关键在共理变通。

符号与载体之间立意关系的实质来自联想基础上的变通关系，属于情境类比。通常在创意设计时，映射关系应用最多的情况有两种：

一是利用符号物品与功能载体在视觉形态、色彩、结构、功能等方面的关联性（取象 1），对符号做变化处理。依据目标功能，综合考虑审美、材料、结构、工艺、市场等诸要素，对原符号做变化处理，使之能很好地承载目标功用。

所谓关联性，类似于《周易》使用的变通取象法则，其基本方法是把天地自然之道与易理对应起来，比较分析它们的一致性，所谓的一致性是通过联想与变通取得的，《易经》通过具有普遍性的典型事物，类比其他事物，所以方以类聚，物以群分。古人造物取象，制器尚象，其象是对自然现象（上到天文、下到地理）的高度抽象、模拟、仿造，《周易・系辞上》中说“是故，夫象，圣人有以见天下之赜，而拟诸其形容”，将这些自然现象抽象成卦爻符号，而造物又从卦象中取象造物，取象是对通用易象原理的变通，对卦象符号的物化解读，是对深奥易理的还原，而不是附会。

远古时期人工物种类极其稀缺，先民只能模仿自然造物，从自然取象，将其作为造物符号；如今我们可以将传统器物、文化模式作为符号。

《周易·系辞》中说“古者包羲氏之王天下也，仰则观象于天，俯则观法于地，观鸟兽之文与地之宜，近取诸身，远取诸物，于是始作八卦，以通神明之德，以类万物之情。”看来古人认识自然和社会的基本方法是正确的：“观物”的本质是“实践”，从中得到万物（鸟兽等）的存在原理，得到他们与“地域之宜”的关系，然后“提取”万物（鸟兽等）自身形态特征，将其变化为各类纹样和符号（八卦图等），以此来表达自己对世界的看法，对宇宙的看法。所以原始造物是先民对自然环境适应和人类自身生存适应的高度统一。

另一种是利用符号与产品载体在谐音、隐喻、双关、典故等文化寓意方面的契合性、巧妙性（取象 2），对符号作变化处理。我国传统吉祥图案是集视觉符号和声音符号于一体的双重象征表达形式，这是我国古代意象造型艺术的一大特点。原符号经过意象变化形成了具有传统形式审美特征的图案，可以与载体（媒体）形态完美组合，原符号的读音（名称等）与载体的读音（名称等）或意念等形成谐声叠韵特征，使两者之间在读音方面形成意象映射。如“吉祥如意”“平安吉祥”是将视觉符号（象、瓶、如意）和声音符号（瓶即平、象即祥）组合到一起的一种象征性符号，这是一种非语言而又类似于语言的表达方式。自《周易》广义制象以来，在设计领域，这种符号创造方法可谓是后世“制象”，许多官方或民间的传统吉祥纹样（图案）的组合方式是约定俗成的，成为后来其他各种设计的原符号（原象）。美国交际学家萨姆瓦说，类语言传通包括传通情境中除却语言刺激之外的一切由人类和环境所产生的刺激，这些刺激对于信息发出者和信息接受者具有潜在的信息价值。①

如图 6-27 所示的二维映射矩阵是依赖于原象和象之间的类比转换，在这个转换中文化理念和审美思想没有根本改变，所以原符号到新产品之间其实是一种拓扑变换关系，因而，该矩阵也可称为创意类比拓扑矩阵。如图 6-26 所示的复杂映射原理，在文创设计中，符号和载体之间可以建立一对多、多对一等映射创意关系，一种原符号可以有多种载体，或者一个产品可以是多种文化符号的整合体。这两类方式都非常重要，可以使产品设计向纵深发展或系列化发展。

关联性设计属于情景类比设计，此情景的设计方案可借助彼情景解决，情景往往与问题解决的手段、过程和结果一并体现出来，文博产品创意的情景就是古器物所蕴含的文化场景和设计目标所预计的使用场景之间的交互类比。美国学者根特纳于 1983 年在机械工程领域提出了类比设计方法，该方法其实就

① 拉里·A. 萨姆瓦，理查德·E. 波特，雷米·C. 简恩 . 跨文化传通 [M]. 陈南，龚光明，译 . 北京：生活·读书·新知三联书店，1988：63.

是一种情景设计法，它依赖于目标与源结构之间的映射关系，和发明问题解决理论 TRIZ 理论相一致。[①]情景类比不只适用于文博产品设计，也适用于普遍意义上的创新设计，也就是说创意题材的来源不只是文物符号或传统文化符号，也可以是现实生活中的其他现实实例单元的形态、结构、功能模式。比如蜂蜜的一次性小袋软包装设计，方便旅行携带，一次喝一袋，因为通常的蜂蜜都是瓶装或罐装，最早进行一次性小包装设计师可能是联想类比了其他事物使用的方便性才得到的（如果冻、液体药剂等）。在地域性旅游产品创意设计中，两大映射集合就是地域性符号及其准载体。面向地域文化载体的产品创意设计还需要通过语意认知测试修正（证实性研究），使模型向多极化衍生，做到文创套件设计的系统性和完整性。

设计对象（产品）是文化符号的载体，要从生活用品或生活需求中选取，根据它们与传统器物的关系树，建立多级集合；但不是所有的纵横对应关系都是成功的，或都能找到创意，或者因人而异，不同知识修养构成的人也有差异，知识之间的关联性虽然是客观的，但需要靠人的知识阅历构建和文化修养感知。

创意设计是一个浓缩型的、多元化的设计元素集合系统，所以大多数文化创意设计都采用了多种文化元素和设计元素，比如北京奥运会、世博会的吉祥物、徽标、场馆设计等都是重组了多种元素的设计结果，通常是以某一元素为主，其他元素为辅构建的。

基于传统器物的传承创新设计，是一种活化和重建设计，必须深刻理解传统器物的使用功能、文化角色，形态及结构工艺中所蕴含的造物智慧、法则等。在创新设计中核心理念是传承，它是“制器尚象”中的法象，特别是古人的生态思想，天人合一思想等。

第四步：拓扑变换、变化设计

原符号的选择很重要，但立意后的变化处理方法更多地取决于设计师的表现技能和美学艺术综合修养，特别是创意审美素质、时尚把握能力及设计技能等。前面已提到，创意和创意设计有别，符号和载体的映射关系建立之后的变化设计属于创意设计，包括原符号和功能载体之间的形态拓扑变换，在不失原符号特征和功能需求前提下的材料、结构变化处理过程，创意设计是创意成长的结果，最终生成设计作品。

在进行符号和载体的融合变化时，要依据原符号自身的文化内涵、审美意象、所承载的行为习惯、生活方式等，对其做提炼、抽象或夸张等处理。对于

① 刘晓敏，檀润华 . 基于功能—行为—结构情景设计的未预见发现构造模型驱动产品创新 [J]. 机械工程学报，2006（12）：186-191.

一些美学特色鲜明的符号，变化中还要强化它的情感意象。如图 6-31 所示的“贺兰山岩画旅游纪念品设计”是基于宁夏贺兰山岩画太阳神纹样的文创设计作品（获得 2017 年宁夏旅游商品设计大赛金奖），该图案的主要准载体是旅游商品中的纺织品类，如挎包、手提包等，变化后的图案不但强化了原符号中“富丽”和“放射”图案的构成特征，而且与纺织类用品载体在视觉形式上非常匹配。创意设计不是单方面变化原符号的过程，所谓立意关系 f 的创建，更多成功来自两大映射集合的同步协同变化，互为匹配，不断迭代优化，相互契合，最终形成初步意象设计方案 C（conception）。以下将结合马家窑彩陶及西北“三黄”毗邻地区的文创设计实践，对取象映射关系构建及造型变化方法做进一步的说明。

图 6-31　贺兰山岩画旅游纪念品设计，作者：张嫣雯

二、基于马家窑彩陶符号和功能载体的产品创意设计映射方法模型的构建

原始彩陶有鲜明的地域特色，原始先民制作陶器都是因地制宜，就地取材、就地加工制作，无论材料、加工工艺还是纹样装饰，都是来自先民身边的生活环境。原始彩陶对今人的感染力主要来自原始先民和大自然之间相处的和谐性，所有的造物要素都是那么的纯朴、天真、雅致、自信，与大自然融为一体。所以，古彩陶蕴含着大量的人与自然关系中最纯粹的伦理关系和生态关

系，是地域文化符号的重要组成部分。

中国原始彩陶艺术奠定了我国传统造物艺术、审美哲学及造物方法学的基础，是后来青铜器艺术的滥觞，其从具象到意象的发展过程，决定了中国美术走向意象表现之路。马家窑彩陶达到了我国先秦彩陶艺术的巅峰，反映了黄河中上游地区和西北黄土高原地区先民们适应自然的方式，是该地区典型的地域性象征符号。

（一）基于类比映射原理的马家窑彩陶文创产品立意模型构建

1. 马家窑彩陶的地域意象特征

马家窑彩陶的器形和纹样种类繁多，属于族群符号，除了少量的陶鼓、陶埙等特殊器具外，绝大部分为盛储器、饮食器、炊煮器等有容纳功能的器皿，其中盛储器最多。这里以典型的盛储器彩陶为例分析马家窑彩陶符号的地域性语意构成。依据符号的二元结构，彩陶符号也包括符征（形式）和符旨（内容）两个方面（图 6-32）。造型元素为符征，包括口、颈、腹、底、纹样式样、纹样色彩、陶体质感等；造型元素的语意为符旨，可解析为沧桑的、拙朴的、原始的、神秘的、干旱的、西北的、和谐的、天真的等，以形容词词汇表达，并且通过语意差异调查法（SD 法），从众人和专家的意象感受中确定各造型元素与语意的对应程度。不同造型元素对不同语意的影响因子（意象语意贡献值）不同，可以采用数量化一类方法，通过调查获得数据，再用 SPSS 软件统计分析，得到不同造型元素对应不同语意的影响因子。在地域性文创设计中，地域符号的符征是地域视觉特征的代表，地域符号的语意可谓地域形象的表达。

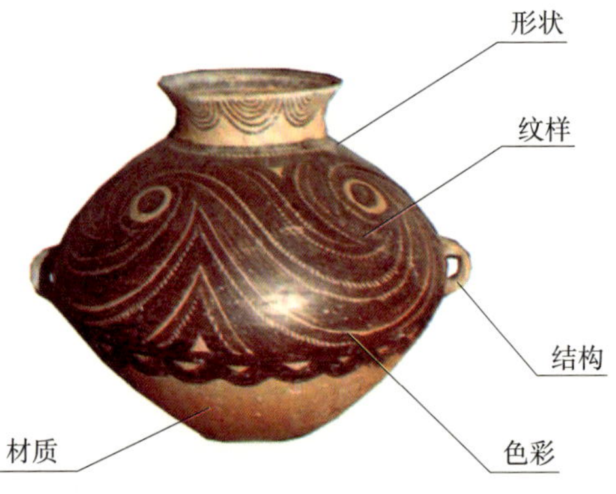

图 6-32　马家窑彩陶中的符号构成

2. 马家窑彩陶文创产品设计方法模型构建

既然马家窑彩陶可以作为黄河上游古彩陶出土地区的地域象征性符号，

那么这些语意也就可以作为本地区的地域性文化语意的表达。按照前文所述的基于情境类比映射的创意设计方法，马家窑彩陶符号的文创设计过程可定义为包含三个阶段和一步映射的系统设计过程，三个设计阶段的主要任务特点：一是符号和载体对象的选择；二是构建配对创意工具模型；三是配对后的变化组合设计。

（1）原符号集合构建

传统器物大都是原始天然材料或天然材料的二次加工材料（也有少量的低技术人工合成材料）通过结构形成的物品，产品功能主要靠器物形状的一般材料性能支撑，科技效应低，所以传统器具的功能语意与其外观形状、结构、材料、材质是完全统一的，而器物的纹样、色彩反映了器物的社会文化背景及地域性生活方式、生产关系等社会科学信息。

马家窑彩陶涉及先民生活的各个方面，器形及纹样丰富多样，属于族群符号，但总体来看有鲜明的地域视觉特征。在创意设计时，先收集大量的器形和纹样样本，再通过 SD 问卷调查及专家评审，筛选出典型器形和纹样样本作为地域意象的语意提取对象。彩陶语意视觉要素提取要具体，特别是彩陶中的几何形状特征、纹样特征、结构特征、材质及套色特征等。根据语意认知测试，将认知度较高的马家窑彩陶器形及纹样元素建立成原符号集合{CS_1，CS_2，CS_3，SC_4}。

形状：主要指形态、形体几何特征，如各视向轮廓、截面特征等，这是器物符号特征的最重要方面，是在创意设计中使用最为频繁的符号特征。

纹样：纹样泛指器物表面的装饰图案和刻符等，有立体的也有平面的，它是构成器物文化特征的重要组成部分，彩陶纹样最主要的使用方式是平面变化处理，但也可立体化处理。

结构：结构与形态密不可分，这里说的结构主要指器物各部分之间的组合特征，有的器物各部分之间连续为一体，没有绝对的分界线，如彩陶的瓶口、瓶颈、瓶腹等，有的有鲜明的连接关系，如斗拱、榫卯结构、轮辐特征等。

色彩：色彩是最有视觉冲击力的视觉符号，传统器物（古器物）主要有单色、套色两类，由于器物的功能和文化特征不一样，这些色彩特征的象征意义也不一样。马家窑彩陶以红陶材质画黑色纹样为主，也有少量的白彩。中国古彩陶中独特的红黑套色视觉效果，开启了我国以红黑对比为美的民族审美心理。

材质：材质与色彩密切相关，在视觉上反映材料心理特征，包括肌理、光泽、粗糙等，是构成器物的主要心理符号特征。

图 6-33 所示为矩阵映射设计方法中马家窑彩陶文化原符号的集合图例。依据文创产品设计需要，对彩陶原符号作分析归纳后，形成色彩、器形（形状）、纹样、功能、结构、意象等元素分类。为了便于视觉思维，利于创意对应关系的发现，需要将各原符号以类目法做一级和二级分类，二级符号中的纹样类目包括自然纹样、动物纹样、植物纹样、旋纹、锯齿纹、神人纹、圈纹等；外形一级符号下列出旋纹尖底瓶、半山类型的锯齿纹瓶、双耳罐等；颜色多以橙、黄和黑彩套色对比为主，色彩对比中的图案格式要和纹样图案构成格式相统一；材质多用细泥红陶或夹沙红陶。由于每个根目录下会有多个子目录，故若将基于矩阵映射原理的设计方法开发成一种计算机文创设计工具系统，则在做交互系统设计时，每个象集合按钮都会成为右拉（或下拉）按钮，并由大到小逐层展开。

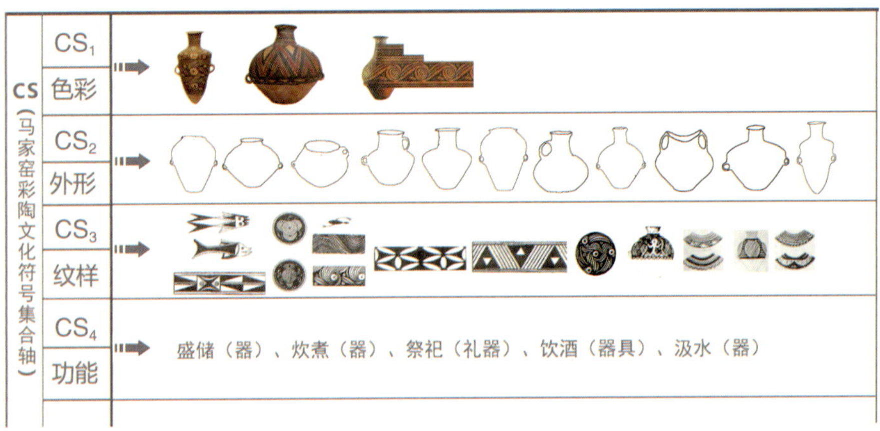

图 6–33　马家窑彩陶文化符号的原象集合轴

在实际设计中，设计师可能会对马家窑彩陶中的某个或几个典型彩陶情有独钟，准备以它们作为创意设计的取象来源，此时原符号集合的构建就相对简洁而具体，操作性会更强。

（2）符号预承载对象集合构建

文创产品销售对象主要是旅游活动中的游客，所以文创旅游产品应多以日用生活品和小产品为主，轻量短小，方便携带，并且实用。所以符号的功能载体要依据生活用品的功能、形态等与原符号的关联度，归纳挑选出几类密切相关的类型，排列成符号预承载对象轴。因原始彩陶大多数为器皿、容器，有少量的乐器、动物和人偶造型，纹样多为图腾崇拜、自然崇拜、自然环境、丰收场景等，所以在符号载体选择中也应以器皿类和纹样载体类作为马家窑彩陶符号的映射对象。这里将马家窑彩陶符号的预承载对象分为七种常用器皿，并通过简图方式表达，形成产品载体的器皿类图轴（图 6-34）。

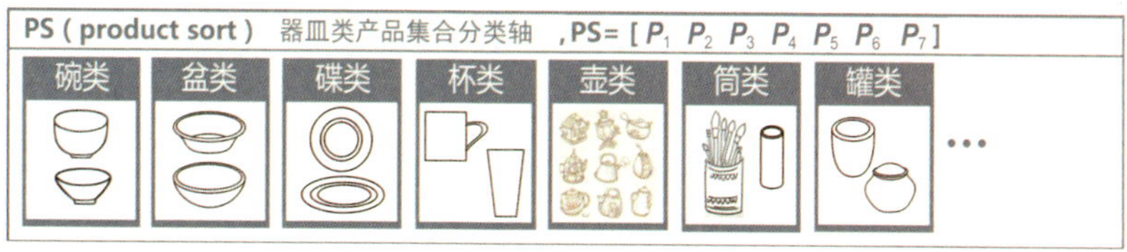

图 6-34　马家窑彩陶符号的功能准载体（器皿类）象轴

3. 映射矩阵的构建和立意的求解

将两映射集合轴组合成 L 型矩阵。为了使实际操作性更强，设计师可以依据自己的需要设置两映射集合的元素类型、数量等。如图 6-35 所示，设计者选取了连体罐、舞蹈纹彩陶盆、神人纹样彩陶罐作为符号来源物，对应的符号系统包括色彩、外形、纹样、功能、结构五个方面。经过两集合元素之间在功能、造型、使用情境等多方面的关联性求解，建立了取象映射关系。其中有一种映射关系为：

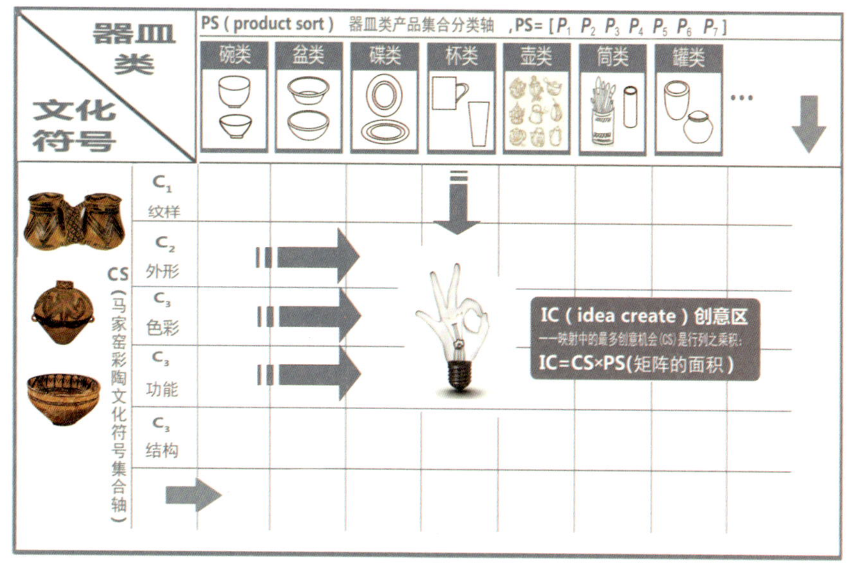

图 6-35　基于矩阵映射原理的马家窑彩陶文创产品设计工具（模型）

将器皿类集合选取“杯类”作为“象”元素。

将文化符号类集合选取“外形”“纹样”“意象”三方面作为“原象”元素。

“象”和“原象”之间是“一对三”的创意设计映射关系。

之所以将“象”集合中的“杯类”作为“象”元素，而将“原象”集合中的“外形”“纹样”“意象”作为“原象”，是因为两者之间有很好的关联性。

首先，彩陶中的连体杯，顾名思义是“杯子”，喝水的杯具从古到今基本功能没有变，基本形体相近，所以将马家窑彩陶的器皿纹样附着在现代水杯上应该是最简单、也很契合的立意类型。该套旅游纪念口杯为瓷制品，而且两

两相连的杯体，使人产生“爱情”“牵手”等意象，马上会想到情侣杯的设计，因情侣杯一般都以成对方式出现，所以无论是外形还是结构，情侣杯和连体杯彩陶有诸多关联性。

其次，舞蹈彩陶盆内的联手舞蹈纹也会使人产生“友谊”“爱情”“牵手”等意象。

最后，马家窑文化彩陶中的马厂类型中较多地出现了神人纹样，该纹样由马家窑时期的蛙纹演变而来，在马厂彩陶中，多个神人肢体纹样演变成像蛙腿一样的折线连接，这种纹样造型特征又和“牵手”“多人联手舞蹈纹”在视觉形态上有意象关联。

以上三点说明杯类器皿中的情侣杯与马家窑彩陶中的部分彩陶在外形、纹样、结构、意象等方面有关联性，马家窑彩陶可以作为情侣杯的取象来源，从而获得立意求解。在立意映射的基础上，通过造型变化、材料变换设计，才能形成文创产品设计的概念提案。在文创产品概念设计中，虽然立意是基础，但立意之后的造型变化或功能、材料等变换设计却是创意优化和表达的手段，只有两者有机交融才能形成创意提案（图 6-36）。变化和变化设计对设计师的美学修养、工程工艺知识、市场把握等综合能力有较高要求。最终形成如图 6-37 所示的一种造型设计方案。

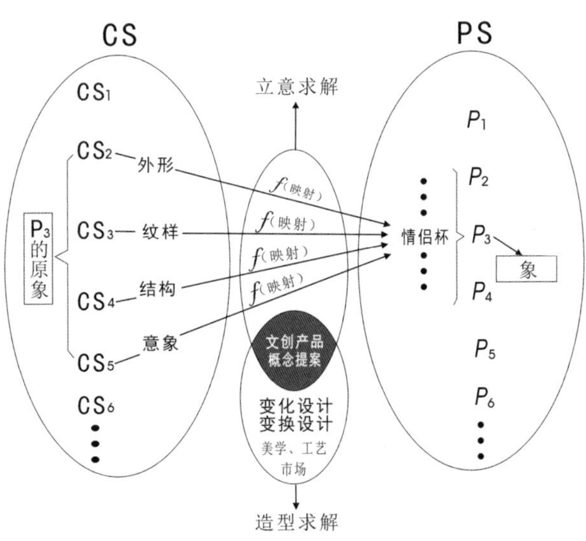

图 6-36　彩陶情侣杯的创意映射设计原理

通过对以上文创设计取象原理的分析可知，文创产品设计的关键是在原符号和符号新载体之间找到映射关系。在整个方案生成过程中，人思维的灵活性和创新性占据了绝对重要的地位。其实不仅文创设计如此，技术创新也有相似的思维机制。著名 TRIZ 理论（即发明问题解决理论）就是基于人脑特有的联想思维、变通思维的一种创新方法。该方法认为在某些特定技术领域中发现的解决技术冲突的方法，其实在其他领域也具有通用性，而通用性需要以变化、变通为基础，不是生搬硬套，这其实就是一种不同类别的事物之间的类比映射关系。

（二）立意的基本变化方法和造型设计途径

立意是“象”与“原象”的初步映射关系，它决定了创意设计的题材、功能和设计方向等基本问题。但这里所讲的立意只是创意设计最初的想法和方向，甚至还不能以形态表达，犹如一颗受精卵，还不能形成初形。如何将立意以视觉化、形态化、具体化形式表达，才算真正进入造型设计阶段。造型设计是表现和思维的互动过程，该过程以视觉为主导，手脑并用，通过手绘或计算机绘图手段激发思维，思维又拉动表现进一步展开。在互动中对原映射关系做或丰富、或优化、或调整的变化处理。

按照皮尔士的三元符号理论，一件设计作品就是一个新的设计符号，它由原符号（包括符征和符旨）及新载体（对象）构成，载体即是符号的指涉物。在创意映射模型中原符号（原象）是原生的，属于二元符号，新载体（象）为指涉物，而设计作品是映射产物，是次生符号，属于三元符号。三元符号理论着眼于符号的应用和产生关系。其实皮尔士的三元符号理论从符号应用的角度引出了符号生产的拓扑变化机制。作为创意映射产物的设计作品是象和原象的中间产物，它在两者之间都有连续性，因而也可称为从“象”到“原象”的拓扑产物。

人类的拓扑变换思维机制贯穿在整个造物的历史中，这就是模仿和借鉴其他事物的形象。模仿是一种特殊的拓扑设计，在该拓扑设计中原象和象（功能）的基本属性不变，但象和原象要相互融合，相互转化。符号要表述功能，功能要满足符合的形式要求，通过形态变化、结构重组、材料替换等过程便形成中间产物，这就是创意设计的拓扑过程。人类的模仿对象有两种，一种是模仿自然形态，另一种是仿拟已有人工形态。自然形态是在漫长的时空进化中形成的，有其绝对的自然适应性和生理形态的合理性，是人类最早仿拟的对象。从中国发现的早期器物来看，许多是模仿原先使用的植物果壳、杆和树皮加工成的器皿、编织器、竹木器、骨角器。正如《中国陶瓷史》中所论述的观点：“最早的陶器显然是模仿生活或自然环境中的其他材料及形态所做成的习见器物，如篮子、葫芦和皮囊等的形状，后来才发展成具有自身特点的器皿。”[①]照搬形象所获得的器皿造型样式，与被模仿对象之间有非常明显的相似性，二者之间可以让人产生直接联想。上古时候人类仿造葫芦制作的陶器称为陶匏，匏

① 中国硅酸盐学会 . 中国陶瓷史 [M]. 北京：文物出版社，1982：2.

是葫芦的意思，这应该是人类最早的拓扑映射设计案例，因为陶匏的功能是明确的（如作为盛水器、盛储器等），设计中须取象于葫芦，在葫芦和陶器（盛水陶器等）之间拓扑变化，通过一定范围内的形态变化（不能超过人们对葫芦形态的感知）、材料工艺替换、纹样绘制等实现功用，最终发明原始陶器（图 6-37）。

图 6-37　基于马家窑彩陶的情侣杯概念设计提案

人类仿拟人工形态的过程是一种文化传承和技术不断进步的过程。这个过程也是一种形态、结构和技术的拓扑变换过程。功能学创始人，英国人类学家马林洛夫斯基曾说：造一只船，目的在解决如何渡水的问题，因此它受“有限变异原则”的支配，也就是所造之船首先要能漂浮在水面。未来船只的母体肯定要以现有船只为参照，有些要素是不能变的，它们规定了它的有用的浮动的性质；有些要素是可以变异的，这变异或许是起源于同一问题，可有种种不同的办法。[①]这其实就是原符号和新功能载体的拓扑变换原理。新船设计的内容体现在老船和新需求之间的变换，未来的新船既具有老船的基本功能又有新的需求特征，两者之间具有连续性。古彩陶发展当然也遵循“有限变形原则”，彩陶的材料质地、造型、纹样、色彩的发展变化受各种因素制约，一方面“限度”是由使用目的决定的，彩陶创新只能在满足使用目的有限范围内变形；另一方面彩陶生产也受诸多因素制约，包括生产力水平、人们的文化发展水平，认识能力，伦理道德，审美观念等。所以，人类器物技术的进步不是随心所欲的过程，而是在前人基础上的不断优化提高的过程。但每一次创新肯定是基

① 程金城 . 中国彩陶艺术论 [M]. 兰州：甘肃人民美术出版社，2008：70.

于原基本功能之上的目标提高，变化只是在造型、纹样、色彩有限范围内的变异，象和原象的映射关系并没有变。看来，模仿是一种文化的传承，变化是技术进步，二者具有传承创新的辩证关系。

1. 模仿中的变异

如上所述，设计中的模仿是将事物的形象、结构、原理等映射至新产品中，使新产品具有原象物品的形象或结构功能的设计方法。但模仿不是原样照搬，而是在符合新目的前提下进行变化处理，使新产品满足新需求。此种变化方式主要有三种类型：模仿局部、分解性模仿、意象性模仿。

在彩陶文创设计中，局部模仿设计主要是指取象于器皿的部分轮廓、或某方向的视图，其次是附件部分，如盖、钮、耳、把、环、足等。

分解模仿主要是将模仿对象整体做拆分、截取，选取部分使用。截取的标准是依据所设计对象的功能或审美需要，截取原对象的形态、结构或纹样，并使之能和设计物品的使用功能建立良好的匹配关系。对葫芦分解就会产生许多的器形样式，由上至下是不同的使用功能，但原象都来自葫芦，可称为对葫芦的分解性模仿（图 6-38）。

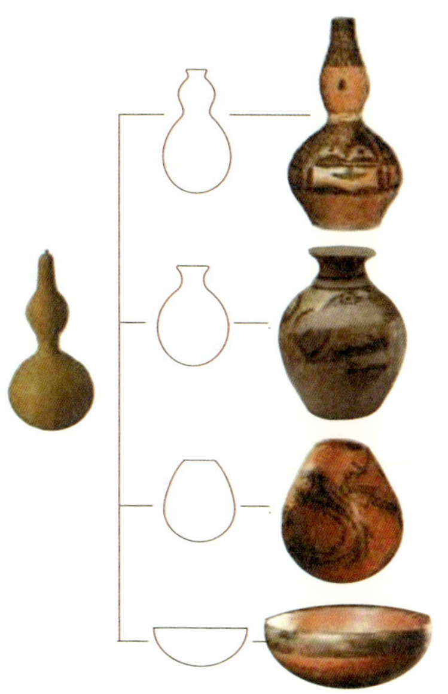

图 6-38　由葫芦模仿及分解产生的陶器造型样式

意象模仿是具象模仿向更高层次发展的阶段，说是意象模仿，其实上是抽取了原象中最使人印象深刻的形态或结构元素，或者是动态神韵。因而，意象模仿是对原象高度概括、提炼、抽象之后的产物，具有表象的审美特质，是艺术造型的高级阶段。意象造型是中国传统艺术审美的创作和鉴赏标准，贵在似与不似之间，源自远古时期的彩陶和岩画文化，其最大特点是省去了被模仿对象的诸多细节，更多的是侧重于器物造型的整体神韵或视觉感受。

今天仿拟仍然在文化产品设计中占有重要位置，绝大部分博物馆文化创意产品、旅游纪念品的设计都是按此方法进行设计的，即把原文物按原比例、缩比、放大比等仿制和复制，有些旅游纪念品按比例严格制作，细部仿制也很到位，但大部分旅游纪念品都是采用现代工艺，并替换为现代材料。按比例仿制是现行文化创意产品设计的主要方法，其优点是较高地保存了古器物文化的符号特征，缺点是创意设计成分很低、没有实用功能，消费购买人群狭窄等。

2. 结构附件的增减

一件器具通常由许多构造单元组成，比如一个完整的瓶子通常有瓶口、瓶颈、瓶肩、瓶腹、瓶底、瓶耳、瓶系等构成。有的附件具有实用功能，如彩陶罐的侈口、耳系、圈足等，都不可或缺；但有的附件几乎没有多少实用价值，但具有特定文化功能，能起到装饰和造型作用，如青铜爵的两个爵柱是礼仪、节饮等文化用意，其价值意义并不低于实用功能；还如青铜器上饕餮纹、侈棱等造型都是文化意义而非实用性。在基于文物题材的文创产品设计中根据新物品的审美和实用性，附件可增可减。有的附件具有特定文化含义，增加某种附件可以寄寓这种文化含义，但有的附件具有某种使用功能，但在创意产品中不需要这种功能或影响整体外观设计，可将其取舍。所以附件增减的依据是综合分析新物品的功用和创意之所需所做的决定。

3. 整体或局部变异

在器物进化中，很多情况下匠人或设计师并不是直接从象与原象的映射关系入手思考创新设计的，而是从器皿的整体或局部比例的变化、外轮廓曲线弧度或直线角度的变化，形体结构的增减以及比例的改变等角度切入的。在调整中，使本来没有引起人们心理触动的线条、曲面，却产生了意象动感和心理弹性。这在中国传统陶瓷器物的造型设计中占有主导地位，是一种较为缓和的形体设计方法，既能适应文化归属感，又能产生一种新的视觉感受，是一种在已有造型样式基础上的变革，但器物与关联物象之间未必有实质性的内在关联。器皿类物品的形态衍变有自身的形体演变规律，一般是将各组成部分的比例、尺度或外在轮廓线的曲率或弯曲形态做整体或局部微调变化。

4. 立意建立之后的基本变化方法和造型设计途径探讨

在现代文创设计既有直接从模仿角度进行设计的，也有从原形做衍生设计的，即在功用不变的情况下依据美学规律等做整体或局部变化设计使之产生新的进化方案。但更多的是将原物符号作为题材，通过意象映射，设计出新的功用载体的文创设计类型，这类创意设计方法使用最频繁，值得深入探讨。在文创造型设计中当原象与象建立了立意关系之后，双方设计元素能否更深一步地有机融合在一起，成为该立意能否付诸实施的关键问题。原象与象双方建立映射的切入点很多，不同的匹配关系也会对应不同的变化方法和造型设计途径。这里仍以图 6-27 所示的文创设计映射模型为例，就原符号和设计对象（新载体）的几种典型立意关系，探讨其相应的变通方法和造型设计途径：

（1）*A* 和 *B* 功能、形态相关

此种立意类型在文创设计中最容易找到，也是使用最频繁的类型。很多文物都是集结构造型、材料工艺、纹样外饰于一体的，比如彩陶、漆器、青铜器、部分瓷器和玉器等都有独特审美价值的图案纹样。若原象物品（文物等）与设计对象（功用载体）建立映射相关时，主要有三种基本造型变化方法：首先，最简单的是将原纹样或对原纹样做简约化、规范化、适合性、重构性等的变化处理，使之平面贴图于对象载体的外表。此类创意设计类型最为简单，也很实用，是创意设计中应用最多的类型。因为在生产工艺方面，贴花涂饰与产品形态、结构、功能几乎没有什么技术冲突，设计者可对原图案作视觉特征作、强化变化设计，对色彩、质感作采集重构设计等，以表达产品使用意境，或映射使用者的审美志趣。

第二种是将吉祥图案做立体化变化处理，使之直接生成功用载体，比如一些平面、曲面的镂空设计等。如图 6-39 所示是提取西夏扁壶中的吉祥纹样，并作镂空变化的酒架文创设计。扁壶是西夏人的典型酒器，牡丹象征“福”，鹿谐音“禄”，牡丹纹和鹿纹在西夏扁壶的剔刻花纹样中出现频率较高，也多为上乘瓷器才采用的纹样。这里“西夏扁壶”和“红酒酒架”同为“酒器”，“圆形适合纹样”与“圆满酒架”形态相似，牡丹纹和鹿纹与人们追求“福”与“禄”的美好意愿意象相关，两者同构后做立体镂空变化则形成了“福禄酒架”的文创设计。

图 6-39　由西夏扁壶纹样作镂空变化的酒架文创设计

第三种是对古器形轮廓进行立体变化处理，使变化之后的形态结构成为设计载体的形态或结构，并能承担创意产品的功能。

依据对象的轮廓进行造型设计是现代设计师们普遍采用的方法。平面符号的抽取主要是对古器物的轮廓抽取，包括前视、仰视、俯视、前后、左右视等轮廓提取和部分特征轮廓提取，其次是结构轮廓、特征图案、纹样的平面化提取。轮廓是平面图形，人们通过平面的立体化寻找器形轮廓的几何特征和设计载体之间潜在的契合关系。平面的立体化变化是利用可视化符号进行创意设计的最主要方法。平面符号提取后的立体化变化途径通常有拉伸、放样、旋转、扫描、弯曲、变形、阵列、重构等，这犹如计算机三维建模中平面草图的立体化途径。

（2）A 和 B 功能、形态相关，使用角色相似

对器物的立体形态进行平面化变化处理。器物特征符号的提取与变化方法：主要是对典型器形轮廓、图案、纹样、元素的提取，通过对符号元素的空间维度的变化处理可以找到创意的事项途径。一般的方法是平面立体化、立体平面化、曲形直形化、直形曲形化等，如原始彩陶平面图案单元的立体化变形以及彩陶立体形态的平面化变形等，此类文化产品设计的选材和立意是传统文化元素，但处理手段上适宜采用现代主义的简约方法，所以其设计作品往往既具传统文化意蕴又有现代特征。这些方法归纳为旅游纪念品或礼品设计的一般方法。

（3）A 和 B 使用情境相关

将多种原符号组合重构，使之与设计符号（新造型物）的功能用途相关。同一文化类型的器具在使用中可产生相同的文化情境。在创意设计中，可将同一文化类型的器物符号合理、巧妙地组合在一起，产生视觉上的统一性、完整性。此种设计方法和立体主义的同质异构法相似，它将两种或多种器皿的同一部位的不同造型，或不同部位（或附件）的不同造型以某种方式重构组合拼接在一起，形成新的造型特征。新造型虽不同于原有器皿，但却有原器物类型的视觉特征，再加上结构、比例和体量关系的变化，造型方案的创意变化空间可谓无穷大。其实在传统器物演变中，古人也基本遵循了这种器物的衍生变化的规律，比如将一种成熟的器皿或器皿的变体形态作为一个单位衍生，或与另一种成熟器形通过位置、方向、数量、连接方式等变换，相互结合构成新的造型样式，主要有以下两种情况。

①将不同造型组合形成新器形。在古陶器和青铜器中，将两种不同器皿组合衍生而成的器形非常普遍。单个器形在组合之前它们的形态、功能各异，组合后虽说形成了新的造型，但形态与父母本有相似性，并且功能也不是简单相

加，而与父母本有相关性。比如斝为鬲和釜的组合；甑为鬲、釜组合；而甑、鬲和鼎的组合造型则为甗，上部甑用于置食物，下部为鬲或鼎、釜置水，二者之间有镂空以通蒸汽的箄。这些器形均可溯源于新石器时代的陶器和晚期的青铜器，东汉之后随着新技术的出现基本绝迹。《博古图录》有“甗之为器，上若甑而足以炊物，下若鬲而足以饪物，盖兼二器而为之”。[①]许多组合型器皿在发明时主要是基于多功能的复合需要形成的，所以各构成部分仍旧独立，在使用时形成了多功能一体化的组合使用状态。

②将相同造型组合形成新器形。在彩陶器形中有许多复合形体的器形是由多个相同的个体拼合而成的，如双联、三联、四联等多联陶杯、陶罐。早在新石器时代陶器中就出现了马家窑文化类型和半山类型的双联及三联杯，后来的马厂文化、四坝文化等也均出现过双联罐造型。

（4）*A* 和 *B* 使用方式相关

原符号所在的古器物与现代产品在使用方式、使用方法等操作方面具有相关性可以建立立意关系。比如彩陶中的盛水器可与现代生活中的水杯、茶具、泡具等生活类产品创意设计相关联；彩陶中的炊煮器可以与现代生活中的炊具、餐具等生活类产品的创意设计相关联。此类创意符号主要是采用器形（包括轮廓）、纹样、色彩等的造型变化处理。

（5）*A* 和 *B* 使用场景、场合相关

原符号所在的古器物与现代产品在使用场景、使用场合等情境方面具有相关性。在一定生活人群中已有的、普遍遵守和认可的某种生活方式可称为文化，很多情况下文化与特定器物的使用所反映出来的观念和行为方式有关。这种行为方式会营造一种特定场景或需要在某种特定场合中进行。所以，营造场景的不只是人的行为方式，还有特定器物存在的环境气氛，犹如道具，如青铜器、礼器、法器等在特定场景中的作用。基于某传统器物的文创产品，也必然代表原器物符号所营造的某种象征意义。所以，在某特定场合下使用的物品，其创意设计至少可采用与此相关的传统文化中的相关物具的造型方案，变化应以使用功能为主。

（6）*A* 和 *B* 情感意象相关

两个事物之间情感意象的相关性包括的范围较广。比如理想、意愿相似；两者的方式、意义相似；两事物名称发音的双声、叠韵、谐音等。仍以图 6-39 为例，中国人常讲究圆满吉祥，在西夏扁壶中牡丹纹和鹿纹多为“圆形”或“圆菱花形”适合纹样，与“圆形酒架”形成意象相关；在中国传统观念中牡

① 收藏家杂志社 . 铜器收藏鉴赏图鉴 [M]. 北京：中国轻工业出版社，2010：11.

丹象征富贵，与“福”意念相关；“鹿”与“禄”谐音相关。至此，两者之间有多方面的情感意象的相关性，异物同构，做立体镂空造型处理便形成“福禄酒架”。

5. 根植于传统造型演变规律的现代变化设计途径

从古到今，文化传承是连续的。中国艺术设计要走自己的路，必然要建立在中国传统基本之上，并迎合现代人的消费需求。传统造型符号是现代设计之根，在造物领域要遵循文化的传承创新规律，没有传统文化延续或吸取已有知识灵感的设计，经不起时间的砥砺。只有根植于深厚的地域传统文化的创意设计才能获得枝繁叶茂的发展。

（1）传统器物器形自有的发展与变化规律

要传承和运用传统文化必须了解传统文化的由来和精神。原始和传统器物都遵循一定的演化规律，演化是器形逐次变化的时间积累，推动器物变化的因素很多。有的是生产过程中功能和技术改进引起的，比如最早的鬲由原始三足斝转变而来，其三个足本是实心的，后来发现做成空心的更利于热量对流与交换，就逐渐变成了空心袋足器；有的是生产生活需求驱动的，如鼎由圜底器和三足钵合并而成的三足圜底钵发展而来，主要是生活中需要大容量的三足圜底器，随体积增大而逐渐演化为鼎形器形。

原始器具的进化主要还是先民对器物认识观念的不断进步，这些观念从某文化类型的发展脉络和器形序列演变的分析中就能较清楚地知道。

在渭河谷地的北首岭遗址中出土了大量的仰韶文化的尖底瓶（酉瓶）(图6-40)，按照形态演变过程的连续性可分为壶罐口型序列和双口唇序列两类。[①]其中壶罐口型序列［图 6-40（a)］属于半坡类型，其早期形态的上半部分为葫芦形，尤其是瓶口高度模仿葫芦口，口型较高，可理解为取象于原象“葫芦”；而中期瓶口则变化为壶口，苏秉琦称之为壶罐口尖底瓶。从取象设计角度，可将“壶口”理解为“葫芦口”的抽象变形或意象造型；壶口后来发展成类似于罐口的形状，已与“葫芦口”没有取象关系了，但却与另一种“罐器”的意象观念相关，形成“器上加器”。显然，这时先民的造物取象范围已从早期的仿拟自然界，发展到既模仿自然形态，也模仿人工形态的广阔取象范围。壶罐口尖底瓶演变序列体现了尖底瓶造型从具象到抽象、从写实到写意的过程。

① 苏秉琦 . 中国文明起源新探 [M]. 北京：生活・读书・新知三联书店，1999：20-27.

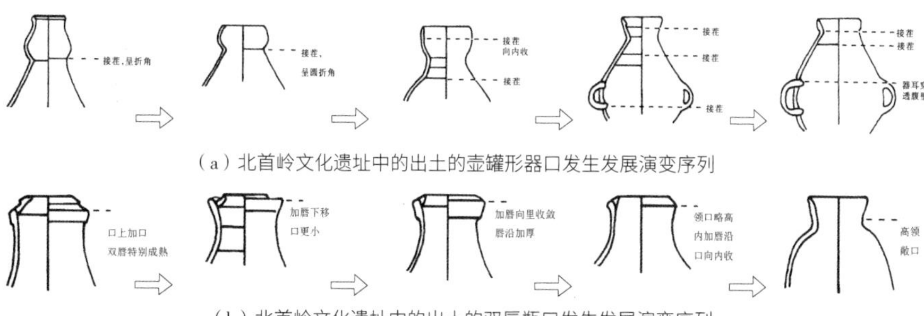

（a）北首岭文化遗址中的出土的壶罐形器口发生发展演变序列

（b）北首岭文化遗址中的出土的双唇瓶口发生发展演变序列

图 6-40 仰韶文化中酉瓶的两种典型演变序列

在北首岭遗址中还出土了属于庙底沟类型的双唇尖底瓶序列，该序列清晰地展现了“口上加口”的尖底瓶器形进化过程［图 6-40（b）］。早期瓶形为“口上加口”，其造型方法是在大口上盘堆小口，是较成熟的器形。后来逐步发展为所加的小唇逐渐向内收、向下移，同时外唇上移，向外撇，最终形成高唇侈口的发生发展序列。双唇尖底瓶演化中则体现了先民将造型元素多重组合的设计观念。大唇和小唇本是两个同类造型元素（或单元），它们之间的位置、大小、连接关系乃至形状变化可随使用、审美观念和文化需要不断变化革新。

从北首岭文化遗址中出土的两类酉瓶演变序列中可以归纳出人类造型设计的两种基本形态思维机制，这就是意象造型思维和逻辑造型思维。①意象造型思维机制是先取象于某种物象，再不断变化调整。器形和纹样都有最初模仿具象现实形态，逐渐演化形成简约抽象形态。葫芦为人类最早使用的器物之一，所以仿拟葫芦发明陶器后，认为瓶口的造型当为葫芦口型，后来随着在使用中的认识改变才逐渐退化，形成具有特定文化意象的瓶型自身的口型。另一种形态设计的思维机制是基于构成原理的造型思维，所谓“口上加口”是将多个元素（单元）以重复、排比等方式重构和异构在一起，有较强的节奏和韵律感，并带有一定的逻辑性和理性。这是一个由具象设计思维向意象设计思维转变的过程，由原象葫芦、壶口的物象取象，发展到后来是象外之象，将寓意和形态的抽象意义作为取象依据，在考虑形式美学规律基础上的变化造型。

无论何种形态思维机制，都以立意（创意）为基础进行符合功能需求、审美、文化价值需求的造型变化的多样化过程。北首岭文化遗址中的两类序列瓶口的造型演变都逐渐脱离原来的仿拟对象（原形），取象特征由之前的“物象之象”变为“意象之象”，由“写实”变为“写意”。这两类瓶口的变化对后来彩陶器造型乃至中国青铜器和瓷器造型都有深远影响。如梅瓶、扁壶等均有收口的双唇器形特征；而马家窑、马厂彩陶则多为侈口造型，口、颈、肩三者

---

① 赵得成 . 产品造型设计——从形态的概念设计到实现 [M]. 北京：海洋出版社，2010：37-40.

形成一种整体、流畅、简约的关系。齐家、辛店文化中也有很多高领喇叭口。以至后来青铜器中的爵、觚等饮酒器也都为侈口，寓意酣畅淋漓、大气包容、广纳吸收之意。一直到唐宋时期的瓷器，如玉壶春瓶、高足杯、圈足碗等瓷器还以侈口器为美。

（2）传统器物纹样自有的发展与变化规律

器物进化是全方位的，不仅器形在演变，纹样也在同步变化。传统纹样大多为吉祥纹样，文化含义深厚，是现代文创设计的重要取象题材之一。传统吉祥纹样作为类语言符号，其能指和所指都是较为明确的，在文创设计中可以映射到许多产品之中，如纺织品、饰品、摆件、礼品、文具等。

审美观念属于文化深层内核，在一定时空中形成的传统文化，其审美特质共性地反映在各种文化形式中。中国传统纹样的演变也和文字演变、器形演变一样，遵循着相似的衍化和嬗变规律，总体上是从具象向抽象、从写实到写意的规律。如在半坡类型中，当尖底瓶由葫芦形向壶罐瓶进化时，彩陶鱼纹正在由写实型向几何简约式的方向演变；在庙底沟类型中的月季、菊花纹样以及鸟纹也是由前期的具象型逐渐向抽象演变。中国传统纹样的衍生过程主要反映了两方面的造型设计规律。

一是器形纹样随生产方式的变化而发生嬗变。比如马家窑彩陶中的旋涡纹演变过程反映了先民生活的地域环境、适应能力以及当时生产能力，技术条件等诸多方面的变化过程。尤其反映了生产力的发展状况。在原始社会晚期随着定居农业的不断发展壮大，剩余农产品越来越多，多余的粮食需要存贮或酿酒等，这样就使器形品种越来越丰富（酒器、祭祀器、礼器等），而且存贮器的体积也越来越大。在图 6-41 所示的彩陶类型中，沿着箭头方向，文化类型从马家窑→半山→马厂发展。在此过程中，彩陶体积越来越大，这就必然导致初期的旋纹已满足不了这种器形，由于器形变大导致旋纹的轴带变长，从而促使轴点放大，到马厂时期就出现了四点定位的旋纹。原始彩陶纹样构图一般遵循

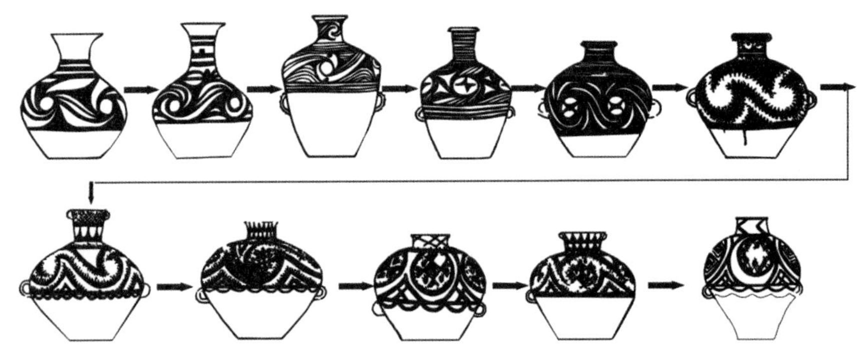

图 6-41　马家窑中彩陶旋纹的演变过程

从腹部稍下位置直到瓶颈乃至瓶口全部装饰的模式。由于轴点放大，使其内部显得很空旷，就要求在其圆内部填充图案，于是最初的带状旋纹就逐渐演变成了后来的四大圈点纹样，四大圈点纹是马家窑文化晚期的马厂类型的重要纹样。原始文化发展非常缓慢，当时的工匠们很难按照自己的喜好改变已经成型的纹样，改变纹样发展的动力之一就是生产力和生产关系的发展。

二是纹样演变主要随着信仰、审美观念及造型艺术的发展而发展。原始崇拜时期，先民的象思维主要反映在氏族图腾纹样的设计制作上，无论是原始彩陶纹样还是原始岩画都以自然界的动植物形态作为主要取象对象，由最初的具象形态逐渐发展变化为抽象形态。随着生产力发展，社会分化加大，贵族阶层将意识形态构建和巫事宗教活动融合在一起，纹样衍生也呈现出不同的应用领域和差异化审美的发展方向，差异性在审美差异。这里以羊纹样为例，羊在原始社会中是最普遍，也是最早被人类捕猎和驯养的动物之一，人与羊结下了许许多多的不解之缘。在中国彩陶、青铜器和岩画中共有的取象对象莫过于羊图案纹样了。和其他题材的纹样发展一样，羊纹样也经历了从写实→写意→抽象→再写实的循环路径，但每一轮循环在不同的环节上都会有不同于过去的新内容、新模式。图 6-42 所示的是从宁夏及周边岩画中筛选出的羊图形序列图。之所以说是序列图是基于人类思维（特别是原始象思维）由具象到抽象的一般规律而言的，简约、夸张、组合思维一定是在已有的大量的经验、熟知信息基础上的升华思维——概括、提炼、强调和重构。在羊图案的抽象演变中羊角是最为被夸张的造型元素，分析诸多羊题材岩画，以羊角作为变化对象的主要出现了两种不同的发展方向。其一是沿着标志化、符号化的简约方向发展。所谓简约式变化是指形态思维以概括提炼为主，抓住最能代表理想信念的特征，忽略繁枝末节，将构形笔画数量尽可能减少，使之到达精练、简洁、整体的视觉效果。在图 6-42 的右上一支变化中，羊图案由夸张羊角的抽象全羊形变为强

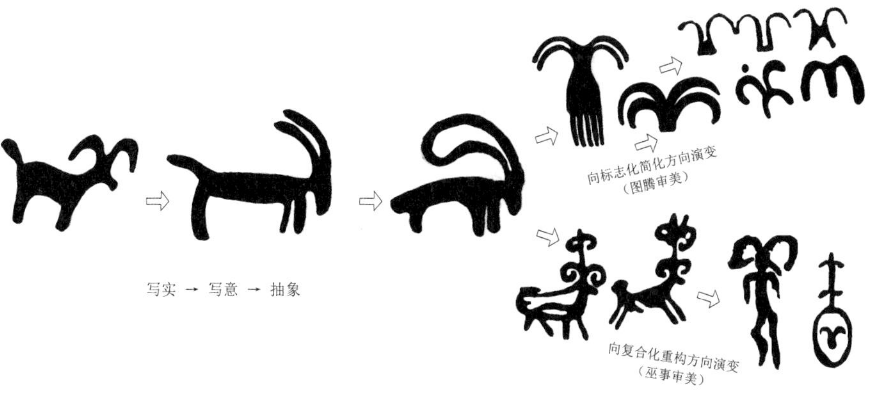

图 6–42　宁夏及周边岩画中羊图形的大体变化序列

调羊角的羊头，为了张扬角的作用，将其重复叠加，角形符号是羊纹样的极限简化变形。这种抽象简约化变形主要用在图腾设计、指事符号设计等方面，其演变有很强的逻辑性和高度的概括性。

图 6-42 的右下一支呈现出多元复合形式，使人的头上长出（或装饰）羊角，或使羊头上重复长出多只羊角。这有些像诗歌中的浪漫主义表现手法，将意念相关的不同元素同构在一起形成异质同构，或相同元素以不同方式重构在一起形成同质异构。异质同构、同质异构是现代意象设计的两种最重要的方法。常用于插图设计、海报设计等创意表达，其本质是取象于相关的事物，利用事物之间的结构、功能等方面的意象匹配机制，传达比语言更形象，或常规语言所不易表述的信息形式。多元取象的复合设计在原始彩陶和岩画中都有。彩陶纹样如半坡的人面鱼纹、临汝阎村出土的鹳鱼石斧纹等。岩画中多元取象较多，图 6-43 右下方一舞人头上饰以羊角的岩画出自中卫大麦地岩画，据研究是羌人巫觋的巫事活动图，[①]在原始社会晚期相当长时间内，沿河西走廊南侧的祁连山脉到甘肃景泰、宁夏中卫一带的草地山系都曾为羌人游牧生活过的地域，附近的贺兰山也肯定有羌人的足迹。羌人以羊为图腾，从“羌”字的造字构成看，上羊下人者为“羌”；再从“美”字的造字构成看，无论是人头顶羊者，还是“羊”“大”也，均为“美”的标准。羊角应为羌人的祖先形象，或羌人巫觋的头饰。可以推知，古时的异质同构、同质异构纹样具有图形叙事功能，通过象形、意象、形声、指事方式表情达意，一般巫师活动的图腾也正是利用这种方式表述巫术内容，因而大部分原始符号、纹样、图腾也都是象形、形声、指事的造型模式。所以汉字起源应与中国境内的原始纹样和原始岩画在象思维模式上是同根同祖的。

（3）基于传统造型演变规律的造物与纹样变化思维

考古学家把原始彩陶和原始岩画称为人类文明源头的双璧，它们相互影响，共同发展。我国的原始彩陶纹样演变到青铜纹样，中间经过了无数多次的衍化嬗变，但总体的审美根基没有改变，这就是意象审美观念。意象审美主导了中国的大文化体系脉络，中国的文字、传统纹样、中国器物、中国书画、中国园林建筑的审美形式都来自先秦时期就已成熟的意象创作观念，并同步形成了大同小异的演变规律，即由具象、物象走向抽象和意象的过程。这一大流变反映了我国美术走向写意之路的历程，其中蕴含着具有东方文化特色的美学规律，反映在设计学领域就是意象设计的审美思维之路。“象”文化是中国文化的一大特点，我们在现代设计中应该怎样去挖掘和运用诸如原始彩陶中隐含的

① 周兴华 . 中卫岩画 [M]. 银川：宁夏人民出版社，1991：183.

"象"文化，以及如何深入理解和活用古人的意象设计思想和方法，是传承优秀传统文化的根本问题。

但目前传统纹样应用的主要方法是借鉴现代画派的表现技法和现代构成设计观念，如表现主义、立体主义、构成主义产生新视觉模式，将传统纹样分解和组合，结合新材料、新技术体现经典与时尚的融合。传统器物和纹样一般都有经典的材质和配色特征，如唐三彩特有的黄、绿、褐；马家窑彩陶纹样中的矿物橘红、黑及白等套色；太平鼓涂饰大红、黄色，鼓膜图案则为黑色搭配；刻葫芦的古色古香熟黄、黑褐色等。所以，材料和色彩是设计作品视觉心理感受的重要因素，而且两者是融合在一起的。中国传统文化崇尚自然和谐的观念，重视材料的自然特色。现代设计不但有天然材料，比如竹、藤木材，天然石材等，也有很多人工新材料不断涌现。设计中要对各种材料的视觉感受和材料力学性能进行综合研究，合理地将多种材料组合在一起，做到自然和谐，与传统哲学和审美思想相结合，使产品属性与器物材质及肌理特征有机结合在一起。

在以传统器物为题材的文创设计中，可将造型文化元素（原象元素）分为两大类，立体形态和纹样为一类，色彩套色和质感可分为一类。在变化设计中可使两者相互支撑，当其中某类元素变化较大时，可通过保持另一类元素保持不变，拉回设计的原象特征。在造型设计中为了满足产品功能要求等需要，可使形状和纹样变化做较大变形，但不能超载形状和纹样的可识别极限。为了保持取象特征，可使色彩特征忠实于原象特征；反之，若设计的形状或纹样等在设计中较完整地保持了原有特征，可在造型的材质、色彩等方面做变化，设计仍能很好地保持原象取象特征。在图 6-43 中，（a）为基于漩涡纹样构成机制

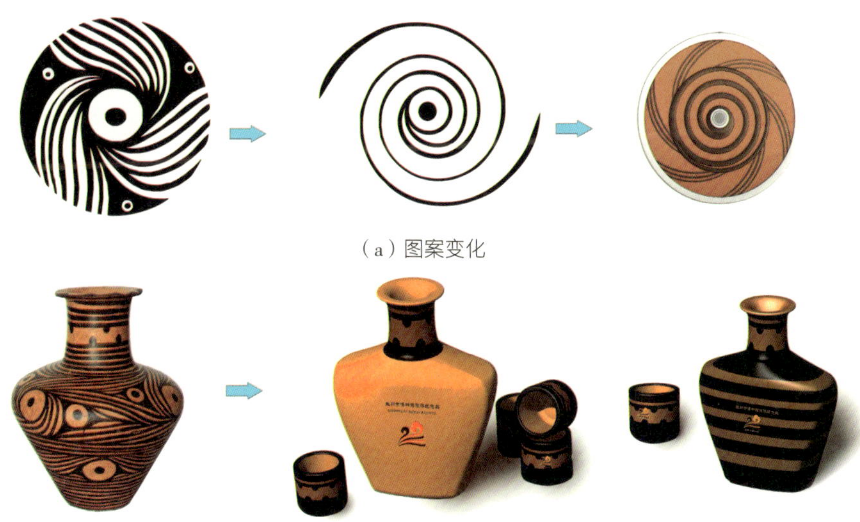

（a）图案变化

（b）器形加图案变化

图 6-43　文创设计中取象与彩陶的纹样变化和综合变化示例

的再设计方案变化过程，采用计算机单元图形复制阵列后，使原彩陶纹样的手绘拙朴的视觉特征减弱，为了保持对彩陶的取象特征，尽量保持原彩陶套色关系不变；而图 6-43 中，（b）为器形、纹样、色彩均做部分改变的设计案例，总体视觉效果较鲜明地保持了古彩陶的取象特征。

三、关于取象映射方法的思考

（一）面向文化符号特征属性的产品载体确立

基于文化符号的产品创意设计在思维方式和程序方面不同于常规性的产品创新设计。工程意义上的产品创新设计，总是先确定产品对象（也就是立项），因为问题和冲突总是承载在某一具体的产品之中的。[①]就是一般的基于符号学的产品语意设计、仿生符号设计方法也是如此，通常是根据设计对象的目的、功能、使用环境、适用人群等诸多因素来考量和选取，即先由设计输入确定所设计产品（对象），酝酿新概念，根据概念选取仿生对象或符号，再进行符号特征抽象与简化，得出产品创意提案。[②]

但基于古器物或传统器物的文化产品创意设计，全然不是以上的程序，有时甚至刚好相反，它是在现有符号的基础上寻找符号载体和符号媒体，建立立意关系，并进行设计变化的设计方法。可以称为基于符号载体的反向设计法。人类的各类创造性活动都是基于人脑思维的灵活性和启发性展开的，从这个角度看，创意设计和工程创新设计对人脑的功能需求是相同的。TRIZ 理论是解决产品发明问题的理论和方法，它是基于知识的、面向设计者的，而不是机器的启发式方法，是在人类灵活思维特点的基础上运用普遍化的工程参数和发明原理。[③]所以，创意和创新的结果取决于设计的具体情境和设计者的个人知识结构，本身有很大的随机性。概念形态创造的基本原理为模仿、变形和构成，[④]艺术家和设计师依靠超凡的联想、比拟和延伸思维完成创意设计活动，所以，如何为设计师提供有效的联想、比拟和延伸思维工具，成为创意设计研究的关键所在。

① 李彦 . 产品创新设计理论及方法 [M]. 北京：科学出版社，2012：56.

② 孙宁娜，董佳丽 . 仿生设计 [M]. 长沙：湖南大学出版社，2010：92.

③ 蒯苏苏，马履中 .TRIZ 理论机械创新设计工程训练教程 [M]. 北京：北京大学出版社，2011：26.

④ 赵得成 . 产品造型设计——从形态的概念设计到实现 [M]. 北京：海洋出版社，2010：62.

在现代产品创新设计中映射拓扑矩阵法①及产品语义学设计方法②为面向文化符号的产品载体创意设计提供了一种新的基于传统器物文化产品创意设计方法。本问题的研究要解决两个层面的问题，这就是立意和变化的问题。

第一层面的问题是立意，文创设计的关键是“立意”，即尝试建立原符号→符号载体的关系。从符号学角度讲，是在原符号和符号载体之间建立映射关系，其实就是常说的寻找设计思路或点子，点子决定创意的性质，是决定设计成功与否的关键因素。创意矩阵只是一种方便立意构建的方法。

从中国传统意象设计的视角看，创意的本质是取象，它包括元素的选择和映射关系的确立两个方面，但在实际构思中，映射关系的确立和元素的选择是同步产生的。

第二层面是符号和载体的融合变化问题，将原符号和载体变化视为新的设计符号，即由符号载体→设计符号的过程，要运用此过程则要通过形式美学规律，深入解决造型变化、材料工艺的实施等问题。

（二）映射相关度的量化

一般创意设计研究很少做定量化研究，因感性设计问题非常复杂，不可控因素非常多，甚至可以说是无穷尽的，在很多情况下，数据的有效性较弱。但随着企业对市场需求的高要求及数理统计和计算机系统技术的快速发展，一些无逻辑可言的感性因素，有必要运用计算机技术加以量化，数据可以作为创意设计的辅助性参考，这是一种科学态度。虽然在很多情况下，数据的有效性很难控制，但通过数据来源、统计方法等过程设计，至少可以说明创意设计的因素构成和事理逻辑。

1. 蒙特卡洛算法及 MATLAB 软件

蒙特卡洛算法（MCMC）是一种处理社会科学中诸多随机性问题的统计方法，由乌拉姆和冯·诺依曼在 20 世纪 40 年代为研制核武器需要而首先提出来的。使用蒙特卡洛算法时，先通过消费人群对所需产品的功能、结构、材质等的诉求做调查，确定调查原符号与对象结合的环数及调查原符号与准功能载体结合的概率。该算法是以概率和统计的理论、方法为基础的一种计算方法。研究中将所求解的问题同一定的概率模型相联系，用计算机实现统计模拟或抽样，以获得问题的近似解，故又称统计模拟法或统计实验法。

该算法在原符号和设计对象之间的创意设计工具模型中的具体应用步骤为：

---

① 李彦. 产品创新设计理论及方法 [M]. 北京：科学出版社，2012：134.

② 胡飞，杨瑞. 设计符号与产品语意：理论、方法及应用 [M]. 北京：中国建筑工业出版社，2012：177.

①由设计师从传统古器物中提取原符号（一般提取 5 个）。

②确定设计对象类别（器皿类、饰品类、小电子类）。

③制作问卷调查，调查对象为设计类专家。

主要内容包括：专家类型（工业设计类、平面类、建筑类和雕塑类等人群）、对设计类别的功能、结构、材质等的诉求、调查原符号与对象结合的环数、调查原符号与对象结合的概率。

④分析汇总数据。

⑤制作数据表格。

⑥进行计算机下的 MATLAB 模拟算法。

⑦得到对象类别的环数平均值。

⑧ 大于平均值的所有原符号为较易与设计类别结合应用的

以下是马家窑彩陶中提取文化原符号进行与设计对象（符号准载体）结合的模型实例，过程如下：

①由设计师从马家窑彩陶中提取原符号（我们提取有图案、形态性状、颜色、特有动植物、纹理五组原符号）。

②确定设计对象类别为器皿类。

③ 制作调查问卷（表 6-4）。

表 6-4　原符号与器皿类结合度的环数调查问卷表

调查问卷										
您的性别										
□男　□女										
您的年龄										
□ 15 ~ 25 岁　□ 26 ~ 35 岁　□ 36 ~ 45 岁　□ 46 ~ 55 岁　□ 56 ~ 65 岁										
您的专业类型										
□产品设计(工业设计)　□平面设计　□建筑设计　□雕塑设计　□其他设计										
您的职业										
□设计专业学生　□设计专业教师　□职业设计师　□其他设计相关人员										
您认为以下原符号(设计元素)与器皿类结合的环数										
纹样	□ 1	□ 2	□ 3	□ 4	□ 5	□ 6	□ 7	□ 8	□ 9	□ 10
器形	□ 1	□ 2	□ 3	□ 4	□ 5	□ 6	□ 7	□ 8	□ 9	□ 10
颜色	□ 1	□ 2	□ 3	□ 4	□ 5	□ 6	□ 7	□ 8	□ 9	□ 10
质感	□ 1	□ 2	□ 3	□ 4	□ 5	□ 6	□ 7	□ 8	□ 9	□ 10
刻符	□ 1	□ 2	□ 3	□ 4	□ 5	□ 6	□ 7	□ 8	□ 9	□ 10
您认为以下原符号想到的先后顺序为(以数字 1~5 填写)										
□纹样　□器形　□颜色　□质感　□刻符										

④分析汇总数据。

⑤制作数据表格，求得环数和概率的平均值（表 6-5）。

表 6-5 原符号与器皿类结合度的环数、概率统计表

原符号	环数（G）	概率（ζ）
器形	8	0.2
功能	9	0.2
纹样	10	0.5
颜色	9	0.1
质感	6	0.1

⑥运用 MATLAB 软件下进行计算机模拟随机选取随机概率（表 6-6）。

表 6-6 原符号与器皿类结合度的随机概率统计表

$\zeta \leqslant 0.1$	$G = 5$
$0.1 < \zeta \leqslant 0.2$	$G = 6$
$0.2 < \zeta \leqslant 0.4$	$G = 8$
$0.4 < \zeta \leqslant 0.5$	$G = 9$
$0.5 < \zeta \leqslant 1$	$G = 10$

⑦经过计算机 N 次数据模拟计算，得到原符号与器皿类结合的平均环数值：

$$\mathrm{GN} = \frac{1}{N\sum G(\mathrm{ri})}$$

⑧ 大于平均环数值 GN 的原符号较易与器皿结合设计。

以上蒙特卡洛算法只是在前期基本方法的基础上对传统器物符号与设计对象之间的关联度（环数）做了调查界定，这对缩小映射搜寻范围有很大帮助，能提高设计效率。

2. 映射相关度及 SPSS 软件包

SPSS 是一款优秀的社会科学统计软件包，在创意设计模型构建中可以利用它进行统计处理。利用 SPSS 进行原象和象元素的映射相关度研究过程主要包含三个阶段：象集合和原象集合构建、调查与数据录入、数据统计与可视化。这里以研究生课程“产品地域性设计研究”中的实验数据获取及处理方法为例，简述这一过程。

第一阶段，象集合和原象集合的构建：按照课题研究目标，确立创意题材和产品市场类型，对搜集的研究样本图片进行筛选，选出有代表性的马家窑彩陶样本图片，组成符号群分类图版（图 6-44）。

再以灯具类、家具类、旅行类、文具类、餐具类、饰品类、酒具类、茶具类作为原符号的承载对象。在定量分析研究中，原符号元素的筛选要通过调查统计确定，用多元回归法中的主成分分析法对马家窑彩陶符号群中的符号构成作分析，提取与承载对象关联度较大的符号成分，如彩陶的器形、结构、纹样、套色等主要符号成分，计算累计特征值，将其作为创意题材来源（取象来源）。为了在文创设计中集中表现原符号的主要特征，避免因素太多而相互纠结，也防止陷入方法的泥潭，这里只选用了器形、纹样、套色作为马家窑彩陶的二级原符号系统。

第二阶段，SD 调查：借用语意差异法（SD）进行符号和载体的相关度调查。筛选后的原符号和载体对象两集合按类目法分类整理后，做成如图 6-45

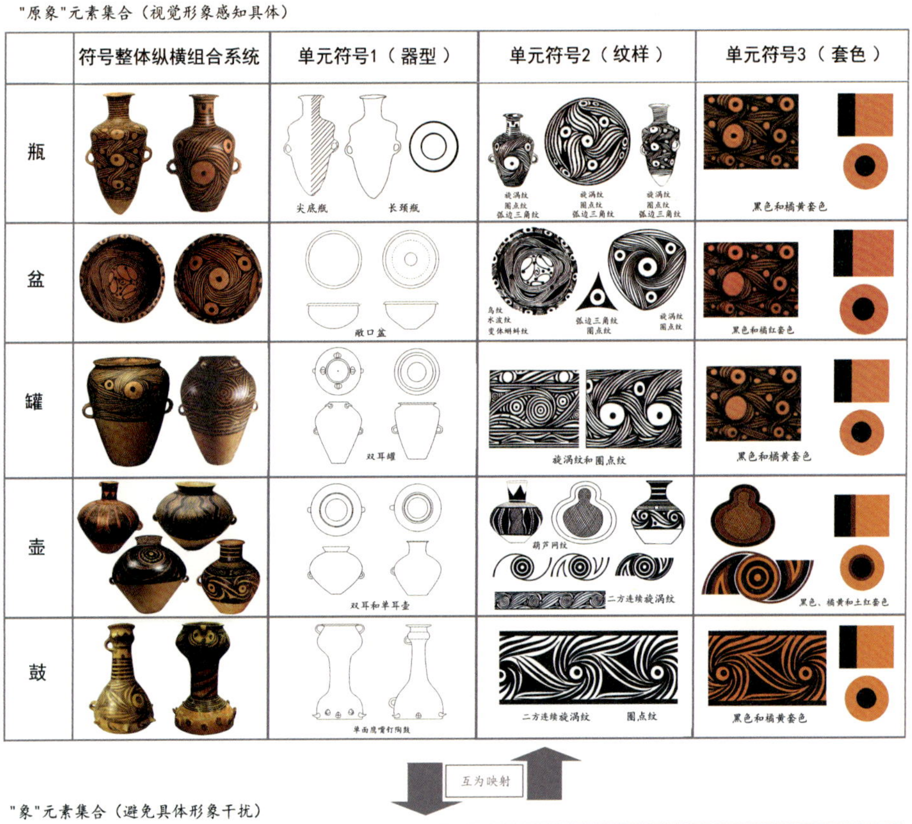

"原象"元素集合（视觉形象感知具体）

	符号整体纵横组合系统	单元符号1（器型）	单元符号2（纹样）	单元符号3（套色）
瓶		尖底瓶 长颈瓶	旋涡纹 圈点纹 弧边三角纹；旋涡纹 圈点纹 弧边三角纹；旋涡纹 圈点纹 弧边三角纹	黑色和橘黄套色
盆		敞口盆	鸟纹 水波纹 变体蝌蚪纹；弧边三角纹 圈点纹；旋涡纹 圈点纹	黑色和橘红套色
罐		双耳罐	旋涡纹和圈点纹	黑色和橘黄套色
壶		双耳和单耳壶	葫芦网纹；二方连续旋涡纹	黑色、橘黄和土红套色
鼓		单面鹰嘴钉陶鼓	二方连续旋涡纹 圈点纹	黑色和橘黄套色

互为映射

"象"元素集合（避免具体形象干扰）

"象"元素	灯具类	家具类	旅行类	文具类	餐具类	饰品类	酒具类	茶具类	摆件类
载体要求	轻短小化（或可转换）方便携带 巧妙实用	轻短小化（或可转换）方便携带 巧妙实用	轻短小化（或可转换）方便携带 巧妙实用	轻短小化（或可转换）方便携带 巧妙实用	轻短小化（或可转换）方便携带 巧妙实用	轻短小化（或可转换）方便携带 巧妙实用	轻短小化（或可转换）方便携带 巧妙实用	轻短小化（或可转换）方便携带 巧妙实用	轻短小化（或可转换）方便携带 巧妙实用

图 6-44　象集合和原象集合系统图版

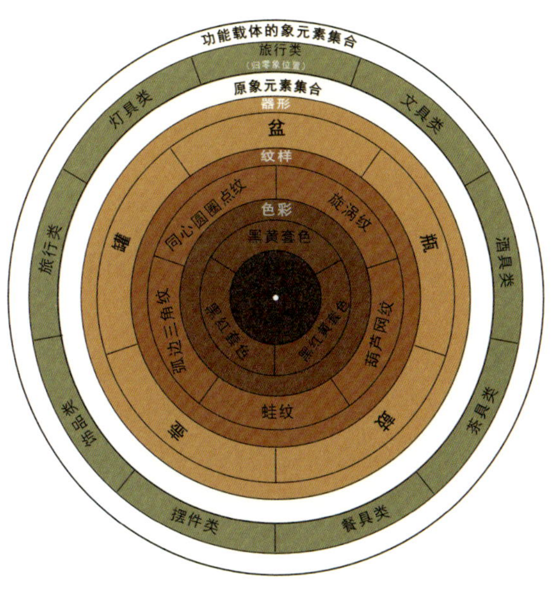

图 6-45　马家窑彩陶文创设计的取象转盘

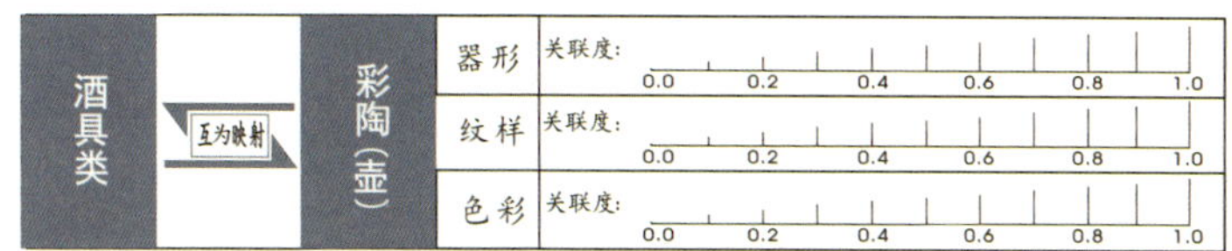

酒具类	互为映射	彩陶（壶）	器形	关联度：0.0　0.2　0.4　0.6　0.8　1.0
			纹样	关联度：0.0　0.2　0.4　0.6　0.8　1.0
			色彩	关联度：0.0　0.2　0.4　0.6　0.8　1.0

图 6-46　酒具和马家窑彩陶壶的关联度调查问卷

所示的创意映射转盘，相关度调查须制作 SD 调查问卷，通过 SD 调查问卷进行用户对两集合元素之间的关联度的认知测试，图 6-46 所示为酒具和彩陶壶的关联度调查问卷。具体操作方法是，调查者携带问卷和创意映射转盘，以排列组合规律，选定转盘外圈的某一载体类型，使其旋转位于转盘顶部的归零“象”位置，类似于钟表的时针、分针归零位置。再逐个旋转内层的原符号元素（原象），当它们依次对准时，被测试者看着马家窑原符号分类图板，勾选两者之间的关联度（相关度）。关联度的数值为 0 ～ 1，数值越高，其相关度越高。前一个载体调查完后，再旋转下一个载体元素到顶部归零“象”的位置，并使所有内圈的原符号元素（原象）与之对应，被测试者看着原符号分类图板勾选两者之间的关联度（相关度）。依次类推旋转转盘，将所有的象集合和原象集合的元素对应，测试完毕就会形成一套原始数据。当然，采用二维矩阵图标法也可以进行关联度测试，若矩阵图标设计合理，视觉对应关系就会更直接。

第三阶段，数据统计与分析：SD 调查结束后，将这些数据输入 SPSS 软件中，便得到一套数据分析结果。在原始数据录入完成后，对数据做必要的预测分析，以掌握数据的基本特点和基本情况，保证后序工作的有效性。表 6-7 所

示是一套调查统计数据输入 SPSS 后的处理结果，该表是针对学生创意设计群体的实验性调查表，表中的数值即是被调查者感知的马家窑彩陶符号系统与设计载体之间的相关度值。从表中可知，映射元素之间对应的数值越接近“1”，说明二者之间的感性相关度越强，取象关系越明确，将两者相结合进行的创意造型设计越有较好的设计潜力和价值。真正的产品开发设计都是针对市场购买群体的感知调查，其取样方法、操作方法都要按计划严格执行，以保证调查的有效性。

表 6-7　输入 SPSS 后的调查统计数据结果

相关度	器形				纹样					色彩	
	盆	罐	瓶	陶鼓	同心圆圈点纹	漩涡纹	弧边三角纹	葫芦网纹	鸟纹	橙黄素陶	黑黄对比
灯具类	1.00	0.52	–0.45	0.84	–0.07	0.25	–0.38	–0.35	–0.20	–0.45	0.69
家具类	0.53	1.00	0.22	0.63	0.23	0.63	0.25	0.22	0.44	–0.10	0.98
旅行类	–0.45	0.24	1.00	–0.38	0.61	0.56	0.85	0.75	0.76	0.71	0.86
文具类	0.84	0.64	–0.37	1.00	–0.08	0.26	–0.39	–0.27	–0.07	–0.53	0.43
餐具类	–0.07	0.23	0.61	–0.09	1.00	0.68	0.56	0.48	0.54	0.53	0.89
饰品类	0.26	0.63	0.58	0.26	0.68	1.00	0.58	0.54	0.63	0.39	0.78
酒具类	–0.37	0.25	0.84	–0.39	0.56	0.59	1.00	0.83	0.78	0.74	0.87
茶具类	–0.35	0.22	0.76	–0.27	0.49	0.54	0.84	1.00	0.86	0.63	0.88
摆件类	–0.21	0.44	0.76	–0.07	0.53	0.63	0.78	0.87	1.00	0.61	0.86

在马家窑彩陶原符号系统中最具视觉感知力的是纹样和套色，其次是器形，其他符号元素的特征性相对较弱。根据旅游用品的开发课题要求，在表 6-7 中，许多被调查学生群体认为黄河上游的河湟、兰州、临洮一带，旅游类用品设计应突出彩陶意象，通过转盘对照调查，马家窑彩陶中的圈点纹、同心圆纹样、漩涡纹及马家窑彩陶中独特的黑黄套色是最具鲜明地域符号的特征。其中如图 6-47 所示是象与原象映射相关度较高的对照例，研究小组将马家窑文化彩陶的纹样及色彩作为“原象”，以影像留影机作为“象”载体进行文创设计。

马家窑文化彩陶中的漩涡纹与传统照相机的快门在形态和运动方式上有意象关联性，传统照相机中的快门遮挡片形似漩涡，快门开闭时也像一股旋风瞬间完成。取象立意后，通过造型结构和技术设计，提出了一种影像留影机概念提案（图 6-47），虽然现在手机照相已相当普及，但在 20 年前这是一种不错的概念设计，影像留影机中不但储存了大量本地所留有的图片、导图、物产的信息，还可以进行简易拍照，是景点热卖的纪念品。

图 6-47　转盘取象中象与原象的映射对照

正因为基于文化符号的创意设计是一种文化载体和文化媒体的设计，其观念与普遍意义上的工业设计也不一样，所以它更偏向于艺术创意。有时它甚至没必要过多地去研究用户，因为作为文化性设计，设计者的作品只要融入了智慧，且有创意、巧妙的特征，都是符合这个要求的，其他对使用者来讲其实是一个文化认同和跨文化感受的问题。这类设计的前期概念研究重在对文化符号内涵的研究，在设计技能方面的重点在于如何将这些符号附着在某些器物上，如何找到文化符号与设计对象的映射关系，这是重点也是难点。

取象决定创意设计的主题和立意。取象是两方面的，取象不仅指对原象符号的选取，也同样是对功能载体的选择，两者都称为取象，而且两者是互为依存的，是相互映射的关系。取象是由设计师的综合素质决定的，造型变化设计是在此基础上的第二项重要技能，是立意的升华和再提升。

文创设计的不可确定性很大，设计自由度高，不可控性强。它依设计情境的不同而产生不同的创意设计效果。对基于两大映射集合的创意设计来说，在两大集合的元素选择构建中存在无限可能。

首先，不同设计师依据不同的设计目标及设计问题，其求解、理解角度也不同，从而其组合方式也会不同。

其次，各个设计师依据自己的知识阅历、认识问题的方法、联想角度的不同，在立意构思时也会有不同的映射元素、取象角度，从而产生截然不同的创意点。

最后，立意之后的符号与功能、材料、结构、技术的变形变化，造型设计方案也会千差万别，这与设计师的个人人文素质、美学艺术修养、工艺技术及市场意识的不同有关。

所以，本书所讲的取象映射只是基于我国传统类比取象思想和情境设计思想的方法，并从地域性设计的角度思考，传承设计价值和启迪设计思维。传统文化智慧的差异是民族文创设计的活灵魂。我国传统取象造物是一种根植于民族意象哲学的造物观念，与现代理性量化设计不同，它更接近于文化创意设计思维的本源。中国的意象造物观念正是在抓住灵魂问题基础上的各种技法的包容并发。所以创意设计没有具体方法，只有观念的参考。

设计的感性和方法不确定性特征，使设计案例分析被认为是设计学研究的较好方法，不同案例分享可以使读者得到设计新启示和新方法。①以下从取象设计角度，列举了一些本人指导学生设计的马家窑彩陶文创作品及本人参与评审的三黄地区的优秀获奖文创产品设计案例。每件作品在取象、变化方法上都有不同视角，供读者参考分享。

第八节　基于产品地域性设计方法模型的产品创意设计应用方案及说明

若要将一个文创设计作品一次性表达清楚，其主题或名称一般可用名词（名词性从句）加名词（或名词性从句）的方式表述。第一个名词表述创意设计原象的取象来源，第二个名词表述创意设计的功能（用途）。比如“敦煌壁画鼠标垫”“佛脚抱枕”等，或者将取象主题作为主标题，将功用作为副标题的命名方法，如印象宁夏——招贴系列设计（或首饰设计）等。当然还有其他用暗喻、比拟等间接表述创意的命名方法，主要是从象和原象的各类映射关联性、尤其是同音谐音映射等命名，如“卧佛瓷杯”。但一般来讲，一个立意的完整取象概念描述，至少要由两个名词性词组构成，通常情况下，前一个名词为修饰词，表述“原象”，后一个名词为中心词，表述“象”，“原象”是限定

① 周志．从个案分析到案例研究——案例研究法在设计学中的应用分析 [J]. 新美术，2017（4）：62-66.

"象"的存在形式和功能依托的。主题和功用是文创设计必须表明的两大要素，大多数作品名称可以采用"原象 + 象"的命名方式。

按照列维 - 布留尔的说法，人类语言产生初期是没有形容词的，人们对一个事物（名词）的描述是用另一个名词表述的，比如 kotkot（乌鸦）这个词是用来形容有光泽的黑色东西的，而没有 black 这类词。[①]这就让人不难理解，作为自源形成的中华意象文化在源远流长的历史演变中达到如此深厚的程度，以至其取象类比的方法论成为传统中国造物和形式审美的基本特色。事实上用此事比拟彼物就是事物描述和事物创造的根本方法，或称原逻辑。

大多数文创设计其实都是遵循这种原逻辑的设计方法的，为了更深入地探讨取象和映射的创意系统，同时也为文创产品的地域性设计内容和实践方法提供一些批评和思考的参照物，以下选择了作者在多年的地域性设计教学中针对甘肃、宁夏的黄土、黄沙、黄河三黄地区的地域原象符号指导学生所创作的一些文创产品设计实践案例，书中对每个案例从取象、映射（立意）和拓扑变化的三个方面都作了简要说明和评述［其中案例（二十）至（二十一）是征得作者同意后，才作了评述］，以供读者批评指正。

一、基于马家窑彩陶的系列化产品创意设计

黄土高原的彩陶文化是我国北方原始农耕文化的见证，彩陶器形、纹样、功能反映了中国传统文化的雏形，其尚象设计方法是中国传统意象审美的思想基础。黄土彩陶符号中隐含着中国文化语境，彩陶纹样是中华图案的母体，是中国传统符号的原符号。在传统文化振兴中，如何发掘彩陶原象，寻找原始先民天真无邪与自然和谐相处的生活意境和态度，将原始生态意象赋予现代生态意识应是黄土地区地域性文创设计的重要意义。

（一）基于马家窑彩陶纹样和套色意象的袖珍珍藏影像机创意设计（图 6-48）

取象（象和原象）：原象，基于马家窑彩陶纹样和套色的袖珍珍藏影像机原象吸取了马家窑彩陶中最为普遍的蛙纹、神人纹、波折纹、水纹等多种纹样特征。

① 列维 - 布留尔 . 原始思维 [M]. 丁由，译，北京：商务印书馆，1981：188.

纹样是人类早期最主要的造物、表述和艺术创作形式之一，不同地域的传统纹样创作反映了传统社会中人们的自然观和人生观。古彩陶中使用频率高的纹样是一种集体认同的语言符号，具有一般类语言符号的特征（原始彩陶时期甚至还没有形成系统的语言文字）。布留尔认为原始思维具有集体表象特征，而集体表象遵循人与物同一性“互渗律”，在原始崇拜时期，同一个图腾集团中的所有成员（文化共同体）与其图腾之间是同一的集体表象。[①]典型的某种彩陶纹样都有图腾属性，但不一定是主宰部落的神灵图腾，原始人认为万物有灵，彩陶纹样所代表的是被描绘物的灵魂，它超过了一般语言的表述作用。所以，早期彩陶纹样深刻地代表了先民对生存地域环境的心理认知和适应方式的反映。毋庸置疑，典型的彩陶纹样是经过漫长的历史演变形成的，是后来传统吉祥纹样的根源，取象于传统纹样的现代设计具有典型的民族和地域符号特征。

本设计中的象功能是一种简易旅游景区宣传和影像拍摄保存设备，也就是该影像机中保存有大量的旅游景区的电子图像，可供游客浏览，同时还可以简单拍照。该影像机设计概念于 2002 年提出，在当时电子照相技术还不是很普遍，此设计旨在减少纸质宣传材料，也迎合当时消费者对电子照相机青睐的需求。该影像机定位在甘肃临洮、兰州等以彩陶文化为特色的旅游景区，是为游客设计的一种具有照相和图片浏览功能的照相机，内装有各种精品彩陶的精美立体影像，还可以自己拍摄多张旅游照片，属于一次性拍完，能长久珍藏和浏览记忆的相机。

映射：象和原象在纹样、色彩上具有相似性，袖珍相机上的纹样和彩陶上的漩涡纹具有一致性，通过再设计色彩搭配更加鲜明；象和原象也有情感意象的相关性，当人们看到袖珍相机拍摄的照片时，也会想起彩陶文化的旅游景区，从而增强了文化的认同感；象和原象也有其使用环境的相似、相关性，彩陶主要出土在西北黄土、黄河、黄沙三黄地区，黄色与地域心理色彩抽象相关，而该袖珍影像机是专为临洮、兰州等旅游景区开发的专用旅游商品，袖珍影像机的造型、色彩、图案映射了旅游地的文化遗迹、地质地貌和干旱环境。

拓扑变化：该旅游纪念器在原符号器形轮廓、纹样与符号载体的形状相关性之间找到立意点，通过简化变化处理，与现代产品属性相匹配。该旅游纪念品的外观虽然吸取、简化了马家窑彩陶的漩涡纹样，却又不失现代视觉冲击动感，黄色和黑色的相间对比将彩陶的地域文化符号和旅游生活永久地记忆在其

① 列维 - 布留尔 . 原始思维 [M]. 丁由，译 . 北京：商务印书馆，1981：70-81.

中，值得珍藏。

该作品获得 2012 年全国博物馆文化产品创意设计推介活动优秀奖。

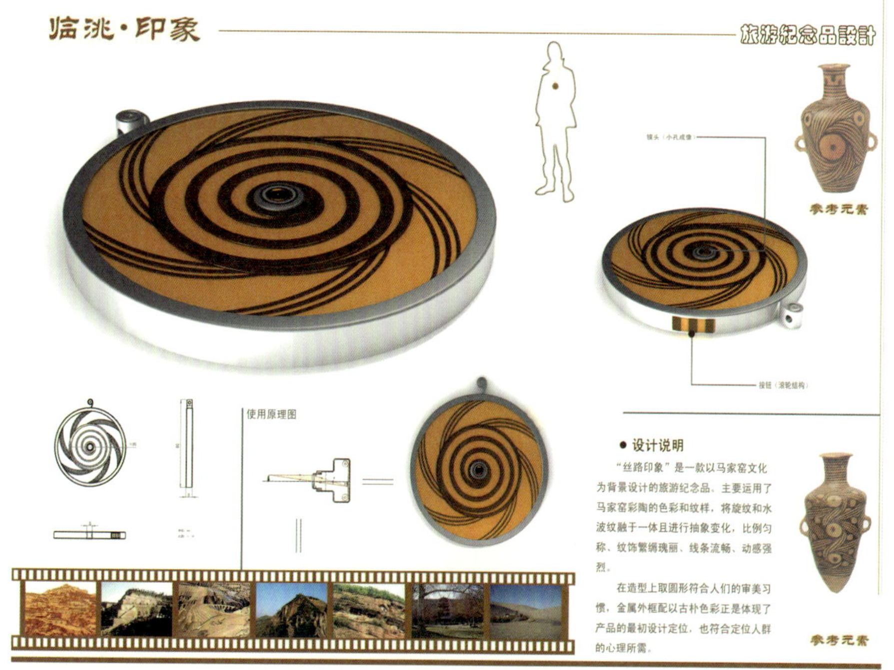

图 6-48　基于马家窑彩陶纹样和套色意象的袖珍珍藏影像机创意设计

（二）基于马家窑彩陶单元纹样元素的烟灰缸系列创意设计

取象（象和原象）：原象，基于马家窑彩陶单元纹样元素的烟灰缸系列设计主要取象于马家窑彩陶中最为普遍的圈点纹、波折纹、弧形三角纹等多种纹样特征。

象，陶质烟灰缸。

映射：在原器形轮廓、特征纹样与所选载体的轮廓、功能之间找到了相关性，构建了立意关系。首先，两者都属于器皿类物品，通常烟灰缸采用陶瓷、玻璃等非燃性材料制成，而彩陶也属于非燃性材料；圈点纹和弧形三角纹立体拉伸造型与香烟揉灭的操作功能相关；彩陶和香烟都与燃烧化学反应有关，黄色和深褐色的暖色调搭配与使用功能相协调。

拓扑变化：该创意的造型设计特点是从原象的大色调出发，提取了原纹样中最有特征的单元符号并做空间维度的变化处理，即将平面图案单元立体化拉伸，并保持原始彩陶的套色特征，这种变形很好地满足了烟灰缸的使用功能，具有一定的使用价值和收藏意义。

陶制品造价较低，却有浓浓的黄土地域特色，无论对本地游客还是异地游客都有一定的吸引力，表现了马家窑彩陶所固有的古朴、素雅的文化意蕴，可以作为旅游纪念品或小礼品送给亲朋好友。该作品获得 2012 年全国博物馆文化产品创意设计推介活动优秀奖。

（三）基于马家窑彩陶单元纹样元素的套装酒具创意设计（图 6-49）

取象（象和原象）：原象，该创意设计综合提取了马家窑彩陶的器形、纹样、套色及材质特征，尤其取象于古彩陶中所蕴含的粗犷憨厚、豪迈的原始地域风格，与现代精美玻璃酒具形成了鲜明对比，体现了西北古老的地域风韵。

本设计载象为套装酒具系列，包括酒壶和成套酒杯。

映射：人类的酒文化起源于陶器的发明，原始先民以酒敬神，无酒不成礼，古彩陶中的许多器形和纹样都与酒文化相对应，所以，马家窑彩陶和酒器可谓有多种相关性。

拓扑变化：①方案设计中主要采用了简约表现手法，将原回转体的轮廓特征变化为扁壶的正面轮廓；②从现代构成视角对原器形的纹样和色彩做了简化变化，通过简练的线条、圆点以及简洁明快的黄黑色对比处理表现了古朴、豪迈的西北地域意象。③本方案中最明显的造型特征是设计方案中保留了原彩陶瓶颈部富有特征的点、线构成，以此作为统一套装酒具的特征元素。

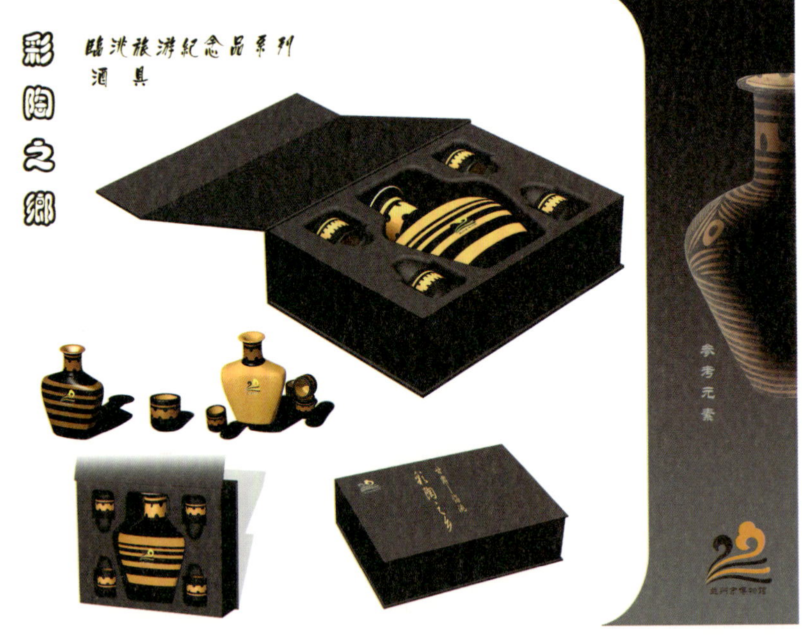

图 6-49　基于马家窑彩陶单元纹样元素的套装酒具创意设计

（四）以马家窑彩陶外形轮廓特征为元素的钥匙扣系列创意设计（图 6-50）

取象（象和原象）：原象，几种典型马家窑彩陶器形的轮廓特征。象，钥匙挂扣。

映射：通常的钥匙挂扣因为需要串联诸多钥匙，大都为环形封闭结构，且钥匙扣的上下部形态有区别。而陶器的底部、腹部、肩部、颈部轮廓正好可以和钥匙扣的挂扣功能需要相似，从而使两者较好地关联在一起。钥匙挂扣为小件随身携带品，制造成本较低，适合作为旅游商品开发。

拓扑变化：一般来说，轮廓剪影是被表现物象中最简洁的特征，却又是最形象的特征，在造型变化设计中使用最为普遍。该设计的最大特点在于以原象的平面轮廓线为轨迹放样和扫描，扫描结果为有一定体积的立体形态，这是平面立体化的重要变化手段之一，在原象和象互为拓扑的变化中具有方法的典型性。

图 6-50　以马家窑彩陶外形轮廓特征为元素的钥匙扣系列创意设计

（五）以马家窑彩陶外形轮廓特征为元素的瓶起子系列创意设计（图 6-51）

取象（象和原象）：原象，几种典型马家窑彩陶器形的轮廓特征和套色特征。象，开瓶起子。

开瓶起子为生活小日用品，形体短小，为居家和旅行之必备，适合作为象元素对象。

映射：象和原象在形态和功能上有相关性。①开瓶起子的功能结构与彩陶的轮廓特征有一致相关性；②开瓶起子是开瓶沏倒的工具，而彩陶也是早期的灌装容器（甚至也可能是酒瓶），开瓶倒酒和原始酒器意念相关。

拓扑变化：该创意在原符号器形轮廓与符号载体的功能形状之间找到了立意点。该设计提取了马家窑彩陶器形的外轮廓立体拉伸形成造型，采用了轮廓拉伸切除、轮廓剪影正负图形转换、打散重构，原套色按比例组合设计等变形方法，当前此类变化方法被频繁应用在文创设计中，为原象和象的互为拓扑变化中的最典型的方法之一。该作品获得 2012 年全国博物馆文化产品创意设计推介活动优秀奖。

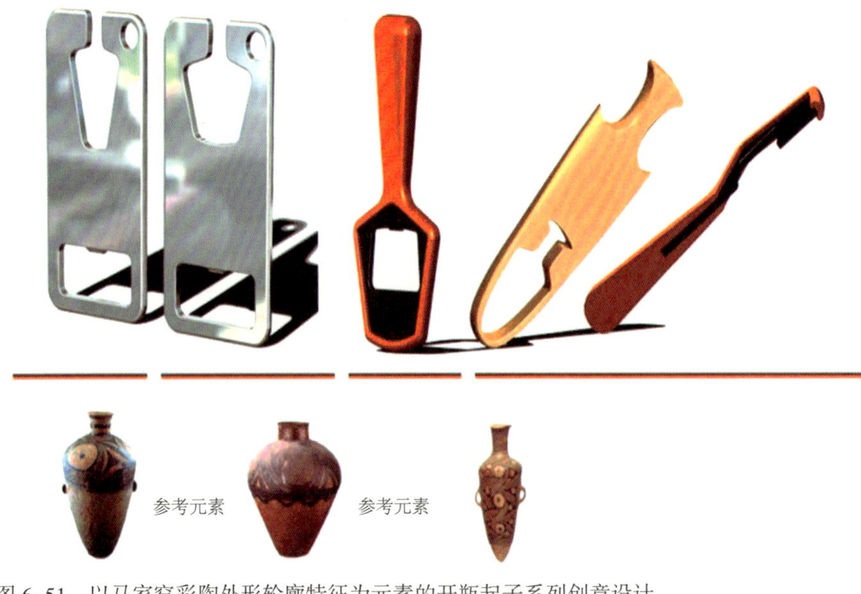

图 6-51　以马家窑彩陶外形轮廓特征为元素的开瓶起子系列创意设计

（六）马家窑彩陶情侣挂件设计（图 6-52）

取象（象和原象）：原象，典型马家窑彩陶器形轮廓。象，情侣挂扣。

映射：美好的婚姻（或情感）在于彼此理解、默契相依；愿天下有情人终成眷属，并如古老的彩陶一样天长地久，只有双方都保持着抬拿美丽彩陶的一半，相互支持，就能演绎出一个长久的美丽故事。

拓扑变化：在饰品设计中，将男女双方体貌特征进行简化设计，满足小饰品小体量的特征，尤其是通过造型变化设计，使男女双方双臂抬拿物品的姿态和彩陶轮廓巧妙地契合在一起，既简洁生动，又达到了取象映射的创意目的。

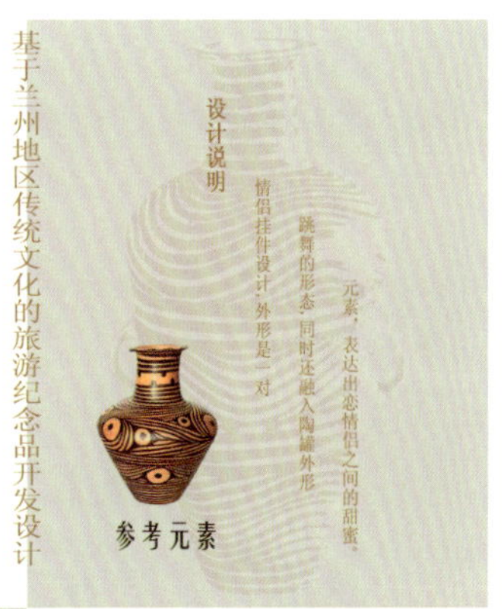

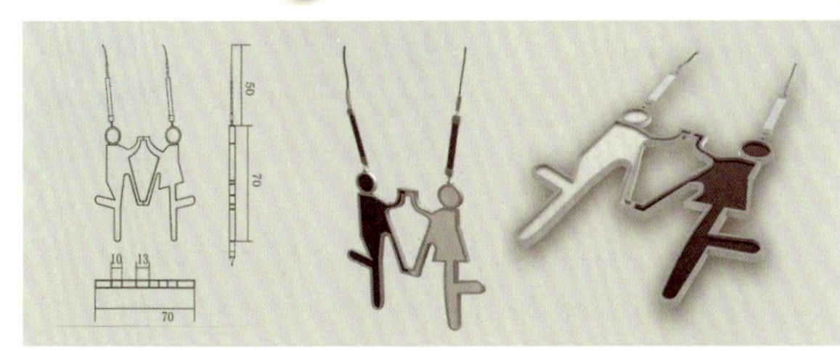

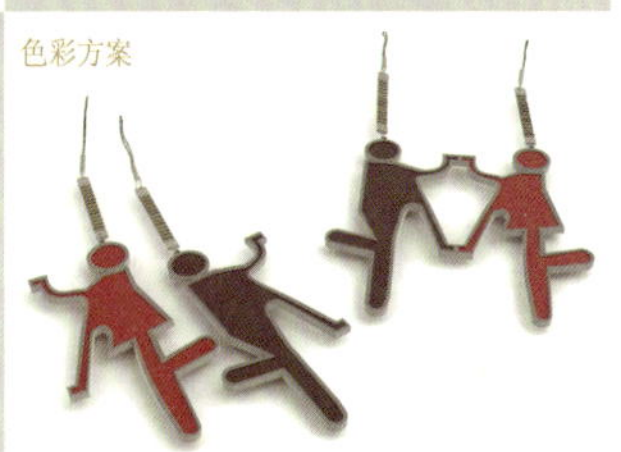

图 6-52　以马家窑彩陶外形轮廓为元素的情侣挂件设计

（七）马家窑彩陶水杯杯托和护罩设计（图 6-53）

本设计在原符号纹样圆周镂空处理与设计对象的外形契合关系中找到了立意与变化的创意设计价值。

取象（象和原象）：杯托设计的原象取象于马家窑文化彩陶中最普遍的马厂类型蛙纹，彩陶上大量蛙纹的描绘属于图腾崇拜，具有特定地域性；隔热杯套取象于马家窑彩陶中的水纹，水纹在马家窑文化中最为普遍，艺术表现水平也最高，且种类较多，有旋涡纹、水圈纹、波浪纹等，本案例中原象水纹是旋涡纹，该类纹样在马家窑类型中较常见，有的绘制在彩陶瓶上，有的绘制在陶瓮或陶罐上。功能载体（象）为隔热杯托和杯套，适合于旅游景区和文创商店销售。

映射：马家窑彩陶纹样中的蛙纹和水纹都和水有关联，在原始自然崇拜时期，先民和自然融为一体，天人合一，敬畏自然，崇拜水，所以“蛙纹”和“水纹”不但和水杯中的水相关联，更重要的是和当前尊重自然，唤起生态意识，保护水资源思想意念相关。

拓扑变化：本变化设计属于曲面镂空变化设计，具有造型手段的典型性。在保持原纹样球面布局的特征基础上，简化提炼，将纹样做了圆柱体环绕及立体化镂空变化处理，纹样空间变形度较小。①在杯托设计中将蛙纹变化为人体拥抱的意象，寓意要珍惜水资源；②镂空隔热杯罩具有一定的隔热透气功能，采用防滑隔热的软质材料，不但利于散热，还有很好的抓握触感，作为家居小产品，无论是材料质感、镂空造型还是色彩选择都具有浓厚的生活气息，达到了文化的传承与传播的效果。

图 6–53　基于马家窑彩陶纹样杯托创意设计

（八）基于马家窑彩陶纹样镂空创意设计（图 6-54）

取象（象和原象）：小钟表（象）设计取象于马场文化中最有代表性的纹样——四大圈点纹（原象）。

映射：四大圈点纹在陶器上的圆周布局方式与钟表的数字布局特征相一致，四大圈点纹彩陶罐的俯视图和钟表的俯视图很相似。钟表上的 12 点、3 点、6 点、9 点布局正好对应四大圈点纹各自的中心点；古彩陶如同史前人类的文化历史的时间计数表，考古学家通过不同地域、不同类型的彩陶文化的碳十四断代可以梳理出本地域文化发展的历史脉络，所以古彩陶就像一只只史前文明的时钟。

拓扑变化：基于原符号的三视图特征思考是尚象设计的重要方法，将三视图做立体化拉伸或切除是文创产品设计中最常用的拓扑变化方法之一。其中镂空和拉伸使用最多，镂空为减法，拉伸为加法，镂空和拉伸如同图形设计中图底翻转，既可以将正图形作为实体图形，也可以将负图形作为实体图形，正负图形立体变化设计类似于计算机三维建模软件中的拉伸和切除特征。

平面纹样的立体化拓扑变化一定要与使用功能相结合，变化的结果既要符合符号特征，又要与使用功能很好地契合在一起。将四大圈点纹稍作拉伸，使之有立体视觉效果，通过符号和功能相互变形融合设计，使两者和而不同，既保持各自特征，又相互巧妙地融合在一起，这是拓扑变化的实质。

图 6-54　基于马家窑彩陶纹样镂空创意设计

（九）基于彩陶器形和纹样的同质异构造型设计（图 6-55）

取象（象和原象）：图 6-55 中包括两个设计方案，左边为暖火锅，右边为沙漏，它们都是创意设计的功能载体（象），创意的原象都来自马家窑彩陶旋涡纹瓶（该彩陶属于马家窑文化马家窑类型，高 50 厘米，口径 18.4 厘米，甘肃省永靖县出土，中国历史博物馆藏）。

映射：图 6-55 左边是陶质火锅设计，古彩陶器形中有很多蒸煮功能的陶器，火锅器形与彩陶器形形态相似，功能相关。陶罐是蒸煮食物，而火锅也是蒸煮器，陶锅炖肉味道鲜美，西北地区喜吃羊肉暖火锅，暖锅中间为烧火加热的低矮烟囱，低矮烟囱四周为涮煮羊肉的环形锅槽，陶质煮锅，俗称砂锅，所以用黄土制作的陶质火锅，涮煮羊肉时地域原生态风味浓郁。

图 6-55 右边是沙漏设计，首先古彩陶可以看作是史前文明的计时器，不同文化类的彩陶有不同的历史跨度，其次沙漏是一种观赏性计时摆件，沙漏中逐渐流失的沙子传达了一种珍惜时间的理念。

火锅和沙漏的色彩与彩陶所在的西北地域印象色意念相关。从色彩心理看，黄色、橙黄等色调代表干旱的视觉心理，西北沙漠和黄土地区的地质地貌也多为黄色，马家窑彩陶也都为橙黄色调。

拓扑变化：图 6-55 中火锅和沙漏创意设计的组织方法基本相同，都采用了同质异构设计方法。同质异构是将同一造型单元以重复、重构方式构建在一起，以符合某一功能的需要。重构是指单元形的空间排列组合方式。

在火锅设计案例中截取了原象彩陶瓶的上半部作为单元形，并将其两个单元形口对口方式组合在一起，形成了上部为锅腔，下部为炉腔的暖锅功能方式；在沙漏设计中，两个完整的彩陶瓶单元形以底对底方式重构在一起，形成了轴对称构图。因沙漏的上下部也是对称的，没有上下之分，这种重构方式满足了沙漏的功能要求。

（十）基于马家窑彩陶纹样的贴图类产品设计（图 6-56）

取象（象和原象）：原象，蛙纹、蛙爪纹和水纹。在黄河中上游的彩陶文化发展中，使用最普遍的纹样是与水相关的纹样，如水纹、鱼纹、蛙纹、爪形纹、蝌蚪纹等。在马家窑文化中尤以蛙纹和水纹最为普遍，蛙纹从仰韶早期发展到马家窑文化时期时，已演变为抽象的并行曲线蛙纹，曲线蛙纹又演变为蛙爪纹。彩陶专家郎树德认为，早期马家窑类型的蛙爪纹为弧形三爪纹，并且多绘制在盆形器形的内壁底部。[①]从已出土的几件马家窑蛙纹盆精品看，纹

① 郎树德 . 甘肃彩陶研究与鉴赏 [M]. 兰州：甘肃人民美术出版社，2012：153.

图 6-55　基于彩陶器形和纹样的同质异构造型设计

图 6-56　基于彩陶器形和纹样的同质异构造型设计

样多为蛙纹（或蝌蚪纹）和水波纹的组合纹样，且盆地纹样多呈正三角形中心构图。本设计案例中的取象纹样来自马家窑彩陶盆内底部纹样，该纹样是蛙爪纹、蛙纹和水波纹三种纹样的抽象组合，也可以说是一种变体蛙纹。

映射：蛙纹和水纹都是吉祥纹样，远古时期先民都沿河而居，原始先民的生存离不开环境中现成的水资源，他们崇拜和敬畏水及水生物，视青蛙为月亮神。这种图腾崇拜可以唤醒和呼吁当今的人类也要敬畏自然，保护水资源，保护水中的动植物，最终保护生态。

从造型看，该水蛙复合纹具有很强的辐射发散效果，与雨伞的放射状效果相契合，该纹样又是典型的吉祥纹样，将纹样贴图在伞的内侧，既不显张扬，又有内敛的祥和气息，既能遮阳，也能挡雨，堪称祈福伞。

拓扑变化：将原象图形做图案化变化处理后直接贴图在新的载体上，是传统吉祥纹样应用得最基础也是最普遍的方法。该创意设计是根据原图的几何构成关系，做了几何图形的正规化制图后，将其中心贴图于伞顶里面，在尊重原色调的基础上，略微做了色相、纯度等调整，伞顶外面是黑色防紫外线面料。古今结合，既传承和传播了传统吉祥文化和生态理念，又不失现代人的文化心理需求，具有美好的祈福寓意。

（十一）陶鼓小音箱创意设计（图 6-57）

取象（象和原象）：原象，陶鼓。在出土马家窑彩陶中有数量不少的陶鼓，陶鼓是鼓的最早期形式，原始狩猎（有大量的动物的毛皮可做鼓膜）和原始制陶同处一个相当长的时期，发明原始陶鼓是必然的。黄土高原地区山谷幽深，陶鼓擂鸣，有震撼效果。陶鼓主要有单面鼓和双面鼓两种，陶鼓中部为圆柱筒状，两端开筒口，其中绷紧鼓膜的一面呈喇叭口形，所以单面鼓一端为竹筒状，另一端为喇叭口状，双面鼓中部为竹筒状，两端都为喇叭口状。

原象载体，小音响。

映射：陶鼓是原始乐器，或称发声器，呈喇叭口形，这和现代音箱功能很好地对应在了一起，今天我们使用的许多扬声器、手持式喊话器等还保持这种喇叭口造型。所以若以古陶鼓作为原象的取象元素，很容易使人想到其对应的载体应为音响类电子产品，如音箱、MP3、扬声器、喊话器等产品。

拓扑变化：一种小型便携式音箱，内置播放器、小功放等装置。在保持原象喇叭口造型的基础上，运用现代电子音响产品的制造材料，将扬声器安装在喇叭口位置，将各类操作按钮和数显屏等设置在上部，便于操作，在野外举行卡拉 OK，可以将其横向放置，便于扩音。

（十二）博物馆椅创意设计（图 6-58）

取象（象和原象）：原象，外部轮廓特征适合座椅靠背要求的古陶器。原象载体，博物馆休闲椅。

映射：绝大多数历史博物馆都藏有当地出土的特色陶器，用馆藏特色陶器（或其他特色文物）的剪影作为椅子靠背特征，具有博物馆的行业标识作用，也有重点文物宣传作用，即文物形态特征和博物馆标识、公用物品使用情境及文物宣传之间意念相关。

拓扑变化：设计的独特之处是将彩陶瓶的正面剪影和其假象投影分别变化为座椅的靠背和座面，并且利用胶合板高温弯曲成型技术，使靠背和座面光滑连接为一体。该方法为原象的平面图形立体化变化的处理开辟了一片新天地，它打破了常见的纵深拉伸、切除及平面特征线的旋转、扫描等立体化变化，在拉伸、切除、扫描变化的基础上做了二次曲面变形，完整地保存了原象符号特征，满足使用功能。

图 6-57 基于彩陶器形和纹样的同质异构造型设计

图 6-58　基于马家窑彩陶器形的博物馆专用休闲椅创意设计

（十三）彩陶尖底瓶茶泡器创意设计（图 6-59、图 6-60）

取象（象和原象）：原象，马家窑彩陶尖底瓶。尖底瓶是黄河流域古陶器中出现频率较高，功能特征最鲜明的器形之一。本案例所采用的彩陶尖底瓶，是现今出土尖底瓶中唯一的彩陶尖底瓶，该彩陶尖底瓶纹样和造型优美，1971 年出土于甘肃省陇西县吕家坪，高 25.5 厘米，口径 7 厘米，现藏于甘肃省博物馆，知名度非常高。象载体为西北黄土高原地区彩陶文化旅游产品——

图 6-59　彩陶尖底瓶茶泡器（1）

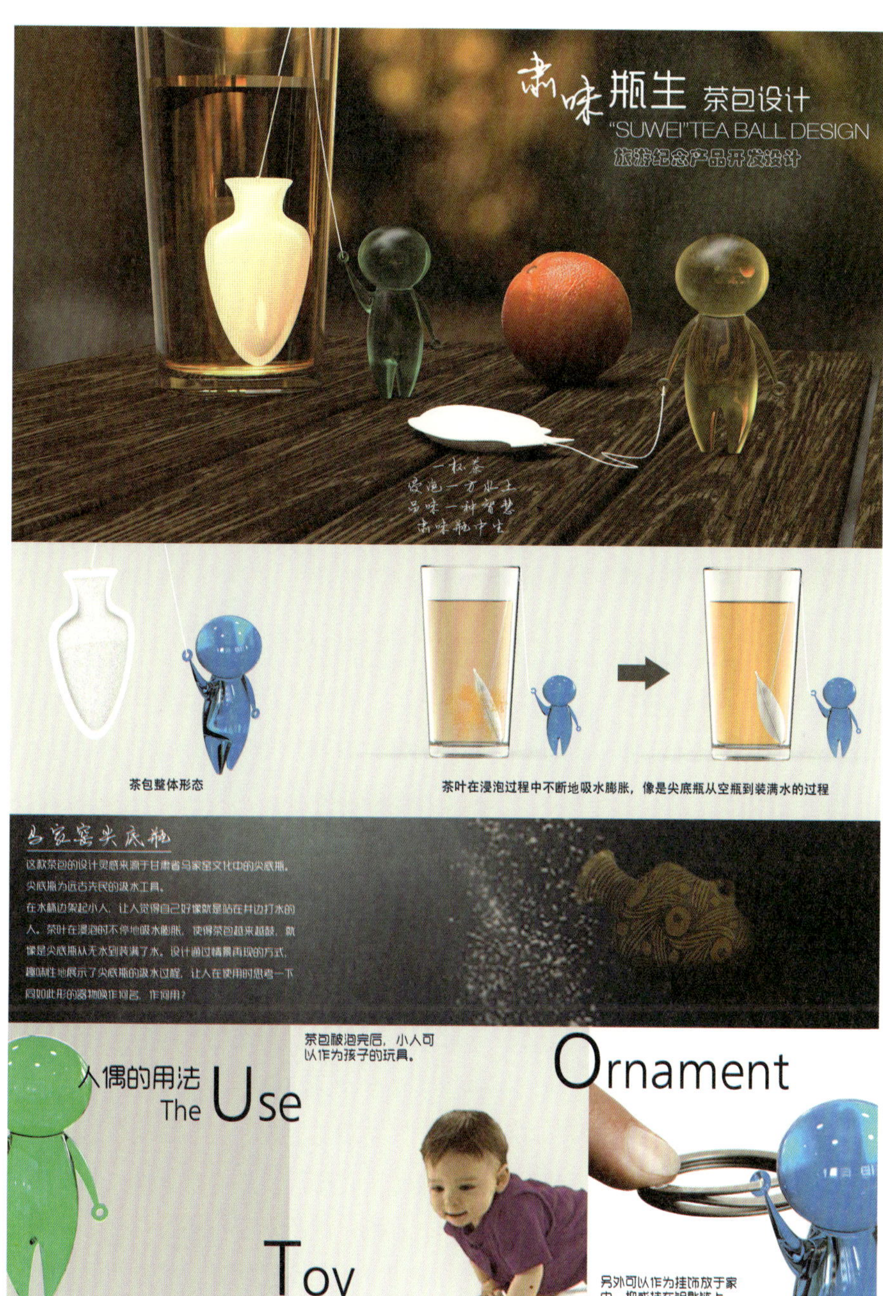

图 6-60 彩陶尖底瓶茶泡器（2）

茶泡器。

映射：原符号和功能载体之间的意象相关性主要表现在以下几个方面：首先，据现有考古成果鉴定，尖底是一种汲水工具，黄河上游地带水土流失严重，沟深岸高，先民取水需要用绳系瓶吊下汲水，这一情境与系线下挂的茶泡袋情境相关。更有趣的是通常的茶杯犹如一口微缩小井，用该尖底瓶茶泡器泡茶，就像系绳从井下打水的情景。所以，本设计中的“意象”是浸泡在水杯中的茶泡，两者在浸水功能、外观造型、系绳结构等方面相关联。其次，本创意设计也传承了中国传统意象设计中谐音假借的手法，“肃味瓶生”，也是一语多关，既象征在甘肃旅游的异域风味，也象征该创意茶泡的“意味”等。

拓扑变化：该立意可以有多种变化思路。在图 6-60 中，所有零部件的材料全部用不锈钢制成，可以多次重复使用，小尖底瓶采用拉环链条吊提，链条上端设置一别扣，可挂在杯口上。小尖底瓶侧壁开有小孔，小孔的排列布局和彩陶尖底瓶的圆点纹相一致。这种变化处理方法有两种作用，一方面利于茶叶的渗透和扩散功能；另一方面，小孔的排列布局仿佛有尖底瓶纹样的意象效果。

在图 6-61 变化方案中，茶泡袋保持了尖底瓶的轮廓特征，并使用可渗透的茶泡专用纸质材料制作。该方案的有趣之处是设计了一个拉绳的小人偶——马家窑人。这个小人偶可选用特定材料制作，或是值得保留的小玩具、挂件，或是其他用品（如做橡皮擦等）等。

本创意设计最能吸引游客的卖点是其意象性微景观情趣特征。

（十四）基于尖底瓶重心转移原理的自动倾斜物品设计（图 6-61）

取象（象和原象）：原象，所取原象为古陶器尖底瓶，是一种汲水工具，先民巧妙利用流体的物理特性实现容器重心转移。所选象载体为西北黄土高原地区彩陶文化旅游产品——自动倾斜茶具和自动倾斜花瓶。

映射：此方案在原符号和功能载体之间的意象相关性主要表现在以下几个方面：首先，现有考古研究表明尖底瓶是上古时期的一种汲水工具，取水时尖底瓶先是平躺在水面，但随着瓶内汲入的水越来越多，在拉绳的作用下尖底瓶逐渐竖立，符合重心转移原理。这一原理可以应用到现代生活的方方面面，特别是与用水有关的各种生活用品，具有文化情趣和科教作用。本案例中自动倾斜茶具和自动倾斜花瓶的使用原理都和尖底瓶汲水时重心转移原理相一致。

拓扑变化：尖底瓶的汲水功能除了对形状特征有要求外，两个系绳耳位置的选择也非常关键。尖底瓶在没有装水或装水很少的情况下，其整体物理重心

图 6-61　基于尖底瓶重心转移原理的自动倾斜物品设计

位于双系耳的偏向瓶口一侧，此时若拉提系绳，瓶口会向下倾斜；但随着瓶内逐渐灌满水，则整体重心会逐渐向瓶底一侧转移，此时若拉提系绳，瓶口会竖直向上。所以尖底瓶的两个系绳耳在系绳的作用下就会产生杠杆效应，系耳相当于杠杆支点。在本案例中不用系绳，而将原象中的系耳变化为杠杆支点，使茶具和插花瓶在没有水和水少的情况下整体重心位于支点上部，器皿自动倾斜，当添入一定量的水后整体重心位于支点下部，器皿自动竖直，富有文化意味和生活情趣。

（十五）彩陶纹样立体化的想象与创意灯具设计（图 6-62）

取象（象和原象）：原象，马家窑彩陶中几种典型的漩涡纹彩陶，漩涡纹主要出现在瓶、罐和盆等盛水器皿中，漩涡纹都有严格的图案骨骼连续形式。所选象载体为西北黄土高原地区彩陶文化旅游产品——旋纹小景灯。

映射：马家窑彩陶中的旋纹是由多组曲线组构成的图案，具有两个重要特征，一是优美曲线栅格特征，二是强烈的旋转动感。这两个特征与灯光造型设计有很大的关联性，通过创意设计，可以使静态灯光产生曲线栅格纹理和动态旋转效果。

拓扑变化：本创意案例在平面图形的立体化设计方面提出了新思路。平面线图都可看作是立体形态某一方向的视图，彩陶纹样都是以线造型的图形，一种纹样可以对应很多的立体想象方案，在通常的文创设计中大多都采用直线拉伸或镂空切除产生立体方案，从曲线曲面角度思考的并不多见。该设计先选取

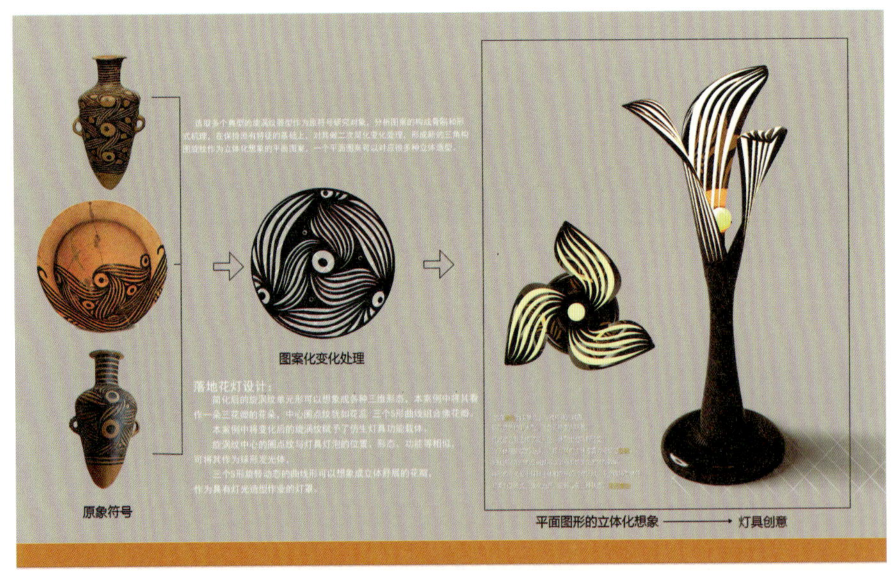

图 6-62　基于彩陶纹样立体化想象的创意灯具设计

了几款典型的马家窑漩涡纹彩陶，将同类纹样做了归纳、分析和提炼，形成了简化性单元纹样。接着对平面图案做立体造型设计，平面的立体化过程是拓扑变化过程，主要采用想象思维，抓住单元纹样的旋转特征，想象出纹样所对应的一种立体花瓣形象，使其各方面和功能载体灯具相一致。造型变化过程是将符号、功能、审美结合到一起的一种相互支撑、相互妥协的复杂拓扑过程。

（十六）基于彩陶器形特征的文具系列创意设计（图 6-63）

取象（象和原象）：原象，典型古彩陶器形轮廓。象载体，彩陶博物馆文博产品——系列文具设计。

映射：轮廓是物体最简洁也最具形象特征的代表。文物是人类历史上遗留下来的具有历史、艺术、科学等文化价值的遗物遗迹，文物和文具都以“文化”为纽带，情理相关。再者，相对其他工业产品，文具用品的结构、形态和功能相对简单，基于文物轮廓特征的文具用品设计制约因素少，可行性强。在本案例中彩陶轮廓和文具的外形、结构方面存在诸多相关性，在文件夹具、别针、图钉、书签设计找到了许多原象形态支撑象功能的结合点。

拓扑变化：本案例中变化设计的特点是在保持古陶器轮廓特征的基础上，通过材料替换，结构设计等满足使用功能要求。

①在夹子设计中直接利用陶器轮廓即可实现夹纸功能，而且夹子的捏压柄、夹头等形态都符合使用要求，当然也存在现代陶器与古彩陶器形相同的情况，所以可以给夹子贴原彩陶材质和纹样，该变化方法是立体物平面化的又一典型方法，既能满足新载体的使用功能，又能保持原有立体物品的视觉效果。

②在创意别针中塑料件是集中再现原符号特征的部件，弹性钢针是功能件，其功能要求和原陶器轮廓特征基本一致，为了更好地满足使用要求，对原符号做了适当夸张变形，但不影响原符号特征的表达。

③图钉设计是该系列设计中最优秀的作品，它的最大创新之处是图钉帽使用了软质弹性材料和内置弹簧，可使图钉形态在使用状态和非使用状态之间转换，同时又在不同陶器器形之间转换，而且在理论上，图钉帽可以产生无穷多的同类器形变化。当图钉处于非使用状态时，软质弹性图钉帽处于松弛状态，并对应一种典型的陶器文物造型，此时图钉针收缩到图钉帽里面，处于安全状态，针尖不易刺伤人；当需要使用图钉时，用力按压图钉帽，针头便插入图板，软质弹性图钉帽被压缩变形，处于使用状态，此时又形成了另一种低矮的陶器文物造型，趣味横生。

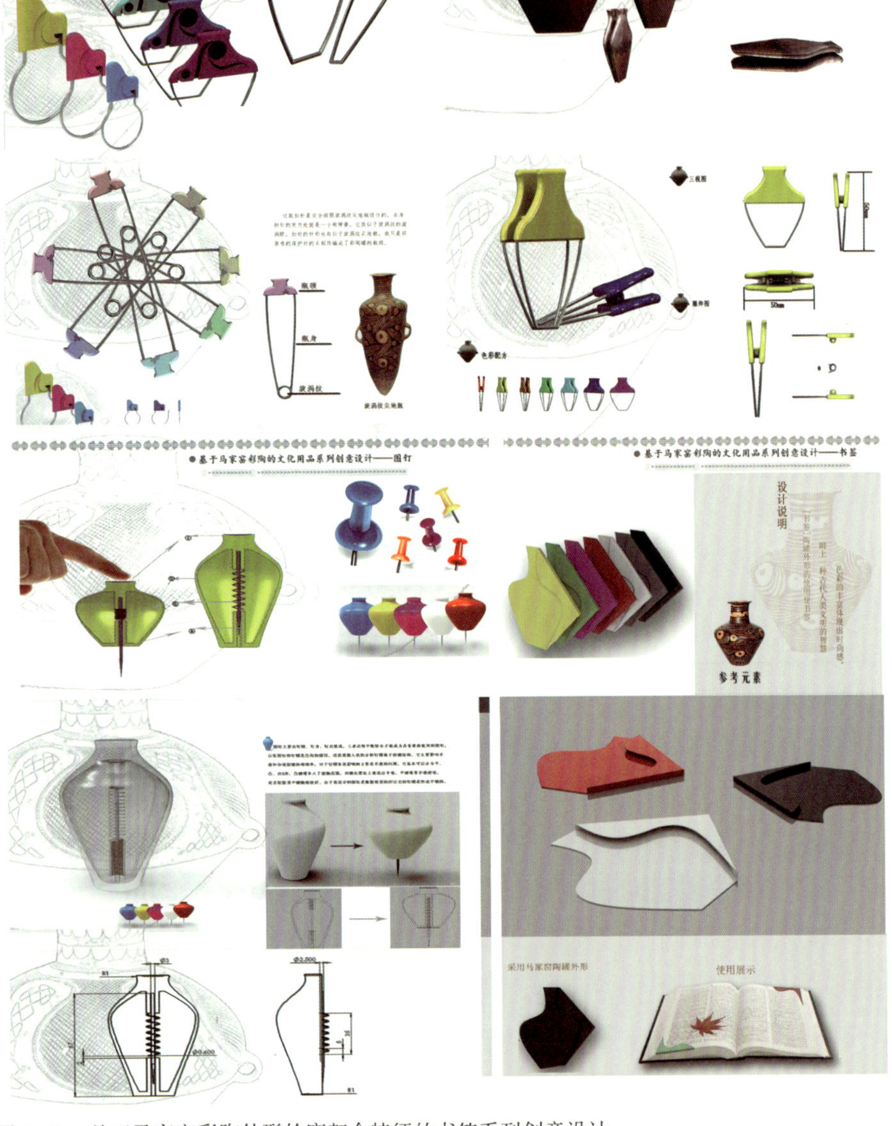

图 6-63　基于马家窑彩陶外形轮廓契合特征的书签系列创意设计

④书签提取了马家窑彩陶的轮廓剪影形，采用了内外错层切除形成立体的方法，有一定的创新性，有彩色和无彩色的搭配设计，丰富系列花色品种。

（十七）似水流年腕表设计（图 6-64）

取象（象和原象）：原象，马家窑彩陶漩涡纹。漩涡纹是水纹的一种，是马家窑彩陶中出现频率较高，艺术品质最优美的纹样之一。在博物馆文创产品设计中应选用最普遍、最知名、最优秀的符号作为取象符号，这是文博产品原符号选用的基本原则。

映射：首先，马家窑彩陶中的水纹纹样与手表之间有很多关联性，比如水纹有二方连续图案象，这与表带的二方连续特征相关联，漩涡纹有圆周连续纹样，它与表盘的圆形特征和刻度的圆周整列特征相关联。其次，在创意设计运用中国语言文化中的四字成语主题表达手法，“似水流年”既与水相关联，又与记录时间的“表”相关联，呈现出“一语多关”的中国语意特征。作为旅游纪念品，“流年似水”还有今后追忆人生、赠送恋人、朋友等多种象征意义。

拓扑变化：表体整体造型为彩陶俯视图的变化形态，并将陶器双耳变化为手表的设置旋钮，内表盘为同心圆纹样和圈点纹变化形态；手表表带选取漩涡纹中的 S 形单元形，线条优美，如水流畅，将马家窑彩陶的色彩采集重构，丰富套色品种，适合多样化和成套化的市场需求。

（十八）彩陶纹样与镂空造型产品设计（香薰盒和纹样灯）（图 6-65）

取象（象和原象）：原象，马家窑彩陶纹样和器形。象载体，香薰盒和香薰灯。

映射：彩陶的纹样镂空造型可以用在日用品的多方面，最主要的是可用于具有物质散发功能的产品护罩方面。其中香薰盒和灯罩是纹样镂空造型很适合的应用领域。

拓扑变化：彩陶纹样都是先民徒手绘制的纹样，线条的流畅性、均匀性等难免存在不完善的地方，要依据现代审美需要、材料加工特性等做简约变化设计。

①木质香薰整体为流线型，盒盖上采用漩涡纹镂空造型，图案优美，利于香气散发，防护盒内燃香，一缕缕烟香犹如一组组彩陶纹样袅袅上升。木质香薰盒亲近宜人，盒内燃香横向插置，盒底有进气孔，利于气体对流。

②香薰小夜灯主要由灯罩、灯泡和灯头三部分组成，整个吊灯外观造型

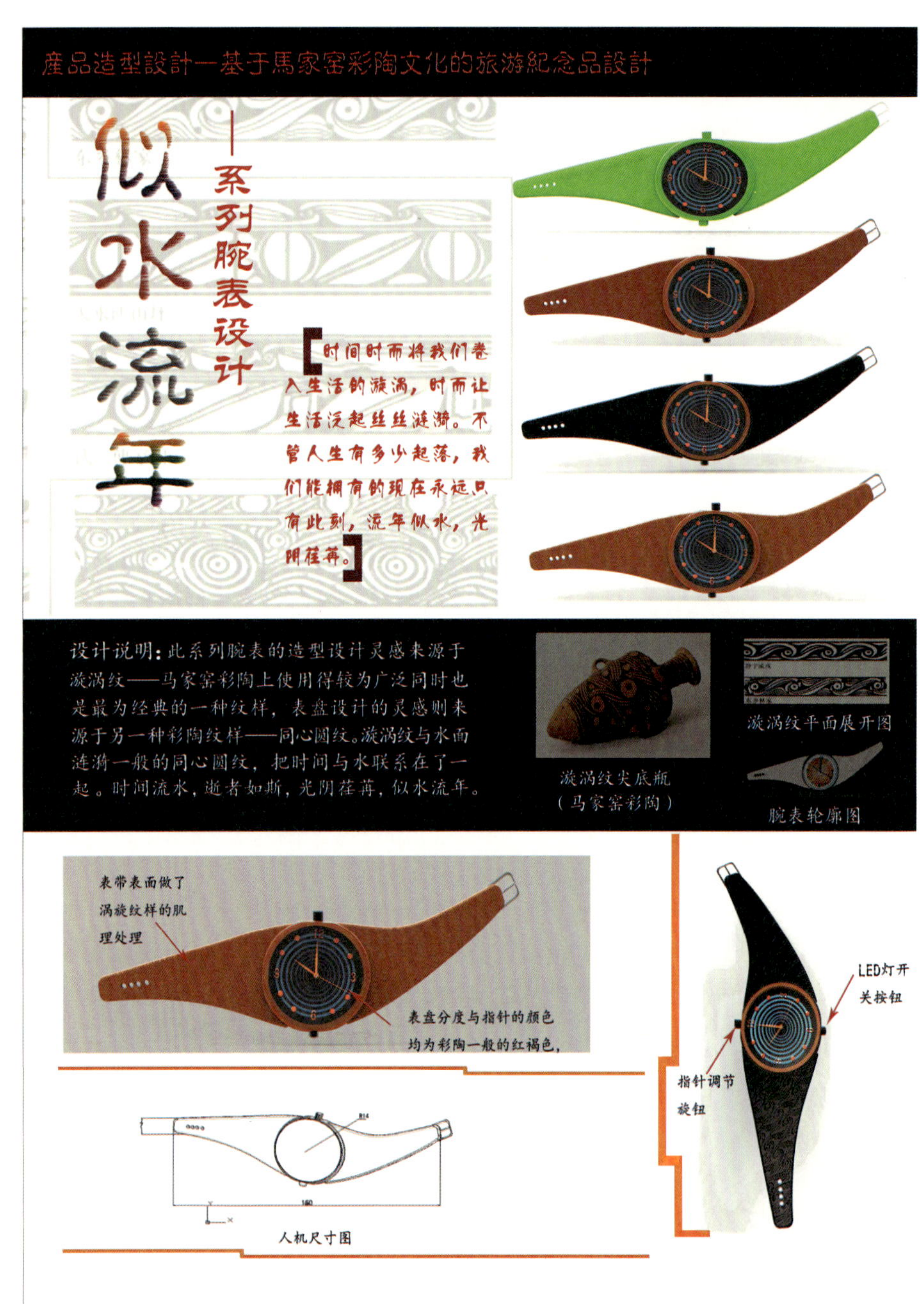

图 6-64 似水流年腕表创意设计

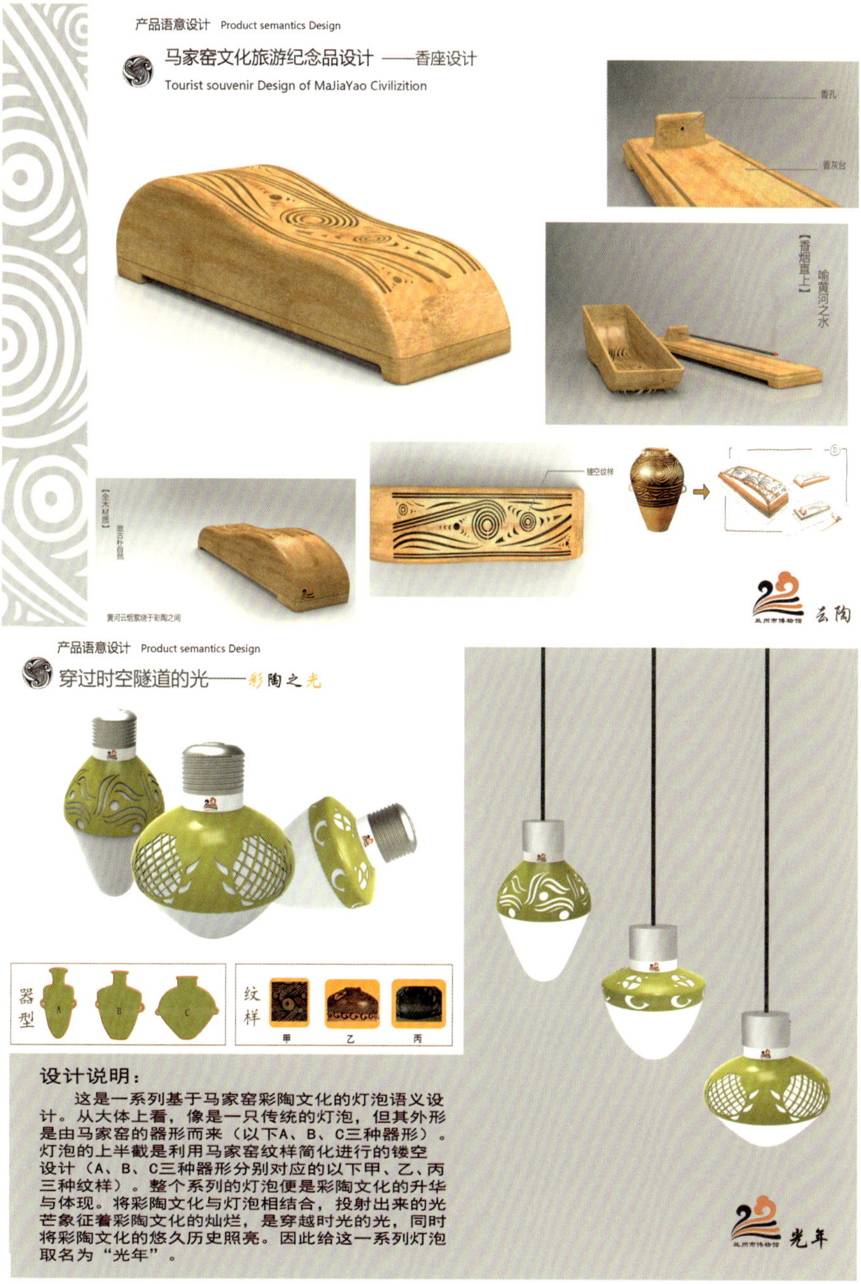

产品语意设计　Product semantics Design

马家窑文化旅游纪念品设计 ——香座设计

Tourist souvenir Design of MaJiaYao Civilizition

香孔

香灰台

【香烟直上】喻黄河之水

【全木材质】显古朴自然

黄河云烟萦绕于彩陶之间

镂空纹样

云陶

产品语意设计　Product semantics Design

穿过时空隧道的光——彩陶之光

器型 A B C

纹样 甲 乙 丙

设计说明：

这是一系列基于马家窑彩陶文化的灯泡语义设计。从大体上看，像是一只传统的灯泡，但其外形是由马家窑的器形而来（以下A、B、C三种器形）。灯泡的上半截是利用马家窑纹样简化进行的镂空设计（A、B、C三种器形分别对应的以下甲、乙、丙三种纹样）。整个系列的灯泡便是彩陶文化的升华与体现。将彩陶文化与灯泡相结合，投射出来的光芒象征着彩陶文化的灿烂，是穿越时光的光，同时将彩陶文化的悠久历史照亮。因此给这一系列灯泡取名为“光年”。

光年

图 6-65　彩陶纹样镂空设计——香薰盒和香薰灯

和彩陶基本造型一致，本案例中的三个吊灯分别采用彩陶中的瓶（A)、壶（B)、罐（C）三种典型器形，它们的灯罩纹样依次对应漩涡纹（甲)、圈点纹（乙）和葫芦网纹（丙）三种典型彩陶纹样。灯罩采用耐高温的陶瓷或亚克力制成，环保、安全。灯罩是彩陶纹样镂空造型，顶部设置有加注精油的流槽，精油流入灯罩下部的环形储存槽，精油只有在一定温度下才能有效挥发。灯座安装专用灯泡，通过灯泡的热效应使精油挥发。该香薰小夜灯功率小，温度低，灯光柔和，且具有纹样造型，能消除异味，净化空气，缓解精神压力。

二、宁夏的原象地域符号与文创产品尚象设计

宁夏地处干旱半干旱的气候过渡类型，是北方游牧文化和农耕文化的过渡带，又是黄土高原向内蒙古高原及沙漠戈壁地貌过渡的地理带，有丰富的自然地域性符号；宁夏在长期的地域环境适应和民族文化融合过程中又形成了特色的地域文化符号，处在全域旅游、生态建设、传统文化振兴及“一带一路”发展时期，地域符号就是地方发展资源，如何将地域符号转化为文化产业，创意设计是关键。以下是几个基于宁夏原符号的与文创产品尚象设计分析案例。

（十九）瓦当梳妆用品（图 6-66）

该方案是以中国传统瓦当作为原符号的梳妆用品系列化设计。此设计获得宁夏回族自治区文化厅授予的宁夏博物馆文创产品设计最高奖荣誉。分析本方法，在形态尚象方面至少有以下几个方面。

取象（象和原象）：本设计原象取象于西夏瓦当和滴水。瓦当是中国传统建筑上的主要构造元素，原本是遮挡在建筑檐头筒瓦前端的护盖，但在东汉和西汉时期已演变为以装饰美化和蔽护兼有的建筑附件。由于瓦当上都凹凸有各种吉祥文字和中国传统吉祥图案，其文化价值更显重要，属于中国特有的文化艺术遗产。西夏文物国内现存的数量类型非常稀少，该设计中取象的西夏瓦当和西夏滴水瓷器是同类器物中留世很少的几件，现存宁夏博物馆。该设计的产品类型是女性使用的梳妆系列用品，包括梳子、小镜子和发卡。

映射：从原符号与功能载体之间的关联性讲，两者之间至少有以下四个尚象点。①礼仪意念的相关性，以人比物，采用拟人表现，这是中国传统意象思维中最主要的方法，若将建筑物的屋檐比作人的头脸，则屋檐上的瓦当和滴水

图 6-66　基于中国传统瓦当作为原符号的梳妆用品系列化设计

瓷器就是建筑的头脸。从人的社交、礼仪和爱美心理讲，人的“头脸”是最重要的，俗话说什么都可以不要，但得“要脸”。人头脸的“端庄、整洁”在人际交往和处事文化中是何其重要！而梳子、镜子等梳妆用品正好是整理、整洁人头脸的工具。②组合方式的相关性，在传统建筑上，瓦当和水滴就像一对兄弟，彼此手牵手地配合在一起，而女士们在梳妆的时候，镜子和梳子就像一对姐妹，彼此不能分离。③位置、结构和形态方面的意念相关性，瓦当和水滴都是安装在建筑屋檐最前面的配件，瓦当有护理椽木头的作用，水滴有排流雨水的作用，除此之外，瓦当和水滴对建筑有非常好的装饰作用，它们相当于建筑的“刘海”发型。梳子是梳理发型的器具，发型的点睛之处在“刘海”，排列整齐的瓦当如同梳子的梳齿一样整齐，尤其是在下雨的时候，瓦当上流下的线状雨水，排列在廊前，整个景象犹如一把晶莹剔透的细长“玉梳”。④中国文化意念映射，说来也蹊跷，瓦当和水滴，一个像弯月，一个像圆日，彼此阴阳配合，轮廓形态互为契合，弯月圆日和梳子镜子不但形态映射相关，而且还有

传统哲学意念上的相关性，梳子为阴性，镜子为阳性（传统文化中镜子有光照意象，古时的铜镜为圆形）。

拓扑变化：本设计保持了瓦当和水滴的弯月和圆日的基本造型，为了突出旅游产品的宁夏地域特色，在造型设计中保持了西夏瓦当和水滴中的雕刻纹样没有变，但结合现代电脑雕刻工艺对原图案做了简化变化处理，经过拓扑融合设计后，使设计结果满足符号和载体的双重需要。材料采用上乘的拆房老木，符合一般工艺礼品和收藏品的要求。

（二十）妙音鸟汽车内饰件设计（挂件和摆件）（图 6-67）

取象（象与原象）：自驾车出行最重要的是安全，没有之一，安全意识来自心理上的专心致志，用心不二。在开车时若能有吉祥物品相伴，并时刻提醒和告诫自己则是一种不错的驾车方式，当然祈求保佑也是大多数人都有的心理特征。本方案是宁夏博物馆文创产品大赛中的获奖作品，该设计以西夏文化中的特有文化元素“西夏迦陵频伽”为原象元素，以汽车驾驶室的装饰性小挂件、小摆件作为象载体的创意设计。两者之间的映射关联性主要如下所述。

映射：①迦陵频伽是梵语 kalavinka 的译音，是佛教文化中的神鸟，据说这种鸟来自遥远的雪山，在壳中就能鸣叫，长大后其声音更加美妙动听。所以在佛经中又称其为美音鸟或妙音鸟。西夏佛教中的“伽陵频伽”地域特征鲜明，其造像犹如“√”形飞翔，双手合十，面部清秀，具有吉祥安然的视觉特征。驾车出行需要平平安安，驾驶者有祈求平安的需求，将迦陵频伽吉祥摆件放在驾驶室前台很吉祥得体。

②若将妙音鸟变化为驾驶室挂件也很合理，因妙音鸟为空中飞鸟，其飞翔姿态和挂件的垂挂放置方式有很好的相关性，容易调和，形成合理的构成形式。

③“风铃”是位于空中的能发出美妙声音的物品，妙音鸟也是飞翔在空中的会唱歌的意念性形象；“风铃”是自由圣洁的象征，妙音鸟是神圣的宗教形象，两者意象关联性很强。

④“风铃”之“风”是空灵之风，有灵气，妙音鸟风铃在行车的晃动下也会发出灵动的声音，时刻善意提醒司机，不要急躁，声音寄托着“平安”和“吉祥”的美好祝愿。

拓扑变化：“象”和“原象”相互依存，拓扑融合的造型变化过程，本设计采用了几何化简约设计思路，对原象做了简化、抽象的造型提炼，使之向着

图 6-67　基于“西夏迦陵频伽”为意象符号设计的妙音鸟汽车内饰件设计（摆件和挂件）

使用功能转化演变，满足各自的要求，互为妥协，互为保持，也许这就是尚象设计中象和原象之间拓扑变化的含义。设计中去掉了原象“迦陵频伽”的诸多细部造型和图案肌理，将头部变化为类球形，但保持了原象清秀意象的特征，翅膀和尾部简化为平面和曲线的组合，可以追求原象中佛像轻盈飞翔的灵动姿态。躯干和手臂都做了几何化变化，原象动态不但没有削弱，反而得到了加强，也使原象的感性意象特征很好地保持了下来，使拓扑变化后的概念形象达到了求平安的视觉效果，同时没有刻意强调原形特征，满足了消费者的模糊消费心理，有利于批量化、工业化生产，这正是映射立意之下，造型设计的重要原则。

（二十一）西夏文中国象棋（图 6-68）

中国象棋益智游戏，在中国有着悠久的历史文化积淀，象棋的物件构成简单，趣味性强。下象棋是极为流行的棋艺活动，中国人下象棋重在棋艺切磋，智慧交流，增进友谊感情。

取象（象和原象）：文化符号之原象为①中国象棋具有中国意象文化的特征，布棋方式和行走规则都采用中国历史故事、传统图案及汉字结构描述，如交战双方中间的间隔地带叫“楚河汉界”，棋盘是中国传统九宫格米字构成，走法如“马走日字，象飞田”等。②西夏文字。③西夏力士志支座石雕。④固

图 6-68　基于“西夏文”为意象符号设计的中国象棋

原原州区的开元堡古城遗址出土的鬼瓦。⑤宁夏古长城。功能载体之象：中国象棋。

映射：①在中国历史上，许多北方少数民族和中原汉族之间有着长期的征战和调和过程，经过不断融合，最终成为一个团结的中华民族大家庭，这一历史发展过程类似于两个人对下象棋，与最后增进友谊成为朋友的意念相关联。所以将中国象棋的棋子用西夏文字书写，既有塞上地域特征，又有中国文化特质，因西夏文是仿造汉字的间架结构创造的，刻有西夏文的中国象棋与传统中国象棋趣味相关。②棋盘上的“楚河、汉界”改为“塞内、塞外”，并用长城的图案勾画出来，使两种战争场景之间意念相关，给下棋者创造了了解中国历史知识的学习机会，因宁夏被称为“塞上”地区，这里的古长城遗址非常多，下棋具有增进地理历史知识的效应。③西夏力士志支座石雕具有励志意义，可给下棋者增长志气。

拓扑变化：

①该象棋设计完全继承了传统中国象棋的布棋和走棋规则，老少皆宜，具有普遍社会娱乐基础，主要在棋子文字布局、棋盘语意及色彩方面做了重构设计。

②棋子的文字和色彩重构是本象棋设计的特色，西夏文字和汉字都为方块字，一字一义，所以新设计的西夏文字象棋与传统中国象棋，无论在棋子、棋谱、走棋规则上都基本一致，从而为创意设计建立了良好的造型秩序基础。

③中国象棋分红、黑两方，共 32 个棋子，对棋双方各 16 个棋子。红方：帅 1个、士 2个、相 2个、车 2个、马 2个、炮 2个、兵 5个；黑方：将 1 个、士 2 个、象 2 个、车 2 个、马 2 个、炮 2 个、兵 5 个。本设计采用同一棋子可以两用，即同一棋子正反两面分别用相同含义的汉字和西夏文字对应刻字，并且刻字的涂色正反两面也分别为黑红对应。由此可看出传统中国象棋虽为 32 个棋子，但共有 14 种不同种类的棋子，在本设计中西夏文象棋也为 32 个棋子，但只有 7 种不同种类的棋子，可节省生产成本。

④在棋牌设计中采用简化的长城纹样作为对棋双方的分界线，长城的回纹折线图案有鲜明的中国图案元素特征，将“楚河、汉界”改为“塞内、塞外”，并且分别用汉字和西夏文字以中国隶书书写，相映成趣。

⑤棋子还是对照翻译字牌，类似于武威的《凉州重修护国寺感应塔碑铭》，一字对另一字，对照翻译可在游戏娱乐中学习西夏文字，虽然只有 16 个字，但西夏文笔画稠密，识别相对困难。为此可以在棋谱背面专门就西夏文字的造字方法，构词、造句等知识做简要介绍，对棋谱中涉及的 16 个西夏文字做解释，异地游客会产生一定的好奇心。

⑥传统中国象棋棋子是战鼓的造型，西夏文中国象棋在继承这一传统造型的基础上还添加了其他西夏文化元素。将西夏大力士碑座刻画纹样和宁夏开元堡古城遗址出土的鬼瓦纹样做简化设计，使之附着在棋子四周，视觉效果和战鼓四周的拉环造型相关联，既在情理之中，又有秩序感和协调感。

（二十二）宁夏礼品流沙时钟（图 6-69）

取象（象和原象）：原象元素①沙漠、沙子和流沙是宁夏乃至西北地区的自然物象。西北沙漠地区在远古时期就被称作“流沙”地区，《山海经 · 西山经》有“西水行四百里，曰流沙”，“观水出焉，西流注入流沙”等记载。②沙子有流动特性，沙漏器是利用沙子特殊的流动特性制作的工艺品，自古有之，有计时特征。象元素，时钟、装饰摆件。

映射：原象沙漠、流沙与象时钟之间至少可以存在以下几个方面的映射关系。①动态特征的关联性：用流沙的动态特征和时序特征制作沙漏工艺品和沙漏计时器，明代北京宫廷曾发明使用较大的沙漏计时器，以适应水滴漏计时器

宁夏特色礼品——流沙时钟

灵感来源：由宁夏的沙丘，联想到沙漏，而沙漏又有时间的概念。将沙漏与时钟结合会是一个奇妙的组合。
不同于传统意义上时钟的是，这款钟没有实质的指针，而是用不同颜色的灯光来区分时针和分针。黄色代表时针，白色光代表分针。
外圈采用亚克力材质，轻巧容易实现。内部采用透明玻璃镜面，内部模仿3D流沙画的技术利用油和沙的比重不同营造流沙的效果。
两端有轴可手动翻转。
更特别的是有不同档次的可替换底座选择，简易撑脚版、金属底座、较贵重的贺兰石板。

方案草图初稿

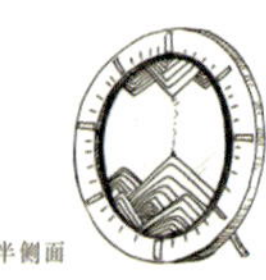

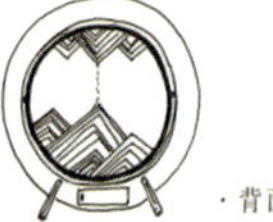

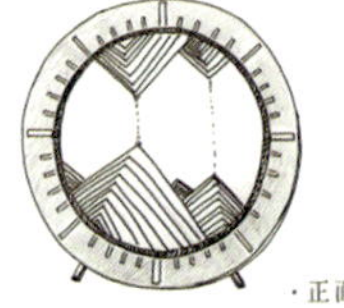

图 6-69　宁夏礼品流沙时钟创意设计

冬季结冰的问题，形成“流动→时间”映射。

②传统器物形态的关联性：长河落日（圆）与传统时钟（圆）的形态关联性，形成“大漠长河落日→传统圆形时钟”映射。

③使用方式和生活角色中的相关性：常见的流沙画与时钟都属于家庭或办公环境中的桌面摆件或挂件，形成“流沙画的摆放→时钟的摆放”映射。

④文化意念上的关联性：沙漏和时钟都有劝诫人们珍惜时间的意义，沙漏器中的沙子从上到下一次漏完，不能倒流，时钟所溜过的时间也是一去不复返。

拓扑变化：将常见的长方形流沙画摆件与圆形时钟整合为圆形的“流沙时钟”造型，将时针、分针移至圆框外缘，并用 LED 实现，利用了现代电子技术，在原符号和功能载体之间找到了合理的组合关系。拓扑造型设计可以建立更多的映射关系，映射又为造型提供形态符号元素。

（二十三）岩画创意日用品设计（图 6-70）

取象（象和原象）：原象为①宁夏乃至北方草原岩画。不同民族的人们都有与生俱来的创造欲望和适应所处自然环境的本领。北方游牧民族在环境适应生存中将自己对自然和社会的认知表现在裸露的沙漠岩石上，形成北方草原岩画文化。独特的草原游牧题材和表现方法使北方草原岩画成为重要的地域原象符号。②我国西北草原和沙漠地区虽气候干燥，生态脆弱，但一年四季除了春季沙尘天气外，其他季节风景独特，堪称亮丽，尤其是夏秋季节空气干净，天空湛蓝，夜晚银链挂空、繁星密布。生活在草原上的游牧民族白天与白云和太阳相伴，夜晚和星河、月亮、流星相伴，星象遐想构成了草原先民对宇宙和人生的思考。③还有草原上的花草、裸岩、沙丘等。

象载体：由于岩画是以轮廓线条和剪影线条表现的传统艺术形式，也有块面敷颜色的岩画，但大多通过刻画线条表现形象，所以岩画创意设计的功用载体主要是平面设计类物品，包括贴图类产品、印刷类产品、纺织类用品等。这里选择了抱枕和文化衫，是最常见的旅游类商品。

映射：其实岩画的平面轮廓特征和以线造型的属性决定了岩画原象可对应的功能载体很多，只要是日常家用生活用品，特别是纺织品都可以选用岩画图案。岩画图案元素和承载物品的功用不一定有使用功能上的直接相关性，但只要岩画图案的题材能反映使用者的个性爱好或某种认同心理，就应该是一种映射相关性。宁夏乃至北方草原岩画主要以草原动物、风景和人面题材为主，线条简练拙朴，内容自然童真，现代人生活节奏快、压力大，基于北方草原岩画

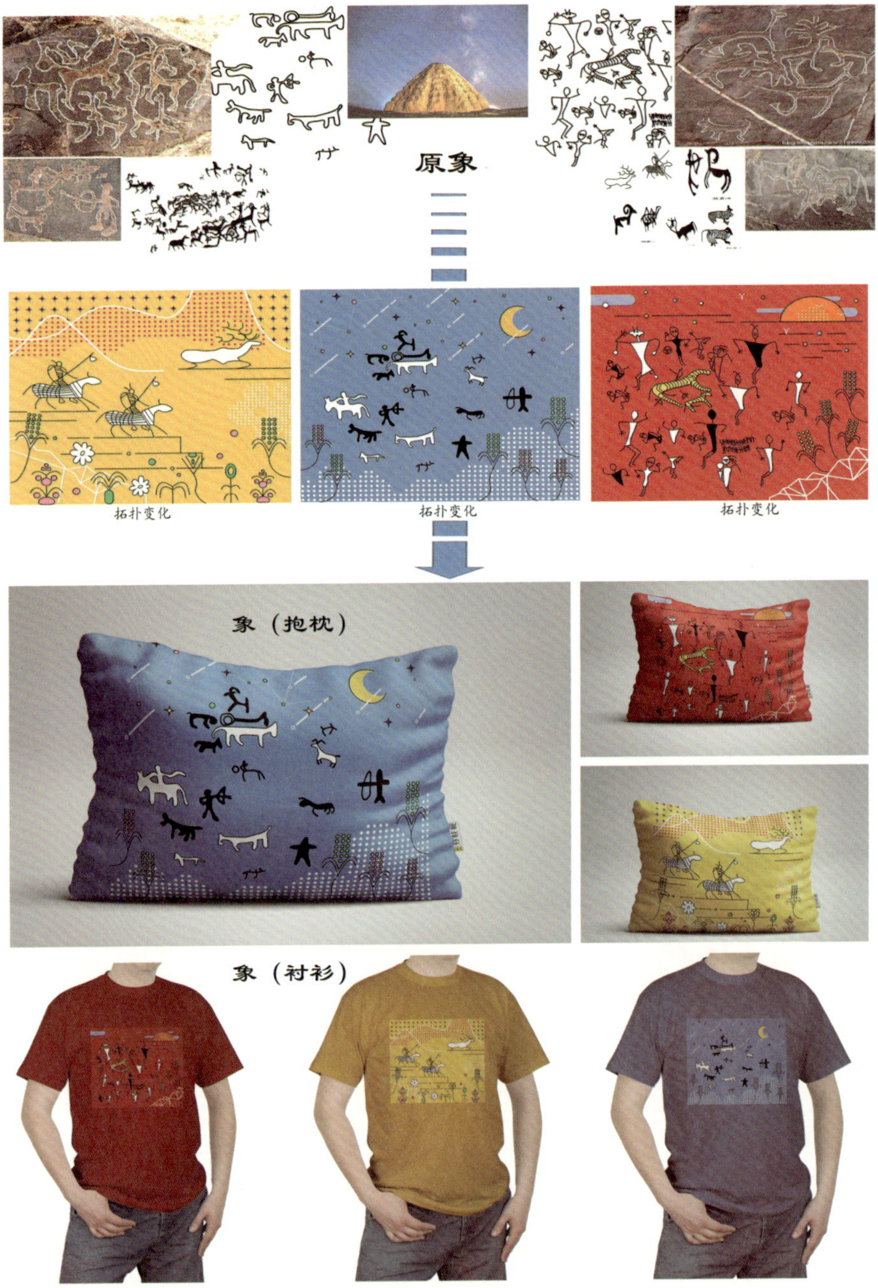

原象

拓扑变化

拓扑变化

拓扑变化

象（抱枕）

象（衬衫）

图 6-70 宁夏岩画纺织品创意设计

的个人用品（抱枕、文化衫等）容易迎合现代社会中许多倾向于回归自然的消费者的心理需求。

拓扑变化：本案例是一种很典型的现代文创产品设计方法，即先将原象元素做归纳提炼，通过排列组合、打散重构、逻辑构型、意象变化等方法，使之形成一种图案化模板，再将其贴图于映射关系较好的功能载体上，如将图案贴在水杯、背包、手机套等上面。本案例的变化设计也分两步，第一步是图案设计，作者选用了宁夏大麦地岩画中的几幅典型岩画，岩画的刻画符号特征鲜明，类似于原始文字或绘画。早期岩画图式主要是写实，随着绘画者经验的积累、概括抽象思维能力的提高，逐渐提炼为抽象性符号。大量的草原动物岩画，都没有细节刻画，也不画五官，但这些粗拙的线条却能勾勒出自然和真实，显示出鲜活生命力，其中以动物形象尤为生动，先民们通过质朴的点、线、面表现了原始象征与装饰意味。本案例在保持原有岩画点线面拙朴风格不变，造型比例不变的前提下，对线条做了一致性设计，在保持线条粗细统一、色彩填充统一性的基础上，使原有构图的自由舒展变化特征充分发挥。在此基础上，进一步通过星象图案、花草图案、地貌图案等点缀和调节，把统一和变化、对比与调和、疏密与均衡等美学规律运用到恰好状态。第二步是设计图案的贴图载体选择设计，基于岩画创意设计的关键是在岩画符号和准载体之间找到良好的形、意、用关联度。一般来讲，用来应用的图案总是和准备贴敷的功用载体是同步并行考虑设计的。据考证，宁夏大麦地岩画图达 2000 多个，岩画专家李祥石与束锡红等考证认为，大麦地岩画图画文字的来源与中华民族的先民有关，也与传说中的三皇五帝有关，甚至更早，可能是我国最古老的图画文字。大麦地岩画通过抽象成象形、会意符号，已基本具备了象形字、会意字、指事字等构成文字的要素。[①]可以表达一个较完整的意思。许多岩画都是由成群的动物或人畜构成的场景，犹如图画与符号组合的符号文字，描述了一个个牧野田园生活场景。不同岩画描述的场景就对应一个不同的“象”，将这些场景植入现代人的生活用品，可迎合当代人回归自然的心理需求。

（二十四）基于青铜峡地域意象的酒具礼品系列设计（图 6-71）

取象（象和原象）：青铜峡的地名和地理历史特征及地方土特产是青铜峡文创旅游产品设计的主要取象来源。在进行基础性系统分析后，可归纳出的设计原象元素主要有青铜器、西夏酒器等。无酒不成礼，在中国古代，最具文化

① 杨春光 . 宁夏文化的源与流探析 [M]. 银川：宁夏人民出版社，2008：135-137.

特征的酒器是青铜器，青铜酒器的造型和纹样为本设计方案的重要取象来源，本方案以青铜觚、青铜豆作为造型取象，以饕餮纹作为纹样取象，此外，西夏酒器中的扁壶造型及其纹样也是重要的原象元素来源。因青铜峡地处宁夏贺兰山东麓的葡萄酒产区，葡萄酒具有较强的旅游商品属性，这里以葡萄酒器设计作为功能取象元素，如红酒杯、醒酒器、温酒器等。

映射：①形态的相似性，青铜器作为酒器本身就有盛装酒液、举杯饮酒的功能，特别是古代的饮酒器——觚与现代的高脚杯都为中间柄部细长，两端的杯腹和杯脚粗大的造型；而青铜豆是流行于东周时期的一种礼器，类似于高足盘，盘上有盖，盘下有柄，柄下有圈足，从外部形态及内容空间看，与红酒醒酒器的醒酒功能要求相一致，若灌入少量红酒，即可形成大表面的空气氧化层，另外，之所以选用一种龙纹青铜豆，是因为与青铜峡的黄河文化（龙文化）地域属性相关。

②意念上的相关性，在中国古代，西北边塞地区的葡萄酒，由于王维的诗句“葡萄美酒夜光杯，欲饮琵琶马上催。醉卧沙场君莫笑，古来征战几人回?”，使边塞地区的葡萄酒与征战、豪迈等情怀分不开，这与西方酒文化中的温馨、浪漫的“酒红”情调完全不同。而塞上的粗犷苍茫、青铜器的庄重豪迈也是青铜峡能让外地人认同的地域意象。

③中文同音相关，青铜峡虽不是古老青铜器的发掘地，但却与“青铜”文化同音相关，与中国古老的“黄河”文化意念相关，我国黄河流域正是中国青铜文化的发祥和辉煌之地。

拓扑变化：我们通常所体验的红酒文化主要是西方酒文化，酒杯和酒瓶最多的是波尔多和勃艮第两种类型。遗憾的是酒文化悠长深厚的中国却没有属于自己的红酒酒器。本创意在开发属于中国自己的红酒器具，取象中国传统青铜酒器造型元素是该创意设计的重要切入点，但如何将映射后的象与原象有创意地融合在一起，使本土化与国际化相结合，并被消费者接受，是造型设计和形态拓扑变化的关键问题。

本方案中所有器皿材料全部采用玻璃，符合红酒器皿的大基调，毕竟酒品的色泽视觉效果是红酒的重要卖点之一。根据饮酒、醒酒、温酒的功能和礼仪等，在其使用方式、所选青铜器、西夏扁壶的器形纹样等全方位互为融合创新，又保持各自基本特征，是拓扑变化设计。

本方案提取一些特征纹样和造型特征，做简化变化，与现代玻璃工艺相结合。玻璃喷砂工艺的使用简化了传统青铜器中的凹凸纹样变化方法，但不失青铜饕餮纹的表现，特别是贺兰觚采用双曲面回转体，基本造型特征与古代饮酒器——青铜觚一致，即上下都为喇叭口造型，中间收腰。贺兰觚采用双曲面

图 6-71　基于青铜峡地域意象的酒具礼品系列设计

造型符合现代青年人的小蛮腰审美心理，且上下都可作为饮酒杯口或放置杯脚，即杯口和杯脚可以相互倒置转换，富有现代创意效果，玻璃酒杯的外表面采用电脑磨砂雕刻工艺的饕餮纹，亮光面和亚光面形成图底对比的正负形构成效果。

另外，在设计的系列化方面，青铜觚、青铜豆都为上部肚腹饱满造型，中部茎柄较细，足底为空心圈足，这样觚和豆与现代红酒器皿在造型和功能上具有相关性，不但利于原象造型和象功能之间相互顺应转化，减少形式和功能的矛盾冲突，又容易找到成套用品在结构、形态上的系列化特征，使拓扑造型设计向秩序化、规律性发展。该作品曾获得 2017 年宁夏旅游商品设计大赛优秀奖。

（二十五）贺兰山国家森林公园景区游览图和跳棋谱二合一设计（图 6-72）

本选题的价值和意义在于通过景区用品的生态设计和创意设计，创造绿色出行、知识旅游、益智旅游、生态旅游这些新兴的旅游方式，减少了旅游景区的废物和垃圾产生量。

取象（象和原象）：设计原符号（原象）为①贺兰山国家森林公园景区的游览线路图及各景点的空间构成特点；②贺兰山国家森林公园的各种动植物资源，特别是稀有独特的物种，如贺兰山岩羊、盘羊、马鹿、狐狸、蓝马鸡、金雕、花豹、狼等国家一、二级保护动物 40 种，还有沙鼠、野兔、黄羊等普通动物；植物种类有贺兰山紫蘑菇、贺兰山丁香、山葡萄、野山杏、刺梅、野玫瑰等 788 种植物资源，这些动植物资源之间形成了食物链关系，它们和贺兰山非生命环境共同形成了贺兰山的生态系统；③据调查，我国各年龄阶层的人在小时候都玩过一款非常有趣的小游戏，叫跳走棋，有的地方称飞行棋。该游戏有两到四种不同的棋子，再配一个骰子，可以两到四个人一起玩，全国各地没有统一的棋盘和规则，但玩法大同小异。玩的规则很简单，用一张 8 ～ 3K 的图纸，画出行走路线，线路图上有若干棋步节点，主要节点配有挑战角色的卡通形象，一般都是根据当时出名的动画角色或者当地流行形象制作。当轮到某人走棋时，先投掷一次骰子，通过骰子上面的点数，确定棋子前进或后退的步数，但有的数字是固定不变的，有的棋谱节点是死点或后退的节点，如此一来就产生走走停停、退退走走反复无常的对决斗争，最终谁先到达终点谁就赢。由于规则简单，玩起来很有趣，许多地方大人小孩都会玩，而且自己简单 DIY 一张棋谱就开始玩，因而该游戏具有很好的群众基础；④贺兰山是一道天然屏障，历来为我国北方游牧民族和中原农耕民族的兵家必争之地，岳飞《满江红》中有“驾长车踏破贺兰山阙”的征战诗句，所以本设计还有比赛争斗的意象取象。⑤贺兰山是我国北方草原岩画的重要富集地，各种动物岩画符号资源丰富。

设计的功能载体（象）有：①贺兰山森林公园游览图；②我国民间广为流行的一种跳走棋。

映射：①通常公园的预览图与孩子们玩的跳走棋谱都是纸质印刷品，两者的材质相同，可以采用同一形态载体。

②游览图需要折叠保存携带，一般纸质棋谱也要折叠保存，两者的保存使用方式相同。

③一般下棋规则中存在“吃”和“被吃”的生存斗争，在生物群落中也存在“吃”与“被吃”的食物链关系。

④贺兰山岩羊现存种群数量很大，既是贺兰山生态环境优良的具体表现，也是贺兰山森林公园管理部门着力塑造的公园形象使者——贺兰山精灵，因而用岩羊羊头形象作为棋子，是将保护岩羊宣传放在突出地位，同时在国际象棋中，棋子形象也采用动物头像，岩羊羊头和跳棋棋子两者之间具有诸多相关性。

⑤贺兰山是岩羊的家园，它们自由游走于山间，是贺兰山的主人，它们可以吃山上的各种山珍野味，如贺兰山紫蘑菇，各种野草、野山花等，但岩羊作为食物链的一员，也有少量的天敌，如狼、花豹等。所以岩羊在贺兰山上的食物链关系犹如棋子在棋谱上的行走特征。

⑥将骰子的六个面的图案分别用贺兰山不同动物岩画图案表现，既传播了贺兰山岩画还具有知识性和趣味性，在骰子点数和岩画动物的强悍性之间建立了映射关系。

⑦下棋和征战无论在事理的系统构成、操作过程、最终结果等方面都有很强的逻辑关联性。

拓扑变化：①跳走棋下棋规则创意设计：跳走棋规则既要尊重传统，又要有新的趣味性创新，棋谱上跳行节点图案全部采用贺兰山上的动植物形态，参照食物链关系设计。比如，若岩羊棋子向前跳走数步后正好踩在它爱吃的某一花草节点上（如贺兰山紫蘑菇）它可以继续向前跳走三步，若不巧踩在贺兰山豺狼节点上，则要后退两步等。起步所走的步数根据投掷骰子确定，动物居于食物链高低层级的不同代表不同的能量，如一只老虎代表一个点的面，两只豹子代表两个点的面……六只马鹿代表六个点的面等。②棋谱和游览图的设计风格都定位于儿童和青少年，彩印纸张的一面为棋谱游览图，另一面为展示和介

图 6-72　贺兰山国家森林公园景区游览图和跳棋谱二合一设计

绍景区特色方面的图文设计，棋谱中的动植物造型采用卡通化变形。③岩画骰子造型设计要简洁明了。④本游览棋谱采用三浦折叠的构成方式，既方便携带保存，又利于快速展开查看，对青少年有较好的益智作用。[①]⑤岩羊头的棋子做了简洁性变化设计，用陶瓷材质模仿贺兰石的紫碧材质。⑥骰子的岩画简洁变形等。

（二十六）基于西夏陶瓷艺术的宁夏酒具创新设计（图 6-73—图 6-76）

宁夏为西北最早实行全域旅游的开放省区，旅游资源丰富、集中并极富地域特色。其中西夏陶瓷工艺为地方特色传统文化，贺兰山东麓葡萄酒产业是宁夏支柱性产业经济之一。将历史文化与地方产业相融合，用文化提升产业附加值，达到优秀传统文化和地方产业互为助力发展的目的。

1.“福禄”酒具系列——扁壶瓶起

取象（象和原象）：①瓶塞起子是重要的红酒酒具，其创意设计是葡萄酒文化创意的主要内容，②扁壶是一种适合野外方面打猎、放牧等使用的器皿，也是西夏陶瓷中最为典型的一种酒具。③双系西夏扁壶造型。④西夏陶瓷中典型的剔刻花纹样“牡丹纹”和“衔花鹿纹”。⑤天下黄河富宁夏，黄河水纹是西夏剔刻花纹样中常用的一种填充纹样。⑥当瓶起闲置不用时，可作为西夏文化的工艺摆件陈列，搁置在酒架上营造一种祥和的气氛。

映射：①传统扁壶和现代红酒瓶塞起子同属酒具，两者古今功能相关。②在中国传统文化中牡丹象征“富贵”，“富”与“福”、“鹿”与“禄”同音，西夏剔刻花纹样中的“牡丹纹”和“衔花鹿纹”为吉祥纹样，象征“福”和“禄”。③宁夏绝大多数土特产都得益于黄河水的浇灌，黄河水纹既映射了“母亲河”也与吸收母亲河乳汁形成的紫色液体——葡萄酒双关。④一般的西夏扁壶外形和蝶式瓶起使用时两侧的翅柄运行轨迹外形大体一致，也就是两者形态相关。

拓扑变化：通过结构布局和形态变化，将西夏扁壶的圈足、壶嘴及壶腹剔刻花纹样与蝶式瓶起的各元素有机融合在一起。映射后形态变化的合理性和创

① 三浦折叠是日本的构造工学专家三浦公亮先生发明的一种平面形体的折叠伸缩技术，将一张薄型材料，通过多次条形折叠，其中若 1、3、5 等奇数折次为正向折叠，则 2、4、6 次等偶数折次为反向折叠，反之亦然。条形折完成后再沿纵向 7 ～ 8 度以之字形正反交替斜折，如此在纸面上形成平行四边形的正反折痕，当沿折叠纸的对角拉开时可以让处于折叠状态的纸瞬间展开，反之若沿对角对向推压可使展开的纸瞬间收缩为原来面积的二十五分之一（图 6-74）。该技术后来被广泛地应用在人造地球卫星的天线、地图及活动建筑板件等方面。

新性主要表现在外观和结构两个方面。从外观看，色彩及材质基本保持了西夏瓷器中典型的深褐色和材质，扁壶的双系拓扑变形为瓶起的翅柄，翅柄在上下运行中犹如双系围绕扁壶侧部上下移动；扁壶侧面为典型的剔刻花纹样变化，两个侧圈足变化为文字和 Logo 标牌，并作为内部结构固定的螺钉掩盖；下圈足正好容纳瓶口挡圈；壶口与壶塞和旋柄的关系也合乎情理。内部结构主要由圆柱直齿升降机构成，和常见的同类产品原理一致。在形态尺寸和结构设计中要满足一个巧合性，这就是当酒瓶中的软木塞从瓶口拔出时，扁壶壶塞也正好从壶口拔出，有动态的意象相关性。扁壶瓶起的外部壳体，既可用陶瓷材料，模具批量化生产，也可用陶瓷质感的工程塑料注塑生产。量产后的产品既可在西夏文化旅游景区作为旅游商品销售，亦可作为宁夏乃至河西地区葡萄酒产区的促销礼品、赠品使用。

2.“福禄”酒具系列——扁壶简易瓶塞

该方案的取象和映射关系和方案 1 基本相同。

3.“福禄”酒具系列——西夏梅瓶酒塞

取象（象和原象）：①中国传统梅瓶，②梅瓶也称经瓶，原本是一种倒酒和分酒的酒具。从中原传入西夏后成为西夏酒文化中的典型酒具。③西夏瓷器中典型的剔刻花纹样，“牡丹纹”和“衔花鹿纹”。④黄河水纹是西夏剔刻花纹样中常见的一种填充纹样。⑤当梅瓶酒塞闲置不用时，可作为西夏文化的工艺摆件陈列，放在酒架上营造一种祥和的气氛。

映射：①梅瓶和瓶塞起同属酒具，两者之间的功能相关。②在中国传统文化中牡丹象征“富贵”，“富”与“福”、“鹿”与“禄”同音，西夏剔刻花纹样中的“牡丹纹”和“衔花鹿纹”为吉祥纹样，象征“福”和“禄”。

拓扑变化：通过结构布局和形态变化，将梅瓶瓶嘴、颈、肩、腹的固有形态特征和酒塞的功能要求相结合，特别是瓶塞上部的剔刻花纹样既增加了瓶塞使用时与手的摩擦力，又有很好的原象装饰效果，象和原象元素较好地融合在一起。该瓶塞为真空抽气式保鲜瓶塞，由瓶嘴柄、瓶腹汽缸、活塞及推拉杆、密封胶套、胶套骨杆及止逆阀等构成，具有比传统梅瓶更修长的形体特征。其结构特点是将梅瓶的嘴部作为活塞的推拉手柄，在梅瓶的腹部内腔设有活塞汽缸，活塞和瓶嘴柄通过推拉杆连接在一起。当使用梅瓶酒塞时，先将酒塞下部的密封胶套部分塞入瓶口，塞紧密封；之后不断上下推拉瓶嘴柄，使活塞上下运动；在胶套骨杆止逆阀和活塞止逆阀的作用下使酒瓶内气压低于外部气压，从而减少瓶内氧气，减缓葡萄酒的氧化作用。该梅瓶酒塞外部壳体既可用陶瓷材料生产，也可用陶瓷质感的工程塑料注塑生产，下部密封胶套部分为食品级

图 6–73　基于西夏陶瓷艺术的宁夏酒具设计——扁壶瓶起

图 6–74　基于西夏陶瓷艺术的宁夏酒具设计——扁壶简易瓶塞和瓶起

硅胶材料等制作。在塞套部分前后刻有西夏文“福、禄”和汉字“福、禄”的对照字样。量产后的产品既可在西夏文化旅游景区作为旅游商品销售，亦可作为宁夏乃至河西地区葡萄酒产区的促销礼品、赠品使用。

4.“福禄”酒具系列——白瓷套装酒具

葡萄酒文化虽然主要发源于西方，其酒具造型和材料具有很强的现代工业特征，以玻璃和不锈钢制品为主。然而中国有历史悠久且富于中华文化特色酒文化，要打造具有中华文化特质和地域特色的红酒酒具对我国红酒产业发展有重要意义。近年来宁夏力争将葡萄酒产业打造为全区支柱性产业，集旅游、产业、文化于一体，融中华文化和地域特色为一体，开发设计陶瓷类红酒酒具很有必要。

取象：敞口器形在中国原始彩陶和青铜器中占有主导作用，是由最原始的仿葫芦陶匏演变而来，具有开放包容的意象文化精神。西夏陶瓷作为中国传统陶瓷艺术的瑰宝之一，是北方窑口和西夏少数民族窑口共同创造的，既有中华文化的根基，又有民族地域特征。其中敞口、撇口器形是西夏瓷器的一大特征，如西夏玉壶春瓶、白釉高足斜壁碗、高足白釉盏、曲腹长颈瓶等。该“福禄”白瓷套装酒具主要取象于西夏陶瓷中“尚白”“敞口”“牡丹纹”“鹿纹”等文化元素。

映射：这些陶瓷审美特征与中华传统审美观念基本一致。西夏陶瓷的这些审美特征可以映射现今宁夏的“旅游开放、包容接纳、民族团结、文化认同”等社会风貌。葡萄酒产业是宁夏的支柱性产业，该套“福禄”酒具将宁夏的历史文化、地方产业和时代精神有机融合在一起，在人们心理祝愿、地方精神倡导和酒具形态之间建立对应关系。

拓扑变化：本白瓷酒具套装包括酒瓶、酒杯和醒酒器，各酒具均以敞口造型变化特征作为统一造型特征，尤其在瓶（杯）口、瓶颈部的S形线条的微妙变化中做了推敲，力争使每个单件都有同类动态的特征。另外，按照现代葡萄酒属性、生产要求和饮酒需要做了相应变化。依据葡萄酒的流水线机械化灌装需要，酒瓶口设置了双唇结构，即在敞口瓶内植入了环状瓶嘴，使其与常见红酒瓶口结构一致。该白瓷套装酒具可采用现代陶瓷工艺进行模具批量化生产（利用现代玻璃器皿的生产工艺批量化生产）。

薄胎白瓷酒具可很好地映衬葡萄酒色质感，改变现有葡萄酒一直用玻璃制品灌装、饮用的观念。基于西夏白瓷的优质特征，开发设计瓷质酒具，在宁夏葡萄酒产区尝试灌装试用，形成地方特色旅游产品，开创具有中国文化特色的新葡萄酒消费观念。

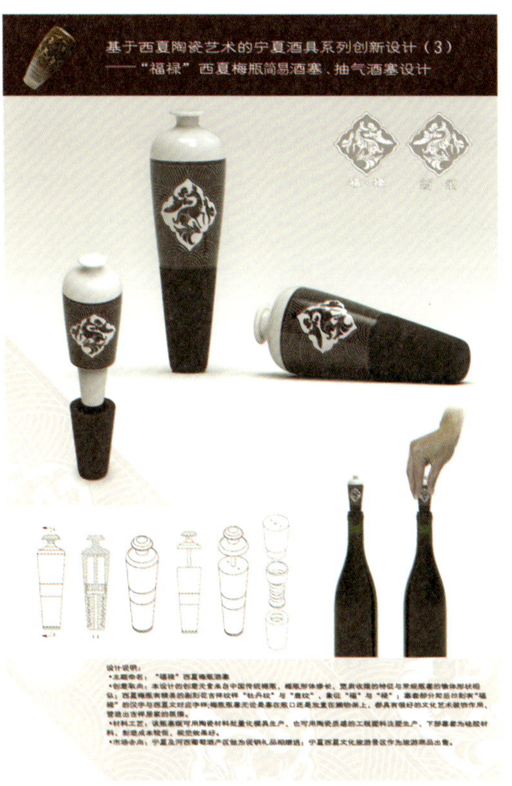

图 6-75　基于西夏陶瓷艺术的宁夏酒具设计——梅瓶瓶塞

图 6-76　基于西夏陶瓷艺术的宁夏酒具套装设计

三、总结

需要说明一点，虽然在以上案例分析中频繁使用了“原象”“符号”和“元素”等词，但所述“原象”不是孤立的“元素”，文创设计重在发现文物原象中的隐形文化内涵和系统思想。基于中国传统尚象制器原理的取象设计绝不是简单符号元素的嫁接设计和照葫芦画瓢，中国古代的尚象设计包含着很深刻的系统设计思想，从传说中的伏羲制易起，就集宇宙本体论、认识论、生态学和系统思想为一体，上观天文、俯察地理是观察宇宙万物基础上的系统分析，近取诸身、远取诸物是系统分析之后的系统归纳思想，观“鸟兽之文”与“地之宜”是地域适应性思想和生态物候学。整个制易过程是观察宇宙万物之后的系统分析和系统归纳过程。

所以在基于地域文化的取象设计中，一定要把握传统器物在适宜地域环境中所形成机制规律，要发掘符号现象之下，传统器物所隐含的深层的人类适应不同自然环境的生存方式。尚象设计要建立良好的映射关系，所谓映射关系的建立，其实就是找到了优良的生存方式和地域适应性，如果不能建立优良的映射关系，则不能发现传统器物的环境适应价值，环境适应价值的发挥程度则看映射之后的变化设计的质量，变化设计要与现代技术相融合，吸取自然物和传统人工物的生态特征，构建新的生态设计方法，通过合理的人工物，提出人类适应特定自然环境的方式，这才是尚象设计。

通过以上地域性的文创产品设计分析可以看出，中国古代创造事物的设计哲学在当代设计中仍然具有很高的方法论价值。《周易·系辞》中讲到的古人造物是来自对卦象的变通，而且周易的实际应用，取象占卜等也讲求变通，易学的核心思想就是变通。“变”是基本的美学规律，“变”的目的是“通”，不变就没有创新，不通说明变得不合理，变是手段和方法，通是规律和法则。这是符合现代设计哲学规律的。现代科学的许多著名的发现、发明其实都是来自对其他相关，甚至似乎不相关事物的类比、联想思维获得的。从辩证哲学讲，不论何种事物，事物运动都有共同的规律。现代工程领域普遍使用的著名TRIZ 理论何尝不是基于以上原理的发明问题的解决方案。

TRIZ 理论是苏联发明家阿奇舒勒历时 15 年主持创建的。在分析全世界各国著名的、大量的发明专利过程中，他发现了这样一个问题：在人类技术发展中，以往不同领域发明所用到的规则并不多，而这些规则又在不同领域可以被反复使用，从而能迅速地实现新的发明创造或解决技术难题。阿奇舒勒发现任何领域的产品改进、技术的变革、创新和生物系统一样，都存在产生、生长、成熟、衰老、灭亡，是有规律可循的。人们如果掌握了这些规律，就能能动地进行产品设计并预测产品的未来趋势。

阿奇舒勒认为：无论是一个简单产品还是复杂的技术系统，其核心技术的发展都是遵循客观规律发展演变的，即具有客观的进化规律和模式。所有的设计问题服从相同的发展规则。这一规则可以用来研究创造发明问题的有效解，也可用来评价与预测如何求解一个工程系统（包括新产品与新服务系统）的解决方案。工程设计问题其实也像社会系统一样，可以通过解决冲突而得到发展。①

由此可以看出，中国传统意象造型设计和 TRIZ 理论的方法论是一致的，万事万物都有共同的运行规律，适应于本领域的经验与在其他不同领域有时是通用的，这就是变易之道。

① 王亮申，孙峰华，等 .TRIZ 创新理论与应用原理 [M]. 北京：科学出版社，2016.

第七章

基于自然环境的生态设计

在地域性设计中直接从自然环境适应性入手，研究地域环境与人的生产、生活的关系，从生态视角、从供给侧发掘适合地域自然环境的生态设计，是地域性设计的另一个重要切入点。从系统论看，同一地域内的所有物品，不管是天然的，还是人工的，都应该是同一环境的从属物。自然物是自然环境作用的结果，它们是环境系统的有机组成部分；而环境之内的人工物是人为事物，它们既要满足人的使用目的，又要符合环境要求，由于人在认知能力上存在局限性，导致对环境的系统性考虑可能不完整，从而出现环境问题。基于地域自然环境的设计方法是尚象设计，适应性是评价依据。

- 自然环境对生物形态机能的造就
- 生物形态机能的形成
- 自然形态的适应机制对地域性设计的启发
- 基于地域生态情境场的情境分析与设计方法构建
- 情境分析设计方法产生的社会背景
- 产品情境分析设计方法
- 地域生态情境场的情境分析与设计方法
- 基于生态场景的地域性设计概念
- 产品地域情境构建及设计方法
- 传统器物对地域性设计的启发
- 基于传统器物的地域性设计研究方法
- 基于黄河水车的现代传承与创新设计
- 环境尚象

- 黄沙、黄土地区的环境原象
- 西北地区干旱性设计与实施现状
- 西北干旱地区环境尚象设计现有案例分析
- 国家政策引导的西北乡村环境尚象设计的意义、方法和原则
- 西北黄土地貌的尚象创新设计

第一节　自然环境对生物形态机能的造就

自然形态对不同地域环境的适应性和优秀传统器物的地域环境适应机制都是我们进行地域性创意设计的启发源。人为形态与自然形态的区别在于它们产生的方式不同，自然形态的形成主要凭借自然外力和自身内部系统的综合作用得到；而人为形态则是按照人的意志，最大限度地满足人的物质生活需求（如功用目的、经济目的等）和精神生活需求（审美功能），但又不得不迎合自然环境条件，借助自然与人工的条件以及内部系统综合作用而形成。从生态文明的视角来看，优秀的人工形态既要符合人的目的和地域文化需求，同时又要适应地域生态环境。

一、生物形态机能的形成

自然界中各种生物形态和非生物形态都是环境作用的结果，最有设计意义和理论价值的是：动植物形态的地域环境适应性是自然选择的结果，而人工物的形成基本原理大体与此相似，传统器物大都是在长期的人工选择和自然选择双重作用中保留下来的，它们与其使用的地域的自然环境和社会文化协调相处，并处在不断优化和完善的进程中。赫伯特·A. 西蒙说："自然现象由于服从自然法则而具有一种必然性的外观，人工现象则由于易被环境改变而具有一种权变性的外观"，对于人工物而言，所谓权变性就是人造物的目的性和对环境的适应性的综合反映，这种适应性最终会反映在人工物的机能和形态等方面。

自然形态是靠自然力以及自然规律生成的，不涉及人工材料及制作工艺问题。自然界的各种形态都是由内因和外因综合作用之下产生并发展的，当内因和外因达到某种平衡时（即与外界相适应、相符合），便形成了相对稳定的形

态，否则就会被自然所淘汰或改变，现在我们所看到的世间各种自然形态都是经过长时间的物质运动与变化形成的。自然形态包括非生物形态和生物形态。非生物形态一般指无生命的形态，如星球、山峰、河流、云朵、雪花等，所以大部分非生物形态在设计学中又称为无机形态。生物形态包括动植物形态和微生物形态，既包括它们的整体形态，也包括它们的局部甚至微观形态（如树木的树叶、果实及其组织、器官、细胞等），还包括各种动物造物形态（如鸟巢、蜘蛛网等）。在形态设计学中，有机形态具有更广泛的含义，凡是具有生命感觉的形态都可称为有机形态。例如，与生物形态相似的山石、河流、云朵等，因其与自然形态具有相似的心理感受性，所以也被称为有机形态。生物形态赋予生命的意象，大多以曲面或者曲线存在，显现出饱满而柔和的美。非生物形态是自然界各种没有生命的物质形态，它们大都由地质性的物理、化学作用所形成。非生物形态与生物形态构成了丰富多彩的自然形态世界。

非生物形态必须服从地质力学、化学等规律中形成的形态，而生物形态则是在自然适应和自然选择中形成的形态。生物自身的生长规律、生理机能构造、生存习性都是与特定环境相适应的。按照达尔文的自然选择学说，处在特定环境中的物种，在综合自然力的作用下，生物自身会发生变异和性状创造，但只有适应本自然环境的变异和创造才能被自然选择。比如，蛇为什么会没有长腿脚？近年来，英国爱丁堡大学和美国自然历史博物馆的研究者们找到了最终解答的证据。他们通过对蛇类祖先，即一具有着九千万年历史的恐蛇骨骼化石进行 CT 扫描，结果显示恐蛇的内耳中有一个独特的结构，和现代蛇类一样，用以控制平衡并感知土地的震动。类似的结构也出现在许多穴居生物的身体中，用以发现猎物和捕食者，原来蛇去腿脚的退化是它们的祖先在适应洞穴这一过程中的性状变异，这是被自然选择和逐步完善而来的。所以，每个物种如同一个自然界设计制造的“产品”，其形态机能的“革新完善”都有一部漫长的形成史。我们今天很难确切地知道每个物种的具体演化形成过程，但可以从现有物种的状态上分析物种的各性状与其生存环境的对应关系。从生态学视角，人工物也应符合其使用环境，与其存在的地域环境相适应。因此，基于自然物种和形态的形成机理，对地域性生态产品设计的方法论的研究提供了很好的模板。

二、自然形态的适应机制对地域性设计的启发

不同地域环境对应不同的生物形态，而且环境差异越大，所对应的物种之间的形态差异也越大，因而，如果把生物比作是“上天造物”，那么“上天造

物”的依据则是环境适应性原则。

在生物学中，环境是一个系统概念，泛指生物周围的空间及空间中可以直接或间接影响生物生存或生长发展的各种因素。对于一个生物个体或生物群落而言，环境主要是指水、光、空气、温度、湿度、土壤等非生物因素，以及直接或间接影响该生物个体或生物群落的其他生物因素，如社会群生关系、生长竞争关系、天敌关系、食物链关系、寄生、共生关系等。这好比人造物受自然科学因素和社会文化因素的共同影响的原理一样。可见，在地域性设计中有效地类比和引进生物的环境适应性与其功能、形态、结构的对应原理，有很好的自然哲学指导意义。在针对不同地域环境的生态设计中，深刻、系统地观察研究本地动植物的生物形态、结构特征、生活习性与当地环境之间的适应性，通过纵向比较和横向比较，可以获得本地人造物品适应环境应具有的形态、结构和功能。

人类造物的形态、机能和结构创新思维的来源主要有两种：一是受自然形态的启迪对自然形态进行模仿、变异，将其应用于人工物；二是受优秀人工形态的启发，对历史上的人工物或现有的先进技术及结构形态进行革新和发明，从而产生新技术、新产品。因为很多传统人工物都是在长期的环境适应中进化形成的，所以具有很好的地域适应机能。在地域适应性造物活动中，这两类思维都很重要，在很多地方，现在使用的带有地域特色的轻技术和新工艺，大都是当地传统工艺和现代技术相结合发展而来的。但这里需重点推荐的是基于生物环境适应的地域性仿生设计，不同地域都有种类繁多的不同动植物品种，即便是同一物种在不同地域也表现出形态、习性方面的差异性。

仿生设计即师法自然，是一种运用模仿生物系统的原理来构造技术系统的设计，使人造技术系统具有类似于生物系统特征的科学。仿生是人类文明进步的一个重要思想方法和技术手段，模仿在人类社会发展中发挥了重大作用。生物形态是大自然亿万年自然选择下来的不同物种，它们的形态、功能、结构、色彩在对自然环境的适应性方面都有神秘出奇的合理性，相对人类的造物创造来讲它们极具设计性，或许是人类永远都无法超越的，其实人类自身也是环境的产物和因素。仿生设计是指在设计活动中，以自然界生物的形态、结构、功能、外观色彩、表面肌理和质感等为研究对象和设计元素，有选择地运用这些原理、特征，为设计提供新思维、原理和方法，从而使设计符合自然法则，以引起设计师和使用者对生命哲学、自然现象、自然规律的思考、赞美和敬畏。但目前产品仿生设计还主要依托于仿生学研究方法和成果，为产品设计提供科学的原理、技术与结构等方面的支持，特别是为产品造型提供形态创意素材、激发设计灵感，体现设计的自然亲和力。仿生设计具有两个重要的思想和价值，这就是设计符号学价值和生态设计价值。生物的形态和功能有先天存在的合理性，它们表达了一种超文化的自然哲学价值和审美标准，同时又是这种哲学理念和审美标准的原符号表达方式。因而在人类发展历史中，生物形态被频频作为象征性设计中的原符号使用，从早期的自然图腾崇拜开始，再到原始陶器造型及纹样、岩画纹样、金石器造型及纹样，直到现代设计生物形态，一直是人类认知世界的符号表达方式，这些传统设计如今变成了人类文化符号的资源宝库。仿生设计更重要的价值在于它体现了一种师法自然的生态性设计理念和方法，生物形态是自然界按其适应机制通过“长期选择、优化和完善”形成的。比如人类受鱼形、鸟形的启发，在设计交通工具中按空气动力学原理设计外部形态；蜂窝的结构使人们了解了如何用最少的材料得到相对较强结构和较大容积的造型，这些都具有绿色设计、生态设计的意义。

第二节　基于地域生态情境场的情境分析与设计方法构建

对于地理学而言，由于各地的纬度、地质带、距离海洋远近等不同而产生不同的自然地理因素称为自然地理要素。但地理学中的自然因素对于地域性设计而言，却是设计元素和资源，针对某地域环境的适应性与和谐性的自然元素的还原和重构就是地域性设计。

事实上，人类的生活、民居方式都受制于自然地质条件，气候等地域条件影响巨大，所有的人工造物都是环境的产物和适应表达方式。有什么样的自然环境条件，就有什么样的生活方式。当前出现的环境问题与人类的生活方式和环境不相适应有关，全球生态问题是由各地域的生活和生产方式不适应当地自然环境累积而成的。所以，地域性设计的宗旨在于寻找合理的再适应方式。

一、情境分析设计方法产生的社会背景

设计师对物品、产品的新认知无不贯穿着哲学上对物质存在方式的新思索。20 世纪初，西方的本体论和认识论发生了巨大变化，创立于 20 世纪初的爱因斯坦的相对论和普朗克的量子力学理论大大改变了以牛顿为代表的经典力学的传统观念。人们发现整个世界一切都颠倒过来了，演化先于存在，确定性的观念完全被超越了。所以无论是海森堡的“不确定原理”，还是波尔的“互

补原理”；无论是哥德尔的“不完全性定理”，还是扎德的“模糊数学”，都在不同程度上冲击了传统的确定性的观念。

数学和自然科学观念上的变化对哲学产生了深刻的影响，反过来又促使人们对各学科方法论再认识、再构建，在设计方法学领域也产生了深远影响。作为“人性”产品，使产品设计越来越具有各种无法准确测定的抒情价值，设计师单凭个人感觉和技术知识很难满足用户需求，需要进行人性化的描述和用户体验及互动交流，这在很大程度上对传统的面向技术问题的产品设计方法产生了很大冲击。能运用数学模型所解决的问题仍然是相对简单、良性的问题。但有关情感需求问题、意象思维问题、灵感思维问题等非常复杂的问题，其变量因子太多，而且规律性弱、随机性很强，某一因素的确定导致另一因素已处于其他层面。正如经典引力学与量子力学的冲突，当微观粒子处于某一状态时，它的力学量（如坐标、角动量、动能、自旋方向等）一般不具有确定的数值，而以叠加态出现，具有一系列可能值，每个可能值以一定的概率出现。如果要更准确地测量质点的位置，那么测得的动量就更不准确。也就是说，不可能同时准确地测得一个粒子的位置和动量，因而也就不能用轨迹来描述粒子的运动。传统的科学方法对问题的求解是以准确性为目的，而设计问题其实是一些“不良结构问题”，即设计问题的求解不可能是一个迭代优化的最佳解，不能用囊括全部价值的有效函数和公式计算。[①]现代设计研究中，“不良结构问题”会越来越多，所谓的“不良结构问题”是指不可能将已有知识简单提取出来去解决实际问题，许多设计因素的离散程度很大，只能根据具体情境（很多文献中也写作情景），以原有的知识为基础，建构用于指导问题解决的图式，而且问题解决往往不是单以某一个概念原理为基础的，而是要通过多个概念原理以及大量的经验背景的共同作用而实现的。从这个角度讲，设计其实是一个“情景驱动”的过程，设计目标会随设计情景的改变而改变，映射过程有助于新设计目标的发现，而新设计目标又会引起设计发生改变。所以设计过程得到的通常不是一个“最优解”，而是一个相对“满意解”。

受哲学变革和实际设计问题的需要，创新、创意设计方法学研究呈现多样化的发展趋势，其中，基于设计实施的方法学研究主要可以归纳为：基于符号学及数理统计的产品语义学和感性工学；基于概念设计结构优化求解方法的公理化设计和 FBS 模型等；基于生态学原理的生态设计理论；基于人工科学的事理学；基于认知心理学和信息科学的信息加工模型法；基于评价与决策的遗传算法和模糊算法；基于虚拟情境联想的情境分析设计及体验性设计方

① 简召全 . 工业设计方法学 [M]. 北京：北京理工大学出版社，2000.

法等。在环境设计中，情境式设计和体验式设计密不可分，人与环境的关系除了生态关系外，传统文化中更加强调情感关系，情感关系属于美学范畴，王一川在《审美体验论》中讲到：体验是人对客观世界的心理需求，美国规划师斯塔克曾说，在景观设计中，我们所设计的其实不是空间，也不是内容，而是一种体验。[①]所谓“境生象外”是观者在场所中出现的思想共鸣和新意境，这种人与物的现象具有特殊的设计学价值，它既可作为研究内容，也可作为研究方法。因此，无论是情境设计还是体验设计，在现有研究文献中存在两类研究视角：一是将情境体验作为设计的内容和对象，研究现实作品如何满足体验者的心理需求；二是将情境体验作为一种设计方法，研究如何为设计者提供一种以环境、事理为原型的可联想、可发散的设计方法，重在因素之间的组合分析。下面主要以方法为主论述。

二、产品情境分析设计方法

情境分析最早产生于 20 世纪 60 年代的军事、经济学和社会学领域的预测分析。近年来，随着人性化、人本思想的倡导，情境设计和分析在设计领域已成为主流设计思想，它很快就与设计心理学、体验式美学、环境心理学等融到一起，并被广泛地运用在景观设计、产品设计、旅游体验式设计等方面。情境分析的具体方法灵活多样，据说有 11 种，其中以定性、定量分析和描述、规范性分析最为常见。[②]产品情境分析在不同领域均有应用研究，虽然各类情境分析的目的和用途并不完全相同，但各领域都能相互联系，情境分析的主要特征和关键技术没有改变，大都采用斯坦福研究院拟定的六步骤法，如明确决策焦点、识别关键因素、情境驱动、构建情境逻辑、形成决策等。情境式设计思想和方法框架都是以情境分析为基础的，其中，对环境因素的分析是它们的共同特征。由于设计问题的复杂性及产品情境化的特征，进入 21 世纪以来，产品情境分析与设计发展迅速，就现有的研究资料显示，学者们对有关产品情境概念的理解和操作方法也不完全相同，各有侧重点。产品情境主要可分为产品用户情境和产品设计情境。[③]产品用户情境是基于情化和景化的产品使用语境感受，是用户运用相关生活经验和审美体验等进行产品认知和使用其功能时的语意情境，强调产品的情感化消费在精神层面的需求。产品情境设计是设计

① 巴里・W. 斯塔克 . 约翰・O. 西蒙兹 . 景观设计学——场地规划与设计手册 [M]. 朱强，俞孔坚，王志芳，等译 .5 版 . 北京：中国建筑工业出版社，2014.

② 娄伟 . 情景分析方法研究 [J]. 未来与发展，2012，35（9）：17-26.

③ 罗仕鉴，朱上上 . 用户体验与产品创新设计 [M]. 北京：机械工业出版社，2010：2-3.

者运用相关知识信息，利用情景驱动构建情境逻辑，从而找到设计思路的产品求解方法，情境式设计方法可以归纳为两种：第一种是针对未来情形预测的未来新产品的开发，通过系列化的情景故事设计，让产品相关人员参与设计、体验设计，在情境演绎中得到设计思路。该方法主要用于产品规划方面，为产品设计提供前期定位方面的决策参考。第二种是用于虚拟设计，就是针对某一主体和主体所处的环境进行分析研究，识别影响主体和主体发展的外部环境因素，模拟外部环境因素交叉作用时可能发生的各类情形对主体的作用和影响，寻求既利于环境的良性发展，也利于主体利益需求的因素作用类型，这种情境分析可能直接产生新功能或新地域模式的产品。1997 年，Ciancey 提出了情景类比设计方法及其认识理论。情境类比设计方法是依赖于目标与源结构之间的映射关系，该理论后来被国内的刘晓敏、檀润华等人发展为从现有设计的 FBS（功能—行为—结果）结构中找到设计目标相关联的 FBS 映射结构，目标与源结构在整个类比过程中保持不变。

$$T_{\mathrm{P}} = i \leftarrow \Theta\{\mathrm{P},\mathrm{R},\mathrm{G}\}$$

常见的产品情境分析设计的主要方法和特点如下：

其一，产品情境化设计都以环境分析为基础，通过虚拟现实场景，构建设计情境。

其二，情境设计思维的基本方法是联想，通过源结构联想而得到目标结构。源结构也称实例元，从符号角度来看，源结构就是原符号或设计元素。在映射构建过程中会伴随许多新的发现，出现新的目标，所以未预见性的发现将伴随行为映射过程而发生，但在设计过程中所产生的不同设计目标应起码满足最先的设计需求。

其三，可视化脚本设计进行定性分析。可视化脚本的形式主要有情境轴模型、生活形态模型、生态屋模型制作等，其目的就是最大限度地启发联想，类比设计。可视化脚本的制作方法是先设计一个基本的故事情节，通过 5W 法发展成剧本，剧本故事创造了一个虚拟角色，角色要有人格化的名字和形象特征，它最终把用户转化为一个能放置在场景中的生动要素。在此基础上定位设计目标，分析实现这些目标，需满足环境条件，从中寻找达到目标的最佳途径。研究表明，随着需求驱动设计过程的深入发展，各种设计对象相互交织在一起，并最终达到设计需求。

基于情境预测原理的情境分析，在国内许多高校工业设计专业研究生的选题中也常被选用，但侧重点不同，表现形式也不同。基本方法都是采用斯坦福研究院拟定的六步骤法，这些方法都是基于认知心理学并用数学语言进行设计程序表述。例如，通过集合映射、矩阵法、流程图、概念图等方法描述，建立定性概念模型。由于设计的复杂性、不可确定性，数学描述只能是一些推理性的概念公式，而不能形成有效的函数，必须通过联想和类比思维在环境适应原则中找到未知的新产品创意机会。因此，环境适应原则和类比联想思维是情境分析设计的关键。这里以环境分析和环境适应性为准则，提出情境场、生态屋的概念，同时展开地域性生态产品情境分析设计研究。

三、地域生态情境场的情境分析与设计方法

场是物质存在的方式，在物理学中把某个物理量在空间的一个区域内的分布称为场，如温度场、密度场、引力场、电场、磁场等。不同的场对应不同的物理属性，如处在引力场中的所有物体必然受到引力场的统一影响。场类似于一种约束环境，处在这种环境中的相关事物都会统一受到场的影响。

将这种概念类比到人类社会和自然生态系统中也有相似的情形。美国心理学家库尔特・勒温也曾引用过爱因斯坦关于场的定义——场是“相互依存的现存事实的整体”。构成生活空间的要素是人和环境，人在特定环境中必然有特定的心理反应，进而引起人的行为等活动，所以人在环境中的行为是人与环境作用的双重结果，这就是他的著名人类行为公式：

$$B=F(P \cdot E)$$ [①]

在布迪厄的社会场域理论中，场是一种社会空间，特定的场有特定的习性和关系结构，有自主化过程和自己固有的运行转化机制[②]。以此设定，一个特定地域（自然场域），由各自然因素构成，各因素间有潜在的关系，在人的操作下，自然场域中会有多样化的转化关系，从物化特性和生态价值评价一个地域场潜在的生态转化机制的可能。

由此，可以设想建立一种生态场的地域性情境分析设计方法，分析在某特定的文化和自然环境下，如何使人造物品能合理地放置在这一地域生态场景中，对生态场和人造物的合理匹配与分析正是我们的设计任务和设计目标。这就可以设想建立一种生态场的地域性情境分析设计方法。

我们不妨将某一地域自然环境的诸多生态因素提取出来，组建成一种生态屋或生态树的概念模型，然后依据场原理和环境适应原则，寻找一种能合理地放入其中的物品的方法，即为一种场景设计方法。

---

① 冯茜茜 . 园林景观设计中心理学思维的研究 [J]. 林业与生态，2006，26（2）：38-39.

② 迈克尔・格伦菲尔 . 布迪厄：关键概念 [M]. 林云柯，译 . 重庆：重庆大学出版社，2018：62-64.

四、基于生态情境场的地域性设计概念

（一）生态情境场的时间和空间限定

生态情境场的定义就是特定地域中环境的定义，环境既可以是当前时态下的环境，也可以是过去时态，在很多情况下是指将来时态的环境。在情境分析设计中相对地讲，都是将来时态下的环境。根据时空连续性原则，将来时态中的环境都是按照过去时态的环境和现在时态的环境进行推测而得到的虚拟真实或仿真环境。

（二）生态情境场的元素构成及各生态元素之间的关系

生态场景中各元素之间包括自然物、人工物、生产或生活过程之间，局部与整体的关系是一种良性生态系统的关系，各要素是相互制约、互为共生的和谐关系，排放和吸收相均衡，是一种可持续的动态系统。如果将这种情形比拟为一个小空间的屋室环境，就可得出一个情境屋的情境场。如图 7-1 所示的是一种情境屋的概念模型，每个情境屋都由许多情境元素 a，b，c，d，e，f，g，h，i，j，…构成，每一个元素又是一个子场，它与其他子场和整个情境场是一种交融和协调的关系，我们要在此场中加入新元素，该元素也必须与其他子场和整个情境场是一种交融和协调的关系，其设计的过程就是处理这种交融协调关系的过程。例如，在图 7-2 中所示，a，b，c，d，e，f，g，h，i，j 各自形成了自己在情境屋中的独特作用，每个元素和其他元素之间都有相互制约平衡的关系，每个元素不可或缺，如果要在情境屋中加入另一元素“L”，则必须考虑它和整体及局部的关系。生态情境场分析设计的前提就是要有一个完整的、系统的、有机的、具体的环境，即场。这个环境是由人、事、物等元素构成的。

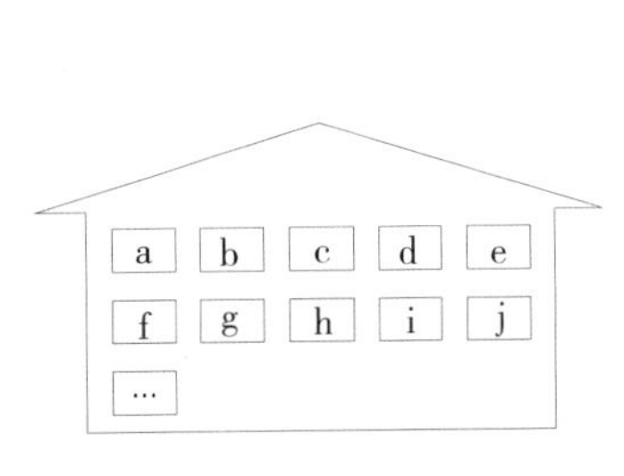

图 7–1　概念情境屋的元素构成

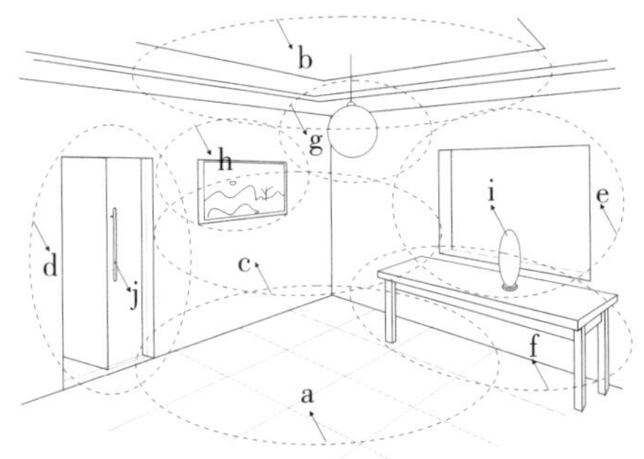

图 7–2　概念情境屋中各元素之间的关系

（三）场化作用

在同一个情境场中可能存在一种或多种场作用力，就像重力场中的重力，电磁场中的电磁力等，这些能同化或改变物质状态的作用称为场化作用。在地域情境场中，能促使场中物质演化、演变的各种物理、化学、生物作用，以及与物理、化学、生物相关的并能在该地域发生或人为发生的与季节、气候、风蚀、水蚀、温差、温湿、动物、植物生长、老死、腐败等相关的各种作用皆可称为地域场化作用。场化作用是地域物质演变的内在机制和外在能量，是地域性生态设计的重要依据。地域场化和地域物质是作用和被作用的关系。

（四）生态情境场分析

情境场分析设计的前提是必须有一个真实（或虚拟真实、仿真等）的场景，这个场景就是一个时空环境，场景中有具体的人群、事件、环境、生活方式、生产方式等元素，设计的实质就是对场景作系统分析，创造新的场景元素，重新构建场景关系。为了满足某一场景中人群（消费者）角色的需求，须在该场景中植入满足某一生活方式（或生产方式）的物质载体，该载体必须是与场景相适应的，且能可持续地生存于此场景中。它不但与场景中的自然环境相适应，也与人文环境相适应，场景中的人、物、事是相协调的。这就必须进行生态情境场的分析，主要是分析场中各系统因素（元素）之间的关系，一般来讲，若能利用地域场化作用于地域性物质，将是较好的选择方法。这需要运用层次分析法和聚类分析法构建某生态情境场的系统构成框架。根据产品开发目标，组建地域性物质因素集合和地域场因素集合，进而构建因素群之间的情境轴或关系矩阵，这些关系的组建既可以是相异因素群之间，也可以在同种因素群之间，目的是构建情境逻辑，进行情境分析，获取立意。

（五）产品地域模式

如将生态屋场的环境范围扩大为一个地域，则形成地域场景，符合某地域场景的产品自然具有某地域模式。基于产品地域模式的地域生态情境场的分析方法和情境屋模型的分析方法一致。地域模式是一个综合概念，它主要包括生态模式、文化模式、市场模式等几个方面。现在物质产品已经很丰富，随着市场竞争的日益激烈，产品的设计理念已成为产品价值构成的主要组成部分。近年来，许多家电企业，如西门子、GE 公司等开始专门针对不同地域（或国家、地区）的用户需求进行产品功能的定义研究。产品地域模式不同于以往的产品功能模式概念，主要是在产品研发的决策过程中，企业的领导层必须了解不同地区的用户对产品机能的期望是什么，市场上的竞争产品有哪些顾客认可的机能和特点，特别是不同区域的用户对产品功能有什么特殊的需求。因此，产品功能模式的一个主要内容就是产品地域模式。功能模式是支持产品规划的基础，它界定了产品所应有的特征：第一，不同地区顾客所期望的功能是什么；第二，比较同类竞争产品应具有自己的地域针对性。对企业来说，通过塑造“地域功能模式”可以展示产品魅力。每一个企业的产品类型、消费群体以及生产计划都不尽相同。可根据企业的具体状况选择适合的研究方法，以求产品在进入市场之前得到完美的整合。

产品模式包括材料和机能模式、心理模式（造型、色彩、品牌等）、使用体验模式、售后服务模式等，其中机能模式是核心，它包括形态机能模式和结构功能模式。产品模式主要受生活方式的影响。

所谓生活方式，其实是人们适应自然和适应社会的方式，器物是这种方式的承载者。研究地域性设计，首先要研究地域性生活方式。尽管今天的工业文明和城市文明已达到高度发达的程度，工业产品和建筑结构的地区针对性都相对减弱，自然的差异对生活的影响依然很大，尤其对广大的农村生活来说，依赖和适应自然仍然是主要的生存方式。随着原来简陋的传统器具的逐渐消失，却没有相应合理的地域性工业产品做补充。现代工业产品大多是通用化的设计制造，并不具有各地域的继承性，但客观上各地区自然条件对应的不同产品的功能模式有差异性要求。

五、产品地域情境构建及设计方法

地域性生态设计首先要进行地域性生态因素相互持续协调作用的规律研究，其中基于物场理论的情境分析和体验性设计研究是一种较好的方法。采用情境分析方法可以方便地找到各地域生态因素之间的作用关系，寻找到用于本地产业发展、生活方式、文化产业、旅游业等产业角度建立的创意机会。地域性情境分析设计的关键在构建地域性情境逻辑，可以构建情境场屋法、情境轴法、脚本描述法等情境逻辑。在西北地域性生态设计中，可以通过干旱因素及其衍生因素的利用、防范和适应机制建立设计立意机会，进行生态设计。

（一）通过对地域因素的分类梳理构建地域性情境设计模型

生态产品的地域性设计要考虑与当地自然环境的融合，做到因地制宜、因势利导、就地取材、和谐共生，使得产品与环境之间互为生存、互相融合。产品地域性设计的特点之一就是对地方特有的天然材料进行盘点与开发使用，就地取材，因材实施工艺。在传统器物文化中，正是由于各地区独特的材质和工艺，才产生了造型迥异的设计风格和地域风情。

1. 传统生活、生产方式所折射出来的基于地域自然资源的造物现象

常言道，“一方水土养一方人”，“靠山吃山，靠水吃水”，讲的就是地域性的生活方式。单从字面意思讲就是地域性的天然物产与当地人们生产及生活方式的关系，早期人类生存纯粹依赖自然，随着社会科技、交通、信息的发展，人对本地自然的依赖相对减小，但具有特定地域特色的天然物产仍是当地人赖以生存、生活的资料来源，这种现象随处可见。

在江苏宜兴的许多村庄里，家家户户在制作紫砂器皿，日常生活的诸多用品甚至公共设施，如路灯支柱、垃圾桶等，也多以陶瓷制品为主；在一些石材丰富的山区，人们常常对山区人的石器文化创造能力表示赞叹。墙是石头砌的，路是石块铺的，而且从结构和形式上看都很讲究，比如石桌子、石凳子、各类石器皿。在云南大理、丽江等地，石材、玉材也很丰富，其石材、玉材加工的各类日用品更是不计其数。许多南方地区竹器文化的创造令人惊讶，他们的衣食住行无不与竹子有关，这种现象在社会文化学上叫文化丛。[①]从文化生态学的角度讲，器物文化丛应该是人与自然、人与社会和谐的造物系统，现代产品设计应该继承和发扬这些器物文化丛，整理和搜集传统的优秀式样和工艺，创造性地运用现代加工技术，大批量地产业化生产，这正是基于各地区天然物产的地域性设计研究的主要内容。在此类地域性设计研究中，本地人应具有得天独厚的优势，他们有长期的生活体验和积累，地域性设计是当地人发展经济、致富的生财之道。

资源本身带有地域属性，一般来讲，有什么样的自然条件就会形成与之相对应的自然资源，从而形成相应的生活、生产方式。与自然资源相关的设计大体上可分为两类，即能源型和材料型。能源型资源中的水能、风能、光能等都会影响产品的地域性模式，各地区可以在利用本地特色自然能源上寻找切入点进行探索。我国传统的各式水车和农家水利生产器具大都出现在西部地区或中东部山地丘陵地带，这些地方水流落差大，水力资源丰富。随着科学技术的进步，光能和风能的利用比传统社会要方便得多，高光照和多风地区也不全是艰苦的象征，可能隐藏着良好的发明创造机遇，尤其对本地设计师机会更多。

① 司马云杰. 文化社会学 [M]. 北京：华夏出版社，2011.

但目前针对在西北沙漠和戈壁地区生活的牧区还没有合理的产品与之适应，或是还没有地域性产品模式主导下的生活方式产生。很多沙漠戈壁深处的牧民都只是简单地架设风力发电机和太阳能电车板就可完成定居方式（图 7-3）。

图 7–3　腾格里沙漠腹地曼德拉苏木乡——牧户

材料型资源在传统地域性设计中利用得比较好，它涉及人类生活中的衣食住行等方面，是人们赖以生存的物质基础。自古以来，矿物类的资源如玉、石、陶土、瓷土等都是由早期的生活用品发展到艺术领域，与工艺美术密不可分，此类产业的发展重在传统文化与现代技术的有机结合；动植物资源与设计的关系也很密切，例如，竹器是南方许多地区的传统产业，这些地区大都气候温湿，适宜竹子生长，那里的人们祖祖辈辈靠竹子生活，吃竹子、住竹子、穿竹子，尤其是各种日用生活器具几乎能够用竹子编制而成。材料型资源的地域差异还表现在不同材料相对应的结构与功能不同，显然竹子和陶土所对应的物品的结构形态与功能是不相同的，各有其地域差异性。

黄土高原地区的民居就是对当地黄土质地及性能结构的巧妙运用；生活在沙漠地带的人们使用芨芨草和红柳编织各类生活用品，这类材料的最大特征是满足干旱气候的要求，相比之下，竹子织品需要一定的含水量才有柔韧性，经久耐用，适合于南方使用。自然资源与设计的另一种关系是：将地域资源的形态特征作为设计中视觉符号资源使用，如特色的地域山水，稀缺宝贵的动植物形态特征常在标志设计、环境形象设计中被应用，如沙漠地区的地域形象设计中，常会用到沙丘形态和骆驼形态等。

情境场的分层聚类法就是把传统生活场景中的各场景元素做系统梳理，构建地域性生态情境屋，发展情境逻辑。

2. 地域生态场景中地域资源的生态关系梳理和聚类构建

（1）矩阵图

系统问题一般存在多维因素群，可将系统问题划分为 2 ～ 5 个维度。每个维度形成一个坐标轴，将各因素群的单个因素排列在对应的坐标轴上，形成行和列，然后再将 2 ～ 5 个维度两两组合便形成矩阵图，矩阵图中行和列的交汇点就是问题的启发点或创意点。系统虽然很复杂，但要提纲挈领。维度的归纳划分不宜太多，维度太多会使方法本身复杂化，也不利于问题的解决。

矩阵图有利于多因素状态下找到解决问题的思路。地域性文化创意设计构思，能很好地表达符号和载体集合之间的映射关系，创造立意机会；地域性生态创新设计能将多种地域因素分门别类，寻找整合机会。设计问题往往是多因素的整合问题，矩阵图法有较高的设计问题梳理功效。矩阵图设计方法有多种类型，常见的有 L 型、T 型、Y 型、P 型、X 型矩阵图等（图 7-4）。其中，L 型和 Y 型矩阵图最常用，其他矩阵图都是 L 型矩阵图的组合形式。L 型矩阵图法在符号化的文创设计中使用最为普遍，设计师们常用“文化符号 + 载体的功能用途 = 创意设计”的方式表达设计理念。L 型矩阵图法在文创设计中的方法机制是基于“象”和“原象”的映射，在两者之间找到相似的契合点，是一种取象类比关系，这在本书第六章的地域符号文创设计中已做了较为深入的应用研究。但在本章中 L 型矩阵使用与之前有所不同，这里揭示的是地域生态因素之间的整合机制，即寻求两个因素群的一对单因子之间的融合作用的可行性。

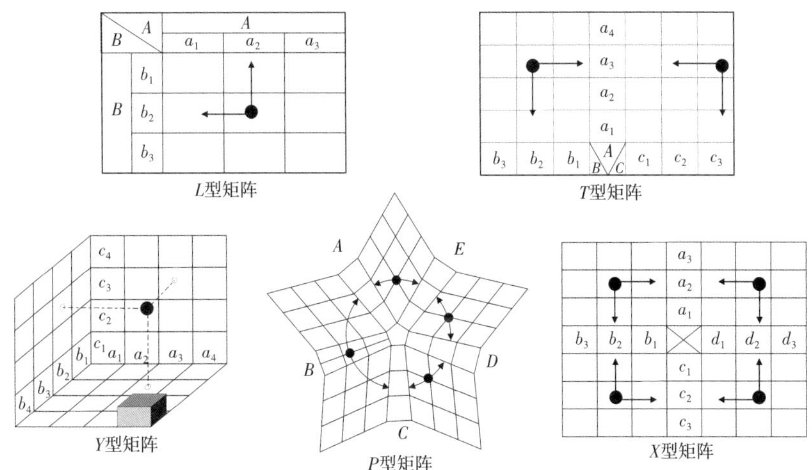

图 7-4 5 种典型的矩阵图模式

（2）基于地域特征的情境分析设计矩阵图

在地域性设计中，每个矩阵图的坐标轴就是一条情境轴，两两组建形成的平面和空间坐标即成为情境分析设计模型。在地域生态设计中，人们将情境场中的各生态因素分层聚类，从大到小逐层划分，充分挖掘地域性生态资源（如可再生能源、再生材料、轻技术等），形成坐标行和列；在地域性设计资源

（设计元素）和地域性生产生活方式（产品载体）之间，人们建立 L 型矩阵图，形成二维组合关系，从而构建基于地域特征的产品情境设计模型，获得适应地域特点的生产和生活方式的物质载体（创意）（图 7-5）。

地方性(文化) 设计因素 地域性(自然)	生活方式相关物品					生产方式相关器具		
	衣	食	住	行	其他	地方性农耕	畜牲	地方工艺品等
地域性生态能源	创意映射					创意映射		
地域性生态材料	创意映射					创意映射		
地域性轻技术工艺	创意映射					创意映射		

图 7–5　基于地域特征的产品概念设计模型

任何一种产品设计，除了技术支撑点等核心要素外，都要尽可能地满足多种要求，才有可能成为商品。未来的商品不仅对消费者有益，还必须满足公共生态环保要求。地域性设计只有在已有的地方设计元素中构建，才能有地方特色。地域性生态设计要着眼于地方自然资源，最好从本地环境中就地取材，就地生态化加工，地域性设计的材料和加工能源也不宜从异地运来。异地材料、能源可能与本地环境不相容，同时也会增加运输的过程污染和运费成本。

为了把地域性设计的复杂因素系统地梳理清楚，同时又利于设计师联想思维的展开，寻找创意机会，在地域性生态设计中应采用三维矩阵（Y 型矩阵）图法构建情境分析的逻辑模型。该方法的具体操作内容是：从地域生态场景中，构建三个情境轴，分别为用户轴、产品轴、环境轴。对每个情境轴所在的因素群进行分层聚类。聚类时运用类目层级法，注意平行层之间的差异性及各层包含的子层因素类目（图 7-6）。以定性的方式确定总的设计主题，然后分阶次进行，逐层类推，从而得到具体的产品各要素的特征，这些特征可以较好地作为该产品设计的依据。类目分类法的一般程序是：把设计目标作为一级母概念，对母概念分解后确立下一级概念，通常由 2 ～ 4 个描述性物理量构成。此时再对每一个物理量进行分解，分别确立第 3 级系统。根据此法，可以推导出第 4 级系统、第 5 级系统等，最终形成一个树状的大系统。这个系统的最末一端是各级不断细分的结果，实际上已经自然地得到了具体的物理量，这也就是由定性走向定量的过程。

3. 地域生态场景中各生态因素潜在关系的寻求和发生建立

一个自然场景中各自然元素之间的关系是协调的，在长期的自然环境下，

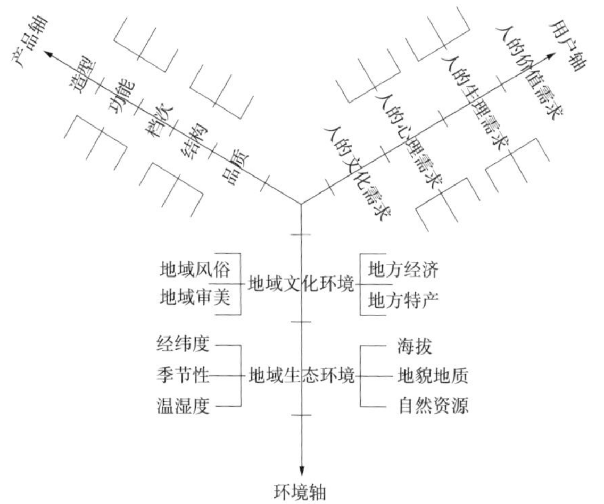

图 7-6　Y 型情境逻辑轴构成的分析空间图

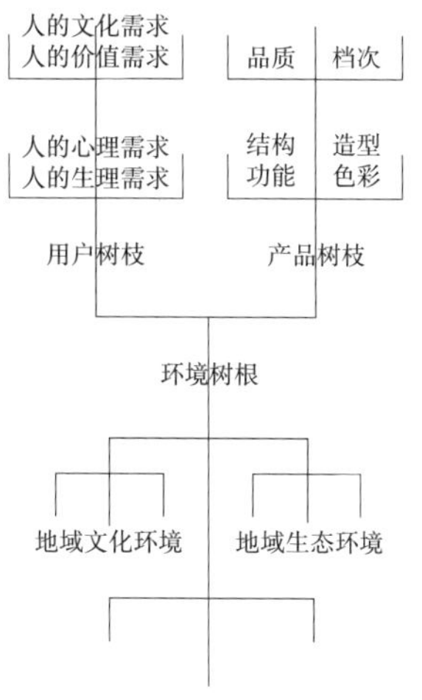

图 7-7　树状情境轴构成的情境分间图

可能存在的各种物质变化、能量作用等都趋于缓和。一般来说，将同一自然环境中的不同物质相组合也不会对环境造成太大影响，就地取材、因地制宜也是人工作用于自然的最好方式。所以，在地域性生态设计中，需要把某一特定地区的各地域生态因素、未来市场需求及产品功能定位等进行树形分层。在此基础上组成多种矩阵式、坐标式或树状关系逻辑图，形成二维、三维甚至四维的情境分析空间（图 7-7）。进而展开充分的联想、类比思维，寻找各因素之间发生关系的可能性及关系的良性状态等，这是基于自然资源的地域性情境设计的主要方法之一。

同一地域不同生态因素的物质效应是可以找到契合关系的，尤其能为该地域的生产或生活方式服务。2008 年针对国家家电下乡政策，受海尔集团委托的西北农村家电产品地域模式的调查研究小组，到新疆哈密市东南面的几个乡村进行家电入村入户访谈，调查组在多个村头小卖部看到一种现象，就是卖冷饮的冰柜都放在门外，虽然是为了招引顾客和扩大店内空间，但 6 月的哈密阴天少，晴天多，光照极强，小卖部主人说：时常刮风遮阳伞不好撑，冰柜暴晒时耗电量大，没有效益。由此，调研团队提出了一种适合在西北农村或春夏秋季农村野外旅游使用的一种太阳能辅助冰柜，既能为冰柜遮挡阳光，又能发电制冷，将地域性的三个不利因素（高温、强光照、多风）化为和谐关系（图 7-8）。

随着我国旅游业的大力推进，短期野外旅游越来越受到青睐，西北地区景点分散，偏僻，没有专门的旅游设施，需要一种利用野外能源制冷的冷柜。

（1）基于物场分析思想的地域生态创新设计方法构建

从功能论的角度看，大部分产品可以定义为一种物质作用于另一种物质的

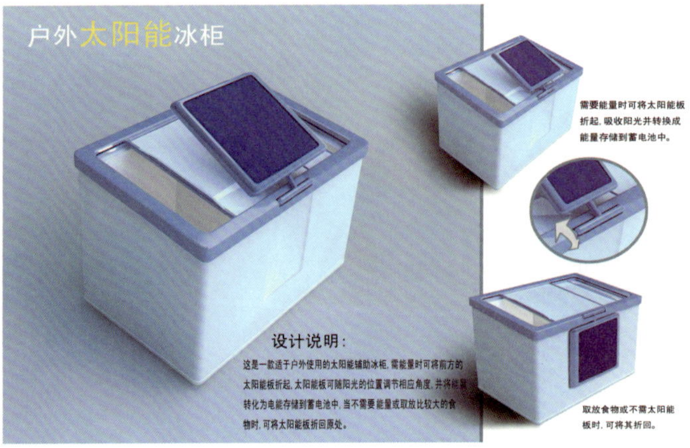

图 7-8　户外太阳能冰柜

装置，著名的 TRIZ 物场发明理论也是基于这个原理创立的。TRIZ 理论有多重问题求解模式，其中有两种求解模式对地域性生态设计启发很大：一是 39 阶标准参数及冲突矩阵法，二是物场分析理论及标准解法。

阿奇舒勒工作团队是在总结了全世界大量的专利后发现的。一方面所有的技术难题都可转化为标准技术冲突，这些技术冲突都可对应由 39 个标准工程参数形成的冲突；另一方面人类用于解决科技问题的根本方法其实是有限的，也就是说，许多发明原理其实在各领域是可以通用的，只是形式上的差异，无本质区别。经分析归纳和总结，TRIZ 团队提炼出了具有普遍用途的这 40 个发明原理（现发展到 77 个），当标准冲突确定后，可以利用 39×39 个标准冲突和 40 个发明创造原理解决冲突，获得冲突解所应遵循的一般规律。

对于一些产品，特别是生产性产品的发明问题，TRIZ 提出了一套物场分析理论。阿奇舒勒通过对功能的研究发现，所有的产品功能都可以分解为三个基本元素（S1，S2，F）组成的结构模型，三角形底部是两个物体（或称物质）S1 和 S2，它们可以是材料、工具、零件、人等，一般 S1 表示工件、原料，S2 表示工具（图 7-9）。顶角 F 是作用或效应（又称场），场 F 可以是机械能、热能、化学能、电能、磁能等。TRIZ 发明理论是构建标准参数之间的标准冲突来解决问题的。TRIZ 认为技术问题和冲突总可以转化为标准参数之间的矛盾冲突，从而建立冲突、解决冲突。

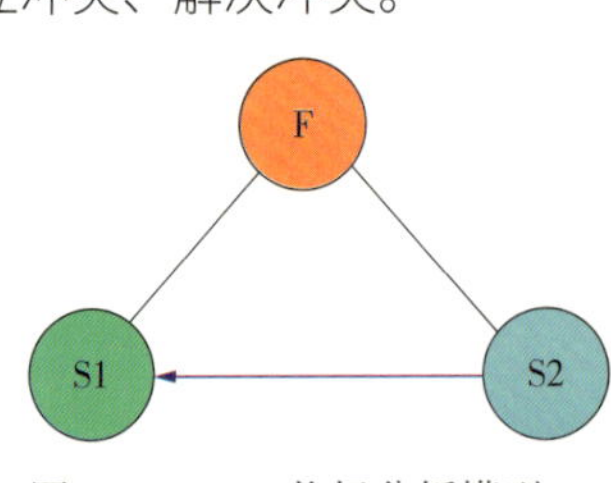

图 7-9　TRIZ 物场分析模型

针对某一具体地域环境，环境中的物质要素（或环境资源）是明确的，是有具体数量可盘点的，可以把它们抽取出来构建情境分析矩阵，使各物质因素互相作用，寻找地域性产品（或景观、建筑、构筑物等）创新设计的可能性；基于物场原理，可以把地域性自然资源分成能源型资源和材料型资源，并形成元素集合，运用情境分析法探求集合内部各元素之间能否发生有价值的、生态性作用关系。当然所谓的物场理论已不是解决技术冲突的理论，而是一种描述同一地域的物质在地域环境作用下的物场原理。所以，这里只是吸取了 TRIZ 理论统一问题的观念，各地域物质元素之间的作用也不应叫冲突，而应叫地域物场作用关系。

由此可知，在地域性生态设计创新中，可以将 TRIZ 解决问题的这两种方法相结合，但这里不是建立冲突，而是寻找地域性资源之间的作用机会，即将地域环境资源（包括矿物质、特产、动植物及各种天然的物质性材料等）、传统或现有技术系统等，通过聚类分类，使地域性物质资源具体到单一物质名目，纵横建立多阶二维矩阵，形成 S2 的主要物质元素，再将地域性的作用系统，包括本地域的气候、季节变换、水汽、光照、风力、温差效应、温湿效应、各种自然侵蚀效应以及在场的人力和畜力等作为第三维度，形成 F 场化效应列标。由此围成的整个三维坐标界内部则形成了创意机会空间，这里蕴藏着大量的地域性生态产品方案（图 7-10）。

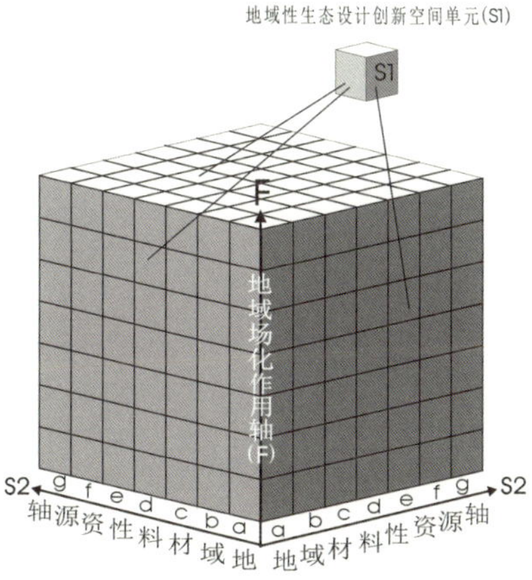

图 7-10　地域性物场生态设计模型

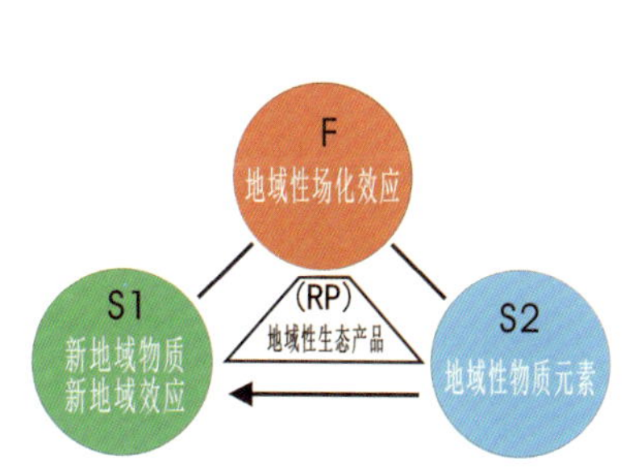

图 7-11　地域性情境场分析空间模型

在该情境分析模型中，S1 是新的地域设计目标，它可以是新的地域性物质，人们可以借助 S2 和 F 达到具有地域效应的某种需求。为了实现这一目标，必须借助某种物质手段或方式，这就是地域性产品 RP（Regional Product）的发明设计过程（图 7-11）。这就为寻求地域性生态设计建立了机会空间。

人工物是人与自然关系的媒介物，有关人与环境的辩证关系，我国古人已经有了较为深刻的认识，《周易》所构建的自然界推移变化的规律就是人与环境（天和地）之间的变化规律，所谓“六爻之动，三极之道也”“兼三才而两之，故《易》六画而成卦”，这里的三极和三才就是天、地、人。设计活动要符合人和环境的正确关系，对环境价值的确立和尊重同时也是对人类自己的尊重。

《周易》所述“太极生两仪，两仪生四象，四象生八卦”。《老子》所述“万物负阴而抱阳，冲气以为和”都在阐明物质的阴阳相荡、化生万物原理，世界万物都是在各种场的作用下进行转化的。老子所说的“自然”和“无为”是理性对待自然万物的观点和态度，它所强调的是，人类对待自然要依据其自身的性质和存在规律，不能率性而为。我们不能在没有完全弄清系统的情况下，贸然改变系统元素或运行状态，我们所做的一切都应按照“道法自然”的原则和要求，不强行，瓜熟蒂落，水到渠成。

宋应星的《天工开物》，[①]其基本思想继承了周易和老子的哲学思想。其书名顾名思义就是尊重自然环境（天工）进行人工造物（开物），书中包含了依据环境原理进行人工造物的道理。所谓“天覆地载，物数号万，而事亦因之，曲成而不遗”。“天地之间，非形即气，非气即形……夫由虚而有气，气传而为形……形复还于气，气还于虚，以俟再传而已矣”。宋应星认为世界万物可以按照一定的矛盾规律相互转化，“有形即有气”，“有生亦有化”。当阴阳二气化为各种有形之气时，便以两种相反相成的形式存在于相应的有形物体之中，当达到一定条件时又向相反方向转化，由物化为气。开物就要“格物”，要研究事物，特别是要研究事物所处的环境，要穷究事物存在的环境机制，尊重物质循环、能量守恒、生物动态平衡规律，使新设计的人工物与其放置、使用环境和谐相处，这就是环境尚象。

“化而裁者存乎变，推而行之存乎通”，自然界按其自然物场交感流通、化生万物，特定地域场景必有其对应的物质和场化作用。人类要适应自然而生存，应遵循这一原理，权宜变通，找到对应的地域物场转化的模式。不同地域对应不同的物和场的种类，不同物场属性对应不同的作用机理。在针对某地的生态设计中，应先将该地域的物场整理成“地格构成图表”，其内容包括生态因素（地域性物质、能量、气候、自然环境及各类自然资源等）及地域性设计的自然要素组成等（表 7-1），再构建地域性生态创新设计情境逻辑模型。

① “天工”一词出自《尚书》中的“无旷庶官，天工人其代之”。“开物”一词出自《周易》“开物成务”。日文译注本解说道：“天工意味着对人工而言的自然力，利用这种自然力的人工就是开物。天工是根本，顺应天工制造出使用价值的器物则存在着人的技术。”

表 7-1　地域性生态创新设计中的地格因素构成表

地质地貌	物质构成盘点	天然能量场盘点	物场作用现象和效应及潜在效应分析
…	…	…	…

（2）基于物场情境分析的地域生态创新设计案例分析

近年来，针对艰苦贫困地区的生态设计和创新设计越来越引起设计师们的兴趣，以下列举几个沙漠戈壁地区的生态设计案例，并从地域性物场作用的角度分析其内在创新机理。

①沙漠中的太阳能沙子 3D 打印机

沙漠的物场元素主要由沙子、风力、阳光等组成。沙子的主要成分是二氧化硅，它也是玻璃的主要成分，很容易通过情境分析，将高温和融化的玻璃联想在一起，同时也很容易想到光电效应。所以，沙漠地区的物质、能源元素的物场组合关系就有了很大的组合、整合空间。德国工业设计师马库斯·凯塞力求在沙子、阳光和电能之间整合出一种产品或生产方式，他花了半年多的时间终于研发制作出一种太阳能烧结（图 7-12）。沙漠被认为是地球上是最严酷的气候之一，那里有高强度的光照，阳光是可以转化为热能和电能的，这样自然就把沙子和阳光两种资源整合到了一起，高温熔化沙子，利用电能进行玻璃材料的 3D 打印，该技术是地域性物场生态设计的成功案例。

图 7-12　太阳能烧结（图片来源于网络）

图 7-13 是该发明的物场情境分析图，从中可以看出沙子和沙子的场化作用是在沙漠阳光作用（包括光电转换）下完成的，最终生成的新物质 S1 是玻璃制品。地域性物场作用及其生成的地域性新物质一般对地域环境没有大的污染，在生产过程中也很少产生原料运输成本。

2017 年，我国清华美院的建筑设计团队也是利用沙漠的这种物场效应，设想在沙漠中将沙子融化，并用 3D 打印技术建立起摩天大楼，以聚沙成塔为寓意做了概念方案，对沙漠治理有积极意义。该提案在 2017 年获得

EVOLO 摩天大楼设计大赛的荣誉提名奖。

②沙漠干旱地区的空中取水器

2017 年 Indiegogo 创业公司在网上发布了一个为解决缺水地区饮用水问题的项目——WaterSeer（图 7-14）。该产品是来自加州伯克利分校团队设计的一款向空气取水的神器，该发明适合在地下缺水的干旱区域或地下水被污染的地区使用。干旱地区求水是该地区地域性设计的最主要目的，这就需要联想到在本地域中，所有与“水”相关的物质元素和场化地域因素。

WaterSeer 利用了许多地域性物场原理：首先任何干旱地区的空气中总是有水蒸气的，只是人眼看不见而已，其次地面土壤往下一定深度处于恒温状态，相对地面而言冬暖夏凉，无论在南方、北方还是在沙漠绿地都是同理，而且沙漠戈壁地区昼夜温差、地上地下温差更大。所以利用水蒸气的饱和与其温

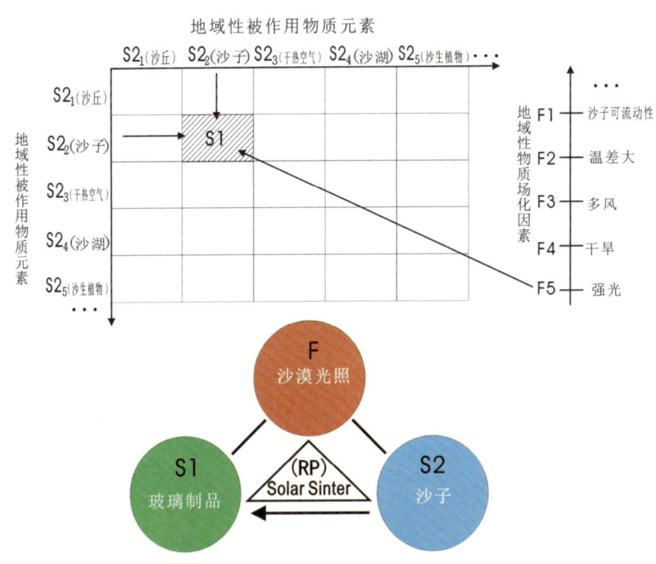

图 7-13 沙漠中 3D 打印物场情境分析

图 7-14 WaterSeer（图片来源于凤凰网）

度的关系，自然可以联想到空气温差制冷原理，从而进行水蒸气凝结取水装置。该发明是在干旱地区向下挖约 6 英尺[①]以下，将一空气循环空心棒插入土壤（或沙粒）中，利用风力带动空气循环叶轮，促使空气在地上和地下循环，然后设备就会开始运转，较冷的地方周围土壤会将金属冷却，上部被冷却的金属就会不断地将空气中的水蒸气凝结并收集起来。利用地上和地下温差，使空气中的水蒸气在空心棒的地下空腔内凝结生成液态水，据说，WaterSeer 每天能够产生约 37 升的饮用水。

这一发明涉及了干旱地域的诸多地域性物场元素，其中物质元素 S2 有空气、水蒸气、土壤；场化元素 F 有温差、风力或太阳能电力（带动空气循环扇转动）等。若是在沙漠内部，松软的沙子适宜深挖，不费力气就可以将取水器插入地下，沙子的松软易挖特性又成为重要的物质特性。其物场作用的情境分析图如图 7-15 所示。

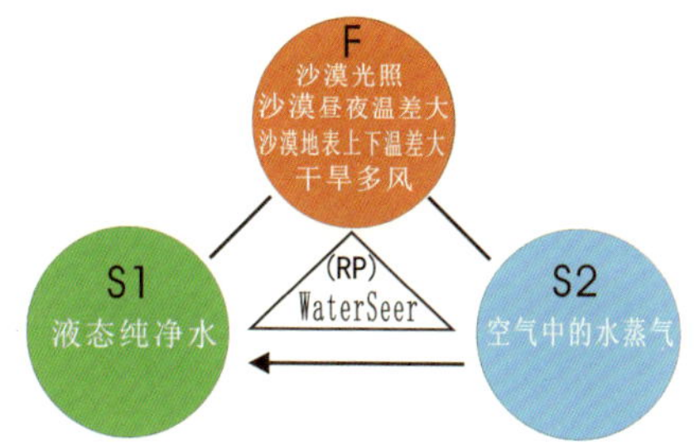

图 7-15　沙漠干旱地区的空中取水器物场情境分析

WaterSeer 具有很好的扶贫作用，若进行规模化和大尺度设计，尤其在贫困的缺水地区，如黄土高原，完全可以替代传统母亲水窖。我国黄土高原地区虽然地下水严重缺少，但大都处于半干旱地区，空气中的水汽含量丰富，而且黄土高原深居内陆，昼夜温差、地上地下温差都很大，适宜空气循环空气棒工作。

③旅游用品的地域适应性生态设计——旱帆

旅游是体验不同地域文化差异和不同地形地貌的自然特征的修养活动，人们在体验独特的地质地貌和自然风光时，除了徒步视觉观光体验外，还需要乘车、骑马、骑骆驼等身体体验，更有胜者需要进行休闲体育、挑战或探险性体验娱乐活动。因此，体验活动才有真正参与大自然的感觉。随着旅游市场的发展，旅游创意设计不能只专注于旅游纪念品和礼品的设计，要更多地关注如何为游客提供一种体验特定自然的方式和方法。而且针对不同地形、地貌，应该

① 1 英尺 = 30.48 厘米。

开发与之相适应的体验方法，自然就需要开发不同的体育娱乐器材、器械，这应是未来产品地域性创新设计的主要内容。

人类依靠特定的地理、地貌、地形进行与之相应的体育娱乐活动的历史已很久远，例如，水中游泳，雪地上滑雪，草原上赛马，山地滑翔，河流漂流等。据说现代水上体育运动方式达一百多种，专门的水上体育运动会项目都已非常成熟，涉及的水上体育娱乐器材也达到 1000 多种。然而沙漠和戈壁作为与海洋齐名的地球地质风貌，却远没有在水中的体育娱乐项目多。除了沙漠戈壁自然环境的严酷外，关键是没有被人们重视开发。事实上旅游业正在纵向和横向发展，过去不能被称为是旅游资源的自然风貌，甚至是恶劣的地貌，现在都慢慢地成为热门旅游地带，并持续发展。但如何体验游玩这些地方，体验工具的开发设计几乎是一片空白。

在该地域场景分析课题中，S1 是通过戈壁地区的地域地貌和场化作用得到的一种地域性体验。从产品公理化设计角度讲，这种游乐体验是设计的总需求目标，再通过功能和结构的产品创新概念设计，将总的需求目标转化为功能上的层次结构关系，并得出满足功能要求的求解方案，也就是人们常说的功能（function，F）→行为（behavior，B）→结构（structure，S）→环境（environment，E）的 FBSE 映射。[①]依据戈壁游乐体验的需求总目标，此案例中概念设计的命题是确定的，即“戈壁体验器具”，它是实现目标的物质载体。所以在一个地域物场分析设计中，设计的具体对象不是 S1，S1 是设计目标和任务，实现目标的具体方式载体才是设计对象（RP）（图 7-16）。

图 7-16　戈壁游乐旱帆概念设计

① RAO M，WANG Q，CHA J Z. Integrated Distributed Intelligent Systems in Manufacturing[M]. London: Chapman & Holly,1993.

按照地域性情境分析设计原理，为了实现这种体验目标，需要进行地域物场的情境分析。对戈壁地区的地势、地貌，环境场化、能源动力情况进行全方位分类盘点，最终盘点出的地域物质元素有：可以选用地势平坦如海、土质较为坚硬的戈壁滩作为体验场，也可以选择距离旅游集散点较近的戈壁滩进行硬化处理。风力旱帆可以像海面上的竞技帆船，不受常规道路的驾驶制约，游玩时可以参照竞技旱帆设计竞技规则。戈壁滩上的场化能源因素有：戈壁滩一般都有均匀的风力和较强的阳光辐射，配合操作体验者的驾驶体力，应能满足娱乐器具的动力要求。

通过功能设计，本案例所提供的用于戈壁平坦地区的风力游乐体验旱帆，其技术方案是：用滚动机构作为船体行走机构，船体两侧的两个主轮用平行四边形连杆机构连接，船体前后两端（或前端）装有万向轮，船体中央部位装有桅杆和帆，操控者双脚分别站在平行四边形连杆机构的两侧站板上进行操作，风帆在御风前行时，靠风力和操控者对帆的左右摆弄呈“之”字形前行。采用平行四边形连杆机构和复位弹簧，可以使船体在摇摆前行或转向时有效降低重心。并能配合操作者人体体位、姿势的变换保持帆船平衡。由于旱帆采用了主轮的平行四边形连杆机构和复位机构，能实现海面上驾驶帆船的体验感觉，可以在风力和人力的作用下，随意转向，能有效降低重心，自由驾驶。旱帆节能环保，在一定程度上能够促进西北贫困地区旅游经济发展。

如图 7-17 所示，在物场分析中才能进一步确定概念产品的名称应为“戈壁游乐旱帆”，这个概念设计需要将平坦如海的地平面、流畅均匀的风力、太阳能、人力结合起来进行旱帆设计。对于这些未开发的特定地域，其物质元素和场化作用因素都非常独特，运用物场情境分析法进行游乐体验，对产品开发设计有很好的实用价值。

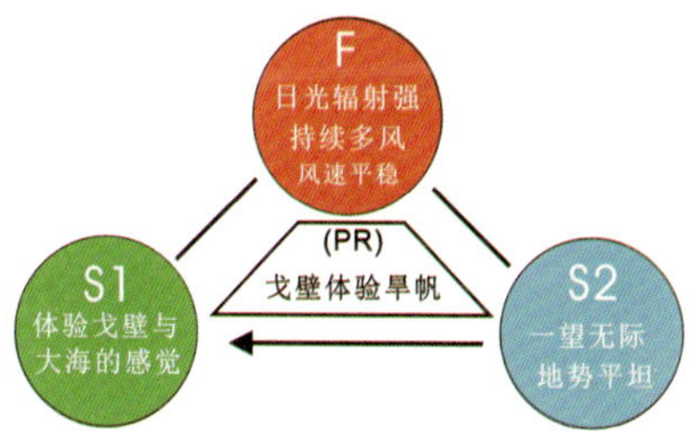

图 7-17　戈壁游乐旱帆概念设计中的物场分析图

④沙漠娱乐馆的构想

自然地貌特征的体验性竞技玩耍，需要借助特定的天然场地和器械设施。后来人们将这些自然娱乐体验活动搬进了室内，如游泳馆、溜冰馆、室内滑雪场等。但将沙漠游乐项目搬进馆室的并不多见。毋庸置疑，未来会有很多的

"沙漠娱乐馆"和"沙漠体育馆"出现。

"沙漠娱乐馆"中会有系列化的沙漠旅游体验项目，但沙漠娱乐馆中的 S1 和 F 与天然沙漠中的情况有所不同。比如，沙漠娱乐馆内没有风沙，也没有强烈的光照，空气不会非常干燥等。但 S1 则大同小异。如前所述，S1 主要表现为人们借助 S2 和 F 达到的具有地域场景的某种需求，也就是人们需要在沙漠中得到的各种体验需求。

运用情境分析法，挖掘沙子、沙漠的特点，突出其在宜人性方面的优点，设计系列化的娱乐方式及娱乐器具。沙漠娱乐馆是将一般的沙漠娱乐运动提升为一种高档的室内体育休闲娱乐活动，这里运用地域性物场情境分析得到的是系列化的地域效应，也就是沙子和沙漠所具有的特殊物理效应，满足人们的娱乐活动目的，在人与物作用的过程中，S1 是体验效应、S2 是沙子、F 是人和沙子的作用效应。在地域性物场效应中，S2 是地域（或场景）中的原有物质，产品 P 是 S1、S2 和 F 三者之间关系的媒介物，S1 是需要通过媒体物 P 的设计求解才能得到的体验。所以 S1 无论是人们的物质需求还是精神需要，都表现为人的物场设计目标。

想象和联想是情境分析的主要思维方式，想象中的沙子体育馆就像游泳馆、滑冰馆、健身馆一样，主要以室内沙漠体育休闲运动为主，另外附加沙子休闲娱乐活动和沙子艺术体验活动等。以下针对沙漠娱乐馆的不同体验需求进行物场情境分析和产品设计，选用或制造优质沙粒，在一个确定的场景中先要盘点场景物质 S2 和 F。沙漠娱乐馆要选用优质天然沙子，一般来说，沙粒颗粒大小、形状不同，其物理特性也不同。为了得到干净舒适的沙子娱乐效果，沙漠娱乐馆的沙子可以有多种类型，沙子可以按沙粒半径的大小不同，设立不同大小的沙粒娱乐区，使其有不同的休闲娱乐功能。也可以制造洁净晶莹的人造微型玻璃球，该项技术已很成熟，一次性投入，不再更换，成本不高。这里需要研究单个沙粒的形态、大小、质地所对应的物理效应，也要设计各种沙坡、沙丘地形，确定沙漠娱乐馆的场景物质特征。

同时对与此类颗粒相适应的娱乐器具进行专门设计，特别是滑沙、漏沙器具的设计，包括娱乐方式，器具的材料、功能、结构、形态等。另外，沙粒的心理，生理效应也须进行验证性体验。

沙漠娱乐馆中的功能及可能的娱乐种类：经过盘点和调查分析，沙漠娱乐馆中的沙漠（或沙子）休闲娱乐体育体验 S1 有：滑沙、漏沙、沙按摩、沙艺术、沙排球等，它们与沙子的颗粒大小、质地、沙地地貌等有关系，可以建立沙漠娱乐馆的物场体验情境分析矩阵图（图 7-18），图中大圆圈代表沙粒特性与获取相应的娱乐体验关系较大，小圆圈代表二者关系相对较小。我们依据关系分析

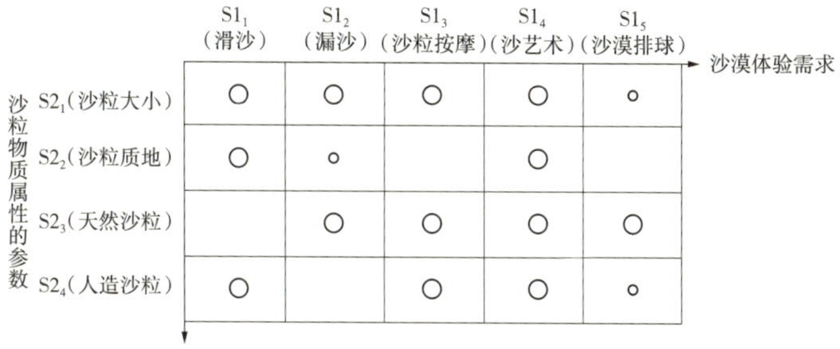

沙粒物质属性的参数 \ 沙漠体验需求	$S1_1$（滑沙）	$S1_2$（漏沙）	$S1_3$（沙粒按摩）	$S1_4$（沙艺术）	$S1_5$（沙漠排球）
$S2_1$（沙粒大小）	○	○	○	○	◦
$S2_2$（沙粒质地）	○	◦		○	
$S2_3$（天然沙粒）		○	○	○	○
$S2_4$（人造沙粒）	○		○	○	◦

图 7-18　沙漠娱乐馆物场体验的情境分析矩阵

要点，进行沙漠娱乐馆的不同功能分区的规划设计。

滑沙运动：根据沙漠娱乐馆与自然沙漠之间的环境比较，滑沙娱乐馆的滑沙体验是可以预知的，通过图 7-18 的情境分析矩阵和图 7-19 的滑沙板物场分析可知，滑沙板的滑动效果主要与沙粒大小、质地关系较大。为了增加易滑性，在沙漠娱乐馆采用人造沙粒，质地光滑，可以实现如雪地缓坡滑行的效果，开发设计与其相适应的专门滑沙器具。

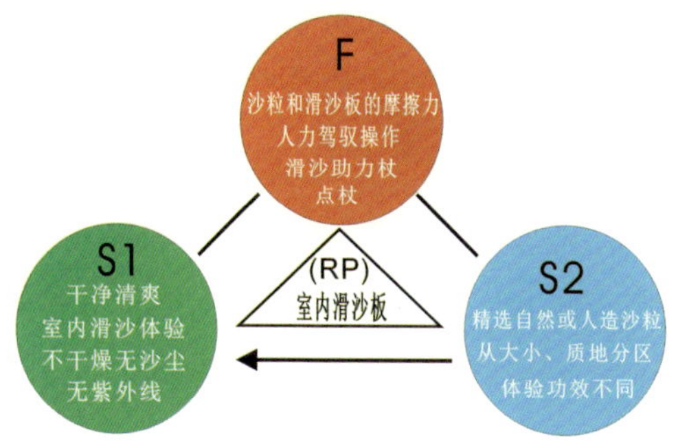

图 7-19　沙漠娱乐馆滑沙板物场分析

对滑沙板的设计需结合沙粒的物理特性和人体工学，突出体育娱乐器材的视觉造型特色，在功能、材料、结构、形态等方面通盘考虑。在坡地滑行一般是座驾姿态，可以设计专门的坡形滑道，做专门适合儿童体验的滑沙器具。沙漠是沙的海洋，沙子和水都有流动的特征，儿童滑沙器具设计要适合儿童理解问题的方式和审美情趣，图 7-20 是室内仿生滑沙器的概念设计，滑沙器由两侧两块滑沙板和中间的独轮支撑滑行。沙漠馆还可以结合人造沙粒的物理特性，开发立式滑沙方式（图 7-21）。立式滑沙运动类似于滑雪运动，由于采用人造沙粒，所以沙粒的灯光折射、反射效果好，如设置顶棚灯光设施，则能营造沙漠馆独特的体验气氛。立式滑动效果取决于滑板与沙粒之间的摩擦特性，要深入研究适合制作沙滑板的材料类型和结构。图 7-22 是综合多种因素的立式滑行滑沙板的概念方案，当然产品具体设计需要反复做物场作用的测试实验，才能最终改进成型。立式滑行方式适合青少年体验。室内滑沙可对滑沙坡

图 7-20　沙漠乐馆仿生滑沙器概念设计

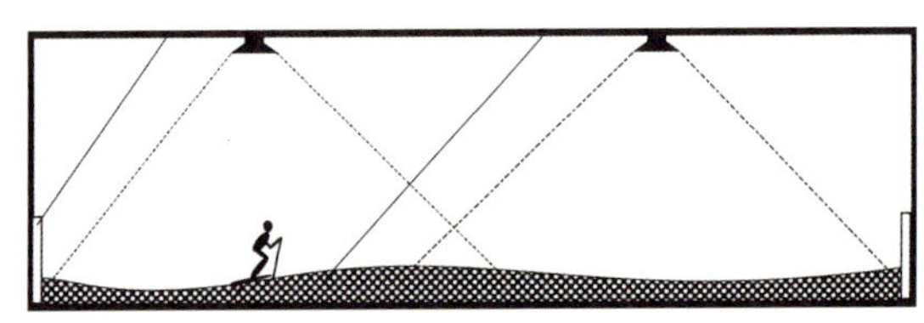

图 7-21　室内沙漠娱乐馆滑沙预想方式及顶棚灯光示意图

道、游戏规则等进行专门设计，尽量减少对空间的占用。

建立小型沙漠球类运动：目前沙漠排球和沙漠高尔夫球等各种球类运动正在兴起，但针对有限的馆内场地可以建立小型球类运动场所。由于沙地质地松散，球的滚动特性不同于草地上，所以沙漠高尔夫球运动中使用的球，大小和质量以及球杆、球洞的设置都可能有别于传统的高尔夫球运动。

图 7-22　沙漠娱乐馆中与人造沙粒配合的滑沙板预想图

漏沙：这种娱乐方式最能体现颗粒状物体的特性——特殊流动性。沙漏有与水漏相似的动力学效应，可以做成花样繁多的沙漏旋转装置。沙漏还有很好的几何学、数学、时间计算等意义，在重力和沙粒物理作用下，漏斗下面的沙粒聚集物是一个规则的圆锥体。人类很早就发现了沙漏的时间价值和动态艺术观赏效果，我国在明朝时还利用齿轮转动机构发明了宫廷用的“五轮沙漏”计时器，通过以漏沙的重力冲击转动五个半径不同的转轮，从而产生不同的转速比，以此取代水漏计时器。因为冬季北方寒冷，北京皇宫的水漏计时器结冰失效，所以才发明了沙漏计时器。[①]如同各式传统水车和水力机械，不同半径的齿轮和杠杆组合在一起，在流沙的作用下转动也会产生非常好的动态视觉效果，有较强的科技教育作用，因此，在沙漠娱乐馆专门设置漏沙馆很适合少年儿童益智体验。

沙粒按摩：在颗粒半径处于一定的数值范围内，赤脚走在沙粒积聚堆上，对脚底有很好的按摩功效。顾客可穿特制按摩袜，进行沙粒休闲按摩娱乐

① 何堂坤 . 中国古代手工业工程技术史：上下册 [M]. 太原：山西教育出版社，2012：889-890.

活动。

沙漠（沙子）艺术活动体验：如沙画、沙雕等。在特定场地和平台进行制作。

只要基于这几种娱乐方式，沙漠娱乐馆就可以实施，为了消除天然沙粒的缺点，提高室内娱乐的档次，沙漠娱乐馆应该成为一种适应新时代人们休闲消费的高档室内沙漠娱乐活动，将沙粒以特定的形态堆积在大型馆内，借助特定的器具（如滑沙板、漏沙器等）实现干净、舒适的室内沙地体育娱乐活动。馆内顶部应设置灯光，使沙粒产生很好的反射和折射光影效果，增加馆内娱乐气氛，适应不同消费者的心理需求。

沙漠娱乐馆是露天和室内相结合的建筑空间组合形式，应以透光顶棚的室内场馆为主，馆内根据娱乐项目的不同进行分区，如滑沙区、球场区、漏沙区、按摩区、游泳或洗浴区，栽培仙人掌等沙生植物增加沙漠景观效果。

文化、休闲、旅游产业已逐步成为未来社会的主流产业。休闲活动需要特定的地域场所和设施，许多体育休闲运动往往跟旅游活动联系在一起。我国绝大部分人口都分布在沿海和南方地区，也就是说，许多人对沙漠娱乐体验远少于对海洋、湖泊等水源地貌的体验。所以沙漠娱乐馆和其他品牌乐园（如迪斯尼乐园）一样，一旦模块化开发成型，可以反地域建造，如在湿润地区设置，利用地域反差心理刺激消费可能更有价值。

从上例中可以看出，基于物场理论的情境分析设计方法在地域性生态设计中主要有四个方面的特点：

①按照 TRIZ 物场理论，所有产品的功能都可分解为三个基本元素 S2、S1 和 F。在地域性设计中（产品、景观、建筑、构筑物、旅游体验等）也相应地存在三个要素，其中 S2 对应的是地域性材料，强调就地取材；F 对应的是地域性场化、物化因素，提倡利用场景中的能源及人的操作运动等；地域性创新设计中产生新产品或市场需求为 S1，具有鲜明的地域自然生态特征，对环境影响相对较小。

②地域性生态设计问题也是针对某一地区的，通常情况下是生态环保的，具有地域魅力特征。

③地域性生态元素的重构，会形成新的社会需求，发现新的生活方式和生产方式。

④针对同一地域的生态、物质、能源等物场要素，数量、类型是明确的，设计创新的任务就是对这些要素进行一对一、一对多、多对一的创新可能性寻找。在同一自然场景中，最经济、最环保的方法是尽量少引进或不引进异地的生产要素，就地取材，就地利用资源能源来完成物化转换或体验需求。

（二）基于脚本描述的产品情境设计分析法

利用物场思想进行特定地域物质和能量之间的关联性设计是地域生态设计可参考的一种方法，这种方法主要是从物质之间的匹配、组合和作用关系分析切入，进行技术的原创性开发设计。但设计问题其实更重要的是市场问题，在新产品开发中，如何找到产品创新的立意点和切入点，在很多时候比具体的技术攻关更重要，因为它决定了产品的主题、定位和角色，特别是与产品商品化有关的核心要素，如产品给客户带来的好处、产品本身的卖点等，这些主要在情境式体验中才可能被捕捉到。依据国际标准 ISO 13407——HCD 产品企划标准、产品技术支撑点、产品好处及卖点为产品三要素，若定位了产品对客户的好处和卖点，就可以进行技术攻关，进入实质性设计阶段。针对现有产品的革新，其情境分析的三大支架是消费者、环境和产品；情境分析的目的是处理人、机、环境的关系，以情境分析为方法，以用户体验为模式，将消费者、环境和产品三方面向外拓展，将每个方向的因素分类细化，形成三维树形轴（图 7-23）。

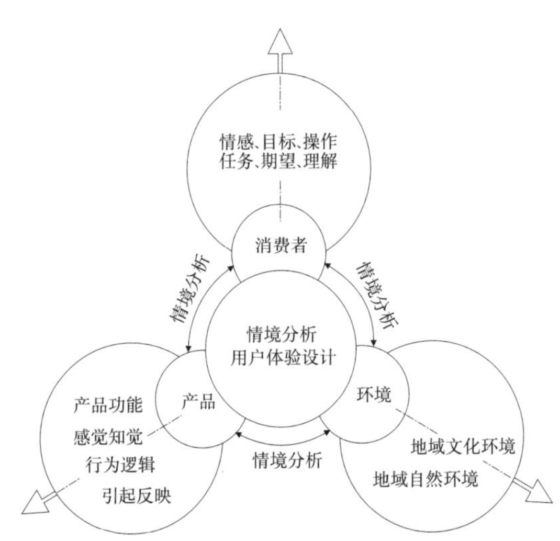

图 7-23　基于地域性情境分析的三维树形轴

三维树形轴的构建过程其实是地域场景构建过程和并行设计过程，最终形成地域性场景的脚本故事。

脚本故事法的形式也很多，比较普遍认可的是斯坦福研究院的六步法。该方法的思路是：当设计目标明确了，关键识别因素也就明确了，以故事脚本法描述情境，通过关联性的思维导图模式发展情境逻辑。

情境分析法也是基于群体文化学的创新设计方法。抽取典型用户，通过观察、访谈、视觉故事等方法，了解用户使用产品的方法以及潜在的需求，以

“人、事、时、地、物（产品）”作为剧本的基本撰写内容进行叙述。情境分析执行中，需要设计场景，要有一个基本的故事展开情节。故事展开的环境定位，使用者的基本面貌、信息特征、剧本情节、演义过程的撰写要围绕如何高效地发现产品创意机会的任务展开，紧紧围绕与产品机会相关的基本元素展开情节。

脚本撰写要以三维情境轴为框架进行系统设问和解答，在树形设问和解答过程中不断修改和完善脚本故事，脚本描述的关键问题是权衡和处理两方面的关系，一是人在特定环境中的体验或生活需求是什么？二是这种需求如何适应环境，并与环境和谐相处（也就是如何融入该场的问题）？在满足需求和协调关系的过程中，必然会产生矛盾冲突并且形成创新性的处理手段，这就是地域性的产品。地域性的产品在场景中是介于消费者和地域环境之间的第三种要素，是人与环境关系的诠释者、承担者和执行者。所以从设计过程看，产品既是情境脚本构建的产物，也是情境分析的产物。

脚本撰写首先要确定和选择特定的时空条件，即环境（何地 Where）和时间（何时 When），对环境、物、人进行提问（何因 Why），对象（何事 What），人员（何人 Who），方法（何法 How）六个方面分析思考，在提问中完善故事，以时间空间→人的需求→满足人与环境两方利益的顺序构建脚本故事和推进情境故事发展，其动力模式可称为“中轴带动两翼推进”（图 7-24）。中轴线表达了情境构建或脚本撰写中各阶段的任务和目的，两翼则表达了每个阶段的内容和方法，以对应的“WH”提问解答方式，填实内容，丰满羽翼，在不断组合优化的过程中提出产品创意和立意的机会，最终得到地域性产品创新设计方案。所以当三维情境轴和“中轴带动两翼推进”的情境逻辑构建以后，基于情境分析的脚本设计和产品设计不是两个一前一后的串行过程，而是并行展开、同步设计的过程。

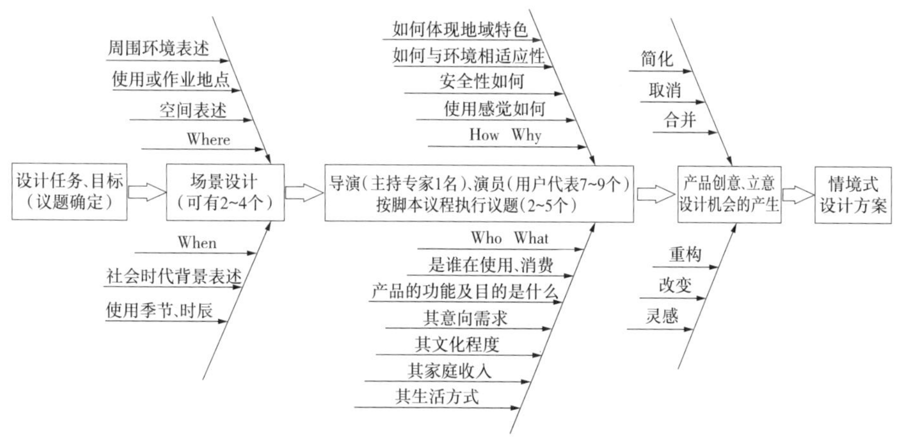

图 7-24　地域性设计中的“中轴带动两翼推进”的情境逻辑模型

情境发展中要力争启发参与者的创作激情，尽量使用可视化的、互动轻松的方式表达，诸如采用图画、照片、视频录像等引导创作者参与。当代认知心理学研究表明，人的大脑中存贮的长时记忆知识虽然容量大，但在短时间内特别是正需要进行创作时往往不能快速检索，须通过视觉思维的提示，如草图、图片、语言交流等方式容易调用出来。[①]所以利用群体文化学和具有视觉表述方式的情境分析法很好地克服了长时记忆的限制，成为解决创意设计问题的关键技术。

目前有一种采用群体文化学原理的情境分析设计方法，是将头脑风暴法和情境分析相结合的焦点小组法，它是近年来企业在进行地域性产品功能模式开发和调研中改进的一种形式，其本质还是预想式的情境设计。它是根据心理学及群体动力学的原理，由专门训练的专家所主持的一个富于创造性的小群体。焦点小组在进行地域模式研究时，要从当地选出典型的 5 ～ 7 个用户代表（消费心理学研究证明，目标消费群体中 5 ～ 8 个典型的客户代表的建议可以代表本群体中 80% 的人的意见），这几个用户代表符合样本抽样原理要求，能广泛代表各种用户。焦点小组活动通常以一种正式或非正式的形式，对某一主题进行深入讨论，从而获取一些创造性的见解，通过研究，在目标群体的特征分析、产品功能的需求、产品外观的设计、产品形态的描述、产品价格的定位以及技术的发展趋势方面都给出了建议。

借助焦点小组，企业设计师可以获悉顾客对产品功能的期望及意见。焦点小组是确定和构筑产品“功能模式”的首要研究方法。焦点小组的主持者应善于激发参试者的思维广度和深度，引导小组进入一个创造性的氛围，从而为产品潜能的完善提交一份有价值的报告。基于情境分析的焦点小组法在干旱地区的家用防尘冰柜、家用洗头机、擦鞋机的概念提出方面有很大启示作用等。

1. 基于地域环境适应性的生活方式设计——生活用品设计

随着网络化、智能化制造模式的日益推进，用户定制技术日趋成熟，物质产品的丰富，文化消费的增长，生态意识的增强，未来的设计创意产业和物质消费要向着地域化和原生态转变，设计思维也要转变模式。

进入现代市场经济社会后，工业和信息技术发展迅速，社会分工越来越细细化。现代的生活用品都是标准化的设计与制造，但许多设计师其实没有地域化的生活体验，缺乏对地域性系统因素的综合考量，这可能也是出现生态问题的一个原因之一。人类是自然的产物，也是自然环境的组成部分，生存环境决

① 李彦 . 产品创新设计理论及方法 [M]. 北京：科学出版社，2012：32.

定人的生活方式。所以，人类生活的许多地方与生物生存的许多方面在本质上具有一致性，但人类是靠物质技术的发明创造来适应自然环境的，环境不同，同类物品的技术功用也不同。

1977 年，西门子用户研究中心针对向印度出口的洗衣机做过地域性设计分析研究，在正确分析研究当地的传统木质洗衣器械后设计出了专为印度农村出口的洗衣机，此后，西门子提出了产品的跨文化设计的新概念。国内的海尔、美的等大型家电企业也逐步重视跨地域、跨文化设计制造，特别是在家电下乡中对不同农村的生活方式、地域特征做了调查研究。近年来，我国各地都在着力打造本地区的特色文化产业和旅游产业，在各类环境设施中力争突出本地文化特色，充分考虑、尊重且适应当地的地理特征和人文特色，为其延续性而设计，我们正在从过去的本土化设计逐步走向面向各地区的地域性设计。

2. 基于西北干旱环境的家电功能模式的情境分析概念设计

地域环境不同产品功能模式理应不同。把生活环境、生活方式、产品模式建立情境逻辑模型，然后进行情境分析，可以发现产品的地域模式。西北地区风沙大，许多农村家电需专门进行地域性设计。空调的一般概念是调节室内气温的装置，但在干旱地区，空调除了调节温度外还要有增加湿度、室内除尘等功能，这种功能可能要占主要地位。对于冰箱而言，季节长短、昼夜温差都会对冷藏、冷冻的比例、温度控制等有合理的要求。洗衣机在不同的地域环境下其功能也不应相同，南方湿润地区空气湿度大，汗液蒸发慢，衣服上的污物主要是人体分泌的汗液和环境中的黏湿性污渍；洗衣机在西北应有很好的除尘土功能，这不只是因为西北缺水，关键在于尘土是衣物上的主要污物，很多情况下衣服根本不需要水洗，只需要除尘；干旱地区空气干燥，皮肤也干燥，衣服上的污物主要是生活、生产环境中的尘土，所以同样是空调和洗衣机，在干旱和湿润环境下的功能模式不应相同，就像古人讲的同样是橘子科的植物，“橘生淮南则为橘，生于淮北则为枳”就是生物适应地域环境而产生的不同属性，或是环境造就的不同形态。橘和枳对人而言是食味的不同，但从生物习性讲食味是对环境的适应性改变。

（1）二合一防尘冰柜

在针对西北地区家电下乡的焦点小组调查中，许多农户认为单独的冰柜在农村几乎很少使用，主要是村头的小卖部卖冷饮时使用，黄土高原的窑洞住户，直接将需要冷藏的食品放入窑洞深处的小套窑，低温环保，保鲜效果优于冰箱。

使用焦点小组情境分析法，在西北地区的冰箱、冰柜调查提案中提出了多套提案，其中，图 7-25 是在荒漠戈壁区调查时，甘肃省民勤县的红东村焦

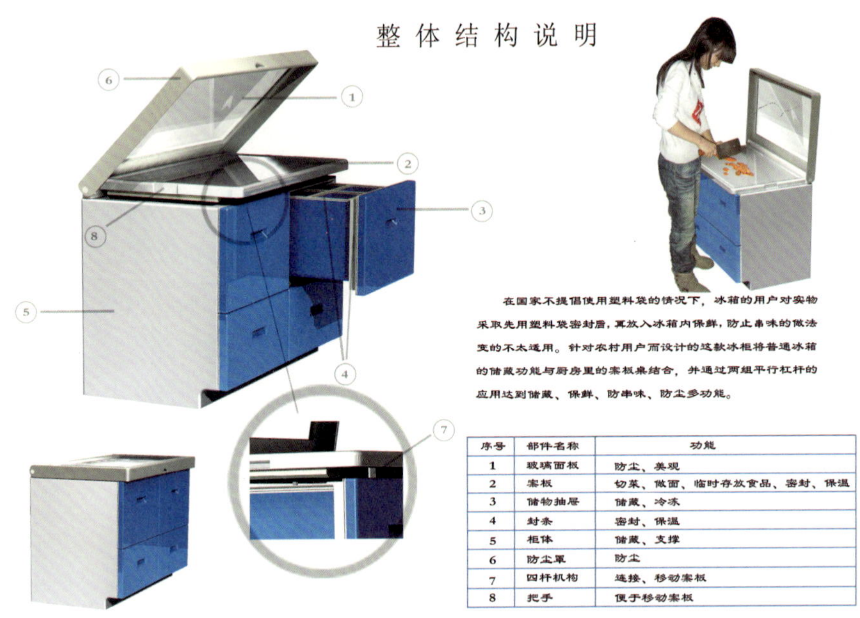

序号	部件名称	功能
1	玻璃面板	防尘、美观
2	案板	切菜、做面、临时存放食品、密封、保温
3	储物抽屉	储藏、冷冻
4	封条	密封、保温
5	柜体	储藏、支撑
6	防尘罩	防尘
7	四杆机构	连接、移动案板
8	把手	便于移动案板

图 7–25　适合西北农村使用的多功能防尘冰柜提案

点小组在情境设计中提出的放置在厨房中的抽屉侧拉式冰柜。课题组归纳完善后，提出了可在冰柜上面安放菜板，用以切菜、擀面等的概念提案。该防尘冰箱的顶部设置了防尘盖，菜板为可以合页式开起，利于保温密封，将抽屉改为前拉式，最终这些创意被赋予较具体的形态、材料及色彩。

设计问题很复杂，在情境分析设计中，设计目标会随情境输入的不同而不同，但设计目标应满足设计需求。该案例是基于冰柜放置位置的情境分析讨论得到的设计结果。

（2）家用洗头机

由于社交礼仪、道德修养及卫生健康需要，人们尤其重视面部的干净整洁。西北地区环境干燥、风沙大，洗头频率相对高，对高效洗头的厨卫产品有着潜在需求。虽然该款洗头机的早期概念来自西北地域性设计，但在情境驱动中已形成具有按摩等多功能的保健产品，其定位已超出地域性设计的范畴。该款概念洗头机属于豪华型全自动家用洗护、保健多功能厨卫家电产品，如图 7-26 所示。由于洗头机使人以仰卧姿势进行洗漱，头盔内置水流循环冲洗组合喷头，可以全方位清洗头部和按摩头部的重要穴位，刺激头皮的血液循环，消除疲劳。洗头的水温、水流方式、洗发液的多少、按摩方式、按摩时间等都可以进行调节，还能进行腰部、腿部按摩。本产品在结构、材料选择以及智能化方面做了很好的整合设计，不但可以方便舒适地满足洗头功能，还能进行头部按摩和保健，可以达到清洁头发与缓解精神压力的双重功效。

图 7-26　家用洗头机

（3）除尘节水洗衣机

在 WH 的情境分析和生活体验中可以得出：西北许多农村地区，气候干旱、尘土大，尤其在冬春季节。只要一出门，鞋子和衣服上就很容易沾上尘土，这对于湿润地区的人们可能难想象，但在干旱的农村地区确实如此。人们的需求主要是鞋子和衣服的除尘装置。一来干旱地区本来就缺水，二来也不可能花太多时间总是洗衣服，三来只要将尘土清除干净就可以。通过情境分析，得到的产品功能创意点主要有以下几点：

①生活方式对自然地域环境适应性分析：气候干旱，生活空间和农作空间多尘土，而生活用水又很稀缺。

②生活方式对社会风俗的适应性分析（社会环境分析）：婚嫁和新居必须换用新式洗衣机，双缸波轮，造型新潮，大多数喜欢白色，常放在院子里使用。

③传统洗衣方式和器物分析：传统的洗衣方式是先清扫衣物尘土再入水洗，这一传统洗衣方式对现代设计也有启发。

由此可知，地域性新式洗衣机的可能概念是：除尘、非常节水、双缸波轮、容易移动、白色等。显然这个洗衣机是对西北农村环境分析后得到的初步设计概念，它不一定适合南方农村。

再分析既定功能要求的产品技术本身。由 F 到 B 再到 S，目前不用水的洗衣机技术很成熟，其基本工作原理有多种，最简单的就是振动除尘，其次是超声波杀菌，通过空气压缩和负离子发生器，使衣物上的细菌和负离子相结合杀菌，再辅以除臭剂清除衣服上的异味。很显然后一种洗衣技术完全不适合西北干旱农村使用，其实它仍是湿润城市生活方式的体现。[①]

本次调研中农村洗衣机要求的主要功能是除尘、节水。西北农村干旱缺水，特别是黄土高原地区通过集雨水窖来解决生活用水问题，图 7-27 是家电

① 李彦．产品创新设计理论及方法 [M]. 北京：科学出版社，2012：76.

图 7-27　除尘节水洗衣机

下乡活动中，课题组提出的适合西北农村使用的除尘和节水概念洗衣机。主要是振动结合翻滚将沙尘清除，再用少量水清洗的洗衣机。适合干旱农村使用。

（三）地域性生产方式的物质载体——设备类工具设计

我们这里所谈的地域性生产方式的设计是从设计学或工业设计的角度论述的，角度不同可能对问题的归类及属性的论述也不同。

现在规模化的人类生产活动及工具的制造和技术进化已较为完善。特别是功能方面，设计，如各类基于区域的矿山勘察，矿物开采机械以及原材料的初步加工设备等。各类能源设备，如风力、水力、电力设备，煤电设备，太阳能设备，这些设备本身都是基于区域自然地理特点的生产类产品。但作为工程设计和其他产品一样，工程师们只是把其当作一种产品的基本功能区设计就可以了，主要考虑其可行性、可靠性，很少站在社会学的角度去思考其地域性。还如青藏铁路的全部系统工程设计，也是典型的地域性设计，青藏铁路的建设完工实现了许多世界第一，如世界海拔最高的铁路、经过冻土地区最多的天路等，这些冠名世界第一的原因其实就是青藏高原这个特殊地域环境造成的。

从设计学的角度讲，任何生产方式的设计都不光是工程型设计概念，它涉及社会学、文化学、地理学等方面。目前从我国的工业设计发展来看，由于存在较大的地域差异，许多西部地区，特别是边远地区的经济还没有真正开发，相关的一些劳动工具、生产工具、旅游体验工具等还处在空白状态。这主要表现在以下三个方面：

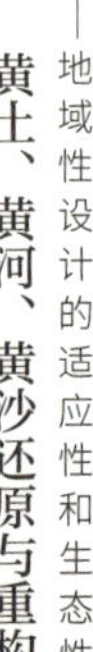

1. 针对地域资源的采掘和采集文化及工具类设计

矿产资源的分布总是呈地域性的，许多勘查、开产的特种设备也因此成了地域文化特征的一部分，但目前这类设备在我国还没有真正导入设计学研究的范畴。从我国制造业分布特征来看，许多小批量的特种采掘装备制造企业大都位于西部地区，许多西部设计师将不可避免地要参与这些产品的设计活动。采集和挖掘具有许多类似之处，都是对自然界中早已存在的物质资源的获取和集中，同时不改变获得的天然物质的内部结构的根本属性。[①]从活动对象来看，采集活动针对的是自然界中的动植物及其生成物。过去西北戈壁和荒漠地区人们采摘发菜、锁阳、沙枣、沙葱、沙米、枸杞，拾取骆驼粪，捕捉野兔等，以这些动植物资源作为生活资料来源的生产活动都很低下。进入现代社会以来，许多传统工具大都遗失，但却没有新式工具的取代。

2. 农具及其深加工工具设计

从世界农业的分布来看，农业文化具有鲜明的地域性。农业生产完全依赖自然，不同的农业生产依赖不同的地域环境、不同的生产作业方式、不同的生产作业工具、不同的深加工工具等。

西北地区农耕面积大，农民劳动量大，劳作非常辛苦，特有的干旱农业、沙漠绿洲农业亟待创新的作业方式和生产工具的设计开发。农具涉及从土地修整开始到农业耕种、田间生长管理，再到收获、初步及深加工等全过程，现在还有大量、繁重的农业作业劳动必须靠纯手工完成，生产效率低。如新疆的棉花、瓜果采摘，甘肃的花椒采摘、苹果套袋去袋、中药材生产，宁夏的枸杞采摘等。每个农业生产的环节，既可以采用大型机械化联合作业，也可以采用小微农具半自动化作业。在地域性产品设计中，工业设计师服务于地方性农机设计，主要是配合农机设计工程师的整体系统设计，包括造型、色彩、人机操作等设计。图 7-28 是甘肃省机械科学研究院工业设计中心研发的青贮饲料收获机，用于玉米、高粱、燕麦、苜蓿、水稻等农作物的收获，降低了青贮饲料的加工损失，实现了青贮饲料加工的机械化、智能化。该产品的工业设计师参与了很多工作，从整体造型布局到色彩设计都注入了工业设计的思想，2017 年荣获中国好设计奖。其实，一些小微农具的创新和创意设计很适合一般工业设计师及设计专业的师生开发。特别是一些采摘工具的设计，只要与现有纯手工的作业相比，能够提高效率、减轻劳动强度即可。这类课题由当地农村出身的学生和设计师来做更为适合，因他（她）们从小就有在农村生活劳动的经验阅历。图 7-29 是西北高校工业设计专业学生设计的一种枸杞采摘工具，该学生来自甘肃乡村，小时候家里养了很多山羊，到夏天羊绒开始脱落，经常在家里

① 周尚意，孔翔，朱竑 . 文化地理学 [M]. 北京：高等教育出版社，2004：31.

干活梳羊绒，方法是用一种倒钩状梳齿的梳子顺着羊毛走向梳，该方案就是受到这种梳子启发而设计的。

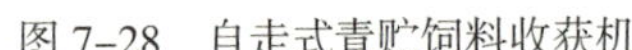
图 7–28　自走式青贮饲料收获机

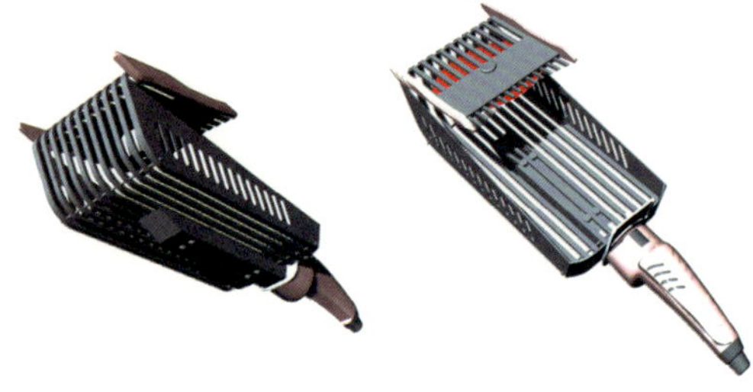
图 7–29　枸杞采摘工具

第三节　传统器物对地域性设计的启发

传统社会人和自然是被动适应的关系。虽然经历了社会三次大分工，但人对自然的影响没有根本性改变。许多传统器物都是经过长期的进化和完善形成的。这好比一个自然生物物种，其适应特定地域的特征，绝不是一朝一夕突发灵感的结果，其形制大都是经过上百年乃至上千年的积累完善才形成的。可以说许多传统工艺在低技术、地域条件制约下已将适应性发挥到极致，是未来地域性设计、生态设计、文化设计的基因宝库。我们应从人类学视角对古器物（或传统器物）的地域适应性（西北干旱适应性）做分析，对“一方水土养一方人”思想从设计学和生态学角度做解析，探求天人合一的生态适应价值。

一、基于传统器物的地域性设计研究方法

传统器物都有其特定的发源地，其在异地传播和适应过程中又形成他地的新物种。传统与现代本来就是设计学永恒的研究主题，但事实上，在以往的学术研究上，我们更注重文化符号的创意应用，而对传统造物的地域性生态适应性及其传承创新研究则偏少。

传统器物在发明之初，设计者是将生活、生产需求和各地域的现有物质、能源资源简单结合。比如重力、风力、水力、日光等传统利用方法，受材料等技术因素局限及交通因素制约，利用当地材料和生产动力而生产，并在长期的

低技术条件下完善进化，所以环保性较好，值得令人借鉴。

（一）多学科交叉研究

学科交叉性是设计学的一大特征，设计尤其是产品设计几乎涉及各个学科的方方面面。顾名思义，传统器物研究与考古学、民俗学、人类学等学科及进化论、文化扩散等思想方法息息相关。民俗学强调的是民间文化中带有集体性、传承性、模式性的现象，它主要以口耳相传、行为示范和心理影响的方式进行扩散和传承。其中，物质生产性民俗是民俗的主要类型，物质生产性民俗反映了人与自然的关系、地域性、季节性、功能性和科学性特征。[①]比如，农事活动中的时序、节令、禁忌等习俗实际上是自然规律的世俗性总结，但民俗学研究的重点并不是物质生产习俗的科学性，毕竟民俗学性质是人文学科，它重在阐述民间风俗的发生发展过程、文化机制，其主要任务是调查、整理和揭示习俗的社会意义及社会规律。民间习俗往往带有鲜明的地域特征，所以民俗学中大量的物质生产案例和资料整理对传统器物的地域生态性研究提供了非常宝贵的资料。

相比较而言，考古学方法在传统器物的地域性生态特征研究方面有很大的资料参考和方法借鉴价值。考古学发展较为成熟，我国考古学家夏鼐等人将考古学定性为历史学的重要组成部分，主要研究古代人类活动遗留下来的各种实物以及古代社会历史。[②]考古学必须依靠其他学科，如天文学、化学、元素半衰期理论等自然科学才能发展。西方的考古学研究更注重古代人类生活方式的重建，探索史前人类文化变迁的方式及原因，[③]其考古研究重要的目的之一是为现代科技发展提供线索。例如，在研究古代民居遗址时，除了研究房屋形制、格局所反映出来的生产关系、风俗习惯、文化审美、宗教信仰、伦理道德等，还有建筑工艺水平、材料技术、结构技术等自然科学信息外，研究者更加关注建筑材料所代表的古代当地的自然环境特点，因为古代居民建筑大多是就地取材、因地制宜、因时制宜，采用当地的制造方法。可见在遗迹、遗物考古研究中，古代人类生活方式的重建与还原对设计学有很高的学术意义，特别是对基于传统造物的生态性设计、地域性设计具有重要的借鉴价值。

① 钟敬文．民俗学概论 [M].2 版．北京：高等教育出版社，2010：5-32.

② 《中国大百科全书》编辑委员会．中国大百科全书：考古学 [M]．北京：中国大百科全书出版社，1986：1.

③ 布里恩・M. 费根．考古学的目的 [M]// 中国社会科学院考古研究所．考古学的历史・理论・实践．郑州：中州古籍出版社，1996.

我国沙漠考古学家景爱提出了“沙漠化二重性”理论，[①]这一思想对传统造物演变的二重性规律构建具有很大的启发。“沙漠化二重性”思想认为，目前许多沙漠地区的人类文明被黄沙所掩埋，形成的其实是“人造沙漠”，这是自然和人类活动双重作用的结果。地质考古研究表明，“天然沙漠”的形成历史非常漫长，如果没有人类活动，在纯天然作用下，一个地方很难就地起沙，沙漠自身的移动也非常有限。其实，从广义角度上讲，所有的人工物又都何尝不是自然和人工双重作用的结果呢？自然作用表现在器物设计上，器物设计要符合自然科学原理，包括材料工艺、结构力学等所谓的工程原理，还包括与使用地域的自然环境、地域功能相适应；人工作用主要是指人使用该造物的目的性、宜人性，包括造物的形式、功用、社会意义等。其中，自然法则和环境适宜是基础，人的目的是在遵循自然规律的前提下满足人的需求，这是普遍意义上的设计，若地域环境的适应问题在设计中表现鲜明，这就是地域性设计。所以人工造物是自然活动和人工行为综合作用的产物，传统器物是在特定自然和特定人工环境制约下不断进化的产物，尤其是世代相传的传统器物并非一时一日成型，它们在适应特定自然的关系上有许多非常优良的品质，值得设计学深入思考。

考古学方法为地域性生态设计研究提供了非常好的思路，这就是基于人类造物的二重性原理的传统遗存考古设计法。其实每一次考古发掘中都隐含着大量的设计信息，所有遗存都能反映当时当地的人类适应地域环境的方式。因为在不同地域环境下，人们为了生存和发展，就必须想方设法利用自然和适应自然，作为生活方式的物质载体——器物，是人与自然进行物质、能量交换的产物。人类活动的遗址、遗物是人类能动作用下的自然物场产物，其中必然包含着大量的社会科学信息和自然科学信息，考古学研究提取了大量的文化历史信息，但还有很多宝贵的自然科学信息和地域生态信息没有被重视和提取，这些信息对自然科学研究、设计学研究，尤其是地域性生态设计非常重要。正如沙漠考古学家景爱所说，研究房屋遗址，除了考察房屋坐向布局、建材工艺、结构造型等所反映出来的当时生产力、生产关系、信仰观念方面、社会科学信息，还保存了大量的其他设计信息和自然科学信息，因为古代普通百姓建房都是就地取材，使用当地传统工艺。如山区多用当地石料砌筑，多林地区多用当地木材建造，平原少林地区多用土夯、土坯和砖瓦砌筑，海南岛的许多传统民居甚至用海蛎壳砌筑。若再做深一步考古研究，房屋遗址中取材于本地木材还隐藏着更多的地域信息，如根据林木的年轮推测当时的气候干湿状况，甚至木

① 景爱．沙漠考古通论 [M]. 北京：紫禁城出版社，1999：2-35.

头或墙缝中保留的植物孢粉，可以反映古时本地区的生物群落状态，房屋中偶尔发现的农作物遗迹或家畜残骨可反映当时的气候条件，因农作物、野生植物和家畜对生长、生活环境要求更严格。在传统地域性生活方式的考察中，环境是决定生产方式的基础，直接决定器物的地域形制。①

现代地域性设计要从传统器物中领悟和发现地域性生态设计规律，设计者应在特定的地域范围内在已知要素的基础上，通过发现过去的设计和情境分析，推理未来的设计。在设计时，首先要调查分析本地的地域环境，包括自然地质、气候环境等自然环境，也包括生活方式、文化风俗、审美情趣等人文环境，然后分析研究传统器物在同类功能上的解决方法。

（二）传统器物仿拟与创新设计研究

人类和自然的关系在地理学、环境科学乃至历史学、民族学中称为人地关系，是这些学科关注的重大问题之一。现代人地关系是历史上人地关系的延续和发展，因而要科学地认识和解决今天人地关系中出现的一系列问题，离不开历史上人地关系的考察和探索。②其实人类适应自然的历史也可以理解为人类不断模仿和改进本地适应自然的传统方式的历史，具体到技术层面就是不断延续和发展本地传统生产和生活器具。仿拟思维是人类创新思维的基本类型，而模仿是人和动物共有的特征。事实上创造发明的本质就是对已有事物中的现实形态进行变化和改进，使之符合新的目的和要求。人工形态是人类用一定的材料，利用工具加工创造出来的各种物质形态，人工形态都有其特定的使用环境和目的（功能等）性。随着生物技术的发展，利用各类基因工程和现代育种方法得到的生物形态，也将划归到人工形态之中。这些人工生物品种保存了同类物种在形态、结构等方面的主要特征。

人类造物的历史从古至今就是一个不断模仿自然和继承前人的模仿和改进的过程，世界各民族都一样。古希腊哲学家德谟克利特认为模仿是人的本能，也是最基本、最重要的创造活动，人的主观感觉和思想既不是天生的，也不是神赋予的，而是从客观事物的“影像”中产生的。他说人类的许多发明来自对动物技能的模仿，织布和缝补是从蜘蛛那里学来的；筑墙造房是从燕子那里学会的；唱歌是从天鹅和黄莺那里学会的。其后的亚里士多德也肯定了人类的“模仿本能”，并将其作为艺术的起源，他的主要观点是：一方面人类有模仿的天性，另一方面这种模仿活动又能引起人的快感，于是由此产生了艺

① 景爱 . 沙漠考古通论 [M]. 北京：紫禁城出版社，1999：41.
② 李并成 . 河西走廊历史上人地关系的演变 [N]. 中国民族报，2018-06-15.

术。他还进一步推论，艺术活动中的不同门类，是由于模仿的对象、模仿的媒介和方式不同而形成的。美国当代人类学家克拉克·威斯勒也认为模仿是一种自然过程，是人类与生俱来的，但它也能变得理性化，处在有意的模仿或借鉴中。[①]

自然是地域性的，对大自然的模仿使原始创造带有鲜明的地域特征，不同地域的自然物产不同仿造的结果也不同，这可能也是造成地域文化差异性的一个重要原因。葫芦的使用使先民们发明了仿葫芦形的原始陶器（陶匏），这需要仿葫芦陶器的地区环境中盛产葫芦。我国西北黄土高原自古盛产葫芦，使发明原始葫芦器形和纹样的彩陶具有环境必然性。

黄土陶器的不断改进革新，使原始陶匏逐渐演变成了纷繁多样的彩陶式样，甚至又成为后来青铜器起源乃至发展的圭臬。原始思维的特点是由社会生产力低下、人类生存受制于自然环境变化影响巨大等原始环境原因造成的，原始先民集体表象中所具有的思维惯性，使其造物方式大都遵照祖先流传下来的方式进行，而且之后的传统造物也是在“天人合一”思想下的缓慢进化。相对而言，西方传统思维方式主要以语言逻辑和形式逻辑为认知事物的规则，西方科学对于世界的基本看法是“天人各自”，这为工业革命后形成的以数学为工具的自然哲学体系奠定了思维基础。当然，无论是东方还是西方，后人的成果总是在继承前人成果的基础上才成功的，仿拟不只是简单模仿，还有继承和发展的意义。牛顿说自己之所以取得这些成果，是踩在巨人肩膀上的缘故。所以，仿拟与创新是人类共同的文化传承模式。从地域性设计视角，造物的仿拟与创新主要有以下三种情况。

一是本地域的继承仿拟：针对某民族或一定地域范围，传统造物中的仿拟设计是一种承前启后的革新过程，在长期生活和生产中形成的适应地域的方式得到不断沿袭和完善，这就需要后人不断仿拟前人的生产和生活方式，这种方式的载体——器具和物品就不断地以模仿设计。尤其是王公贵族的用品或民俗性造物，其重要作用在于传承礼仪、身份、伦理等社会符号。所以，继承仿拟应是后人对待优秀传统文化的一种礼敬态度。但继承从来都是相对的，创新却是绝对的，这好比遗传和变异的相对性和绝对性一样。在传承的历史过程中，人们不断改进材料结构，优化工艺过程，形成传承创新。

二是文化扩散中的引入仿拟：任何地方的造物文化都不是封闭的，或多或少都受到过外来文化的影响，从而使之发展得更快更优秀。所以文化的扩散是绝对的，文化的地域性是相对的。对于人工造物而言，吸收外来技术，改进本

① 克拉克·威斯勒. 人与文化 [M]. 钱岗南，傅志强，译. 北京：商务印书馆，2004：188.

地的同种人工物；或者由于生产、生活需要，将异地人工物移植到本地，再结合本地实际情况改造创新，使之适应本地环境和本地功能需要，这两类情况都属于造物活动中的引入仿拟。我们今天称这种做法为国外技术的引入消化。事实上不同民族、不同国家或地区都不可能有纯粹意义上的地域性造物文化。相反只有吸收和引进优秀的外来造物技术，并进行地域适应性改造，使之为本地区、本民族所用，这才是地域性物品形成的主要机制。

引入仿拟的关键是要结合本地自然环境、人文风俗要求、生产方式做本地化设计。在不断的继承仿拟和优化进化的过程中，最终成为地域特色鲜明的地域性产物，或称被同化或地域化为本地产物。这就如同移植过来的一棵树苗，最终要有一个水土相服的过程，一旦长成大树，它就是地道的本地大树。

基于地域传统器物的创意设计，关键在于对传统器物的地域适应性的把握，而不是简单地进行符号特征嫁接。这是因为古人造物首先是一种地域适应性设计，对于后继者来讲则是一种传承性的不断革新设计和仿拟性设计。我们通常提到的形态演变，实质是人对某类形态设计思维的演变形成的。在设计创造中，最重要、最实际、最有效的甚至最本质的方法就是在仿拟基础上的再创造。艺术的起源与制造工具、劳动巫术、情感交流等是同宗同源的，模仿在物质功能和精神功能两方面实现了各自的目的，凭借外物的材料、结构、形态是达到设计物功能形态最捷径、最节省高效的方法，原物的形态又是对这种功能的说明和表现。美国哲学家苏珊·朗格说，“模仿并不是简单、忠实地复制，更重要的是模仿还有符号语言的表达意义”，他认为原始艺术的动力就是想去模仿一种自然形式，发现某种具有表现力的东西，艺术上的模仿是记录发现的意义。[①]所以，设计活动是综合了符号表达和功能模仿的一种有意识的创造活动，起源于人类对自然和现实生活的模仿与再创造。

模仿还是一种学习和借鉴的态度，是一种开放的发展模式，这是发展中国家和地域崛起的重要途径。古代日本国力脆弱，科技落后，在明治维新时期，日本人去欧洲学造船和军械制造技术，后来国力强盛，直到今天他们在超高精密制造、半导体、机器人等诸多科技及产业领域都是世界最强的。因此，如果每个民族都不得不独自创造出自己文化的各个方面，那么谁也不知道在达到当今世界的文化水平之前，要耗费多少个世代。现在科学家估计，文化的年龄大约是五十万年，而这个数字要乘上多少倍才能满足产生现代文化所需的最少时

① 朱狄．艺术的起源 [M]// 苏珊·朗格．艺术问题．滕守尧，朱疆源，译．北京：中国社会科学出版社，1983：95.

间？事实上，没有模仿的功能就很难设想人类能有什么文化，因为只有靠着群体中年轻的一代对老一代进行模仿，文化才能永久存在。现代设计艺术的创造活动又何其不是如此呢？基于地域文化设计的本质就是模仿。

总之，在传统器物的传承与创新设计研究中，要坚持辩证唯物主义和历史唯物主义，坚持继承与发展兼容，提倡创造性转化和创新性发展。秉持科学、客观、礼敬的态度，取其精华、去其糟粕，扬弃继承、转化创新，不拘泥复古，不否定，要赋予优秀传统器物文化以新的时代内涵和现代表达形式，不断增强民族文化自信，使中华民族最基本的文化基因与当代文化相适应、与现代社会相协调。

二、基于黄河水车的现代传承与创新设计

人类文明大都起源于河流地带，河流以不同方式造就了各地文化，必然会形成不同的生活方式和器物类型。黄河水车明朝期间出现于兰州，后来黄河上游段的青海、宁夏都有出现。目前，黄河水车使用最集中的地区在兰州上下游河段。

（一）黄河水车产生的自然地理条件

古人的造物中反映出鲜明的自然特征，许多传统器物都是古人适应特定自然特征的产物，是特定地域的生产方式和生活方式的体现。所以传统器物都有较强的地域特征，能够遗留下来的都蕴含着丰富的自然地域性信息和社会文化信息。

传统水车主要有人畜驱动的提灌水车和利用流水冲击力驱动的自传水车两种。我国传统的自传水车应用最多的是在西部地区，主要是青藏高原向云贵高原和黄土高原过渡的地带，包含西南地区的云南、贵州等河谷农耕区，西北的甘肃、青海、宁夏等黄土高原的黄河河滩耕地。但由于各地的综合地理条件不同，水车设计制作的形制和使用方式也不完全相同。由于兰州周边地区位于我国地理地形的第一阶梯和第二阶梯的交界地带（由青藏高原过渡到黄土高原），所以河流的地势落差较大，黄河水流湍急，泥沙含量大，水土流失严重，这就造就了黄河水车产生的天然条件：一方面形成了诸多河谷冲积扇，这是肥沃的耕种土壤；另一方面耕地距离河面较深，小直径的水车提灌高度不够；再一方面，气候异常干旱，蒸发量大，需要较大的浇灌量，所以水斗要密集；其次，大直径的轮辐和高密度的水斗也是与强冲击力的河流相适应的。这些条件最终

决定了黄河水车的基本形制：大轮辐，多水斗。黄河水车的出现改变了黄河两岸人们祖辈靠天吃饭的局面，由于其巧妙的技术和低廉的成本，利用黄河水流自然的冲击力提升水斗，不需要其他能源，所以深受人们青睐。在相当长的历史时期内，黄河水车成为兰州黄河沿岸一种大众化普及性的水利灌溉工具，这也许是造物规律发展的历史必然性决定的。

（二）黄河水车的仿拟性及其地域适应性

传统的黄河水车不但是特定地域适应性的产物，也是前人在模仿其他地区同类器物后进行本地适应性变化的产物。兰州黄河水车是由明朝学者段续宦游西南诸省时，看到当地用竹制筒车汲水灌溉装置（图 7-30）后回兰州仿制而成的。据《重修皋兰县志》记载，“续里居时，创翻车，倒挽河流，以灌田，致有巧思，船河农民皆仿效焉”，[①]因而黄河水车具有仿拟性特征。地域适应性代表造物对自然和社会规律的尊重和适应，摹拟和模仿则是人类造物的基本思维模式，许多人类技术的进步过程就是不断模仿和改进的过程。水车也一样，从唐代开始出现，到明清才得到较高程度的完善，据《农器图谱》记载，元代王祯受到唐代筒车的启发，发明了小型的汲水设备——高转筒车，后

图 7-30　竹制筒车汲水灌溉装置

① 陈乐道 . 档案记载的兰州水车沿革及工艺 [J]. 档案，2008（3）：27-29.

来又受到水转翻车的影响设计出“水转高车”。[①]这些都大大提高了内陆山区农业生产的效率。比较南方的筒车和兰州的黄河水车，大致可以归纳出以下几点不同：

①黄河水车轮幅直径较大，最大的有 20 多米，也就是可以将河水提灌到近 20 米的高度，这是由于黄河上游水流急，峡谷冲刷较深，岸高水低的地域特征决定的。由于南方筒车所处的河流河水较浅，因此筒车半径小，水斗分布稀疏。

②黄河水车辐杆密度较大，相邻辐杆之间横向和纵向辐杆（俗称登棍）较多，而且是楔形榫卯结构连接，所以水车的整体构架较为结实，相对筒车而言，不但自身重量大，而且载水量也大（图 7-31）。

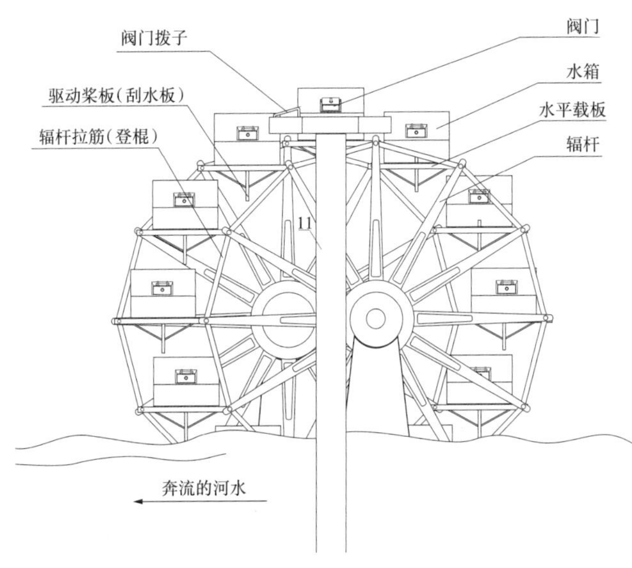

图 7-31　黄河水车的辐杆及辐杆结构

③水车外轮缘冲叶板（俗称刮水板）较为稠密，水斗分布密度也很大，这样提灌量就很大。

④黄河水车制造材料主要采用榆木、槐木，这是兰州本地木材，耐水蚀性好，而南方筒车则多采用竹材，水斗为竹筒，适合南方地域特征。

黄河水车的这些特点是与地域特征紧密结合的，由于水急岸深，所以半径要大，水流冲击力要大，骨架要结实，辐杆密集，登棍多，水斗分布密集。由此，我们对古人基于本地地域特征的造物基本原则有了粗略的认识，这对我们基于传统器物的现代地域性设计来说是新的启发。

① 胡光华 . 中国设计史 [M]. 北京：中国建筑工业出版社，2007：81.

（三）对传统黄河水车的革新设计（创意水车）

黄河水车的由来分析对现代革新设计具有一定的借鉴意义，古人的设计理念对现代设计的启发在于：设计模仿的价值在于对已有设计的选择和变形，模仿不是全盘照抄，而是要分析现有设计对解决目前问题在原理和功能上的相似性，要合理地利用现有技术条件，包括材料、环境限制等，因地制宜地改变原有设计，使之适应新的功能要求和环境要求。基于传统物质文化的现代设计还要注意保持文化符号的传承价值。设计中要提炼形态的特征性文化元素，即使新的设计作品不失原物的基本符号特征，还要在结构和形态上使原符号特征更加纯粹化，强化视觉感染力。模仿基础上的创新设计其难点在于要有新的使用功能，而不只是形态语意上的能指和所指的概念，如何巧妙地挖掘传统器物的潜在特质（典型特征造型、结构、功能等），又能使其具备现代生活的使用功能，将成为基于传统器物的现代地域性设计的重点和难点。

前人的成果往往给后人提供创造的基础和灵感，任何一个器物从它诞生时起，就意味着要永无止境地被改造和革新。在欣赏黄河水车的卓越创造智慧的同时，也要看到其不尽完美的地方，这是设计师的基本思维素质。

水车水斗在上升过程中，洋洋洒洒，四处飞散，这对设备本身损害较严重，维修很频繁。同时提灌量也较小，长期的使用中辐杆和支架上长了青苔，不但影响了水车的外观效果，更对水车制造的材料提出较高要求，增加了制造和维修的成本。古老水车产生这种现状的原因是由水车的转动机构和水槽的安装方式所决定的，因为水车的两个轴承之间是用一根同心轴连接，斜置的水斗既要满足其转到底下位置的舀水功能，又要完成它转到顶部位置的倒水功能，水斗从底下装满水到上部倒完水的跨度为 180°，这一过程是在水车不断转动的无尽变化中逐步完成的，所以水斗从水车中高部位置开始倒水一直到顶部倒完，而接水的水槽只能装在顶部，这不能不说是古老水车的一个缺陷所在。

如果水斗在水车转动过程中始终保持水平状态，且在顶部完成倒水功能，不但不会将水洒在外面，还能提高水车的提灌量。实现这种结构必须有一个条件，就是在转动过程中水槽的空间朝向要始终保持不变。“人之神，有三司：一明悟，二记含，三爱欲。凡学者所取外物外事，皆从明悟而入，藏于记含之内，异日明悟。”[1]长期琢磨思考是突然领悟的重要基础。古代科学技术水平相对较低，人们只能在有限的技术范围内不断完善和提升设计水平，其实在这种制约下，反而将低技术（大都是生态性的）发挥到最优化的程度。当今社会虽

① 邓玉函，口述，王徵，笔述绘图．奇器图说 [M]. 雷钊，译注．重庆：重庆出版社，2010：3.

然科技手段与昔日相比非同日而语，但针对传统文化的现代创意（或创新）设计必须要保持传统器物的原有文化特性和地域性生态特征。运用现代设计的思维方法和设计手段，使传统文化当代化，达到本土重构，传统活化；尽可能地使用本地原材料、清洁能源和轻技术，使地域性文化资源、环境资源、民俗资源得到原生态的体验和有效传播，否则就脱离了传统和现代两者之间的传承创新关系。在此原则下，设计者经过多年的分析提出了两个基本方案：一种方案是利用重力垂挂，可以将水桶垂吊在水车辐杆的外端，完成向上运水的功能，基本原理如图 7-32 所示，该原理结构如同摩天轮，水桶到达顶部要完成自动倒水，实现倒水功能的具体结构方案可能很多，有待进一步深化完善，这里不再赘述；另一种方案是利用平行四杆机构的水平转动特性实现自动提水和放水的功能，这是一个非常简单却使用非常频繁的机构（图 7-32）。我们假设有一立式放置的平行四杆机构，上下两边处于水平状态且四个角点均为铰接点，若将其下边固定，即可能形成。如果把上下两条平行边各自纵向演变成水平板，这样四个铰接点则成立体分布（图 7-33）。从简单的几何原理可知，连杆平面（水平板）在绕着两个固定铰接点转动的过程中水平板始终保持水平，这是一个独立的机构单元，如果能将多个这种平行四杆机构合并在一起转动那将会出现一种什么情形？即将若干个平行双曲柄连杆机构共用一个固定边和共用两个铰接点，创点就在这里。在基础形态的构成设计中，单元形的共用是常见的形态构成处理技巧，在机构设计中也可能有同理的情形，灵感即来自于此。将两个相同的装有若干辐条的车轮状装置平行且错位放置在一起，在它们之间两两平行的辐条间安装平板，即可构成一种共用一个边的若干平行四杆转动机构，

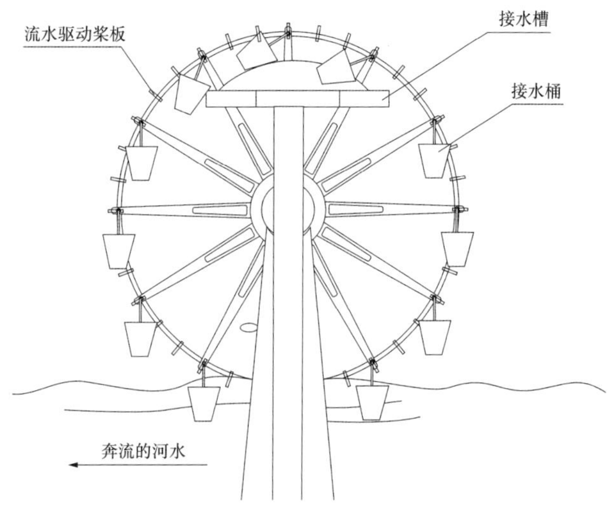

图 7–32　黄河创意水车的整体结构

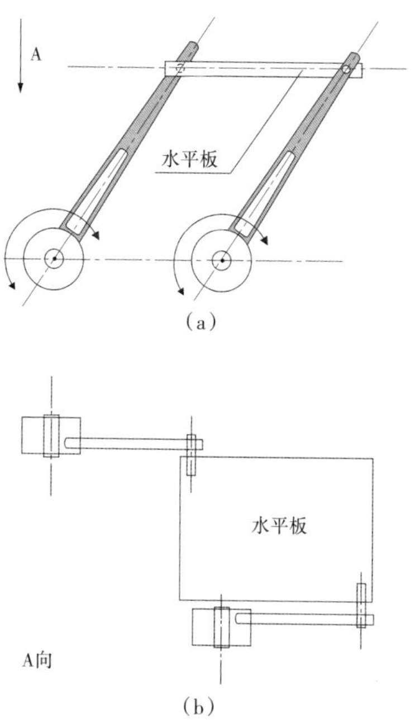

图 7–33　平行双曲柄连杆机构空间位置

该结构已获得国家发明专利。

这个机构的出现，引发了一系列的与黄河水车形态意象相关的创新设计，其中图 7-31 是利用这种机构做的水车设计方案，由于水平载板在转动过程中始终处于水平状态，所以可以采用在所有平板上安装水箱（水斗）的方法来找到解决问题的方案。最终设计方案是：在水箱上安装自动关闭和开启的阀门，阀门上装有永久性磁铁，在阀门的开闭过程中巧妙地利用磁体的磁性引力、水的压力、阀门盖的重力作用差值关系，完成水箱自动装水和放水功能。以下是该装置的基本工作原理（图 7-34）如状态 1（a）、（b）所示，当盛满水的水仓上升到接水槽的上方，阀门拨柄将碰撞到水槽上的斜拨子，随着水仓的进一步移动，斜拨子将阀门拨柄抬起，打开阀门盖，开阀放水。

如状态 2（a）、（b）所示，阀门盖（4）处于最大打开状态，水流量最大，这时磁体的吸引力消失，而水流的冲击力大于阀门盖的重力，使阀门盖处于打开状态。

如状态 3（a）、（b）所示，当水仓的水基本放完且阀门即将转离接水槽上方时，水流冲击力逐渐减小；当阀门重力作用大于水流冲击力时，阀门盖便在磁力的作用下自动关闭，这时密封垫圈起到密封作用，整个阀门也即将要转离接水槽，水仓便继续向下转动，一直到河面以下装水后再上升，其他若干水仓的工作过程也是如此，这样整个水车周而复始地转动，便实现了大流量自动提灌的功能。解决问题的途径很多，但方案的价值在于要巧妙地兼顾各种因素，

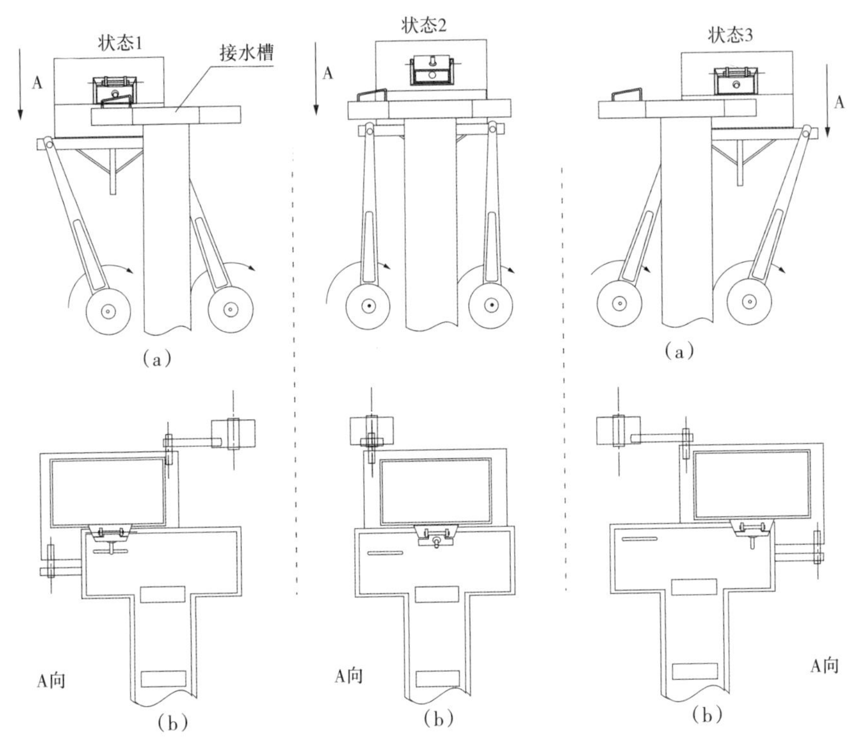

图 7-34 平行双曲柄连杆机构的基本工作原理

在寻找到众多解决途径时，要综合分析，系统优化。

比较发明装置和老式水车，新的发明装置在转动结构上截然不同，新的发明装置需要两个非同心的主轴，而传统水车只有一个主轴，属于独立的单轮转动系统，在材料和具体结构工艺方面肯定也有很多差异。但从外观形状和取水的基本功能方面看，还是有内在的相似性，即都是采用立式圆轮状的基本方式，将水箱（水斗）转下，汲水后再旋转到上部将水倒掉，新的发明水车也有刮水板、登棍、辐杆、水箱（水斗）等结构，它们的功能也是和老水车一致的。这些特征跟南方的龙骨车和翻车还是有本质的区别。此外，这种大容量的水车对水流的冲击力要求较大，也只有在水流速度较快的西部和地势落较差大的地区才能使用。

很显然传统水车和新发明，不管是在文化符号的意象方面还是在基本功能、地域属性和文化属性方面都是很协调的，这也许就是仿拟设计和地域性设计的必然趋势和最终效果。

（四）基于黄河水车意象的立式旋转停车设备

一种具有特定功能的结构有时可以用在许多方面，解决多种生产、生活的问题，这种基于黄河水车意象的旋转机构，本来是针对古老水车提出的一种水车提灌革新方案，通常的旋转平动机构是利用重力垂吊来实现的，最常见的就是摩天轮。而摩天轮式垂吊结构存在垂摆晃动的麻烦，本装置是由机械几何关系控制的平动旋转机构，它不受重力场和空间属性的影响，其旋转的稳定性、可控性都很好，所以本机构还可能有其他更合适的用途。

经过分析，将其使用在立式旋转停车设备中是较好的一种选择，它正好能满足车辆的进出要求和水平旋转功能，立式旋转停车设备的专利技术也就由此而获得。

设计艺术是面向公众的消费性艺术，众人的感觉是检验设计形象立意的最好标准，这种立式旋转停车设备的效果图和模型制作出来之后，当地人都感受到了水车的意象。因为该结构是受到黄河水车启发而设计的，所以她没有脱离古老水车的意象。其次有较好的艺术构成效果，就像黄河水车一样，有很好的静态构成效果，如辐杆的辐射构成和载物板的空间等矩阵构成等；也有很强的动态构成效果，整个设备在转动时载物板始终保持水平自转，并围绕大轴公转，真可谓动中有静、静中有动，富有节奏和韵律感。

形象设计的某些联想是来自地域生活经验的，比如长期生长在某地的设计师和艺术家，其形象思维对本地的地域性符号形象的依赖性也许是不由自主的，正如美国著名设计心理学教授唐纳德·A. 诺曼说的："记忆是储存于头脑中的知识，储存在记忆中的信息与外界信息相结合，就决定了我们的行为。"①水车形象就是兰州人根深蒂固的符号印象，作为本地化的设计师，其主观的审美总是带有地域的普遍性，这也许是以上设计在形态意象上都普遍带有黄河水车视觉感受的主要原因吧。

近年来，机动车辆增长迅猛，致使兰州乃至全国各主要城市的静态交通矛盾集中爆发，停车问题迫在眉睫，而世界各地现行的立体停车的解决方案大都是机械类升降横移式立体车库，投资大、结构复杂、技术难度高，存取车时间长，因此，采用何种机械和控制技术解决此类问题成了该行业的紧迫问题。

1. 基于黄河水车意象的旋转停车设备项目的研发内容

采用本专利技术进行立式旋转停车设备的参数化工程设计和产品制造的主要内容包括机械结构和控制技术两个方面，重点技术攻关在以下四个方面：

①机械运动的几何关系研究：通过研究计算确定辐杆的数量和长度，以及

---

① 唐纳德·A. 诺曼 . 设计心理学 [M]. 梅琼，译 . 北京：中信出版社，2003：56.

载车板轴心在辐杆的位置。

②机械结构设计：根据载车板的外部尺寸、额定载重量进行各承重部件的力学计算和结构设计。此方面有很强的可行性，从机械结构及加工制造方面来讲，本停车设备的整机结构是一种由多个平行双曲柄连杆机构的平行转动机构集合组成的，整机结构简单，重复构建很多，在本案例（载车容量为 18 辆）中大部分构件都为 18 套，共 36 件或 72 件若干相同零部件组成，有大批量加工的特点，不要求有较多种类的加工设备就能完成整机制造任务；其他尺度较大的部件和支架采用大型转动游乐设施的部件结构方式，已经获得相关的工艺技术资料，并在前期制造过程中成功使用。

③自动控制设计：主要是通过 PLC 光栅编码技术和刹车系统控制转动，通过设置诸多传感器，确保运行安全。本停车设备的控制技术也是较为成熟的常规技术，由于本设备通过平行转动方式来完成停取车作业，所以控制系统的主要任务是完成整个大轮辐的单位角度（本案例中为 30 度）的精确转动控制，采用一般 PLC 控制及光栅编码技术即可完成本设备的正常运行，此外在启动和停止的缓冲控制方面，基本与常规升降电梯的控制技术是一致的，都属于成熟的常规控制技术。

④土建安装设计：本停车设备有多种结构类型和安装方式，按安装类型可分为地上式、地下式、半地上式三种方式，按进出车方式可分为纵向和横向两种类型。在 42 ～ 84 平方米的立体空间内，可停放 8 ～ 18 辆车。并且，该停车设备可适合多种地形，不仅适合于广场平地，更适合坡地、堤岸等特殊地区，这在西部山区，尤其是黄土高原地区及河流穿过的城市更适合安装，充分利用坡岸地形，形成城市景观，又不影响正常绿化，城市商业开发等建设。根据城市规划与地质地貌特征的不同，可以选择不同的功能安装模式。

2. 基于黄河水车意象的旋转停车设备项目的可行性

此项目从目前国内外发展现状、趋势及同行业类比分析有其较强的竞争优势：随着汽车工业的飞速发展和人民生活水平的快速提高，机械式立体停车库也在快速地发展，从目前市场上出现的相关产品看，机械式立体停车库大概有九大类，主要包括升降横移类、垂直循环类、垂直升降类、水平循环类、多层循环类、平面移动类、巷道堆垛类、简易升降类、汽车升降机。但它们的基本运动方式都以垂直升降和水平移动为主，因而升降横移式停车设备是目前使用最为普遍的，而且占据了市场绝大部分份额。

和同行业相比较，由于升降横移式车库的车位移动更换较为复杂，上层的车要移下来或下层的车移上去，必须在启动层和目标层之间逐层横移。其他车辆腾出空位，某一辆车的进出会导致其他车辆跟着移动的问题，这是升降横移式立体车库的一大缺点。这个缺点导致车辆存取时间的延长，而且受车位移动置换方式的制约，这类车库的层数设置也不宜太高，除非建在用地万分紧张、车流十分密集的商业区。然而随着社会的发展，在城市服务区和居住小区中，小型的快速停取车的立体车库需求较为强烈，这样就产生了一些循环类、简易升降类等机械停车方式，此外，停车场又成为城市文化的象征，从而对立体停车设备的要求就越来越高了。

本发明专利所涉及的停车设备属于立式旋转循环类，其最大的特点是存取车速度快，具有强烈兰州地域文化特征，使其超出了单纯用于停车的功能，它与城市环境融为一体，具有城市构筑物的实用性和艺术观赏性特征。图 7-35 是该立式旋转停车设备的几种实施方案效果图。

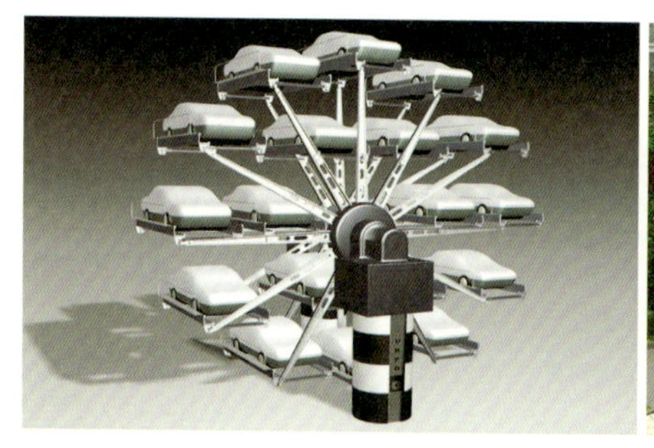

图 7-35 立式旋转停车设备实施方案效果图

（五）一种水车摩天轮设计

既然不同的河流哺育和造就了不同的地域性传统生活方式，这里必然有特色性的河流文化，如何传承和发扬本地河流文化应是各河流城市发展的文化旅游的要点问题。兰州、中卫、青铜峡等都是黄河上游流经的城市，各地政府在旅游规划中都在打“黄河文化”的名片。毋庸置疑，除了打造优美的自然生态环境和河岸风情线外，如何让游客体验黄河才是旅游设计的关键问题。黄河上游河道的传统物质设施主要有：羊皮筏子和黄河水车，但它们基本上都失去了昔日的水运、乘渡和灌溉作用。虽然游客现在可以乘坐体验羊皮筏子，但没有现代工艺和结构的更新内容，也存在安全隐患；而目前黄河水车则完全变成了一种观赏性的景观，甚至连传统水车的基本工艺结构和式样也没有了。

在新的旅游经济推动下，如何开发传统黄河器物文化，使其不失地域文化魅力，又具备现代多样化的旅游需求功能。必须综合分析各地地域情境场中的物质因素、能源资源因素，进行物场转换，将传统器物和现代旅游设施相结合，赋予其新的时代内涵和现代表达形式。

由此可以想到，巨大的圆盘状水车安装在河岸，利用流水自然驱动，而同样是巨大圆盘状的摩天轮安装在游乐园，利用电力驱动。黄河上游兰州、中卫、青铜峡等旅游城市，河水流速快，可以将传统水车与现代摩天轮相结合，从而产生一种基于流水驱动的水车摩天轮。安装在城市河流风情线的岸边，既能满足传统水车的观光作用，又有可乘坐的体验性的功能。

美国人类学家克拉克·威斯勒指出："从文化的角度而言，发明就是从旧的经验之间设想或观察到的一种新关系，而不是经验本身，如果有人称这样的发明中包含的全部具体经验肯定是从环境中来的，那是无可置疑的。"①其实许多传统器物成为现代设计的灵感和创意来源，使其地域性功能及形式审美这些方面得到发扬和利用。

水车摩天轮的设计有 3 个原则：一是保持传统水车的基本木质结构和工作原理，在外观上有鲜明的传统水车视觉特征。二是注意乘坐的安全性和可操作性，对乘坐轿厢、刹车系统、乘坐台等按照国家相关标准设计。

图 7-36 是双轮盘结构，中间垂挂轿厢，轿厢轴两端各自固定在主副两轮盘辐杆上。图 7-37 是单层轮盘结构，一根木质轴穿透轮盘两侧，各挑一轿厢。两种水车摩天轮均采用传统水车榫卯结构，部分禁锢件也采用传统铁活构建，如蚂蟥铁钉、蘑菇铁钉等，使其整体形式具有传统文化风格。

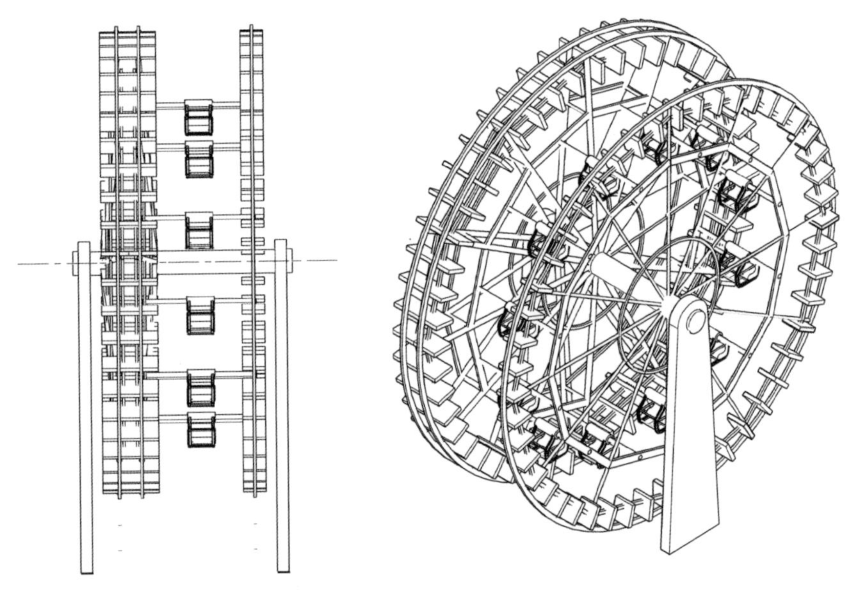

图 7-36　双轮盘结构的水车摩天轮

① 克拉克·威斯勒．人与文化 [M]. 钱岗南，傅志强，译．北京：商务印书馆，2004：281.

图 7-38 是水车摩天轮装置，采用了图 7-35 所示的立体旋转停车设备中的立式水平转动机构。其基本思路是在平行转动的平板上安装乘坐舱，平板下面是驱动桨板，利用水能驱动，转动过程中乘座舱始终处于水平放置状态，使游客在游乐中有惊无险，特别是当桨板转至乘客的上部时能防止流水对乘客的淋湿，在转动过程中，座舱始终保持水平状态，使乘客在体验刺激惊险的同时有效地克服恐惧感或晕眩症状。这种摩天轮装置适合于中老年人和儿童乘坐游乐。

基于传统文化的地域性创意设计立足于地域性风格和传统文化底蕴的基础作用。在一个特定地域，任何亲身体验的感觉都比眼睛看到的更容易使人有获得

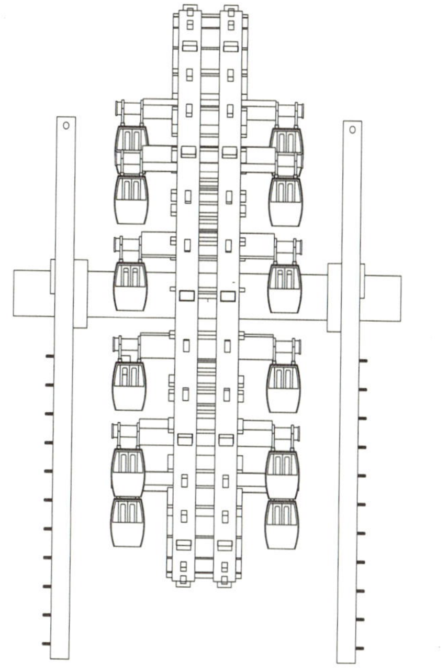

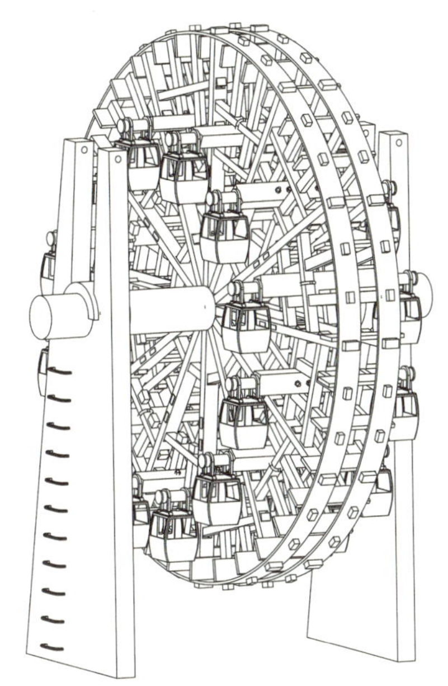

图 7–37 双轮盘结构的水车摩天轮

图 7–38 水车摩天轮装置效果图

感，也是大多数人愿意尝试的。这种流水驱动的“水车”无疑丰富了黄河上游城市黄河文化体验的内容。在增加水上游乐项目的同时也创造了旅游景观资源。

（六）基于黄河水车意象的展示装置创意设计

以图 7-35 所示的立体旋转停车设备中的立式水平转动机构为基础，还可以开发其他产品，如展示设施，这里再列举一例，它是针对黄河水车意象的彩陶展示装置。

目前公知的展示台和橱窗大都是静态的，也有个别小型的水平转动展示台，比如珠宝店、手表专卖柜台等使用的微型旋转展台，往往能吸引顾客的眼球。但在各种动态展台中，立式旋转的很少。有一种玩具或工艺礼品类的立式旋转装置，其原理是利用重力垂挂的铰接作用，可以使圆周分布垂挂的物品在公转过程中始终处于悬吊状态，它和普通摩天轮的重力垂挂铰接作用是一样的。不过利用重力垂挂原理做成的立式旋转展示装置，必须将被展示的物品放在一种悬吊的筐笼中，给人的视觉心理是展示物品在转动中位置较低，重心偏下，还有半隐藏的感觉。而展示设计的属性是提高被展示物品的特征，有一定的广告推销和特别推出的意象心理，所以半隐藏感觉的展示装置并不是很好。

使用本结构可以设计出一种动态立式旋转展示设备，将被展示物品放在托盘之上，被展物品的位置最高，有双手呈递，全盘托出的创意，不但能公转，还能自转。特别是被展示物品到达最高点时，就是该物品在一个旋转周期中的高潮点，视觉效果最佳，如日中天。随之则缓慢下降，到达最低点，接着就是一阳复生、三阳开泰，周而复始，很有中国传统哲学中的阴阳意象特征。图 7-39 所示的是以黄河上游马家窑彩陶为例的旋转展示装置，突出地域文化特色，我国《易经》、仰韶文化及马家窑文化主要起源于黄河中上游，该装置不但有太极阴阳图的意象，也有古老黄河水车意象。为了使物品的展示更具动态视觉效果，提高展示设备本身的造型艺术效果，对其进行了导电装置设置和结构改造，使其具备良好的实物展示功能。这种展示设备在运行中不但可以使展示物始终保持水平状态，而且还可以水平自转，这对贵重文物的展示效果很好。

古希腊哲学家德谟克利特、苏格拉底、亚里士多德等人物均认为艺术创作起源于人类对自然和现实生活的模仿与再创造，这是对艺术创作发生说的解释。设计是一种文化传承手段，一定地域的人们获得文化的普遍模式一直都是模仿其他民族或地域的特质。这是大自然的节俭，因为如果每个民族都不得不独自创造出自己文化的各个方面，那么，谁也不知道在达到当今世界的文化水平之前，要花费多少个世代。事实上，没有模仿的功能就很难设想人类能有什

图 7-39　立式旋转展示装置

么文化，因为只有靠着群体中年轻的一代对老一代进行模仿，文化才能永久存在。对于现代设计艺术的创造活动又何其不是如此呢。目前我国正处于文化大发展阶段，各地基于传统器物和珍贵文物的旅游开发设计大部分都只是某文物或传统器物的缩比模型，作为旅游纪念品的方式开发也只是纯粹的符号纪念品，没有实用功能和再创新性，针对传统地域文化的旅游设施设计更是少之又少。我们必须大力发展本地设计师在文化大发展中的作用，尽可能多地挖掘传统文化素材，进行地域生活体验，训练自己对传统器物的仿拟与变形和构成设计技能，这应是地域性设计的基本原则之一。

第四节　环境尚象（环境设计）

一、环境尚象

环境尚象是指人造环境与地域环境相适应性，天、人、物三者合一，人造物也应像天然物一样是环境的组成部分，并与天然环境有机相容。尚象是中国传统形式美学的重要概念，尚象的方法是类比、对应和象征，有象必有原象，这与现代数学映射原理基本一致。环境尚象，不只是一种原符号和设计物之间的对应关系，还包括人工环境与本地自然生态环境的相容性。即环境尚象追求两个方面的和谐：一是人造环境要表达本地符号特征；二是要符合地域性生态物场原理。这两者之间要有高度的内在统一性。

环境尚象理论在建筑、园林方面的设计理论和实践发展较为系统和成熟。自 1920 年起，梁思成及中国营造学社的一代建筑学者开辟了对中国建构文化传统的研究工作。这种工作几经中断，在今天又得到了某种程度的延续，建筑物本来就是环境的一部分，其建造和使用过程直接受环境制约，从古至今基本上是按环境顺从原理实践的。处于生存需要的考量，古人会因地制宜、因势而建，从而形成对这种环境认可的心理体验模式。

环境尚象与器物尚象不一样。一般来说，器物相比于人的尺度较小或相差不大，人只能处于器物之外来感受其外象。但当人工物或人工场景大于人的尺寸，并且人能参与其内部时，这种景象便与一般器物完全不同。“横看成岭侧成峰，远近高低各不同。不识庐山真面目，只缘身在此山中。”环境与器物的感受方式不同，环境主要讲究“局内”体验，大多数器物只能“局外”感受。建筑师罗伯特·舒尔兹认为环境设计要提倡场所精神，所谓场所精神就是一种集体无意识的体验，在体验中，体验者实际上是把空间场各要素的隐喻意义和人文精神作为一个完整的系统去考虑的。[①]我国古代园林艺术提倡，“境生于象外”，它是人对环境的体验的心理现象，这种心理现象就是意境，意境属于中国美学范畴的重要内容之一。美学家叶朗认为中国的意境是中国文化的最中心、最具有世界贡献意义的方面。[②]环境尚象提倡人的体验，景观大师约翰·西蒙兹认为，真正的环境设计，实际上不是实体场所或空间设计，而是在设计一种体验或体验方式，体验的东西是形而上的东西。[③]《周易·系辞》中讲：“形而上者谓之道，形而下者为之器”，是在强调“技尽于道”。当技术归于成熟后，也就是绘画的具象描绘、器物的精工制作达到相当的技艺水平时，它就不再是最终目标，更高的艺术追求在于超越技术，融入人的性情。中国造物、绘画都曾经历过从具象到抽象的转化。

在中国传统意象文化中，环境尚象的意义比制器尚象更深一层。尚象文化从原始制器尚象开始，尚象的目的是“立象以尽意”，方法是“观物取象”，这是“象之为象”阶段。发展到后期的“境生于象外”“象外之象，景外之景”，[④]从而上升到由“象”到“境”的境界。后来的造景和绘画中都不再追求“应物

① 诺伯舒兹．场所精神：迈向建筑现象学 [M]. 施植明，译．武汉：华中科技大学出版社，2010.

② 郭绍虞．中国历代文论选：第一册 [M]. 上海：上海古籍出版社，1979：309.

③ 约翰·O. 西蒙兹，巴里·W. 斯塔克．景观设计学——场地规划与设计手册 [M]. 朱强，俞孔坚，王志芳，等译．北京：中国建筑工业出版社，2009.

④ 司空图．与极浦书 [M]// 郭绍虞．中国历代文论选：第二册．上海：上海古籍出版社，1984：201.

象形”，突破“形”和“象”的“物境”限制，而在追求“心境”，表达一种冥想的自由，以追求“气韵生动”为第一要则。提倡“道不可言”“境生象外”的庄禅意境。“象外之象”是尚象的最高阶段。

所以，“境生象外”始发于庄禅哲学，源于对大自然的体验与思考，追求在环境体验中的含蓄美，具有玄思意味。“以我观物，物皆著我之色彩”，“以物观物，故不知何者为我，何者为物”。各种“境”的生成皆由自然实象和绘画图像而来，这就是《老子》所讲的“大美不言，大象无形，大音希声”的哲学思想。

其实近年来中国建筑学、环境艺术设计和城乡规划领域对基于地域文化的环境设计研究已很深入，他们早已将建筑设计理论从基于文化符号的纯粹“文化象征主义”上升到“力图在建构文化的普遍性和特定的地域文化冲突之间找到调停，从而在当代世界建筑发展中获得一种独特的文化身份”。[①]美国著名建筑评论家肯尼斯·弗兰普顿在 20 世纪 80 年代所提出的“批判性地域主义”理论在中国建筑界引起了强烈反响，掀起了对建筑的文化象征意义及特定地方性文化复兴的研究热潮。其实弗兰普顿的批评地域主义已超越了一般意义上的基于地域文化的地域主义，他是在还原主义的基础上构建整体思想。弗兰普顿不但考虑文化因素对建筑的印象，同时考虑如气候、地质等物理因素，将地域性与可持续性综合考虑，[②]这对后来新地域主义的产生奠定了基础。新的地域主义是对全球化趋势的一种反拨，它着眼于特定的地域和文化，关注日常生活中真实、亲近、熟悉的生活轨迹，提取文化中更本质的东西，致力于把当地文化用先进的理念、技术表达出来，使建筑和所处的当地社会维持一种紧密与持续性的关系。新地域主义在包含以往批判地域主义思想的基础上，更加强调设计的地域生态适应性和时代特征。王琼等当代设计师认为所谓地域性设计就是在设计中吸取本地的、民族的民俗风格和本地区所留下来的种种历史文化痕迹，并从地域元素形成的三个主要因素方面对园林、建筑、装饰的地域性设计概念和方法做了全面论述，其基于中国传统文化中的“心”与“物”的关系论述。精神物化思想论对地域性设计方法论的深层理论构建有着重要的参考价值，也是中国意象设计思维的较好阐述。

今日环境尚象设计要基于新的地域主义的观念，除了要挖掘传统园林建筑文化的形态特征、营造特点，体验民族独有审美特性之外，重在对生态设计理

① 朱涛．“建构”的许诺与虚设——论当代中国建筑学发展中的“建构”观念 [J]. 时代建筑 .2002（5）：30-33.

② TOHID F. Analysis of Iranian Traditional Archiecture Through the Lens of Kenneth Frampton’s“Critical Regionalism”[J]. American Journal of Engineering and Applied Sciences，2013, 6（2）：205-210.

念的阐发。传统材料和工艺有很好的生态特征，两者往往是互为条件的关系。本土化和现代化是当代设计中并驾齐驱、相辅相成的两支。现代设计要吸取传统尚象理念，且依据设计定位采用不同的形态抽象方法。传统活化的关键在扬弃继承、不复古泥古，要赋予新的时代内涵和现代表达形式，使中华文化基因与当代社会相适应。

现代设计还要符合现代人的体验需求，将自然元素（原象）按照现代材料、技术、现代构成特点做意象造型设计。在地域性设计中意象的原象不只来源于地域文化元素，还来源于自然形态，甚至是某些地域性抽象形态或环境意念形态。例如，宁夏灵武的白芨滩沙漠地质公园的星空屋设计（图 7-40），将沙漠星空做了现代几何体抽象设计，因为星光在不同材质的衍射作用下会呈十字形或正六边形等星芒效果，室内空间可以设置不同方向的夜空观察窗口，使体验功能与多面体造型相统一。这对基于地域自然环境的造型元素的提取及变化很有启发性。夜空中的星星本来是没有具体形状的，将其抽象为几何体造型，符合现代设计元素特征及当代年轻人的审美特点。

图 7–40　宁夏灵武的白芨滩沙漠地质公园星空屋

二、黄沙、黄土地区的环境原象

（一）黄沙原象资源

某地区的地形地貌、气候气象、土质土壤、植被动物、文化历史、工农生产、经济贸易等在地理学中属于地理要素，具有鲜明的地域空间特征和属性特征。设计学是研究如何将现有要素合理组合解决现实生活生产问题或重新提出新模式开辟新的生活生产方式的学问。地域性设计是针对某地的各种地理要素中的具体细节性因素做系统分析与还原，进而进行地域性元素的合理组合、生态重构，使之与地方文化和自然环境和谐相处的设计。从设计视角和取象设计理论看，可以将地理要素中与设计相关的具体细节特征元素称为地域性设计的原象资源，某地域的自然地理因素是地域性设计的主要构成元素和依据。

西北干旱区大致位于大兴安岭以西，沿长城到祁连山、阿尔金山、昆仑山以北广大地区，包括内蒙古中西部、陕西和宁夏北部、甘肃中北部和新疆大部。这些地区地形较为丰富，有平原、高原、盆地，干旱地区且主要以高原和盆地为主。东部是内蒙古高原、河西走廊，起伏和缓、开阔坦荡，西部是盆地和山地相间分布，准噶尔盆地、塔里木盆地、吐鲁番盆地，还包括青海柴达木盆地西北部等。这些地区地形封闭，多为风积地貌和风蚀地貌，年降水量少，气温的季节差和昼夜差都较大。西北地区主要是以耐寒、耐旱性动植物资源为主。

我国西北山脉密集，山脉毗邻沙漠戈壁一侧形成了大小不等的内陆河，如发源于六盘山北麓的清水河，发源于祁连山北麓的石羊河、黑河、疏勒河，发源于昆仑山和天山的塔里木河等，这些内流河在流经地域时形成大小不同的绿洲，是西北干旱地区农牧业生产的重要地区。图 7-41 是西北沙漠戈壁及绿洲地区的环境原象看板，图板从环境、气候、民居及农牧业生产四个方面，简单筛选了一些能代表本地域环境特征的图片。在创意、创新设计中，图形、图像思维具有重要的方法学价值。

能反映某地特征的几张图片乃至专门筛选的成组图片往往蕴含着有关某地的大量信息。设计师在联想、分析、比较、归纳、推理、直觉、灵感等各思维驱动下，可能会得到有关某地文化创意、旅游开发、生态设计、生产或生活方式设计等方面的灵感。而且不同设计师依据个人的知识构成和思维特点会产生不同的方案。图形看板设计也会因图片资料的种类、数量不同，制作者的挑选标准、板式组织方式等因素不同而不同。所以，不可能有最完整、最典型的反映地域特征的看板。但毋庸置疑，任何设计方案都不是凭空产生的，人脑总是在已有信息的基础上组合、衍生而产生新的信息。也就是说，地域性构思方案（象）总能在看板（原象）中找到映射关系。所以，基于图形图像的视觉思维是设计学方法的基本特征，而借助看板只是一种辅助设计方法，视觉思维必须要建立在已有的生活体验或经历基础之上。

如图 7-41 所示，在干旱气候的场化作用下，西北地区呈现出与西南部完全不一样的自然景观和生物群落，当地人们的生活、生产方式也呈现出鲜明的干旱性适应特征。在沙漠戈壁及绿洲地区的传统民居建筑都是就地挖土建造的土夯墙、土坯房、草泥平顶房。房顶使用的檩椽主要是白杨木、沙枣木，房笆则主要用芨芨草、红柳等沙生灌木条编制。而且新疆维吾尔族同胞的阿以旺式建筑也是使用厚重的土坯墙和平顶，沙漠地区的这些建筑模式适应了冬季严

图 7-41　西北沙漠戈壁及绿洲地区的环境原象看板

寒、夏季酷热的气候，并且利用了四季降水稀少的特点。

一般农具、家具也多为白杨木、沙枣木制品。黄沙地区的人们心灵手巧，诸多生活用品和器具制作也都是就地取材，使用条状的芨芨草、红柳、沙竹、沙柳等沙生灌木编制，虽然在器物的功用上与其他地区相差不大，但都是用了当地化的材料。这是沙漠绿洲地带的人们适应干旱和利用干旱的生活方式。

这里需要提到一种利用羊粪板垒砌的牧区建筑。在北方草原地区，许多地方缺少可用于夯筑和打土坯的黏性土壤，牧民们常常使用一种很特殊的建筑材料建造羊圈和草料棚，这就是羊粪板。羊粪板是羊圈中羊群集体踩踏羊粪和草料后，密集板结在一起的一种块状物质，质地较为坚硬。羊粪板晾干后，冬季可以作为草原牧户的烧炕燃料。若切成土坯状的砌块，还可作为建造羊圈和材料棚的建筑材料。这也是一种典型的就地取材，材料与自然环境相协调的生态适应的案例。因为这些地区都是沙性土，非常缺乏黏性细土，若按照绿洲地区的土夯土坯材料建造，运输和建筑造价成本高。再者因沙漠地区雨水非常稀少，风沙大，气候干燥，尽管羊粪具有臭味，但沙漠地区容易晾干，无臭气味，虽然强度不大，但能长期保留，由于降水稀少，不易风化和分解，所以羊粪板非常适用。

图 7-42 是巴丹吉林沙漠边缘地带的一个牧户用羊粪板垒砌的羊圈，该地带的沙漠地势平缓，沙丘较小。牧民选择了一处风水较好的避风湾定居在这里，旁边有一沙湖，牲畜饮水方便，周边没有任何可直接利用的建筑材料，牧民主要使用羊粪板建造羊圈和草料棚，当然居家用房的土坯等材料是外地运来的。

图 7-42　西北沙漠戈壁区牧民利用羊粪板垒砌的羊圈

西北沙漠绿洲地区的农民一年只种一季的水浇旱地，大田农作物主要有小麦、棉花等，但干旱气候适宜许多蔬菜和瓜果生长，高光照、昼夜温差大有利于植物糖分积累，西北沙漠气候盛产优质蜜瓜和葡萄，农作物品种和农耕生产方式地域性鲜明。新疆吐鲁番盆地的许多地方海拔为负值。人们利用山的坡度，巧妙地创造了坎儿井，引地下潜流灌溉农田。坎儿井不因炎热、狂风而使水分大量蒸发，因而流量稳定，保证了自流灌溉。这是沙漠戈壁地区传统生产、生活环境中的原象特征。

兰州到宁夏中卫一带的山地缓坡地带，不但降雨稀少，而且几乎没有地下水抽取浇灌，在传统干旱农耕生产中，当地村民发明了砂石地耕种方式，粗大的砂石保墒保肥，在砂石地中生产的宁夏硒砂瓜驰名中外。

（二）黄土原象资源

黄土高原是在地质时代，先由风力搬运形成沉积土层，再由雨水长时侵蚀、长距离搬运形成的，是世界上水土流失最为严重的地区之一。夏季风在每年 7—9 月如期而至，加上黄土易失陷、易流失的特征，导致黄土高原形成了千沟万壑的地貌特征。虽然千沟万壑的山地、丘陵地貌在世界各地随处可见，也都有梯田式农业生产方式（如云贵高原地区），但这些山地大都是岩石类地形，湿度大，夏季炎热，不适宜生土建筑形式。

黄土高原虽然水土流失严重，气候相对干旱，但千万年来人类以这样的自然地貌为基础，找到了一套适合人类生产、生活的生存方式。按照传统生活方式的宜居性看，我国黄土高原在生活的许多方面是得天独厚的，《礼记 · 中庸》讲道，“万物并育而不相害，道并行而不相悖”，在黄土高原地区的传统文化中，人与天

地和谐共处，形成了并育长存的生态境象。

黄土高原地处中纬度带，距离东部海岸距离适中，南接秦岭，这些综合地理因素决定了其温湿状况适宜旱地农耕生产，与传统农时、农事活动相协调。黄土高原的民居和农耕都是立体化的。单从空间体验情境看，这里的地表起伏幅度非常大，天然空间的三维立体感强烈。无论是农业生产设计还是民居生活设计，都需要从三维空间思考，黄土高原地貌为地域性设计提供了丰富的空间元素和立体体验机会。相对平坦地貌，这里地表裸露面积更大，纵横交错的沟壑阻止了来自北方沙漠戈壁地区的大风沙尘天气，虽然交通不便，但众多的沟谷和盆地具有聚湿、保温效应，适宜人类健康生活。图 7-43 是西北黄土高原地区的环境原象看板，该图板也从环境、气候、民居及传统农耕生产四个方面做了简单描述。但作为我国原始农耕文化的重要发祥地，很难通过几张照片就能表达本地的环境原象特征，或者说在有限的版面中图片的选择本身就是一种很困难的、值得专门研究的活动。图板的作用旨在引起读者的更多联想，想到更多的场景，激发情境设计和生态设计。

图 7-43　西北黄土高原地区的环境原象看板

黄土高原的传统农耕文化与黄土土质、黄土地貌有内在的一致性。黄土土粒物质组成具有高度的均匀性，黄土土粒为 0.005 ～ 0.05，以石英（约 50%）和长石（约 20%）成分为主。黄土作为农耕土壤容易形成团粒结构，保墒性极强；层叠的梯田，肥沃、疏松、保墒的黄土土壤，生活在这里的人们虽然靠天吃饭，也基本能保住收成，相对灌浇地区节省了大量的人力、物力和财力。黄土高原是我国旱地农耕文化的发祥地，春耕的一系列耕作方法形成了天人合一的中华农耕文化的根基，秋季人们用驴驮或独轮车推的方式沿着高低蜿蜒的羊肠小道，将收获的麦、荞、黍、粟、土豆等拉到门前的麦场上，呈现出一派恬静安逸的农耕气象。黄土高原地区的村民靠天吃饭，虽然经济并不富裕，但生活相对悠闲，土地综合性价比高，民间民俗文化发达。

由于黄土呈竖直肌理发育，土层结构主要以棱柱支架式多孔结构为主，在雨水搬运作用下，形成了川、谷、梁、峁、塬等黄土高原特有的各种地形。传统生活中，人们很好地利用了这种地形结构。生土窑洞和土夯建筑，左右上下错落有致，有各种精致的建造工艺，表现出自然有序的空间立体感。黄土作为土夯、土坯材料，含有丰富的黏土和易溶性盐类，遇水夯实后容易固结成聚集体，干燥后强度很高，再者，黄土高原降水相对较少，土夯、土坯生土建筑使用期较长。这里的人们不但创造了独特的传统生土民居形式，从原始社会起先民还在这里造就了举世闻名的黄土彩陶文化和原始农耕文化，天人合一。

黄土高原温湿的河谷环境，洁净的黄土土质使得这里适宜酱醋腌制食品，再加上黄土又是一种上好的陶瓷制品烧制原料，所以黄土高原农家腌菜、酿醋、做浆水、甜胚子用的陶瓷制品都来自本土黄土烧制。新鲜的瓜果蔬菜、五谷杂粮、米面酱醋放置在窑洞最里面的小套窑中，夏季寒气袭人，保鲜效果非常好。天水、静宁等地盛产苹果，定西、西吉等地盛产土豆，这些果蔬放在黄土窑洞中，等到第二年五六月份还水分饱满，新鲜如初。

中国传统农耕文化中的天人合一思想，除了主客一体化心理象征意义外，还有生态理念上的人与自然和谐相处的价值。西北干旱地区地理特殊，历史上又是中西方文化交汇的核心地段，曾经有辉煌的传统文化，人与自然关系的特征鲜明，按照二重性原理、自然运动和人类适应性活动共同造就了西北干旱农耕文化的和谐境象，形成黄河、黄土和黄沙地区的环境原象。

三、西北地区干旱性设计与实施现状

当前，我国处在文化旅游、乡村振兴、攻坚扶贫的融合发展时期。如何从设计的视角，并通过地域性设计的方法和手段把西北贫困地区独特的自然环境和干旱农耕文化资源转变为新的经济发展模式，具有设计学重要理论意义和现实价值。近年来，国内也有不少学者从地域性生态、旅游、文化扶贫角度对西北干旱环境下的生态设计做了多方研究，如有的学者针对西北荒漠化特殊条件，构建了适合西北干旱条件的建筑生土设计模式理论，继而对设计方法进行了探讨。①国外较早从事干旱条件下现代人类生活方式设计研究的是美国宾夕法尼亚大学 Gideon Golany 教授，他对干旱地区城市规划及发展，以及基于气候影响的规划设计有着长期的独到研究。1977 年，他出版了 *Urban Planning for Arid Zones—American Experiences and Directions* 一书，这本书对美国干旱及半干旱地区的城市规划有了系统的阐述和研究。

中国干旱性传统农耕文化历史久远、品质优秀，但随着工业化、城市化、现代化进程的加快，传统农耕文化遗产的保护与传承显得越来越紧迫。已有学者对中国传统农耕文化面临的危机与传承做了多年的农户调查研究，结论认为：除了工业化和城镇化的间接冲击，直接原因是传承主体“结构性缺失”，后继无人。②这是一个全国性且持续加剧的问题。西北干旱性农耕文化在中国农耕文化中独具特色，具有较强的干旱生态价值、地域文化及民族文化价值，20 世纪 90 年代已有学者对西北干旱旅游资源的开发问题做了零零星星的研究，但这些研究不是针对西北干旱农村的，而是基于整个大西北的风蚀地貌、风蚀城堡遗址、民族民俗等宏观的盘点描述。近年来，随着我国发展方式转变、攻坚扶贫、发展传统文化、乡村旅游等政策的推进，西北干旱性乡村旅游研究正在升温，现有相关成果主要集中在西北黄土高原和沙漠绿洲农村的旅游资源、旅游现状调查、旅游对策发展研究等方面，都提到干旱性乡村旅游要与其他产业链联动发展，需加大宣传、发展品牌。③但针对现代社会条件，如何传承和创新干旱农耕文化论及得较少。

比如宁夏在多年的旅游发展中已经形成较为扎实的联动产业基础，在旅游品牌建设，旅游宣传上已经有了相当多的经验积累。此外，周边的巴彦淖尔、阿拉善等干旱性旅游，经过多年发展也都相当成熟，是干旱旅游在西北的集中区，但他们在干旱农耕文化的挖掘、创新传承方面明显欠缺。宁夏发展干旱性农耕文化旅游可以弥补该地带的旅游短板，为游客提供原生态的吃、住、游、购、学、思等全方位体验与感知。

① 张群 . 西北荒漠化地区生态民居建筑模式研究 [D]. 西安：西安建筑科技大学，2011.

② 刘子磊，韩艳杰 . 中国传统农耕文化现状研究——基于河北省 1000 户农民的调研 [J]. 河北企业，2017（1）：53-54.

③ 李雪琴 . 黄土高原以旅游业带动的农村经济发展的思考 [J]. 农业经济，2014（9）：46-48.

（一）西北干旱地区环境尚象设计现有案例分析

干旱是一种环境场，处在干旱场的所有事物都会受干旱因素的直接或间接作用影响。干旱环境对人类乃至动植物的生存来说是一种逆境，但长期生长在干旱环境下的动植物则会形成一种适应环境的生命习性，处在该环境下的人类在长期的生产、生活中也形成了防范和利用干旱的生产和生活方式。无论是动植物适应干旱的生长习性，还是人类防范和利用干旱的模式，都有很好的生态和文化科教价值。

西北丝绸之路沿线有许多珍贵的历史文物和遗迹，特别是石窟壁画和彩塑艺术，千年彩绘艺术能得以保存到今天，自然因素方面完全得益于西北沙漠的干旱气候的保护。因为潮湿的环境容易使彩绘文物表层氧化逐渐腐蚀脱落，但干旱环境却能相对减少许多破坏性的化学反应发生。

这些干旱的科学效应对今天的文物保护、科技展览都有很重要的环境设计参考价值。由日本政府设计援建的敦煌石窟文物保护研究陈列中心与莫高窟隔河相望，包括一个演播厅和三个展区，占地面积 2 万多平方米，但敦煌石窟文物保护研究陈列中心的设计完全有赖于莫高窟的地质气候条件才得以保存到今天，它采用了更为低矮的坡面造型，致使整个陈列中心位于地下，不但防风沙，最关键的是不在人工调节的情况下，直接实现了莫高窟的窟内原环境条件——干燥、低温、沙石窟微气候环境（图 7-44）。

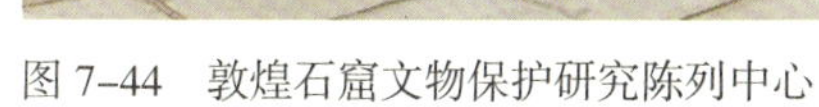
图 7–44 敦煌石窟文物保护研究陈列中心

图 7–45 阿拉善世界沙漠地质公园展览馆

近年来，随着联合国的生态援助和国家生态建设政策的推进，沙漠设施设计项目日渐增多，其中，阿拉善沙漠世界地质公园博物馆的设计呈现出较好的生态意象设计的学术价值（图 7-45）。各地质公园的职能是推进旅游就业、保护地质资源、发展生态地质教育，促进科学研究，促进人类可持续发展。阿拉善沙漠世界地质公园展览馆不是一般的在文化符号概念上的造型设计，它置身沙漠腹地，却不被黄沙掩埋，其自身的外形和结构就承担了防沙功能，是现场体现验证沙漠科学的实验体。其低斜坡、多面几何体的外形设计，顺应所建地周围的气流和风向，消除了沙丘的堆积条件，同时将侧风面作为借光面，背风面作为出入口，体现了良好的深层生态尚象理念。

此类设计应是新时期人类“尚象制器”的新楷模，其环境尚象的意义已不再是近百年来传统建筑设计中的地域文化风格观念了，已被赋予严格的地域生态环境科学价值，应该说这才是地域性设计的本质所在。

我国著名建筑规划师任震英曾在兰州白塔山北坡选了一块黄土高原的典型地貌，以土坯和窑洞生土建筑模式为主，做了黄土高原地区的生态建筑实验性研究（图 7-46）。该实验共由 43 个窑洞组成，依据该地段的固有地貌，窑洞群由下至上呈阶梯错台式排列，所有窑洞的后部做了垂直通风孔，排风出口位于上一排窑洞门口的台院上，分组穿通，通风设施和洞顶采光相结合，有效解决了传统窑洞阴、暗、潮、闷，通风不畅的问题。[①]该窑洞群在每层台院上都做了覆土夯筑，使下层窑洞呈箍窑结构，基本解决了传统窑洞滑坡及抗震能力差等问题。同时因山庄靠黄土坡而建，台院夯土和箍窑用的大量土方就直接可以从土坡高处劈削滑溜而下。优质的黄土不但能就地采掘，而且还不用费力，充分利用了土方的重力势能，这比平地建房消耗的能量少很多，节省了大量的建筑材料平地运输成本和高空提升能量消耗。这一特征是黄土高坡地区生土建筑今后要充分研究利用的，甚至要形成一种生土建筑依坡施工的一般模式。黄土土质在坡顶和坡底都一样。

图 7–46　任震英主持修建的白塔山庄

白塔山庄造价低廉，平均造价在同期，只有市区楼房的三分之一左右。而且使用维护成本也较低，按冬季四个月采暖期测试，其中有两个月不必耗能采暖，由于地处山坡阳面，冬季又无风，坡面整体温和，若在家装时安装部分玻璃温室，与太阳能电池板、太阳能热水器综合使用，即可实现冬季基本不用

① 张延年，郑怡，汪青，等 . 生土建筑现场调查 [M]. 北京：科学出版社，2014：8.

额外供暖设备的目的。该设计为西北黄土高原提出了一种新的生土窑洞规划方式，使人的特定居住模式融入特定自然环境，生态宜居，天人合一。白塔山庄建成后，先后接待过美国、加拿大、德国、英国、日本、菲律宾等国生土建筑专家的参观学习，受到国际好评！

（二）国家政策引导的西北乡村环境尚象设计的意义、方法和原则

1. 研究的意义和必要性

中国是农耕文明古国，农村人口占国人的绝大多数，传统文化的根基在乡村。所以农民和乡村的发展一直是民族复兴的重要问题。20 世纪 30—50 年代，曾有梁漱溟、费孝通等学者对中国农村改造的理论和实践做过系统研究。被称作“最后的儒家”的梁漱溟对中西方传统文化的对比研究成果卓著，他认为中西文化有不同的发展路径，中国传统文化有很优秀而独特的一面，未来必将复兴，但需要改造；建构中国新文化应借鉴和吸收西方文化，而乡村是中国文化“有形的根”，新文化建设必须源自乡村。他试图通过农村新礼俗、乡学、村学来教育民众，最终实现中国传统文化复兴的目的。

费孝通一生致力于为中国农村和农民找一条出路，他认为中国社会从基层上看是乡土性的，农民以地为生，以村落为聚，周围都是熟人，有感情，生于斯、死于斯，终老是乡。[①]费孝通认为中国乡村建设的核心问题是如何将乡土工业发展的收益留在农村、留给农民，进而以农民为主体自动完成乡土重建。[②]但时过境迁，相比 20 世纪 50—70 年代，中国农村已发生了巨大变化，随着农村生活水平的不断提高，高等教育的普及化，以及产业化经济、城镇化经济的快速发展，农民工已成为中国的一个新型阶层，他们是介于城市和农村之间，并以非农业收入为主要收入的社会主要劳动群体。他们看到了在城市和农村生活的差别，也体验到了自己劳动的艰辛，认识到技术、知识和学历在职业生活中的重要性，鼓励和支持自己的孩子能走出农村，依靠技术、知识获取丰厚的收入。所以，这些年来，农村家庭已特别注重下一代的教育问题，为了能让孩子考上大学，遗弃耕地，在城镇租房陪孩子上好一点的学校。有的农村家庭倾其所有，在城镇买了学区房支持孩子上学，希望孩子将来走出农村，过体面的城市生活。

但不可否认的是，社会发展方式始终在转变，未来的农村可能反而很有吸

① 费孝通 . 乡土中国 [M]. 北京：人民出版社，2015：5-9.

② 耿达 . 近代中国“乡村改造”的两条路向 [J]. 华南农业大学学报（社会科学版），2016（2）：133-140.

引力。农业部部长韩长赋在接受媒体采访时说："将来大家会渴求当农民，农村成为稀缺之地。在很多人唱衰农业与农村之时，有人大胆预言，未来的农村或可能成为你我高攀不起的奢侈品。"随着国家乃至全球经济发展方式的转变，传统化、原生态和现代化、高科技化可能同时存在。在高科技带来健康问题和环境问题时，人们更青睐于地域性的、原生态的、乡土化的生活消费。所以农村的未来发展前景应该很光明，农村大学生读完大学后回乡创业可能会掀起热潮，因为他们毕竟有在这里生活的经历，对乡村文化、乡村社会很了解。若能在长辈的指导下，继承和传承一些传统农耕文化技艺，并结合现代管理思路发展，将是回乡大学生和返乡农民很好的创业之路，也是乡村振兴的重要之路。

当前我国正在努力实现全面建成小康社会和全面实现现代化的目标，"三农"问题是实现目标的首要基础问题。经济、政治、文化、社会、生态建设要优先在农村发展，其中精准扶贫、传统文化振兴、乡村振兴、乡村旅游、乡村生态建设等一体化发展是乡村和农民发展的主要切入点。我国现行的乡村政策措施与梁漱溟的乡村传统文化振兴及费孝通的乡村经济发展策略有很大的相通之处，但由于不同时代的政策和经济水平局限，各阶段乡村发展的具体任务和方法存在差异，梁漱溟和费孝通并没有将中国农村建设与旅游业之间的融合发展做较多考虑。

事实上，当人们进入小康社会，生活水平提高后，旅游将是城乡居民的重要生活方式，旅游业是拉动地方经济发展的主要引擎。旅游业不同于技术、资金和人才密集型的高科技产业，高端制造业和高科技产业主要分布在经济发达的一、二、三线城市，而旅游资源的很大一部分则分布在边缘地区和县镇、乡村，许多经济欠发达的西部地区，却有丰富的自然景观和乡村传统文化。西北干旱的农耕文化、绿洲文化亟待开发，风蚀地貌、沙漠戈壁正在开发，这些资源在过去可能算不上旅游资源，但在未来，相比全国人口密集区的"湿润性旅游资源"，这些"干旱性旅游资源"特色鲜明。如何挖掘和创造"干旱性旅游资源"，找到干旱地区人与自然的生态适应的生活方式，将是西北乡村振兴中尚象设计的意义和价值所在。

（1）适应未来多元化的旅游消费需求

陕、甘、宁、新、青西北五省区地理特征的跨域差异巨大，如陕西和甘肃的南部都地跨四川盆地的湿润区，但北部却为沙漠地区。西北每个省区都有干旱、半干旱及沙漠地区，气候干旱是西北地区的整体特征，其中青海大部分、甘肃少部分还跨域青藏高原。也正是这些地理差异造就了西北丰富的自然景观和地域传统文化资源。

当今世界，全球化与本土化并行存在，高科技与原生态耦合发展。当代人的文化消费心理趋向多元化，且各类消费心理的人群正趋向平衡。西北有粗犷的自然环境和豪迈大气的人文格局。未来社会，人们既有秀丽精致的消费心理需求，也有粗犷豪迈的体验需求；既有繁华热闹的心理需求，也有荒凉孤寂的心理需求。随着生活水平的提高及快速交通的普及，这些差异性体验需求很容易实现。一方面，西北人口稀少，但自然景观奇特，特殊的地理气候条件下盛产优质土特产。我国南方和沿海地区人口密集，那里的人们在看足了青山绿水之后，有体验广袤荒凉、关爱贫困、体验原生态生活的消费情怀。这些人群数量巨大，是未来消费的主体。另外，中国社会经过恢复高考、人口迁移、改革开放等社会变革，许多曾有过农村生活经历的城市居民，有追忆和体验乡土文化的情怀，农村的一砖一瓦、一草一木，都凝聚了他们儿时的回味与思念。这些人已逐渐步入中老年，体验需求强烈。但许多乡村旧时的感觉已面目全非。所以乡村振兴和美丽乡村建设一定要保留乡村景观中最具历史意义、地域生态特征和人文情怀的地形地貌和传统设施。

曾经被认为落后艰苦的西北环境条件可能会成为未来文化旅游发展的资源和优势，这就需要引入新的发展观念，特别是通过创新设计思想，变荒凉为另一种体验意境，变干旱的传统文化为新的体验模式。

（2）西北生态问题关系到全国生态安全

虽然环境问题是全球问题，但发源于我国西北的沙尘天气近些年来已波及东南沿海，甚至在春季台湾都有沙尘的影子。甘肃河西走廊是全国最重要的生态安全屏障，要保护和建设好祁连山生态系统，需要科学维护和利用好祁连山北麓的诸多沙漠内流河，特别是石羊河流域生态治理问题，绝不能让巴丹吉林沙漠（我国第三大沙漠）和腾格里沙漠（我国第四大沙漠）在民勤北部的曼德拉地带合拢。

地域性设计的本质主要体现在生态性设计方面：创新防沙、治沙、防尘、除尘的设施与工具，创意用沙、玩沙的工具和方法；通过对地域性生态因素的重新组合，挖掘沙漠绿洲地区，发掘干旱黄土高原地区的传统文化中人们利用干旱、防范干旱的生产设施和生活方法，使之赋予新的形式和技术改进；结合现代干旱农牧业科技，如雨水集结、滴灌、盆栽、日光温棚、耐旱耐寒植物的立体种植与景观设计等，构建新的适应干旱的生产方式和生活方式，形成新的干旱农业观光旅游资源。

（3）设计扶贫与地域性生态设计、传统文化振兴相结合

中国是农业大国，农村人口占多数，农村的经济水平低下将影响国家小康战略目标的实现，所以“三农”问题一直是中国最重要、最基本的问题。中国

农村的贫困尤以西北地区最为严重。造成农村贫困的原因是多方面的，但最根本的是艰苦的自然条件和生产条件，由此农村的文化教育、发展观念、生态环境、交通条件、经济发展等都普遍落后。在多年的农村扶贫探索中，我国制定了精准扶贫政策，精准扶贫是指针对不同贫困区域环境、不同贫困农户状况，运用科学有效的程序对扶贫对象实施精确识别、精确帮扶、精确管理的治贫方式。针对这一政策，国家曾出台了“六个精准”“五个一批”“五个坚持”等系列政策，其成效显著。精准扶贫涵盖了各行各业，其策略和方法涉及各学科、各专业。

西北地区有丰富的前人适应干旱的农田设施、耕种模式、民居建筑形式，特别适应干旱的窑洞民居、土夯、土坯等生土建筑。从设计学视角，基于西北地域性设计的切入点，可以通过设计思维和设计手段对西北地域性的自然资源、文化资源做重构设计，解决本地贫困问题。例如，在易地搬迁安置方面，可以结合本地传统民居文化特征、地域气候、地质条件，以及现代生土建筑技术，进行新农村、异地安置小区的地域性、本地化规划设计、景观设计和建筑设计；在生态保护和生态补偿脱贫方面，可以对生态旅游环境进行规划设计，还可以对种草植树的工具和设备进行创新设计，还有地域性创新、创意设计教育培训。农村的地域性设计必须以本地农民实际需求和各乡村实际情况为主导，只有城市生活经历或遥远外地生活经历的规划设计师在乡村设计中很难胜任设计工作。乡村生态设计和文创设计团队中应聘请一些有能力的当地贫困农村人员参与，以此获得就业岗位和劳动报酬。在地域性设计中，本地人员往往比外来设计人员更了解本地的地域属性，因此，他们在地域性设计中是占绝对优势的，可以通过技术培训使之成为专业的设计技术人员，为地域性设计提供好的方案，在一定程度上减少了本地人才外流，为本地人员提供了创业、就业机会，给地域性设计赋予了人才扶贫的意义，这适应地域性设计中的人才使用原则。

传统文化是在历史进程、文明演变中汇集而成的能反映民族特质和风貌的文化。梁漱溟曾认为中国传统文化振兴要从“乡学”和“村学”开始，农耕文明的文化特质源自乡村传统文化，各地的地域文化又是中华文化的不同侧面，乡村传统文化的振兴是乡村振兴和美丽乡村建设的切入点。西北黄土高原和沙漠绿洲地区都有很多种地域特色饮食，这些农家小吃有异域的原生态风味。农家妇女在外打工不一定有很好的职业技能，但制作家乡小吃却是一手绝活。可以通过特色店面设计、品牌，将其转变为谋生手段。许多农家妇女都会做传统布鞋，西北干旱的路面和旱地耕作干活要求鞋子结实耐磨，尤其鞋底要纳缝致密，传统农家妇女纳鞋底，绱鞋帮是一把好手，现在这些布鞋在大城市还很抢手，价格较高。此外传统工艺的生活用品、家居装修消费已悄然兴起，农村的铁匠、木匠手艺市场逐渐火爆，这些传统手艺都需要现代设计理念的再设计和包装设计，制作和展示门面设计要展现传统特征、突出地域文化特质。

乡村传统文化的传承人或文化主体主要是本地人，拥有地域性的传统文化对贫困地区的人们来说可能是一种财富。通过设计可将本地文化转变成旅游产业。西北地区设计扶贫与生态设计、传统文化振兴相结合的意义在于通过设计思维，将干旱的传统生活方式转变为现代干旱性生态旅游体验模式，变艰苦的自然条件为未来特色旅游资源，为贫困地区贫困人口创造就业机会、提供贫困人口可就业工种。

（4）乡村振兴和美丽乡村建设

乡村之美体现在农村生活适应特定自然环境的乡土和谐之美中，振兴乡村，建设美丽乡村是国家长期的战略决策，每年都被以中央一号文件形式制定和发布。乡村振兴和建设的设计原则是适应地域自然环境和突出地方乡土文化特征。环境尚象设计至少可以从三个方面为西北乡村振兴和美丽乡村建设服务：一是进行生态设计，综合现代节水和抗旱技术，采用现代创新设计思维，创造西北乡村生态景观，建设乡村容貌，推广生态科普教育；二是借鉴传统文化中人们适应干旱和利用干旱的技术，提出新的原生态的农业生产方法，提供原生态的农业产品，比如西北缓坡地带的砂石地抗旱生产技术，在不用浇灌、不用施肥、不用打药的情况下生产的硒砂瓜和豆类农产品非常受市场欢迎；三是在执行国家政策，进行乡村基础设施设计与建设中，应保存乡村的地域特征和传统文化意蕴。

传统乡村都是几经多代人选择，因地制宜、因势而建的改造，是不断继承和改进的结果。有些传统村落是经过长期的历史演变而形成的，其在风水选择、生态考虑方面很讲究，是前人在分析观察、经验积累的基础上形成的，这里隐含着许多人文科学和自然科学道理，值得美丽乡村建设和振兴规划时研究参考。比如，黄土高原地区，地形复杂多样，每个村子的地形地貌都不一样，形成了千姿百态的村容地貌。在长期的历史演变过程中，村前一条沟，村后一座山，村头一棵古树、一座老桥、一座古庙可能会形成一个整体的乡村文化系统，这些地标特征正是乡村文化旅游资源，也是勾起走出乡村的读书人的思乡符号。在乡村振兴和美丽乡村建设中，一定要保留这些自然特征和人文地标特征，或者是新设计要与原自然和地域文化相和谐，这是环境尚象的基本意义。

（5）旅游业与文化产业、精准扶贫和生态建设融合发展

旅游业是未来经济发展的主要引擎。设计是旅游业发展的润滑剂，涉及了旅游业辐射的所有行业。如自然旅游资源的景区规划、旅游设施设计、旅游

形象创意设计；人文旅游资源的景区设施设计、土特产品牌及包装设计、旅游产品设计、新式旅游体验资源创新设计、旅游体验器具设计；住宿、餐饮、服务、交通设计等无所不包。而这些经济活动又涉及产品设计、文创设计、生态设计、景观设计、精准扶贫等不同专业和行业。

设计是一种创造性的谋划活动，是将各种因素合力组合，创造和引导旅游消费欲望。旅游相关的创意设计都强调对地域特色的挖掘，运用系统观念和方法，使地域各因素、各元素有机整合，资源巧妙配置，从而创造贫困地区人们致富的机会。长期以来西北地区，特别是县市级行政区，严重缺少创新设计人才，致使在传统工艺再创造、土特产文化设计、旅游体验器具开发设计方面几乎是空白的，但这又恰恰是设计扶贫和设计振新的机遇。要利用好国家农村振兴、精准扶贫和旅游政策，大力发展设计学科和设计产业。所以旅游业与文化产业、精准扶贫和生态建设融合发展是地域性设计发展的模式和生存的基础。

（6）“一带一路”

西北是古丝绸之路陆上通道的发起段，包括南线和北线。南线从长安出发经天水、兰州到青藏和西域乃至更远的西亚中亚，北线由长安出发经固原到河西走廊再到更远的西亚中亚乃至欧洲。西北黄土高原和沙漠戈壁区是古丝绸之路的必经地带，这里留下了大量丝路文化遗迹，这些文化遗迹大都分布在村镇周边的要塞地区，可通过文化景观设计与乡村旅游融为一体。西北既是古丝绸之路沿线，又是中国古代北方游牧文化和中原农耕文化的交接地带，有大量的胡汉融合的文化遗迹及大量的关隘城堡，长城遗址和烽燧土堡随处可见，这里发展成了一种农牧皆适的过渡性文化。全域旅游背景下，通过环境尚象设计，保护遗迹再现意象、诉说历史，使现代乡村游牧文化体现传统地域文化意蕴，培育乡村旅游的地域形象。

“一带一路”思想虽然是针对全国乃至全球的经济和文化的发展战略，却极大地振兴了西北地区的发展信心，因为古丝绸之路的黄金段主要在西北。西北曾有辉煌的历史和发展高度，是距离国际世界最近的地方，但航海运输的发展使这里逐渐被沦为历史遗忘的角落，现在借助“一带一路”可使沉寂的西北再现昔日的繁荣。尚象设计是最能表现地方风貌的手段，借助文史资料，探求和研究丝路发展历史上东西方文化互通有无的案例，吸取丝路文化符号，通过文创设计，再现地方工艺和文化产品的多元化、国际化特征；通过展览设计、景观设计获得世界各地的共识接纳，也为西北地区各民族之间的归属认同、增进理解起到积极作用。

2. 基于国家政策的乡村环境尚象设计原则与方法

环境设计不同于产品设计，相比而言，环境设计的公共性更强，尤其是美丽乡村建设和乡村振兴设计，政策性更强，设计者必须弄清国家和地方政府的相关规定和要求，针对乡村振兴的调查研究实际是为政府提供决策参考，乡村环境设计一定要符合政策法规，同时着力于地域环境适应性和本地审美的文化归属感，这是乡村建设中环境尚象的重要原则。

基于西北乡村乡土文化的设计振兴研究过程可分为盘点、建构、盘活三个阶段进行。尚象设计的本质是地域适应性设计。首先进行乡土文化的调查，即从传统生活的衣、食、住、行、用等方面对西北干旱农耕中有价值的乡土文化资源进行盘点和整理，从干旱适应原理的角度逐一分析传统生活方式的生态价值和地域文化价值，要具体到承载这一生活方式的物质工具和生产产品的环境适应特征，最后形成西北传统干旱乡土文化的传承目录；在此基础上结合现代技术、材料、生态设计理念进行地域元素的组合重构，使之赋予新内容和新价值，提出干旱生态性概念设计方案；盘活主要指市场推广研究，甚至在设计一开始就应和国家政策和地方项目相结合，从旅游体验生活中的食、住、游、购、娱、思、学、研、农事体验需求多方面盘活资源，形成产业链和服务链。

（1）优先盘点考察城市周边的特色乡土文化资源

乡村旅游开发设计要大力保护和建设地方自然生态环境，不是所有的农村地区都适合做乡村旅游，必须是在靠近城市周边的农村地区和一小时经济圈内的郊区做盘点考察。要透彻研究国家和地方政府发展的具体政策。以省区全域旅游、文化建设、生态建设、农村政策和精准扶贫政策为基础，调查和盘点城市周边、公路沿线节点地带可利用的干旱乡土旅游资源和生态设计改造条件。对该乡村的特色农耕、居住、用品、饮食等传统乡土资源分类盘点，对旅游休闲价值评价分析。大多数城镇总是依赖周边的农业基础而存在，也就是说，不同城市地处不同自然环境，周边必然有特色性的农业传统文化。如甘肃兰州、庆阳、平凉，陕西延安，山西吕梁等地处在黄土高原地区，这些城市的周边可以发展黄土高原传统农耕文化的乡土旅游；宁夏银川、中卫、石嘴山等，甘肃武威、金昌等，内蒙古乌海、阿拉善左旗等地处沙漠边缘或绿洲地区，这些城市的周边可以发展绿洲传统农牧文化旅游。

（2）注重传统文化遗物再利用及其传承人调查

乡村旅游发展要注重系统性和资源盘活再利用原则。盘点农村居民进城生活后，在乡下闲置的传统院落、宅基地等，分析其作为休闲旅游的再利用价值；传统生活方式是一种活态遗产，要注意乡土文化后继有人，比如传统农家小吃要有传承人。要重视农民工、返乡大学生对传统生活方式、乡村生活的技能掌握情况及基础品质和再培训调查研究。特别是要保护修缮和利用好现有传统民居住宅，利用好现有传承人，在乡土旅游和乡村振兴中充分利用好本地传承人，使本地人成为旅游开发的主力军，为精准扶贫、乡村振兴注入新的活力。

西北传统农耕文化中具有很好的干旱性生态资源与干旱性乡土文化资源，值得赋予旅游价值。西北贫困农村大都处于干旱缺水和生态恶化的状态，但长期生活在这里的人们在生活过程中积累了许多宝贵的适应干旱、防范干旱、利用干旱的原生态生产、生活方式，这些方式都对应传统农田设施、居住设计等，比如黄土类、沙包类的生土建筑景观、休闲旅游，绿洲风味、黄土高原风味的农家特色饮食。分析研究这些生产生活方式，用现代理念，将其作为旅游资源盘活利用。乡村旅游，消费者更注重对传统生活方式的体验和对传统乡土文化的追忆，特别是对干旱性田园生产观光、生态感悟、干旱农事体验、原生态特产、农家小吃等方面的消费需求。设计要更充分地表现这些原生态特征，消费需求能落实到具体的贫困人口的参与方面。

（3）在乡村旅游中发掘乡土文化的地域生态特征

如何传承创新，重在重构设计，设计重点应放在探寻发掘西北黄土高原地区传统生产生活适应干旱的方式，尤其是发掘传统方式中对地域环境适应的独特性和有科学价值的东西，在此基础上运用现代设计思维和设计技术重构和活化。

值得一提的案例，是坐落于红色旅游胜地——六盘山脚下的龙王坝（图 7-47）。该案例位于宁夏南部固原市西吉县境内，距离西吉县城不到 10 公里，交通非常便利，是典型的中国西北黄土高原农耕地区。站在龙王坝顶，举目远眺，沟壑宽大空阔、梯田千层万叠，五色梯田令人心旷神怡，极具景观观赏价值。

图 7–47　美丽乡村宁夏西吉龙王坝风光

景区选在一个居民相对密集的小村庄，在规划时把村庄里的每个农户都纳入了景区范围，把院落变景观、把农房变客房、把农民变导游。每家每户都住在高低不一的台地上，错落有致，各有千秋，富有空间立体感。每个农户的大门都敞开着，走进每一家院落，景观都不一样，有的在房前栽了果树等，后院是菜园；有的在房前做了花台，一侧靠土崖，还有储藏小窑，另一侧是菜园等。每家都设有旅客客房，既可吃农家饭，也可住宿，自家菜园，现摘现炒。此外，景区管理处还专门设有窑洞宾馆，满足一些不愿住农家的旅客要求。利用现代生土技术建造的窑洞客房宽敞明亮，窑口前装饰有传统农耕文化元素，如吊串的苞谷棒子、辣椒等，给人一份安静祥和的感觉。

该景区的景观元素凸显了固原作为中国干旱农耕文化发祥地的主题特征。景区中的石磨、石碾、木轮盘、木推车，一景一物都反映了人与自然的和谐性，勾起了部分西北游客的故乡记忆。景区多处还点缀了草编景观，有很多用麦秆或谷草等编制的茅草屋、各式农作草人、家畜、人牛耕犁场景等，具有地域特征意义，这些景观创作，使用了当地典型的旱地农作物秸秆作为制作材料，这些秸秆在农村几乎是无用之物，随处可见，但用在这里却使之顿然生辉，有了地域符号特征，真可谓化“草”成金、“编”废为宝。乡村田野秋收后会遗弃大量的秸秆，大量丢弃的秸秆在当下农村已成为一个较难处理的问题，传统的北方乡村麦秆、谷草等都可作为农村牲畜的冬季饲料或烧炕燃料。现在农村已不再养驴、牛等牲畜，而且冬季取暖烧炕都用煤，生态政策也不允许就地焚烧，深翻掩埋不宜腐化分解，还影响来年耕种。所以利用农村秸秆发展草编乡村景观，草编日用品、工艺品、旅游文创产品却是废弃秸秆的极好归宿，这一思路至少有以下四个方面的好处：一是具有设计扶贫价值，乡村传统草编，传承人都在乡村，而且通常是贫困人口；二是发展乡村旅游，稻草、麦草景观最接地气，且与乡村环境融为一体，在乡村旅游中需要大量的乡村景观营造材料，秸秆雕塑景观还可逐年更新花样，永葆乡村地域文化的生机面貌；三是农作物秸秆都为生态性保护材料，其制作的用品，无论是被使用还是废弃对人和环境都没有伤害；四是减少乡村冬季大量秸秆焚烧带来的大气污染和雾霾。在美丽乡村建设中，环境尚象设计是集乡村文化、创意扶贫、地域生态和农村经济发展为一体的综合地域性设计。

随着国家发展方式的转变，农村供给侧结构性改革，这些沉睡的地域性传统文化和自然景观迎来新的价值机遇。美丽乡村建设就是发掘传统农耕文化，特别是农耕文化中人适应自然的原生态的生活方式。相比现代生产技术和生活方式，传统技术的革新历史较长，传统生产生活方式大多为低技术和轻技术，它基本都是以适应地域自然环境为导向的技术进化过程，对环境是友好的。在其有限的技术范畴之内、在漫长的传承演变过程中，基本上能使某一造物做到极致，所以优秀的传统造物文化的生态特征对现代旅游消费有极大的吸引力。

中国农耕文化博大精深，随着我国工业化、城市化、现代化进程的加快，传统农耕文化遗产的保护与传承显得越来越紧迫。传统文化是一个民族和国家文化自信的根基，近年来，我国非常重视对中华优秀传统文化的传承弘扬工作，中共中央办公厅、国务院办公厅在 2017 年 1 月 26 日印发的《关于实施中华优秀传统文化传承发展工程的意见》中明确指出，要深入阐发传统文化精髓，扬弃继承、转化创新，不复古泥古，不简单否定，不断赋予新的时代内涵和现代表达形式。2017 年 3 月 12 日《国务院办公厅关于转发文化部等部门中国传统工艺振兴计划的通知》（国办发〔2017〕25 号）中也指出，传统工艺振兴要与扩大就业、创业、创新、创意等设计活动，促进精准扶贫和发展乡村旅游有机结合。

（4）集中营造，丰富体验

全域旅游也不能无选择性地全部开发，乡村旅游的消费主体还是城市居民，要正确认识乡村旅游的现状和未来。乡村是人们与自然对话交流、返璞归真的地方，这里不仅是全国人民的粮仓，它对生活在冰冷的钢筋水泥城市中日夜奔波的人们而言，还具有治愈性和归属感。武汉大学教授贺雪峰分析认为，全国农村最多只有不足 5% 的农村具有赚取城市人“乡愁”钱的可能。哪些乡村能够成为上面讲的 5%？资源禀赋好的乡村，要么有名山大川等景观资源，要么有稀缺性、唯一性的生态资源；具有地理区位优势的乡村，比如位于都市圈环城休闲带的乡村。①

西北省区面积都很大，虽然在行政区划上属同一省，但各地地理差异巨大，许多省份旅游景区分散，距离太远，要分区营造，如新疆、青海、甘肃等。在西北省区的全域旅游与文化发展中，宁夏模式值得推广发展。宁夏地处黄土高原与内蒙古高原的过渡地带，地势南高北低，这一气质地貌和气候特征造就了宁夏丰富的自然景观和人文文化，适合全域旅游、近距离集中打造、精细化发展，丰富地域体验的内容。

宁夏回族自治区面积较小，但各种旅游资源丰富。南部以六盘山为中心的黄土丘陵，高寒湿润，是我国旱地农耕文化的重要发祥地，也是丝绸之路北线节点地区，有六盘山景区、始祖文化、红色文化、城堡石窟、关隘文化等。温湿的黄土高原有丰富的丘陵地貌和梯田景观，传统生土民居健康宜人，可以发展黄土高原干旱农耕文化和乡土文化，西吉的旱地五谷杂粮、土豆不但品质优越，而且又有丰富多样的地域性农家烹调制作工艺，六盘山冷凉蔬菜市场品牌竞争力很强，所以固原地区旅游资源集中，特色鲜明，生活体验齐全，许多乡村已具备开发研、学、游、住一体化发展的乡村旅游项目条件。

宁夏中部为中部中温带半荒漠地带，是由温湿山区向沙漠区过渡的干旱平川带，主要分布有中卫、中宁、同心、盐池等市县，不乏精品旅游资源和土特

① 李昌金 . 只有 5% 的农村能赚“乡愁钱”[J]. 决策，2018（8）：78.

产，特别是中卫沙坡头、中宁枸杞和盐池滩羊名扬天下。这里还兴起了干旱移民文化，发展了红寺堡生态移民观光旅游、大面积农业种植园和葡萄园观光，是全国扶贫搬迁、生态移民、干旱性环境承载力研究的著名案例所在地和数据采集区，是典型的新兴研、学、游胜地。而且宁夏中部距离南部山区和北部黄灌区都在百公里左右，游客向南北就近延伸也很方便。该地区的环境尚象设计要突出本地的“新大陆”开发特色，景观设计要体现干旱性生态节水这一主题。宁夏北部气候为北部中温带荒漠地带，这里是全区政治、经济、文化发展中心和沿黄城市群所在地，旅游资源最集中。宁夏北部东西濒临沙漠和山地，但中间平川地带却旖旎富饶，所谓天下黄河富宁夏主要表现在这里。这里有引黄古灌区，黄河灌溉下的特色稻渔休闲观光园和少数民族与汉族的交汇形成的岩画、塞上文化；沿贺兰山东麓有葡萄酒文化长廊、西夏王陵、镇北堡影视城；还有水洞沟古人类遗址、黄沙古渡等连珠片的景点。自然景观主要是以黄河、沙漠为主体的沙水自然景观旅游。近年来，宁夏在旅游景观设计中突出了地域自然符号的表达，增强了旅游体验的地域差异性。如沙湖、沙坡头、灵武白芨滩国家沙漠地质公园等景区的旅游基础设施设计及景观设计等，都表现出沙漠的自然形态、质感与色彩。

西北其他大省区的乡村旅游，可以将地域特征相近的地市组合在一起集中发展。如甘肃省的南部毗邻四川盆地，属于亚热带气候；而西南部则为青藏高原；中东部为黄土高原；河西地区则是干旱的沙漠及绿洲地带。又如陕西的陕南和陕北，新疆的南疆和北疆，青海的海西和海东都有很大地理区别。较大的地理差异必然形成地域性生活方式，旅游业就是依靠地域差异性发展，但体验内容太单一或创意创新深度不够也难以发展。要深入发掘西北各地域中的传统干旱农耕方式和乡土文化元素，在此基础上运用现代生态学、设计学方法盘活这些农耕文化资源。在乡村景区规划、公共设施设计及景观设计中深入表现各地的自然特征和人文特征，重在人与自然的适应性发掘，结合全域旅游和精准扶贫政策，提出拉动地市贫困乡村文化旅游发展的新模式。

（5）在乡村振兴和美丽乡村建设中传承与创新并举

我国乡村的公用设施和景观设施较为缺乏，近年来，随着国家整体经济水平的提高，在土地流转等“三农”政策的推动下，已逐步深入完善农村整体规划，农村生态环境、公共设施、乡村景观和公共环境设计正迎来新的发展机遇。针对如何补齐农村基础设施“短板”这一问题，习近平总书记于 2019 年 3 月 8 日参加河南代表团审议的对话给出了答案。他要求“按照先规划后建设的原则，通盘考虑土地利用、产业发展、居民点布局、人居环境整治、生态保护和历史文化传承，编制多规合一的实用性村庄规划”。他说要“加大投入力度，创新投入方式，引导和鼓励各类社会资本投入农村基础设施建设，逐步建立全域覆盖、普惠共享、城乡一体的基础设施服务网络”。

西北农村形式多样，有集中聚居的、有分散居住的，还有独庄独院的牧户。许多边远农村和牧区，由于农户分散，人口稀少，基础设施建设相对较晚。但近来已陆续解决了通电、通路、通水、通网工程。中国将全面步入小康社会，农村是收尾之地，虽然西北地区条件艰苦，但在不远的将来农村将可能是全国受益最大的地区。虽然建设较晚，但建设一个新农村和改造一个旧农村相比，后者相对更容易一些，借助这一发展机遇，在西北农村规划设计、公共设施设计、乡村景观设计等中寻找地域性生态元素，构建人适应干旱的新模式。

对于一些生活历史相对较长的乡村，在改造建设中应对乡土文化实行继承和创新并举的传承原则。特别是黄土高原地区的乡村，农耕历史悠久，人口密度大，在乡村生活中世代积累下来的一些能反映中国优秀文化特质的元素，尤其是那些具有地域符号价值的人工构筑物遗迹或被赋予文化意象的自然景观等，在乡村改造中要予以合理的保留方式。

2018 年和 2019 年中央一号文件精神将农村发展放在优先发展的位置，重点是农村厕所修建、垃圾处理、道路修建、危房改造等任务。但乡村振兴和美丽乡村建设，不应该是全盘否定和推倒重来，而应该是在不破坏原有大格局的基础上解决乡村民生、优化生态环境问题。乡村振兴关键是在基础设施、生态环境和文化风貌上的振兴。农村公共设施要作为美丽乡村的点缀，新增加的环境元素要突出地域文化特征。比如，乡村道路导向牌、垃圾桶、公共厕所、村镇介绍、乡村旅游景区简介等设施要反映中国传统文化意蕴，并与周边自然融为一体。

（三）西北黄土地貌的尚象创新设计

相比西北的沙漠、戈壁和绿洲等地带，黄土高原地区的自然条件更适合于人类生活，虽然这里不太适宜现代化大规模农田作业，但却非常适宜传统社会中自给自足的小农经济。这里四季气候温湿，土壤肥沃而保墒，作物生长靠自然降水而不浇灌，适宜的生土建筑民居，使这里远古时期就有大量人类聚居生活，传统农耕文化积淀深厚，这里成为西北地区人口较为密集的地区，所以有必要再把西北乡村中的黄土尚象设计做专门论述。

1. 黄土高原的地貌分类分析

西北黄土高原地形纷繁复杂，形态丰富多样。依据地貌的形态不同，可分为黄土沟间地、黄土沟谷地和黄土微地貌。[①]黄土沟间地是指沟谷之间的地面，又称黄土谷间地，主要是由黄土堆积作用造成的，包括黄土塬、黄土梁、黄土峁、坪地等。黄土塬、黄土梁、黄土峁是黄土地貌的主要类型［图 7-48（a）、（b）、（c）、（d）］，它们是当地群众对桌状黄土高地、梁状和圆丘状黄土丘陵的俗称。其中黄土塬又分为完整塬、破碎塬、台塬等不同类型。黄土梁、黄土峁统称为黄土丘陵，是黄土高原面积最多的地貌类型。

黄土沟谷地是黄土地区发育的沟谷，有细沟、浅沟、切沟、悬沟、冲沟、坳沟（干沟）和河沟等七类。黄土地区的一条沟谷可分为沟底、沟头和沟坡三个组成部分。沟谷的形成和发展主要是沟谷流水侵蚀和坡面黄土物质移动的结果。黄土地区沟谷发育良好，地面被切割得支离破碎，形成千沟万壑的景观。西北黄土高原的沟谷，通常可分为三种，即沟间上的小沟，如细沟、浅沟、切沟［图 7-48（e）］；沟间地之间的沟谷，如干沟、冲沟［图 7-48（f）］和河沟［图 7-48（g）］。河沟进一步发展可成经常性流水的河谷。

黄土微地貌也称黄土潜蚀地貌，是指流水由地面径流沿着黄土中的裂隙和孔隙下渗进行潜蚀，破坏了黄土的原有结构，或使土粒流失、产生洞穴，最后引起地面崩塌所形成的。黄土微地貌包括黄土桥、黄土柱、黄土陷穴、黄土碟等［图 7-48（h）、（i）、（j）］，以及重力侵蚀形成的黄土坍塌、滑坡、泄溜等，这些微地貌是塑造黄土高原的重要过程。

我国黄土高原地区在远古时期就有先民居住，他们开辟了顺依黄土地形、地貌和气候条件生存的黄河文化滥觞。黄土地貌复杂多样，人们选择综合自然条件较好的地带居家农耕。在黄土梁崖壁土层较厚的地方，人们常选择在梁的阳面或东西两面靠山居住，创造靠崖式窑洞，很多居民在靠崖的台地上将窑洞、夯土和土坯房混合兴造，“宜洞则洞，宜夯则夯”，将自家的小院营造得合情合理；但在黄土塬上，靠近沟壑的边缘地带，人们则采用下沉式窑洞生活，下沉式窑洞虽然工程量大，但可以像平房一样建成四合院格局，不仅可以躲避风沙，而且冬暖夏凉，效果比靠崖窑更明显。由于靠近沟壑边缘，下沉窑洞居民在自家坑院向沟壑挖通排水道，有利于生活污水和雨水的排放。平塬上的居民靠天种地，耕种收割都很平整。而位于沟梁两坡的居民一般在居住的坡面耕种，这样就使得田间管理、春种秋收的运输等综合成本低。古代社会中人们依靠自然，利用自然的生活方式，体现了因地制宜的思想，也影射了古人环境尚象的生态理念。随着乡村振兴战略的实施，开发和保护传统古村落要巧妙利用

① 朱士光，桑广书，朱立挺 . 西部地标 . 黄土高原 [M]. 上海：上海科学技术文献出版社，2009：23-24.

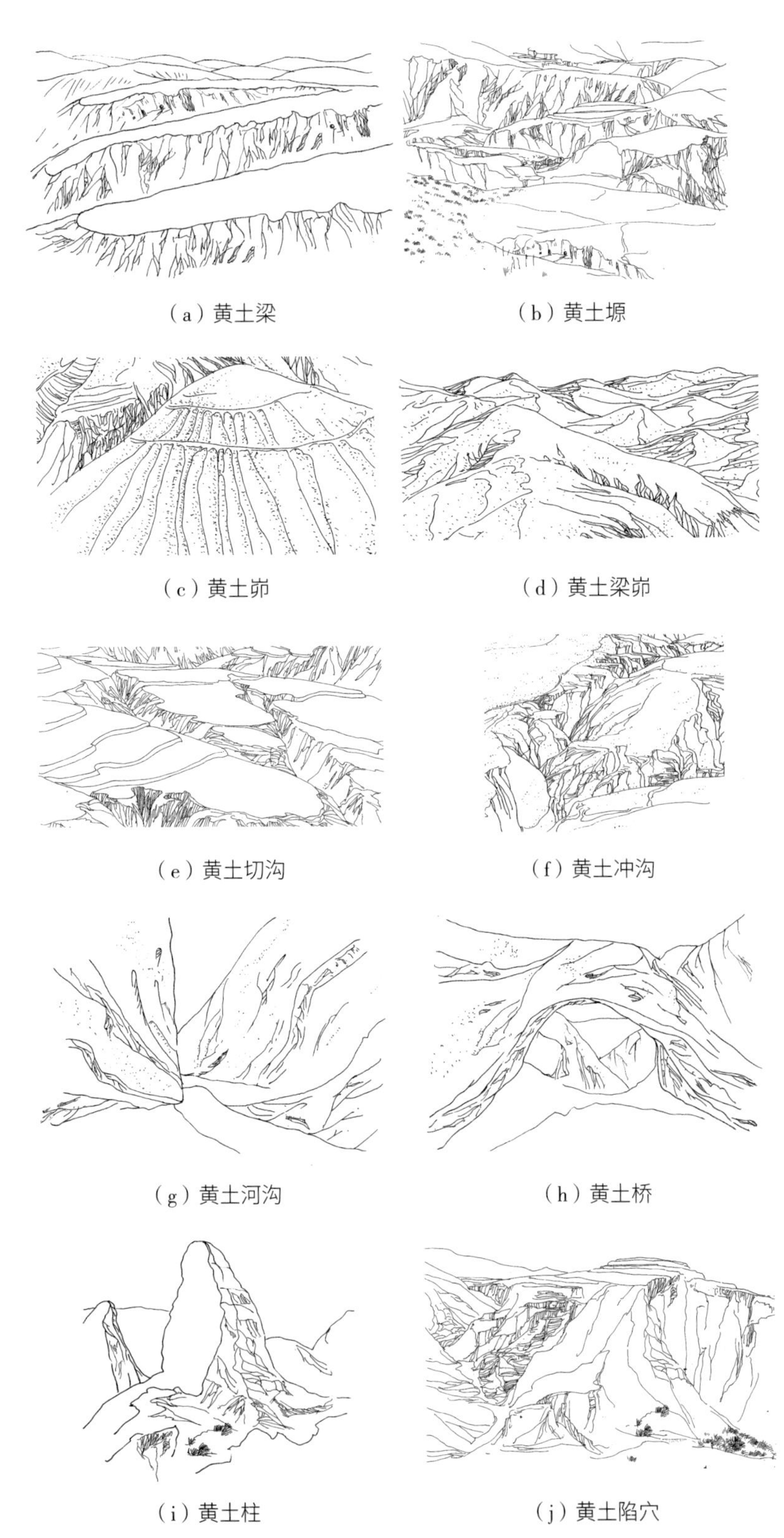

（a）黄土梁　（b）黄土塬

（c）黄土峁　（d）黄土梁峁

（e）黄土切沟　（f）黄土冲沟

（g）黄土河沟　（h）黄土桥

（i）黄土柱　（j）黄土陷穴

图 7-48　黄土高原地貌类型

各种黄土地貌、气候条件，综合利用窑洞、夯土、土坯生土建筑，不同黄土地形中各类生土建筑的营造、搭配方式应各有宜。要从中国传统园林营造思想中得到启发，尤其要从黄土高原的传统生产生活方式中吸取营养，从北方园林，黄土高原地区的传统庄园、传统民居中发现古人适应自然的观念和方法，以现代生态建筑、城乡规划技术为手段，重新构建我国黄土高原未来乡村生活的新模式，特别是靠近城市周边地区、综合条件好的地段要优先开发。

2. 不同黄土地形地貌的利用

在地方经济和文化发展中，自然形成的地形地貌不宜轻易改造。因为在长期的自然演变过程中不同地域的地形地貌已与其他自然因素形成平衡状态，打破这一平衡可能带来许多意想不到的问题。但可以发挥想象力，在不改变原形的基础上，巧妙地利用各类看似无用或荒弃的地貌形状。因势而建，因形赋形，因形赋义是中国古代的造物之道，所谓“道法自然”就是顺其自然，不要太多的人为改变。明代造园家计成说园林营造的可贵之处在于“巧于‘因’‘借’，精在‘体’‘宜’，既非匠作可为，亦非主人所能自主”。[①]黄土地形千奇百怪，是人类农耕地貌中形态最丰富的地理类型。古人在改造技术水平低下的情况下，已经将各种黄土地形开发利用得很充分了，如靠崖建房，直接将崖壁作为房屋后壁，利用崖壁上的洞穴储物、圈养牲畜，在坡地造梯田，选择综合条件好的黄土峁，削峁成庄，居高临下，防盗防匪。

按哲理讲，存在的就是合理的，世上没有无用的东西，罗丹说生活中不缺美，缺的是发现美的眼睛。其实对于环境设计师而言，世上也没有无用的地形，关键是如何赋予选定地貌以有用的功能用途或景观意义。在黄土高原地区的乡村旅游设计中，选地很重要，计成将其称为“相地”，只有“相地合宜”才能“构圆得体”。相地的前提是已经有前期设计调查思考，或者已形成一般性的环境尚象设计概念。尚象设计思路有两种：一是不加任何改造，点缀景点设施即可，二是在现有技术条件下，利用现代技术和生态观念，整合利用，使之解决乡村生态问题。例如，利用一些荒弃的黄土地区的微小型盆地，将其硬化集结雨水，解决盆地周边干旱用水问题；选择集群而又相互独立的微型黄土峁群（该类地形在兰州北部、西宁东部较多），将其作为新的村社居民点，在基础交通、水电网建好的基础上，每个农户一个小土峁，将生土居住、农家菜园、果林绿化系统规划，形成新的农村民居生态观光区。

① 计成 . 园冶图说 [M]. 赵农，注释 . 济南：山东画报出版社，2010：43.

3. 生土建筑的西北地域属性再归纳、再分析

基于气候、地质、经济条件的综合分析，生土建筑在西北地区比其他地区更有研究和发展价值。生土建筑主要包括窑洞建筑、夯土建筑、土坯建筑、草泥墙建筑等形式。

首先从气候的气温因素看，我国夏季普遍高温，西北干旱地区不但气温高，而且紫外线非常强，相对于钢筋混凝土建筑而言，生土建筑的墙壁厚实，其热容量大，导热率低，热稳定性好。窑洞和夯土建筑房屋具有冬季抵御严寒、夏季防御酷暑、春季抵御风沙、四季调节室内温差的作用。这种气温调节作用在全国其他地区没有比西北地区更需要。尤其是新疆维吾尔族同胞的阿以旺式建筑，四周全封闭，厚重的土质屋墙、平面屋顶，只在房顶开透光天窗，周围墙壁开窗很小，避免了向阳大窗户的温室效应，避免了夏季高温炙烤，还能使春季抵御风沙，冬季防御严寒。

其次从气候的降水因素看，西北大部分地区属于干旱、半干旱地区，降水稀少。长期的雨水冲刷是土夯、土坯建筑遭到破坏的主要原因。

再次从夯土的土质资源看，西北地区有非常丰富且优质的黄土资源，传统黄土材料是天然生土材料，没有任何人工化学污染，环保健康。绝大多数农耕居民地区都可就地取材、就地夯筑。而且西北农村地区有非常好的夯土文化传统，20 世纪 60—70 年代的村民都有过夯筑的劳动经历，几乎每家每户都有夯土建筑的传人，年轻人稍做传授即可上墙操作。

最后从经济条件看，西北的绝大多数农村属于经济贫困地区，夯土建筑经济实用。黄土随地可见，就地可挖，不用运输，成本低，生态环保，土夯墙的物理化学性能好，冬暖夏凉，自身干净无污染，还能吸收各种辐射污染。抗震、抗雨水侵蚀，有非常强的民间使用基础，即便是现代先进工艺，当地村民也能很快熟练，高质量操作，不但材料成本低，人力成本也很低。

生土环境设计必须走生态设计之路，必须将环境因素纳入设计之中，而且要最大限度地利用和适应环境因素，这就必须因地制宜。也就是说，不是所有的地方都适宜做生土建筑环境，也不是适宜做生土建筑的地区都套用统一标准化设计方式。

近年来，针对土夯生土建筑的创新案例层出不穷，国内外都在探索使用新工艺和新材料配比进行传统建筑模式的创新应用。目前，国内外通用的方法是在生土中掺入胶结材料（如 ST 土壤粉末固化剂、石灰、粉煤灰、水泥、石膏、工业炉矿渣等）、改性材料（植物纤维、人造纤维、土壤固化剂等）、砂石等使夯筑会变得更结实。也有粗略地掺入红泥、粗砂、石灰等夯筑的。

南方多雨地区的建筑师也对传统黄土建筑情有独钟，王澍在中国美术学院用土夯建筑形式设计了美院的专家楼（图 7-49），凸显东方传统农耕文化气息。据宾等建筑师在深圳设计的中国杯帆船会所餐厅中也用了土夯墙。专家楼和会所餐厅都与休闲饮食相关，结合传统农耕文化的意象元素有合理的一面。但传统建筑都有其对应的地域性，这不光是文化符号问题，更重要的是传统建筑形式还有地域气候和生态环境的尚象属性。中国美院专家楼夯土中添加了黏合材料，墙头和门口处都用了钢板作为土墙护板，且房顶采用了宽大结实的木结构防雨顶棚，土夯墙似乎扮演了一种被严密护理的角色。其实在北方干旱地区，土夯墙是作为外城墙或庄园外墙使用的，也就是说，传统土夯墙是一种保护其他建筑的最外层防御墙。

图 7-49　中国美术学院专家楼土夯墙

虽然在一般黏土中掺入了胶结材料、粗砂、固化剂等使夯筑会变得更结实，作为新式建筑材料也无可厚非，但若采用现代机械化夯筑工艺，其强度已经非常够用。对于生土建筑而言，西北有丰富的黄土资源，今后应在黄土适宜湿度、适宜松散状态下的夯打、夯压工艺上下功夫，黄土土坯制作应在免烧黄土砖工艺及砌筑方法上下功夫。

在现代社会，农家院落或屋舍外墙的防土匪、防偷盗作用显然不是主要的。土夯建筑进一步研究和应用的价值仍在干旱地区，且不应在生土中掺入任何人工制剂或异地掺合材料。在黄土高原和绿洲农耕地区，这里的夯土可以就地挖取，这些地区降雨稀少，夯土建筑可以防寒暑，经济实用。随着生态文明的深入发展，当前许多本土建筑师已意识到夯土建筑的生态价值和地域乡土文化价值。国内蒋蔚、穆钧等都在致力于这方面的实践探索，穆均团队在甘肃会宁设计建造的马岔村的村民活动中心就是现代夯土建筑的优秀实践案例（图7-52）。马岔村地处陇东黄土高原的梁峁地带，当地民居现在使用夯土和土坯建筑，所以这里有深厚的生土建筑社会生活基础。马岔村村民活动中心主要的建造工艺基本上为土砖砌筑、传统夯土、草泥、配以木结构屋架。而建筑的主要施工主体是当地的十位村民，他们既是活动中心的主要建造者，也是其主要使用者，也可以利用农忙之余赚取一部分报酬，当然还有一些志愿者加入其中。这种新式夯土技术建成的活动中心不仅保留了当地居民传统的合院形式，还在功能分区上有所创新，整个空间被划分成一个开放的、可供集会与看戏的场院和四个相对独立的土房子，所有的建筑用土都是现场采取，采取的过程同时也是对场地的修正过程，将所有的建筑很自然地融入当地的空间景观中。这种夯土建筑很好地适应了当地的自然环境，是对当地建筑设计的创新。①

图 7–50　甘肃会宁马岔村活动中心

4. 生土环境设计在当下的设计策略和原则，黄土高原地区生态设计的新理念和新模式探索

以土夯和窑居为主的生土建筑在世界各地都有出现，是早期人类适应干

① 蒋蔚，穆钧，等. 甘肃省白银市会宁县丁家沟乡马岔村 活动中心 [J]. 小城镇建设，2017（10）：60.

旱少雨的自然环境、节约人力以及带有防御为目的的一种生活方式。我国在四五千年之前就已经用夯筑法筑造城墙，生土建筑在西北干旱地区有得天独厚的地域优势。而土夯和生土窑居是我国黄土高原地区独特的传统民居文化现象。

目前生土建筑的研究和应用在世界各地都有新发展，生土建筑在发展中国家及经济欠发达地区大量存在，而且在经济发达国家也广受青睐。美国、英国、法国、德国、瑞士、意大利等欧美国家从力学结构、防震角度开展标准化、定量化、规范化研究，澳大利亚、南非等热带地区国家则从生态、防热角度结合当地生土建筑的传统文化、社会需求进行人性化的需求研究。甚至许多国外建筑师吸取中国传统土夯建筑的特征，做现代改良型设计和文化创意设计研究。这里将我国乡村振兴、旅游扶贫、生态经济政策相结合，谈谈我国西北黄土高原地区生土环境设计中该有的生态设计新理念和模式。

首先，黄土土质细腻，黏性好，在半湿状态下又易于加工，操作不黏，适于夯筑，这是黄土的夯筑特性，黄土可以用于土夯墙，也可用于夯筑土坯，草泥盘筑，细草泥塘墙等。

其次，利用原生态的土，不要为了增加夯土的黏性，而人为掺入土壤固化剂、水泥、石灰、粉煤灰等。虽然胶结材料可以提高夯土墙的强度、耐水性等，但是不够生态环保。要利用现代夯土机械、工艺，使夯土更坚实。西北气候干燥，生土建筑保存性相对较长。主要地貌基本分为山梁、山坡和谷底。山坡大部分改造为梯田，房子和院落基本都建在这些梯田间的台地或谷底。由于土质资源非常丰富，当地居民主要以生土建筑为主，传统黄土高原地区的生土建筑主要以土砖起地基，用土坯砌墙，或直接夯筑土墙，或箍窑，最终配以草泥和木结构屋架房顶。

最后，要因地制宜，不同的黄土地貌，尽量保持原地貌特征，结合风水特征进行规划设计，考虑交通、果蔬种植园、阳光温湿效应、雨水收集等。充分利用本地区具有很大优势的可再生资源，如风能、太阳能、地热能等，防治环境污染；恢复和保护当地的自然植被；合理保护和利用水资源，防治水污染，节约用水；走人与自然和谐共生的可持续发展之路。

兰州是我国黄土覆盖最深厚的省会城市，市区内人口密度大，城市民居和交通十分拥挤，如何有效利用黄土山地应是该城市规划的重要课题。近年来，兰州市城市建设设计院在不断实施各类生土建筑试验项目，其中，白塔山生土生态园是较为成功的项目（图 7-51），该项目吸取了任震英先生设计的白塔山庄的一些经验，并做了更大的创新。白塔山生土生态园主要由三层十八间窑洞构成，一层为三间复合土夯土式窑洞；二层为六间，三层为九间，都是免烧黄

图 7-51　兰州市城市建设设计院设计的白塔山生土生态园

土砖窑洞，采用了兰州生土建筑专家曹凯先生发明的免烧黄土砖和免烧粉煤灰砖，这开辟了生土建筑材料免烧砖的先河，应是未来黄土生土利用的发展方向。园区内设计有太阳能过廊，用电主要是山顶上的风力发电供电。作为生土建筑的生态园，在设计和施工中，整个园区的所有建筑物和构筑物没有使用钢筋、水泥和烧结黏土砖，周围相应设施均为环保设计，例如，太阳能和风力发电，完全达到了就地取材、因地制宜、节能环保的生态特点。该建筑获得第七届中国威海国际建筑设计大奖赛铜奖，是西北唯一的一个获奖项目。

我国山地占国土面积三分之二左右，如何有效利用山地应是一个十分重要的课题。西北许多城市地处黄土高原，气候干燥，耕地少，适合居住条件平地资源非常稀缺，许多城市开山造地，成本巨大，社会综合效益差。其实可以转变思路，很好地利用各种黄土地貌，因地制宜，有效综合利用新的夯土建筑、土坯建筑、岩土工程技术，规划和研究新式窑洞和夯土相结合的地域性生态民居模式，变不利因素为有利的生态因素，启迪智慧，树立新的地域人文和生态形象。

其实西北黄土高原的沟壑谷地，局部微气候并不干燥，在靠近城市的地区，有利于进行地域性生态设计，发展干旱性乡村旅游业，提供乡村就业，发展乡村振兴战略。科学合理的生土规划设计本身就是非常好的景观旅游资源。虽然干旱地区降雨稀少，但可以积聚和储存雨水，这就需要在民居规划设计中综合考虑集雨的技术和方式，甚至可以开发新技术，从空气中集结水蒸气作为饮用水。

受中国古典园林营造思想的启发，一个景区规划要“巧于因借，精在体宜”。计成认为：所谓“因”者，乃随基势之高下，体形之端正，碍木删丫，泉流石柱，互相借资；宜亭斯亭，宜榭斯榭，不妨偏径，顿制婉转，斯谓“精而合宜”者也。所谓“借”者，园虽别内外，得景则无拘远近，晴峦耸秀，绀宇凌空，极目所至，俗则屏之，嘉则收之，不分町疃，尽为烟景，斯所谓“巧而得体”者也。体、宜、因、借，匪得宜人，兼得惜费，则前功尽弃。

江南水乡与西北黄土沟壑地域差异巨大，但从空间构成看有许多地方可以借鉴和启发。江南有温湿的气候条件，是在当地特有的水、石和草木基础上营造的人文景观。而西北黄土高原也有非常深厚的传统农耕文化，虽然没有小桥流水，但有乡土气息浓郁的黄土高原农耕村落文化，有当地特有的树种、陶瓷、土石艺术，最重要的是有独特的生土营造方法和天然立体的自然空间构造。这为西北黄土高原地区营造美丽乡村准备了丰富的设计素材，与江南水乡相比甚至有过之而无不及。

黄土高原有塬、峁、川、梁、峡、谷、岸、洞、坡、沟、脊等基本地形，与相并、相叠、相交、相错、相容、相团、相揉等各种方式排列组合在一起，这就为选地、选型、多样化、因地营造提供了丰富的设计选题。近年来，随着生态文明进步及生态理念的深化，生土建筑研究越来越受重视，在甘肃庆阳、平凉，陕西延安，山西吕梁，河南巩义等城市地带的部分城乡建设中，已很好地将建筑和黄土地貌、地形完美结合，找到了不同地形采用现代土木技术的相应功能的用途和存在方式。

图 7-52 是针对一个大而平缓的独立峁坡地貌的规划设计，围绕整个缓性峁地修建螺旋形环山公路，螺旋形环山公路与退台性村庄规划相结合，沿环形公路将坡地分为不同地段，每个农户对应一段，每家都有自己完善的生态生活系统，包括农家小院周边的绿化，自家的菜园、果园，车行和步行通道，上下水设施；每个农户单元是生土窑洞和土夯建筑相交叉融合的别墅式庭院设计，庭院和居室的建筑元素丰富，但每个农户可以按照自家所处坡段的具体地貌做适宜的庭院设计。上下退台之间设置踏步台阶，与环形公路纵向连接。有窑洞居室，有土夯房间，错落有致，部分连通，套接，使空间虚实相生，通透互借。宜台则台，宜洞则洞，宜夯则夯、宜木则木，随方制象。三维空间的规划比二维空间更富有变化之美、环境的情境体验性更强。

以上列举只是依据黄土地貌的两个粗略的规划设想，虽然还存在诸多问题，例如，黄土失陷与地基处理工程问题等。但人类进入生态文明时期，环境设计尚象，一定要因地制宜。每个地方都有其独特的地域环境的原象特征，地域性设计就是要重新组合和构建地域因素之间的关系，使之与地域文化相适应，与自然环境相适应，同时为地方经济发展、文化发展服务，进而解决扶贫和乡村振兴等问题。

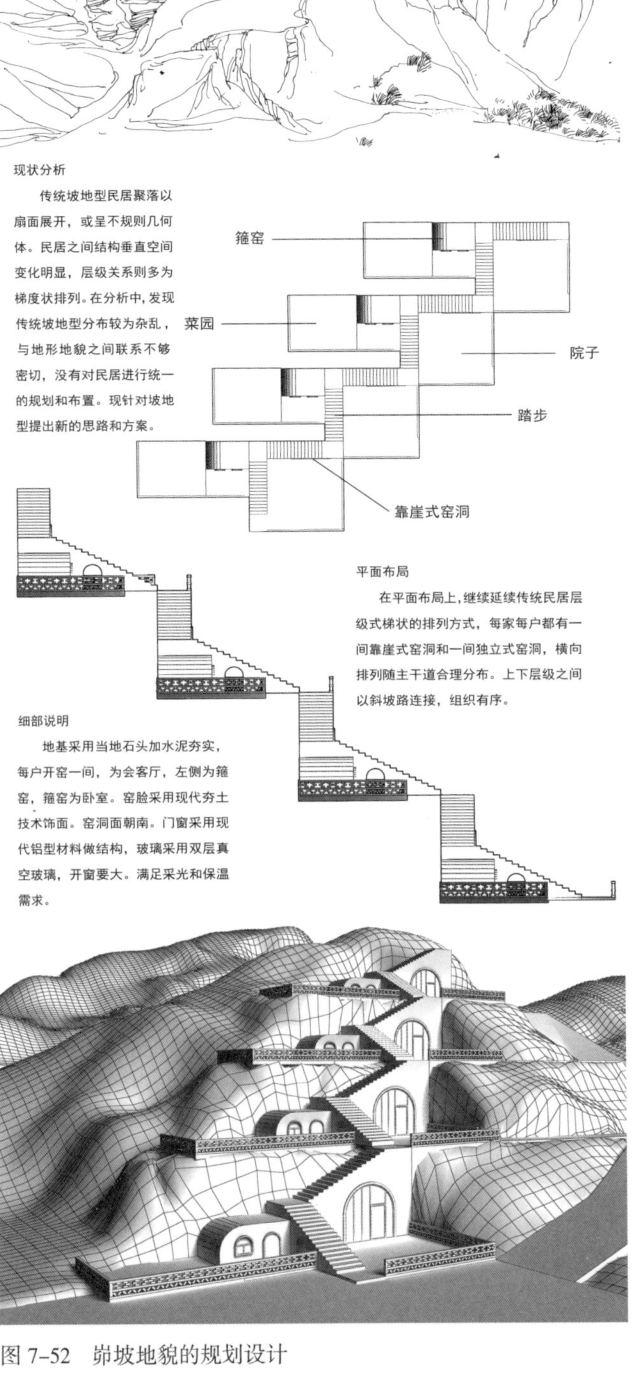

图 7–52　峁坡地貌的规划设计

后　记

“地域性设计”研究图书在建筑学和城乡规划中较多，但在艺术学门类下的设计学领域，地域性设计研究论著很少见。我国设计学发展较晚，一级学科设计学是在 2011 年才被国家正式确立，随着国家生态建设、传统文化振兴、传统工艺振兴、乡村振兴、文化创意产业发展、文化和旅游的深度融合等政策推进，设计学领域的地域性设计方法理论需要亟待构建。基于此背景，撰写出版拙作。

本书分上下两篇，以体用关系形成框架。其中，上篇包括一至四章，主要论证了地域性设计的依据——自然和社会的环境适应规律。这是支撑地域性设计思想的哲学基石。上篇从文化的环境适应论、生物的环境决定论、地域心理学、事物时空连续性等普遍规律切入，以西北黄河中上游地段的黄土高原、沙漠绿洲地区（本书称为三黄地区）地域特征为依据，对该地域的传统文化做了较为详细的特性分析，论证了传统农耕文化是特定地域环境相适应的生活方式和生产方式的本质。在此基础上结合中国传统意象审美特质和天人合一、道法自然等造物观念，解读、归纳、提炼中国传统设计思想中的尊重自然、顺应环境的设计思想。

论证结构搭建是上篇的难点之一，特别是第四章承担了西北三黄地区从史前到现代的传统文化的地域适应机制的论述，既要在该地域范围中梳理出地域适应的同一性，又要比较出沙漠戈壁地区和黄土高原地区的差异性，时空跨度大，内容繁杂。在衣、食、住、行、农耕生产、民间艺术的地域论述中重点论述了两个地区的同一性，并以黄土高原为主；在第四章第五节河西沙漠地区生活方式研究中主要以沙漠地区各种传统匠人的材料、工艺等的特殊性为主，突出了地域差异。

下篇是基于上篇基础理论的应用研究，主要论证了地域性设计的方法——基于地域文化、自然和经济的适应性设计思想和方法，包括第五至七章内容。该部分用了大量的篇幅和设计案例，发展性地提取了中国传统“尚象类比”“境生象外”“道法自然”与“因地、因物、因时制宜”等方法论，结合当下国家文化创意产业的推进和乡村振兴、设计扶贫等政策中的思想内容，论述了地域性设计的两个重要切入点，这就是基于地域文化的创意设计和基于地域自然特征的生态创新设计。从地域性设计的应用价值来讲，下篇还应包括基于地域经济特征的设计研究和地域性设计教育研究等内容，地域性设计活动一定要与地域性设计教育密切融合。希望在修订本时加进去，使地域性设计理论体系更完整。

本书选题较大，内容繁多，限于著者水平有限，在很多方面的论述还谈不上系统性和科学性。当初只是念于对地域性设计的生态性、文化性、区域性发展价值的执着，希望通过对地域性设计的概念、思想、研究内容、切入点和方法等做初步梳理和论及，以引起业学界的关注。

感谢多年来和我一起进行地域性设计研究的老师和同学们，书中采用了许多本人所指导的兰州理工大学和北方民族大学工业设计、产品设计各届本科生的作品，有些图片由于版面太小不能显示作者的清晰姓名请多多包涵。我的研究生王泽勇、詹谟萱、李挚旻等对本书的插图绘制做了许多辛苦的工作，在此深表感谢！书中还采用了一些网络图片，由于无法与作者一一取得联系，请多多谅解！也向被本书直接征引和参考过的相关文献和图片的作者表示衷心感谢，没有这些珍贵的资料，我们的编写工作很难行进！

另外，还要特别感谢重庆大学出版社对本书的肯定，才使我有了足够的信心和决心，在此深表感谢！

赵得成

于银川